◎本书由教育部省属高校人文社科重点研究基地——河北大学宋史研究中心基地建设经费、河北大学历史学强势特色学科建设经费、河北大学中国史学科“双一流”建设经费资助出版

◎ 本书系国家社科基金2010 年度项目“宋代地方政府行政成本问题的历史考察研究”（10CZS014）、教育部人文社科重点研究基地重大项目“宋代基层文官通考”（16JJD770017）、河北省高校青年拔尖人才项目“宋代地方政府公务接待制度研究”（BJ2016073）的阶段性成果

宋代地方政府行政成本问题研究

王晓龙◎著

科学出版社
北京

内 容 简 介

本书借鉴现代行政学研究中有关“行政成本”的概念与理论，从行政设施成本、公务接待成本、“羡余进奉”成本、无形行政成本、无效行政成本等五个方面对宋代地方政府行政成本问题进行了研究。本书分析了宋代地方行政成本在不同历史时期和不同地域的表现，认真总结了宋代政府应对各种行政成本问题的相关举措，提出宋代地方行政成本问题的几大特点，笔者认为宋代地方政府行政成本问题的根源在于宋朝的财政和军事制度。两宋时期中央政府由于外部战争和内部养兵的压力所进行的无限度的赋税征调，带来地方政府行政经费不足，不得不变相向民众征调和搜刮，从而导致官民矛盾突出。而惩贪不严也导致官员贪污腐败问题屡禁不绝、无效行政成本过高，这也是两宋经济虽然发达，却不能将财富优势转化为国力优势，做到国富、兵强、民安的重要原因之一。

本书适合宋史、经济史等相关领域学者、研究生，以及历史学爱好者参阅。

图书在版编目（CIP）数据

宋代地方政府行政成本问题研究 / 王晓龙著. —北京：科学出版社，2018.8

ISBN 978-7-03-057171-7

Ⅰ. ①宋…　Ⅱ. ①王…　Ⅲ. ①地方政府-行政管理-成本-研究-中国-宋代　Ⅳ. ①D691.2

中国版本图书馆 CIP 数据核字（2018）第 070721 号

责任编辑：王　媛　杨　静 / 责任校对：何艳萍
责任印制：张　伟 / 封面设计：润一文化
联系电话：010-64011837
E-mail：yangjing@mail.sciencep.com

科学出版社出版
北京东黄城根北街 16 号
邮政编码：100717
http://www.sciencep.com
北京建宏印刷有限公司 印刷

科学出版社发行　各地新华书店经销

*

2018 年 8 月第 一 版　开本：720×1000　1/16
2022 年 1 月第二次印刷　印张：35 1/2
字数：627 000

定价：139.00 元

（如有印装质量问题，我社负责调换）

目　录

绪　论

一、“行政成本”概念界定

“行政成本”是现代政治学、行政学、管理学中涉及的一个概念，作为一个较新的由经济学界引进而来的词汇[①]，学界对其内涵的认识并不确切。因而，自此概念产生和影响扩大之后，中外学者从多个角度和层面对其进行定义，相关讨论一直不断，截至目前也并未出现学界普遍认同的权威界定。

在此概念产生之前，人们对于政府的成本问题已有诸多探讨，开始认识到政府作为公共管理和服务机构，其活动也要占用和消耗各种经济资源，政府也是有成本的，如何限制政府自身占用过多资源，而将其用于服务社会，就成为专家学者探索的重要论题。19 世纪马克思、恩格斯在评价资产阶级“廉价政府”的时候，就曾对巴黎公社所采取的“从公社委员起，自上至下一切公职人员，都只应领取相当于普通工人工资的薪金。国家高级官吏所享有的一切特权以及支付给他们的办公费，都随着这些官吏的消失而消失了”[②]及取消常备军等做法颇为赞赏。他们认为“国家必须限制自己的开支，即精简机构，缩小其规模，尽可能减小管理范围，尽可能少干预公民社会方面的事务”[③]，巴黎公社实现了所有资产阶级革命提出但没有真正实现的“廉价政府”目标，即用尽可能少的行政资源，实现最优化的行政管理，并认为这是未来国家政府管理的方向。恩格斯在《家庭、私有制和国家的起源》中论及国家税收与管理费用问题时也指出：“维持经费越少的政府及官员，必然是最受国民拥护从而也是最为理想的政

---

① 罗振宇、幸宇：《降低行政成本　建设节约型政府：西部地区县级政府行政成本控制研究》，成都：四川大学出版社，2012 年版，第 1 页。该书提出：成本是产品生产中所耗费的各项费用的总和，其中包括生产资料，也包括工资开支等。政府行政成本，是对企业产品成本概念的借用，但二者内涵并不完全相同。

② 中共中央马克思恩格斯列宁斯大林著作编译局编：《马克思恩格斯选集》第 3 卷，北京：人民出版社，1972 年版，第 55 页。

③ 中共中央马克思恩格斯列宁斯大林著作编译局编：《马克思恩格斯选集》第 1 卷，北京：人民出版社，1972 年版，第 467 页。

府及官吏。”1887年，美国的威尔逊在《行政学研究》中也提出，行政学研究的目标之一就是政府“在于发现政府如何以最少的资金和精力为代价，并以最大可能的效率来做这些恰当的事”[①]。20世纪70年代，西方新公共管理运动兴起后，开始对传统政府的浪费、低效、规模庞大、管理宽泛等问题进行改革，英国政府采取了一系列举措改革政府部门，强调投入和产出的比率，追求绩效，缩减政府规模和成本。到了20世纪80年代之后，随着政府绩效评估在世界各国的广泛应用，社会各界开始重视政府投入和产出之间的绩效问题，更加关注政府行政成本问题。美国也在1993年颁布了《从繁文缛节到结果：创造一个少花钱多办事的政府》方案，使整个政府降低成本，提高效率。加拿大、新西兰、澳大利亚等国也纷纷对政府成本过高问题进行改革。[②]

我国自改革开放以来，多位党和国家领导人都对政府行政成本过高问题提出过批评，也为精简机构和人员进行过多轮改革，但是政府行政成本过高的问题仍一直难以根治。国内学界较早关注和探讨行政成本问题的代表性学者有王庆仁、谭桔华、李志君、焦建国、普永贵、卓越等。王庆仁教授在1997年就开始撰文提出应该重视对行政成本问题的研究，并提出行政成本的定义是：“行政管理工作中为完成一定的有效行政行为所消耗的人力、物力、财力的总和，所作出的可以用货币度量的价值牺牲。”[③]谭桔华认为：“政府行政成本应该是政府在一定时期内为履行其职能而进行的各种活动所付出的费用之和。包括人员经费、办公费、会议费、公车费、差旅费、招待费、通讯费、机关大楼维护、装修费、绿化管理等费用。”[④]李志君认为：行政成本即“各级行政机关及施行预算管理的其他机关（指列入行政编制并接受财政拨款的社会团体和未列为行政编制但完全行使行政管理职能的单位）、政党组织为履行其职能而发生的资金消耗”[⑤]。普永贵认为：“行政成本是指国家权力机构的执行机关在一定时期内，为履行其行政职能，实现行政目标，在行政管理中所支付的费用的总和。”[⑥]卓越认为：“行政成本可以定义为政府组织在社会提供公共服务，生产公共产品的

① 竺乾威、马国泉编：《公共行政学经典文选（英文版）》，上海：复旦大学出版社，2000年版，第7页。
② 罗振宇、幸宇：《降低行政成本　建设节约型政府：西部地区县级政府行政成本控制研究》，成都：四川大学出版社，2012年版。
③ 王庆仁：《行政决策成本与行政成本决策》，《中国行政管理》1997年第4期，第38—40页；王庆仁：《应该重视对行政成本问题的研究》，《中国行政管理》1999年第10期，第11—13页。
④ 谭桔华：《降低政府行政成本途径探讨》，《行政与法》2000年第2期，第12—14页。
⑤ 李志君：《对行政成本的思考》，《辽宁财税》2000年第12期，第32—33页。
⑥ 普永贵：《有效控制行政成本的保障机制研究》，《攀登（汉文版）》2001年第4期，第75—77页。

活动过程中投入的人力、财力和物力资源。”[①] 焦建国等认为：“行政成本是政府产出即向社会提供一定的公共服务所必需的行政投入或耗费的资源。”[②]

党的十八大报告提出，推进政府绩效管理，严格控制机构编制，减少领导岗位职数，降低行政成本的要求。党和国家、社会各阶层的重视使得学界对于行政成本问题的研究日益热烈，相关论著、学位论文众多[③]，对“行政成本”概念和内涵的界定也日益科学化。

现阶段政治学、行政学、经济学、管理学等诸多领域的学者对“行政成本”概念界定体现出以下几个方面的特点：

一是注意区分广义和狭义的行政成本。如谭桔华认为，广义的政府行政成本是“政府在一定时期内为社会提供公共服务，生产公共产品的活动而付出的，包括政府内部运行成本，社会公共事务管理成本以及政府决策和行为成本在内的成本之和”；狭义的政府行政成本主要是为了维持政府机构运转所产生的费用，即政府机构内部为了维持运转，在一定时期内付出的费用之和。[④] 有的学者甚至更为细致地区分了广义、中义、狭义等众多大小内涵不等的概念。[⑤]

二是注意区分显性行政成本和隐性行政成本、直接成本和间接成本，即政府行政活动直接的资金消耗和政府转嫁给社会的成本及行政行为对社会、对未来的间接影响等。或者将行政成本划分成货币形态和非货币形态，再将货币形态成本划分成人力资源成本、物资成本和管理成本，非货币形态成本细分成机会成本、社会成本和生态成本。[⑥] 有的学者将政府行为对于时间、环境、社会道德、舆论的影响也列入政府行政成本，使其概念较为全面，但实际难以统计和测算。[⑦]

---

① 卓越：《行政成本的制度分析》，《中国行政管理》2001 年第 3 期，第 50—54 页。

② 焦建国、许正中：《推进行政改革　降低行政成本》，《国家行政学院学报专刊》2002 年第 S1 期，第 52—55 页。

③ 相关成果：仅笔者搜集到的博士、硕士学位论文 100 余篇、研究性论文 400 余篇、著作 10 余部。可参见卫刘华：《新时期我国行政成本研究：回顾与展望》，《中共济南市委党校学报》2006 年第 4 期；彭倩、胡子岚：《我国行政成本理论的历史沿革与发展探析》，《行政事业资产与财务》2011 年第 2 期；陈自强：《1995—2005 年中国国内行政成本问题研究综述》，《贵州民族大学学报（哲学社会科学版）》2013 年第 3 期。

④ 谭桔华：《政府行政成本简论》，长沙：湖南大学出版社，2005 年版，第 3 页。

⑤ 欧阳昌永：《广西行政成本问题研究》，《经济研究参考》2009 年第 17 期，第 34—45 页。小范畴的概念是指政府自身运行所开支的费用，相当于行政管理费、外交支出、公检法司支出，以及基本建设支出和事业费中用于行政部门的支出，预算外资金用于行政部门的支出。中等范畴概念是指政府自身运行费及决策开支费用，大体相当于全部财政支出。大范畴的概念是指除了上述费用外，还包括政府行政决策所付出的代价，政府部门办事效率所付出的代价。

⑥ 岳海鹰、杨瑞梅：《行政成本的界定及控制途径》，《社会科学家》2005 年第 S1 期，第 61—62 页。

⑦ 毛日清：《政府行政成本辨议》，《江西行政学院学报》2006 年第 2 期，第 18—19 页；朱慧涛、王辉：《行政成本概念鉴辨与重构》，《中国行政管理》2008 年第 1 期，第 27—29 页。

三是将“行政成本”从“政府成本”中剥离出来，避免将“行政成本”概念无限扩大而难以量化探讨的问题。[①] 如董娟认为：“由于当前政府成本、行政成本及行政管理成本在概念表述上缺乏统一的标准，从而导致以上概念相互间存在着概念模糊不清，混淆混用的现象……有必要对这三个概念重新进行梳理和辨析。”[②] 她认为政府成本涵盖范围最广，应为行政成本和行政管理成本之和。郭婕也认为：行政成本与财政支出的概念也不应混同，只有用于政府本身的行政活动的资源是行政成本，而政府能够支出但用于其他方面的支出不属于行政成本的范畴，而是政府行使对社会资源的再分配权力，如公共支出中的文化教育经费就不应属于行政成本的范围。[③] 张国庆等也认为：“‘行政成本’一词的基本要义是在于度量国家财政支出之于政府及其公务人员直接和间接花费与公民和社会公益性直接和间接花费的比例。”[④] 赵园园提出：“加大社会建设的紧迫性决定了行政成本必须尽快得到控制，财政支出必须向社会建设倾斜，因为行政成本的失控严重影响了和谐社会的构建。”[⑤] 这些学者倾向于对狭义的行政成本即行政机构本身所耗费的费用进行考察，社会公共事务支出不属于行政成本。但是这一界定并未得到学界普遍认同，仍有大量学者认为政府行政成本应包括社会公共事务支出，广义政府行政成本包括公共工程、教育医疗等开支。[⑥] 与此同时，学界也有大量以“政府成本”为研究对象的论著[⑦]，对政府行政成本进行了有益的探索。赵爱英等《政府行政成本与绩效研究》也认为“政府行政成本可称为政府成本或行政成本”，两者无实际区别。[⑧]

四是深化了对行政成本内部结构的分析，将政府行政成本区分为有效成本

① 事实上，现阶段行政学、管理学界研究成果多是在概念表述时对“行政成本”的含义界定宽泛，而在具体数据统计和分析中，难以实证分析，仍采用“行政管理费”这一固有统计数据来说明行政成本的上升，以偏概全，实证分析仍较为缺失。参见陈自强：《1995—2005 年中国国内行政成本问题研究综述》，《贵州民族大学学报（哲学社会科学版）》2013 年第 3 期，第 39—43 页。

② 董娟：《政府成本・行政成本・行政管理成本概念之辨析》，《延边大学学报（社会科学版）》2008 年第 6 期，第 102—104 页。

③ 郭婕：《行政成本研究的理论前提》，《行政与法》2006 年第 6 期，第 22—24 页。

④ 张国庆、朱慧涛：《革新观念与明列规范：新时期中国政府降控行政成本的现实选择》，《湖南社会科学》2009 年第 3 期，第 32—38 页。

⑤ 赵园园：《政府与社会博弈视角下行政成本控制的新思路》，《云南行政学院学报》2010 年第 1 期，第 124—128 页。

⑥ 刘晓斌：《我国公共管理中行政成本控制与政府效率提高——欧债危机的警示》，《企业研究》2012 年第 10 期，第 4—7 页；罗文剑：《政府支出偏好于地方政府行政成本治理——基于 J 地政府 1998—2010 年面板数据的分析》，《理论导刊》2013 年第 1 期，第 18—21 页。

⑦ 袁峰：《机构改革——降低政府成本》，《党政论坛》1998 年第 6 期，第 29—31 页；周镇宏、何翔舟：《政府成本论》，北京：人民出版社，2001 年版；许正中、张更华：《降低和优化政府成本》，北京：国家行政学院出版社，2008 年版，等等。

⑧ 赵爱英、李晓宏：《政府行政成本与绩效研究》，北京：中国社会科学出版社，2009 年版。

和无效成本、合理成本和非合理成本。我们认识到这两方面均是行政成本的组成部分，“不仅包括行政过程中的正常成本，也要包括行政过程中的非正常，不合理、不合法导致的成本，不仅包括行政作为发生的成本，也应包括行政不作为引发的成本”①。现有研究认识到行政成本中有必需的投入和额外的消耗，不应只注意到中国政府行政成本量的增长，这其中也包括因政府职能扩展、物资价格上涨而造成的合理的成本上涨。②还应注意其内部结构的比例和变化，应该反对的是额外的非合理的成本诸如腐败奢侈浪费所造成的消耗。③

通过以上对近些年来学界关于“行政成本”概念的归纳和分析，结合宋代历史研究的实际情况，我们在这里也对政府“行政成本”的概念做出狭义和广义的界定：狭义的政府“行政成本”是指政府机构用于自身建立和运转的费用，包括修建政府建筑、购买办公设备和发放人员工资、公务接待、差旅等诸项费用之和。广义的政府“行政成本”即政府机构用于自身组织及运转的费用，以及政府在社会公共管理事务中所支出的费用与因行政行为失当给政府、社会、环境等造成的损失、破坏等隐性成本和无效成本之和。这一定义兼顾了显性和隐性成本、货币与非货币成本、直接和间接成本、有效与无效成本、制度内和制度外成本、可变成本与固定成本等分类标准。④

二、本书研究范围

本书研究范围涉及广义与狭义的地方政府“行政成本”，以狭义的“行政成本”为主要研究对象，主要探讨政府本身公务人员消耗的资金、物品等；以广义的地方政府“行政成本”为参照对象。由于广义的行政成本诸如对社会、环境、道德舆论的影响难以量化分析，主要以文字描述和定性分析为主。

学界对宋代地方行政层级和地方政府的范围界定亦有不同认识，大体包括三级制、二级制和虚三级制三种观点。目前，持三级制看法的有王文楚、郑世刚、林英男、江晓敏、贾玉英、李昌宪、汪圣铎、龚延明、郑强胜、余蔚、王

---

① “乡镇政府行政成本研究”课题组：《降低行政成本的几个理论问题》，《经济体制改革》2005年第3期，第10—13页。

② 赵园园：《政府与社会博弈视角下行政成本控制的新思路》，《云南行政学院学报》2010年第1期，第124—128页。

③ 杨腾原：《行政成本居高不下：制度原因与社会感知——对“中国政府行政成本居高不下”现象的一个分析思路》，《贵州社会科学》2013年第2期，第148—153页；赖先进：《政府行政成本的结构与治理问题研究》，《国家行政学院学报》2013年第4期，第69—72页。

④ 赵爱英、李晓宏：《政府行政成本与绩效研究》，第28—30页。

晓龙等，持这一观点的通常认为，州县之上的路是一级正式的管理层级和行政区划，对州县有行政管理职权，路级机构并非只是监察机构，还是行政管理机构。[①] 持二级制观点的学者有张德昌、陈振、苗书梅、张希清、包伟民等，他们认为宋代的路级官僚机构诸司并存，互不同属，没有形成统一的权力中心，路与州之间不是上下级隶属关系，还不是完整的行政区划和管理层级。[②] 持虚三级制观点的学者有姜汉椿、朱瑞熙等，他们认为宋代的路出现了由监察区向行政区过渡的趋势，但仍不完备，州之上的路没有单一的行政长官和行政区划，是复式路制，各州还保留直接向中央的奏事权，因而地方行政体系是虚三级制。[③] 本书认为宋代的地方行政体制为三级制，即路、州、县三级[④]，对于宋代地方政府行政成本的研究也主要是围绕这三个层级的机构展开，对于路之上的宣抚使、制置使、发运使等跨路级机构和县之下的市镇、寨堡等未进行研究。

此外，鉴于学界对政府行政成本具有“社会公益性”“非营利性”的一致认识，“决定了政府在行政过程中所耗费的资源及投入不属于经济投资范围，以满足社会公众公共利益为目的，不以从中获利为目的”[⑤]，因而本书对于宋代地方政府所投入茶、盐、酒等禁榷专卖品生产经营中的大量钱物不进行探讨。宋代相关研究史料浩瀚，研究成果众多，而笔者精力有限，故本书仅对宋代地方政府行政成本中的若干问题进行了考察，主要包括行政设施成本、公务消费成本、“羡余进奉”成本、无形行政成本、无效行政成本问题，对地方政府在其他方面的行政成本消耗暂未涉及。

三、本书研究意义

宋代虽无行政成本的说法和概念，但宋代地方政府机构数量之多、官员之众、

---

① 苗书梅：《宋代地方政治制度史研究述评》，包伟民主编：《宋代制度史研究百年（1900—2000）》，北京：商务印书馆，2004 年版。坚持路州县三级行政体制的如郑强胜：《略论宋代“路州县”三级政治体制》，《上海师范大学学报（哲学社会科学版）》1990 年第 1 期，第 43—50 页；李昌宪：《宋朝路制研究》，袁行霈主编，北京大学国学研究院中国传统文化研究中心编：《国学研究》第 9 卷，北京：北京大学出版社，2002 年版，第 46—65 页；汪圣铎：《宋代转运使补论》，《中国史研究》2004 年第 1 期，第 81—88 页；余蔚：《宋代地方行政制度研究》，复旦大学博士学位论文，2003 年；王晓龙：《从提点刑狱司制度看宋代“路”之性质》，《中国历史地理论丛》2008 年第 3 辑，第 37—45 页；等等。

② 陈振：《宋史》，上海：上海人民出版社，2003 年版，第 141 页；苗书梅：《宋代官员选任和管理制度》，开封：河南大学出版社，1996 年版；张希清等：《宋朝典制》，长春：吉林文史出版社，1997 年版，第 57 页。

③ 朱瑞熙：《中国政治制度通史·宋代卷》，北京：人民出版社，1996 年版，第 320 页。

④ 王晓龙：《从提点刑狱司制度看宋代“路”之性质》，《中国历史地理论丛》2008 年第 3 辑，第 37—45 页。

⑤ 赵爱英、李晓宏：《政府行政成本与绩效研究》，第 26 页。

耗费钱物之广，在中国古代历史上是非常突出的，许多史学家也对此有深刻的认识。宋代“三冗”问题（冗官、冗费、冗兵）之突出，官僚社会之典型，为历代之最。宋代统治者为防范唐五代藩镇割据、“君弱臣强”之弊，大力削弱地方政府权力，“事为之防，曲为之制”，同一层级设立多个机构、权力分散、互相监督，导致地方上机构重叠、官员冗滥、决策缓慢，加之官员素质有限，奢侈浪费日益严重，对国家政治、经济、军事造成极大损害。宋代地方政府行政成本问题之突出，值得深入研究，具体看来，本书的研究，具有以下几方面的意义。

（一）对宋代财政史研究范围的突破

首先，宋代地方政府行政成本问题的研究范围与财政史研究范围并不完全一致，狭义的行政成本概念主要是指政府财政支出中用于政府自身组织、建设、运行的费用，范围小于财政支出，但本书对于这部分行政管理经费的研究和分析更为细致（图 0-1）。广义的地方政府行政成本概念包括财政支出中除了营利性经营和对外军事战争支出的其余部分支出，并向外延伸包括了非货币形态的由政府行政行为而对社会、道德舆论、环境等方面的影响，研究范围较财政史更加广泛（图 0-2）。

图 0-1　狭义行政成本示意图

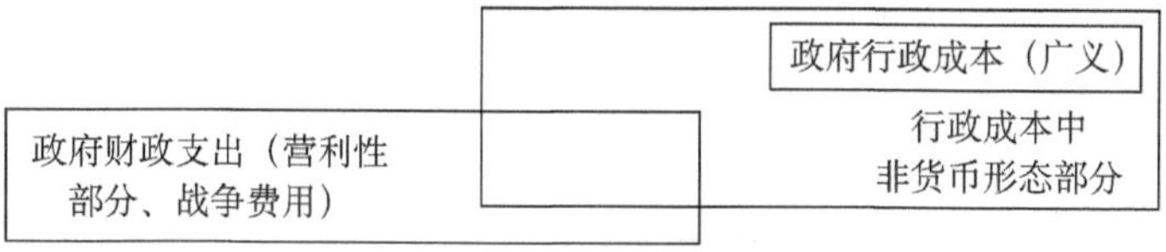

图 0-2　广义行政成本示意图

其次，财政史研究更加关注财政收入支出项目、金额以及政府相关财政管理制度。而行政成本问题研究除了分析统计支出项目、金额及政府应对策略外，还要关注行政成本数额前后变化，与社会公共建设支出的比例关系，特别是与政府行政绩效的关系。对于政府行政成本的衡量，既有“量”的考察，也有“质”的评测。行政管理经费和财政支出数额是比较容易考证和分析的标准，这是对于行政成本“量”的衡量。而对于这部分经费投入是否有效，只能通过行政绩效进行衡量，这其中包括经济、效率、效能（情况改善）、公平、民主五个方面。[①] 学界已有研究认为，政府绩效与行政成本呈递减式曲线变动关系，即随着政府行政成本的增加，政府提供的公共物品和服务也随之增加，社会满意度提高，政府绩效增加；但公共物品超量提供，政府行政成本过度增加后，政府绩效会出现下降。[②] 宋代行政成本与绩效的关系，是否也是如此，有没有自身特点，值得深入考察。此外，对于宋代地方政府行政成本数额的统计和估测也是以往学界较少进行的，往往是中央与地方数字混在一起，本书对此方面也有初步探讨，有一定的学术价值。

（二）对宋代政治史研究新视角、新方法的探索

传统政治史研究侧重于政治事件和政治制度的分析，对于政府行政成本过高问题也主要是从冗官冗费的角度进行探讨，忽视了政府职能扩展、社会管理和服务对象扩大及物价变动所造成的合理成本上升。宋代是中国古代典型的官僚社会，盛兴“皇帝与士大夫共治天下”。宋代地方逐渐形成路、州、县三级行政体制。为防范地方政府长官独断，统治者不断增加与之同级的官员进行相互制约。从中央到地方，宋代官员多至四万余人，这使得地方政府的行政成本大大超过前朝。宋朝人口规模、经济发展水平也超越前代，因而地方政府为完成各项行政任务的耗费十分巨大，对宋代地方行政中所耗费的人力、财力、物力成本进行系统研究，区分其有效成本与无效成本、显性成本与隐性成本、合理成本与非合理成本，具有重要学术价值。同时，把现代行政学、管理学理论与宋代历史相结合，开创新的研究视角，通过现代行政成本理论、方法来分析宋代地方政府所面对的成本问题，提出新的观点，对于宋代地方行政制度在中国古代地方行政制度史上的地位，也有更为深刻准确的认识。

（三）具有一定的现实借鉴意义

古今有相通之处，“以史为鉴，可以知兴替”，历史学的价值在于“求真”和“致用”。“致用”不是将历史简单地与今天比，也不是将历史知识作为实用

---

① 赵爱英、李晓宏：《政府行政成本与绩效研究》，第 142—143 页。许正中等学者提出另外一套绩效评价体系，对于政府行政成本的衡量，可以通过财政支出数额、行政管理费数额、环境变化等进行衡量，而行政绩效主要通过政治指标体系（权威性、群众监督机制、回应性、程序公正性）、经济指标体系（国民经济指标、产业结构、通货膨胀率、就业率与失业率）、社会指标体系（人均收入及增长率、社会贫富分化程度、社会保障体系、社会治安状况、生态环境）、科教文卫指标体系（科技发展水平、教育发展水平、文化事业、卫生和防疫）来进行行政成本——绩效的分析。

② 赵爱英、李晓宏：《政府行政成本与绩效研究》，第 163—164 页。

工具。“历史学的实践性主要不是体现在它对现实的直接作用，而是通过对历史的认识，明了我们生存的文化根脉，明了我们漫长的发展路径，从而向社会和公众提供更多的经验和智慧。”① 十八大以来，中央连续出台多项治理政府行政成本过高问题的重要举措，2013 年 1 月，习近平总书记发表关于厉行勤俭节约、反对铺张浪费、打击贪腐等治理行政成本问题的讲话；中央也连续出台了改进工作作风、密切联系群众的“八项规定”“六条禁令”，体现了政府治理“三公”经费，限制政府行政成本过高问题的坚强决心。研究宋代地方政府行政成本的构成及其为解决行政成本过高问题所采取的举措，总结其经验教训，可为解决当今地方政府行政成本问题提供历史借鉴，为建立规范、协调、廉洁、高效的现代服务型政府做出贡献。

四、相关研究现状及分析

宋代地方政府行政成本问题的研究，涉及政治制度、财政、法律、教育、公共工程建设、医疗、军事等多个领域，相关研究成果或多或少均涉及行政成本问题。此外，现代行政成本问题研究论著中，也有部分成果简单综述了古代政府行政成本状况，而其他断代史研究中，也有以“成本”或“行政成本”为题进行探索的文章，具有启发意义，以下分类对几方面的成果，进行总结和分析。

（一）现代行政成本问题相关成果

谭桔华《政府行政成本简论》一书中提出：“中国历史上的统治者中也不乏为维护其统治地位，高度重视财政状况及成本问题，并经多次改革，努力控制和降低成本，缓解财政危机的。”② 以宋代行政成本问题为例，他认为宋初君权集中，中央地方各级机构重复设置，互相分权，导致“国家机构的庞杂重叠，冗官泛滥，政令不畅，效率低下，并且虚耗国家财力，再加上皇室奢侈，冗兵日众，连年战争，更使财政入不敷出，国家经济受到影响，甚至危及政权的稳定”③。从庆历新政到元丰改制，再到南宋初年大规模的机构裁并，“每次变法、改革都与节约财政开支、缓解财政危机有关”④。周镇宏、何翔舟《政府成本论》

① 编者按：《纪念贺昌群先生诞辰一百一十周年》，《中国史研究》2013 年第 4 期，封 2 页。
② 谭桔华：《政府行政成本简论》，第 11—12 页。
③ 谭桔华：《政府行政成本简论》，第 11—12 页。
④ 谭桔华：《政府行政成本简论》，第 11—12 页。

一书中对中国古代的官僚体制和冗官问题进行了探讨，提出："封建官僚队伍的不断扩大，既表现在官员绝对数量的增加，也体现于官民比例的缩减"，"宋朝开国时，官僚骨干队伍人数只有13 000人，仁宗时为20 000人，哲宗时已达28 000人"，"官僚者阶层的比重自西汉以来越来越大，官民比重由西汉的1∶7945人变为清朝的1∶911，这就是'十羊九牧'的官僚之患"；此外，本书还对中国封建社会行政管理层级的增多、官僚机构的膨胀也进行论述，指出中国历史上存在"精简—膨胀—再精简—再膨胀的"循环圈"。① 孙玮在《当前我国职务消费问题研究》中，对中国古代诸王朝官员职务消费科目、数量标准等进行了考证，并总结出："在中国封建社会的后期，职务消费大大超出了官员的名义收入，越来越成为权势集团不愿割舍的既得利益。"② 魏捷先的《宋代绩效考评制度及其当代价值》认为宋代的绩效考评制度较为完善，标准、内容、程序、方法等制定较为合理，考评相关监督约束机制较为完善，监督与考核相互制约，突出地方政府绩效考评在整个政府考评体系中的地位，同时也存在考绩权力高度集中、标准定性有而余定量不足、重年资轻能力等问题。③

还有一些短论、杂文，也对宋代及各个朝代的行政成本问题诸如官员俸禄、高薪养廉、公费用餐、裁汰冗员、精简机构等予以关注，但多是托古喻今，对古代相关问题研究有限。④

（二）其他断代史研究中关于"成本""行政成本"的论著

严耀中《魏晋南北朝时期历史演变中的"成本"因素》一文认为，魏晋南北朝历史发展演变中的许多现象，诸如门阀政治、民族融合中的语言文字、田制与专役户制度、军事斗争等，其中都蕴含着"行政成本"这个看不见的手，它在历史演变中发挥着无形的作用。由此，他认为：历史上南北方战争，之所以北方胜多负少，军队后勤供应所花成本高低不同也是重要原因。而儒家思想的"德治""贱讼"，可以减少民众和官府花费的大量精力、物力，"都是为了减

① 周镇宏、何翔舟：《政府成本论》，第158—160、164—168页。

② 孙玮：《当前我国职务消费问题研究》，天津财经大学硕士学位论文，2008年，第10—13页。

③ 魏捷先：《宋代绩效考评制度及其当代价值》，湘潭大学硕士学位论文，2008年，第21—23页。

④ 此类文章数量较多，王大为：《"十羊九牧"与行政成本》，《中国公务员》1999年4期，第44页；关山远：《古代的三公消费》，《人才资源开发》2012年第3期，第95—96页；陈新元：《从"公廨钱"说开去》，《财务与会计》1988年第10期，第57页；张晓峰：《宋代公务员最幸福》，《政府法制》2009年19期，第19页；毋冰：《古代年终奖怎么发》，《北京日报》，2012年1月5日；周冉：《唐宋高官也蜗居》，《政府法制》2010年第23期；王子今：《淘汰冗员：历代改革的尝试》，《学习时报》，2005年1月31日；阎泽川：《宋代的公款接待》，《国学》2012年第9期，第79页；孙存准：《宋代如何反"公款吃喝"》，《政府法制》2009年第36期，第9页。

轻行政成本的政策理念”，“成本意识之所以在中国社会政治生活中在‘自然而然’地起作用，一个重要的原因是民众在生活中所采取的实际态度”。[①] 温春来《行政成本、汉夷风俗与改土归流——明代贵州贵阳府与新贵县设置始末》通过明代贵阳府与新贵县设置过程的考察，探讨了明王朝在南方少数民族地区拓展统治权力时所面临的行政成本方面的制约问题，提出设置流官意味着行政经费的大量增加，驻军费用、建设衙门官舍、官员薪俸等花费大量经费，财政的困难也是中央政府长期不愿改设流官的重要原因。[②] 谢元鲁《论唐宋社会变迁中平等和效率的历史转换》一文提出，唐宋社会经济制度演变的特点是在经济制度与运行方式上由注重平等转向注重效率，在政治制度的运行方面则是由注重效率到注重平等。唐代后期至五代中央政权统治能力的下降、社会经济的发展和转型、思想文化多元化的趋势，以及宋代统治集团为保证制度稳定性的需要，是唐宋之际政治行政领域由效率向公平变迁的内在动力。但是，在唐宋社会演变过程中，政治与经济变革的无法协调，终究使唐宋的变革最终停滞，“高度的中央集权又必然导致行政事务的低效率与社会交易成本的上升，导致无法持久的发展”，“而且官僚集团的低效率及庞大的财政支出，使社会总效益减少更为严重，经济制度的改良终于在政治制度的制约下出现停滞”。[③] 王永兴《论唐代前期行政管理的较高效率与法制的关系》[④]、韩国磐《从颜真卿告身谈到唐代行政效率》[⑤] 两篇文章均是以唐代官府文书为观察视角，通过文书的奏报、批复、下发时间来观察唐代官府的行政效率，提出唐代前期政府的行政效率是比较高的，官府相关制度也得到比较好的执行，而这与唐代法制的严格健全有密切的联系。王家范曾归纳了中国古代消费的特征：“国家军事——行政消费大大超过社会个体成员的消费，非生产人口的消费大大超过生产人口的消费，生活性消费大大超过生产性消费，奢侈性消费大大超过正当性消费。”[⑥] 这对研究古代行政成本问题具有启发意义。

此外，有关中国古代政治制度、地方财政、官员俸禄、三冗（冗官、冗兵、

---

① 严耀中：《魏晋南北朝时期历史演变中的“成本”因素》，《南京晓庄学院学报》2011年第2期，第18—22页。

② 温春来：《行政成本、汉夷风俗与改土归流——明代贵州贵阳府与新贵县设置始末》，《中山大学学报（社会科学版）》2004年第5期，第85—89页。

③ 谢元鲁：《论唐宋社会变迁中平等和效率的历史转换》，《四川师范大学学报（社会科学版）》2006年第2期，第93—98页。

④ 王永兴：《论唐代前期行政管理的较高效率与法制的关系》，《北京大学学报（哲学社会科学版）》1985年第3期，第66—74页。

⑤ 韩国磐：《从颜真卿告身谈到唐代行政效率》，《人文杂志》1988年第1期，第9—15页。

⑥ 王家范：《中国历史通论》，上海：华东师范大学出版社，2000年版，第232页。

冗费）问题、州县省并、机构精简、社会公共管理等方面的论著均或多或少涉及行政成本问题，由于数量众多，此处不能一一列举，在各章节具体写作会详细标注。

（三）宋史相关研究成果

中外学界对宋代地方政府行政成本问题虽无系统研究，但诸多领域的研究均涉及这一问题，主要包括财政史、政治制度史、法制史、社会史、教育史、军事史等，详细论述如下。

1. 财政史领域

目前有关宋代财政及地方财政收入、支出、管理的整体性研究已较为深入。20 世纪 60 年代，日本学者曾我部静雄出版《宋代财政史》，对宋代财政领域的相关管理制度和一些重要财税收支项目进行了详细研究。① 90 年代，中国学者汪圣铎在长期研究基础上出版《两宋财政史》（上、下册），对两宋财政发展历程、财政收支项目、财政管理体系和制度进行了研究，其中对地方财政的地位和作用、冗官支费、军费和其他支费进行了较细致的考证，对本书的研究起到重要的启示作用，正文后的附表也对本书中有关地方政府相关支出费用的统计工作提供宝贵的资料。② 包伟民《宋代地方财政史研究》进一步对宋代地方财政的相关制度和体系、中央与地方财赋分配关系的演变、宋代地方财政窘境和解决方法、财政区域间的不平衡和赋税征发阶级不平衡等问题进行深入探讨，其中对于转运司、州军、属县岁计收支的研究颇为精彩，值得重视，但对属县财政的地位表述值得商榷，对地方财政支出项目和数额的统计、项目间比例分配等值得进一步研究。③ 张金岭《晚宋时期财政危机研究》对南宋中后期宁宗、理宗直至宋末时期的财政困局分不同历史阶段进行了研究，并分析了财政危机造成的原因及解决措施；还进一步分析了财政危机与晚宋政局的关系，其中对冗官、军费、宫廷浪费的分析与本书有较大联系。④ 杨宇勋《取民与养民：南宋的财政收支与官民互动》对南宋政府取民（赋税征收的种类）、完税纳粮的流程、养民（政府教育与文化、社会福利与救济、公共建设、人事支出和消费）、官民在赋税征收和使用中的互动等进行了分章节的探索，其中关于养民的诸多举措

---

① 〔日〕曾我部静雄：《宋代财政史》，东京：生活社，1941 年版。

② 汪圣铎：《两宋财政史》（上、下册），北京：中华书局，1995 年版。

③ 包伟民：《宋代地方财政史研究》，北京：中国人民大学出版社，2011 年版。

④ 张金岭：《晚宋时期财政危机研究》，成都：四川大学出版社，2001 年版。

和财政支出，对本书颇具启发。[①] 黄纯艳《宋代财政史》对宋代财政管理制度、财政收入、支出项目、财政运输等问题进行了细致的考证，其中对于宋代地方财政列专章进行探讨，较前人更加深入；有关宋代军费、官僚俸禄支出、中央与地方财权分配与变化方面的研究，对本书更具指导意义。[②] 从整体上研究宋代财政及地方财政制度的文章和学位论文亦有许多，难以一一列举。[③]

具体到某一财政支出项目或制度，与本书写作关系较大的有诸如宋代官员俸禄、公使钱、公务接待费、公廨营建及费用、物价及通货膨胀、三冗问题（冗官、冗兵、冗费）等。

（1）官吏俸禄

官吏俸禄是地方政府行政成本支出的主要项目之一，对于宋代官员俸禄制度，尤其是官员俸禄种类、支给制度等中外学界已有较多探讨。20 世纪 40 年代官蔚蓝《宋代禄制之薄》（上、下）、节勤《宋明两代的官俸》等对宋代官员俸禄制度进行了探讨和对比。[④] 有关宋代政治制度的综合性研究如朱瑞熙《中国政治制度通史・宋代卷》、张希清等《宋朝典制》、祝丰年等《宋代官吏制度》、黄慧贤等主编《中国俸禄制度史》。[⑤] 苗书梅《宋代官员选任和管理制度》也对宋代官员俸禄的种类、支给、特点及其历史地位等进行了研究，她认为宋代俸禄制度改变了唐朝由官品决定俸禄的制度，确立以寄禄官（北宋前期本官）决定俸料、职事官决定职钱的双轨俸给制度；俸禄的数额呈不断上涨的趋势，而且

① 杨宇勋：《取民与养民：南宋的财政收支与官民互动》，《台湾师范大学历史研究所专刊》31，台北：台湾师范大学历史研究所，2003 年版。

② 黄纯艳：《宋代财政史》，昆明：云南大学出版社，2013 年版。

③ 代表性文章如汪圣铎：《宋代财政支出与户部月支》，中华书局编辑部编：《文史》第 18 辑，北京：中华书局，1983 年版，第 101—109 页；程民生：《论北宋财政的特点与积贫的假象》，《中国史研究》1984 年第 3 期，第 27—39 页；汪圣铎：《宋代地方财政研究》，中华书局编辑部编：《文史》第 27 辑，北京：中华书局，1986 年版，第 89—132 页；袁一堂：《论北宋中叶的财政危机》，《史学月刊》1990 年第 3 期，第 31—36 页；包伟民：《宋代地方州军财政制度述略》，中华书局编辑部编：《文史》第 41 辑，北京：中华书局，1996 年版，第 53—74 页；张金岭：《试论晚宋时期的财政》，《中国史研究》1999 年第 2 期，第 111—118 页；张金岭：《晚宋士大夫无耻与财政危机》，《中华文化论坛》2001 年第 4 期，第 68—72 页；方宝璋：《论宋代集中财权的思想》，《中国经济史研究》2008 年第 4 期，第 144—151 页。学位论文如彭向前：《唐末五代宋初中央财权集中的历史轨迹》，河北大学硕士学位论文，2001 年；刘云：《南宋高宗时期的财政制度——以宋代中央与地方财政关系为中心》，华南师范大学硕士学位论文，2004 年；林敏：《宋代财政政策对福建路寺院经济的影响》，福建师范大学硕士学位论文，2008 年；李义琼：《北宋前中叶财政体制的变迁——以王安石的财政改革为中心》，云南大学硕士学位论文，2010 年；任维钧：《北宋陕西路财政研究》，广西师范大学硕士学位论文，2012 年。

④ 官蔚蓝：《宋代禄制之薄》（上、下）《中央日报》，1947 年 7 月 23、30 日；节勤：《宋明两代的官俸》，《台湾新生报》，1948 年 10 月 16 日。

⑤ 朱瑞熙：《中国政治制度通史・宋代卷》，北京：人民出版社，1996 年版；张希清等：《宋朝典制》，长春：吉林文史出版社，1997 年版；祝丰年、祝小惠：《宋代官吏制度》，北京：中国社会出版社，2007 年版；黄惠贤、陈锋主编：《中国俸禄制度史》，武汉：武汉大学出版社，1996 年版。

高级和低级官员、内官与外官、宗室与庶官间俸禄差距颇大。[①]日本衣川强《宋代文官俸给制度》一书着重探讨了宋代文官俸禄制度的变化、支给额、支给方式以及俸禄与国家财政的关系；韩国曹福铉《宋代官员俸禄制度》一书也对各个等级官员俸禄种类、发放情况、南北宋时期官员俸禄与物价的关系等进行了探讨。[②]汪圣铎《宋代官员俸禄和其他颁给分项考析》对宋代官员的正式俸禄、各种货币形态、实物形态的津贴、外出公干的驿卷、年节赏赐，公使钱物等进行了详细的考订，认为宋代整体上用于俸禄的财政开支偏多，但由于冗官等问题，官员俸禄水平偏低；而高级官员则与之不同。[③]在《宋代文官俸禄与差遣》中，汪提出不应过于强调寄禄官（本官）与俸禄的联系，无论在元丰改制前还是元丰改制后，实际差遣对于官员俸禄收入具有更重要意义，甚至低级官员如州县选人无俸禄之时可能没有俸钱收入。[④]李丹对宋代武官俸禄的发展历史、俸禄种类、支给方式、手续等进行了研究，并与其他朝代进行对比，认为宋代高级武官和低级武官俸禄差别极大，宗室武官俸禄优厚，俸禄结构中，本俸要大大多于俸米。[⑤]祖慧《宋代胥吏俸禄制度研究》一文认为，北宋前期少数胥吏是有俸禄的，但中央和地方大多数吏人无俸，到了“王安石变法”时期，推行“仓法”，给予胥吏俸禄，同时加强对犯罪人员的惩治，后来这项法律演变为“重禄法”，一直延续到南宋。但两宋时期，一直是有禄和无禄胥吏并存，并对胥吏俸禄经费的来源、吏禄水平、总额、不同机构胥吏俸禄差别等进行分析。但是，由于胥吏在政治上升迁无望、地位卑微、长期盘踞于一地、本身贪婪等原因，导致重禄法在北宋后期和南宋施行后，仍不能避免胥吏贪污腐败。[⑥]

对于宋代官员俸禄水平高低及对财政的影响学界有不同认识，邵红霞认为宋代官僚俸禄丰厚，加之收受贿赂，收入颇丰，但由于家属众多、物价上涨等因素，要想维持较高生活水平，只能通过贪污腐败等途径；同时，冗官大量增

---

① 苗书梅：《宋代官员选任和管理制度》，开封：河南大学出版社，1996年版。

② 〔日〕衣川强著，郑梁生译：《宋代文官俸给制度》，台北：商务印书馆，1977年版；〔韩〕曹福铉：《宋代官员俸禄制度》，首尔：新书苑，2006年版。

③ 汪圣铎：《宋代官员俸禄和其他颁给分项考析》，《宋代社会生活研究》，北京：人民出版社，2007年版，第173—209页。

④ 汪圣铎：《宋朝文官俸禄与差遣》，《宋代社会生活研究》，第158—172页。

⑤ 李丹：《宋代武官俸禄制度研究》，河南大学硕士学位论文，2012年。

⑥ 祖慧：《宋代胥吏俸禄制度研究》，杭州大学古籍研究所、杭州大学中文系古汉语教研室编：《古典文献与文化论丛》第2辑，杭州：杭州大学出版社，1999年版，第253—282页；贾玉英：《试论王安石变法时期的仓法》，《河南大学学报（哲学社会科学版）》1990年第1期，第33—36页；路育松：《试论王安石对吏禄的改革》，《安徽史学》1999年第2期，第3—7页；陈朝阳：《从熙宁“仓法”看宋代“加俸养廉”现象》，《洛阳理工学院学报（社会科学版）》2011年第1期，第56—59页。

加，官俸支出巨大，导致国家财政危机，官场贪腐之风盛行，最终亡国。①谭凤娥认为宋代官员俸禄优厚，“高薪养贪”，从而导致冗官冗费，世风日坏，加速了宋代的灭亡。②王福鑫从社会舆论、价值观、俸外收入、做官后的经济效果等来考察，认为宋代官员俸禄优厚，整体水平较高。③周启志认为宋代俸禄水平优厚，本应高薪养廉，但由于惩治贪赃不严，有法难行，使得腐败现象更加猖獗。④何忠礼认为，宋代官俸不高，虽经多次提升，但被物价上涨的因素冲减，低级官员生活困窘，州县胥吏更是以贪污受贿为生。⑤张全明通过对宋代俸禄制度发展阶段的划分和与社会各个阶层收入的对比，认为宋代官员俸禄水平应区分不同阶段探讨，不能以宋初而言官贫，也不像后人所说的那么丰厚，总体较为平稳且呈上升趋势，在中国历史各王朝中属中上等水平。⑥一部分学者还对宋代“增俸养廉”的政策进行了反思，认为增加俸禄虽然不错，但这并不能顺理成章地形成廉洁之风，加强法制建设、才能从根本上预防贪腐。⑦张邦炜还探讨了宋代“省官益俸”的构想及其实践，认为最终两者均未能实现，官吏日益冗滥，官员俸禄虽然增加，但难抵物价上涨和通货膨胀，两方面的失控导致国家财政困窘，官吏贪腐。⑧黄纯艳认为宋代冗官严重，自然增加财政困窘，但一年几百万贯的年费对财政的影响，难以与数千万贯的军费甚至祭祀和赏赐费用相比，而且官俸中有大量武官俸禄是重叠计算的，如果将这部分费用划入军费，单纯计算文官费用，其数字远未到惊人或成为财政重累的地步。⑨《两宋财政史》《宋代地方财政史研究》中也对宋代官员的俸禄种类、数量前后变化等列有专门篇幅进行探讨。目前相关研究较多，但对于地方官员俸禄种类的特殊性、数量统计、支给流程、在地方财政中的研究所占比重较小，值得进一步深入研究。⑩

---

① 邵红霞：《宋代官僚的俸禄与国家财政》，《江海学刊》1993 年第 6 期，第 134—148 页。

② 谭凤娥：《宋代的俸禄制度与宋代的灭亡》，《甘肃社会科学》2003 年第 5 期，第 16—17 页。

③ 王福鑫：《对宋代官员俸禄水平的再认识》，《长沙理工大学学报（社会科学版）》2007 年第 2 期，第 104—107 页。

④ 周启志：《宋代的“益俸”政策及反思》《南京林业大学学报（人文社会科学版）》2002 年第 1 期，第 78—81 页。

⑤ 何忠礼：《宋代官吏的俸禄》，《历史研究》1994 年第 3 期，第 102—115 页。

⑥ 张全明：《也论宋代官员的俸禄》，《历史研究》1997 年第 2 期，第 135—149 页。

⑦ 穆朝庆：《论宋代的职田制度——兼评“厚俸养廉”政策》，《中州学刊》1992 年第 4 期，第 132—137 页。

⑧ 张邦炜：《宋代“省官益俸”的构想及其实践》，《四川师范大学学报（社会科学版）》1987 年第 1 期，第 10—17 页。

⑨ 黄纯艳：《宋代财政史》，第 654—655 页。

⑩ 汪圣铎、冯红：《旁：宋代的一种官文书》，《河北学刊》2010 年第 3 期，第 66—72 页，对官吏、军兵领取俸禄的请给旁这一凭证进行了研究。

（2）公使钱及公使库

宋代地方政府能够比较自由使用的公使钱是地方公务接待和活动经费的主要来源，对其和存放公使钱物的公使库与本书关系较为密切。俞宗宪、日本佐伯富对宋代公使钱和公用钱的关系进行了考证，认为公使钱与公用钱是同一概念，并对中央和地方各州军公使钱数额进行了考订，对公使钱使用的主要用途和政府相关法令也进行了仔细的爬梳。[①] 持同一观点的学者还有黄纯艳，其对公用钱的拨赐和地域差异，筹集的途径、用途及政府对公用钱的严格管理制度等进行了考证。[②] 许多学者也注意到宋代官员滥用、贪污公使钱的问题[③]，由此曹之对宋代公使库的营利性经营和对文化发展的作用进行了探讨[④]。但亦有学者认为公使钱与公用钱不是同一性质钱物，如林天蔚《宋代公使库、公使钱与公用钱间的关系》认为公使钱是地方首长与中央执政官或高级职事官的个人特别津贴，可以说是俸禄的一部分，可以私入；而公用钱则是官署的特别办公费，可以用于招待往来官吏，犒军及其他用途，主管长官可以使用公用钱，但如果侵吞便构成违法，两者作用迥异；公使库则是筹措和储存公使钱的机构，还要负责众多营利性的经营活动。[⑤] 杨倩描《唐宋时期的“公使钱”与“公用钱”》认为宋代的公用钱从唐代公廨钱演变而来，是地方官府行政事业费，可以招待过往官员、州县官伙食费等。五代时期公用钱改为公使钱，宋代沿用。但宋初收兵权后，为了安抚藩镇，设立了“随使公使钱”作为军事专项基金，针对的是节度使、刺史等个人。公用钱数额多，使用管理严格；公使钱数额少，如“俸禄”“皆随月给”，管理较松。[⑥] 目前，对于州府等地方政府公用钱支出用途及数额的研究还有进一步探讨的空间。

（3）公务接待费及相关办公费用

朱瑞熙先生《宋代官员公费用餐制度初探》一文认为，中国古代官员的公

---

① 俞宗宪：《宋代公使钱研究》，李伟国、顾宏义主编：《裴汝诚教授八秩寿庆论文集》，北京：中华书局，2011年版，第293—314页；〔日〕佐伯富：《关于宋代的公使钱——地方财政研究》，《东洋学报》1964年第47卷1、2号；杨倩描：《北宋公用钱“新额”时间考》，《河北学刊》2002年第5期，第131—135页，对《宋会要辑稿·礼》中所载北宋公用钱数额统计中“新额”的时间进行了考证，确定其为熙宁五年到元丰三年的数额。

② 黄纯艳：《论宋代的公用钱》，《云南社会科学》2002年第4期，第76—81页。

③ 叶烨、刘学：《宋代公使钱滥用问题探析》，《云南社会科学》2010年第2期，第124—128页；宫超、储蓉蓉：《论南宋的公使苞苴及其责任追究》，《重庆交通大学学报（社会科学版）》2010年第4期，第86—89页。

④ 曹之：《宋代公使库刻书》，《晋图学刊》1988年第4期，第78—81页；叶烨：《宋代公使钱制度与宋词》，《2006词学国际学术研讨会论文集》，第228—239页。

⑤ 林天蔚：《宋代公使库、公使钱与公用钱的关系》，《“中央研究院”历史语言研究所集刊》1973年第45本第1分册，第407—440页。

⑥ 杨倩描：《唐宋时期的“公使钱”与“公用钱”》，孙继民、朱文通主编：《传统文化与河北地方史研究》，石家庄：花山文艺出版社，2008年版，第125—142页。

费用餐制度，可以追溯到汉代。宋代官员公费用餐制度较为完善，对各级、各类官员公费用餐做出了种种规定。州县享用的公费膳食包括旬设、款待过往官员、犒劳军校、本地官员聚餐等，用餐的经费主要来源于公使钱，对于路级监司、州县武官、监当官等又制定了相应的公费用餐规定。朱先生还将宋代官员的餐钱、厨料米面、折食钱等俸禄部分也纳入公费用餐的视野。他认为宋代官员公费用餐制度的特点主要包括限制官员公款吃喝、挥霍浪费，减少公费无谓消耗，但在朝政腐败的时期，官员的吃喝之风难以遏制，给后代也带来一定影响。①程民生《宋代食品价格与餐费考察》对宋代各类食品、宴会、学生、军队伙食费等进行了考察，并指出公款消费的宴席一餐上千贯钱，而学生、士兵的伙食费只有数十文到百文。②尹高林《北宋宴饮活动研究》也论述了官府宴饮的奢华及其阶段性变化。③曹家齐则以日本僧人成寻《参天台五代山记》为基本史料，通过成寻一行沿途北上开封府和五台山等地，对宋代各级政府接待外国使客制度进行了研究，包括享受的引伴、护送，官方交通工具与食宿安排等，显示了宋代各级机构间分工的细致、多机构间相互合作等，体现了宋朝对外使客接待制度的完善。④李克华等亦对宋朝中央和地方政府外交活动缴费的支出、管理进行了研究，指出州县外交经费使用受到上级监司的严格监督和控制，体现出经费制度的成熟与合理。⑤曹家齐《宋代交通管理制度研究》一书中，对宋代馆驿的设置和服役人员、过往官员驿券的领取和食宿、公务人员借用驿站马匹、舟船等交通工具，官员出行吏卒迎送及行李搬运等问题进行了考察，多有出于之前学者之新论，对于探讨地方公务接待费及相关费用问题奠定了重要基础⑥，但学界对于地方官府办公物品的购置及经费来源等仍有较大探索空间⑦。

---

① 朱瑞熙：《宋代官员公费用餐制度初探》，中华书局编辑部编：《文史》第49辑，北京：中华书局，1999年，第137—153页。

② 程民生：《宋代食品价格与餐费考察》，《河北大学学报（哲学社会科学版）》2008年第4期，第9—13页。

③ 尹高林：《北宋宴饮活动研究》，河南大学硕士学位论文，2010年。

④ 曹家齐：《宋朝对外国使客的接待制度——以〈参天台五代山记〉为中心之考察》，《中国史研究》2011年第3期，第109—124页。

⑤ 李克华、崇庆：《宋代外交礼仪活动的经费保障》，《阴山学刊》2013年第1期，第51—54页。

⑥ 曹家齐：《宋代交通管理制度研究》第1章《域内人员往来制度》，开封：河南大学出版社，2002年版。

⑦ 魏天安：《宋代行会制度史》，北京：东方出版社，1997年版；李晓：《宋朝政府购买制度研究》，上海：上海人民出版社，2007年版；李合群：《北宋“供百物皆有行”的见证——河南滑县北宋商行碑》，《中国经济史研究》2011年第2期，第112页，对官府与行会交易的情况、科配、官府定价等进行了研究，但地方官府购买办公、接待物品等费用仍较少涉及；程民生：《宋代的“公债”》认为宋代普遍实行官府向民间借贷的公债制度，地方官府尤其突出，借贷的物品包括钱、物等，多为强制性借贷，公债主要是地方官府应付驻军军费，是缓解财政压力的常用手段（《中国史研究》2006年第3期，第111—115页）。

（4）公廨营建及费用

目前学界对于宋代官府建筑制度的研究亦有相当数量，如袁琳《宋代城市形态和官署建筑制度研究》一书对两宋中央和地方官署相关建筑制度进行了详尽分析，并在下编以临安府、建康府等为例具体探讨了官署的营建沿革和院落布局，并列有多个复原图，给读者以清晰、明确的图示。[①]乔迅翔《宋代官式建筑营造及其技术》则从更为宏观的角度探讨了宋代建筑营造管理机构、营造工序、相关建筑式样的功用、建筑中的工料等问题。[②]研究中涉及地方公廨营建费用的主要有两篇，一是江天健《宋代地方官廨的修建》一文，以杭州、苏州等探讨了宋代地方官廨的规制、地方官廨修建的发展过程，并具体探讨了地方官廨修建的经费来源和人工来源，并认为在当时考核目标和财政困窘的影响下，地方官员多对官廨修建持消极态度[③]；二是牛来颖《唐宋州县公廨及营修诸问题》在谈论唐宋州县公廨规模及布局的同时，以《天圣令》等法令文书，具体探讨了地方官廨营建中的人工、物料等，并分析了地方官廨修建经费的来源[④]。现有研究中有对地方官廨营建费用统计和经费来源等统计，但仍有进一步探讨的空间。

（5）“三冗”问题

“三冗”问题主要是对宋代冗官、冗兵、冗费三类问题的探讨，对分析和估测宋代地方政府行政成本总体数量，评判宋代地方政府行政成本是否合理均有重要借鉴作用。

先看冗官问题，直接以“冗官”为题对宋代官员冗滥问题进行研究的论文有近二十篇，比较有代表性的有郭正忠《中国古代官僚机构的膨胀规律及根源——兼析两宋官冗的社会背景》，通过对汉至明历代官员数量及相同时期户籍增长幅度的比较，说明宋代官员数增速超过户籍增速一百多倍，官员数量冗滥；且认为宋代官员冗滥的原因包括封建经济发展、赋税增加，为官吏增多提供了可能的土壤。官僚众多特权也吸引地主阶级及其他阶层向其靠拢；再者，官吏冗滥也是地方各阶层利害角逐，达到平衡的结果，科举、恩荫、摄官、吏

① 袁琳：《宋代城市形态和官署建筑制度研究》，北京：中国建筑工业出版社，2013 年版。

② 乔迅翔：《宋代官式建筑营造及其技术》，上海：同济大学出版社，2012 年版。相关成果还有赵龙：《从方志看宋代县衙署建筑群的布局》，《求索》2012 年第 8 期，第 120—122 页；陈凌：《宋代府、州衙署的建筑规模和布局》，《文史杂志》2013 年第 2 期，第 58—59 页等。

③ 江天健：《宋代地方官廨的修建》，宋史座谈会主编：《宋史研究集》第 31 辑，台北：兰台出版社，2002 年版，第 309—332 页。

④ 牛来颖：《唐宋州县公廨及营修诸问题》，荣新江主编：《唐研究》第 14 卷，北京：北京大学出版社，2008 年版，第 360—380 页。

人出职等，反映了各方面的政治诉求。官吏冗滥，也是秦汉以来君主专制制度发展的产物，机构重叠，互相制衡。[①] 杨果《论北宋的“冗官”与积贫积弱的关系》，认为北宋冗官形成的原因包括分化事权、增设机构、官职分离、入仕途径增多等，冗官也造成了养官冗费的增加，国贫民困、国力衰弱、行政效率低下、贪赃腐化。[②] 王会全认为统治者为加强中央集权、分散权力导致机构庞杂，科举取士过多、恩荫太滥、待遇优厚引人跻身等原因导致冗官冗费。[③] 刘笃才等《论北宋的冗官问题》认为，北宋冗官问题的严重，乃至统治者为防止唐藩镇割据、采取措施加强中央集权所带来的必然结果，诸如分化事权、增设官员互相牵制、扩大科举规模、荫补范围，无限制扩充官僚队伍等，为解决官员冗滥，无所安置，又采取扩大编制、设置散官、宫观闲官等安置人员，导致官僚队伍进一步扩大，冗官问题加大冗费，导致社会矛盾尖锐，虽然有庆历新政、王安石变法等改革，但由于大地主、官僚的反对而失败。实际上，统治者宁可增加赋税，加重盘剥，也不愿意因裁减冗官而危害自身统治利益，因为冗官问题在当时无法根治。[④] 白元也认为宋朝统治者为扩大统治基础，防止藩镇割据发生，宁愿官吏冗滥、十羊九牧，也绝不愿意臣僚据权拥势，危害朝廷、分权制衡的代价就是“耗无穷之经费，竭民力以养冗员”，朝廷强大保守势力的存在，也是导致冗官问题难以解决的原因。[⑤] 张希清《论宋代科举取士之多与冗官问题》一文对两宋科举正奏名和特奏名的总数进行了考订，进而分析了其取士规模扩大的历史原因，并对“科举规模扩大导致冗官”的见解提出商榷，认为宋代官员冗滥表现有三：一是机构重叠，编制庞大；二是员多阙少；三是官员素质低下、贪婪骄横。宋代官员冗滥主要是由于恩荫、吏人出职、进纳补官等造成的，科举取士是原因之一，但不是主要原因，其中的特奏名可算冗官之一。[⑥] 姜国华认为北宋冗官问题严重，超越以往，原因有三：一是各级行政机构重叠臃肿，统治者

---

① 郭正忠：《中国古代官僚机构的膨胀规律及根源——兼析两宋官冗的社会背景》，《晋阳学刊》1987 年第 3 期，第 59—64 页。

② 杨果：《论北宋的“冗官”与积贫积弱的关系》，《宋辽金史论稿》，北京：商务印书馆，2010 年版，第 5—18 页。相关成果还有周淑文：《宋代冗官问题的思考》，《江苏广播电视大学学报》1999 年第 4 期，第 39—40 页；文畅平：《宋代“冗官”现象的形成及其影响》，《衡阳师专学报（社会科学）》1999 年第 2 期，第 62—64 页。

③ 王会全：《浅析北宋冗官局面的成因》，《东疆学刊》1993 年第 4 期，第 50—52 页。

④ 刘笃才、杨一凡：《论北宋的冗官问题》，《学习与思考》1983 年第 5 期，第 76—80 页。

⑤ 白元：《北宋冗官论》，《湖南师院学报（哲学社会科学版）》1980 年第 4 期，第 16—21 页。

⑥ 张希清：《论宋代科举取士之多与冗官问题》，《北京大学学报（哲学社会科学版）》1987 年第 5 期，第 105—123 页。相关成果如张建伟、张学强：《宋代科举扩大取士与冗官问题——兼论当代高校招生中的扩招现象》，《国家教育行政学院学报》2008 年第 9 期，第 76—82 页。

因在国家机构设置、选官用人方面有极大随意性，往往因人设官，因官设署，导致机构膨胀，官员冗滥；二是缺乏妥善的选任、考核、致仕制度，任用官员没有统一的机构，机构无编制、无定员，官员数量可随意增加，数人居一官，官吏数量大大超过实际需要；三是滥施优待政策，入流寖广，仕途益杂，导致冗官大量产生，行政效率低下。[①] 马玉臣认为宋代冗官主要在于地狭官多和民稀官稠，对汉至清各王朝的县数量进行了统计，认为宋代县的设置密度大，官员设置数量相应增多，统辖疆域却较小，并对汉至宋的官僚数及官民比进行了统计和分析，指出汉唐疆域广，官员却少于宋朝；同时，官民数对比，宋朝尤其是南宋，官民比远远低于前代，官员冗滥问题最为严重，而其对于不同地域冗官的分析更具新意，认为宋朝各路北方冗官问题比南方严重，而经济落后的梓州路、利州路，冗官问题尤为严重。[②] 覃延欢《浅谈北宋的冗官》一文认为宋代的冗官问题产生严重的影响，主要是导致官吏腐败无能、行政效率低下、冗官冗费带来严重财政危机，促使阶级矛盾激化，加速北宋的亡国。[③] 张金岭《晚宋冗官与财政危机》对南宋宁宗、理宗朝官员数量进行了统计，认为晚宋时期冗官问题已经达到宋朝极点，冗官费财即是财政难以承受的庞大开支，也是贪官产生的温床。[④]

其他论著也对冗官问题多有论及，如苗书梅认为宋代冗官问题在中国古代史上非常突出，但这并非是由于官、职、差遣分离制度带来的，这一制度本身不增加官员的数量，冗官主要表现在三方面：一是官员总数直线上升，造成员多阙少；二是添差阙位增多，宋代编外闲官越来越多，添差官食禄而不预政，冗费严重；三是优待老臣和政治失意的士大夫，创设宫观祠禄官，无职事而食俸禄、积资序，冗滥更甚，认为宋代冗官是由于选官制度造成的，入流太滥是宋代选官制度最大失误。[⑤] 同时，地方权摄官的大量增加，也与冗官太多，员多阙少有关。[⑥] 汪圣铎也对宋代史书中冗官数量和官俸总数的材料进行了分析，勾勒了两宋冗官发展的历史面目，其认为宋代职务与级别（职官与阶官、职官与

① 姜国华：《试析北宋冗官产生的原因》，《实事求是》1988 年第 4 期，第 65—68 页。
② 马玉臣：《从县的密度与官民对比看宋代冗官》，《河北大学学报（哲学社会科学版）》2005 年第 6 期，第 13—19 页。
③ 覃延欢：《浅谈北宋的冗官》，《学术论坛》1983 年第 1 期，第 64—66 页。
④ 张金岭：《晚宋冗官与财政危机》，《四川师范大学学报（社会科学版）》2001 年第 1 期，第 67—70 页。
⑤ 苗书梅：《宋代官员选任和管理制度》，第 112—135 页。宋代入仕途径包括科举、学校考选、恩荫、军功补官、摄官、吏人出职、进纳补官、技术人补官、杂流入仕等。
⑥ 苗书梅：《论宋代的权摄官》，《河南大学学报（哲学社会科学版）》1995 年第 3 期，第 14—20 页。

寄禄官）的分离，造成客观需要的官吏数量与实际拥有的官吏数量脱节，进而造成员多阙少。宋代对冗官采取姑息态度，不是为官择人，而是为人择官，因而产生许多闲官（宫观官、添差官），导致官费浩大，并对官员、胥吏俸禄、公使钱、职田相关支费进行了分类研究。①

相关成果也对宋朝缩减冗官的改革举措进行了分析，认为官僚体制的弊病和保守阶层的强大，是导致削减冗官失败的重要原因。②亦有学者对宋代冗官问题提出不同意见，如李裕民认为官多有其积极意义，多不代表冗，宋代增加的官员可分为因行政事务需要而设和与行政事务无关的两类，前者可以加强统治，是实行法制、巩固政权的必要代价；与行政无关的添差官、祠禄官等，可以减少变法阻力，解决内部统治矛盾，保持安定局面，恩荫制度的泛滥，是宋代一系列正确政策的伴生物，恩荫制度可以在官俸较低的情况下吸引社会各阶层投身仕途，扩大统治基础，同时也促进一部分荫补入仕人投身文化、艺术等领域发展，促进其发展。恩荫是以钱来换取政权稳定和文化繁荣。③魏天安等也认为宫观官、添差官、散官、待阙、待次人等属于闲官，不应对其等同冗官，也不应持全盘否定态度，闲官北宋初期就有，冗官在北宋中期才形成，闲官既是冗官的组成部分，也是缓解冗官矛盾的重要措施。设置闲官本来是宋初加强中央集权的权宜举措，但之后统治者一味扩大闲官，不对冗官做出改革，导致闲官丛生，官僚奔竞，贪腐成风，最终亡国。④秦国利也认为，宋朝的冗官冗兵和冗费，从现代消费经济学的角度看，其对拉动内需，促进生产和流通、增加税收有积极作用。从宋代较高的财政收入和人口数量来看，官员队伍是为适应相应管理要求而增加的，不应一概称为“冗员”。⑤

与冗官问题相关的添差官、祠禄官、荫补制度、特奏名制度等相关研究亦从不同程度探讨了冗官及其成因。李勇先对宋代的添差官进行了细致的分类研究，对于相关人员编制、选任与管理、职权、任期、待遇等均有探讨，认为添差官冗滥给国家造成了严重的财政负担，对地方行政也有所干扰和破坏；同时

---

① 汪圣铎：《两宋财政史》，下册，第453—465页。

② 屈家源：《谈北宋元祐议定吏额及其失败的原因》，《史学月刊》1989年第3期，第101—102页；罗家祥：《元祐之政剖析》，《华中师范大学学报（人文社会科学版）》1986年第5期，第30—35页；景北记：《北宋的致仕制度和冗官冗费》，《求是学刊》1984年第4期，第83—85页。

③ 李裕民：《宋代冗官问题新论》，朱瑞熙、王曾瑜、李清凌主编：《宋史研究论文集》第10辑，兰州：兰州大学出版社，2004年版，第32—41页。

④ 魏天安、刘坤太：《宋代闲官制度述略》，《中州学刊》1983年第6期，第117—121页。

⑤ 秦国利：《两宋“积贫”、“积弱”辨析——从国家战略和国家竞争力角度》，《河南大学学报（哲学社会科学版）》2009年第1期，第65—69页。

也肯定了其在稳定军心、笼络将士、缓解待阙官生计困难、安置归明官等方面的积极作用。[①] 金圆对祠禄官的渊源、内涵、选任与管理、王安石与祠禄官的关系、祠禄官的性质等进行了研究，认为祠禄官的设置利弊并存，一方面使得朝廷重臣或年老不能治事的官员得到较为妥当的安排，有利于维持统治阶层内部团结；但另一方面也同样带来冗官剧增、财政开支庞大及士人贪冒无耻、旷职避事等问题。[②] 张振谦认为宋代的宫观官是管理道教活动的官员，最初由重臣兼任，实理其事，熙宁变法后，由于王安石排斥守旧官员，宫观官变成安置守旧重臣的闲官，徽宗朝出现了挂空名而食禄的祠禄官和理事的宫观官并存的局面。南宋沿袭这一制度。[③] 游彪对宋代官员荫补制度进行了全面探讨，认为荫补制度是特权的象征，违背了公平竞争的基本原则，以个人的权势和地位进用子弟，宋代荫补入仕人员大大超过科举官员，冗官问题基本上就是由荫补过滥造成的。虽然历朝政府采取了相应措施来缩减和限制荫补人数，但最终结果却不如人意。白文固认为恩荫制度造成官吏冗滥、素质低下、政治生活腐败等问题。[④] 张希清、韩国裴淑姬等对宋代科举考试中的特奏名制度进行了分析，张认为随着这一制度的发展，人数日益庞大，在笼络士人的同时，也造成了官员的冗滥、士人侥幸、人才浪费等问题。[⑤] 汪圣铎对宋代官方卖官鬻爵及由此造成的官员冗滥、素质低下等问题进行了研究。[⑥] 张邦炜对宋代对宗室的防范问题进行了分析，认为“赋以重禄，别无职业”，不许其参与政事，这一维护中央集权统治的制度也客观导致冗官现象突出。[⑦] 祖慧对宋代胥吏溢员问题进行了探讨，指出随着时间推移，宋代中央和地方官府中的胥吏人数日益增长，冗滥严重，使各级政府人浮于事、效率低下，同时耗费国家财力，阻碍社会经济发展。他又指出，官僚机构膨胀、官僚队伍扩大、各级官府为便于使唤故意增添人数、胥吏自身希望人

---

① 李勇先：《宋代添差官制度研究》，成都：天地出版社，2000 年版；刘坤太：《宋朝添差官制度初探》，《河南大学学报（哲学社会科学版）》1984 年第 4 期，第 31—36 页。

② 金圆：《宋代祠禄官的几个问题》，《中国史研究》1988 年第 2 期，第 71—82 页；白文固：《宋代祠禄制度再探》，《中州学刊》1989 年第 6 期，第 114—119 页。

③ 张振谦：《北宋宫观官制度流变考述》，《北方论丛》2010 年第 4 期，第 84—87 页。

④ 游彪：《宋代荫补制度研究》，北京：中国社会科学出版社，2001 年版。相关如张希清：《论宋代恩荫之滥》，邓广铭、漆侠主编：《中日宋史研讨会中方论文选编》，保定：河北大学出版社，1991 年版，第 213—230 页；白文固：《北宋文武官员恩荫制度探究》，《史学月刊》2002 年第 3 期，第 24—29 页。

⑤ 张希清：《论宋代科举中的特奏名》，邓广铭、漆侠等主编：《宋史研究论文集：1987 年年会编刊》，石家庄：河北教育出版社，1989 年版，第 77—92 页；〔韩〕裴淑姬：《论宋代的特奏名制度》，《湖南大学学报（社会科学版）》2007 年第 4 期，第 46—52 页。

⑥ 汪圣铎：《宋代卖官鬻爵辨析》，《宋代社会生活研究》，第 210—251 页。

⑦ 张邦炜：《宋代对宗室的防范》，《北京师院学报（社会科学版）》1988 年第 1 期，第 25—31 页。

员增多降低工作强度等是胥吏人数增加的重要原因。[①] 杨恒平也认为流外官制度的发展也是导致官员冗滥的原因之一。[②]

对于官吏数量、官民比的探讨学界已有部分研究，王曾瑜对宋代官员数量进行了统计，并对当时户口总数与官员数的比例进行了探讨，认为官户数占总户数的千分之一到千分之二，某些时期甚至达到千分之三左右，并对官户的范围、特权、禁约、土地状况、腐朽性等问题进行了研究。[③] 他的《宋代的吏户》一文除对吏户相关范围界定、管理、考核等制度进行分析外，还对宋代吏的数量进行了估测，认为北宋元祐中，吏额约 40 万左右，南宋绍兴后期，吏额二三十万。[④] 邓小南对宋代文献资料中所出现的四选官员总数相关数字列表统计，提出官员最高数出现在徽宗宣和元年（1119 年），达 48 000 余员，而五年后的吏部员阙只有 16 000 余个，认为随着官员数量的激增，员多阙少的矛盾日益突出，宋朝政府主要通过减少入仕人数、增加员阙、缩减任期、预使员阙等措施来解决冗官问题。[⑤] 黄纯艳也对宋代官员数量进行了详细统计，指出宋代官吏冗滥的现象之严重，并对宋代官俸总数及水平高低进行了分析。[⑥] 韩国曹福铉也对宋代官员的数量进行了统计，认为官冗与机构膨胀、入仕途径过多有关。[⑦] 郭正忠对宋代相关官吏数字进行了搜罗和比较，更正了传统史学家对此认识的不足。[⑧] 张晋藩认为，中国古代职官编制受到人口总数的制约和影响，在唐、宋、元、明、清王朝中，除宋朝外，其余四朝官民比都在 1∶2000—1∶3000 之间，低于这个比例，民力便不堪忍受，社会容易动荡不安。[⑨] 马玉臣对汉至清各王朝的县数量进行了统计，其还对北宋前期百官平均岁费进行统计分析，指出其逐渐增长且增速高于财政收入增速的事实，对于冗官冗费的分析更加深入。[⑩] 程民生对宋代

① 祖慧：《宋代胥吏溢员问题研究》，《中国史研究》1998 年第 3 期，第 92—100 页。

② 杨恒平：《宋代流外官制度初探》，《贵州文史丛刊》2012 年第 2 期，第 12—17 页。

③ 王曾瑜：《宋朝的官户》，《涓埃编》，保定：河北大学出版社，2008 年版，第 290—360 页。对宋代官吏人数统计的论著如李弘祺：《宋代官员数的统计》，编译馆主编：《宋史研究集》第 18 辑，台北：编译馆，1988 年版，第 79—104 页；〔韩〕曹福铉：《宋代官员人数的增加及原因》，《河北大学学报（哲学社会科学版）》1999 年第 3 期，第 7—12 页。

④ 王曾瑜：《宋代的吏户》，《涓埃编》，第 361—420 页。

⑤ 邓小南：《宋代文官选任制度诸层面》，石家庄：河北教育出版社，1993 年版，第 212—220 页。

⑥ 黄纯艳：《宋代财政史》，第 620—631、645—655 页。

⑦ 〔韩〕曹福铉：《宋代官员人数的增加及原因》，《河北大学学报（哲学社会科学版）》1999 年第 3 期，第 7—12 页。

⑧ 郭正忠：《宋金时代官吏人数的最高纪录》，《中州学刊》1986 年第 2 期，第 114 页。

⑨ 陈景良、张中秋主编：《求索集——张晋藩先生与中国法制史学四十年》，南京：南京大学出版社，1996 年版，第 610—613 页。

⑩ 马玉臣：《开源与节流——关于熙丰理财的几个问题》，河北大学博士学位论文，2003 年。

户数、少数民族人口数、军队数量、僧道数量等进行了统计和分析、估测，特别是在《简论宋代两浙人口数量》一文里，根据材料，估测神宗元丰初年全国官员总数为 24 549 员，中央官占官员总数 19%，地方官占官员总数 81%约 19 884 人。这从而为衡量全国不同时期的地方官员数量提供了方法上的借鉴[①]，该文同时估算了两浙地区官员、军兵、僧道等人口数量。《宋代户数探研》一文，统计和分析了宋代不同时期户数资料，并强调了户数对于地方州县等级、人员编制、俸禄高低、赋役多少、政绩考核方面的重要意义。[②]

关于“冗兵”问题，王育济认为，北宋士兵的职业化、终身化，军队有进无退，形成一支由老弱病残组成的厢军，这成为导致冗兵的基本原因。这也是实行募兵制的必然结果，通过冗兵问题的现象，看到兵农分离的历史进步。[③]张德宗认为宋代厢军的存在，减轻了劳动人民的劳役负担，但厢军之费又必然加重其赋税剥削，这是矛盾的，但却是一种历史的进步。[④]葛金芳认为宋代非战斗部队的厢军占有军队数量的一半，其膨胀的原因既有拣汰兵士、官府役作方面的需求，也与中唐之后经济结构变动、官府力役征发困难密切联系；官府役作雇佣化趋势，导致朝廷认为维持厢军以供役作比雇佣人夫可能更省钱，并通过免夫钱等转嫁到百姓头上，这是人身依附关系减弱、超经济强制向经济性强制转移的趋势，同时厢军的膨胀也与官僚机构膨胀、君主奢侈、官僚阶层腐朽、役作激增密切联系。[⑤]马玉臣认为北宋前期冗兵现象日益严重，主要是由于军队招收容易、拣汰困难而造成，军员速增及其带来的军费开支超过经济发展水平与财政支付能力，是产生冗兵的根本原因。冗兵现象出现在太祖末年，恶化于仁宗、英宗朝，并对北宋前期直至神宗朝的裁军行动进行了考述。[⑥]李百战对宋太祖的养兵政策进行了评价，在肯定其维护统治的积极作用的同时，也批评了其造成的冗兵冗费、战斗力减弱、田园荒芜等负面影响。[⑦]朱舸对北宋兵制进行了分析，认为北宋募兵制推行禁军、厢军互补，这一制度在北宋后期蜕变而失去

---

① 程民生：《简论宋代两浙人口数量》，《浙江学刊》2002 年第 1 期，第 116—121 页。

② 程民生：《宋代户数探研》，《河南大学学报（社会科学版）》2003 年第 6 期，第 11—19 页。

③ 王育济：《北宋“冗兵”析》，《文史哲》1989 年第 2 期，第 38—43 页。

④ 张德宗：《北宋的厢兵制度》，《史学月刊》1982 年第 4 期，第 25—29 页。

⑤ 葛金芳：《宋代冗兵成因新说》，《湖北大学学报（哲学社会科学版）》1987 年第 6 期，第 87—95 页；葛金芳：《从宋朝集权政治看厢军制度的形成背景——宋代冗兵成因研究之二》，《湖北大学学报（哲学社会科学版）》1988 年第 6 期，第 46—51 页。

⑥ 马玉臣、杨高凡：《“易进难退”的兵制与北宋前期之冗兵》，《烟台大学学报（哲学社会科学版）》2003 年第 2 期，第 218—225 页；马玉臣、郭九灵：《略论北宋前期之裁军》，《贵州文史论丛》2002 年第 4 期，第 31—37 页。

⑦ 李百战：《小议宋太祖“养兵”之策》，《鞍山师范学院学报》1993 年第 2 期，第 20—23 页。

活力，致仕募兵制变为募兵终身制，厢军职能异化，变为禁军的养老之地，规模扩展，素质低下，二者共同导致军费开支不断膨胀，冗兵冗费。[①]程民生认为宋初到仁宗朝，军队数量持续增加，最高达 141 万，从英宗到北宋灭亡，军队数量持续减少，徽宗朝趋于瓦解。南宋初年军队重建，只有 20 万，乾道中禁军、厢军共计 70 余万，保持到宋末，但真正有战斗力的士兵只有一半左右。[②]《宋代兵力部署考察》一文则对北宋和南宋中央和地方驻军情况和数量进行了考察，认为两宋均出现了军队驻扎重心从京师到边疆的变化。[③]黄纯艳也对军队数量和费用进行了考察，认为宋代财政 80%被用于军费，这是宋代募兵制下的沉重负担。[④]

对于宋代“冗费”的探讨，主要存在于宋代财政史相关论著，相关探讨“三冗”问题的论文对此也有论及，如王恩厚认为冗兵冗官导致冗费，开支浩大，而西夏的岁币、皇室生活奢侈、寺院修建、祭祀活动等也进一步增大冗费支出，导致宋朝陷入无法自拔的财政危机。[⑤]赵云旗也对冗官、冗兵、冗费等三冗问题的形成及北宋政府的改革举措进行了分析，认为皇室费用、大兴土木、崇尚宗教、岁币等导致冗费开支巨大，政府通过裁减冗兵、减冗官、推行量出制入的收支原则等来扭转财政困境，取得一定成效，振兴了财政经济，但也存在改革不彻底等问题。[⑥]

（6）宋代物价及通货膨胀

物价涨跌和通货膨胀问题极大地影响地方政府行政活动所消费的钱物数量即行政成本，对此学界亦有相当研究。程民生《宋代物价研究》一书对宋代从土地、粮食、建筑、食品、人口、劳动力及服务各个方面产品的价格进行了详细的搜集和考订，堪称宋代物价研究的大成之作，并以此考察宋代百姓日常生活及消费水平。[⑦]霍有光等研究和考订了北宋时期多项物品的价格，并进一步对居民的消费水平进行了等级划分，提供了一定的评判标准。[⑧]此前，全汉昇《北

① 朱舸：《兵制对北宋国防开支及军事实力的影响》，《西北师大学报（社会科学版）》2013 年第 3 期，第 34—38 页。

② 程民生：《宋代军队数量考》，《社会科学战线》2009 年第 5 期，第 73—81 页。

③ 程民生：《宋代兵力部署考察》《史学集刊》2009 年第 5 期，第 66—74 页。

④ 黄纯艳：《宋代财政史》，第 566 页。

⑤ 王恩厚：《北宋“三冗”弊政述评》，《历史教学》1981 年第 1 期，第 13—17 页。

⑥ 赵云旗：《论北宋中叶改革‘三冗三费’的得失》，《学术季刊》1999 年第 2 期，第 184—192 页。

⑦ 程民生：《宋代物价研究》，北京：人民出版社，2008 年版。

⑧ 霍有光、霍天翔：《北宋的物价、居民收入与城市消费水平初探》，《江南大学学报（人文社会科学版）》2012 年第 4 期，第 54—61 页。

宋物价的变动》《南宋初年物价的大变动》《宋末的通货膨胀及其对物价的影响》、汪圣铎《北南宋物价比较研究》、朱瑞熙《宋代土地价格研究》、任野《宋代的物价变动与市民生活》等论著对宋代众多生产、生活资料的价格及其历史变动原因、影响等进行了研究。[①]张全明《论北宋开封的物价管理》、王茂华等《宋代政府消费性购买行为中的物价管理》对宋王朝关于物价的管理制度进行了探讨。[②]

（7）地方财权与禁榷专卖、商税等地方财政收入

宋代地方财政收入是支出费用即显性行政成本的来源，宋代地方财赋存留制度、中央与地方财政关系、盐酒坊场课利和商税等税收收入及使用等，亦对本书研究有重要意义。

除前述宋代财政整体性研究论著外，专论宋代地方财政存留制度方面的成果如程民生《论北宋财政的特点与积贫的假象》一文认为宋代财政贫困，只是短暂的中间二十余年，北宋前期、后期并不贫困，地方州县存留大量经费包括送使、留州、羡余、常平钱物等，并未纳入中央统一账目统计，宋代财政的贫，更多的是财权分散而造成的。[③]侯家驹《宋代财赋“尽輦京师”辨》一文认为所谓宋初将地方财赋金帛全部送往京师是不存在的，上报的只是相关会计账簿，地方“留州”仍有大量财物，中央所属财赋，也有众多存于地方。[④]

对于中央与地方的财政关系，相关财权划分，学界也有研究，杨倩描从宋代地方“系省”钱物管理的变化，观察了宋代由宋初统收统支制度变为真宗之后统收统支下的三司、转运司、州三级财政管理体制，再变为南宋的中央与地方分权型财政管理。[⑤]李志安主编的《唐宋元明清中央与地方关系研究》中对宋代中央与地方财政关系进行了探讨，认为宋代财政收入分配比例，也沿袭了唐中后期“上供、送使、留州”三分制，但地方经费包括系省钱物等也由朝廷统一控制和管理，原则上不得擅用。地方政府能够做的是对地方财赋的使用和调配，

---

① 全汉昇：《北宋物价的变动》《南宋初年物价的大变动》《宋末的通货膨胀及其对物价的影响》，全汉昇：《中国经济史论丛》（上、下），香港：香港中文大学新亚研究所，1972 年版，第 29—86、235—264、325—354 页；汪圣铎：《北南宋物价比较研究》，《宋代社会生活研究》，第 496—514 页；朱瑞熙：《宋代土地价格研究》，《中华文史论丛》2006 年第 2 辑，第 97—157 页；任野：《宋代的物价变动与市民生活》，渤海大学硕士学位论文，2012 年。

② 张全明：《论北宋开封的物价管理》，《华中师范大学学报（哲学社会科学版）》1990 年第 4 期，第 54—55 页；王茂华、郑壹教：《宋代政府消费性购买行为中的物价管理》，葛志毅主编：《中国古代社会与思想文化研究论丛》第 2 辑，哈尔滨：黑龙江人民出版社，2007 年版，第 441—451 页。

③ 程民生：《论北宋财政的特点与积贫的假象》，《中国史研究》1984 年第 3 期，第 27—39 页。

④ 侯家驹：《宋代财赋“尽輦京师”辨》，《大陆杂志》1986 年第 2 期，20—21 页。

⑤ 杨倩描：《从“系省钱物”的演变看宋代国家正常预算的基本模式》，《河北学刊》1988 年第 4 期，第 83—88 页。

并对中央集权“利归公上”进行了辨析，李志安等认为北宋前期地方除上供外还有相当财赋，在王安石变法直至南宋时期，随着上供、经总制钱等中央对地方财税的征收后，地方财政才日渐困窘。[①] 孙彩虹等《唐宋财赋“上供、留使、留州”制度的异同》一文也认为唐宋相关制度存在相似性，即都是中央财政对财赋的宏观调控方式，但因集权程度不同而使这一制度产生变化和差异，宋初的统收统支体系因中央持续征调，地方财政困窘，擅自增税，地方财政反而拥有较多自主权。[②] 高聪明也认为宋代财政高度统一，地方无财政的情况“不仅宋代根本没有存在过，而且也是不可能实现的。事实上，宋代的财政实践中，既有统一，也有中央与地方的分权，中央财政和地方财政的划分十分明确”[③]。包伟民《从宋代财政史看中国古代国家制度的地方化》一文认为宋代财政存在地方化差异，各路、州、县均主要依靠本地财政收入，均实行财务独立核算，各地财政存在帐不上报、财不入库、赋不依法、官员贪赃等问题。[④] 韩国金荣济《北宋时期财政政策的地方差异和王安石新法》一文认为北宋前期宋代地方酒税、盐税等存在区域性差异，华北地区这两部分税收更多作为中央税收使用，江南地区则以存留的形式留在了地方，在王安石变法之后，中央对东南地区的财政集权一直加强，但东南地区直到北宋末才完成了财政集权化，因此，宋代官员所说的留州财用少，中央集权，地方财政困窘，是南宋时代人的主观判断，与实际情况仍有差距。[⑤] 高聪明对南宋茶盐酒专卖税中的分隶制度进行了探讨。邱茜也从《宋人佚简》中酒务文书的整理，对宋代酒课的分隶制度进行了研究，认为其收入可分为经总钱赴通判衙、系省钱赴军资库、本州公使钱赴公使库等不同类别。[⑥] 黄纯艳对二税、工商税等正税及名目繁多的附加税和杂税在中央和地方政府间的分属情况进行了梳理，认为盐税最初为中央地方共享，到北宋末淮浙盐税逐渐归中央，酒税、商税始终为中央与地方共享，附加税和杂税既有完全归属中央的，也有中央与地方分享的，地方税主要是附加税和杂税。同时，他认为宋代不仅存在地方财政收支权力，也存在地方税收所有权，显然不是简

---

① 李治安主编：《唐宋元明清中央与地方关系研究》，天津：南开大学出版社，1996 年版，第 117—127 页。

② 孙彩红、陈明光：《唐宋财赋“上供、留使、留州”制度的异同》，《安徽师范大学学报（人文社会科学版）》2004 年第 6 期，第 666—671 页。

③ 高聪明：《从“羡余”看北宋中央与地方财政关系》，《中国史研究》1997 年第 4 期，第 98—105 页。

④ 包伟民：《从宋代财政史看中国古代国家制度的地方化》，《史学月刊》2007 年第 7 期，第 14—16 页。

⑤ 〔韩〕金荣济：《北宋时期财政政策的地方差异和王安石新法》，姜锡东、李华瑞主编：《宋史研究论丛》第 9 辑，保定：河北大学出版社，2008 年版，第 42—61 页。

⑥ 高聪明：《论南宋财政岁入及其与北宋岁入之差异》，《河北学刊》1996 年第 1 期，第 91—95 页；邱茜：《〈宋人佚简〉所见宋代酒课分隶制度》，河北师范大学硕士学位论文，2009 年。

单的统收统支体制。分税制下的地方财政，中央掌握税收立法权，地方拥有征收、管理和使用权。①

对于地方政府的财政收入项目及经营，如程民生《论宋代陕西路经济》、任维钧《北宋陕西路财政研究》均认为，北宋时期陕西财政收入位列全国前列，仁宗朝因战争而长期驻军后才导致财政入不敷出，陕西地方财政收入主要包括两税及其附加税、免役钱、盐酒榷卖及商税，同时中央和地方政府也通过拨款、截留上供、移运他路财赋、屯田、商贸、入中、和籴等来补助地方经费。②汪圣铎《宋代官府的回易》一文对北宋、南宋时期官府回易即经营牟利的活动进行了研究，并认为宋代官府、军队回易的特点包括：本钱中地方公使钱较少，更多采用军资库、随军库等别项钱物，或者朝廷拨赐专款；数额更大，经营方式上以盐酒、粮食、日用品等商业经营为主，与唐代出贷方式形成鲜明比对；官府回易的盛行对弥补财政困窘有积极意义，但也损害中央财税收入，影响军队战斗力，对商品经济的发展也产生破坏作用。③陈敏《唐宋房屋税研究》对唐、五代、宋房屋税的发展变迁进行了梳理，认为随着中国封建时代发展到中期，商品经济有所发展，赋税征收对象由原来的人丁税已渐变为以资产作为征收对象，宋代由于军费及冗官冗费等，导致房屋税征税面的扩大。④杨永兵《宋代政府对买扑课额的征收、蠲免和使用》对宋代茶、盐、商税、津渡等诸多经济领域中存在的官府将标的物承包给民众经营的买扑制度进行了考察，主要探讨了买扑课额的征收和使用，认为其是差役人、胥吏俸禄、军费、治安费、赏赐、修河费等重要支出来源。⑤有关宋代经济、茶盐酒专卖制度、商税等论著中也对地方政府的禁榷专卖收入有一定论述。⑥苗书梅对州府存贮日常经费的主要仓库——军资库的收藏钱物、收支、管理进行了研究；杨芳对州县粮仓相关收

① 黄纯艳：《宋代税权分隶与地方财政》，刘秋根主编：《唐宋变革与明清转型视角下的中国商业金融史国际学术研讨会论文集》，2013 年 10 月（会议论文未刊稿）。

② 程民生：《论宋代陕西路经济》，《中国历史地理论丛》1994 年第 1 辑，第 133—157 页；任维钧：《北宋陕西路财政研究》，广西师范大学硕士学位论文，2012 年。

③ 汪圣铎：《宋代官府的回易》，《宋代社会生活研究》，第 435—456 页。

④ 陈敏：《唐宋房屋税研究》，上海大学硕士学位论文，2010 年。

⑤ 杨永兵：《宋代政府对买扑课额的征收、蠲免和使用》，《思想战线》2009 年第 5 期，第 93—97 页。

⑥ 漆侠：《宋代经济史》（上、下），上海：上海人民出版社，1987 年版；李华瑞：《宋代酒的生产和征榷》，保定：河北大学出版社，1995 年版；郭正忠：《宋代盐业经济史》，北京：人民出版社，1990 年版；黄纯艳：《宋代茶法研究》，昆明：云南大学出版社，2002 年版；〔日〕加藤繁著，吴杰译：《中国经济史考证》，北京：中华书局，2012 年版；李景寿：《宋代商税问题研究》，昆明：云南大学出版社，2005 年版；余小满：《南宋商税违法征收现象初探》，《湖北师范学院学报（哲学社会科学版）》2009 年第 5 期，第 86—90 页；梁庚尧：《南宋盐榷——食盐产销与政府控制》，台北：台湾大学出版社，2010 年版；王文书：《宋代的榷醋和醋息钱》，《河北大学学报（哲学社会科学版）》2011 年第 2 期，第 111—117 页。

支进行了论述，认为随着商品经济的发展，粮食市场购买在粮仓收入中比重越来越大，支出主要为上供朝廷、州县官兵俸禄及其他支出，促进了对宋代地方财政权限的研究。①

（8）政府缩减支出、解决财政危机的举措

前述“三冗”问题及其治理的诸多论著中，涉及了地方政府缩减支出，缓解冗官冗费问题，此外，还有相当论著，对于机构精简、州县省并、人员压缩、费用节省等进行了探讨，论及地方行政成本问题。马玉臣《开源与节流——关于熙丰理财的几个问题》集中探讨了宋神宗熙宁、元丰时期任用王安石进行理财改革、富国强兵的问题，搜集大量史料详细分析了熙丰开源与节用的具体措施，对军费节支、州县省并、裁减冗官、浮费缩减等的研究和具体统计数字，深刻论证了熙丰理财扭转了持续几十年的财匮局面，财政盈余是发展生产和节支的结果，而非增加聚敛的结果。②他的《试论宋神宗时期的州县省废》一文认为在熙丰变法时期，一批户少役繁的州县被撤销，共计22州、116县，省官节费，对缓解财政危机、减轻百姓负担具有重要意义。③王晓薇《宋仁宗朝缓解财政危机的失败》研究了仁宗统治时期，通过对冗官冗兵的裁减及清丈土地、核实赋税等举措来缓解财政危机，由于大地主阶级的反对，两项措施均告失败，不得不转而增加对农民的剥削。④李金水《论北宋职役的财政属性及其影响》认为宋朝政府通过强制手段，迫使民众无偿应役，将部分财政支出、财政欠收的风险及财政运行调度成本，转嫁给了应役民户。这为国家节省大量开支，但增加民众负担，产生不良社会影响。⑤余蔚《隐性的机构精简与南宋中央集权之弱化——论南宋地方行政机构的“兼职”现象》对南宋中后期地方行政机构中同级或上下级机构长官互兼增多的现象进行了研究，认为这种非制度层面的隐性因素，使得地方行政体制偏离中央制度规定，行政权力向地方高层集中，不利于中央集权，其原因一是出于“省官而事不废”的看法影响；二是出于事权合一，应对时局的必然选择。⑥古志林《北宋广西州县升改废置考论》对北宋历朝广西地

① 苗书梅：《宋代军资库初探》，《河南大学学报（社科版）》1996年第6期，第30—35页；杨芳：《宋代州县仓收支述论》，《西北师大学报（社会科学版）》2012年第3期，第108—114页。

② 马玉臣：《开源与节流——关于熙丰理财的几个问题》，河北大学博士学位论文，2003年。

③ 马玉臣：《试论宋神宗时期的州县省废》，《中国历史地理论丛》2005年第4期，第79—95页。

④ 王晓薇：《宋仁宗朝缓解财政危机的失败》，《河北学刊》2001年第5期，第83—87页。

⑤ 李金水：《论北宋职役的财政属性及其影响》，《厦门大学学报（哲学社会科学版）》2006年第4期，第107—114页。

⑥ 余蔚：《隐性的机构精简与南宋中央集权之弱化——论南宋地方行政机构的“兼职”现象》，《复旦学报（社会科学版）》2012年第4期，第69—79页。

区州县的置废沿革进行了详细考订，并总结其改置相关原因，认为宋朝人口稀少、开边拓土是废置具体原因，同时也体现了宋朝在广西地区力求固定统治的同时，加强实际有效控制的策略。①

2. 政治制度史领域

目前学界对于宋代地方行政机构及相关管理制度研究成果颇丰，从而为研究宋代地方政府人员编制、人力成本统计与估测奠定基础。综合性制度研究成果如日本梅原郁《宋代官僚制度研究》、韩国申採湜《宋代官僚制研究》、中国朱瑞熙《中国政治制度通史・宋代卷》、中国张希清等《宋朝典制》、中国祝丰年等《宋代官吏制度》等对地方行政机构和相关人员编制、职能、官员选任与管理等均进行了各有侧重的探讨。②龚延明《宋代官制辞典》则对包括地方官员在内的各级官员和相关沿革情况进行了详细注解。③

余蔚在其博士论文《宋代地方行政制度研究》中，运用行政学、历史地理学相关方法研究了宋代地方正式行政区划、行政组织设置及其职能、准行政区划组织及其职能、地方行政组织的内部管理、地方行政权力的再分配、两宋行政区划的比较等问题，在《中国社会科学》《历史研究》《文史》等发表了一系列高质量的研究成果。这些研究认为，宋代正式行政组织包括路、州、县机构，准行政组织包括发运司、总领所、都转运司、茶马司、提点坑冶司、宣抚司、镇抚司、制置司、廉访司、查访司、走马承受等。虽然一些问题尚可进一步探讨，比如宣抚使、制置司是否属于地方行政组织等，但目前研究成果还是思路开阔，能代表宋代地方行政制度研究的方向和水平。④陈长征《唐宋地方政治体制转型研究》一书对安史之乱后中晚唐直至北宋前期，中央对地方加强行政、军事、财政的管理和控制为线索，研究了各时期相关政策和具体执行情况，认为北宋统治者能够避免短命王朝局面的延续，找到解决藩镇割据、收夺地方兵权、财权的办法，也是中晚唐、五代以来历史发展、制度变更和逐

① 古志林：《北宋广西州县升改废置考论》，中山大学硕士学位论文，2008年。

② 〔日〕梅原郁：《宋代官僚制度研究》，京都：同朋舍，1985年版；〔韩〕申採湜：《宋代官僚制研究》，首尔：三英社，1982年版；朱瑞熙：《中国政治制度通史・宋代卷》，北京：人民出版社，1996年版；张希清等：《宋朝典制》，长春：吉林文史出版社，1997年版；祝丰年、祝小惠：《宋代官吏制度》，北京：中国社会出版社，2007年版。

③ 龚延明编著：《宋代官制辞典》，北京：中华书局，1997年版。

④ 余蔚：《宋代地方行政制度研究》，复旦大学博士学位论文，2004年。相关论著如余蔚：《完整制与分离制：宋代地方行政权力的转移》，《历史研究》2005年第4期，第118—130页；余蔚：《两宋政治地理格局比较研究》，《中国社会科学》2006年第6期，第171—183页；余蔚：《分部巡历：宋代监司履职的时空特征》，《历史研究》2009年第5期，第51—64页。

步探索的结果。[①]

（1）行政区划研究

此方面代表作有李昌宪《中国行政区划通史・宋西夏卷》，分不同历史时期，搜罗历史资料详细地列举了宋代地方行政区划路、州、县的演变情况和数量、区域变化，也研究了宋代路、州、县的组织设置及其职能，还对宋代西部羁縻州县等特殊行政区划进行了探讨。[②]此前学者对地方行政区划也多有研究，20世纪30年代张家驹先生即发表《宋代分路考》，对两宋诸路的沿革情况和数量变化进行了考订。20世纪40年代聂崇岐《宋代府州军监之分析》，就宋代府、州、军、监置废原因、具体数量及时间、州格升降及原因等进行了考证。[③]20世纪70年代罗文撰文提出，宋代实行的路制并非单一路制，而是转运司路、提刑司路、安抚司路不相重合的复式路制，从而加强了中央集权，促使地方统治机构分权。[④]曹尔琴《宋代行政区划的设置与分布》、贾玉英《唐宋时期“道”“路”制度区划变迁研究》、梁建国《宋代乡村区划研究》、日本小林隆道《有关宋代的广域区划——路》、日本川守胜《宋代的行政区划——县等数、乡数、镇数的相关》等也对宋代地方各级行政区划设置情况、废置原因及其变化进行了探讨。[⑤]田雁《宋“军”设置数量考辨》将宋代的军分为直隶京师与隶于府州两种，认为两宋三百年中先后设置过130个军；其还对县级“军”的存在形式、地位升降、改置、存在意义等进行了探讨。[⑥]吕晋、张菊等对宋代地方“监”的设置类型、数量、变动等进行了分析考证。[⑦]

（2）行政组织研究

路级机构设置及其职能的研究，从监察角度探讨宋代路级机构的如金圆《宋代监司制度述论》、莫家齐《具有特色的宋代监司巡检制度》、日本渡边久《从

---

① 陈长征：《唐宋地方政治体制转型研究》，济南：山东大学出版社，2010年版。

② 李昌宪：《中国行政区划通史・宋西夏卷》，上海：复旦大学出版社，2007年版。

③ 聂崇岐：《宋代府州军监之分析》，《宋史丛考》，北京：中华书局，1980年版，第70—126页。

④ 罗文：《宋代中央对地方施政之路的区划》，《大陆杂志》1974年第5期，第475—483页。

⑤ 曹尔琴：《宋代行政区划的设置与分布》，《中国历史地理论丛》1992年第3辑，第71—88页；贾玉英：《唐宋时期“道”“路”制度区划变迁研究》，朱瑞熙、王曾瑜、姜锡东，等主编：《宋史研究论文集》，上海：上海人民出版社，2008年版，第20—40页；梁建国：《宋代乡村区划研究》，河南大学硕士学位论文，2004年；〔日〕小林隆道：《有关宋代的广域区划——路》，《史滴》2003年第25号；〔日〕川守胜：《宋代的行政区划——县等数、乡数、镇数的相关》，《宋史研究通讯》1988年第2期，第21—36页。

⑥ 田雁：《宋“军”设置数量考辨》，《湖北社会科学》2008年第1期，第126—129页；田雁：《宋代地方行政体制中的县级军》，《湖北行政学院学报》2007年第S2期，219—221页。

⑦ 吕晋：《宋代行政区监的建置沿革与时空分布特征》，西南大学硕士学位论文，2008年；张菊：《宋代的经济特区——“监”制研究》，山东大学硕士学位论文，2012年。

转运使到监司——宋初监司的形成》等。[①] 从行政制度角度研究的如李昌宪先生《宋代安抚使考》、李立《北宋安抚使研究——以陕西、河北路为例》、戴扬本《北宋转运使考述》、王晓龙《宋代提点刑狱司制度研究》、戴建国《宋代的提点刑狱司》、贾玉英《宋代提举常平司制度初探》，宋炯《宋代提举常平司的沿革与财政体系的变化》、许怀林《北宋转运使制度略论》、郑世刚《北宋的转运使》、汪圣铎《宋代转运使补论》等。[②] 李之亮《宋代路分长官通考》对各时期路级机构长官的置罢情况及具体时间进行了详细的梳理，为相关统计研究奠定基础。[③]

州级行政组织及其职能的研究亦较为充分，如苗书梅《宋代知州及其职能》《宋代通判及其主要职能》对州府的主要行政长官设置及执掌进行了考订，认为通判的出现是宋朝加强中央集权、分化地方权力的重要手段。[④] 苗书梅《宋代州级属官体制初探》则对宋代州级属官的选任与设置、主要职能等进行了考察，认为宋代地方行政属官人员减少，负责治安的巡检、税收的监当官数量则大量增加。[⑤] 贾玉英《唐宋时期州僚佐体制变迁初探》则对唐宋时期州级属官设置的变化及其原因进行了分析，提出僚佐设置更加注重司法事务的特点，而唐朝的属官分曹管理向宋代分类管理转变，分为幕职、诸曹两类官，对后世产生深远影响。[⑥] 贾文龙从唐宋社会变革的大背景下对宋朝州级属官的设置、发展变化，特别是司法方面的职能进行了细致考证。[⑦] 蒋文轩《宋代州制研究》是近年来研究宋代州级行政制度较为细致的论著，对宋代州的设置及行政等级的变化、机构官员选任、品级、俸禄、职能及相关管理举措，以及州与中央、路、县的关系进行了研究，其中各层级机构间关系的探讨是通过司法、财政、教育相关职

---

① 宋代转运司、提刑司、提举常平司等统称监司，金圆：《宋代监司制度述论》，《上海师范大学学报（哲学社会科学版）》1994 年第 3 期，第 66—77 页；莫家齐：《具有特色的宋代监司巡检制度》，《政法论坛》1989 年第 3 期，第 55—60 页；〔日〕渡边久：《从转运使到监司——宋初监司的形成》，《东洋史苑》1992 年总第 38 卷。

② 李昌宪：《宋代安抚使考》，济南：齐鲁书社，1997 年版；李立：《北宋安抚使研究——以陕西、河北路为例》，北京大学博士学位论文，1999 年；戴扬本：《北宋转运使考述》，上海：上海古籍出版社，2007 年版；王晓龙：《宋代提点刑狱司制度研究》，北京：人民出版社，2008 年版；贾玉英：《宋代提举常平司制度初探》，《中国史研究》1997 年第 3 期，第 99—107 页；宋炯：《宋代提举常平司的沿革与财政体系的变化》，《安徽史学》2002 年第 1 期，第 2—8 页；许怀林：《北宋转运使制度略论》，邓广铭、郦家驹主编：《宋史研究论文集》，郑州：河南人民出版社，1984 年版，第 287—318 页；郑世刚：《北宋的转运使》，邓广铭、郦家驹主编：《宋史研究论文集》，第 319—345 页；汪圣铎：《宋代转运使补论》，《中国史研究》2004 年第 1 期，第 81—88 页等。

③ 李之亮：《宋代路分长官通考》，成都：巴蜀书社，2003 年版。

④ 苗书梅：《宋代知州及其职能》，《史学月刊》1998 年第 6 期，第 43—47 页；苗书梅：《宋代通判及其主要职能》，《河北学刊》1990 年第 2 期，83—89 页。

⑤ 苗书梅：《宋代州级属官体制初探》，《中国史研究》2002 年第 3 期，第 111—126 页。

⑥ 贾玉英：《唐宋时期州僚佐体制变迁初探》，《中州学刊》2012 年第 6 期，第 153—157 页。

⑦ 贾文龙：《宋朝州级属官司法职能研究》，河北大学博士学位论文，2007 年。

能的具体关系而展开的，较前此研究有新进展。① 官性根《宋代成都府政研究》详细研究了两宋成都府的行政组织设置、官员选任，及成都府在财经、司法、监察、治安、文化教育等方面的职能。张祥云《北宋西京河南府研究》，也对河南府的行政机构设置、职能等进行了研究。② 雷家圣《宋代监当官体系之研究》对广泛存在于中央和地方州县的各类监当官进行了细致的梳理，并探讨了其职能及对宋代政治、经济、社会的影响。③ 苗书梅经过对史料的仔细梳理，认为北宋仁宗到神宗时期，全国的监当官总数在3000员左右，并以监当官为中心，对明州的地方官僚体制、人员数量和监当官设置进行了考证。④ 李之亮《宋代郡守通考》详细考证了宋代诸州府行政长官人员。⑤ 彭慧雯《北宋幕职州县官之研究》是目前对宋代幕职州县官研究最为细致的论著，从幕职州县官在宋之前的发展情况，到北宋幕职州县官设置、改革、相关职能和运转等进行了非常细致的勾勒，认为这一制度最初设置是为了加强中央集权，分散地方长官权力，也促进了司法、文化教育等相关事务发展，但随着制度发展而产生流弊，改官的压力导致士人奔竞，无心地方政治，使得北宋后期地方制度趋于腐化。⑥ 苗书梅、郭红超、贾启红、杜桂英、冉勋、胡旭宁等对州县诸多武官也进行了深入细致的研究。⑦

县级行政机构及官员的研究，早期的如齐觉生《北宋县令制度之研究》《南宋县令制度之研究》，其对宋代文献中所出现的县的数量和等级进行了统计，并分析了县级行政机构设置、县令奖惩、考核、相关职能等问题。⑧ 张洪新《宋代县制探析》对宋代县的数量、等级变化等进行了统计，研究了县令、主簿等行

---

① 蒋文轩：《宋代州制研究》，湖南师范大学硕士学位论文，2010年；吴镇国：《北宋府州行政制度研究》，福建师范大学硕士学位论文，2009年。

② 官性根：《宋代成都府政研究》，成都：巴蜀书社，2010年版；张祥云：《北宋西京河南府研究》，开封：河南大学出版社，2012年版。

③ 雷家圣：《宋代监当官体系之研究》，台湾师范大学博士学位论文，2004年。

④ 苗书梅：《墓志铭在研究宋代官制中的价值——以北宋元丰改制以前监当官为例》，《东吴大学历史学报》2004年总第12期；苗书梅：《两宋时期明州地方官僚体制研究——以监当官为中心的考察》，日本《高知大学学术研究报告人文科学编》2006年总第55卷。

⑤ 李之亮：《宋代郡守通考》，成都：巴蜀书社，2001年版。

⑥ 彭慧雯：《北宋幕职州县官之研究》，台北：花木兰出版社，2011年版。

⑦ 苗书梅：《宋代巡检初探》，《中国史研究》1989年第3期，第41—54页；郭红超：《北宋地方统兵体制中的钤辖制度研究》，河南大学硕士学位论文，2009年；贾启红：《北宋经略安抚使研究》，河北大学硕士学位论文，2008年；杜桂英：《北宋前期的都部署》，四川师范大学硕士学位论文，2003年；冉勋：《北宋前期地方统兵体制研究——立足于对兵马都监的考察》，河南大学硕士学位论文，2012年；胡旭宁：《宋代巡检制度研究》，河南大学硕士学位论文，2006年。

⑧ 齐觉生：《北宋县令制度之研究》，《台湾政治大学学报》1968年总第18期，第275—314页；齐觉生：《南宋县令制度之研究》，《台湾政治大学学报》1969年总第19期，第309—370页。

政官员及胥吏的设置、品级、考核、职权等，并从整体上分析了县级政府的职能，通过赋税征收和司法审判探讨了县级行政制度的运行。[①] 李换平《宋代知县、县令带兵职能研究》对知县、县令兼管一县兵马都监等，镇压民间反抗，抵御异族侵略等进行了研究。[②] 另外，对县级其他官员的研究如王钟杰《唐宋县尉研究》[③]、陆敏珍《宋代县丞初探》[④]、李立《宋代县主簿初探》[⑤]，林煌达《宋代县衙主簿初探》[⑥] 等。对南宋县衙行政事务的研究，如刘馨珺《明镜高悬——南宋县衙的狱讼》等。[⑦] 秦闻一对宋代县之下镇的设置进行了探讨，认为当时分为官监镇和非官监镇，并对镇官的设置、俸禄、选任、僚属、职能等进行了考订。[⑧] 除了路、州、县各级政府官员之外，学界还对其中奔走忙碌的众多类型胥吏、役人进行了探讨，分析了其类别、职能、考核、升迁等问题，代表性的学者如高美玲、苗书梅、祖慧、赵忠祥、林煌达、刁培俊等。[⑨]

（3）行政管理制度研究

除了前述宋代政治制度的综合性研究对官员管理制度多有论及外，其他代表性论著如邓小南《宋代文官选任制度诸层面》对宋代文官选任的部门、条例、官员等进行了研究，并进一步探讨了考课法、资格法、荐举、磨勘法、差遣除授制度等，其研究点面结合、透彻深入。[⑩] 苗书梅《宋代官员选任和管理制度》从官员的选拔、除授到选任官员中的一些重要规定，以及官员的考核、磨勘升迁、俸禄、致仕制度等进行了探讨，对研究宋代各级官员的管理具有重要参考意义。[⑪]龚延明《宋代官吏的管理制度》对宋代官员的选拔途径、官爵俸禄等酬

① 张洪新：《宋代县制探析》，山东大学硕士学位论文，2010 年。
② 李换平：《宋代知县、县令带兵职能研究》，《河南广播电视大学学报》2011 年第 9 期，第 53—55 页。相关成果还有邢琳：《宋代知县、县令制度研究》，河南大学硕士学位论文，2000 年；李换平：《宋代知县、县令选任和迁转研究》，河南大学硕士学位论文，2012 年。
③ 王钟杰：《唐宋县尉研究》，保定：河北大学出版社，2009 年版。
④ 陆敏珍：《宋代县丞初探》，《史学月刊》2003 年第 11 期，第 31—37 页。
⑤ 李立：《宋代县主簿初探》，《城市研究》1995 年第 4 期，第 59—64 页。
⑥ 林煌达：《宋代县衙主簿初探》，《中国史学》2004 年第 14 卷。
⑦ 刘馨珺：《明镜高悬——南宋县衙的狱讼》，北京：北京大学出版社，2007 年版。
⑧ 秦闻一：《宋代镇制考》，《史学月刊》1998 年第 5 期，第 30—35 页。
⑨ 高美玲：《宋代的胥吏》，《中国史研究》1988 年第 4 期，第 75—83 页；苗书梅：《宋代州级公吏制度研究》，《河南大学学报（社会科学版）》2004 年第 6 期，第 101—108 页；苗书梅：《宋代县级公吏制度初论》，《文史哲》2003 年第 1 期，第 124—129 页；祖慧：《论宋代胥吏的作用及影响》，《学术月刊》2002 年第 6 期，第 79—85 页；赵忠祥：《宋代胥吏的职能浅析》，《河北师范大学学报（哲学社会科学版）》2001 年第 2 期，第 108—113 页；魏峰：《论衙前在北宋的转化》，《宁夏社会科学》2002 年第 6 期，第 87—91 页；林煌达：《北宋吏制研究》，中兴大学硕士学位论文，1994 年；梁金贵：《宋代胥吏制度探微》，贵州大学硕士学位论文，2008 年；鹿军：《宋代县级公吏职务犯罪考察》，河北大学硕士学位论文，2005 年。
⑩ 邓小南：《宋代文官选任制度诸层面》，石家庄：河北教育出版社，1993 年版。
⑪ 苗书梅：《宋代官员选任和管理制度》，开封：河南大学出版社，1996 年版。

劳制度、磨勘考课制度、致仕制度进行了探讨，认为两宋官员管理制度，使得皇权对官员队伍控制加强，文化素质提高，考核重视一贯表现，而非一时一举，且俸禄优厚，但同样也带来冗官冗费等问题，但两者相校，优大于劣。[①] 肖建新从行政责任追究的角度探讨了宋代行政责任追究的主体、类型、方法等。[②] 此外，江晓敏《宋代中央政府对地方官员的任用管理与监察》、邓小南主编《政绩考察与信息渠道——以宋代为重心》、丁建军《宋代地方官员考核制度研究》、唐广《宋代对官吏经济政绩的考核方法》、游彪《宋代荫补制度研究》、杨果等《宋代国家对官员宿娼的管理》等，也对研究宋代政府提高官僚队伍素质、加强考核、降低行政成本具有重要参考作用。[③]

3. 法制史领域

宋代法制史研究中亦有相当数量论著涉及本书研究，对于探索宋朝政府缩减地方政府行政成本的举措具有启发意义，主要包括两方面。

（1）财经监督与审计

郭东旭《宋代财政监督法述论》一文认为，宋代建立的多层次的财政监审机构、监审方法进一步科学化，相关监督法规更加严密，在理财惩贪中发挥了重要作用。[④] 方宝璋《宋代财经监督研究》一书对宋代主要中央和地方财经监督机构、主要财经监督制度（如会计凭证、账籍、会计录、税收监督制度、仓库监督制度、经济政绩考核、财经监督立法）等进行了详细的考证，并进一步探讨了影响宋代财经监督的几大因素，认为宋代财经监督水平高于以往任何朝代，具有自身显著特点。[⑤] 张文勇认为在宋代财经监督中，顺注意控制财政支出数量，强化支出的预算管理，严格财物出库手续，加强对财务官员监督力度。[⑥]

方宝璋《中国审计史稿》列专章探讨了五代、宋、辽、西、夏、金时期的审计制度，对这一时期财经、司法机构的审计、监察官的审计、官员经济政绩

---

① 龚延明：《宋代官吏的管理制度》，《历史研究》1991 年第 6 期，第 45—61 页。

② 肖建新：《宋代行政责任追究制度研究的基本问题》，河北大学博士学位论文，2007 年。

③ 江晓敏：《宋代中央政府对地方官员的任用管理与监察》，《南开学报（哲学社会科学版）》1994 年第 1 期，第 31—37 页；邓小南主编：《政绩考察与信息渠道——以宋代为重心》，北京：北京大学出版社，2008 年版；丁建军：《宋代地方官员考核制度研究》，北京：人民出版社，2014 年；游彪：《宋代荫补制度研究》，北京：中国社会科学出版社，2001 年版；杨果、柳雨春：《宋代国家对官员宿娼的管理》，《武汉大学学报（人文科学版）》2011 年第 1 期，第 98—104 页。

④ 郭东旭：《宋代财政监督法述论》，《河北大学学报（哲学社会科学版）》1996 年第 1 期，第 12—19 页。

⑤ 方宝璋：《宋代财经监督研究》，北京：中国审计出版社，2001 年版。其相关成果还有如方宝璋：《宋代通判在财经上的监督》，《辽宁大学学报（哲学社会科学版）》1995 年第 2 期，第 80—83 页；方宝璋：《宋代在财经上对转运使的监督》，《中国社会经济史研究》1993 年第 3 期，第 15—21 页。

⑥ 张文勇：《宋代的财政监督法律制度及其历史借鉴》，《财政监督》2006 年第 3 期，第 75—76 页。

的考核审计等内容进行了考察，并论述了这一时期审计方法及与审计和防范官吏贪赃的相关法规。[①] 肖建新《宋朝审计机构的演变》、方宝璋《宋代审计机构若干史实之考证》对宋代审计机构的发展变化情况及其特点进行了考证和商榷。[②] 汪圣铎依据《庆元条法事类》等文献记载，补充了宋代地方审计机构的相关情况，并对地方审计机构的关系及审计活动进行了考论。[③] 杨倩描对北宋财务管理中的预决算制度、审计制度及其运行中的弊病进行了探讨。[④] 朱灵通、汪圣铎、陈扬、魏琳等还对宋代财务管理中的帐籍、会计录、旁通等文书进行了研究。[⑤]

（2）官员贪赃及防治

王永贞《宋朝预防官吏经济犯罪的法律措施》一文，对相关预防措施进行了探讨，除了加强财务监督外，还对官吏收受贿赂、勒索百姓等进行立专法处置，并采取降格使用曾犯赃罪官员，奖赏廉洁官员的措施来鼓励廉洁奉公。[⑥] 汪圣铎也通过政府对赃罪官员行政处罚手段的多样化，强调宋朝政府的"软惩治"举措，如差遣、升迁、俸禄、荐举、监察等方面对犯赃罪官员的不利规定，弥补了宋朝崇尚文治，不杀不杖不黥所带来的负面影响。[⑦] 郭东旭《宋代法制研究》一书系统梳理了宋代法律体系，并对官员赃罪立法及惩治贪赃犯罪的历史过程、经验教训进行了研究。[⑧] 韩瑞军《宋代官员经济犯罪及防治研究》一书，在前人研究基础上，对宋代官员经济犯罪的类型、相关预防和惩治法规、廉政措施等进行了详细研究，并总结了宋代防治官员经济犯罪的成效、不足。[⑨] 张邦炜、赵旭还对宋朝采取给予胥吏俸禄，同时犯赃重罚的"重禄法"进行了研究，认为其起到一定作用，但执行中的弊病和法令本身的漏洞，使得胥吏贪赃的问题难

---

① 方宝璋：《中国审计史稿》，福州：福建人民出版社，2006 年版，第 167—260 页。

② 肖建新：《宋朝审计机构的演变》，《中国史研究》2000 年第 2 期，第 112—126 页；方宝璋：《宋代审计机构若干史实之考证——兼与肖建新先生商榷》，《中国史研究》2002 年第 1 期，第 85—95 页。

③ 汪圣铎：《宋代地方审计补论》，《审计研究》2002 年第 5 期，第 49—51 页。

④ 杨倩描：《北宋的财务行政管理》，《中国经济史研究》1988 年第 1 期，第 38—44 页。

⑤ 朱灵通、方宝璋：《论宋代旁通与会计录设置思想》，《财会通讯》2011 年第 13 期，第 148—149 页；汪圣铎、冯红：《旁：宋代的一种官文书》，《河北学刊》2010 年第 3 期，第 66—72 页；陈扬：《北宋帐籍与会计录制度浅析》，《甘肃理论学刊》2012 年第 1 期，第 152—156 页；魏琳：《〈宋人佚简〉所收须知册申状公文研究初探》，《学理论》2010 年第 26 期，第 158—160 页；王金玉：《宋代地方架阁库的设立及其管理制度——庆元档案架阁条法再探》，《档案管理》1994 年第 3 期，第 39—41 页。

⑥ 王永贞：《宋朝预防官吏经济犯罪的法律措施》，《聊城师范学院学报（哲学社会科学版）》1991 年第 2 期，第 54—57 页。

⑦ 汪圣铎：《宋朝如何抑制官员贪赃的几个问题》，《西南师范大学学报（哲学社会科学版）》1994 年第 2 期，第 97—102 页。

⑧ 郭东旭：《宋代法制研究》，保定：河北大学出版社，2000 年版，第 146—154 页。

⑨ 韩瑞军：《宋代官员经济犯罪及防治研究》，北京：中国社会科学出版社，2011 年版。相关宋代惩治腐败与贪赃的成果众多，难以一一列举，可见本书相关研究动态。

以根治。[①] 贾玉英《宋代监察制度》《中国古代监察制度发展史》等对宋代从中央到地方诸多监察机构进行了研究，并充分探讨了其对各级官员的监督职能。[②]

（四）以往研究的不足之处

综上所述，学界对此问题的研究，存在以下几方面的不足：一是研究视角的不足，以往研究多是在研究宋代财政、政治制度、军事等某一领域或现代行政成本问题时涉及宋代地方政府的行政成本问题，没有专门从"行政成本"的角度就此问题进行探讨。二是由于研究视角的不同和材料的限制，以往研究对宋代整体或中央政府相关成本问题探讨多，而对地方政府相关成本问题探讨较为薄弱。三是研究程度不均衡，对某些领域成本探讨较少，如公务成本、隐性成本、无效成本等。四是现代理论与史料结合不充分，对行政成本与地方行政制度、行政绩效的关系考察不够，因而本书会进一步深入研究。

五、本书研究思路及方法

（一）研究思路

本书在广泛搜集史料，吸收借鉴前人研究成果基础上，首先，对"行政成本"的相关概念进行界定，确定本书的研究对象和范围。其次，对宋代地方政府某些相关问题进行探讨，主要包括货币和非货币形态的成本，注意区分显性成本和隐性成本、有效成本和无效成本，特别是对政府行为给社会、环境、道德舆论等方面造成的隐性成本着重进行分析。注意区域对比和分析，宋代不同历史时期之间的差别及其原因，探讨宋代地方政府行政成本日益增高的原因及政府的对策。最后，总结和分析宋代地方政府行政成本问题的若干特点，以期对宋代地方行政体制等有新的认识，并对当今地方政府行政成本改革有所启发和借鉴。

（二）主要研究方法

本书在研究中主要采用以下几种研究方法。

---

① 张邦炜：《宋神宗的重禄法》，《历史知识》1986 年第 3 期；赵旭：《宋代以"重禄法"治吏惩赃政策评析》，《史学集刊》2010 年第 1 期，第 57—65 页。

② 贾玉英：《宋代监察制度》，开封：河南大学出版，1996 年版；贾玉英等：《中国古代监察制度发展史》，北京：人民出版社，2004 年版。

1. 考据法

笔者对宋代地方政府有关行政成本的相关文献资料进行分析考证，注意搜集当时及后代文献中遗留的宋代官府公文、法律文书、墓志铭等，增加研究的可信度和说服力。

2. 统计法

本书对宋代地方政府行政成本中涉及的机构建设费、公务接待费等进行统计和估算，通过分析得出发展变化规律。

3. 定性与定量分析相结合的方法

由于宋代地方行政成本中的隐形成本诸如时间成本、环境成本、社会成本等，难以进行具体数量考察，只能通过定性分析和文本描述来界定和分析相关成本。货币形态的成本能够定量分析的，则尽量进行定量分析和统计；缺乏具体数字史料或难以统计的，则采取按比例估测的办法。

4. 动态与静态研究相结合的方法

本书既注意宋代政府应对行政成本问题中具有文明特征的法典、法条的制定情况，同时也要观察它们在社会实际中的运用情况，注意行政体制相关运行状况，注意人为因素对政治制度运行的影响。

此外，笔者还尽量借助行政学、管理学、经济学等多学科的研究理论和成果对宋代地方政府行政成本问题进行分析，注意理论的适用性。

第一章　宋代地方政府行政设施成本问题

高大、森严的建筑群落能够体现政府的权威性，所谓“公寓必称其官，非为所居官设，行君之政令，肃民之观瞻，盖于此系焉”[①]，为了实现地方政府的行政管理职能，必须提供相应的场地设施，以供政府行政人员办公、休息等，这是政府行政缀余中的必要成本、也是基础成本或固定成本之一。与现代政府不同的是，宋代地方政府还要为为官于此的地方行政长官提供其本人和家属休息、招待宾客、休闲娱乐的场所[②]，因而相关配套的厅、堂、斋、楼、阁都不能缺少。在此之外，地方政府还要修建厢军禁军军营、监狱、馆驿、仓库等，满足行政机构基本运转的需求。即宋人所称“环千里而郡之，必有郡治；有郡治，必有廨舍仓库，而后民得以杂处于其间；有民杂处，必有桥道坊市以为之聚散，城池营驿以为之捍御，射圃学宫以为之教习，社稷寺观庙宇为之祠祀而游观焉”[③]。这些基础设施构成了地方政府又一类重要的显性成本——行政设施成本。

第一节　地方政府行政设施的主要构成及建筑布局

宋代地方行政设施的主体即路、州、县各级官衙，同时也包括地方军队的军营，而馆驿、仓库、监狱等既有位于官廨之内的，如军资库、甲仗库、司理狱等，也有位于官廨之外的，如军营、常平仓、义仓、馆驿等。

---

① （宋）林表民编：《赤城集》卷2《李宗勉·重修台州通判厅记》，《景印文渊阁四库全书》，台北：商务印书馆，1986年影印本，第1356册，第629页。

② 江天健：《宋代地方官廨的修建》，宋史座谈会主编：《宋史研究集》第31辑，第337页。宋代官员可携家属上任，如熙宁十年（1077年）六月，“恩州武城县大风，坏县廨，知县李愈妻姚氏、主簿冠宗奭妻之母杨氏以压死，赐愈、宗奭绢五十匹”。（宋）李焘撰，上海师范大学古籍整理研究所、华东师范大学古籍整理研究所点校：《续资治通鉴长编》卷283，熙宁十年六月乙巳，北京：中华书局，2004年版，第6930页。

③ （清）李维钰原本，沈定均续修，吴联薰增纂：光绪《漳州府志》卷首《淳熙临漳志序》，《中国地方志集成·福建府县志辑》，上海：上海书店出版社，2000年影印本，第8页。

（一）地方政府行政设施主要构成和建筑布局

宋代地方政府分为路、州、县三级，其各自衙署建筑布局有相应特点，同时，不同地域和时期，衙署的建筑布局和具体设施也不完全相同，大体上看，宋代官府行政设施建筑多沿袭前代传统，也受到水灾、火灾、地震、兵变等发生位置的改移和结构的变化。

1. 路级机构官廨布局和构造

宋代路级机构主要包括转运、提刑司、提举常平司、安抚使司。北宋时期转运司路的数量设置最多时达到 26 个，南宋时期达到 15 个，同时期安抚司路的数量较之更多。关于路级机构官衙的内部情况，此前学者论述较少，留下的史料也较为有限。但有利于我们对掌管这一路行政、司法、按察、军事大权的诸机构有一个更为形象的认识，我们对这几个机构的内部构造和建筑布局做一分析。

（1）转运司官廨内部构造

转运司是宋代路级机构中设置最早、权力最大的一个，笔者试着通过现有史料来勾勒其官衙的内部结构。从现存史料来看，转运使虽执掌一路，但是其官廨建筑在地方行政机构中并非最大的，现存文献对其记载也不够详细。具体来看，转运司衙署包括办公区和居住区两部分，办公区中既有长官处理政务的场所，也包括属官、胥吏办公的场所及厨卫等。转运司多设东西或南北两厅，以两浙转运司为例，“旧在双门北为南北两衙，今（咸淳中）在丰豫门南，有东西二厅”①。江西转运使初由洪州知州兼任，无廨舍，自杨绒为江西漕，始治焉。“雍熙中，廨宇旧在府城东北，后经兵火，运使张澄复新之。题梁在绍兴四年。后改卜于子城东门外，为东、西两厅。”②荆湖北路转运司“东、西二衙在州之清远门内，即旧江夏县及县丞厅也”③。潼川府路转运司分东西衙“异时使、副、判官参置并列不常厥居，乃数十年，始从省并，有判官则阙使副，故来者惟吾东廨岁修月斸，吾用永存”④。看来转运使、副使、判官后来遵循不并设的原则，减少人力成本和衙署修建费用。转运司内部主要居室包括正门、门厅、设厅（大厅）、中厅、吏舍、签厅等，《至正金陵新志》记载江南东路转运司内部构造，“大

---

① （宋）潜说友纂修：《咸淳临安志》卷 52《官寺一》，《宋元方志丛刊》，北京：中华书局，2006 年影印本，第 3824 页。

② （宋）王象之原著，李勇先校点：《舆地纪胜》卷 26《江南西路・转运司》，成都：四川大学出版社，2005 年版，第 1202 页。

③ （宋）王象之原著，李勇先校点：《舆地纪胜》卷 66《鄂州上・监司军帅沿革》，第 2379 页。

④ （宋）魏了翁撰：《鹤山先生大全文集》卷 43《潼川转运司重建东衙记》，《四部丛刊初编・集部》，上海：商务印书馆，1936 年影印版，第 12 页。

门南向，次中门厅二，在大门内者为南厅，在中门内者为北厅。皆路西南向，其属厅皆路东西向，由北厅东北为衙北门”①。

其后居住区有长官居住休息的场所和各种亭堂楼台，两浙转运司东厅包括“宽民堂，旧为福星堂，淳祐间魏运副峻重建更今名。福星楼，淳祐间尹运判焕建，咸淳三年运副潜说友重修。节爱堂，宝祐初王运使克仁建。振襟堂，淳祐间魏运副峻建，咸淳三年运副潜说友重修。月台，景定元年洪运副焘建。西厅：厅，淳祐元年魏运判峻重建。周咨堂，淳祐元年魏运副峻建。公生明，景定三年魏运副克愚建，咸淳三年运副潜说友重修。绣春堂，景定三年魏运副克愚建。仁惠堂，绍定初陈运副宗仁建，咸淳三年运副潜说友重修，又植竹其外”②。江西转运司“东衙有袭香楼、正义堂，船斋，爱民堂，怀训堂、西衙有华远楼，志民堂，进思堂，双桂堂，深明阁，北窗。漕司花圃曰有年堂，云锦堂，观风堂，露华堂”③。淮南转运司有红蕖阁、凝云楼，节爱堂，清凉境界等处。④

属官厅既有位于转运司内部的，也有在转运司官廨之外的，如咸淳中，两浙转运司“主管文字厅，在转运司南，绍定中赵运判汝惮创。添差主管文字厅，在丰豫门内北。干办公事厅，在转运司南，绍定中赵运判汝惮创。干办公事西厅，在俞家园。主管帐司厅，在戒子桥北河西岸巷内（记文略）。签厅，在运司内之南。提领犒赏酒库所签厅，在运司内”⑤。这里面大部分属官廨舍都在转运司之外，只有属官聚集办公的签厅位于转运司之内。但是南宋江东转运司属官廨舍在转运司内，如洪迈记载“江东转运司在建康府，三属官廨舍处其中，其最北者，相传有怪”⑥。还有自内迁出的，如吕午记载：“漕司主管文字厅事，旧在签厅西北，迁河滨，面执甚宜，地规模褊小，上无重屋，客至局促对坐，跬步不可纵”⑦。

转运司也有统辖的仓场库务，这其中有些位于转运司廨舍之内，如公使库、寄收库等，也有许多位于转运司廨舍之外。还以两浙转运司为例，两浙转运司“抽解竹木场（又名木税场）一在徐村，一在儿门，一在七郎堂巷、一在天宗门、一在螺蛳桥、一在范浦栅、一在北郭、一在江涨桥。（场）船场在荐桥门外。（库）

① （元）张铉纂修：《至正金陵新志》卷12上《古迹志·城阙官署》，《宋元方志丛刊》，第5742页。
② （宋）潜说友纂修：《咸淳临安志》卷52《官寺一》，《宋元方志丛刊》，第3824页。
③ （宋）王象之原著，李勇先校点：《舆地纪胜》卷26《江南西路·转运司》，第1202—1203页。
④ （宋）王象之原著，李勇先校点：《舆地纪胜》卷38《真州·风俗形胜》，第1693页。
⑤ （宋）潜说友纂修：《咸淳临安志》卷53《官寺二》，《宋元方志丛刊》，第3827—3828页。
⑥ （宋）洪迈撰，何卓点校：《夷坚志》乙志卷12《江东曹属舍》，北京：中华书局，1981年版，第285页。
⑦ （宋）吕午：《竹坡类稿》卷2《意会台记》，《北京图书馆古籍珍本丛刊集部·宋别集类》，北京：书目文献出版社，1998年影印本，第89册，第282页。

架阁库在荐桥门外，寄收库旧在本司，咸淳八年吴运判益改创于犒赏酒库所之侧（记文略）。公使钱、酒库在本司内，提领犒赏酒库所在楼店务侧”[①]。江东转运司“钱物库在转运司东与花园相对，杂物库在大厅西廊。公使库在杂物库侧，典库在转运司衙东。以上库隶江东转运司”[②]，“财计库在本司西庑”[③]。

以上为宋代路级转运司廨舍内部基本构造。可见，各个路分转运司内部除了长官、属官、吏人办公、休息的住所外，还修建了大量的亭台楼所，有的还有专门的花园，用来承担各种宴会和游乐，导致修建费用较高。嘉定十二年（1219年），潼川府路转运司被兵火焚毁后，又重新修建，用“缗钱六万、米千石、丁匠四万六千九百”[④]。全部修筑耗时一年零八个月，花费钱六万贯，米千石，工役四万六千九百，数额相当惊人。修筑完成后，“室寝堂奥、荣序门庑、筦库庖湢，以次备具。至于宾掾有馆，文书有庋，府史有舍，视旧规置殆将过之”[⑤]。这在一般政府机构建筑费用中也是相当高的。

（2）提举常平司官廨内部建筑构造

提举常平司在王安石变法时期开始设立，后屡经废罢，直至南宋绍兴年间才逐渐稳定，成为路级监司之一。而提举茶盐司自徽宗崇宁元年（1102年）设立，南宋高宗绍兴十五年（1145年），“诸路提举茶盐官改充提举常平茶盐公事，今二司合为一司”[⑥]。诸路提举常平司改称提举常平茶盐司，简称仍为提举常平司。

史书中记载提举常平司机构内部构造的史料有限，其基本构造与转运司类似，包括办公区和长官居住区，由于提举常平司在路级机构中设立较晚，又废罢不常，所以其官廨经常由其他政府机构改充，或者被其他机构占用。如荆湖南路提举常平司“在子城东南，旧通判厅也”[⑦]。梓州路提举常平还以“梓之同提点刑狱厅为新治”[⑧]。现存《吴郡志》中对江南东路提举常平司记载稍微详细，其文载：“提举常平茶盐司在子城之东，厅事东有小池，上有假山，旁曰‘壶中林壑’，米友仁书。池南北有亭，南曰‘扬清’，北曰‘草堂’。厅事之西有宝翰阁，亦友仁书额。厅东北曰‘宣惠堂’，厅后曰‘皇华堂’。厅之东侧曰‘颐斋’，斋后圃中曰‘望云堂’，绍兴三十年杨和王子倓持节时作，为思亲也。池旁曰‘绣

① （宋）潜说友纂修：《咸淳临安志》卷55《官寺四》，《宋元方志丛刊》，第3843—3844页。
② （元）张铉纂修：《至正金陵新志》卷12上《古迹志·城阙官署》，《宋元方志丛刊》，第5744页。
③ （元）陈大震纂修：《大德南海志》卷10《兵防·局务仓库》，《宋元方志丛刊》，第8449页。
④ （宋）魏了翁撰：《鹤山先生大全文集》卷43《潼川转运司重建东衙记》，《四部丛刊初编·集部》，第12页。
⑤ （宋）魏了翁撰：《鹤山先生大全文集》卷43《潼川转运司重建东衙记》，《四部丛刊初编·集部》，第12页。
⑥ （宋）王象之原著，李勇先校点：《舆地纪胜》卷40《泰州·监司沿革》，第1759页。
⑦ （宋）王象之原著，李勇先校点：《舆地纪胜》卷55《衡州·监司沿革》，第2089页。
⑧ （宋）王象之原著，李勇先校点：《舆地纪胜》卷154《潼川府·监司沿革》，第4622页。

春堂'，淳熙十五年史弥正建……茶盐司干办公事厅二，一在醋库巷，一在郡楼之东。常平司干办公事厅二，一在检法厅之北，一在郡楼之西”[①]。从中可以看到，提举常平司官廨中有设厅，属官厅均在提举司官廨之外，有茶盐司干办公事厅、常平司干办公事厅等。同时，也可看出提举常平司也修建了大量的亭堂馆所，供相关官员休息娱乐。此外，如泰州淮东提刑司修建的亭堂馆所有“澄清堂、皇华堂、观德堂、问月堂等”。问月，在提举司；赋雪，在提举司；通幽，在提举司；观德，在提举司。[②]湖南提举常平茶盐司建有“均政堂、惠民堂、泰定斋、五峰阁”[③]。提举常平司也有相当数量的隶属其掌管的仓场库务，如常平仓、义仓、常平钱物库、免役钱物库等。

提举常平司虽然在路级诸司中设立较晚、地位较低，但其官廨规模却不可小觑，包括长官、属官签厅、吏人舍以及各种厅堂馆所，其房屋数量也十分惊人，如徽宗政和五年（1115 年），京西北路提举常平司迁治，于蔡州大修官廨，“则于蔡城东南隅得官地若干亩。夏六月兴土功，冬十月毕涂塈，为屋二百八十六间，吏舍居十三”[④]。可以想见其修建规模之大，花费钱物之多，行政设施成本之高，连为之作记的程俱也认为有些奢侈，“然则经度之勤，栋宇之壮，无足为余俟记”[⑤]。南宋宁宗嘉定年间，浙东提举常平司重修门楼，动用民众两万余人，“縻金之缗逾四万”[⑥]，超过四万贯的花费，只修建一座门楼，其费用之巨令人惊叹。

（3）提刑司廨舍内部建筑构造[⑦]

前人对此问题已经有相关研究，这里不再详论。整体上看，宋朝提刑司衙门与转运司官廨内部结构类似，包括办公区和居住、休闲区两部分，提刑官在大厅上审案，签厅是提刑司官员议论案情、处理公务的主要场所，极为重要。在设立武臣提刑时，文武提刑可能同处一司，也可能分治两衙，提刑衙门的居住区建有许多堂舍、亭台楼阁，体现了中国古代建筑人与自然和谐的特点，同时，在提刑司衙门庭园极为奢华的时期，还出现了福建路提刑司衙署创建乐圃

① （宋）范成大纂修：《吴郡志》卷 7《官宇》，《宋元方志丛刊》，第 741—746 页。

② （宋）王象之原著，李勇先校点：《舆地纪胜》卷 40《泰州·监司沿革》，第 1759 页。

③ （宋）王象之原著，李勇先校点：《舆地纪胜》卷 55《衡州·监司沿革》，第 1759 页。

④ （宋）程俱撰：《北山小集》卷 19《京西北路提举常平司新移公宇记》，《宋集珍本丛刊》，北京：线装书局，2004 年影印本，第 33 册，第 480 页。

⑤ （宋）程俱撰：《北山小集》卷 19《京西北路提举常平司新移公宇记》，《宋集珍本丛刊》，第 33 册，第 481 页。

⑥ （宋）程珌撰：《程端明公洺水集》卷 7《淮东提举司门楼记》，《宋集珍本丛刊》，第 71 册，第 75 页。

⑦ 王晓龙：《宋代提点刑狱司制度研究》，第 190—194 页。

这样供百姓游玩的特殊文化现象。此外，淮西提刑司内“有潜峰阁。皇祐中，王荆公为通判，阁乃读书之地，又有清简、景山、三莫、传经四堂。东有月榭，尤为高爽”[①]。广西提刑司也是“又西有堂，曰丹荔。自丹荔而右，有诜堂。又东有堂，曰明启。自明启而入，有三省堂，有光风雨霁月之楼，即城门之西楼也。皆奇伟壮丽，为一郡之最云”[②]。

尽管朝廷屡下诏命提刑等监司不得擅修廨舍[③]，但历朝的提刑司官衙修葺也是很普遍的，费用也不低，如南宋宁宗嘉定十六年（1223 年），浙东提刑司的兴修，“乃撤其坏甚者六七，而鼎新之。且增创吏舍、架阁库、并钱酒什物、文籍诸库，又新其公余燕坐之所、属官议事之厅、及亭馆楼观、罔不毕新。曰澄清堂、曰棣华堂、曰和乐堂、曰尽心堂、曰清闭亭、曰稽山阁，又创敬简堂于签厅之左”[④]，厅堂楼阁均具，其费用一定不低。《宋会要辑稿》也记载：“（淳熙七年）七月二十一日，诏广西路提刑移司郁林州，起造廨舍，合月［用］钱令转运司应副五千贯”[⑤]，五千贯应该不是整座官廨修建费用，但其数额已经相当于一些小的县邑一年的经费支出数额了。

（4）安抚使司内部建筑构造

安抚使在路级机构中较为特殊，具有治军和理民的双重特色，北宋时期，更多地强调其军事统帅职能，而到了南宋，随着屯驻大军的兴起和都统司的出现，安抚司主要管理地方治安、救灾、缉捕盗贼、镇压变乱等民政事务。宋代的诸路安抚使由一路首州知州兼任，故而较少设立单独的安抚司衙门，更多的是在本路首州府的治所中设立安抚司签厅，减少在行政设施建设方面的资金、物力投入，这也不失为一个较为节约行政成本的办法。

两浙西路安抚司签厅在临安府廨内，在府治西，淳祐八年（1248 年）建[⑥]，《梦粱录》中也说：“入府治大门，左首军资库与监官衙，右首帐前统制司。次则客将客司房，转南入签厅。都门系临安府及安抚司签厅，有设厅在内。”[⑦] 而安抚司日常办公则在正门外的东厅，即《梦粱录》所说：“正衙门外左首曰东厅，

---

① （宋）王象之原著，李勇先校点：《舆地纪胜》卷 46《安庆府・监司沿革》，第 1938 页。

② （宋）王象之原著，李勇先校点：《舆地纪胜》卷 90《韶州・监司沿革》，第 3121 页。

③ （宋）李焘撰，上海师范大学古籍整理研究所、华东师范大学古籍整理研究所点校：《续资治通鉴长编》卷 71，大中祥符二年六月乙酉，第 1609 页。

④ （宋）张淏纂修：《宝庆会稽续志》卷 2《提刑司》，《宋元方志丛刊》，第 7101 页。

⑤ 刘琳、刁忠民、舒大刚，等校点：《宋会要辑稿》方域四之二〇，上海：上海古籍出版社，2014 年版，第 7339 页。

⑥ （宋）施谔纂修：《淳祐临安志》卷 5《府城》，《宋元方志丛刊》，第 3267 页。

⑦ （宋）吴自牧：《梦粱录》卷 10《府治》，杭州：浙江人民出版社，1980 年版，第 83 页。

每日早晚帅臣坐衙，在此治事。厅后有堂者四，匾曰恕堂、清暑、有美、三桂。东厅侧曰常直司，曰点检所，曰安抚司，曰竹山阁，曰都钱、激赏、公使三库。库后有轩，匾曰竹林。轩之后室，匾曰爱民、承化、讲易三堂，堂后曰牡丹亭。东厅右首曰客位，左首曰六局房，祇候、书表司、亲事官、虞候、授事等房而已。”①而在《景定建康志》中《府廨之图》清楚地表明了安抚司佥厅的位置，其是位于整个府治西北角的一个较为封闭的小院落。袁琳博士描述其位置“在西厅之西，三开间门厅，左右接廊”，后建有芙蓉堂，“为工字厅形制的建筑，前厅为重檐九脊顶三开间小厅，后厅不太清晰，可能为五开间单檐九脊顶”。②沈括在任鄜延路经略安抚使的时期，在州治新建一座官厅，专门用来处理安抚司等军事事务，“延州正厅，乃都督厅，治延州事。五司厅治鄜延路军事，如唐之使院也。五司者，经略、安抚、总管、节度、观察也”③。

广南东路经略安抚使置司广州，经略安抚厅在州廨之内“在治事厅西”④。浙东安抚司签厅“在府治仪门之西，嘉定十六年汪纲重建而移门于仪门之外”⑤。可见，安抚司签厅也是位于绍兴府衙内。

江南东路安抚使也由首州知州即建康知府兼任，“凡曰行宫、留守司、江东安抚司、沿江制置司、兵马总管、都督皆知府兼之，其公署创建雄盛”⑥。其中安抚司签厅“抚司签厅在西厅西，其后有芙蓉堂，西为三圣祠。制置司签厅在仪门东，有筹胜堂、君子堂，南通清溪，又有集思堂及便厅。建康府都签厅在南门西，西厅之前”⑦，非常明确地指出了安抚司签厅和建康府签厅、制置司签厅都在府衙之内。

福建路福州府衙，有日新堂，“建炎三年改钤辖为安抚使，以为安抚厅”，安抚司签厅位于“衣锦阁南，寻移春野亭，乾道元年王参政之望复旧，淳熙五年移自公堂六年复旧”⑧。

安抚司在地方军事统帅方面具有特殊地位，故而其衙署中有关军事方面的属官较多，相关廨舍也较多。两浙西路“安抚司参议官主管机宜文字、干办公

① （宋）吴自牧：《梦粱录》卷10《府治》，第84页。
② 袁琳：《宋代城市形态与官署建筑制度研究》，第125页。
③ （宋）江少虞撰：《宋朝事实类苑》卷27《五司厅》，上海：上海古籍出版社，1981年版，第335页。
④ （元）陈大震纂修：《大德南海志》卷10《兵防·局务仓库》，《宋元方志丛刊》，第8449页。
⑤ （宋）张淏纂修：《宝庆会稽续志》卷3《安抚司》，《宋元方志丛刊》，第7122页；（宋）沈作宾修，施宿等纂：《嘉泰会稽志》卷1《府廨》，《宋元方志丛刊》，第6733页。“仪门之西南向列署五，为安抚司签厅、为设厨、为省马院、为甲仗库、为公使钱库。”
⑥ （元）张铉纂修：《至正金陵新志》卷1《行台察院公署图考》，《宋元方志丛刊》，第5293页。
⑦ （元）张铉纂修：《至正金陵新志》卷1《行台察院公署图考》，《宋元方志丛刊》，第5293页。
⑧ （宋）梁克家纂修：《淳熙三山志》卷7《公廨一·府治》，《宋元方志丛刊》，第7842页。

事廨舍在府治之左右"[①]。"安抚司参议官厅（在军将桥东），安抚司主管机宜文字厅（在涌金门里墙下投北），安抚司干办公事厅（在闸儿头）。"[②]

属官廨舍相对于长官廨舍较为破败，如端平三年（1236年）任一震写的安抚司主管机宜文字厅记文中就说：浙西安抚司机宜文字居无定所，后"得民庐于涌金门之北，而公宇以定规，建门庑，费略储矣。会徙他官，弗克，就继之者或因循不暇问，或乃私耗其所储，而记载之石亦坏不复全"。后来浙西安抚使任一震"捐金二十万，佐以竹木，而赵侯亦自上饶以二十万相其役"，才使得安抚司属官有了固定的官廨。[③]福建路武臣属官准备差遣"旧无廨，始度地于府治西北隅，背郡圃，迫马厩，尤庳隘"。其他属官廨舍也相当寒酸，"而其属独牢落，厅寒如冰，吏卒鹑结……。曩余参真公谋议，熟知之。时廨废为潜火局，假屋以居，机宜寓僧寺，仅存一干官直舍，诿曰闲慢官尔"[④]。

广南东路经略安抚使"参议、机宜、抚干旧无廨舍，皆僦居于市，嘉定十六年汪纲以武宪旧衙析而改创，胪列有序，参议滕璘作题名记记之甚详"[⑤]。可见，安抚司属官无固定廨舍是较为普遍的现象。

作为路级机构中掌管兵民事务的安抚司，也有储存日常费用的公使库，还需要大量经费来犒赏军队，经营牟利，补充日常费用，在《淳熙三山志》记载中，就有安抚司众多仓场库务，如安抚司印书库、安抚司钱库、安抚司盐仓等，其盐仓系南宋绍兴初"帅奏置回易后始运卖官盐，以宁越门内之东，旧将官廨积贮，号犒军库。乾道八年转运司行钞盐法，以合沙江南，旧济川亭为仓，寻罢盐钞，遂归安抚司"[⑥]。安抚司公使库即钱库，在福州衙"大厅之南，与架阁库门之东西为三，若公使钱、物、酒库，初皆即忠义堂西为之，既而钱物移使院门北，惟忠义堂西廊南酒库如故"[⑦]。福建路安抚司抵当库位于福州"安泰桥北之东，旧利涉门下，今抵当库也。又时设于威武军门西及还珠门外，凡三所，州抵当库起元丰七年，属常平，后寖废，绍兴初，帅奏行回易，此始置"[⑧]。

① （宋）周淙纂修：《乾道临安志》卷2《廨舍》，《宋元方志丛刊》，第3224页。
② （宋）施谔纂修：《淳祐临安志》卷5《城府》，《宋元方志丛刊》，第3266页。
③ （宋）潜说友纂修：《咸淳临安志》卷53《官寺二》，《宋元方志丛刊》，第3825页。
④ （宋）刘克庄撰，王蓉贵、向以鲜校点，刁忠民审订：《后村先生大全集》卷90《福建安抚司二准备差遣厅记》，成都：四川大学出版社，2008年版，第6733页。
⑤ （宋）张淏纂修：《宝庆会稽续志》卷3《安抚司》，《宋元方志丛刊》，第7122页；（宋）沈作宾修，施宿等纂：《嘉泰会稽志》卷1《府廨》载"仪门之西南向列署五，为安抚司签厅、为设厨、为省马院、为甲仗库、为公使钱库"，《宋元方志丛刊》，第6733页。
⑥ （宋）梁克家纂修：《淳熙三山志》卷7《公廨一·安抚司监仓》，《宋元方志丛刊》，第7852页。
⑦ （宋）梁克家纂修：《淳熙三山志》卷7《公廨一·安抚司公使库》，《宋元方志丛刊》，第7852页。
⑧ （宋）梁克家纂修：《淳熙三山志》卷7《公廨一·安抚司抵当库》，《宋元方志丛刊》，第7852页。

浙西安抚司还建有激赏库，用来犒赏军兵，位置“在府治，以贮官物，安抚潜说友增创土库一所”①。回易库系安抚司用来经营牟利，补贴军队经费，“在荐桥北”。安抚司还设有众多的酒库，用来酿造和储存酒，如“闲林酒库在余杭县界闲林步、石濑东酒库、西酒库并在余杭县界石濑步，青山酒库、桃源酒库并在临安县界元隶府，淳祐间拨隶帅司。外有德清正酒库在安吉州德清县市，德清东西二酒库在五林苟累琏市，东西二酒库在安吉州归安县界，上海酒库在嘉兴府华亭县界”②。“卖酒局在丰储仓边家渡东。”③此外，还有铁场，在东青门外北，“以贮军需”，船场在东青门外北藏，“教练忠节水军船只”④。可见，安抚司由于掌管地方众多军队，需要大量仓场库务筹措经费，犒赏补贴军队日常费用，并制造武器装备、船只等。

安抚司的修建，往往与州治结合在一起进行，如哲宗绍圣四年（1097 年），广南东路安抚司重新修建，规模庞大，修建时间长达一年八个月，“易宣诏堂而大之。上起层楼以壮丽谯，中为复门以列棨戟，复为黄堂以飨军旅，又取刘氏铁柱于荒草污泥间，牵曳置立堂下。由是出焉，洞重扃，逾谯门，以抵城闉，以临涨海，其袤三里，其径如矢。作始于秋八月，成于元符二年春二月己卯。于是飞观大厦，巍峨相望，登降炜煌，翠楹腾光”⑤。而在另一则文献记载中，南宋宁宗朝福建安抚司武臣属官准备差遣官厅修建，安抚使“乃捐库钱二百二十万，益以没官山木、废塞瓦石，伻图于丙午，落成于丁未”⑥。理宗淳祐九年（1249 年），重建安抚司犒赏库，“初经帑藏，古屋坏、风呀雨呷，币布污蔑不鲜，弥□承乏董出内，具以白公，公命彻而新之。幕僚潘君自□、朱君应元相其役，驷见而即功，未启蛰而毕，为堂东面六□，南序列十楹，北亦如之。前闬后庑，木工竹工石工费钱一□二十万有奇”⑦。仅仅修建一所属官厅或犒赏库就要耗费 1000—2000 贯，而整个安抚司系统的行政设施修建费用之大更是难以估量的。

其他属于路级地方政府机构的还有南宋时期的路级总管司、钤辖司等，由

① （宋）潜说友纂修：《咸淳临安志》卷 55《官寺四》，《宋元方志丛刊》，第 3842 页。

② （宋）潜说友纂修：《咸淳临安志》卷 55《官寺四》，《宋元方志丛刊》，第 3842 页。

③ （宋）潜说友纂修：《咸淳临安志》卷 55《官寺四》，《宋元方志丛刊》，第 3842 页。

④ （宋）潜说友纂修：《咸淳临安志》卷 55《官寺四》，《宋元方志丛刊》，第 3842 页。

⑤ （清）瑞麟、戴肇辰等修，史澄等纂：光绪《广州府志》卷 84《古迹略二・署宅一》，《中国方志丛书》，台北：成文出版社，1966 年影印本，第 450 页。

⑥ （宋）刘克庄撰，王蓉贵、向以鲜校点，刁忠民审订：《后村先生大全集》卷 90《福建安抚司二准备差遣厅记》，第 2327 页。

⑦ （清）蔡成韶等修，胡虔等纂：嘉庆《临桂县志》卷 9《新建犒赏库记》，《中国方志丛书》，台北：成文出版社，1967 年影印本，第 143 页。

于材料所限，关于其内部构造不再一一列举。[①]

2. 州府机构官廨布局及构造

宋代州府机构和官员数量众多，其行政设施内部构造复杂、规模庞大，尤其是曾为前代诸多节镇大府的官廨，堪称宋代地方政府的典型代表，如神宗时期来中国朝拜的日本僧人成寻就记载太原府廨“府中殿舍广大，数百重重门楼，廊外矢仓不可记尽，宛如京城”[②]。而在宋朝，州级地方级政府机构，数量达到三百多个。宋代州府官廨内部设施构造，主要包括长官治所（州治）以及属官廨舍、仓库、监狱、各类亭台楼阁等，学界研究已经较为充分，这里主要引述相关研究成果，并列举事例加以说明。[③]

梁思成《中国建筑史》中对宋平江府（苏州）官廨的情况进行了概括，平江府“府治之外，周以城垣，称为子城，唐时已有，非创于宋。……然其主要厅堂仍以府门为中轴，其全部可分为六区：（甲）府门中轴线上各层设厅及小堂，并两翼廊屋，为府治主体。（乙）其北宅堂，为郡守住宅。（丙）更北后园，有池亭之胜。（丁）设厅及小堂之东为掌户籍、赋税、仓库及州院庶务诸户厅府院（戊）西侧南部为处理民刑政务之各厅司。（己）西侧北段则为军旅驻屯训练及制造军器之所。其全体范围之广，包容之众，非明清官署所能睹也”[④]。从而对平江府官廨从空间立体上给予描述和定位，实际上，宋代各个州府布局均与此类似，大同小异，如《咸淳毗陵志》记载南宋末年的常州官廨“州治在内子城，唐末郡属淮南，杨氏权刺史唐彦随经始于景福元年，建谯楼、仪门、正厅、西厅、廊庑、堂宇、甲仗、军资等库余六百楹，至南唐郡归我朝，因旧增葺，建炎中毁，俞守俟兴复，后浸以备”[⑤]。据学者研究，宋常州官廨六百楹，约150间[⑥]，在地方州府官廨中属于中等水平。下面，我们就以常州为例并结合其他文献记载，具体看一下地方州府官廨内部构造。[⑦]在州府长官治所中，包括以下建筑设施。

---

① 北宋时期诸路的都部署（都总管）、钤辖等，多为地方军事统帅机构，不具备地方管理民政事务的政府机构特点。南宋时期，其地位日益下降，沦为地方政府供养的闲散官员。

②〔日〕成寻著，王丽萍校点：《新校参天台五台山记》卷5，上海：上海古籍出版社，2009年版，第391页。

③ 牛来颖：《唐宋州县公廨及营修诸问题》，荣新江编：《唐研究》第14卷，北京：北京大学出版社，2008年版；江天健：《宋代地方官廨的修建》，宋史座谈会主编：《宋史研究集》第31辑；乔讯翔：《宋代官式建筑营造及其技术》，上海：同济大学出版社，2012年版；赵龙：《从方志看宋代县衙署建筑群的布局》，《求索》2012年第8期；陈凌：《宋代府、州衙署的建筑规模和布局》，《文史杂志》2013年第2期；袁琳：《宋代城市形态和官署建筑制度研究》，北京：中国建筑工业出版社，2013年版。

④ 梁思成：《中国建筑史》，天津：百花文艺出版社，2005年版，第316—319页。

⑤（宋）史能之纂修：《咸淳毗陵志》卷5《官寺一·州治》，《宋元方志丛刊》，第2995页。

⑥ 牛来颖：《唐宋州县公廨及营修诸问题》，荣新江编：《唐研究》第14卷，北京：北京大学出版社，2008年版。

⑦（宋）史能之纂修：《咸淳毗陵志》卷5《官寺一·州治》，《宋元方志丛刊》，第2995—3001页。

（1）谯门（谯楼）

“谯楼在内子城南”，常州“二大字，徐铉所篆……乾道初叶守衡创两挟楼，嘉定间史守弥悆制，更鼓十有四”。谯门为子城之正门，谯门上多设楼，称为谯楼。又称为“鼓角楼、节楼、敕书楼、鼓楼等，为一州宣布政令之场所，为一州之耳喉”[①]。

（2）仪门

仪门为官府第二道正门，为礼仪之门，即衙门、戟门。常州“仪门在谯楼后，列戟十有二，左右有便门，门之外东西各屋十余楹”。与之相伴，有一系列的亭台建筑群落，“手诏亭在谯楼前左，班春亭在谯楼前右，放生亭旧在行春桥之西北，后徙郡圃净远亭后，又徙荆溪馆之西，淳祐间王守圭徒行春桥之东南”[②]。宋朝的仪门修建，是有相关等级制度规定的，而且在州府建筑群落中地位非常重要，可谓一郡之眉目，“国朝着令，门厦藻拱之施，莫不有制。惟郡之正牙门得用重屋立台，而设鸱覆甋，其制特异。盖揭镇名、建旌牙其上，鸣笳伐鼓以令昏旦者，视门以为表，非其舍宅比耶？”[③]

（3）设厅（正厅）、厨屋、吏舍

设厅是中轴线上最重要的建筑，是州府长官听政处理政务的场所，也称大厅、黄堂，“正厅亦谓设厅，相传谓旧为燕犒将吏之所，谓之旬设”。与设厅相邻，设有厨屋、戒石铭、吏舍等建筑。“公厨亦日设，厨屋五楹，中揭真宗文臣十条，前列戒石铭，东西两庑各十余楹，客位在西庑，入辕门而南为吏舍。”[④]厨房、吏舍与长官正厅相连，便于随时听候使唤，为之服务。从中也可看出，设厅也是每旬设宴招待州府将校的场所。

厨屋乃为州府官吏提供饮食的场所，州府每天都设公厨，便于官吏入州府办公时享受工作餐，这样一来，州府的日常公务接待成本便大大增加。据学者研究，官员不分等级集中就食于食堂，始于唐朝[⑤]，史书中就记载：“有唐太宗文皇帝克定天下，方勤于治，命庶官日出而视事，日中而退朝。继而晏归，则宜朝食，于是朝者食之廊庑下。遂命其余官司洎诸郡邑，咸因材赋，而兴利事，取其奇羡之积，以具庖厨，谓为本钱，杂有遗法。列曹掾史之于郡上丞诸曹郎，推本其位，又诸侯大夫之比，其有食也，于古义最为近之。凡联事者，因于会

① 袁琳：《宋代城市形态和官署建筑制度研究》，第152—153页。

② （宋）史能之纂修：《咸淳毗陵志》卷5《官寺一·州治》，《宋元方志丛刊》，第2995—2996页。

③ （宋）韩元吉撰：《南涧甲乙稿》卷15《信州新建牙门记》，《丛书集成初编》，北京：中华书局，1985年版，第293页。

④ （宋）史能之纂修：《咸淳毗陵志》卷5《官寺一·州治》，《宋元方志丛刊》，第2996页。

⑤ 袁琳：《宋代城市形态和官署建筑制度研究》，第160—161页。

食，遂以议政，比其同异，齐其疾徐，会斯有堂矣。则堂之作，不专在饮食，亦有政教之大端焉”[①]，“京百司至于天下郡府，有曹署者，则有公厨。亦非惟食为谋，所以因食而集，评议公事者也”[②]。而从宋代的情况来看，州县治所里仍有厨屋，一般离设厅不远，北宋初重修益州官廨，建“凉、暖二厅，便寒暑也。二厅之东，官厨四十间。厨北越通廊，廊北为道院，一厅一堂。厨与道院本非正位，盖撙减古廊二础之外盈地所安也”[③]。绍兴府和临安府的厨屋位于仪门之西南，镇江府治“公厨在东庑之外”[④]，建康府庖厨位于后宅静得堂附近。

吏舍为州府胥吏办公和休息的场所，宋代州府乃至路、县诸政府机构，人数最多的就是这部分胥吏，他们负责承受转接文书，处理日常事务，故而吏舍数量也是非常多的，如元丰中，范纯粹被贬官徐州滕县知县，“一新公堂吏舍，凡百一十有六间”[⑤]。政和六年（1116年）提举常平司移治蔡州，修建官廨，“为屋二百八十六间，吏舍居十三”[⑥]。南宋初，李纲任洪州知州兼江西安抚制置使，因战争导致官廨毁坏，提出“建置官府仓廪：洪州素无吏舍，止以设厅前廊屋为之，难以检察。因规度都厅之南，造吏院三十间以居群吏”[⑦]。可见，这部分官廨数量还是相当大的。

（4）便厅

一般位于设厅之后，是长官日常处理政务和接待宾客的场所，而设厅的使用频率则较低。“郡虽例有设厅，非大聘贺大燕飨不处，而便厅常处焉。”[⑧]常州“便厅在正厅西，亦曰西厅，其左有挟屋，为上客位”[⑨]。

（5）签厅

签厅为州府幕职属官会商政事，共同办公处理政务的场所，又称为都厅，“签厅旧名都厅……盖幕职官联事合治之地，帅藩则通判亦在焉。在祖宗时郡有

① （宋）孔延之辑：《会稽掇英总集》卷18《判曹食堂壁记》，《景印文渊阁四库全书》，第1345册，第145页。
② （唐）蔡词立撰：《虔州孔目院食堂记》，（清）董诰等撰，孙映达等点校：《全唐文》卷806，北京：中华书局，1983年影印本，第8472页。
③ （宋）张咏著，张其凡整理：《张乖崖集》卷8《益州重修公署记》，北京：中华书局，2000年版，第79页。
④ （元）脱因修，俞希鲁纂：《至顺镇江志》卷13《治所》，《宋元方志丛刊》，第2794页。
⑤ （宋）洪迈著：《容斋随笔》四笔卷12《当官营缮》，上海：上海古籍出版社，1996年版，第753页。
⑥ （宋）程俱撰：《北山小集》卷19《京西北路提举常平司新移公宇记》，《宋集珍本丛刊》，第33册，第480页。
⑦ （宋）李纲著，王瑞明点校：《李纲全集》卷104《与李尚书措置画一札子》，长沙：岳麓书社，2004年版，第992页。
⑧ （宋）林表民编：《赤城集》卷2《台州重建便厅记》，《景印文渊阁四库全书》，第1356册，第628页。
⑨ （宋）史能之纂修：《咸淳毗陵志》卷5《官寺一·州治》，《宋元方志丛刊》，第2996页。

签署判官公事（嘉祐末以英宗嫌名改为签书判官公事），判官、掌书记、推官、支使是为幕职，日集于都厅。录事、司户、司法、司理参军是为曹官，各有职业”①。签厅一般离长官设厅或便厅不远。《宾退录》记载：“祖宗时，诸郡皆有都厅。至宣和三年，怀安军奏：‘今尚书省公相厅改作都厅，内外都厅，并行禁止。欲将本军都厅，以签厅为名’。从之，且命诸路依此。此签厅得名之始也。然今帅府有签厅，又有都厅，莫知所始矣。”而作为一路首州的知州例兼安抚使，既有签厅，又有都厅。②如景定元年（1260年），马光祖修安抚司签厅及府都厅。③绍兴府签厅“在仪门东南”④。

（6）州院

所谓“州院庶务”的“州院”在府曰“府院”，在军曰“军院”，是宋代诸曹官共同议事之处，与幕职官的签厅（使院、都厅）对应。⑤宋代许多州府诸曹官之长——录事参军的官廨往往与州院相连，甚至合并在一起，便于处理政务。如常州录参厅“在州治谯楼内西偏，治州院”⑥。又如《嘉泰吴兴志》记载：“录事参军厅旧经曰在州门内西偏，今在子城外之西面南，州院在焉。”⑦《嘉定镇江志》载：“州院、司理院并在州衙南门外。”⑧台州录事厅“厅在州南六十步，州院在焉。宣和三年工曹陈橐建”⑨。《新安志》载，“录事参军一员……厅在州院之侧”⑩。

南宋临安府“府院在府衙门之西（录事参军廨舍附之），左司理院在府衙之东（司理参军廨舍附之），右司理院在府衙之西（司理参军廨舍附之）”⑪。福州府“（庆历旧记）府院在威武军门外东偏，六曹官舍附之……政和间罢府院，更两司理院为左右狱，而府院南为知录廨舍如故”⑫。庆元府“录事参军（府院，子城南四十步，宝庆三年守胡榘重修）”⑬，看来宋代还存在废除府院

① （宋）沈作宾修，施宿等纂：《嘉泰会稽志》卷1《签厅》，《宋元方志丛刊》，第6732页。
② （宋）赵与时著，齐治平校点：《宾退录》卷1，上海：上海古籍出版社，1983年版，第6页。
③ （宋）马光祖修，周应合纂：《景定建康志》卷14《建康表十》，《宋元方志丛刊》，第1512—1513页。
④ （宋）沈作宾修，施宿等纂：《嘉泰会稽志》卷1《签厅》，《宋元方志丛刊》，第6732页。
⑤ 苗书梅：《宋代州级属官体制初探》，《中国史研究》2002年第3期，第118页。
⑥ （宋）史能之纂修：《咸淳毗陵志》卷5《官寺一·州治》，《宋元方志丛刊》，第2998页。
⑦ （宋）谈钥纂修：《嘉泰吴兴志》卷8《公廨·州治》，《宋元方志丛刊》，第4723页。
⑧ （宋）史弥坚修，卢宪纂：《嘉定镇江志》卷12《公廨》，《宋元方志丛刊》，第2405页。
⑨ （宋）齐硕修，陈耆卿纂：《嘉定赤城志》卷5《公廨二·录事厅》，《宋元方志丛刊》，第7322页。
⑩ （宋）赵不悔修，罗愿纂：《新安志》卷1《州郡·官府》，《宋元方志丛刊》，第7611页。
⑪ （宋）周淙纂修：《乾道临安志》卷2《廨舍》，《宋元方志丛刊》，第3224页。
⑫ （宋）梁克家纂修：《淳熙三山志》卷7《公廨一·曹官厅》，《宋元方志丛刊》，第7848页。
⑬ （宋）胡榘修，方万里、罗濬纂：《宝庆四明志》卷3《叙郡下·官僚》，《宋元方志丛刊》，第5027页。

的情况。

（7）通判厅及属官厅（包括幕职官、诸曹官、监当官，武臣属官）

宋朝设立通判，来监督和分化州府长官的权力，例称监州，具有州县监察及财政等职能，北宋时期其权力与知州难分上下，南宋时期则逐渐落为州府副贰。州郡属官种类繁多，据苗书梅研究，主要包括“幕职、诸曹官作为行政属僚，辅佐长贰治理州政。此外，尚设都监、监押、巡检等军政属官，被称为州司兵官；设州学教授主管学校教育；并创设了管理各种仓场库务堰闸的监当官，担负财税征收及管理职能”[①]。这些官员也拥有自己办公和休息的场所，有的位于州治之内，有单独的院落，也有的位于州治之外，有的则没有官厅，赁民屋而居，具体情况差异较大，但其官廨内部结构与州府长官类似，也是前厅后堂，办公与休息场所在一起。如常州者，“通判东厅在州治东，风月堂在厅后，双桧堂在风月堂东，省轩在风月堂东（今废），宿鸾堂在双桧堂北。通判西厅旧在州治西（后废，其地并入判官厅，今即天禧桥东馆为治）。钤辖厅旧在司户厅东（今废）。教授厅在州学东，增差教授厅在荐巷。节干厅无定所。判官厅在州治西，推官厅在判官厅西，录参厅在州治谯楼内西偏，治州院。司理厅在谯楼外西偏，治司理院。司户厅在州治东，司法厅在州治东（今废）。监仓厅在司户厅西，厢官、监酒税厅无定所”[②]。诸曹官“他们不须每日赴长官厅参预议事并签押公文，地位比幕职官低些”[③]。通判及属官厅既可能位于州治之内，也可能位于州治之外，并无固定位置，州学教授官廨往往位于州学附近，以便随时赴学教授。而武臣属官和监当官更是多无定所，租房而居。福州府“驻泊都监监押厅，驻泊旧总一道戍卒，都监、监押主本城兵，其始责重，故驻泊兵马都监厅在府东偏。……都监厅旧宁越门内之东，监押厅旧利涉门内之东。……今都监监押增四员皆僦居。……监务廨舍。初监务两员，都务官廨舍旧旌隐坊北，临河务官廨舍。……近亦添差签判所寓，监务后增三员皆僦居。监押仗库廨舍，旧康参门内之南，乾道元年以展拓试院，移瓯治地南庵舍，淳熙八年复为庵舍，始僦居。巡检厅，旧在城巡检厅以都监、监押兼，天禧中尝令南台监仓兼管四城门外巡检公事，故巡检厅在盐仓之西，今闽县尉厅是也。（见治平熙宁图）后移置辜岭。巡辖马铺厅，旧在南台横山之西（见治平熙宁图）天圣九年移白田渡，景祐二年移水口，寻仍旧”[④]。

① 苗书梅：《宋代州级属官体制初探》，《中国史研究》2002 年第 3 期，第 111 页。
② （宋）史能之纂修：《咸淳毗陵志》卷 5《官寺一 • 州治》，《宋元方志丛刊》，第 2997—2998 页。
③ 苗书梅：《宋代州级属官体制初探》，《中国史研究》2002 年第 3 期，第 121 页。
④ （宋）梁克家纂修：《淳熙三山志》卷 7《公廨一 • 曹官厅》，《宋元方志丛刊》，第 7848—7849 页。

此外，州府中还有检纳厅，“以受民租”[①]。有都作院制造兵甲器械。[②]戒石亭，为宋太宗摘后蜀孟昶所作“尔俸尔禄，民膏民脂，下民易虐，上天难欺”十六字所作之碑，“置公署之前，覆以小亭，长吏坐则正对之”[③]，一般位于仪门到设厅之间的甬道上，后又改置长吏座右，去亭不用。[④]

（8）州宅和各类亭台楼阁

据学者研究，州府长官官廨中州宅和郡圃“多位于治事厅之后，北可抵子城，子城墙上往往起楼阁，作为制高点以观景之用”[⑤]。而各类亭台楼阁和郡圃（花园）“一为君子必有游息之物，二为郡人活动之场所”[⑥]。州宅为长官和其家属燕游休息之所，外人一般不得进入，而各类亭台楼阁则是招待宾客，宴会休息的场所。如常州州治中亭台楼阁数量众多，“平易堂在正厅后，嘉泰间李守珏建。桂堂史守能之所名以堂之，南古桂森列也。月台在桂堂后……静镇在便厅后家守铉翁建。小东山在便厅后东偏……时雨堂在便厅后西偏。浙西道院在便厅西北，嘉熙间陈守采所名。凝露堂在道院后，绍兴间郑守作肃建以唐独孤及守是邦，尝有甘露之瑞故名。……爱梅亭在郡圃，淳祐间李守迪建。极高明在外子城上……近民堂在平易堂西。（以下亭堂凡十今废）”[⑦]。包括虚白堂、静治堂、卧治堂、如农斋、思贤堂、燕喜堂、怀古堂、闻芗亭、三山阁。可见，宋代州府官员对于修建亭台楼阁，还是极为积极的，仅常州一处前后就曾修建近二十处。而郡圃则更像州郡的公共园林，“都有苑囿，所以为郡侯燕衍、帮人游息之地也……方春百卉敷腴，居人士女竞出游赏，亦四方风土所同也。故郡必有苑圃，与民同乐”[⑧]。北宋时期韩琦治相州，“府治后花圃，曰康乐园”，“取斯民共乐康时之义故云。魏公自为记，书而刻诸昼锦堂上。园中旧有七堂曰：昼锦、燕申、自公、荣归、忘机、大悲、凉堂。又有八亭曰：御书、红芳、求已、迎合、狎鸥、观鱼、曲水、广春。又有休逸、飞仙二亭”[⑨]。

---

① （宋）李焘撰，上海师范大学古籍整理研究所、华东师范大学古籍整理研究所点校：《续资治通鉴长编》卷7，乾德四年七月丁亥，第174页。

② （宋）沈作宾修，施宿等纂：《嘉泰会稽志》卷4《场务》，《宋元方志丛刊》，第6778页。

③ （清）周城撰，单远慕点校：《宋东京考》卷9《官治·祥符县治》，北京：中华书局，1988年版，第167—168页。

④ 袁琳：《宋代城市形态和官署建筑制度研究》，第161页。

⑤ 袁琳：《宋代城市形态和官署建筑制度研究》，第161页。

⑥ 袁琳：《宋代城市形态和官署建筑制度研究》，第161页。

⑦ （宋）史能之纂修：《咸淳毗陵志》卷6《官寺二》，《宋元方志丛刊》，第2996—2997页。

⑧ （宋）谈钥纂修：《嘉泰吴兴志》卷13《苑圃》，《宋元方志丛刊》，第4739页。

⑨ （元）纳新撰：《河朔访古记》卷中《魏郡部》，《丛书集成新编》，台北：新文丰出版公司，1985年影印本，第9页。

（9）仓库

“帑廪出纳，所以供公上，给郡计也”[①]，州府治所中仓库设置更为全面，包括日常办公所用的敕书库、架阁库，公使招待用的公使库、百物库，官兵俸禄所出的军资库、省仓，兵甲器械储藏的甲仗库等，大多位于州治之内，而常平仓、义仓、军仓则多位于州治之外。常州州治“军资库总十七楹，在谯门内东偏，绍兴诏录参专监通判提举簿书并同签署。大军库在军资库东，常平库在军资库西。江防库在军资库东，籴本库在军资库西。牙兑库在军资库西，都仓钱库在军资库西，折帛库在军资库北，夏税库在军资库东。赃物库附军资库，经总库在通判厅东庑……旧以守贰通掌而隶提刑司，后因版曹有请，专属通判主管焉。……甲仗库在设厅东庑，至道中诏诸路教阅军士，官给弓矢，知通提举，都监同主管，其正监官递宿焉。架阁库在小厅西庑，仓库令州以职官、县以丞簿尉掌焉，诸案牍三年一检简，申监司委官覆阅除之，其应留者移别库（今废）。杂物库在小厅西庑。公使库，国初命诸州置公使库，过客必馆寓，下逮吏卒亦给口券，此古者使食诸侯之义也。酒库总四十余楹，在小厅西。钱库在小厅西庑，银器库在公使库西，账设库在小厅西，醋库在荐巷，开宝中诏听官酤，熙宁间令抱课息，余助公使库。（荐巷旧基尚存，今徙孟巷），设厨在浙西道院西”[②]。通过以上史料就可看出，宋代州府官廨内仓库建筑数量众多，仅公使库就包括钱库、酒库、银器库、帐设库、醋库五个，而这还并非是州郡中设置数量最多的，《淳熙三山志》记载，北宋福州“嘉祐八年，元给事绛作公使七库”[③]，“治平图在西园门南有四库，东酒库、西醋库，又西省库，又西进奉库。熙宁图东银器库，次账设库，南公使库，又南醋库，西进奉库。今东公使醋库、南公使钱库、西公使酒库，又南有一库内元系公使杂物库，公使银器库、公使帐设库，后移三库于忠义堂西，以为安抚司钱物库，余为公使煮酒库”[④]。而公使钱物主要是供官员办公招待使用，是纯粹的政府行政成本支出，两宋时期这部分库务设施的繁多，也从一个侧面反映了宋代地方政府公务接待行政成本的庞大。军资库则是一郡“税赋民财出纳之所”[⑤]，房屋数量也比较多。常州有十七楹，而汀州则将许多钱物库合并在军资库内，“军资库在州衙西庑后，（内子库十一所）

① （宋）史能之纂修：《咸淳毗陵志》卷6《官寺二》，《宋元方志丛刊》，第3001页。
② （宋）史能之纂修：《咸淳毗陵志》卷6《官寺二·仓库》，《宋元方志丛刊》，第3001—3002页。
③ （宋）梁克家纂修：《淳熙三山志》卷7《公廨一·公使库》，《宋元方志丛刊》，第7853页。
④ （宋）梁克家纂修：《淳熙三山志》卷7《公廨一·公使库》，《宋元方志丛刊》，第7853页。
⑤ （宋）王明清：《挥麈录》余话卷之一《〈祖宗兵制〉名〈枢廷备检〉》，上海：上海书店出版社，2001年版，第221页。

夏税库、常平库、免役库、盐钱库、大礼库、物料库、免丁库、赃罚库、犒赏库、衣赐库、(以上并在库内)抵当库”①。

在《嘉泰会稽志》里，则明确区分了位于绍兴府治所之内和治所之外的诸仓库。在府衙之外的有“苗米仓在府衙东二百步，如坻仓在府衙东北一里，熙宁十年程给事师孟建，秦少游书榜，今犹存焉，淳熙四年修。支盐仓在府衙东二里，常平仓在府衙东二百步，夏麦仓在府衙南二百步，受纳糯米仓在西门外一里……和旨库在府衙东二百六十步，激赏库在府衙东二里十步”②。在府衙之内的有“公使库在府衙，军资库在府衙，甲仗库在府衙，架阁库在府衙设厅北，常平库在府衙西，茶盐库、经总制库在通判北厅，移用库在通判北厅，五分钱库在通判北厅，激赏钱库在府衙西，回易库在府城东北，醋库在府城东”③。从中可以看出，各类仓储由于储备粮食等实物物资，多位于府治之外，而各类库房以储备钱帛、武器等耐久和重要物资，多位于府衙之内。而常平物资钱物库在府衙，仓储则在府衙之外。类似朝廷经总制钱、转运司移用钱等非隶属州府的钱物库，也设置于州府治所之内。

（10）监狱

据苗书梅研究：“州院也是州政府主要监狱之一。由于录事参军参预鞫勘刑狱，狱案未决之前的涉案人员由州院管押，录参须对州院关押人的生死负责。例如，临安府的左、右司理院与府院并称为三狱，三狱‘狱空’成为一些官员炫耀政迹的内容之一。而过去仅把州院、军院当作州军监狱，是片面的。”④

其他学者也提出，“司理厅治司理院，为一州之监狱系统，一般每州设州院狱和司理院狱两处监狱。司理院或又分为左右或东西两院，（州府）共有三狱”⑤，即宋人所说“三院狱空”⑥，“有的偏远小州只设一狱”⑦。“监狱也为院落式格局……院内有庭，有廊，如民居。”⑧往往也与司理参军官廨相邻，或者合并在一起。如南宋理宗朝赵若钰为潮州司理参军，“邑丞簿尉官廨皆坚好，惟李（理）

① （宋）胡太初修，赵与沐纂，长汀县地方志编纂委员会整理：《临汀志》仓场库务，福州：福建人民出版社，1990年版，第92页。
② （宋）沈作宾修，施宿纂：《嘉泰会稽志》卷4《仓》，《宋元方志丛刊》，第6777页。
③ （宋）沈作宾修，施宿纂：《嘉泰会稽志》卷4《仓》，《宋元方志丛刊》，第6777—6778页。
④ 苗书梅：《宋代州级属官体制初探》，《中国史研究》2002年第3期，第121页。
⑤ 袁琳：《宋代城市形态和官署建筑制度研究》，第166页。
⑥ 袁琳：《宋代城市形态和官署建筑制度研究》，第166页。
⑦ 袁琳：《宋代城市形态和官署建筑制度研究》，第166页。
⑧ 袁琳：《宋代城市形态和官署建筑制度研究》，第166页。

厅乃开禧老屋，上漏下湿，一甲子无葺废者。君始至，叹曰：‘卑官求一身一家便安可也，奈何无一榻地奉吾亲乎！’顾颓弊已甚，无寸椽一瓦可用，决于心，白于长。监郡邹君愿行守事，助钱二十万，君请借三月俸，于是由狱及廨，由寝及堂，由内达外，皆撤而新之”[①]。有的州狱还有专门为病囚单独设立的屋室，如南宋淳熙四年（1177年），袁州重修州狱，“乃节浮费，得钱百五十万有奇。度木于山，募工于民，周以垣墙，培厚基址，撤旧屋而增新之。坚而明，宽而密，饮食洗濯之器，左右具足。为外牢二：一待病者，惧戾气之染；一待寄囚，防漏言之失。……经始于五月之初，告成于八月之中”[②]。从中也可看出，修建州府监狱也是要花费数千贯钱物的。

（11）都作院

这是一州乃至一路武器制造之所，如福州“国初州有作院，以待朝廷抛造及州自制军器，本州工匠旧四十人。熙宁六年诏诸路置诸路置都四十一所（十七处系上供军器，二十四处系应付本路及缓急泛抛军器），而本州居其一，以三百人为工匠。……大观元年十一月御笔：‘东南州军军器以承平日久全不修治，亦多阙数。仰帅府封桩三将军器、望州两将，非军须、盗贼不得支用。仍三年一修讫申提刑司。帅府、望州未有都作院，各许一处置立工匠，帅府二百人、望州一百人。若帅府、望州人工物料不足，许抛下出产诸州小作院，分造作造军器’”。[③]福州都作院在旧营浦尾金斗门之北，“见管一百九十四人。将校四人、将级二十四人、粮典一人、兵匠一百六十五人，分十一（作），箭作、弓弩作、甲作、铜作、皮作、漆作、条作、木作、旗作、磨锃作、铁作，阙四十六人，后别置铁作于清远门内，兵亦分隶”。[④]绍兴府“都作院在小教场之侧，嘉定十五年守汪纲创建，凡屋二十余间”[⑤]。

州府的官廨及行政设施修建往往规模庞大，如北宋太宗至道中，重修益州官廨，“公库、直室、客位、食厅之列，马厩、酒库、园果、疏流之次，四面称宜，无不周尽。疏篁奇树，香草名花，所在有之……得屋大小七百四十间，（二营不在数）”[⑥]。大中祥符二年（1009年），齐革为万州知州，“重修州治凡百间，

---

① （宋）刘克庄撰，王蓉贵、向以鲜校点，刁忠民审订：《后村先生大全集》卷93《潮州司理厅记》，第2417—2418页。

② （清）施润章：康熙《袁州府志》卷15《陈琦袁州重修两狱记》，《北京图书馆古籍珍本丛刊·史部·地理类》，北京：书目文献出版社，2000年影印本，第31册，第368页。

③ （宋）梁克家纂修：《淳熙三山志》卷18《兵防类一·都作院指挥》，《宋元方志丛刊》，第7936页。

④ （宋）梁克家纂修：《淳熙三山志》卷18《兵防类一·都作院指挥》，《宋元方志丛刊》，第7937页。

⑤ （宋）张淏纂修：《宝庆会稽续志》卷1《军营》，《宋元方志丛刊》，第7094页。

⑥ （宋）张咏著，张其凡整理：《张乖崖集》卷8《益州重修公署记》，第80页。

宏壮显敞，自书之石”[①]。神宗熙宁中，日本僧人成寻过杭州，看到“府内重重大门，广大官舍数百”[②]，而在太原府看到的，同样是“府中殿舍广大，数百重重门楼，廊外矢仓不可记尽，宛如京城”[③]。南宋初，李纲为充荆湖广南路宣抚使，兼知潭州，因为兵火，公廨废坏，“公留衡阳日，先遣官造州宅、便厅、门庑、堂屋之类。既入城，始及甲杖库、州官廨舍、两狱、仓库等，又造营房六千余间，民稍归业，易草舍以瓦屋，城市始就绪”[④]。而这种修建规模，往往要花费数万乃至数十万贯的钱物。又如嘉定二年（1209年），真州重修州城，同时重修官廨，“自仪门、黄堂凡官府公宇大小二十八所，合为屋二百二十六楹，郡之内外为之一新。朝家以缗钱十万，米七千斛庚费，而所用不赀，不复有请，惟以榷酤之余及撙节用度以充之”[⑤]。

3. 县级政府官廨的主要构造

宋代县和同等级行政组织的数量较州更多，北宋时期达到千余个，南宋时期仍有600—800个，县级政府行政设施主要包括县长官廨舍，县尉、主簿、县丞等属官廨舍，以及巡检、县场、务等监当官廨舍及各类仓库、监狱、亭台楼阁等，数量也是非常庞大的。

先看县衙。我们以南宋时期丹阳县为例，来看一下县衙内部构造。县治一般位于一县正北方向，由几组建筑群落组成。

（1）谯门（楼）

与州府建筑类似，县衙大门为谯门，门上有楼，称为谯楼或敕书楼，也称为县门。“令县邑门楼，皆曰‘敕书楼’”[⑥]，“自今州府监县应所受诏敕，并藏敕书楼，咸着于籍，受代批书、印纸、历子，违者论罪”[⑦]，慈溪县门“上为敕书楼，宣和初令黄涛建，宝庆二年圮于风，令周符新之，楼凡五间，守胡矩为匾县名于外门，内涉级而上”[⑧]。可见此楼在县衙具有非常重要的地位。崇宁二年（1103年），阆中县重建敕书楼，“楼屋上下十间，余材为吏舍十有七间。始

① （宋）王象之原著，李勇先校点：《舆地纪胜》卷177《万州·官吏》，第5179页。
② 〔日〕成寻著，王丽萍校点：《新校参天台五台山记》卷3，第199页。
③ 〔日〕成寻著，王丽萍校点：《新校参天台五台山记》卷5，第391页。
④ （宋）李纲著，王瑞明点校：《李纲全集》附录2《李纲行状下》，第1740页。
⑤ （宋）楼钥撰，顾大鹏点校：《楼钥集》卷51《真州修城记》，杭州：浙江古籍出版社，2010年版，第958—959页。
⑥ （宋）王栐撰，诚刚点校：《燕翼贻谋录》卷4，北京：中华书局，1981年版，第40页。
⑦ （宋）王栐撰，诚刚点校：《燕翼贻谋录》卷4，第40—41页。
⑧ （宋）胡榘修，方万里、罗濬纂：《宝庆四明志》卷16《慈溪县志卷第一·叙县》，《宋元方志丛刊》，第5205页。

于元年之六月，成于十二月”[①]，可见其规模也是不小的。在谯楼之外，丹阳县治“为亭二，左曰颁春，右曰宣诏，宋淳熙丙午宰章樾创建，宝祐甲寅胡梦高重构”[②]。宣诏亭和颁春亭也是宋代县级机关普遍设立的，宣诏亭是州县官府专门为榜示朝廷的诏谕而修建的建筑物；颁春亭则是州县官府每年春天颁布皇帝劝农诏令的场所。[③]如明州鄞县“宣诏亭（楼门外之左，绍定元年火）。颁春亭（楼门外之右，绍定元年火）”[④]。

（2）仪门

从谯楼往里走，为仪门，又称为中门，丹阳县“厅之前戒石亭，亭之外为仪门，门之外为谯楼，楼之外为亭二，左曰‘颁春’，右曰‘宣诏’”[⑤]。从中也可以很清楚地看出这一系列建筑自北向南，位于县衙内中轴线上。慈溪县中门“雍熙元年令李昭文重建，宝庆三年令周符新之。门旁有两翼门，内列两庑”[⑥]。可见仪门的重要性，一般人员从两翼侧门进入，而仪门之内，还有一系列官廨建筑。

（3）县厅、吏舍、庖厨

县厅是县衙最为重要的建筑，为县令或知县处理政务，主持案件审理的场所。厅事之前与州治相似，设有戒石亭，录宋太宗诏文，对县官进行警戒。县厅多为三间或五间，厅事之前两侧为吏人廨舍，这样便于随时承接长官指示，处理政务。如泾县，“外为厅事三间，前后为轩，东西为夹厅，曰希颜，曰景范。又东临池为一堂，曰惠和，翼以修廊。南为公庖，厅南列两序，为吏舍。东又有受给厅”[⑦]。丹阳县“两庑吏舍各十楹”[⑧]。而乐平县“厅事前两庑，吏舍库帑之属，凡百有三十二楹”[⑨]。而在县厅两侧同样也有为县级官吏提供公费用餐的庖厨，如泾县县厅“南为公庖”，乐平县“西厅事外庖凡四十有六楹”，其他

① （宋）唐庚撰：《唐先生文集》卷15《新修敕书楼记》，《宋集珍本丛刊》，第31册，第698页。
② （元）脱因修，俞希鲁纂：《至顺镇江志》卷13《公廨》，《宋元方志丛刊》，第2798页。
③ 赵龙：《从方志看宋代县衙署建筑群的布局》，《求索》2012年第8期，第120页。
④ （宋）胡榘修，方万里、罗濬纂：《宝庆四明志》卷12《鄞县志卷第一・叙县》，《宋元方志丛刊》，第5145页。
⑤ （元）脱因修，俞希鲁纂：《至顺镇江志》卷13《公廨》，《宋元方志丛刊》，第2798页。
⑥ （宋）胡榘修，方万里、罗濬纂：《宝庆四明志》卷16《慈溪县志卷第一・叙县》，《宋元方志丛刊》，第5205页。
⑦ （清）李德淦修，洪亮吉纂：嘉庆《泾县志》卷10《官署》，《中国方志丛书》，台北：成文出版社，1983年影印本，第865页。
⑧ （元）脱因修，俞希鲁纂：《至顺镇江志》卷13《公廨》，《宋元方志丛刊》，第2798页。
⑨ （清）董萼荣、梅毓翰修，汪元祥、陈谟纂：同治《乐平县志》卷2《重建乐平县厅记（淳熙元年十月）》，同治九年刻本，《中国地方志集成・江西府县志辑》，南京：江苏古籍出版社，1996年影印本。

还有“庖湢、圊厕”[①]等，也是县衙中临近县厅的建筑设施。

（4）县丞厅、主簿厅、县尉厅

这是县级政府主要的属官，各自负责民政、财政、司法等事务，辅佐知县或县令处理一县政事。他们的厅事位置不固定，有的位于县治之内，有的则位于县治之外，特别是县尉，由于需要负责抓捕盗贼等事务，其厅事往往离县治较远。如严州建德县，“丞廨舍在县衙内西偏，主簿廨舍在县衙内西边，尉司在善利门外”[②]，尉司不在县衙之内。丹阳县“县丞厅在县东南二里，主簿厅在县东一里，尉司旧在县治东二里，云阳桥之南”[③]。从距离来看，其三属官廨舍均不在县治之内。而鄞县“丞听事县门内之东，皇朝政和元年建，绍兴八年重建，有不俗堂，乾道元年丞张康建，涉笔斋、不负丞轩、俨翠亭，丞向士伟建，绍定元年火。主簿听事县门内之西，皇朝太平兴国四年建，绍兴八年重建，绍定元年火。尉听事州城外二里”[④]。除了县尉厅之外，其他两属官厅均在县治之内。也有县尉厅在县衙之内的，如仙游县，正门“前设手诏亭，内为簿尉二厅相望，簿厅之后为省仓、常平仓，次为中门”[⑤]。而县丞厅“在县鼓门外南街之东（旧为仙溪馆，后改迟轩馆，崇宁三年置丞，始葺为厅事）”[⑥]。其属官厅内部也建有众多亭台楼阁，以供长官招待休息娱乐之用。如宝祐四年（1256年），龙泉县重建县丞厅，“为门、为厅、为廊、为东西便厅、为堂、为室，规模宏而制度称，观瞻耸而闲燕适”[⑦]。宁国府泾县重修主簿厅，“为屋叁拾间，若厅事，若堂庑，庖湢、灶井毕具。厅之后辟一室，曰勾稽，为燕坐之所。自厅而东，为道院叁间。自东而北，堂屋在焉。又为轩二，曰览秀，曰遥碧，以备游息”[⑧]。规模也是相当大的，而且内部构造、布局几乎与县治相类。

（5）巡检、监当官廨舍

宋代的县与唐代不同，设置有大量维护乡村治安稳定的巡检官员，以及征收赋税、监卖酒盐的场务监官，他们也建造了许多廨舍。如丹阳县“包港巡检

① （清）董萼荣、梅毓翰修，汪元祥、陈谟纂：同治《乐平县志》卷2《重建乐平县厅记（淳熙元年十月）》，《中国地方志集成·江西府县志辑》。

② （宋）陈公亮修，刘文富纂：《淳熙严州图经》卷2《工廨舍》，《宋元方志丛刊》，第4319页。

③ （元）脱因修，俞希鲁纂：《至顺镇江志》卷13《公廨》，《宋元方志丛刊》，第2798页。

④ （宋）胡榘修，方万里、罗濬纂：《宝庆四明志》卷12《鄞县志卷第一·叙县》，《宋元方志丛刊》，第5145页。

⑤ （宋）赵与泌修，黄岩孙纂：《仙溪志》卷1《官廨》，《宋元方志丛刊》，第8273页。

⑥ （宋）赵与泌修，黄岩孙纂：《仙溪志》卷1《官廨》，《宋元方志丛刊》，第8273页。

⑦ （宋）欧阳守道撰：《巽斋文集》卷15《吉州龙泉县丞厅记》，《景印文渊阁四库全书》，第1183册，第629页。

⑧ （清）李德淦修，洪亮吉纂：嘉庆《泾县志》卷10《官署》，《中国方志丛书》，第887页。

司在丹阳县东北埤城市，吕城巡检司在丹阳县东吕城镇，延陵巡检司在丹阳县西南延陵镇”①。鄞县“大嵩寨巡检一员，大嵩盐场监官一员，下庄酒务监官一员（以上并阳堂乡）。林村黄姑林酒务监官二员（桃源乡），石碶宝幢二税务监官共一员，小溪酒税监官共一员（句章乡）”②。奉化县“监酒及税共一员（听事镇东楼之北）公塘巡检（听事县西北三十里公塘市中）”③。县之下还有监镇和镇监税官，在一些险要的地段设置寨堡，也有巡检驻扎，如奉化县“鲒埼镇监官（镇在县南六十里，即汉鲒埼镇也，监官听事在袁村市中，创置本末见下）鲒埼寨巡检（寨在镇北五里，听事在漂溪）”④。慈溪县“监酒税（听事县东南一里，皇朝庆历八年建，今废）。监鸣鹤盐场（县西六十里边海之处也，皇朝熙宁六年十月建，兼巡检、主管烟火公事、巡捉私盐茶矾香等，宝庆二年有旨选辟文资）。鸣鹤寨巡检（皇朝政和七年置，于金仙院驻扎）”⑤。从以上诸条史料分析可以看出，宋代县监当官廨舍多不在县治，而是位于税收发达之处或茶盐产地，而巡检廨舍多位于治安条件复杂、经济繁荣的乡村镇市或监官场务所在地，用以保卫镇戍。

（6）监狱

县级之监狱位于县治之内，与路、州府相同，宋代县之监狱也是关押犯罪嫌疑人或已判未行刑犯人及干证人等的场所，真正服刑的犯人并不在监狱之中。县狱位于县治之内，具体位置则各有差异。如鄞县“狱（听事西南偏，令顾汝美建，绍定元年火，令薛师武重建，牢户六，以简孚、阅实、审克编之）”⑥。泾县县厅之西，“有狱十四楹”⑦。而海昌县重建狱屋，“为屋二十有七间，其三之一以处囚徒，中外有门，讯鞫有厅，宿直有舍，下至庖湢亦各有所”⑧。既有审讯室，又有看守室，还有厨房厕所，二十七间房屋的规模在县狱中也是很大

① （元）脱因修，俞希鲁纂：《至顺镇江志》卷13《公廨》，《宋元方志丛刊》，第2798页。
② （宋）胡榘修，方万里、罗濬纂：《宝庆四明志》卷12《鄞县志卷第一·叙县》，《宋元方志丛刊》，第5145页。
③ （宋）胡榘修，方万里、罗濬纂：《宝庆四明志》卷14《奉化县志卷第一·叙县》，《宋元方志丛刊》，第5180页。
④ （宋）胡榘修，方万里、罗濬纂：《宝庆四明志》卷14《奉化县志卷第一·叙县》，《宋元方志丛刊》，第5180页。
⑤ （宋）胡榘修，方万里、罗濬纂：《宝庆四明志》卷16《慈溪县志卷第一·叙县》，《宋元方志丛刊》，第5206页。
⑥ （宋）胡榘修，方万里、罗濬纂：《宝庆四明志》卷12《鄞县志卷第一·叙县》，《宋元方志丛刊》，第5145页。
⑦ （清）李德淦修，洪亮吉纂：嘉庆《泾县志》卷10《官署》，《中国方志丛书》，第865页。
⑧ （清）钱泰吉撰：道光《海昌外志》之《建置志·公廨》，《中国方志丛书》，台北：成文出版社，1983年影印本，第235页。

的了。端平中，诸暨县狱重建，“辟其地使宽而明，培其基使高且固，岸以石而水不能啮，缭以墙而人不能踰。析而为牢者五，男女各异，而敞其中为勘厅；峙而为库者四，衣粮囚具各异，而环其旁为隶舍。又覆地以板，使蒸湿不至；饰床以漆，使蚤虱不侵。其为虑甚周，其为计甚远”[①]。进一步指出县级监狱中还有男女分开禁闭的狱室，中间有勘厅，还有储存囚衣囚粮的场所，旁边有看守的吏舍。建筑材料方面用石头、石板等，使之更加牢固。

（7）仓库

宋代县级政府同样存在大量的仓库，仓、库有不同含义，“仓谓贮粟麦之属，库谓器仗、绵帛之类（实际还应包括金银、钱币），积聚谓贮柴草杂物之所，皆须高燥之处安置”[②]。对于仓库的监管，也十分严格，“诸仓库，监专同开闭，并押记锁封。掌钥以长官，门钥以监门。无监门处，长官兼掌”[③]。县级政府所属仓库，同样可分为位于县治之内和县治之外的两类。如丹阳县，“常平仓在县东北一里普宁寺北……常平库在县衙内”[④]，“金坛县常平仓在县治东南五十步”[⑤]。慈溪县“县仓（县西南三十步，旧屋十间，今存其二，一贮官兵俸料米，一贮义仓米）”[⑥]，诸色官钱库“县治东廊，绍定元年令周符重建”[⑦]。象山县“仓（县西十步），义廪（嘉定六年主簿赵善干置，分顿三乡寺院，以便赈籴）。库（县廊）”[⑧]。泾县县厅“东又有受给厅、有省库、有常平库，又东有什物库，西有狱十四楹。合东西为中门，门东为土地神祠、为省仓。……西为学粮仓”[⑨]。常熟县“顺民仓在尉治之东，东临漕渠……嘉熙元年令王爚以比年仓米之余散蓄塔院。为非便，乃包东北旧址官废廨地入焉，增创敖屋十间，然后宽绰有余矣。常平、义仓在顺民仓之北庑。省库在县厅之右，苗仓库在县厅之左，国用库在县中门之西庑”[⑩]。钱库：“县钱库例置于厅事之两旁，此则请官

① （宋）刘宰撰：《漫塘文集》卷23《诸暨县重建县狱记》，《宋集珍本丛刊》，第72册，第395页。

② （宋）窦仪等撰，吴翊如点校：《宋刑统》卷15《损败仓库物》，北京：中华书局，1984年版，第245页。

③ （宋）谢深甫撰：《庆元条法事类》卷36《仓库约束》，杨一凡、田涛主编，戴建国点校，《中国珍稀法律典籍续编》第1册，哈尔滨：黑龙江人民出版社，2002年版，第558页。

④ （宋）史弥坚修，卢宪纂：《嘉定镇江志》卷12《公廨》，《宋元方志丛刊》，第2408页。

⑤ （宋）史弥坚修，卢宪纂：《嘉定镇江志》卷12《公廨》，《宋元方志丛刊》，第2408页。

⑥ （宋）胡榘修，方万里、罗濬纂：《宝庆四明志》卷16《慈溪县志卷第一·叙县》，《宋元方志丛刊》，第5204页。

⑦ （宋）胡榘修，方万里、罗濬纂：《宝庆四明志》卷16《慈溪县志卷第一·叙县》，《宋元方志丛刊》，第5204页。

⑧ （宋）胡榘修，方万里、罗濬纂：《宝庆四明志》卷21《象山县志全·叙县》，《宋元方志丛刊》，第5262页。

⑨ （清）李德淦修，洪亮吉纂：嘉庆《泾县志》卷10《官署》，《中国方志丛书》，第865—866页。

⑩ （宋）孙应时纂修，鲍廉增补，（元）卢镇续修：《琴川志》卷1《叙县·仓库》，《宋元方志丛刊》，第1161页。

收支之库也。若库子交钱之所，则有到廊库焉。本县目今所收别无项目，大都不过酒钱、商税钱而已。旧来廊库在鼓楼之侧，去厅差远，每日收到之钱漫不可稽，续移就中门，其相与为欺则犹故也。鲍令君廉任内不免将县厅东库就令交收耳目为近，或易考察，然书手与库掐、财赋司通同为一，亦难尽察，于关防之外要须令书手不得干与钱物，库掏不得干与帐目，犹庶几焉。"[①] 秀州华亭县县厅"东庑分列诸吏舍，西庑则诸库分隶焉"[②]，"济民仓在县西湖之东北，嘉祐八年建。常平仓在县南一百五十步，元祐元年建，乾道八年废并入济民仓，今为支盐官廨舍。北盐仓在县西北三十步，西盐仓在县西湖之东，乾道七年废并入北盐仓。支盐仓在县西北三十五步，乾道六年闰五月奉朝旨移置本县。转般仓在县东南三十六里，张泾堰之下，乾道八年置，专为浦东运盐设也。诸色官钱库在县治之西庑"[③]。而明州鄞县，由于在州治所在附郭县，"故不特置"[④]。所有县用钱物均就州仓库支出。通过以上对宋代诸县仓库的考察，可以发现，作为县级财政收支最基本的仓库包括县仓和县钱物库，一般位于县治之内，而常平仓、义仓等储备类仓库则随县情况设置，或寓于僧道寺观，或与县仓设在一起。而在交通发达的县，还设置有朝廷转搬仓、支盐仓等其他仓储机构，附郭县则不置仓库。

（8）县宅和亭台楼阁

宋代县级衙署也建设有供县级官员和其家属休息的寝室。同时也建设大量亭台楼阁，供长官和属官、吏人休息娱乐，招待宾客等。他们在县级政府官廨中占据大量位置。如丹阳县，县厅之后"有堂二，前曰'德政'，后曰'琴清'，轩一，曰'近民'。……中为楼，以架阁文字"[⑤]。县级官府也设有花圃，供市民百姓游戏观赏，其中亭台楼阁众多。丹阳县"县圃傅城有台，曰'沧浪'……亭二，曰'四照'（苏魏公创暇日读书其中，亭之四围有山茶、海棠、柏竹，皆公手植）。曰'清凉世界'（令陈玠建邑人钟将之为记）。荷池在沧浪台之东（池北有亭，亭外有小桥，往来其上，亭废，已入葭苇不薙荷花绝少）。又有练光亭，在县城东北隅。……湖山胜概亭在县城西北隅"[⑥]。鄞县则有昼帘堂、宽赋堂、清心堂、经纶阁、读书堂、退轩、琴堂、鱼熙亭、仰高亭、西亭等众多亭台楼

---

① （宋）孙应时纂修，鲍廉增补，（元）卢镇续修：《琴川志》卷6《叙赋·财库》，《宋元方志丛刊》，第1211页。

② （宋）杨潜修，朱端常、林至、胡林卿纂：《云间志》卷上《廨舍》，《宋元方志丛刊》，第10页。

③ （宋）杨潜修，朱端常、林至、胡林卿纂：《云间志》卷上《仓库》，《宋元方志丛刊》，第12页。

④ （宋）胡榘修，方万里、罗濬纂：《宝庆四明志》卷12《鄞县志卷第一·叙县》，《宋元方志丛刊》，第5144页。

⑤ （元）脱因修，俞希鲁纂：《至顺镇江志》卷13《公廨》，《宋元方志丛刊》，第2798页。

⑥ （元）脱因修，俞希鲁纂：《至顺镇江志》卷13《公廨》，《宋元方志丛刊》，第2798页。

阁[①]，乐平县重建县治之时，知县看到县厅“东偏有隙地，眼界旷空，宜为休燕之所，作亭于其上，榜曰‘宜远’，凡二十有二楹”[②]。可见，在政府机构中修建亭台楼阁，以供游观，成为宋代士大夫阶层普遍的建筑观念，但是如果这些景观被过度修建，必然导致地方政府行政成本被大量消耗。

（9）祠庙

宋代社会是人神同居的时代，各级官府机构均建有大量神祠庙设，县衙也不例外。常见的有土地神等。如嘉定三年（1210 年），重建泾县县治，中门“门东为土地神祠、为省仓。又东为社宫十四楹，并风云雷雨五坛门”[③]。咸淳五年（1269 年），山阴县重建主簿厅，“新吏舍以肃文书，立神祠以妥灵佑”[④]。

宋代县级政府行政设施的修建，同样耗费物资钱粮众多，规模也较为庞大，如建隆二年（961 年），重建庐江县治，“所建大厅、门楼、更楼、两廊、柱廊、夹厅、小厅、暖室、厨屋、西房、曹房、马苑及主簿衙室，共约一百余间”[⑤]。元丰元年（1078 年），范纯粹为徐州滕县知县，“一新公堂吏舍，凡百一十有六间，而寝室未治”[⑥]。淳熙元年（1174 年）重修乐平县官厅，“新作县门廊、直舍、仓庾等，凡百有七十六楹。厅事前两庑，吏舍库帑之属，凡百有三十二楹。西厅事外庖凡四十有六楹，狴犴、勘官、厅事、庖湢、圊厕，凡百三十七楹。东偏有隙地，眼界旷空，宜为休燕之所，作亭于其上，榜曰‘宜远’，凡二十有二楹。大抵昔之腐朽荒秽者，咸一新之。其制壮而不华”[⑦]。南宋后期，金坛县重修县治，“葺而新之，为屋大小总三十有一”[⑧]。宁宗嘉定三年（1210 年），泾县重修县治，“通为楹二百四十有一，总縻钱二百六十万有奇，米七百二十斛有奇。经始于四年正月丙午，告成于三月甲子。规制崇深，门庑言言，过者骇观”[⑨]。

---

① （宋）胡榘修，方万里、罗濬纂：《宝庆四明志》卷 12《鄞县志卷第一・叙县》，《宋元方志丛刊》，第 5145 页。

② （清）董萼荣、梅毓翰修，汪元祥、陈谟纂：同治《乐平县志》卷 2《重建乐平县厅记（淳熙元年十月）》，《中国地方志集成・江西府县志辑》。

③ （清）李德淦修，洪亮吉纂：嘉庆《泾县志》卷 10《官署》，《中国方志丛书》，第 865—866 页。

④ （宋）黄震撰：《黄氏日抄》卷 87《山阴县重建主簿厅记》，（宋）黄震著，张伟、何忠礼主编：《黄震全集》，杭州：浙江大学出版社，2013 年版，第 2342 页。

⑤ （清）钱鎔修，俞燮奎、卢钰纂：光绪《庐江县志》卷 14《重建县治记 祝况》，《中国地方志集成・安徽府县志辑》，南京：江苏古籍出版社，1998 年影印本，第 535 页。

⑥ （宋）洪迈著：《容斋随笔》四笔卷 12《当官营缮》，第 753 页。

⑦ （清）董萼荣、梅毓翰修，汪元祥、陈谟纂：同治《乐平县志》卷 2《重建乐平县厅记（淳熙元年十月）》，《中国地方志集成・江西府县志辑》。

⑧ （宋）刘宰撰：《漫塘文集》卷 20《重修金坛县治记》，《宋集珍本丛刊》，第 72 册，第 334 页。

⑨ （清）李德淦修，洪亮吉纂：嘉庆《泾县志》卷 10《官署》，《中国方志丛书》，第 866 页。

4. 军队营房

由于宋朝国防及治安形势的严峻，宋代地方诸州、县均有相当数量军队，其中隶属于地方政府统辖的如北宋时期的厢军、乡兵、弓手、土兵，南宋时期的禁军、厢军、乡兵、土兵、弓手等，而如北宋时期的屯驻、驻泊禁军、南宋时期的屯驻大军，虽然诸如营房修建、物资供应等也多由地方政府提供（主要是地方政府截留上供，归本路供军，同时也须朝廷调拨大量财赋予以补助）[①]，但因宋朝加强中央集权，分割地方政府兵、民之权，故其隶属关系的差异，主要不由地方政府统辖。我们这里不将相关军队经费列入地方政府行政成本支出，主要考察前述厢军、南宋时期禁军、土兵、乡兵、弓手等军事营房建筑情况及成本支出。

宋代地方诸路厢军数量众多，据学者研究，北宋时期厢军人数变化情况，太祖开宝年间，厢军人数为 18.5 万人；太宗至道年间，厢军人数为 20.8 万人；真宗天禧年间，厢军人数为 48 万人；仁宗庆历年间，厢军为 43.3 万人；英宗治平年间，厢军为 50.1 万人；神宗熙宁中，厢军有 50 多万人。[②]元丰末年，厢军为 227 627 人[③]；哲宗元祐七年（1092 年），厢军 20 余万人；北宋末年，厢军仍有近 20 万人，诸路乡兵数量也非常庞大，仁宗庆历初，河北路为 189 031 人，河东路为 77 079 人，陕西路康定元年（1040 年）为十四五万，治平初为 156 873 人。仁宗英宗时期诸路乡兵合计 62—70 万人，熙宁初，三路义勇之兵合计仍达 423 500 人。[④]北宋哲宗、徽宗朝，包括校阅保甲、寨兵、弓箭社等在内的乡兵约八九十万人。[⑤]南宋时期，诸路禁军、厢军仍有相当数量，如孝宗朝吕祖谦曾讲："诸州厢禁兵及其驼粮置戍守者又且二十余万。"[⑥]乾道年间，四川有"厢军二万九百七十二人，禁军二万七千九百九十二人，土兵一千八百三十六人"[⑦]，总计 50 800 人，宁宗嘉定中，黄度曾言："今合吴蜀之兵三十万，而州县厢禁、

① 汪圣铎：《两宋财政史》，上册，第 402 页。

② 汪圣铎：《两宋财政史》，下册，第 774 页；姜锡东：《北宋乡兵人数考论》，《宋史研究论丛》第 5 辑，保定：河北大学出版社，2003 年，第 132—149 页；程民生：《宋代军队数量考》，《社会科学战线》2009 年第 5 期；程民生：《宋代兵力部署考察》，《史学集刊》2009 年第 5 期。

③ （元）脱脱等撰：《宋史》卷 189《兵制三》，北京：中华书局，1977 年版，第 4645 页。

④ 黄纯艳：《宋代财政史》，第 571 页。

⑤ 姜锡东：《北宋乡兵人数考论》，《宋史研究论丛》第 5 辑，第 132—149 页。

⑥ （宋）吕祖谦：《历代制度详说》卷 11《兵制》，《丛书集成续编》，上海：上海书店出版社，1994 年影印本，第 171 页。

⑦ （宋）李心传撰，徐规点校：《建炎以来朝野杂记》甲集卷 18《四川厢禁兵民数》，北京：中华书局，2000 年版，第 407 页。

土军、弓手又三十万。”[①] 而南宋时期地方厢军、禁军，设置情况一般是越靠近政治中心驻军越多，越偏远则越少，如两浙地区，宁宗嘉泰年间湖州有禁军 5696 人，厢军 1171 人，理宗宝庆年间，庆元府有禁军 1490 人，厢军 1299 人，而远离临安政治中心的湖南常德府，驻军人数只有 300 人左右。[②] 整体上来看，北宋的军事防御，北方地区以禁军为主，乡兵为辅；南方地区则相反，以乡兵为主，禁军为辅。南宋时期则是北部防线等沿边地区以屯驻大军为主；内陆地区则以禁厢军、土兵等治安防御为主。

军队营房的修建，对于禁军、厢兵、弓手等生活具有重要意义。[③] 营房内具体建筑构造主要有屋舍、警备用的望楼、教场、射圃、马厩、水井等。

（1）营屋

营屋是地方军队营房的主体，史书载：“凡营有房，房有号，号有籍，损阙而失缮修，一日以某罪论，三日以某罪论，若垣墉之败，则登时筑之。”[④] 具体修筑如南宋淳熙十四年（1187 年），江阴县重修县尉司弓手营，其中就包括营房 170 余间，“盖经始于丁未之仲春，而告具于是年之季冬。凡为屋百七十六间，而栖神有宇，宿甲有房，观功有亭。凡授屋，人处其一，有功者加半，或倍之，董役而有劳者三之，未有室者，两人同之。于是向之散处于外者，合而为一，等级相承，上下有列。而又穿渠潴水，足以备灾；斫石为梁，无或病涉。里中，好义数家，复以地假我，乃翦榛莽，辟道途，而营垒备矣”[⑤]。从中可以看出，为了防备火灾，弓手营中还穿槽引水，同时还有亭堂等建筑，规模比之县级官廨，丝毫不逊色。而庆元府的土军军营，记载更为细致，土军“移成寨共一百二十九间，鸣鹤巡检司移屯九十七名在下居止。门屋三间，天王堂三间，巡检廨舍、厅、轩、堂、屋等一十九间，寨后门屋一间，教场亭三间，军房一百间，计二十六号，内二十二号各四间，四号各三间”[⑥]。可见，这里的巡检司为了便于管理土军，索性把官廨和土军军营修建在了一起。军营中也是有门屋、天王堂、教场亭等建筑，南宋建康府安抚司亲兵寨中，“籍为军房、甲仗库合千二百八十七楹，又建亭为主将号令点集之所”[⑦]。除了营房，还出现了甲仗库和主将

---

① （宋）袁燮撰：《絜斋集》卷 13《龙图阁学士通奉大夫尚书黄公行状》，《丛书集成初编》，第 220 页。
② 程民生：《宋代兵力部署考察》，《史学集刊》2009 年第 5 期，第 66—74 页。
③ 王曾瑜：《宋朝军制初探（增订本）》，北京：中华书局，2011 年版，第 440—451 页；史继刚：《宋代军用物资保障研究》，成都：西南财经大学出版社，2000 年版，第 137—140 页。
④ （宋）王质撰：《雪山集》卷 6《兴国四营记》，《丛书集成初编》，第 64 页。
⑤ （宋）袁燮撰：《絜斋集》卷 9《江阴尉司新建营记》，《丛书集成初编》，第 139 页。
⑥ （宋）吴潜修，梅应发、刘锡纂：《开庆四明续志》卷 5《新建诸寨》，《宋元方志丛刊》，第 5984 页。
⑦ （宋）马光祖修，周应合纂：《景定建康志》卷 23《城阙志四・营寨》，《宋元方志丛刊》，第 1702 页。

点将亭。朝廷也不断诏令地方政府为厢军、土兵、弓手等修建营舍。早在真宗咸平五年（1002年）八月，朝廷就诏令“诸州置县尉弓手营舍”[①]，天禧四年（1020年），也诏令为凤翔府到绵州的递铺军士增葺庐舍，悯其劳也[②]。神宗熙宁六年（1073年），朝廷诏：“河东路经略司新招弓箭手，墙院屋宇等并官为修筑，如愿请材木、自备工者，听。”[③]南宋时期建康府，“厢禁军营旧皆茅庐，绍熙中，章公森尽易为瓦屋数千间，号曰‘新营’，其隶尺籍者始不与居民杂比”[④]。通过更换建筑材料，减少火灾发生概率，有利于节省地方行政成本。绍兴府“军营凡十有二，曰‘雄节系将第一指挥’、曰‘威捷第二系将指挥’、曰‘威果系将第二十二指挥’、‘第二十三指挥’、‘不系将第五十四指挥’。曰‘全捷系将第四指挥’、‘第五指挥’。曰‘全捷不系将第十三指挥’。曰‘厢军崇节第一指挥’、‘第八指挥’，曰‘壮城指挥’、曰‘牢城指挥’。废坏久不葺，军兵皆僦居于外，嘉定十六年守汪纲葺旧外添创屋一千余间，尽括军兵迁入营垒，于是军制稍严整矣”[⑤]。

地方政府的军营设置也相当分散，并非一地军兵均在一处置营，而是分军种和不同番号在不同地置营。如南宋时期徽州“禁军威果营在城东北隅，额管四百一十人，忠节在西南隅，额三百一十人，武雄亦在东北隅，二百五十七人，厢军效勇在东北隅，一百五十人，牢城在西北隅，百五十人，壮城在西南隅，百人”[⑥]。

（2）望楼

望楼为城池或军营中用于瞭望的场所，如程迈在绍兴中知温州，“阅岁徙温州，至适火后，为营官舍千区，开河渠立望楼，结火保”[⑦]。《咸淳临安志》中也记载：“城内诸隅，东隅在都税务南，元额一百二人，有望楼。西隅在白龟池都作院南，元额一百二人，有望楼。南隅在吴山至德观后，元额一百二人，有望楼。北隅在潘阆巷内，元额一百二人。上隅在大瓦后三真君庙前，元额一百二人，有望楼。中隅在下中沙巷蜡局桥东，元额一百二人，有望楼。下隅在修

---

① （宋）李焘撰，上海师范大学古籍整理研究所、华东师范大学古籍整理研究所点校：《续资治通鉴长编》卷52，咸平五年八月戊子，第1149页。

② （宋）李焘撰，上海师范大学古籍整理研究所、华东师范大学古籍整理研究所点校：《续资治通鉴长编》卷96，天禧四年七月丙辰，第2204页。

③ （宋）李焘撰，上海师范大学古籍整理研究所、华东师范大学古籍整理研究所点校：《续资治通鉴长编》卷248，熙宁六年十一月乙巳，第6041页。

④ （宋）马光祖修，周应合纂：《景定建康志》卷23《城阙志四・营寨》，《宋元方志丛刊》，第1700页。

⑤ （宋）张淏纂修：《宝庆会稽续志》卷1《军营》，《宋元方志丛刊》，第7094页。

⑥ （宋）赵不悔修，罗愿纂：《新安志》卷1《州郡・营寨》，《宋元方志丛刊》，第7613页。

⑦ （宋）赵不悔修，罗愿纂：《新安志》卷7《先达・程显学》，《宋元方志丛刊》，第7704页。

文坊内，元额一百二人，有望楼。以上七隅嘉定四年王安抚楠置，府隅在府治前，左司理院墙东，元额一百二人有望楼，嘉定十四年袁安抚韶置。……城外诸隅……城北上隅在北郭税务余杭桥东，元额七十人，有望楼。城北下隅在北新桥北，元额六十八人，有望楼。……钱塘隅在钱塘门外水磨头，元额一百二人，有望楼。”①

（3）教场和射圃

“教场和射圃是古代军营所必备的，用于列队和军训。但营房和教场也可连成一体，也可分散在两处以上。”② 除了军营之外，一州一府一县，均可设置教场。如宋仁宗朝，“添置弓手”，诏令“逐县创置教场，每岁起十月后至正月终，常分番勾集校阅”。③

地方诸州中，广泛设置教场，平江府“西园在郡圃之西，隙地直子城，甚袤，唐谓之西园，今以作教场”④。临安府旬时教场“在府治之西，阅府隅将兵旬射于此，嘉定中府尹袁公韶创，绍定壬辰府尹余公天锡移春和楼于此，其下为观德堂，嘉熙中因民居延燎，至淳祐中府尹赵公与𥲅为屋数楹，基趾增高，厅宇尤厂，以为按视旬射之地”⑤。此外，殿前司、马军司等也设有众多教场。绍兴府“小教场元在卧龙山上，颇为隘狭，嘉定十五年守汪纲命以作院地创筑，前建台门，缭以墙垣，中为堂曰‘雄威’，以为常教之所”⑥。镇江府“旧教场在夹城西长巷内，规模卑狭，雨则沮洳，军士不足以容，守臣待制史弥坚徙于石公山，即防江军教场也。去城八里，与焦山相对，东西阔四十九丈，南北长五十六丈，鼎创将台、射亭一十九楹，名曰‘威辅’，取威武文德、辅助之义，春秋禁旅教阅于此”⑦。庆元府教场在“子城西北，总为地四十亩一角四十步，西东一百步，南北九十七步，官厅射亭坐其北”⑧。后又设小教场，“为屋十三间，以处士卒，而前为廊庑，名类箭所。教场之内，东为阅武厅二间，轩峙其下，后居以室，屏科师卦。西为霸王台，前栖鹄焉。武藏之门，实居其南。

① （宋）潜说友纂修：《咸淳临安志》卷57《武备·防虞》，《宋元方志丛刊》，第3865—3866页。
② 王曾瑜：《宋朝军制初探（增订本）》，第449页。
③ （宋）张方平撰，郑涵点校：《张方平集》卷21《论天下州县新添置弓手事宜》，郑州：中州古籍出版社，1992年版，第308页。
④ （宋）范成大纂修：《吴郡志》卷6《官宇》，《宋元方志丛刊》，第725页。
⑤ （宋）施谔纂修：《淳祐临安志》卷6《城府·教场》，《宋元方志丛刊》，第3278页；（宋）潜说友纂修：《咸淳临安志》卷57《武备·教场》，《宋元方志丛刊》，第3865页。
⑥ （宋）张淏纂修：《宝庆会稽续志》卷1《教场》，《宋元方志丛刊》，第7094页。
⑦ （宋）史弥坚修，卢宪纂：《嘉定镇江志》卷10《兵防》，《宋元方志丛刊》，第2392页。
⑧ （宋）胡榘修，方万里、罗濬纂：《宝庆四明志》卷3《叙郡·仓场库务局院等》，《宋元方志丛刊》，第5023页。

教场东西相距五十五丈，墙高一丈九尺”①。当地土军营中还另有“教场亭三间”②。台州则州县都有教场，州教场“在州东北一里一百步，绍兴二十二年萧守振建，有（听）[厅] 名‘奠发’，西有小（听）[厅]，为官兵弹压之所。东西二庑，诸军入队或泊焉。东有吏舍、弓弩房，嘉定四年黄守畲重修之，易‘奠发’为‘讲武（听）[厅]’，后创‘泊水’为按阅栖息之地，作外门（按路分都监、州都监皆以教阅为职，循习既久，止委之路分，路分惮于躬阅，而州都监又纵不入，则付之军头押教而已。士骄而惰，甚于他郡。淳熙十二年江守乙祖奏：乞以拣中禁军六百人分十二队，俾三都监一押队各总其三，日亲阅习，总其路分、知通月一拍试，务在兵官尽职，以举军政，有旨依，他州郡仿此。）先是军额多阙，齐守硕以次招补士为立碑”③。临海县“教场在县东北四里，尉（听）[厅] 西”④。黄岩县“教场在县东三里”⑤。天台县“教场在县东一十步，仙居教场在尉（听）[厅] 东五步。宁海教场在县东六十步”⑥。教场中，既有官厅，又有房屋，正如学者所言：“宋代的教场或有墙、有亭、有台、有存放兵器的房屋，并非光是一片平地。”⑦宋代的射圃，在军营、官府甚至学校都有设置，如《临漳志》载：“环千里而郡之，必有郡治；有郡治，必有廨舍仓库，而后民得以杂处于其间；有民杂处，必有桥道坊市以为之聚散，城池营驿以为之捍御，射圃学宫以为之教习。”⑧泉州射圃位于“同安县西北门”⑨，“袤六十步，三分其袤，而广得一焉”⑩。南宋初襄阳、鄂州广设义勇，“初籍义勇时，武昌令薛季宣亦求得故陕西、河北弓箭手、保甲法，五家为保，二保为甲，六甲为队，据地形利便则为总，不限以乡，总首领焉。诸总皆有射圃，而旗帜亦随总而别其色，至今犹存”⑪。黄岩县重建县尉官廨，“凡门庑、厅事、堂寝、房

① （宋）吴潜修，梅应发、刘锡纂：《开庆四明续志》卷6《小教场》，《宋元方志丛刊》，第5998页。
② （宋）吴潜修，梅应发、刘锡纂：《开庆四明续志》卷5《新建诸寨・营寨酒库屋》，《宋元方志丛刊》，第5984页。
③ （宋）齐硕修，陈耆卿纂：《嘉定赤城志》卷4《公廨门一・教场》，《宋元方志丛刊》，第7315页。
④ （宋）齐硕修，陈耆卿纂：《嘉定赤城志》卷4《公廨门一・教场》，《宋元方志丛刊》，第7315页。
⑤ （宋）齐硕修，陈耆卿纂：《嘉定赤城志》卷4《公廨门一・教场》，《宋元方志丛刊》，第7315页。
⑥ （宋）齐硕修，陈耆卿纂：《嘉定赤城志》卷4《公廨门一・教场》，《宋元方志丛刊》，第7315页。
⑦ 王曾瑜：《宋朝军制初探（增订本）》，第451页。
⑧ （清）李维钰原本，沈定均续修，吴联薰增纂：光绪《漳州府志》卷首《淳熙临漳志序》，光绪三年（1877年）刻本，《中国地方志集成・福建府县志辑》，第8页。
⑨ （宋）朱熹撰，戴扬本、曾抗美校点：《晦庵先生朱文公文集（五）》卷77《射圃记》，朱杰人、严佐之、刘永翔主编：《朱子全书》，上海：上海古籍出版社、合肥：安徽古籍出版社，2002年版，第3693页。
⑩ （宋）朱熹撰，戴扬本、曾抗美校点：《晦庵先生朱文公文集（五）》卷77《射圃记》，朱杰人、严佐之、刘永翔主编：《朱子全书》，第3693页。
⑪ （宋）李心传撰，徐规点校：《建炎以来朝野杂记》甲集卷18《荆鄂义勇民兵》，第411页。

舍、庖湢，其楹六十，以为官者之宅。……缭墙夹道，卒庐射圃，以为阅习之场”[①]，其作用与教场类似。

（4）马厩

古代军营中均设有马厩，饲养战马，以供军官、士兵骑乘之用。地方厢禁军军营中有马厩，州府官廨中也有马厩，以供行政官吏日常使用。如北宋太宗朝重建益州官廨，“公库、直室、客位、食厅之列，马厩、酒库、园果、疏流之次，四面称宜，无不周尽”[②]。又如南宋宁宗朝，福建安抚司二准备差遣“旧无廨，始度地于府治西北隅，背郡圃，迫马厩，尤庳隘”[③]。

宋代军营的修造往往花费众多，规模庞大，甚至超过一般州府官廨修建成本，如咸淳中，抚州重建官廨，“于公宇则再建放生亭、县丞厅，修尉衙，给材石创主学厅，增和籴仓。于军营则建厢禁军屋五百三间，马步军三千二间，修小教场射亭”[④]。

5. 馆驿、递铺

（1）馆、驿

二者在宋代合并，成为专门供过往宾客食宿之所[⑤]，“郡国有传舍以待假道之宾客，古礼也。今天下通名曰驿，或又从而高大加饰焉，则易驿之名曰衙，所以迟绣衣荡节之临郡，与夫通贵重客，顾他宾非可辄舍。故一郡所以待过客者，必有二馆，否则上下混殽于市邸。此羁旅之通患”[⑥]。据学者研究，“宋代馆驿在接待宾客方面，向宾客提供食宿、支给钱粮、草料及其他生活用品，但基本上不再提供交通工具。官员使节差出所乘用马匹等交通工具，则由递铺提供”[⑦]。驿站设于驿路之上，一般间隔六十里设一所。在州县城市中也设有官府所招待过客的馆所。馆驿中服务的人员主要是百姓有资产者充当。[⑧]

宋代地方政府修建，馆驿相类，如曾巩《齐州二堂记》，“齐滨泺水，而初

---

① （宋）林表民编：《赤城集》卷4《重建黄岩县尉厅记》，《景印文渊阁四库全书》，第1356册，第644页。

② （宋）张咏著，张其凡整理：《张乖崖集》卷8《益州重修公署记》，第80页。

③ （宋）刘克庄撰，王蓉贵、向以鲜校点，刁忠民审订：《后村先生大全集》卷90《福建安抚司二准备差遣厅记》，第2327页。

④ （宋）黄震撰：《黄氏日抄》卷88《抚州修造总记》，（宋）黄震著，张伟、何忠礼主编：《黄震全集》，第2368页。

⑤ 曹家齐：《宋代交通管理制度研究》，第11页。

⑥ （明）解缙等编：《永乐大典》卷5345《凤水驿记》，北京：中华书局，1986年影印本，第2483页。

⑦ 曹家齐：《宋代交通管理制度研究》，第12页。

⑧ （明）解缙等编：《永乐大典》卷5345《林安宅·潮惠下路修驿植木记》，第2483页。“自有下路以来，役保甲为亭驿子，亭驿距保甲之家且远。客至则扶老携幼，具荐席，给薪水，朝夕执役，如公家之吏，不敢须臾离焉，竢其行乃去。客未至，则尉之弓手、巡检之土兵，预以符来，需求百出。客或他之，则计薪刍，尽锱铢，取资直而去，民以为苦。”

无使客之馆。使客至，则常发民调林木为舍以寓，去则撤之，既费且陋。乃为之徙官之废屋，为二堂于泺水之上以舍客”[①]。《严州图经·馆驿》载：“公馆在子城东东山下，屋颇宏壮，旧为兵马司。绍兴八年知州董弅重加葺治，榜以今名，以待监司按临及往来贵客愒寓，今添差通判居。淳熙丙午春知州陈公公亮以新定（下阙）。驿：如归馆在子城东门内南偏，以待寓客。定川馆在定川门外，临歙江以待往来舣舟者。东馆在东津，旧有东馆楼，钱文肃公更其名曰‘分歙’，遭方腊之乱楼废，后作亭为检税之所。绍兴八年知州董弅命增窗户，榜以今名，以待往来舣舟不至城下者。西馆在安泰门外，绍兴八年因得民居之籍于官者，增葺为之，以待属县官赴州禀事者愒寓焉，馆后有阁，跨湖面西山，榜曰‘夕晖’，今废。新定驿旧在州南门外，今废。近岁即兜率寺东庑建屋，谓之行衙，绍兴八年既作公馆，因榜以驿名，今改路分廨舍。”[②] 从中可见，严州馆驿各有不同的接待群体，用途不一，但往往被其他官员占用。

馆驿的建筑构造和内部布局，学界也有所研究，一般看来，州县城内所建馆驿较为宽大华丽，而在驿路上的临时歇脚的馆驿则较为简陋。馆驿还可被官员临时占用，为官廨，如“周勉仲自强为蕲县司法时，以驿舍为官廨”[③]，仁宗宝元二年（1039 年），重修成都馆驿，“治屋三百间，堂庑库厩，甲丙相位”[④]。嘉祐六年（1061 年），凤翔府修建凤鸣驿，“用夫三万六千，木以根计，竹以竿计，瓦甓、坯、钉各以枚计，秸以石计者二十一万四千七百二十有八”[⑤]。“四方之至者，如归其家，皆乐而忘去。将去，既驾，虽马亦顾其皂而嘶。”[⑥]

具体看来，宋代馆驿中有屋舍、厅堂、马厩、庖厨，周围围绕墙壁，内外种植花草，美化环境。如哲宗元祐中，太原府寿阳县，新建馆驿，“四楹以为堂，六楹以为室。左右有夹，东西有庑，宾下有舍，马有觫厩，又十有九楹。砻甓以为坚，墁垩以为洁，完密疏明，内安外固，而宾至如归”[⑦]。南宋，潮州新修凤水驿，“因周视堂皇廊庑，则寝者有室，膳者有舍，奴马有刍饭之地，井厕户窗，皆有条理。以为酰舍则华而大，以为宾馆则与郡大小称其宜。既而得老屋

① （宋）曾巩撰，陈杏珍、晁继周点校：《曾巩集》卷 19《齐州二堂记》，北京：中华书局，1984 年版，第 307 页。
② （宋）陈公亮修，刘文富纂：《淳熙严州图经》卷 1《馆驿》，《宋元方志丛刊》，第 4289 页。
③ （宋）洪迈撰，何卓点校：《夷坚志》乙志卷 5《周勉仲》，第 225 页。
④ （宋）扈仲荣等编：《成都文类》卷 29《张庚 重修馆驿记》，《景印文渊阁四库全书》，第 1354 册，第 607 页。
⑤ （宋）苏轼撰，孔凡礼点校：《苏轼文集》卷 11《凤鸣驿记》，北京：中华书局，1986 年版，第 375 页。
⑥ （宋）苏轼撰，孔凡礼点校：《苏轼文集》卷 11《凤鸣驿记》，第 375 页。
⑦ （清）马家鼎修，张嘉言纂：光绪《寿阳县志》卷 11《重修驿记》，《中国方志丛书》，台北：成文出版社，1976 年影印本，第 699 页。

数楹，直子城东南隅，乃故储酰之宇，于是易其地而两增葺之，因以郡水而名，榜曰凤水驿。复为造寝处饮食之具，为榻著六案，与竹木匡床十有八席，以为荐藉者各三十，器皿镬鼎悉备。使阍一人掌其扃与物之籍，而加钥焉。过客之车马及郡境，请预以告。授馆之礼当敬，从事无怠”。[①]绍兴十七年（1147年），衢州和风驿修成，“为屋四十三楹，广袤五十七步。堂宇胪分，翼以两庑，重垣四周，闬闳有闶，庖湢库厩，各视其次。门有守吏，里有候人，宾至如归，举无乏事”[②]。

馆驿内部提供的物品供应非常丰富，如《淳祐临安志》中就说：“薪刍委积，所在随之。盖济穷补乏，而使行旅乐出于其途。”[③]“馆驿中一方面备有炉、灯、榻、乐器、供帐等陈设，并为住客提供油、烛、柴、炭、酒肉等物；另一方面，还置仓场储备钱、粮、草料等物，支给过往官兵等。”[④]

此外，还有专门为招待外国使节而临时修建的馆驿。如祥符五年（1012年）正月，“契丹每遣人至宁化军，诏于横岭铺治馆舍以待之。从河东缘边安抚司之请也”[⑤]，又如哲宗元祐元年（1086年）八月，朝廷诏：“河阳创修北使驿亭，温县宿顿以至德，河阳县中顿以清沇，汜水县中顿以行庆馆为名。”[⑥]

地方州县还建设一些馆驿，作为上级官员巡查时的临时办公衙署和住所，号为“行衙”，其实也是一种馆驿和招待机构。如南宋理宗淳祐中，嘉兴县，“而近使星次舍无弭节所，颇失事上之礼。台府幕属临莅，寝餗托诸僧舍，令佐解龟徯代，则或僦或假，尤弗称也”[⑦]，后来利用官府破败之屋进行改建，“兴工改筑为行衙，揖客有厅，燕息有堂，主廊翼室，庖湢悉备，对门越街，缭以短垣，又有登舰之亭。尉张君思正颛董其事，不踰月而落成”[⑧]。此前，“政和七年（1117年）二月十九日，诏王安石江宁府赐第改赐镇江府行衙，令本路转运司应（付）[副]修完”[⑨]。绍兴十二年（1142年），右谏议大夫罗汝檝也弹劾

① （明）解缙等编：《永乐大典》卷5345《凤水驿记》，第2484页。

② （清）杨廷望纂修：《衢州府志》卷5《宋毛幵记》，《中国方志丛书》，台北：成文出版社，1975年影印本，第381页。

③ （宋）施谔纂修：《淳祐临安志》卷77《寺观三》，《宋元方志丛刊》，第4053页。

④ 曹家齐：《宋代交通管理制度研究》，第18—19页。

⑤ （宋）李焘撰，上海师范大学古籍整理研究所、华东师范大学古籍整理研究所点校：《续资治通鉴长编》卷77，大中祥符五年正月乙酉，第1751页。

⑥ （宋）李焘撰，上海师范大学古籍整理研究所、华东师范大学古籍整理研究所点校：《续资治通鉴长编》卷384，元祐元年八月丁亥，第9354页。

⑦ （元）单庆修，徐硕纂：《至元嘉禾志》卷25《碑碣十・新建行衙记》，《宋元方志丛刊》，第4602页。

⑧ （元）单庆修，徐硕纂：《至元嘉禾志》卷25《碑碣十・新建行衙记》，《宋元方志丛刊》，第4602页。

⑨ 刘琳、刁忠民、舒大刚，等校点：《宋会要辑稿》方域四之二三，第9342页。

道州通判孙行俭“鼎新行衙，为（王）庶安泊之所。郡守虑其累已，止之，不从。其无忌惮甚矣！望将行俭罢斥，仍令庶不得占行衙居止。庶以平一方嗟怨之气”[①]。《无锡县志》也载：“去县尉厅事行二百步，有驻麾亭，俗称‘行衙亭’，所以驻使臣。”[②]景定《严州续志》也载：郡治中有“行衙二，一在仪门外东，开庆己未知州谢奕中以新定驿改建，即军资库旧址。一在都税务西，即多庆园旧址，淳祐丙午知州章大醇改建。”[③]建宁府“旧有行衙，辅以建溪驿”。[④]

路级监司拥有专门的行衙，如宁宗朝吕午记载：“新安古号大州，于今为股肱郡。士大夫入川广，达行都，经于此者轮蹄相踵，部使者岁时观问风俗，太守与属僚始至或代去，何时无之。傥馆舍不设，则无以备将迎、示观瞻矣。先是州有馆驲三，曰转运司南行衙、曰北行衙、曰新安驲。北行衙久废，南名观风驲，僻在一隅，人迹罕到，于客寓非宜。尝移其榜于新安驲，以存转运司之旧。遇有贰车员外置，则以为厅事。”[⑤]如此看来，其行衙也可临时用来安置员外通判，作为其官厅。

《淳熙三山志》卷7有福建路福州转运行司的记载：其文先引太宗端拱年间责转运司“或端坐本司，或故留诸郡，深彰旷职，殊不尽心，自今并须不住巡按所部”[⑥]。仁宗朝责转运一年巡遍所部的诏令，接下来记：“故逐州皆有行司，旧记转运行衙在府西南隅”[⑦]，同卷中还有北宋末福建提举学事司行司的记载[⑧]。哲宗元符时贬黜中的苏轼兄弟曾令“在监司行衙安泊”[⑨]。《新安志》中也有徽州城内“转运南行衙在慈孝坊，北行衙在司晨坊”[⑩]等记载。

通过以上一些情况的说明，宋朝官员在巡历州县设立居住的馆舍，被称为“行司”或“行衙”。一般情况下与州县馆驿互通，但上级官员一旦到来，即不再允许其他官员入住。一座行衙可以供多个机构轮流使用，如北宋邹浩

① （宋）李心传编撰，胡坤点校：《建炎以来系年要录》卷147，绍兴十二年十月丙寅，北京：中华书局，2013年版，第2774页。
② （元）佚名纂修：《无锡志》卷3下《州署三之三》，《宋元方志丛刊》，第2237页。
③ （宋）钱可则修，郑瑶、方仁荣纂：《景定严州续志》卷1《馆驿》，《宋元方志丛刊》，第4357页。
④ （宋）方大琮撰：《铁庵集》卷32《建宁府重建建溪驿记》，《北京图书馆古籍珍本丛刊·集部·宋别集类》，北京：书目文献出版社，1998年影印本，第89册，第718页。
⑤ （宋）吕午撰：《竹坡类稿》卷2《嘉宾馆记》，《北京图书馆古籍珍本丛刊·集部·宋别集类》，第283—284页。
⑥ （宋）梁克家纂修：《淳熙三山志》卷7《公廨一·转运行司》，《宋元方志丛刊》，第7845页。
⑦ （宋）梁克家纂修：《淳熙三山志》卷7《公廨一·转运行司》，《宋元方志丛刊》，第7845页。
⑧ （宋）梁克家纂修：《淳熙三山志》卷7《公廨一·转运行司》，《宋元方志丛刊》，第7845页。
⑨ （宋）李焘撰，上海师范大学古籍整理研究所、华东师范大学古籍整理研究所点校：《续资治通鉴长编》卷496，哲宗元符元年三月癸酉，第11807页。
⑩ （宋）赵不悔修，罗愿纂：《新安志》卷1《州郡·馆驿》，《宋元方志丛刊》，第7612页。

在请求将襄州旧提刑司拆毁，在原地建学时就说："或曰提刑行部至此，必舍以听事，不可以为学。"[①]邹认为，提刑"行部至此，固有行衙。漕使居之不以为陋，则宪使似亦可居"[②]。行衙的设立和巡查官员轮流使用，有利于监察官员巡查职能的正常行使，也减少了官廨修建的重复和物资浪费，是具有有积极意义的。

馆驿的修建，数量较多，同样花费不少钱物，如饶州，"饶去帅漕所治最远，凡十九驿"[③]。宝元二年（1039年），成都府修建驿舍，"自春旦星之中，至冬危星之中，治屋三百间，堂庑库厩，甲丙相位"[④]。如理宗朝建宁府建溪驿，"经始于四月，竣事于十月，縻钱缗万三百有奇，楮居半，屋楹若干，客所须皆具"[⑤]。咸淳七年（1271年），邵武军建宁县绥城驿，"盖程侯之事是已。侯稽旧驿之不存，闵至者之无归，而新其驿九十楹，计县帑之垂罄，核浮盐之有赢，一毫不以自利，而用以建驿者钱逾万缗"[⑥]。

（2）递铺

宋代的递铺与驿站分立，主要负责传递文书，向差出官员提供马匹和传送官物等，递铺中服役人员主要为军卒（厢军为主）。宋代将递铺分为步递、马递和急脚递。按照功能划分，宋代递铺可分为文书传递和非文书传递两种；按照地点划分，可分为水递铺和陆递铺；按照隶属机构划分，可分为隶属尚书省的省铺和隶属于枢密院的斥候铺等。[⑦]宋代递铺分部广泛，网络严密，一般"每二十五里置一递，役卒十有二人"[⑧]，但也因时间、地域不同而有所差别。

递铺的设备主要包括铺舍和递马等。据学者研究，铺舍应包括文书交接处和存放室、铺兵营房、马厩、存放粮草和货物的仓库等，一般的递铺有房屋十余间到二十间。[⑨]但是考虑到宋代州县递铺设置的广泛性，如嘉泰年间，绍兴府有"铺四十三，铺兵三百八十一"[⑩]，度宗咸淳中，临安府钱塘县八铺，一百四

① （宋）邹浩撰：《道乡集》卷22《上胡宪求迁学书》，《景印文渊阁四库全书》，第1121册，第346页。
② （宋）邹浩撰：《道乡集》卷22《上胡宪求迁学书》，第1121册，第346—347页。
③ （宋）王象之原著，李勇先校点：《舆地纪胜》卷23《饶州·监司沿革》，第1085页。
④ （宋）扈仲荣等编：《成都文类》卷29《张庚重修馆驿记》，《景印文渊阁四库全书》，第607页。
⑤ （宋）方大琮撰：《铁庵集》卷32《建宁府重建建溪驿记》，《北京图书馆古籍珍本丛刊·集部·宋别集类》，第719页。
⑥ （宋）黄震撰：《黄氏日抄》卷87《邵武军建宁县绥城驿记（咸淳七年秋）》，（宋）黄震著，张伟、何忠礼主编：《黄震全集》，第2353页。
⑦ 曹家齐：《宋代交通管理制度研究》，第97—99页。
⑧ （宋）王应麟辑：《玉海》卷172《邸驿》，扬州：广陵书社，2003年版，第3166页。
⑨ 曹家齐：《宋代交通管理制度研究》，第103—104页。
⑩ （宋）沈作宾修，施宿等纂：《嘉泰会稽志》卷4《邮置》，《宋元方志丛刊》，第6781页。

十五人，富阳县界六铺，八十六人，新城县四铺，五十八人[①]。其在一州一县行政设施建设中仍占有较大比重。有的递铺相当破败，如隆兴府石头驿“而驿之故基仅存，草莱生之，刍牧所廛，为屋数楹，以更传递而已”[②]。有的则规模较大，如为从四川搬送茶叶到陕西，“添置递铺，十五里辄立一铺，招兵五十人，起屋六十间”[③]。巡辖递铺官员也有自己的官廨，如台州巡辖递铺听“在崇和门外，淳熙十年巡辖赵舜举建”[④]。

6. 场务

宋代商品经济发达，政府关于生产和税收的场务设置普遍，是宋代比较有特色的行政建筑。《嘉泰吴兴志》对仓场库务的分类是“储米曰仓、贮钱曰库、茶盐曰场、酒税曰务、皆取诸民而资公家之用者也”[⑤]，主要是从储存物品的角度进行的分类，如果从功能看，务的功能侧重税收，场的功能侧重生产，前者如商税务、酒务、盐务、楼店务等；后者如船场、灰场、炭场等[⑥]。据学者研究，宋代地方的场、务选址遵循便利原则，并不聚集在府治、县治周围[⑦]，如《嘉泰吴兴志》载：“宋朝平一六合，泉货委积，思所以息末崇本，始命州县城市悉置商税务以为定式，盖欲随其俗以便民也。”[⑧] 而苏州“税务旧在驿前，范文正公迁于西河之上，官私舟楫往来输税者，不必迂路，至今以为便”[⑨]，仙游县税务“在县鼓门外之东街”[⑩]。《咸淳毗陵志》记载常州的场务种类较多，如“合同场在天禧桥西，政和二年诏行茶引法，废诸州榷卖始焉。造舡场在迎秋门外，今废。茭草场在青山门外，今废。都酒务在金斗城外街东，比较务旧在新坊桥北，政和间置。赡军务旧在光孝寺后，绍兴间置，乾道皆并入都酒务（故俗称三酒

① （宋）潜说友纂修：《咸淳临安志》卷55《官寺四·馆驿》，《宋元方志丛刊》，第3851页。

② （清）谢旻等修：雍正《江西通志》卷34《石头驿记》，《景印文渊阁四库全书》，第514册，第209页。

③ （宋）李焘撰，上海师范大学古籍整理研究所、华东师范大学古籍整理研究所点校：《续资治通鉴长编》卷366，元祐元年二月癸未条，第8806页。

④ （宋）齐硕修，陈耆卿纂：《嘉定赤城志》卷5《公廨二·巡辖递铺厅》，《宋元方志丛刊》，第7323页。

⑤ （宋）谈钥纂修：《嘉泰吴兴志》卷8《公廨·州治》，《宋元方志丛刊》，第4723页。

⑥ （宋）梁克家纂修：《淳熙三山志》卷7《公廨一·帅属厅舍》，《宋元方志丛刊》，第7854—7855页。但是场也有储存功能及一定税收功能，如建康府等州县所设夏税物帛场、杂卖场、柴场、茭草场、竹木场、抽分场等从名称看，应是税收征收时的场所，以及储存征收物品的场所。（元）张铉纂修：《至正金陵新志》卷12上《城阙官署》，《宋元方志丛刊》，第5745页。场与仓的区别，如盐场、盐仓，“仓官主出纳，盐场官主办集”。（宋）林表民编：《赤城集》卷7《台州支盐厅壁记》，《景印文渊阁四库全书》，第1356册，第675页。

⑦ 袁琳：《宋代城市形态和官署建筑制度研究》，第163页。

⑧ （宋）谈钥纂修：《嘉泰吴兴志》卷8《公廨·州治》，《宋元方志丛刊》，第4723—4724页。

⑨ （宋）朱长文纂修：《吴郡图经续记》卷上《仓务》，《宋元方志丛刊》，第647页。

⑩ （宋）赵与泌修，黄岩孙纂：《仙溪志》卷1《官廨·场务》，《宋元方志丛刊》，第8273页。

务）。都税务在元丰桥东。楼店务，国初始置于京师，又为店宅务，后行之诸郡，务久废，所收省地钱以户曹掌之。平准务旧在都税务西，今废。窑务旧在通吴门外，今废……晋陵（县）横林务在县东二十五里，村坊四十有四（以下四县村坊其见开者皆淳祐初年数，后多停闭。）无锡（县）酒、税务在县南大市桥，望亭务在县东南，村坊四十有四……宜兴（县）酒、税务在县东南通津桥东，湖洑务在县南四十里，张渚务在县西南七十里，村坊六十有五”[①]。《宝庆四明志》记载明州的场务主要有都税务、市舶务、都酒务、比较务、赡军务、物料场、合同场、造船场等。[②]镇江府丹徒县有织罗务、都商税务、江口税务、都酒务、比较东务、比较西务、榷货务都茶场。[③]临安府的场有交木场、抽解竹木场、北大场、子场、柴场（各处共计十八处柴场），务有楼店务、都税务、浙江税务、龙山税务、北郭税务、江涨桥税务等。[④]《梦粱录》载：盐事所、都盐仓等“所辖诸盐场十有二”[⑤]，抽解竹木场“城内外场共二十有一处，以便诸官厅及民庶排日发卖”[⑥]。“铁场、炭场、船场、铸冶场，在东青门外北。瓶场、籴场，在余杭门外。……楼店务，在流福桥北，有官设吏令宅务合干人员，收检民户年纳白地赁钱。税务凡五处，名曰都税务、浙江税务、龙山税务、北郭税务、江涨税务。但州府虽有税务之名，则朝家多有除放，以便商贾……运司亦有木税场，在杭城外共八场也。船场与架阁库，俱在荐桥门外。”[⑦]场务具体内部建筑构造，如明州的市舶务，宝庆三年（1227年）重建，“重其厅事，高其闬闳，内厅扁曰‘清白堂’，后堂存旧名曰‘双清’。清白堂之前中唐（堂）有屋，以便往来。东西前后列四库胪，分二十八眼，以寸地尺天皆入贡。奇祥、异瑞争来送，不知何国致，白环复道诸山，得银瓮号之两夹，东西各有门。东门与来安门通，出来安门为城外往来之通衢。衢之南北各设小门，隔衢对。来安门又立大门，门之外濒江，有来远亭，乾道间守赵伯圭建，庆元六年通判赵师岩修，宝庆二年蔡范重建，更名‘来安’。贾舶至，检核于此，历三门以入务，而闭衢之南北小门，容顿宽敞，防闲慎密，司存之吏亦免于戾矣，务之前门与灵桥门

① （宋）史能之纂修：《咸淳毗陵志》卷6《官寺二》，《宋元方志丛刊》，第3003—3005页。
② （宋）胡榘修，方万里、罗濬纂：《宝庆四明志》卷 3《叙郡・仓库务场局院等》，《宋元方志丛刊》，第5022—5023页。
③ （宋）史弥坚修，卢宪纂：《嘉定镇江志》卷12《公廨》，《宋元方志丛刊》，第2409—2410页。
④ （宋）潜说友纂修：《咸淳临安志》卷55《官寺四》，《宋元方志丛刊》，第3844—3847页。
⑤ （宋）吴自牧：《梦粱录》卷10《本州仓场库务》，第86页。
⑥ （宋）吴自牧：《梦粱录》卷10《本州仓场库务》，第86页。
⑦ （宋）吴自牧：《梦粱录》卷10《本州仓场库务》，第86—87页。

近”[①]。而淳熙十三年（1186年），臧栋重修杜渎盐场官厅，“厅以治事，室以燕居，廒以贮藏，亭以量称，廊庑门台，以翼以峙。为屋凡三十有七间，役工三千人有奇，縻钱凡百十有五万”[②]。可见，场务除了与一般官廨相似，有厅、堂、屋、亭馆之外，还有较多的库房，以储存税收物品。

第二节　地方政府行政设施的修建经费统计与分析

（一）路、州、县官廨整体修建费用[③]

宋代地方政府官廨的修建，分为几种类型，其中规模最大，耗费钱物、人力最多的即是对官廨的整体修建成本，往往超过一地一年乃至数年的行政设施经费投入。

以下我们采用列表的形式，对宋代文献中出现的地方官廨整体修建所耗费钱、米、物料、劳力等进行统计（表1-1）。

表1-1　宋代地方政府官廨整体修建费用统计表

官廨所在地及名称	修建年代	修建所费钱、米数	修建所费人力	修建所费物料	修建房屋规模	史料来源
益州重修公廨	太宗至道丁酉岁（997年）	若俟木朽而后计役，耗官损民，何啻累百万计	其计役也，得系岸水运二千人，更为三番，分受其事；其计匠也，先举民籍，得千余人，军籍三百人，分为四番，约旬有代	得竹凡二十万木，椽二万条、陶土为瓦，较日减工，人不告倦，岁得瓦四十万	得屋大小七百四十间，（二营不在数）	《张乖崖集》卷8《益州重修公署记并梁周翰系》
万州修官廨	真宗大中祥符二年(1009年)				重修州治凡百间	《舆地纪胜》卷177《万州·官吏》

① （宋）胡榘修，方万里、罗濬纂：《宝庆四明志》卷3《叙郡·仓库务场局院等》，《宋元方志丛刊》，第5022页。

② （宋）林表民编：《赤城集》卷7《杜渎盐场重修厅记》，《景印文渊阁四库全书》，第1356册，第676页。

③ 目前学界对地方官廨修建费用考察较少，江天健：《宋代地方官廨的修建》，宋史座谈会主编：《宋史研究集》第31辑。该文中探讨了相关问题，但史料较为有限，统计数据不足，仍值得进一步分析。

续表

官廨所在地及名称	修建年代	修建所费钱、米数	修建所费人力	修建所费物料	修建房屋规模	史料来源
龙泉县迁水北城治所	仁宗景祐元年（1034年）之八月，讫于三年之十月	约费一万八千六百有余两（以银1两约合铜钱1贯计，合计18 600余贯）			以正中为县治。若前后左右衢道沟浍，一一列定厥位，经画分明。乃选材木、具瓴甓、备畚器，授工人以成算……地址南北直深八十二丈，东西横宽六十五丈，四围环以土垣	乾隆《龙泉县志》卷1《迁创龙泉县水北城治记》
泰和县修官廨	仁宗庆历二年（1042年）	用钱百万（1000贯）			合五十楹	道光《泰和县志》卷31《泰和县公厅记》
修北京行宫、自京至德清军行宫、馆驿、廨署亦量加葺治	庆历二年（1042年）八月戊子	出内藏库缗钱十万				《续资治通鉴长编》卷137，庆历二年八月戊子
江宁府重修官廨	仁宗皇祐元年（1049年）		合役二十二万有奇	合材用无虑二百二十万	考室七百楹	《张方平集》卷33《江宁府重修府署记》
信州修城池及官廨	皇祐二年（1050年）	富民出夫钱，户七百八十六	为夫一万一千四百二十五	收佛寺之材一千一百三十有二	凡为梁一，为城垣九千尺，为屋八。以楹数之，得五百五十二	《王安石全集》卷82《信州兴造记》
河北东路增修霖雨所损州县城仓库等	神宗熙宁十年（1077年）八月	坊场钱十万缗，体量安抚司斋郎、助教敕牒十五				《续资治通鉴长编》卷284，熙宁十年八月戊子
修太原城及官廨	神宗元丰己未岁（1079年）七月	而縻镪一千三百六十八万余（13 680贯）		计工仅十万	无虑三百六十余楹。皆金碧丹雘，彩错照烂	嘉靖《太原府志》卷5韩绛《崇圣寺碑铭（并序）》
邕州官廨	元丰二年（1079年）七月	度僧牒二百，偿商人入中钱，余给邕州修造之费				《续资治通鉴长编》卷299，元丰二年七月庚辰
徐州修城及官舍	元丰五年（1082年）七月	度僧牒五十（一度牒换约300贯，合计15 000贯）				《续资治通鉴长编》卷328，元丰五年七月丁亥

续表

官廨所在地及名称	修建年代	修建所费钱、米数	修建所费人力	修建所费物料	修建房屋规模	史料来源
修延州城及廨舍	元丰七年（1084年）正月	度僧牒二百（合计约60 000贯）				《续资治通鉴长编》卷342，元丰七年正月丙寅
西京河南府、修大内天津桥、堤堰、河道、城壁、军营、库务等	元丰七年（1084年）七月丁未	转运司钱十万缗	选使臣三员，役兵于本路，划刷二千人，如不足即和雇			《续资治通鉴长编》卷347，元丰七年七月丁未
滕县修官廨	元丰七年（1084年）				公堂吏舍凡百一十有六间，高明硕大，称子男邦君之居。而寝室未治	《苏轼文集》卷11《滕县公堂记》
广南西路提常平司官廨	元丰七年（1084年）	费官钱万缗				《续资治通鉴长编》卷342，元丰七年正月癸丑
郑州廨舍仓库	哲宗元祐元年（1086年）三月	度牒一百道				《续资治通鉴长编》卷373，元祐元年三月辛巳
杭州官廨及州城（后未修）	元祐四年（1089年）	四万余贯			官舍城门楼橹仓库二十七处，皆系大段隳坏	《苏轼文集》卷29《乞赐度牒修庙宇状》
杭州官廨（后未修）	元祐中	申请度牒二百（卖出换米，卖米得钱，约一万五千贯）				《苏轼文集》卷48《上执政乞度牒赈济因修廨宇书》
京西北路提举常平司移治所	徽宗政和四年（1114年）				为屋二百八十六间，吏舍居十三	《北山小集》卷19《京西北路提举常平司新移公宇记》
郾城县修官廨	政和七年（1117年）	钱共计十八万（180贯）			徙敕书楼稍南；尽收吏舍官帑，列于两庑，别为库以储民兵之器械；又新狱之三牢，通为屋五十有五楹。开门而事毕睹	《斜川集校注》卷9《苏过 郾城县迁土地祭文》
福州修福建路提举常平司	高宗建炎三年（1129年）闰八月乙酉	使过钱三万余贯				《建炎以来系年要录》卷27，建炎三年闰八月乙酉

续表

官廨所在地及名称	修建年代	修建所费钱、米数	修建所费人力	修建所费物料	修建房屋规模	史料来源
洪州修城池及军营、官廨	高宗绍兴初年	修城池用官告五万贯	本州厢军壮城及他州刬刷到兵卒，共五百余人	用新甃百二十余万口，皆自置窑烧变，及令窑户高价揽扑，皆有数在工房可稽考也	为城七百二十丈，壕与城等；为楼橹一百二十余座，计七百余间；为城门十有一所，计三十余间；……置营房三千余间，并系瓦屋，除拨付本州厢禁军逐营外，造客军营房一所五百余间……因规度都厅之南，造吏院三十间，以居群吏……下马门外，旧皆草屋，为造房廊数十间，收其直归公使库；州学旧未全备，为增修两廊斋舍等五十余间；大丰仓自兵火后，全无屋宇，为造新鲮八座，计四十余间，无教阅之所，为造新兵射厅及阅武堂。防城器具之类不可无安顿去处，为造东南壁及西北壁防城库两所，共四十间	《李纲全集》卷104《与李尚书措置画一札子》
扬州修官廨	绍兴五年（1135年）闰二月	赐扬州钱万缗				《建炎以来系年要录》卷86，绍兴五年闰二月己酉
邵武军修军治	绍兴十一年（1141年）	钱以缗计者万一千有余（11 000贯）	佣以日计者二万八千有奇			《斐然集》卷21《邵武重建军治记》
崇德县修县治所	绍兴二十五年（1155年）	豪强助金一千七百余缗		助材者巨细一百七十余事	愿以殿后重屋之属移为县宇，小大余五十间，盖前百年之良材也	《至元嘉禾志》卷25《碑碣十·崇德县县记》
高邮军复置，修官廨	绍兴三十一年（1161年）	赐经制钱二万缗，常平米三千石				《舆地纪胜》卷43《高邮军·官吏》
南康军移军治（后未移）	孝宗朝	度须用数万缗			移动一军城壁官舍、仓库营寨，所费浩瀚	《晦庵先生朱文公文集》卷20《申免移军治状》

续表

官廨所在地及名称	修建年代	修建所费钱、米数	修建所费人力	修建所费物料	修建房屋规模	史料来源
临海县治	孝宗淳熙六年（1179年）	钱三十万（300贯）			为屋八十有一楹，中凿五池潴水为备，复以其余力建丞、簿之舍。而新社稷之坛	《嘉定赤城志》卷6《公廨门三·诸县官厅》
青田县（主要是更换屋顶瓦片）	宁宗庆元二年（1196年）六月始事，至次年九月讫工	郡用钱百万有奇，县佐以十之一，（共计110万钱，1100贯）	藉乡县之匠，以次就役，日给佣金。买薪于贩鬻之家，僦工于游闲之夫，无一毫扰吾民也			光绪《青田县志》卷14《郑汝谐易瓦记》
邵武县修县治	庆元六年（1200年）	会得吏蠹与用度之余，为钱百余万（1000贯）				《陆游集》卷20《邵武县兴造记》
庆元县修县治、县尉厅、丞厅、县学、社稷坛、教场等	宁宗嘉泰元年（1201年）	时松源之官赋积逋者千万有奇，嘉谋请于郡守赵公廱，予其半益之（约5000贯）			建县治，若迎诏、颁春、若庾犴，罔不咸具。丞廨在其东，尉廨在其西，县学在其北。邑之内植坊一十七所。干之维则有社稷以春祈秋报，坤之维则有教场以阅武治兵。乃庙司城于东，乃桥广渡于西，乃开山通道于福，而行旅者得由坦道，乃辟地凿崖于安溪，而入邑者乐出其涂。皆山经地志所未有	雍正《浙江通志》卷32《建庆元县经始记》
括苍县安洲驿、同时修社稷坛、县学、古灵先生祠堂等	嘉泰二年（1202年）	未始加赋而偿预借之逋四千五百余缗。于是首饬社壝，修邑庠，建枢密直学士古灵陈先生祠堂。复以旧直取驿基而为营缮之计（共计4500贯）			先为台门以及厅宇，两庑正堂以次俱办，凡为屋三十楹，足为大宾客憩节之地。经理其下，必欲器用庖湢，井井一新，使来者如归焉	《赤城集》卷12《楼钥（安洲驿记）》
长汀县修县治	嘉泰三年（1203年）	毕捐所却之布为钱万者百（1000贯）		乃市松石，乃陶瓴甓，乃属匠役	序鼓楼之屋若干区，皆因故为新。圜扉之屋十有二区，帑庾之屋十有四区，皆以新易故。又以其赢为燕息之所	《杨万里集笺注》卷76《长汀县重修县治记》

续表

官廨所在地及名称	修建年代	修建所费钱、米数	修建所费人力	修建所费物料	修建房屋规模	史料来源
浙东路分总管官廨	嘉定二年（1209年）	钱五万（50贯），益以俸余				《宝庆四明志》卷3《叙郡·官僚》
真州修城池及官廨	嘉定二年（1209年）	朝家以缗钱十万，米七千斛庚费，而所用不赀，不复有请，惟以榷酤之余及撙节用度以充之			乃大肆其力于斯城，因前功而增筑之。合四百六十余丈，基厚六丈，上居三之一，可列七骑，高二十二尺。浚濠五百余丈，阔者至一十五丈，深称之。……既又兴造葺理，自仪门、黄堂凡官府公宇大小二十八所，合为屋二百二十六楹，郡之内外为之一新	《楼钥集》卷51《真州修城记》
泾县修县治	嘉定四年（1211年）正月丙午，告成于三月甲子	总縻钱二百六十万有奇（2600贯），米七百二十斛有奇			通为楹二百四十有一（包括官厅、亭台、吏舍、仓库、社宫、厨屋、监狱等）	嘉庆《泾县志》卷10《官署》
黄岩县修县厅	嘉定八年（1215年）	縻缗钱三千、米斛三百（3000贯）			创大听［厅］五间，合从屋凡百二十楹	《赤城集》卷3《王居安 黄岩重建厅事记》
嘉定县重建县治及县城	嘉定十年（1217年）	若夫营造之费，则有朝廷拨赐五千缗，本府给助一万缗，共丁丑岁畸零苗税一万四千五百余缗，米一千三百余斛，足以充所费三分之二。其余斡旋酒税，仅仅给用（合计约钱45 000贯，米1950斛）			屋以楹计者县百有奇，若丞若簿四十有五，若尉五十有五，学宫四十，仓廪惟半，祠社有坛宇，宾饯有驿舍，郊设门关，巷植名表，酒馆花圃，以次备具	《吴都文粹》续集卷9《高衍孙嘉定创县记》
潼川府路转运司衙	嘉定十四年至十六年（1221—1223年）	凡缗钱六万、米石十	丁匠四万六千九百		室寝堂奥、荣序门庑、筦库庖湢，以次备具。至于宾掾有馆，文书有庋，府史有舍，视旧规置殆将过之	《鹤山先生大全文集》卷43《潼川转运司重建东衙记》

续表

官廨所在地及名称	修建年代	修建所费钱、米数	修建所费人力	修建所费物料	修建房屋规模	史料来源
婺源县治及丞厅、监狱、酒务等	嘉定十五年至十七年（1222—1224年）	于本州交承钱内支拨三千缗下县，起造官舍			凡县治所宜有者，曰更楼，曰两廊，曰县狱，曰酒务，悉立成规……内外几百楹	《重修婺源县志》卷65《重建婺源县丞厅记》
宣城县修治所	理宗绍定元年（1228年）				屋以楹计者总一百三十有八。自门序堂室宾客燕闲之馆，园囿游从之所，与夫庖厨、府库、吏舍、狴犴莫不咸在	《嘉靖宁国府志》卷4《周紫芝 宣城县治记》
镇江府治	理宗端平乙未（1235年）	泉粟以缗考者总十五万八千有奇			会屋以程计者凡六百二十五	《至顺镇江志》卷13《公廨·治所》
灌阳县治	理宗淳祐十二年（1252年）	“自是捐己所有，得六十万镪，士众叶助亦如之”，合计1200贯	抡材于野，甓瓦于陶，佣工于市，公役而私酬之			嘉庆《广西通志》卷129《建置略·廨属一》、《粤西文载》卷22、民国《灌阳县志》卷3《修建灌阳治记》
抚州修城池及仓库	度宗咸淳七年（1271年）	问其费则踰万缗，二税卒无侵也……靡钱二千余贯（共计12 000余贯）	问其材则瓦以片计者六十万有奇，灰以斗计者三万有奇		仓库建屋一百余楹	同治《临川县志》卷14《程绍开抚州重修城记》
抚州修城池、官廨、学校、军营	咸淳九年（1273年）春				幸承缪侯修城郭一新，因续修子城三门，再建鼓角楼、自是于学校则再建砲星门，修四斋，修讲堂若门庑，创堰合楼，置两教授厅、山长厅。于贡院则再建东廊九间，增东北廊十五间，堂后过廊三间，后堂之后新轩亦三间。于公宇则再建放生亭、县丞厅，修尉衙，给材石创主学厅，增和籴仓。于军营则建厢禁军屋五百三间，马步军三千二间，修小教场射亭。于亭观则重建拟	《黄氏日抄》卷88《抚州修造总记（咸淳九年春）》

续表

官廨所在地及名称	修建年代	修建所费钱、米数	修建所费人力	修建所费物料	修建房屋规模	史料来源
抚州修城池、官廨、学校、军营	咸淳九年（1273年）春				岘台、春草亭，修爱梅亭、拙斋、临川图画、金玉台、凡南湖亭馆。于桥道则修崇仁石桥二、临川木桥二十三，创黄唐渡东西亭，修东路攲倾者。于水利则修临川南湖述陂，复宜黄假乐陂，复崇仁永丰陂、万金陂，浚县市四十年已堙之圳，通二陂咽喉，凡豪黠侵陂者复其旧	

通过表1-1分析可以看出，宋代地方路、州、县整体官廨的修建，花费钱物数量是较多的。路级机构如转运司、提举常平司官廨的修建，通常都在一万贯钱以上，南宋中后期甚至可以达到六万贯[①]，可见随着物价的大幅上涨，南宋官廨修建的行政设施成本也是在逐渐增高的。其中路级机构官廨规模也较为庞大，房屋数量达到数百间。[②]

地方上大的州府修建官廨，规模也非常庞大，尤其是在战争、地震、火灾等大型突发事件爆发后，往往对州城、府廨、学校、贡院、祠庙、道路等进行整体重建，其修建的行政设施成本往往高达数万乃至数十万贯，用于修建行动的人力、物力支出也非常庞大，如太宗朝重修益州官廨，“其计役也，得系岸水运二千人，更为三番，分受其事……其计匠也，先举民籍，得千余人，军籍三百人，分为四番，约旬有代”[③]，“得竹凡二十万木，椽二万条……陶土为瓦，较日减工，人不告倦，岁得瓦四十万”[④]，而其官廨修建规模也达到七百余间，远远超过一般州府官廨的规模，这也与其在后蜀都城有相当关系，实际上，如五代十国时期曾为都城的太原府、江宁府、福州府、临安府等规模往往都比一般州府官廨大，修建的行政设施成本也更高。一般州府整体修建官廨，费用约在一万贯钱左右[⑤]，房屋数量在一百至二百间。

---

① （宋）魏了翁撰：《鹤山先生大全文集》卷43《潼川转运司重建东衙记》，《四部丛刊初编·集部》，第12页。
② （宋）程俱撰：《北山小集》卷19《京西北路提举常平司新移公宇记》，《宋集珍本丛刊》，第33册，第480页。
③ （宋）张咏著，张其凡整理：《张乖崖集》卷8《益州重修公署记》，第79页。
④ （宋）张咏著，张其凡整理：《张乖崖集》卷8《益州重修公署记》，第79页。
⑤ （宋）胡寅撰：《斐然集》卷21《邵武重建军治记》，《景印文渊阁四库全书》，第1137册，第587页。

与路级机构和州府相比，县级官廨的修建往往规模较小、成本较低，一般费用在一千贯左右①，房屋数量在数十间或一百余楹②，大者有百余间者。如果只是其中的局部修建，费用可能只有数百贯。但是县治的整体迁移和重建规模较大，如北宋时期，龙泉县移治，花费银两一万八千六百余，重修规划修建了街衢、道路、官廨等③，宁宗嘉定十年（1217年），嘉定县重建，花费钱45 000贯，米1950斛，修建县治、县尉厅、主簿厅等官廨二百余楹，县学四十余楹④。

随着物价的上涨，南宋地方政府官廨的修建费用较北宋时期上涨不少，如北宋庆历二年（1042年），泰和县修官廨，花费1000贯，修官屋五十余楹⑤，而在110余年后，南宋绍兴二十五年（1155年），崇德县修官廨五十余间，花费一千七百余贯，且豪强“助材者巨细一百七十余事”⑥，其费用至少上涨了一倍，甚至更多。但如果考虑到货币购买力和物价的变化⑦，南宋地方政府用于官廨设施成本的修建，对地方财政的影响与北宋差别不大。

（二）单一官厅修建费用

除了州县官廨整体大规模修建外，一时一地州县长官也会对治所中某一厅堂、亭馆、楼台等进行修建，属官等也会对自己的官厅进行改建，具体修建费用见表1-2。

---

① （清）谢启昆修，胡虔纂：嘉庆《广西通志》卷129《建置略·廨属一》，桂林：广西人民出版社，1988年版，第3729页；（清）汪森编：《粤西文载》卷22《修建灌阳治记》，《景印文渊阁四库全书》，第1567册，第11页。

② 楹在宋代的含义，学界有不同看法，有学者认为一楹即是一间，如袁琳：《宋代城市形态和官署建筑制度研究》，第159页，其以常州为例，认为州设厅一般为五间，并举例常州“为屋五楹”。而牛来颖在《唐宋州县公廨及营修诸问题》中，以常州为例，其六百楹，合计一百五十间（四楹为一间），并举《说文》：“楹，柱也”。《释名》“柱，住也。楹，亭也。”但笔者在史料中发现，元丰六年，建昌县石陂寨新置军储仓，“屋以间计之三，以楹计之十有八”，即六楹为一间屋，与牛文、袁文不同，参见（明）解缙等编：《永乐大典》卷7516《石陂寨新置军储仓记》，第3449页；又如嘉定二年，真州重修官廨，“自仪门、黄堂凡官府公宇大小二十八所，合为屋二百二十六楹”。这里似乎以一楹代表一间，参见（宋）楼钥撰，顾大鹏点校：《楼钥集》卷51《真州修城记》，第958页。因而笔者认为，宋代房屋楹与间无固定比例，须具体分析史料和建筑结构，或一楹一间，或数楹一间。

③ （清）苏遇龙修，沈光厚纂：乾隆《龙泉县志》卷2《建置志》，《中国方志丛书》，台北：成文出版社，1984年影印本，第142—143页。

④ （明）钱谷编：《吴都文粹续集》卷9《嘉定创县记》，《景印文渊阁四库全书》，第1386册，第240—241页。

⑤ （清）定祥修，刘绎纂：光绪《吉安府志》卷7《建置志·泰和县官廨》，《中国方志丛书》，台北：成文出版社，1975年影印本，第274页。

⑥ （元）单庆修，徐硕纂：《至元嘉禾志》卷25《碑碣十·崇德县县记》，《宋元方志丛刊》，第4601页。

⑦ 据汪圣铎先生考证，南宋时期同一商品物价较北宋时期至少上涨了三倍。

表 1-2　宋代地方政府治所单一建筑、属官官厅修建费用统计表

官廨所在地	修建年代	修建所费钱、米数	修建所费人力	修建所费物料	修建房屋规模	史料来源
信州修鼓角楼	仁宗景祐元年（1034 年）	斥贾千缗……初樵贾不足以偿其费，又出库钱续之，率用三百万（3000 贯）				《景文集》卷 46《秀州重修鼓角楼记》
苏州修设厅	仁宗嘉祐中	假省库钱数千缗				《吴郡志》卷 6《官宇》
苏州修大厅之前，戟门之后的廊庑及甲仗、架阁二库、又修戟门	神宗元丰六年（1083 年）	转运使羡钱 200 万（2000 贯），又以公使助之		木章必精，陶埴以良，吏无容奸，工各献巧，故费省而功速	易以修廊覆以重屋二楼对立楼各八楹	《吴郡图经续记》卷上《州宅下》
郢州县尉官廨	元丰七年（1084 年）	钱五万四千（54 贯）			老屋十余间	《东堂集》卷 9《郢州新修县尉司记》
盐官县丞厅	徽宗政和八年（1118 年）	常平使者得钱十有五万（150 贯）			为楹四十	《浙江省·海宁州志稿》卷 19《盐官县丞厅记》
绛州修潜心堂	徽宗宣和三年（1121 年）	钱 48 万（480 贯）				《山右石刻丛编》卷 18《潜心堂记》
堂屋、书院、后合地面（数学九章假设建筑，其工料等有参考意义）	南宋前期			今用一万六千四百六片四分片之一	堂屋三间，各深三丈，共阔五丈二尺。书院六间，各深一丈五尺，各阔一丈二尺。后合四间，各深一丈三尺，内二间阔一丈，次二间阔一丈五尺	《数学九章》卷 7 上
清台一座（为数学九章假设建筑，其费用有参考意义）	南宋前期		用工四万五千六百八十六工，甲县差一万七千一百三十二工，乙县差一万五千二百二十九工，丙县差一万三千三百二十五工	石四千三百一十七片，砖一百一十四万二千二十四片	正高一十二丈，上广五丈，袤七丈，下广一十五丈，袤一十七丈，其袤当东西广当南北秋程人日行六十里里法三百六十步	《数学九章》卷 7 上

续表

官廨所在地	修建年代	修建所费钱、米数	修建所费人力	修建所费物料	修建房屋规模	史料来源
成都府通判厅及继恩堂	高宗绍兴八年（1138年）	钱三十万（300贯）			度听事之南隙地，作室五楹，辟其东为吏舍，其西以待缗钱之隶于我者，即其中为退公思政之所	《紫微集》卷31《张镍 继恩堂记》
成都府路钤辖厅及亭堂	绍兴丙寅（1146年）		工以日计者，合役夫七百五十二	竹以个，木之栋楹梁衰者以枚，椽以枝，合三千五百九十。砖之大而磨者以方，狭者以条，瓦以半，合二万三千三百	葺其楼亭斋合堂宇敝陋者十有四，而楼之四周，增屋亦二十间	《成都文类》卷28《朱络 钤辖厅重建报忠堂记》
赣州教授厅	孝宗乾道二年（1166年）	二十万钱、级砖之费，为缗盖以千计，共计1200贯				《胡詹庵先生文集》卷19《赣州教授厅记》
潭州修左右司理院	乾道戊子（1168年）	钱四百万（4000贯）				《张栻全集》卷11《潭州重修左右司理院记》
岳州重建谯门	乾道六年（1170年）	费二千缗	斥公帑之羡缗，鸠工市材，命督戎赵良弼董其役。募饥民饮食之，日给其直			《永乐大典》卷3525《重建谯门记》
建阳县主簿厅	乾道九年（1173年）	羡钱五十万（500贯）、粟百斛				《晦庵先生朱文公文集》卷77《建宁府建阳县主簿厅记》
袁州重修监狱	淳熙四年（1177年）	乃节浮费，得钱百五十万有奇（1500贯）				康熙《袁州府志》卷15《袁州重修两狱记》
台州杜渎盐场官厅	孝宗淳熙十一年（1184年）	州别驾又上之盐司之长，得钱十有五万……縻钱凡百十有五万（1500贯）	役工三千人有奇		为屋凡三十有七间	《赤城集》卷7《宋晋之 杜渎盐场重修厅记》

续表

官廨所在地	修建年代	修建所费钱、米数	修建所费人力	修建所费物料	修建房屋规模	史料来源
长洲修县尉厅	淳熙十一年（1184年）	乃缀钱五万、粟数斛相是役，又征地租于富民赵升，得钱六万，又有他钱十万有奇（合计共200多贯）	凡役二徒，合九百七十二人，计口给粟，课工酬直	予莅官三年，凡六修小长桥，有余材，辄储以俟用……木石竹苇、砖甓丹雘，所需百物，悉操币以贸	前轩后庑，不华不俭。又以退材，益以新木，作新奇轩，屋合六间，修东西两庑合十间，又两旬告成	《吴都文粹》续集卷9《曾复长洲尉厅记》
盐官县鼓楼	光宗绍熙元年（1190年）	钱三十万（300贯）				《浙江省·海宁州志稿》卷19《盐官县重修鼓楼记》
绍兴府钱清镇盐场官厅	宁宗朝	用钱十万钱（100贯）			为屋三十余楹	《楼钥集》卷55《钱清盐场厅壁记》
昌国县主簿厅	宁宗庆元二年（1196年）	千缗（1000缗）	木工一千五百有奇，役夫二千，优与之直	郡造浮梁，邑有余材，君请得之	为厅三间，高广加于前数尺，阶与轩称是。徙厅右之神祠于左，廊庑吏舍，一切更造	《楼钥集》卷55《昌国县主簿厅壁记》
长洲县主簿厅	庆元六年（1200年）	告縻县帑之缗四百五十有八，廪斛二十有四。余亦捐俸百千以佐用（共计钱558贯，米24斛）			前门一间，廊屋八楹。厅东西偏翼以两轩，可待宾至。寝之后为丈室，安明窗四面……缭以垣墙，高丈余，辟小径通县圃。其西有败屋数间，撤旧取新，为圊湢庖爨之所	洪武《苏州府志》卷47《重建长洲县主簿厅记》
筠州判官厅	（宁宗嘉泰年间）绍兴庚午（1150年）后五十余年	至是太守王淹伯奋既给竹木，又出羡钱四十五万（450贯），米百斛			厅为三间，堂为五间	《庐陵周益国文忠公集》卷60《筠州判官厅记》
黄岩县尉厅	辛未之孟秋，落成于壬申之仲夏宁宗嘉定四年（1211年）	凡縻钱五百万（5000贯），饩廪二百（大部分县尉自己出钱米），（县尊所帮助五十斛，他吾自输之）			凡门庑、厅事、堂寝、房舍、庖湢，其楹六十，以为官者之宅，又建亭台、教场、仓库等	《赤城集》卷4《谢直重建黄岩县尉厅记》

续表

官廨所在地	修建年代	修建所费钱、米数	修建所费人力	修建所费物料	修建房屋规模	史料来源
金坛县监务厅	癸酉岁宁宗嘉定六年（1213年）	县帑之赢得二百缗……廖君亦辍俸所有且百缗（县羡余钱 200 贯，自己俸禄 100 贯，共计 300 贯）			而屋仅五间，横陈道侧，无阃奥之限……敞其前为庭，崇其后为堂。室处中严，垣墉外固，虽草创未备，然过者肃然，识官府民居之异	《漫塘文集》卷20《金坛县监务厅记》
潭州善化县尉司新廨	嘉定十四年（1221 年）	糜金钱五千万，郡邑无丝粟助（500 贯）		推吾侪犹有阖庐以辟寒暑之心，以木之堪为宎栋榱栌者四十株乐输之，相其用	帅文昌叶公可之，建屋三十楹	《臞轩集》卷 5《潭州善化县尉司新廨记》
淮东提举司门楼	嘉定壬午（1222年）	今役也，糜金之缗逾四万	役民之日将二万			《程端明公洺水集》卷 7《淮东提举司门楼记》
绍兴府通判北厅	嘉定十七年（1224 年）	郡守汪纲亟捐钱二百万重葺之（2000 贯）				《宝庆会稽续志》卷 3《通判厅》
福建路安抚司准备差遣厅	理宗朝	库钱 2200 贯		益以没官山木、废寨瓦石		《后村先生大全集》卷 90《福建安抚司二准备差遣厅记》
潮州司理参军厅	理宗朝	助钱二十万，君请借三月俸，合计约 300—500 贯			于是由狱及廨，由寝及堂，由内达外，皆撤而新之	《后村先生大全集》卷 93《潮州司理厅记》
平江府司法参军厅	理宗朝	其费且千缗，其得于郡者才什之三，余皆取诸入幕之添给与司法之圭租				《漫塘文集》卷22《平江司法厅修造记》
平江府司理参军厅	理宗朝	报下给缗钱千，后来合土石竹木瓦甓钉灰工食之费过所给倍，取诸俸料，不以烦官，合计约 2000 贯			合为屋一十有四楹	《漫塘文集》卷22《平江府司理厅修造记》

续表

官廨所在地	修建年代	修建所费钱、米数	修建所费人力	修建所费物料	修建房屋规模	史料来源
临海县狱	理宗朝	捐金五十余万（500贯）				《赤城集》卷7《临海县狱记》
处州缙云县重修鼓楼	理宗朝	县遇受输，例得缗钱五百，冠之捐以供费。郡太守陈公至，又以公帑佐之（合计500贯以上）				《蒙斋集》卷13《处州缙云县重修鼓楼记》
庆元府设厅	理宗宝庆二年（1226年）	用楮券一万二千六百三十八缗有奇				《宝庆四明志》卷3《叙郡·公宇》
台州录事参军厅	宝庆二年（1226年）	钱十万（100贯）				《赤城集》卷3《赵汝回重建录事厅题名记》
台州建便厅	宝庆中	縻钱总五百万（5000贯），米百余斛			为屋总余四十楹	《赤城集》卷2《台州重建便厅记》
临安府签厅	理宗绍定己丑（1229年）	捐钱二百万（2000贯）				《咸淳临安志》卷53《官寺四》
溧水县鼓楼记	绍定三年（1230年）	费钱八百万有奇（8000贯）			楼之屋五，崇五十有二尺，广加二十有八，深减二十有二。缭以余屋而风雨不侵，翼以两庑而登降有地	《漫塘文集》卷23《溧水县鼓楼记》
临安府通判南厅	绍定庚寅（1230年）之后	费钱一万二千缗				《咸淳临安志》卷50《秩官八》
建宁府谯楼	理宗端平二年（1235年）	凡土木之役不可殚记，谯楼最巨。缗钱一万一百四十一、楮币二万九百九十四，其费也				《后村先生大全集》卷89《建宁府新建谯楼记》
崇德县主簿厅	端平二年（1235年）	钱五十万（500贯），复佐以俸			为屋三楹，后又为屋二十余间	《至元嘉禾志》卷2《碑碣十·主簿厅记》

续表

官廨所在地	修建年代	修建所费钱、米数	修建所费人力	修建所费物料	修建房屋规模	史料来源
浙西安抚司主管机宜文字厅	端平三年（1236年）十月	捐金二十万、自上饶以二十万（共40万，400贯）		佐以竹木		《咸淳临安志》卷53《官寺二》
汀州谯楼	端平中	一万缗				《后村先生大全集》卷88《汀州重建谯楼记》
嘉兴县主簿厅	理宗嘉熙初	亟捐俸五十万（500贯）			端治事厅，前敞崇轩，夹以修庑，东附挟屋，后列过道三，而隆其中为庭，以属之堂，过为屋二十一间	《至元嘉禾志》卷2《碑碣十·主簿厅记》
黄岩县谯楼	理宗淳祐二年（1242年）	为费之数，钱以万计者五十余（500贯），米以斛计者百	为工之数，二千有奇		其址三丈有二，视旧加三之一；其楼三丈有寻，视旧加六之一	《杜清献公文集》卷16《黄岩县谯楼记》
广州官廨双门（戟门）	淳祐四年（1244年）	会木石砖瓦与工费縻钱二万七千缗			其东西二间为双门，而楼其上者七间，旁为两翅，东通亲效营，西为团结军，前则颁春、宣诏二亭	《大德南海志》卷8《门》
宝庆府修设厅	淳祐十一年（1251年）四月	费钱米以缗计一万有奇，以斛计七百有奇	胥吏以稽簿书，营卒以供役使		肃宾有馆，司飨有所，以次缮治，皆底于成。惟丽谯及军资、公使、常平等库，方将以余力撤而新之。侯以内艰，不克受	《沧州尘缶编》卷13《宝庆府改建设厅记》
浙西安抚司干办公事厅	淳祐中	捐楮币五十万				《咸淳临安志》卷53《官寺二》

续表

官廨所在地	修建年代	修建所费钱、米数	修建所费人力	修建所费物料	修建房屋规模	史料来源
淮东提举常平茶盐司分司官厅	理宗朝宝祐二年（1254年）	捐十八料公楮二十二万八千三百有奇，且就淮东总所给木植价钱六万八千二百有奇			于是相分榷厅旧址可以为廨，又别贸易数十丈可以为库。地亦定矣……故以公廨之一新，则为门庑、厅堂等凡三十余间，戍卒、胥吏莫不分列有舍，总以大门，俨如也。以公库之一新，则为土库、厅廊等凡二十余间。……为屋大小九十八间，且内而器用，外而舟楫，无一不周密而备具	《敝帚稿略》卷4《包恢　真州分司记》
明州架阁库	理宗开庆元年（1259年）	三万一百一十一贯三百文，米七十硕一斗				《开庆四明续志》卷4《架阁库楼》
建康府都签厅	理宗景定二年（1261年）	费二十一万七千旧楮米八百二十五石			厅为间五，堂为间七，航斋设其中，宾序环其列，吏舍翼其旁，总百有四楹	《景定建康志》卷25《官守志二・建康府都签厅记》
福清县谯楼	景定二年（1261年）	计瓶楮八万六千八百		帅马公天骥助巨杉三十条，境内海坛里海涌大木，长七丈，围二丈，若天相者	癸亥季夏落成。楼旧五间，今增为七。前列颁春、宣诏两亭，长春、丛桂二坊	《后村先生大全集》卷92《福清县重建谯楼记》
吴县县尉厅	景定三年（1262年）	共为费五千六百缗有奇			凡听事门庑堂寝皆新之，复还畴曩之盛	《黄氏日抄》卷86《修吴县尉衙纪事（景定三年九月）》
建康府幕职官厅	景定四年（1263年）	直一万三千五百贯			买内西夹道民庐一区为屋一十四间永充官宇，今添差节推居	《景定建康志》卷24《官守志一・安抚司》

续表

官廨所在地	修建年代	修建所费钱、米数	修建所费人力	修建所费物料	修建房屋规模	史料来源
临安府修三通判厅	度宗咸淳中	费缗钱万二千有奇，三越月而成（12 000贯）				《咸淳临安志》卷 5《秩官八·临安府南厅壁记》

宋代地方政府单一官厅的修建，同样花费钱物数量众多，这是因为虽然其为路级属官或州县属官官廨，但同时也是一座小型的复合型衙署。其中又有“门庑、厅堂戍卒、胥吏之舍、土库、厅廊等”[①]，还有的有“楼亭、斋阁、堂宇”[②]，其房屋数量多者达到数十间，费用达到上万贯钱[③]。州县中谯楼（戟门）是花费钱物数量较多的，如仁宗景祐元年（1034 年），信州修鼓角楼，花费 3000 贯[④]；宁宗嘉定中，淮东提举常平司修门楼，花费四万余缗[⑤]；理宗端平中，汀州谯楼花费一万缗[⑥]；淳祐四年（1244 年），广州修双门，“会木石砖瓦与工费縻钱二万七千缗”[⑦]。理宗绍定三年（1230 年），溧水县修鼓楼，花费 8000 贯[⑧]；景定二年（1261 年），福清县修谯楼，花费楮币“瓶楮八万六千八百”[⑨]。南宋时期尤其是南宋中后期物价上涨，纸币贬值幅度较大，但仍可见，门楼等面子工程在地方官府修建中仍占据了重要地位。

除此之外，设厅、签厅等州府主要办公场所也是花费钱物数量较多的，如仁宗嘉祐中，苏州“假省库钱数千缗”修设厅。[⑩] 理宗淳祐十一年（1251 年），宝庆府修设厅“费钱米以缗计一万有奇，以斛计七百有奇”[⑪]。景定二年（1261 年），建康府修签厅，“为费二十一万七千旧楮”[⑫]。

---

① （宋）包恢撰：《敝帚稿略》卷 4《真州分司记》，《宋集珍本丛刊》，第 78 册，第 528—529 页。
② （宋）扈仲荣等编：《成都文类》卷 28《朱辂 钤辖厅重建报忠堂记》，《景印文渊阁四库全书》，第 1354 册，第 604 页。
③ （宋）潜说友纂修：《咸淳临安志》卷 50《秩官八·临安府南厅壁记》，《宋元方志丛刊》，第 3799 页：载临安府重修通判厅，“费缗钱万二千有奇，三越月而成。”
④ （宋）宋祁撰：《景文集》卷 46《秀州重修鼓角楼记》，《丛书集成初编》，第 581 页。
⑤ （宋）程珌撰：《程端明公洺水集》卷 8《淮东提举司门楼记》，《宋集珍本丛刊》，第 71 册，第 75 页。
⑥ （宋）刘克庄撰，王蓉贵、向以鲜校点，刁忠民审订：《后村先生大全集》卷 88《汀州重建谯楼记》，第 2288 页。
⑦ （元）陈大震纂修：《大德南海志》卷 8《门》，《宋元方志丛刊》，第 8435 页。
⑧ （宋）刘宰撰：《漫塘文集》卷 22《溧水县鼓楼记》，《宋集珍本丛刊》，第 72 册，第 383 页。
⑨ （宋）刘克庄撰，王蓉贵、向以鲜校点，刁忠民审订：《后村先生大全集》卷 92《福清县重建谯楼记》，第 2378 页。
⑩ （宋）范成大纂修：《吴郡志》卷 6《官宇》，《宋元方志丛刊》，第 724 页。
⑪ （宋）程公许撰：《沧州尘缶编》卷 13《宝庆府改建设厅记》，《景印文渊阁四库全书》，第 1176 册，第 1035 页。
⑫ （宋）马光祖修，周应合纂：《景定建康志》卷 25《官守志二·安抚司》，《宋元方志丛刊》，第 1748 页。

一般情况下，地方州府单一官厅花费在1000贯以下，多者不超过2000贯，县级主簿、县尉等官厅只有几百贯乃至数十贯，如元丰中，郢州修县尉厅，花费54贯。[①]如嘉定十四年（1221年），潭州善化县修县尉厅，花费500贯。端平二年（1235年），崇德县修主簿厅，花费500贯，但也与地方财政状况、房屋修建规模和官员奢俭习性有关。宋代历史上也有属官厅修建成本极高者，如乾道中，潭州修左右司理院，费钱4000贯[②]，宁宗嘉定四年（1211年）黄岩县修县尉厅，花费五千余贯，“凡门庑、厅事、堂寝、房舍、庖湢，其楹六十，以为官者之宅，”又建亭台、教场、仓库等[③]，规模甚至超过一般县衙。从中可以看出，宋代地方行政设施的修建成本，其弹性是非常大的。

（三）军营修建费用

宋代地方官府也会针对禁军（主要是南宋时期）、厢军等地方军营房、教场等进行修建，同样花费较多数量的钱物（表1-3）。

表1-3　宋代隶属地方政府管辖的军队营房修建费用统计表

军营所在地	修建年代	修建所费钱、米数	修建所费人力	修建所费物料	修建房屋规模	史料来源
山阴县修寨军营屋（后未成）	孝宗朝	三千缗				《胡詹庵先生文集》卷14《与吴明可小简（三）》
明州禁军军营	孝宗乾道四年（1168年）				重修五营，增屋凡四百楹	《宝庆四明志》卷7《叙兵·制置司水军》
兴国军修厢军、禁军军营	乾道六年（1170年）	二千三百三十有奇，以贯计钱（2330贯）；二百八十有奇，以石计粟	六千九百六十有奇，积其庸而计之也	四千四万二千一百有奇，积其物而计之也	六十有四以舍武雄，四十有九以舍忠节，三十以舍效勇，皆即其故营营之。又三十以舍牢城，更而西之，非其故也（共173间）六百六十有七属诸禁，二百六十有七属诸厢，此凡军之籍也（共927人）	《雪山集》卷6《兴国四营记》

① （宋）毛滂撰：《东堂集》卷9《郢州新修县尉司记》，《景印文渊阁四库全书》，第1123册，第812页。

② （宋）张栻撰，杨世文、王蓉贵校点：《张栻全集》卷11《潭州重修左右司理院记》，长春：长春出版社，1999年版，第718页。

③ （宋）林表民编：《赤城集》卷4《谢直 重建黄岩县尉厅记》，《景印文渊阁四库全书》，第1356册，第644页。

续表

军营所在地	修建年代	修建所费钱、米数	修建所费人力	修建所费物料	修建房屋规模	史料来源
江阴县尉弓手营	孝宗淳熙十四年（1187年）	太守侯公奉命惟谨，乃辍郡计，钱以缗、米以石者皆二百，乃请于常平使者罗公，求顷岁佣钱之未给者千七百余缗，与夫在官之田为之基，公忻然从之。罗公行部，至而观焉，复给钱三十万，以竟其役。共计2200贯钱、米200石		木三百章，以佐其费，田散而不属，以易私田，广三十亩	凡为屋百七十六间而栖神有宇，宿甲有房，观功有亭。凡授屋，人处其一，有功者加半或倍之，董役而有劳者三之，未有室者两人同之。于是向之散处于外者，合而为一，等级相承，上下有列	《絜斋集》卷9《江阴尉司新建营记》
建康府禁军、厢军军营	光宗绍熙元年（1190年）				厢、禁军营旧皆茅庐，森至易为瓦屋数千间，号曰新营	《景定建康志》卷14《建康表十》
建康府修江东安抚司亲兵寨	宁宗庆元乙卯（1195年）				案籍为军房、甲仗库合千二百八十七楹，又建亭为主将号令点集之所	《建康志》卷23《城阙志四·营寨》
隆兴府厢军、禁军军营	宁宗开禧二年（1206年）	人工、物料钱二万五千余缗、米七百余石			一千五百八十六间	《宋会要辑稿》兵六之二八至二九
黄州修敢死军军营	宁宗嘉定十三年（1220年）	会子五千贯、米五百石			寨屋一千间	《宋会要辑稿》兵六之二九至三〇

从表1-3可见，宋代地方官府用于修建军营的费用也有相当数量，少者数千贯，多者数万贯，但由于军营房屋建筑本身标准较低，故而在相同费用下，修建军营数量较官廨为多，如开禧二年（1206年），隆兴府用25 000贯修建了厢军、禁军营房1586间房屋；而端平二年（1235年），镇江府修府治，用158 000缗修屋“以程计者凡六百二十五”①。前述宁宗嘉定中，淮东提举常平司只修门

① （元）脱因修，俞希鲁纂：《至顺镇江志》卷13《公廨》，《宋元方志丛刊》，第2793页。

楼，就花费四万余缗[①]，从中可以想见，房屋的建筑装修水平与地方官廨行政设施成本也有密切的关系。

除了地方政府单独修建军营之外，往往在大规模城池修筑和府治迁移时，在修建众多官府机构的同时，也一并修建军队营房，如前述南宋初年，李纲为洪州知州兼江南西路安抚制置大使时，修城池官廨，“置营房三千余间，并系瓦屋，除拨付本州厢禁军逐营外，造客军营房一所五百余间”[②]。度宗咸淳九年（1273年），黄震为抚州知州，修城池、官廨、军营、学校，“建厢禁军屋五百三间，马步军三千二间，修小教场射亭”[③]。

但与北宋地方屯驻的禁军、南宋屯驻大军相比，隶属于地方的南宋禁军、厢军、弓手等营房，其修筑规模和费用是较小的。如北宋仁宗初年，开封府因雨水损坏诸军营房，朝廷下诏“葺诸军营房，凡一十三万九千余间”[④]，这与地方军队营房修建规模相差巨大，也与地方财力水平有限，无力供养大规模治安、军事武装有密切关系。但与一般政府行政机构官廨相比，军营规模和费用仍是地方政府较大的一笔行政成本开支。

（四）仓库修建费用

宋代地方仓库数量众多，既有位于治所之内的，也有位于治所之外的，功能多种多样，有主要用于储存本地日常经费的军资库、州县仓等，也有储存公用经费的公使库，救灾物资的常平仓、广惠仓、义仓等，其修建费用往往也是较多的（表 1-4）。

表 1-4　宋代地方政府仓库修建费用统计表

官廨所在地	修建年代	修建所费钱、米数	修建所费人力	修建所费物料	修建房屋规模	史料来源
北京、澶州、河北东路仓务	神宗熙宁八年（1075年）二月	费缗钱九万（后给度牒五百）			四千六百楹	《续资治通鉴长编》卷 260，熙宁八年二月己卯

① （宋）程珌撰：《程端明公洺水集》卷 8《淮东提举司门楼记》，《宋集珍本丛刊》，第 71 册，第 75 页。
② （宋）李纲著，王瑞明点校：《李纲全集》卷 104《与李尚书措置画一札子》，第 991 页。
③ （宋）黄震撰：《黄氏日抄》卷 88《抚州修造总记（咸淳九年春）》，（宋）黄震著，张伟、何忠礼主编：《黄震全集》，第 2368 页。
④ （宋）李焘撰，上海师范大学古籍整理研究所、华东师范大学古籍整理研究所点校：《续资治通鉴长编》卷 104，天圣四年十月乙酉，第 2424 页。

续表

官廨所在地	修建年代	修建所费钱、米数	修建所费人力	修建所费物料	修建房屋规模	史料来源
大名府、澶州仓库	神宗元丰元年（1078年）闰正月	赐度僧牒百（一度牒约合333贯，合计33 300贯）				《续资治通鉴长编》卷287，元丰元年闰正月甲申
瀛州、定州	元丰五年（1082年）八月	用度僧牒一千五百，不足用，再申钱请两千，朝廷给一千			修仓六所	《续资治通鉴长编》卷329，元丰五年八月己亥
建昌县石陂寨新置军储仓	元丰六年（1083年）	凡费缗钱三十而赢			屋以间计之三，以楹计之十有八。又增中前二楹为亭	《永乐大典》卷7516《石陂寨新置军储仓记》
京东西路西京创盖仓敖	元丰七年（1084年）四月	其费无虑五万缗（150道度僧牒）				《续资治通鉴长编》卷345，元丰七年四月辛巳
泸州都仓	哲宗绍圣元年（1094年）	得省金一千八百缗	募民五千六百手，役兵之力以足之	购材于山，陶土于野	飞翚大栋，环七十三间，共五百眼，给纳有亭，斗量有库，外筑池御，以修火禁，中辟广庭，以分亹事	《永乐大典》卷7516《绍圣创都仓记》
镇江府修盖仓屋	高宗绍兴十一年（1141年）七月癸卯	不下十万余缗			二百余间	《建炎以来系年要录》卷141，绍兴十一年七月癸卯
镇江府修仓屋（后未修成）	绍兴十一年（1141年）	用钱不下十数余万缗			仓屋二百间。	《宋会要辑稿》食货五四之七
建宁府崇安县社仓	孝宗乾道四年（1168年）	钱六万（60贯）			为仓三，亭一，门墙守舍无一不具	《晦庵先生朱文公文集》卷77《建宁府崇安县五夫社仓记》
荆南府重建万盈仓	乾道五年（1169年）三月	缗钱六千，米千斛		用木九千枚	合为屋一百五十盈	《永乐大典》卷7514《于湖居士文集》卷14《荆南重建万盈仓记》
泰州修常平仓	孝宗淳熙五年（1178年）	五百千				《宋会要辑稿》职官七二之二一

续表

官廨所在地	修建年代	修建所费钱、米数	修建所费人力	修建所费物料	修建房屋规模	史料来源
袁州新建支移仓	淳熙七年（1180年）	靡金钱百六十万（1600贯）		凡用木二千五百章、竹三万个	凡建置之数为厅为廪，为廊为门，为隶舍之属，合五十有七间。其累土为墉，广袤千尺，以限内外	《永乐大典》卷7515许介《新建支移仓记》
建宁府修都仓	南宋淳熙中	费钱二百五十六贯八百五十六文省			改筑围墙三十九丈六尺，高一丈，阔四尺，石基高二尺余，底阔五尺。又筑东边围墙，高大与西相称。重结大门，油饰，别换门牌，增筑仓后墙，高低丈尺与东西一同，灰油如法	《宋会要辑稿》食货二二之三八
天台县助济仓	宁宗嘉泰元年（1201年）十月	三千缗			创屋十间	雍正《浙江通志》卷79《积贮下》
台州抵挡库	宁宗嘉定四年（1211年）	钱二千缗				《嘉定赤城志》卷7《公廨门四·仓库》
丹徒县都仓	嘉定六年（1213年）	费羡余之泉凡千二十万（10 200贯），米一百五十五石			列为十有二敖，因旧而增葺者半之，屋以间计合六十	《嘉定镇江志》卷12《公廨》
新昌县都仓（包括常平仓、军粮仓、马料仓）	嘉定十六年（1223年）	为费二百万。常平使者赵汝谈助钱五十万，郡将陈振助钱二十万，余皆从县撙节以周其用（共计2000贯，其中县自筹1300贯）			中为受官厅三楹，左右翼以常平方厫凡十。其前限以修庑，榜曰'常平仓门'，先民也。出门而左为军粮厫三，重人也。出门而右为马料厫三，后畜也。凡廪之所容，各足以贮其岁受之数，亘以横廊，总以大门，榜以都仓，缭以周墙，高以翚飞，与县增壮	同治《瑞州府志》卷18《杜孝彦　新昌都仓记》

续表

官廨所在地	修建年代	修建所费钱、米数	修建所费人力	修建所费物料	修建房屋规模	史料来源
武陵修平粜仓	嘉定中	退度府库之羡，散粜于产米之乡，几万余石，而贰车司直赵公复以经常之余，捐万缗以助。修仓经费约一万贯			于是徙仓于开元寺之西，为敖有六，积米可容数万斛，榜其仓曰‘平粜’，盖取李悝之遗意，而尤便于民焉	《永乐大典》卷7514《平粜仓记》
长沙府湘阴县大觉社仓	嘉定十七年（1224年）	一百六十二缗			湘阴为都三十二，置仓七，大觉、光教、普安、显庆、国泰、崇因、灶渚是也。（今大觉仓就寺之西廊，撤而新之，周围上下以板，护以壁，固以墙。上三间贮米，扁曰‘义仓’。下四间贮谷，扁曰“社仓”。通约所贮以斛计者可三千）	《永乐大典》卷7510《长沙府大觉社仓始末记》
明州公使库	理宗宝庆三年（1227年）	楮卷一万二千六百二十七缗有奇	工一万五百二十六		一百六十六间磨有院、碓有坊、酒有栈、钱米什物等有库、公厅吏舍以及神宇莫不整厘	《宝庆四明志》卷3《叙郡•仓库务场局院等》
扬州南仓	理宗绍定三年（1230年）	钱八万缗、米千斛	工三万一千有奇		间架犹全者，亦随葺之。计一百二十五间，新创四十楹，增壮于旧	《永乐大典》卷7516《南仓记（绍定三年二月）》
广南西路安抚司犒赏库	理宗淳祐九年（1249年）	木工、竹工、石工费钱一百二十万有奇（1200贯）			为堂东面六□，南序列十楹，北亦如之	《桂林石刻》上、《粤西金石略》卷12、嘉庆《临桂县志》卷9《新建犒赏库记》
昌化县修平粜仓	理宗淳祐十二年（1252年）（后毁于火）	楮币五万				《黄氏日抄》卷87《临安府昌化县重建平粜仓记（咸淳五年十一月）》

续表

官廨所在地	修建年代	修建所费钱、米数	修建所费人力	修建所费物料	修建房屋规模	史料来源
建康府公使酒库	理宗开庆元年（1259年）四月	楮计缗十万二千六百、米计石五百二十六	工计佣二万一千二百十	限以窗户，甃以砖石，饰以丹雘，他如铁冶镬之铸粱柏醡之造动用器具，凡三百余靡不坚固精致	为屋凡七十间	《景定建康志》卷23《城阙志四·诸库》
建康府府仓	理宗景定四年（1263年）	总费钱一十五万七千四百七十余缗、米一百一十二石有奇			敖屋计二十四座，以天地元黄、宇宙洪荒、日月盈昃、剑号巨阙、珠称夜光、果珍李柰为号	《景定建康志》卷23《城阙志四·诸库》
临安府修转运司寄收库	度宗咸淳八年（1272年）	十万楮币			为屋二十五间，公宇、吏舍各有其所	《咸淳临安志》卷55《官寺四·库》

（五）场务修建费用

与仓库情况类似，地方用于税收、储藏、经营、生产等各种用途的场务数量也相当多，修建费用往往也由地方政府承担（表1-5）。

表1-5　宋代地方政府场务修建费用统计表

官廨所在地	修建年代	修建所费钱、米数	修建所费人力	修建所费物料	修建房屋规模	史料来源
常州市易务	徽宗大观二年（1108年）八月	为钱八万六千，86贯	木之工二百八十，竹之工百有九，瓴甓之工百三十，涂饰之工百五十，凡为工六百六十有九。募于市者十之一，晋陵之所集者十之九。其畚除运负之工又四百五十有畸。以负重出纳食其力于务者七夫，与警守之卒供其事	因其旧新而材用之，下至竹头木附无弃物	凡为屋十五间，堂三楹，极高故屋五尺，挟以二舍，引以二庑，惟称庑舍，为库六	《北山小集》卷19《程俱 常州新修市易务壁记》
浙东提举常平帐司监水步屋	南宋理宗朝	约计瓦篾、板灰、工食等费尚五千贯旧会			修敖钱内造屋材一十间	《黄氏日抄》卷71《申起盖监水步屋状》

续表

官廨所在地	修建年代	修建所费钱、米数	修建所费人力	修建所费物料	修建房屋规模	史料来源
明州市舶务	理宗宝庆三年（1227年）	捐楮券万三千二百八十八缗有奇			前后列四库胪，分二十八眼以寸地尺天皆入贡	《宝庆四明志》卷3《叙郡·仓库务场局院等》
明州都酒务	宝庆三年（1227年）	凡费楮券四千一百四十七缗有奇				《宝庆四明志》卷3《叙郡·仓库务场局院等》
建康府城门税亭及官廨	理宗景定三年（1262年）	费钱二万三千一百余缗米五十七石六斗有奇				《景定建康志》卷20《城阙志一·门阙》
婺州修都税务	度宗咸淳中	会其赀凡十有五万（150贯）			遂得以因其四楹，前后翼之以轩，厅堂门庑、吏舍庖湢，次第而完且美矣。且敛墙缩地，虚其四旁，以防延燎	《鲁斋集》卷6《婺州都税院记》

仓场库务是宋代地方大量存在的行政设施，一州一县往往存在众多此类建筑，故而其单个建筑设施费用虽然有限，但如果考虑到数量的因素，地方政府用于仓场库务的修建费用仍是一笔较大的开支。一般规模的州府仓库，修建费用约一千至两千贯，县级政府仓库，费用在数百至一千余贯。

但如果有较大规模驻军或人口数量众多的城市，其仓库修建费用则更多，如绍兴十一年（1141年），镇江府起盖仓屋二百余间，花费不下十万缗①；理宗绍定三年（1230年），扬州修南仓共计一百六十余间，花费“钱八万缗、米一千斛”②；景定四年（1263年），建康府府仓，修建费用竟达到“一十五万七千四百七十余缗、米一百一十二石有奇”③；而宁宗嘉定六年（1213年），丹徒县修仓库六十间，也花费了“凡千二十万，米一百五十五石”④，即一万二百贯。可见，仓库的修建标准也是较高的，每间仓库修建成本远远高于军营营房。

在地方州县，常平仓、义仓、社仓、税务、酒务、市易务等修建规模较小，一般房屋十余间，花费数十贯至数百贯。但是如果统计各类仓场库务，其数量

① （宋）李心传编撰，胡坤点校：《建炎以来系年要录》卷141，绍兴十一年七月癸卯，第2262页。
② （明）解缙等编：《永乐大典》卷7516《南仓记》，第3453页。
③ （宋）马光祖修，周应合纂：《景定建康志》卷23《城阙志四·诸仓》，《宋元方志丛刊》，第1693页。
④ （宋）史弥坚修，卢宪纂：《嘉定镇江志》卷12《公廨》，《宋元方志丛刊》，第2407页。

是较大的，如《嘉定赤城志》载，台州州治有“都米仓、糯米仓、都盐仓、手诏库、军资库、常平库、省库、籴本库、经总制库、公使库、甲仗库、架阁库、百物库、牙契库、盐本库、诸司库、都醋库、抵当库”等18座仓库[①]，合同茶场、都酒务、商税务（抵当库、平准务附）等3座场务[②]，合计21座场务，下属黄岩、天台、仙居、临海、宁海五县也各有数量不等的仓场库务，因而地方政府用于仓库的修建和维护费用也是相当高的。

（六）馆驿、递铺修建费用

馆驿、递铺等其实也是地方官府单一行政设施的一种，但因其具招待、文书传递有较为特殊的用途，故而对其进行分类统计。虽然递铺修建数量众多，州县分部广泛，但相关建筑修建费用的记载文献相当有限，故而与馆驿合并统计在一起（表1-6）。

表1-6　宋代地方政府馆驿、递铺修建费用统计表

建筑所在地及名称	修建年代	修建所费钱、米数	修建所费人力	修建所费物料	修建房屋规模	史料来源
成都馆	仁宗宝元二年（1039年）十月				治屋三百间	《成都文类》卷29《重修馆驿记》
扶风县凤鸣驿	仁宗嘉祐六年（1061年）		用夫三万六千	木以根计，竹以竿计，瓦甓、坯、钉各以枚计，秸以石计者，二十一万四千七百二十有八		《苏轼文集》卷11《凤鸣驿记》
明州及定海县修高丽使亭馆	神宗元丰二年（1079年）五月	度僧牒百五十（一度牒约合300贯，合计45 000贯）				《续资治通鉴长编》卷298，元丰二年五月
太原府寿阳县馆驿	哲宗元祐中	以钱二万畀县治之，未克举也（20贯）			四楹以为堂，六楹以为室。左右有夹，东西有庑，宾下有舍，马有皒厩，又十有九楹。砻甓以为坚，墁垩以为洁	光绪《寿阳县志》卷11《重修驿记》

① （宋）齐硕修，陈耆卿纂：《嘉定赤城志》卷7《公廨门四》，《宋元方志丛刊》，第7329页。
② （宋）齐硕修，陈耆卿纂：《嘉定赤城志》卷7《公廨门四》，《宋元方志丛刊》，第7330—7331页。

续表

建筑所在地及名称	修建年代	修建所费钱、米数	修建所费人力	修建所费物料	修建房屋规模	史料来源
绍兴府修馆驿	宁宗嘉定十五年（1222年）十月	斥钱百八十有八贯		斥木百十有一章		《竹坡类稿》卷2《绍兴府修少卿馆记》
建宁府修建溪驿	理宗端平二年（1235年）	糜钱缗万三百有奇，楮居半				《铁庵集》卷32《建宁府重建建溪驿记》
新安（徽州）修嘉宾馆	理宗嘉熙二年（1238年）	费钱千万				《竹坡类稿》卷2《嘉宾馆记》
仙游县东门九仙馆	理宗宝祐三年（1255年）	是役也，实某董之。厥费四十二万，半出俸金。则曰馆新而门不称，尤邑令之责也，又捐俸三十余万，委某偕陈君一冲督工重建（合计720余贯）				弘治《兴化府志》卷27《仙游县东门九仙馆记》
建康府“江宁馆”	理宗景定五年（1264年）二月七日兴工至四月初七日毕	总费钱一十三万六千余缗、米三百一十二石有奇			重建厅堂廊宇、门楼，小大咸具	《景定建康志》卷21《城阙志二·堂馆》
平江府修姑苏馆	度宗咸淳二年（1266年）	钱凡万五百（10 500贯）				《吴都文粹续集》卷11《重修姑苏馆记》
建康府“晋清馆”	咸淳三年（1267年）三月	糜钱二万二千有奇			始尽撤其应创屋五十二间，治事有厅，燕息有堂，幕属有舍，庖湢有次……大夫士之馆于斯者宁不动中流击楫之思	《景定建康志》卷21《城阙志二·堂馆》

宋代地方馆驿的修建费用，均由地方政府支出，由于其不列入地方官员考核项目，地方官员无暇或无财修建，往往废弛，甚至有将原有馆驿地基出卖以换取钱物者。[①]黄震曾从国家制度层面和地方财力方面分析了馆驿不修的原因，他说：“我朝自朝廷而监司、而州、而县，脉络相通，臂指相使，不事驿传之督促，无待使指之旁午，惟在京置都亭驿、置班荆馆以待四夷来往之人，州县则

① （宋）林表民编：《赤城集》卷12《安洲驿记·楼钥》，《景印文渊阁四库全书》，第1356册，第720—721页。

一切惟其自置，晏然与天下相安，此非迫于势之不得不为也。承平日久，财用日繁，而县令受煎熬之极，治事之厅、燕寝之室，风雨不蔽，十或二三，而况宾旅者？此又窘于力之不暇为也。势非不得不为，力又不暇有为，而犹汲汲为之，非仁者之事乎？"[①] 在此情势下，能有心力修建地方馆驿的官员，往往是"仁者"和"能者"。从表 1-6 统计可以看出，宋代地方州县馆驿往往规模较小，房屋十几间，花费数十贯至数百贯，但考虑到馆驿和递铺的数量众多，其整体费用仍较为可观。此外，一些处于交通要道或外国使者经过之处以及规模较大的州府，其馆驿修建费用仍十分可观，如表 1-6 中，仁宗宝元中，成都府修馆驿，规模就达 300 间，而明州、建康府修建馆驿，费用都达到数万贯的规模，"厅堂廊宇、门楼，小大咸具"[②]，其对地方财政的负面影响也是不能忽视的。

总体上看，宋代政府虽然要求地方官员在任时应尽心维护官府行政设施，"郡县之政，三年有成；官次所居，一日必葺"[③] 应该是日常定期维护修缮，避免大的损坏后再重修，成本增高。但由于地方财力有限、官员不尽心于此、战争、灾害等突发事件等多方面原因，导致地方行政设施的大规模修建还是时有出现。影响地方行政设施修筑费用的主要有几方面因素，如官府的建筑规模、官廨损坏程度和修护水平、官廨的类型和装修修饰水平、官员的奢俭习性、地方财力水平、物价涨跌等，特别是南宋时期由于楮币的发行量暴增，导致通货膨胀，物价上涨，多种因素造成了宋代地方政府用于行政设施修建维护成本日益增高。

第三节　地方政府行政设施修建经费来源

地方政府行政设施修建的经费（包括资金、人力、物料）来源，学界已有一定探讨，袁琳前述著作中有片段探讨，提出费用来源"大多来源于公费，记载中往往强调是节用而来，或者立名目，如乞卖度牒，公使库印书出卖，以及富民相助等，唯一自掏腰包的例子是吉州龙泉县县丞厅是县丞自掏大半俸禄而建"[④]。牛来颖、江天健在各自论著中也对地方官廨的修建经费来源问题进行了

① （宋）黄震撰：《黄氏日抄》卷 87《邵武军建宁县绥城驿记（咸淳七年秋）》，（宋）黄震著，张伟、何忠礼主编：《黄震全集》，第 2353 页。

② （宋）马光祖修，周应合纂：《景定建康志》卷 21《城阙志二 · 堂馆》，《宋元方志丛刊》，第 1659 页。

③ 刘琳、刁忠民、舒大刚，等校点：《宋会要辑稿》方域四之一一，第 9334 页。

④ 袁琳：《宋代城市形态和官署建筑制度研究》，第 39—40 页。

探讨，但也不够全面系统。

（一）地方行政设施修建主要资金来源

1. 承役人出钱

承役人出钱，这是宋初直至元丰变法之前，最为常见的官廨资金修造来源。一般用于小规模的州县官廨日常维修费用。如《续资治通鉴长编》中就记载，神宗朝"'役钱每千别纳头子五钱，其旧于役人圆融工费修官舍，作什器，夫力辇载之类，并用此钱，不足，即用情轻赎铜钱。辄圆融者，以违制论，不以去官赦原。'先是凡公家之费有敷于民间者，谓之'圆融'，多寡之数，或出临时，污吏乘之以为奸，其习弊所从来久。至是，始悉禁焉"[①]。元丰元年（1078年）十月的诏令中也提到："诸州县修造系从来于公人圆融，虽无文案照据者，自今并保明支系省及免役头子钱各一半。"[②]南宋绍兴三十一年（1161年）臣僚上奏中就写道："比年以来，江、浙之间差役之为民害，不愿有田者，其说有二：保伍之法，盖仿成周比闾族党之遗意，不过使之几察烟火、盗贼，以保守乡井而已。法弊滋久，既使之督税赋矣，又使之承受文判；既使之治道路矣，又使之供雇船脚；既使之饰传舍矣，又使之应办食用。役使既同于走卒，费耗又竭其家赀。民不堪命，而官吏晏然为之。此为害一也。"[③]隆兴二年（1164年）福建路转运使也说："建宁府、福、泉诸县差役保正、副，依法止管烟火、盗贼。近来州县违戾，保内事无巨细，一如责办。至于承受文引，催纳税役，抱佃宽剩，修葺铺驿，抛置军器，科卖食盐，追扰陪备，无所不至。一经执役，家业随破。"[④]尽管朝廷屡降诏令重申禁止搜刮承役人，"官司于役人有所圆融及科买配卖者，以违制论"，保长、保正等"以至修官宇、给厨传、收买土物之类，严行戒戢。有违戾者，置于法"。[⑤]但是实际情况仍不尽人意，此类现象在地方官府仍经常出现，也成为地方官府官廨维修最为常见的一种资金来源。

2. 临时科敛民众、军兵、僧道等

宋代除了特定的承役人，地方普通民众、军兵、僧道等也成为官府搜刮和

---

① （宋）李焘撰，上海师范大学古籍整理研究所、华东师范大学古籍整理研究所点校：《续资治通鉴长编》卷251，熙宁七年三月乙巳，第6113页。

② （宋）李焘撰，上海师范大学古籍整理研究所、华东师范大学古籍整理研究所点校：《续资治通鉴长编》卷293，元丰元年十月甲寅，第7152页。

③ 刘琳、刁忠民、舒大刚，等校点：《宋会要辑稿》食货一四之三七，第6285页。

④ 刘琳、刁忠民、舒大刚，等校点：《宋会要辑稿》食货一四之四〇，第6287页。

⑤ 刘琳、刁忠民、舒大刚，等校点：《宋会要辑稿》食货一四之三五，第6284页。

修筑官廨资金的来源之一。如真宗景德四年（1007 年），“时虎翼军有率钱修公用什物者，上以法禁甚严，而此类赃非入己，情理可悯。丙寅，诏自今一事以上，并从官给”①。仁宗嘉祐三年（1058 年）五月庚午，降知汝州李寿朋在京西路发生饥荒的情况下，仍“令郡人献材木，修廨宇亭榭，重为劳扰”②。更有甚至，如神宗熙宁八年（1075 年），鄂州新城县令曹登“作新城县廨宇，民间被害，每一条木即令连纳数条。为手实之法，每一出乡，笞挞遍野。酷暴如此”③。再如熙宁十年（1077 年），张琬弹劾知荆南府张颉“勒部下玉泉寺僧修治诸官园亭，费用常住人牛、钱、物不少”④。甚至存在借修造之名，多敛钱入官的现象，如吕陶在上皇帝的奏章中也提到：“华阳县升仙桥一所，役法估计每修一次，敛钱一百贯。十二年中，偶有损坏，支三十贯修葺，则是一千一百七十贯虚敛入官，皆为宽剩。”⑤南宋绍兴二十六年（1156 年），殿中侍御史周方崇言：“州县遇有修造所需物料，或以和买为名，取之百姓，其官司未必一一支还价钱。土木之工，费用为多，以此扰民，深恐未便。”⑥南宋聂厚载所作《常州无锡县记》也说：“旧制，邑署修建，弗给官用，咸出于吏民之上。贪者徇私忘公家之利，廉者洁巳［己］避瓜李之嫌，所以县寮公宇罕有修葺。”⑦真德秀《西山政训》中也说：“昨因晋江重修县衙，出引监诸寺院纳修造钱，其承引人辄将三植院佃户打缚取者。”⑧朝廷对此虽重申加重惩治与监督，但实际效果实在有限。

3. 民众主动出钱帮助官府修造

宋代地方上也存在由于官员比较清廉，民众、豪强、僧道主动愿意出钱帮助官府修建官廨的情况。如信州，在仁宗皇祐中，因大水导致城破，官廨民居尽毁，知州在灾后“符县调富民水之所不至者夫钱户七百八十六，收佛寺之积材一千一百三十有二。不足，则前此公所命富民出粟以赒贫民者二十三人自言

---

① （宋）李焘撰，上海师范大学古籍整理研究所、华东师范大学古籍整理研究所点校：《续资治通鉴长编》卷 66，景德四年七月乙丑，第 1469 页。

② （宋）李焘撰，上海师范大学古籍整理研究所、华东师范大学古籍整理研究所点校：《续资治通鉴长编》卷 187，嘉祐三年五月庚午，第 4509 页。

③ （宋）李焘撰，上海师范大学古籍整理研究所、华东师范大学古籍整理研究所点校：《续资治通鉴长编》卷 271，熙宁八年十二月壬寅，第 6644 页。

④ （宋）李焘撰，上海师范大学古籍整理研究所、华东师范大学古籍整理研究所点校：《续资治通鉴长编》卷 283，熙宁十年七月辛未，第 6938 页。

⑤ （宋）吕陶撰：《净德集》卷 1《奏为役钱乞桩二分准备支用状》，《丛书集成初编》，第 2 页。

⑥ 刘琳、刁忠民、舒大刚，等校点：《宋会要辑稿》方域四之一九，第 9338 页。

⑦ （元）佚名纂修：《无锡志》卷 4 中《常州无锡县记·记述四之二上》，《宋元方志丛刊》，第 2283 页。

⑧ （宋）真德秀撰：《西山政训》不分卷《禁科扰》，《丛书集成初编》，第 670 页。

曰：‘食新矣，赒可以已，愿输粟直以佐材费。’”① 如绍兴二十五年（1155 年），崇德县重修县治，“豪右助金者一千七百余缗，助材者巨细一百七十余事。凡佣食之费，取诸其间”②。又如宁宗嘉定二年（1209 年），台州重修推官厅，“匠石之贰，从官给者不什一，诸邑大夫与贤士友相与致助，犹惧不支”③。嘉定三年（1210 年），泾县迁移县治，大规模重建官廨，而“官素乏供，无可倚办”④，县令王实“首捐私帑，倡民争助，悉力任费，一毫出纳君不预焉，调度经营则自尸之”⑤。最后完工后，共花费“总縻钱二百六十万有奇，米七百二十斛有奇”，可见民众捐助钱物之多。⑥ 度宗咸淳年间，山阴县修主簿厅，“邑大夫王君宗洙嘉其能有立，助之钱七百缗，又助之建厅事三楹”⑦。地方民众、士人、豪强等成为行政设施修建的重要参与者。

在民众被科敛与自愿捐助之间，实在难以有效区分，全在当事人和知情人的描述，往往难以一概而论。但是，民众的捐助也确实是地方官廨修建的重要来源。

4. 官民合资修建

宋代特别是南宋时期地方上财力匮乏，许多官廨、仓库、厅馆等往往是官府、民众二者共同捐资兴建，成为一种新的资金筹措模式。前述民众主动出钱帮助政府修建官廨中既有许多是民众出一部分资金，官府承担其余资金。此外，地方官员也往往自掏腰包，与公用经费共同来完成修建行政设施。如宁宗朝嘉定十五年（1222 年），朱权知惠州，“一考之后，郡计稍宽，即损己俸以助公帑，自城壁仓库廨舍桥梁祠庙皆一新之”⑧。又如理宗朝，平江府修建司理参军厅，司理参军向知府申请经费，知府“报下给缗钱千”⑨，但实际上修筑花费“合土石竹木瓦甓钉灰工食之费过所给倍”⑩，但这位官员未再向知府申请，而是“取

① （宋）王安石撰，聂安福等整理：《临川先生文集》卷 82《信州兴造记》，王水照主编：《王安石全集》，上海：复旦大学出版社，2017 年版，第 1457 页。
② （元）单庆修，徐硕纂：《至元嘉禾志》卷 25《碑碣十 • 崇德县治记》，《宋元方志丛刊》，第 4601 页。
③ （宋）林表民编：《赤城集》卷 2《洪适 台州推官重建听事述》，《景印文渊阁四库全书》，第 1356 册，第 631 页。
④ （清）李德淦修，洪亮吉纂：嘉庆《泾县志》卷 10《泾县徙建县治记》，《中国方志丛书》，第 866 页。
⑤ （清）李德淦修，洪亮吉纂：嘉庆《泾县志》卷 10《泾县徙建县治记》，《中国方志丛书》，第 866 页。
⑥ （清）李德淦修，洪亮吉纂：嘉庆《泾县志》卷 10《官署》，《中国方志丛书》，第 866 页。
⑦ （宋）黄震撰：《黄氏日抄》卷 87《山阴县重建主簿厅记（咸淳五年五月）》，（宋）黄震著，张伟、何忠礼主编：《黄震全集》，第 2342 页。
⑧ （宋）程珌撰：《程端明公洺水集》卷 15《朱惠州行状》，《宋集珍本丛刊》，第 71 册，第 142 页。
⑨ （宋）刘宰撰：《漫塘文集》卷 22《平江府司理厅修造记》，《宋集珍本丛刊》，第 72 册，第 380 页。
⑩ （宋）刘宰撰：《漫塘文集》卷 22《平江府司理厅修造记》，《宋集珍本丛刊》，第 72 册，第 381 页。

诸俸料，不以烦官”[①]。同样是理宗朝，平江府修建司法参军厅，所用经费千缗，“其得于郡者才什之三”[②]，其余“余皆取诸入幕之添给与司法之圭租”[③]，用的是司法参军自己的添给和职田钱。再如理宗景定中，福建福清县修谯楼，知县“捐俸千楮为倡。帅马公天骥助巨杉三十条，诸寄公巨室合助楮六万五千一百”[④]。通过这种渠道，地方官府的修建经费，也得到了一定的满足。

5. 官员自己出钱修官廨

一部分官员比较清廉，不愿意盘剥百姓，也不愿意挪用其他公家钱物，只好自己掏腰包，修筑官廨。如熙宁九年（1076 年），知徽州杨光衔等“乞自修道路，及用材木共力起铺屋驿舍等，已差使臣弩手人员分地指画提举”[⑤]，朝廷心有不忍，诏“量支所直价钱，候毕，差官案视犒设”[⑥]。又如南宋孝宗淳熙中，赵彦卫为长洲县丞，“视事之所，栋宇攲挠，榱桷朽蠹，上漏下湿，殆弗可居。于是发私财以佐其用，度故地以全其基，役以麇至，工以巧献，无损于公，无扰于民”[⑦]。宁宗嘉定四年（1211 年），黄岩县重修县尉厅，花费“凡縻钱五百万，饩廪二百”[⑧]，其中“县尊所助益五十斛，他吾自输之。择材赋工，必坚必良，涂塈丹雘，必致必精，吾计其久不计吾之费，念其费不念吾之劳”[⑨]。官方资助的只占很小的一部分，大部分是县尉自己掏钱，而且不计成本，追求精工细作，体现了其对官廨居室环境要求之高，也反映其经济上较为富裕。理宗淳祐二年（1242 年），全州灌阳县新任县令看到县治“栋梁欲离，咿呀作声，吏雨立于颓廊，囚露坐于隳圄”的破败景象，于是“捐己所有，得六十万镪，士众叶助亦如之，抡材于野，甓瓦于陶，佣工于市，公役而私酬之，民用欢趋”，

---

① （宋）刘宰撰：《漫塘文集》卷 22《平江府司理厅修造记》，《宋集珍本丛刊》，第 72 册，第 381 页。
② （宋）刘宰撰：《漫塘文集》卷 23《平江府司理厅修造记》，《宋集珍本丛刊》，第 72 册，第 386 页。
③ （宋）刘宰撰：《漫塘文集》卷 23《平江府司理厅修造记》，《宋集珍本丛刊》，第 72 册，第 386 页。
④ （宋）刘克庄撰，王蓉贵、向以鲜校点，刁忠民审订：《后村先生大全集》卷 92《福清县重建谯楼记》，第 2378 页。
⑤ （宋）李焘撰，上海师范大学古籍整理研究所、华东师范大学古籍整理研究所点校：《续资治通鉴长编》卷 278，熙宁九年十月甲辰，第 6802 页。
⑥ （宋）李焘撰，上海师范大学古籍整理研究所、华东师范大学古籍整理研究所点校：《续资治通鉴长编》卷 278，熙宁九年十月甲辰，第 6802 页。
⑦ （宋）赵彦卫撰，傅根清点校：《云麓漫钞》附录卷 1《赵彦卫生平考察》，北京：中华书局，1996 年版，第 274 页。
⑧ （宋）林表民编：《赤城集》卷 4《重建黄岩县尉厅记·谢直》，《景印文渊阁四库全书》，第 1356 册，第 644 页。
⑨ （宋）林表民编：《赤城集》卷 4《重建黄岩县尉厅记·谢直》，《景印文渊阁四库全书》，第 1356 册，第 644 页。

完成了县治的修建。[①] 宝祐四年（1256 年），吉州龙泉县重修县丞厅，“凡用缗钱千钱，大半君俸也”[②]。景定四年（1263 年），黄嘉被朝廷任命为白鹭洲书院山长，无官厅，“乃假私屋以居”[③]，后上报郡守，“得地于城内之东南，出便门数十步，即一苇至洲矣。材木瓦石与凡工役百须之费，多方经画，铢积而寸累之，佐以俸给之余，为门厅堂室便坐数处，数月而成”[④]。

尤为值得敬佩的是，理宗淳祐六年（1246 年），曾垓为义宁县知县，积累了50 贯官钱修官廨，“斤斧方声，钱谷已罄”[⑤]，不得不又积累了半年，才将楼堂修成，而破门、旧廨尚待修缮，县里胥吏提出愿意出钱助修缮，“又思官取之胥，胥必取之民，不若捐己俸而毋为民扰，乃计归橐，亦瓶储而纸裹。作不可辍，亦不可怠，于是悉捐之，黾勉以循胥意。总计之又仅可市竹木”[⑥]。从中既可以看出县级政府财政是多么拮据，同时也可以看出宋代还是有一些有良知和清廉的官员的。

6. 中央拨款或中央与地方、地方上下级政府共建

这种情况一般出现在大规模的修建地方城池、军营、仓库、官廨等众多行政设施，由于修筑所需资金量大，故多采用中央拨款的形式，如仁宗庆历二年（1042 年）八月修北京行宫，“自京至德清军行宫、馆驿、廨署，亦量加葺治”[⑦]，皇帝以内藏库钱十万缗拨赐修造。神宗时期，地方大规模修筑城池官舍，朝廷多以度牒代替资金拨赐修筑。如元丰元年（1078 年），大名府及澶州修建仓库，朝廷赐度牒一百道[⑧]，二年（1079 年）五月，明州及定海县修迎接高丽使馆，朝廷赐度牒一百五十道[⑨]。同年，邕州发生大火，“焚官舍千三百四十六区，诸军

① （清）谢启昆修，胡虔纂：嘉庆《广西通志》卷 129《建置略四・廨属一》，第 3729 页；（清）汪森：《粤西文载》卷 22《修建灌阳治记》，《景印文渊阁四库全书》，第 1466 册，第 10 页。

② （宋）欧阳守道撰：《巽斋文集》卷 15《吉州龙泉县丞厅记》，《景印文渊阁四库全书》，第 1183 册，第 629 页。

③ （宋）欧阳守道撰：《巽斋文集》卷 14《白鹭洲书院山长厅记》，《景印文渊阁四库全书》，第 1183 册，第 620 页。

④ （宋）欧阳守道撰：《巽斋文集》卷 14《白鹭洲书院山长厅记》，《景印文渊阁四库全书》，第 1183 册，第 620 页。

⑤ （清）汪森编：《粤西文载》卷 22《重修义宁县治记》，《景印文渊阁四库全书》，第 1466 册，第 11 页；（清）谢启昆修，胡虔纂：嘉庆《广西通志》卷 129《建置略四・廨属一》，第 3725 页。

⑥ （清）汪森编：《粤西文载》卷 22《重修义宁县治记》，《景印文渊阁四库全书》，第 1466 册，第 11 页；（清）谢启昆修，胡虔纂：嘉庆《广西通志》卷 129《建置略四・廨属一》，第 3725—3726 页。

⑦ （宋）李焘撰，上海师范大学古籍整理研究所、华东师范大学古籍整理研究所点校：《续资治通鉴长编》卷 137，庆历二年八月戊子，第 3288 页。

⑧ （宋）李焘撰，上海师范大学古籍整理研究所、华东师范大学古籍整理研究所点校：《续资治通鉴长编》卷 237，元丰元年闰正月甲申，第 7029 页。

⑨ （宋）李焘撰，上海师范大学古籍整理研究所、华东师范大学古籍整理研究所点校：《续资治通鉴长编》卷 298，元丰二年五月庚子，第 7253 页。

裹衣万余分，谷帛军器等百五十万”①。二年七月，朝廷“赐广西经略转运司度僧牒二百，偿商人入中钱，余给邕州修造之费”②。五年（1082年），徐州修城池官舍，朝廷赐度僧牒五十。③七年（1084年）正月，延州修城池、官廨，朝廷赐度牒二百④，同年四月，京东西路转运判官沈希颜提出“西京创盖仓敖，其费无虑五万缗，先给到度僧牒百道，不足支用”⑤，朝廷诏“再给五十道”⑥。南宋高宗绍兴五年（1135年）闰二月，扬州修城池、军营、官廨，朝廷赐钱万缗⑦，也是在绍兴初年，洪州在变乱残破之余，重新修建城池、官廨、军营等，“空名告敕五万贯”⑧。宁宗嘉定二年（1209年），真州修筑城池和官廨，“朝家以缗钱十万，米七千斛庚费，而所用不赀，不复有请”⑨。

从中可见，两宋时期中央拨款修筑地方官廨、州城还是较为普遍的。但是拨款额度也随着财政形势而发生变化，在中央财力不足的情况下，往往以度牒、官告等代替货币，导致地方政府不得不摊派出卖，甚至低价销售，导致实际需求钱物数量不足。

地方政府在中央拨款不足的情况下，不得不在中央拨款之外，再寻求其他融资渠道，补足修筑费用。中央与地方政府共同出资成为一种新的模式。如前述宁宗朝真州修城池、官廨，在中央拨款不足的情况下，地方“所用不赀，不复有请，惟以榷酤之余及撙节用度以充之”⑩。开禧二年（1206年），隆兴府修筑厢军、禁军营房，“合造屋一千五百八十六间，会约人工、物料钱二万五千余缗、米七百余石。本府财赋岁入有限，委难悉办”⑪。因而提出请许于本府见桩管朝廷钱“内应副一半，其余本府自行那容支遣”⑫，得当朝廷批准，划拨“会

① （宋）李焘撰，上海师范大学古籍整理研究所、华东师范大学古籍整理研究所点校：《续资治通鉴长编》卷298，元丰二年六月甲辰，第7254页。
② （宋）李焘撰，上海师范大学古籍整理研究所、华东师范大学古籍整理研究所点校：《续资治通鉴长编》卷299，元丰二年七月庚辰，第7272页。
③ （宋）李焘撰，上海师范大学古籍整理研究所、华东师范大学古籍整理研究所点校：《续资治通鉴长编》卷328，元丰五年七月丁亥，第7895页。
④ （宋）李焘撰，上海师范大学古籍整理研究所、华东师范大学古籍整理研究所点校：《续资治通鉴长编》卷342，元丰七年正月丙寅，第8232页。
⑤ （宋）李焘撰，上海师范大学古籍整理研究所、华东师范大学古籍整理研究所点校：《续资治通鉴长编》卷345，元丰七年四月辛巳，第8274页。
⑥ （宋）李焘撰，上海师范大学古籍整理研究所、华东师范大学古籍整理研究所点校：《续资治通鉴长编》卷345，元丰七年四月辛巳，第8274页。
⑦ （宋）李心传编撰，胡坤点校：《建炎以来系年要录》卷86，绍兴五年闰二月己酉，第1636页。
⑧ （宋）李纲著，王瑞明点校：《李纲全集》卷104《与李尚书措置画一札子》，第991页。
⑨ （宋）楼钥撰，顾大鹏点校：《楼钥集》卷51《真州修城记》，第958—959页。
⑩ （宋）楼钥撰，顾大鹏点校：《楼钥集》卷51《真州修城记》，第958—959页。
⑪ 刘琳、刁忠民、舒大刚，等校点：《宋会要辑稿》兵六之二八至二九，第8731页。
⑫ 刘琳、刁忠民、舒大刚，等校点：《宋会要辑稿》兵六之二九，第8731页。

子一万贯”[①]。嘉定十五年（1222 年），嘉定县重修县城及县治，“则有朝廷拨赐五千缗，本府给助一万缗，共丁丑岁畸零苗税一万四千五百余缗，米一千三百余斛，足以充所费三分之二。其余斡旋酒税，仅仅给用”[②]，也是中央、州、县三级财政共同出资完成修建。

地方下级官府修建官廨、仓库、军营等行政设施时，上级政府往往也会出资进行补助，合资修建。如宁宗嘉定十六年（1223 年），新昌县修都仓，“为费二百万。常平使者赵汝谈助钱五十万，郡将陈振助钱二十万，余皆从县撙节以周其用”[③]，这就是一个典型的路、州、县三级政府共同出资修建的例子。一般地方官廨修建，同级属官可以向长官申请经费，如县主簿向县令申请，州幕职、诸曹官可向知州申请，如庆元二年（1196 年），青田县更换官舍、民宅屋瓦，“郡用钱百万有奇，县佐以十之一”[④]。上下级有隶属关系或业务往来较多的机构间也可申请，如县向州申请，州向路级机构申请，州县修仓向提举常平司申请经费，州县修监狱向提点刑狱司申请经费，等等。相关例子，如孝宗淳熙十四年（1187 年），江阴县尉拟修建弓手营，首先向提举常平官罗公“求顷岁佣钱之未给者千七百余缗，与夫在官之田为之基，公忻然从之”[⑤]，之后正好朝廷有官员“言弓兵利害，宜拘之营，以革散处之弊”[⑥]，“太守侯公奉命惟谨，乃辍郡计，钱以缗、米以石者皆二百，木三百章，以佐其费”[⑦]，路、州两级官员均为此次县尉司弓手营修建提供了经费和物料帮助。不仅如此，提举常平罗公巡查所部的时候，来到江阴县，又“至而观焉，复给钱三十万，以竟其役”[⑧]。可以说，此次修建得到上级政府的充分支持，故而修建规模相当大，“凡为屋百七十六间，而栖神有宇，宿甲有房，观功有亭”[⑨]。又如理宗端平二年（1235 年），诸暨县县狱破败，“承百年之旧，凛乎将压，而县匮于财莫能新”[⑩]，提刑官巡按属部，发现这一问题，由于提刑司本身经费亦不宽裕，于是提刑官“建台以来折俎之

① 刘琳、刁忠民、舒大刚，等校点：《宋会要辑稿》兵六之二九，第 8731 页。
② （明）钱谷编：《吴都文粹续集》卷 9《嘉定创县记》，《景印文渊阁四库全书》，第 1385 册，第 241 页。
③ （清）黄廷金修，萧浚兰等纂：同治《瑞州府志》卷 18《新昌都仓记》，《中国方志丛书》，台北：成文出版社，1970 年影印本，第 386 页。
④ （清）雷铣修，王棻纂：光绪《青田县志》卷 14《易瓦记 郑汝谐》，《中国方志丛书》，台北：成文出版社，1975 年影印本，第 811 页。
⑤ （宋）袁燮撰：《絜斋集》卷 9《江阴尉司新建营记》，《丛书集成初编》，第 139 页。
⑥ （宋）袁燮撰：《絜斋集》卷 9《江阴尉司新建营记》，《丛书集成初编》，第 139 页。
⑦ （宋）袁燮撰：《絜斋集》卷 9《江阴尉司新建营记》，《丛书集成初编》，第 139 页。
⑧ （宋）袁燮撰：《絜斋集》卷 9《江阴尉司新建营记》，《丛书集成初编》，第 139 页。
⑨ （宋）袁燮撰：《絜斋集》卷 9《江阴尉司新建营记》，《丛书集成初编》，第 139 页。
⑩ （宋）刘宰撰：《漫塘文集》卷 23《诸暨县重建县狱记》，《宋集珍本丛刊》，第 72 册，第 394 页。

当受者”八百缗，给予县令，令其修建狱屋。[①]

7. 向下级机构摊派

宋代地方官廨的修建中，也存在上级机构向下级摊派钱物，用来完成修造的情况，监司取于州、州取于县，这样的搜刮使得原本就贫困的县级财政更加难以为继，也增加其向民众转嫁成本、无偿科配钱物的频率。如信州，在仁宗皇祐中，因大水导致城破，官廨民居尽毁，知州在灾后“符县调富民水之所不至者夫钱户七百八十六，收佛寺之积材一千一百三十有二”[②]。宁宗嘉熙中，平江府通判无官廨，“假室庐于人”[③]，于是知府“乃与提举赵公崇晖、总领吴公渊、桂公如琥，合六县之长，鸠材以助之”[④]，于是厅堂皆建，“门屋闳矣”[⑤]。又如嘉定中，福建左翼军移屯温州，“当治营屋，郡分以属县。他县征调输载，民不胜扰”[⑥]，而永春县令黄瑀“独出库钱僦工徒，取竹木，具陶瓦，分寓便舟以往，为屋余千间而邑人不之知也”[⑦]。此类现象在宋代地方官场亦属普遍现象，下级机构碍于上级官威，一般只得应承，少有违反不从者。

8. 地方用免役钱或免役头子钱（宽剩钱）修建

这是神宗朝变法改革后，为减轻承役人的负担，而采取的新举措，避免因频繁临时征税而给百姓造成不必要的负担。如熙宁七年（1074 年）三月朝廷诏：“役钱每千别纳头子五钱，其旧于役人圆融工费修官舍，作什器，夫力辇载之类，并用此钱，不足，即用情轻赎铜钱。”[⑧]元丰元年（1078 年）十月的诏令中也提到：“诸州县修造系从来于公人圆融，虽无文案照据者，自今并保明支系省及免役头子钱各一半。”[⑨]吕陶在熙宁十年（1077 年）的奏状中也提到，“本州九陇等四县，自熙宁六年至九年原科役钱共计二十二万六千七百八十七贯六百二文。已支、见在如后：已支一十七万八千八十贯九百三十七文。见在宽剩钱四万八

① （宋）刘宰撰：《漫塘文集》卷 23《诸暨县重建县狱记》，《宋集珍本丛刊》，第 72 册，第 395 页。

② （宋）王安石撰，聂安福等整理：《临川先生文集》卷 82《信州兴造记》，王水照主编：《王安石全集》，第 1457 页。

③ （明）钱谷编：《吴都文粹续集》卷 8《王遂 通判西厅记》，《景印文渊阁四库全书》，第 1385 册，第 200 页。

④ （明）钱谷编：《吴都文粹续集》卷 8《王遂 通判西厅记》，《景印文渊阁四库全书》，第 1385 册，第 200 页。

⑤ （明）钱谷编：《吴都文粹续集》卷 8《王遂 通判西厅记》，《景印文渊阁四库全书》，第 1385 册，第 200 页。

⑥ （宋）真德秀撰：《西山先生真文忠公文集》卷 24《永春大夫御史黄公祠记》，《宋集珍本丛刊》，第 76 册，第 168 页。

⑦ （宋）真德秀撰：《西山先生真文忠公文集》卷 24《永春大夫御史黄公祠记》，《宋集珍本丛刊》，第 76 册，第 168 页。

⑧ （宋）李焘撰，上海师范大学古籍整理研究所、华东师范大学古籍整理研究所点校：《续资治通鉴长编》卷 251，熙宁七年三月乙巳，第 6113 页。

⑨ （宋）李焘撰，上海师范大学古籍整理研究所、华东师范大学古籍整理研究所点校：《续资治通鉴长编》卷 293，元丰元年十月甲寅，第 7152 页。

千七百六贯六百六十五文”[①]，这部分“谓之宽剩，盖欲准备修葺桥道廨舍，并买置什物之类。官中逐年支用虽少，民间两科所出甚多”[②]。他估测宽剩钱“以成都一路计之，无虑五六十万。推之天下，现今约有六七百万贯文宽剩在官”[③]。大量钱物用于地方雇佣人力、办公用品、官廨修建等行政成本支出，他认为太多了，提出“特与免数年；或乞逐年限定数目，不得过役钱十分之一”[④]，后来朝廷规定“役钱宽剩不过二分”[⑤]。

9. 各种杂税

宋代地方存在各种地区性税目，花样繁多，也是地方官廨修建的经费来源之一。如熙宁中，吕陶在抨击免役宽剩钱时，提出成都府路还有许多免役宽剩钱之外的税目，用于地方官廨修建等支出，“盖有司奉法太过，条目滋蔓，于雇役钱外，尚有数等。如耆户长不雇而敛，则有桩留钱；桥道廨舍之类数年一修，而逐年计费；知县簿尉二年一替，而每岁计署中什物，则有费用钱；非泛差出役人及起发雇人，则有准备钱。此外方始谓之宽剩。且如成都一路，每岁只合支募役雇食钱四十万六千二十四贯，又桩留耆壮钱五万七千六十二贯，又桩杂支钱二万二千九百八十六贯，又桩起雇人钱一千贯，外更有宽剩一十二万八千六百余贯。其双流一县，每岁只合支雇役钱九千三百二十余贯，更桩费用钱二千三百七十余贯，外方有宽剩钱二千八百九十余贯。以此考究，则虽云宽剩不过二分，其实不止于二分矣”[⑥]。

10. 常平钱物或常平息钱

神宗朝王安石变法，推行青苗法，改革常平仓制度，规定借贷常平钱出息二分，因而地方州府常平仓也有常平息钱，此钱可以用来购买仓粮、修建维护仓储设施等。如神宗元丰三年（1080 年）八月诏：“开封府界、诸路提举司，于要会州县，指占空闲地或空营，盖造常平仓。仍度岁所收积定间数，其所费并以常平息钱充。如省仓有空闲或官舍可修葺者，亦令指占。其不阙者，不得一例盖造。”[⑦]同时，地方城池、官廨修建也有特令从常平钱支出者。如哲宗元祐元年（1086 年）三月，朝廷“给空名度牒一百道，修复郑州廨舍仓库，特借二

---

① （宋）吕陶撰：《净德集》卷 1《奏乞放免宽剩役钱状》，《丛书集成初编》，第 1 页。
② （宋）吕陶撰：《净德集》卷 1《奏乞放免宽剩役钱状》，《丛书集成初编》，第 1 页。
③ （宋）吕陶撰：《净德集》卷 1《奏乞放免宽剩役钱状》，《丛书集成初编》，第 1 页。
④ （宋）吕陶撰：《净德集》卷 1《奏乞放免宽剩役钱状》，《丛书集成初编》，第 1 页。
⑤ （宋）吕陶撰：《净德集》卷 1《奏为役钱乞桩二分准备支用状》，《丛书集成初编》，第 2 页。
⑥ （宋）吕陶撰：《净德集》卷 1《奏为役钱乞桩二分准备支用状》，《丛书集成初编》，第 2 页。
⑦ （宋）李焘撰，上海师范大学古籍整理研究所、华东师范大学古籍整理研究所点校：《续资治通鉴长编》卷 307，元丰三年八月丁巳，第 7471 页。

年公使钱，令转运司应副，余于常平钱内借支”[①]。绍兴三十一年（1161 年），高邮县升为高邮军，朝廷“仍赐经制钱二万缗，常平米三千石，为复军之费”，用来修建城池、官廨。[②]

11. 系省钱

系省制度是宋代中央监管地方财政的重要制度，“系省”即是将地方财税账目系于三司（户部）的简称，地方系省钱物主要是二税上供外存留于地方部分，主要用于官兵俸禄支出及其他费用。钱物虽主要归地方使用，但所属权归中央，地方支用要提前报告，不得擅自动用。宋代官廨、仓库等修建，使用系省钱的情况也是经常存在的。如前述神宗元丰元年（1078 年）十月诏：“诸州县修造系从来于公人圆融，虽无文案照据者，自今并保明支系省及免役头子钱各一半。”[③]此前，仁宗庆历二年（1042 年）正月，朝廷就令河北、京东西路转运司“以省钱依价收市”民间撤卖梁椽、薪柴、树木，“修盖新添军营”。[④]神宗元丰元年八月，朝廷也诏京东路转运司：“齐州章邱县被水灾，其所修县城、仓库、官舍并给省钱。”[⑤]徽宗宣和五年（1123 年），朝廷诏：“江浙被贼州县军兵营房多有焚毁，仰转运司检计兴修。其合用工料，并官为应副，或有所阙，听以系省钱顾买。”[⑥]南宋淳熙十三年（1186 年），温州申：“本州僻在海隅，军民杂居，动辄生事。军人无营可归，多是在外赁屋居止。所有威捷、雄威、节三十三、崇节三十四、牢城等六营屋十阙八九。已拨系省钱收买木植盖造，将军人尽拘入营教阅”[⑦]，朝廷对此也表示赞同。《庆元条法事类》中也规定：仓库有损害，“州县支本仓系省头子钱增修讫，申所属点检”[⑧]。系省钱有时又称为“库钱”，因此钱主要存储于地方州府军资库和县钱库，如仁宗景祐元年（1034 年），信州修鼓角楼，商人出钱千缗，不足用，“又出库钱续之，率用三百万”[⑨]，嘉祐中，

---

① （宋）李焘撰，上海师范大学古籍整理研究所、华东师范大学古籍整理研究所点校：《续资治通鉴长编》卷 373，元祐元年三月辛巳，第 9033 页。

② （宋）王象之原著，李勇先校点：《舆地纪胜》卷 43《高邮军・官吏》，第 1848 页。

③ （宋）李焘撰，上海师范大学古籍整理研究所、华东师范大学古籍整理研究所点校：《续资治通鉴长编》卷 293，元丰元年十月甲寅，第 7152 页。

④ （宋）李焘撰，上海师范大学古籍整理研究所、华东师范大学古籍整理研究所点校：《续资治通鉴长编》卷 135，庆历二年正月庚戌，第 3213 页。

⑤ （宋）李焘撰，上海师范大学古籍整理研究所、华东师范大学古籍整理研究所点校：《续资治通鉴长编》卷 291，元丰元年八月丁巳，第 7122 页。

⑥ 刘琳、刁忠民、舒大刚，等校点：《宋会要辑稿》兵六之一六，第 8725 页。

⑦ 刘琳、刁忠民、舒大刚，等校点：《宋会要辑稿》兵六之二六，第 8730 页。

⑧ （宋）谢深甫撰：《庆元条法事类》卷 37《给纳》，杨一凡、田涛主编，戴建国点校，《中国珍稀法律典籍续编》第 1 册，第 579 页。

⑨ （宋）宋祁撰：《景文集》卷 46《秀州重修鼓角楼记》，《丛书集成初编》，第 581 页。

苏州修设厅，“假省库钱数千缗”[①]。南宋初，福建左翼军移屯温州，“当治营屋，郡分以属县。它县征调输载，民不胜扰”[②]，永春县令“公独出库钱僦工徒，取竹木，具陶瓦，分寓便舟以往，为屋余千间而邑人不之知也”[③]。但是也有公使库钱被称为“库钱”，故而此钱情况还需认真分析。

12. 房廊课利钱

地方上官府也通过修建一些官屋，并在城内或周边平整一些土地，从而靠出租来牟利，这些钱物往往用来修造官廨。如《庆元条法事类》载：“诸楼店务、省房岁收课利钱，十分内桩留五厘，（州军资库、县省钱库寄收。）充修造支用，不足，借本处系省钱，候有桩留钱拨还。”[④]

13. 地方上的诸朝廷钱物

宋代财政高度中央集权化，地方许多财税项目均被逐渐收归中央，或新创中央税收项目。如坊场钱、封桩钱、经总制钱等。但由于这些钱物是从地方征税，或在地方储存，也就给了地方截留或挪用此部分钱物，用于官廨、仓库等修建的可能。

先看坊场钱，地方上酒坊、场务所收钱物在熙丰变法之前，属地方所有，变法之后归属中央朝廷，但在地方置库储存，在大规模修筑官廨、仓库等事务中，中央会允许地方动用此钱物。如神宗熙宁十年（1077年）八月，朝廷诏“给河北东路坊场钱十万缗，付转运司增修霖雨所损州县城、仓库等”，后又赐体量安抚司斋郎、助教敕牒十五。[⑤]

再看朝廷封桩钱。这也是王安石变法时，为增加宰相的财政权，在地方设立朝廷封桩钱，由宰相和户部右曹统领，地方不许支用。封桩制度使得大量钱物被闲置，造成地方与中央各级财政空难。如南宋宁宗开禧二年（1206年），隆兴府修建厢军、禁军营房，知府因财政空难，请求朝廷许于“本府见桩管钱内应副一半，其余本府自行那容支遣”[⑥]。嘉定十三年（1220年），因黄州增募敢死军，朝廷诏“镇江府于令项寄桩交会内支拨会子五千贯，黄州充桩管米内支取五百石，

① （宋）范成大纂修：《吴郡志》卷6《官宇》，《宋元方志丛刊》，第724页。

② （宋）真德秀撰：《西山先生真文忠公文集》卷24《永春大夫御史黄公祠记》，《宋集珍本丛刊》，第76册，第168页。

③ （宋）真德秀撰：《西山先生真文忠公文集》卷24《永春大夫御史黄公祠记》，《宋集珍本丛刊》，第76册，第168页。

④ （宋）谢深甫撰：《庆元条法事类》卷 6《批书》，杨一凡、田涛主编，戴建国点校，《中国珍稀法律典籍续编》第1册，第84页。

⑤ （宋）李焘撰，上海师范大学古籍整理研究所、华东师范大学古籍整理研究所点校：《续资治通鉴长编》卷284，熙宁十年八月戊子，第6951页。

⑥ 刘琳、刁忠民、舒大刚，等校点：《宋会要辑稿》兵六之二九，第8731页。

付知黄州、淮西提刑何大节，专充起盖寨屋一千间工物、食口之费”[①]。

再如朝廷经总制钱。经总制钱也是北宋末和南宋初，朝廷将原来地方创立的各种杂税收归中央，或提升征税比例，而创制的一种综合税。它的实行，进一步加剧了地方财政困窘，导致新的苛捐杂税频出。其税亦可用来修建地方行政设施。如绍兴三十一年（1161 年），高邮县升为高邮军，朝廷“仍赐经制钱二万缗，常平米三千石，为复军之费”，用来修建城池、官廨。[②] 孝宗乾道二年（1166 年），龚畴为江阴军签判，“擅支经总制及下纲縻费钱充修造等用”[③]，为长官按发，导致丢官罢职。

14. 赃罚钱

地方政府还利用自己有限的税收权，通过罚款来筹措修筑经费，也有在清查账目后，发现官吏有贪污行为，将这部分贪赃钱物追回，用作官廨修建费用的。如神宗熙宁七年（1074 年）三月，朝廷诏令中提到，如果免役头子钱不够修筑费用，可“用情轻赎铜钱”来补足修筑费用。[④] 哲宗元符元年十二月，知苏州贾青“粉壁出赏，断人秽语，每获秽语人，罚钱入官，聚所罚钱，盖造乐籍堂。贫民力不能输金而自缢死者数人”[⑤]。又如《宋会要辑稿》记载，南宋绍兴二十六年（1156 年），御史台检法官褚籍言“近年以来，州县守令类多贪墨，每有等第豪户及僧道富赡者犯罪，一至讼庭，往往视为奇货，连逮禁系，动经旬月，方令入状，以愿献助钱物为名，或作赡军支用，或作修造亭馆，更不顾其所犯轻重，一例释放”[⑥]。朝廷对此问题也非常重视，诏令今后必须依法断案，“如或巧作名目，令犯人献助钱物以自（勉）[免] 者，官吏当以坐赃论”[⑦]。《庆元条法事类》中也记载：地方监狱“州县当职官半年一次躬行检视修葺，所费及狱司（当直司同。）应供官用，若给囚之物，皆以赃罚钱充，不足者，修葺支转运司钱，余支本司头子钱（如不足，亦许支转运司钱），仍听州县随宜支拨，转运司不得令申请待报”[⑧]。庆元六年（1200 年），邵武县修造县治，知县“会得

① 刘琳、刁忠民、舒大刚，等校点：《宋会要辑稿》兵六之二九至三〇，第 8732 页。
② （宋）王象之原著，李勇先校点：《舆地纪胜》卷 43《高邮军·官吏》，1848 页。
③ 刘琳、刁忠民、舒大刚，等校点：《宋会要辑稿》刑法六之三五，第 8550 页。
④ （宋）李焘撰，上海师范大学古籍整理研究所、华东师范大学古籍整理研究所点校：《续资治通鉴长编》卷 251，熙宁七年三月乙巳，第 6113 页。
⑤ （宋）李焘撰，上海师范大学古籍整理研究所、华东师范大学古籍整理研究所点校：《续资治通鉴长编》卷 504，元符元年十二月壬辰，第 12016 页。
⑥ 刘琳、刁忠民、舒大刚，等校点：《宋会要辑稿》刑法二之一五三至一五四，第 8382 页。
⑦ 刘琳、刁忠民、舒大刚，等校点：《宋会要辑稿》刑法二之一五三至一五四，第 8382 页。
⑧ （宋）谢深甫撰：《庆元条法事类》卷 75《刑狱门五·刑狱杂事》，杨一凡、田涛主编，戴建国点校，《中国珍稀法律典籍续编》第 1 册，第 806 页。

吏躉与用度之余，为钱百余万”。[①]

15. 羡余钱

宋代路、州、县都有羡余钱，谓之地方节省出来的多余的经费，其实其中有很大部分是额外多征税所盈余出来的。除了一部分追求功名利禄的官员将其上供给朝廷，博取皇帝欢心外，其他部分多用于地方公务接待、津贴发放和官廨修建。

如神宗元丰六年（1083 年），苏州修大厅及甲仗库、架阁库等，守臣“谋于转运使，得羡钱二百万”[②]。七年（1084 年），知河南府韩绛言：“近被水灾，自大内天津桥堤堰、河道、城壁、军营、库务等皆倾坏”[③]，朝廷诏“转运司于经费余钱支十万缗”[④]进行修造。又如南宋高宗绍兴十七年（1147 年），宰执言：“近降指挥，监司、郡守不得进献羡余，今却作修造及应副人情”[⑤]，高宗因而下诏将此部分钱物桩管，“每季具的确数申尚书省，科拨充月桩，以宽民力”[⑥]。孝宗乾道七年（1171 年），岳州“乃斥公帑之羡缗，鸠工市材”，修建了州谯门[⑦]。乾道九年（1173 年），建阳县修主簿厅，请于县令，“其费得县之羡钱五十万，粟斛百”[⑧]。又如宁宗嘉泰中，丁大荣为天台知县，“痛节浮费，一载有奇，除用度外，钱三千缗，乃预于县侧创屋十间，以‘助济’名”[⑨]，同时期筠州修判官厅，“太守王淹伯奋既给竹木，又出羡钱四十五万”[⑩]。嘉定六年（1213 年），金坛县修监酒务厅，“即会县帑之赢得二百缗以授廖君，俾即其地撤而新之”[⑪]。同年，丹徒县修都仓，“屋以间计合六十，费羡余之泉凡千二十万，米一百五十五石”[⑫]。从地方修建行政设施、广泛使用羡余钱这一点来看，两宋时期，路、州、县各级政府均能筹措到一定可供灵活使用的经费，以供修造等使用，但其

① （宋）陆游：《陆游集》卷 20《邵武县兴造记》，北京：中华书局，1976 年版，第 2160 页。
② （宋）朱长文纂修：《吴郡图经续记》卷上《州宅下》，《宋元方志丛刊》，第 646 页。
③ （宋）李焘撰，上海师范大学古籍整理研究所、华东师范大学古籍整理研究所点校：《续资治通鉴长编》卷 347，元丰七年七月丁未，第 8324 页。
④ （宋）李焘撰，上海师范大学古籍整理研究所、华东师范大学古籍整理研究所点校：《续资治通鉴长编》卷 347，元丰七年七月丁未，第 8324 页。
⑤ 刘琳、刁忠民、舒大刚，等校点：《宋会要辑稿》食货六四之八一，第 7776 页。
⑥ 刘琳、刁忠民、舒大刚，等校点：《宋会要辑稿》食货六四之八一，第 7776 页。
⑦ （明）解缙等编：《永乐大典》卷 3525《重建谯门记》，第 2008 页。
⑧ （宋）朱熹撰，戴扬本、曾抗美校点：《晦庵先生朱文公文集（五）》卷 77《建宁府建阳县主簿厅记》，朱杰人、严佐之、刘永翔主编：《朱子全书》，第 3717 页。
⑨ （清）嵇曾筠、李卫等修，沈翼机等纂：雍正《浙江通志》卷 79《积贮下》，《中国地方志集成·省志辑·浙江》，南京：凤凰出版社，2010 年影印本，第 1483 页。
⑩ （宋）周必大撰：《庐陵周益国文忠公集》卷 20《筠州判官厅记》，《宋集珍本丛刊》，第 51 册，第 286 页。
⑪ （宋）刘宰撰：《漫塘文集》卷 20《金坛县监务厅记》，《宋集珍本丛刊》，第 72 册，第 345 页。
⑫ （宋）史弥坚修，卢宪纂：《嘉定镇江志》卷 12《公廨》，《宋元方志丛刊》，第 2407 页。

征税的合法性往往是让人质疑的。

16. 公使钱

公使钱是宋代中央留给地方日常公务接待、犒赏、办公用品支出的主要经费，公使钱根据州府等级不同而有限定额度，但同时还允许其通过经营公使库牟利，实际经费数额远超规定额度。《建炎以来朝野杂记》就记载："公使库者，诸道监、帅司及州军、边县与戎帅皆有之。盖祖宗时，以前代牧伯皆敛于民，以佐厨传，是以制公使钱以给其费，惧及民也。然正赐钱不多，而著令许收遗利，以此州郡得以自恣。若帅、宪等司，则又有抚养、备边等库，开抵当、卖熟药，无所不为，其实以助公使耳。"[①] 这部分钱物由于地方政府可以比较灵活的使用，故而也经常用来补助官廨等行政设施修筑费用。如仁宗嘉祐中，苏州修设厅，借用库钱数千缗，转运司"不肯除破"，守臣王琪利用"时方贵杜集，人间苦无全书。琪家藏本雠校素精，即俾公使库镂版，印万本，每部为直千钱，士人争买之，富室或买十许部，既偿省库，羡余以给公厨"[②]，就是利用公使钱修官廨的一个很好的例证。前述神宗元丰六年（1083 年），苏州修官厅廊庑及甲仗库、架阁库等，守臣"谋于转运使，得羡钱二百万"[③]，不足，州"又以公使助之"。[④] 又如，南宋高宗朝、孝宗淳熙年间，饶州人安县修县丞厅，新县丞就是利用"民之输役庸者，亦例有公廨之入，君复不肯用，而亦不肯尽废，铢两积之，以陶瓦伐石，且为工匠之募"[⑤]，解决了此次官廨修建的资金问题。宁宗嘉熙中，惠州修建馆驿，费公使钱千万，为之作记者吕午就感叹："予谓今之为州能若是者鲜矣，非不能也，已私锢之耳。彼商计一郡之入，自上供郡计外，秋毫皆吾囊中物，敛而藏诸惟恐或遗，其肯捐之于公廨哉？"[⑥] 看来，全部用公使钱修建官廨，还是比较少见的，一般用于补充修筑不足的部分。公使库钱有时也简称"库钱"，如仁宗景祐元年（1034 年），秀洲重修鼓楼，有樵夫、商贾献诸千缗，"不足以偿费，又出库钱续之，率用三百万"[⑦]。

17. 转运司移用钱及路级诸司钱

宋代地方财政，在北宋时期，尤其是真宗朝之后，主要采取了中央统辖，

---

① （宋）李心传撰，徐规点校：《建炎以来朝野杂记》甲集卷 17《公使库》，第 394 页。

② （宋）范成大纂修：《吴郡志》卷 6《官宇》，《宋元方志丛刊》，第 724 页。

③ （宋）朱长文纂修：《吴郡图经续记》卷上《州宅下》，《宋元方志丛刊》，第 646 页。

④ （宋）朱长文纂修：《吴郡图经续记》卷上《州宅下》，《宋元方志丛刊》，第 646 页。

⑤ （宋）韩元吉撰：《南涧甲乙稿》卷 16《饶州安仁县丞厅记》，《丛书集成初编》，第 308 页。

⑥ （宋）吕午撰：《竹坡类稿》卷 2《嘉宾馆记》，《北京图书馆古籍珍本丛刊・集部・宋别集类》，第 89 册，第 284 页。

⑦ （宋）宋祁撰：《景文集》卷 46《秀州重修鼓角楼记》，《丛书集成初编》，第 581 页。

转运司路、州、县分级管理的财政制度，南宋时期，则是采用中央、路、州、县财税分隶制度。因而无论北宋还是南宋，路级诸司都有可供支配的钱物，转运司是路级机构中主要负责财务收支与本路平衡调配的机构，它所掌管的钱物称为转运司移用钱，在钦宗靖康元年（1126年）的时候，还专门下诏规定："转运司移用钱物，不得侵过本州有额上供所余三分之一。违者，徒三年。"[①]在南宋末度宗咸淳八年（1272年）时，浙西转运司在临安的寄收库钱积累到二百余万缗[②]，其他路级提举常平司、安抚司也拥有较多钱物，这部分钱物成为路级诸司钱，它们也可以被用来补助地方州县行政设施修筑费用。

具体修筑事例如神宗元丰七年（1084年），西京河南府修内天津桥、堤堰、河道、城壁、军营、库务等，朝廷令"转运司于经费余钱支十万缗"[③]，政和八年（1118年），盐官县修县丞厅，"于常平使者，得钱十有五万"[④]。宣和元年（1119年）的时候，经京畿提刑奏报，朝廷重修《政和令》，"诸营缮廨宇、馆驿、马递铺、桥道及什物之类"[⑤]，"三十贯以下，转运、提举常平司分认，从所属支，修讫申逐司。诸营造材料所支钱及百贯，或创造三十间，每间不及四椽者以四椽准一间。申转运司。创造及三十间者，仍申尚书工部。县创造三间或缮修十间，并应支转运司钱者，申所属相度［施］行。应申者检计，仍委官覆检。其创造及百间，具奏听旨。诸营（造）材料并官给，阙，官差军工采官山林；又无，以转运司钱买"[⑥]。可见，转运司、提举常平司在各种地方行政设施修建中负有重要的钱物支出责任。南宋孝宗淳熙七年（1180年），诏"广西路提刑移司郁林州，起造廨舍，合（月）［用］钱令转运司应副五千贯"[⑦]。南宋《庆元条法事类》也规定，诸监狱维修"州县当职官半年一次躬行检视修葺，所费及狱司（当直司同），应供官用，若给囚之物，皆以赃罚钱充，不足者，修葺支转运司钱，余支本司头子钱（如不足，亦许支转运司钱）"[⑧]。南宋理宗朝，福建路安抚司修

① （宋）汪藻撰，王智勇笺注：《靖康要录笺注》卷7，靖康元年五月十二日，成都：四川大学出版社，2008年版，第775页。
② （宋）潜说友纂修：《咸淳临安志》卷55《官寺四·临安寄收库记》，《宋元方志丛刊》，第3844页。
③ （宋）李焘撰，上海师范大学古籍整理研究所、华东师范大学古籍整理研究所点校：《续资治通鉴长编》卷347，元丰七年七月丁未，第8324页。
④ （清）许傅霈等原纂，朱锡恩等续纂：《浙江省·海宁州志稿》卷19《宋丞厅记》，《中国方志丛书》，台北：成文出版社，1983年影印本，第2027页。
⑤ 刘琳、刁忠民、舒大刚，等校点：《宋会要辑稿》方域一〇之三三，第9480页。
⑥ 刘琳、刁忠民、舒大刚，等校点：《宋会要辑稿》方域一〇之三三，第9480页。
⑦ 刘琳、刁忠民、舒大刚，等校点：《宋会要辑稿》方域四之二〇，第9339页。
⑧ （宋）谢深甫撰：《庆元条法事类》卷75《刑狱杂事》，杨一凡、田涛主编，戴建国点校，《中国珍稀法律典籍续编》第1册，第806页。

准备差遣厅，帅司“乃捐库钱二百二十万，益以没官山木、废塞瓦石”。[①]此前在论述地方各级政府共同出资兴建行政设施时，也多有提及路级机构对州县官廨兴修中的资金补助。

18. 官钱（公帑）

宋代史料中，还有大量记载地方修建官廨，花费官钱、“公帑”等，但其税目，难以确定。如神宗元丰七年（1084 年），广南西路提举常平刘谊“于桂州治廨舍，费官钱万缗”[②]。南宋绍兴十五年（1145 年），赵敦临为乐清县令，在兵火后大修官廨及行政设施，“一举而狱讼新，再而学校新，三而馆舍新，以至桥梁道路无不缮治。意其事锐民劳，尝以言抵之，且询诸来者，则曰一钱不以取民，而皆出于公帑，财市于山泽，售佣于游惰，不日而成”[③]。孝宗淳熙八年（1181 年）九月，江西提举赵蘲放罢，“坐所部旱伤不恤，多出官钱修盖廨宇故也”[④]。宁宗庆元五年（1199 年），臣僚奏：“诸州军兵各有营房，近年因循不葺，旋至圮坏”[⑤]，朝廷诏“诸路州军如委有阙少营房及损坏去处，随宜修盖，拘收军兵居止，不得因而大破官钱”[⑥]。理宗宝庆中，台州修便厅，守臣“拨公帑钱授支盐徐昉规画，取材计直，召夫厚庸”[⑦]。这部分钱物，应为路、州、县各级政府所掌管和可以动用的钱物的统称。

（二）人力方面主要来源

1. 役使军兵

这是地方官廨修建最为便利的人力来源。由于地方政府管辖有厢军、土兵、弓手等，他们是修造官廨的重要劳动力来源。同时，地方屯驻禁军也是大规模城池官廨修建工作的人力来源。

如真宗朝景德中，知宜州刘永规“驭下严酷，课澄海卒伐木葺州廨，数不中程即杖之，至有率妻孥趣山林以采斫者。虽甚风雨，不停其役”，最终导致军

① （宋）刘克庄撰，王蓉贵、向以鲜校点，刁忠民审订：《后村先生大全集》卷 90《福建安抚司二准备差遣厅记》，第 2327 页。

② （宋）李焘撰，上海师范大学古籍整理研究所、华东师范大学古籍整理研究所点校：《续资治通鉴长编》卷 342，元丰七年正月癸丑，第 8224 页。

③ 永乐《乐清县志》卷 6《王宾 赵公塘记》，《天一阁藏明代方志选刊》，上海：上海古籍书店，1964 年影印本，第 20 册，第 42 页。

④ 刘琳、刁忠民、舒大刚，等校点：《宋会要辑稿》职官七二之三一，第 4984 页。

⑤ 刘琳、刁忠民、舒大刚，等校点：《宋会要辑稿》兵六之二八，第 8731 页。

⑥ 刘琳、刁忠民、舒大刚，等校点：《宋会要辑稿》兵六之二八，第 8731 页。

⑦ （宋）林表民编：《赤城集》卷 2《台州重建便厅记 姜容》，《景印文渊阁四库全书》，第 1356 册，第 628 页。

营兵校造反，杀死永规等官员。[①]又如，元丰四年（1081 年）十二月丁卯，知广州陈绎“役使团结兵级五百余人治廨舍，及发诸县枪手于城中浚河筑堤，日役千人”[②]。元丰六年（1083 年）八月，“先是，定州以教保甲、修城池、建太仓”[③]。元丰七年（1084 年）七月丁未，河南府由于水灾，导致“自大内天津桥堤堰、河道、城壁、军营、库务等皆倾坏”[④]，朝廷诏令“转运司于经费余钱支十万缗。沈希颜往来与韩绛同提举营葺及选使臣三员。役兵于本路刬刷二千人，如不足，即和雇”[⑤]。南宋初，洪州修筑城池、官廨、军营，“至今春兴工，止是本州厢军壮城及他州刬刷到兵卒，共五百余人，渐次修筑”[⑥]。

由于频繁的修造，损伤民力、兵力，也导致军民怨愤，朝廷在哲宗元祐二年（1087 年）还特意下诏对擅自役使兵民的现象进行惩罚，诏令“近年内外官司和雇百姓、刬刷厢军，兴造土木，少有休息。今雨雪不时，亦恐缘此有伤和。应天下见修及合行缮完处，止令合役人渐次修葺外，余闲慢处宜权罢三年。所有每年例诸州军刬刷厢军兵士，除河防、边防紧急及城壁、仓库、营、马棚不可暂阙应副外，亦令权罢差刷三年。如有已刬刷到作匠役兵，立便却令押归元处，仍不得以和雇为名，差雇百姓。所有官司有违，在京御史台、外路监司觉察按劾以闻”[⑦]。但这样的诏令缺乏有效监督，到了徽宗朝以及南宋时期，大规模的修建，仍然要役使大量军兵。

2. 无偿役使民众、工匠

其中分为民众被动接受或主动提供劳务的情况。上述禁止役使厢军的诏令中，也提到和雇百姓的问题，此外，还有许多史料也反映了地方政府有偿或无偿利用民力、工匠修建官廨的情况。如北宋初益州修官廨，“又以徒役之人，陶土为瓦，较日减工，人不告倦……其计役也，得系岸水运二千人，更为三番，分受其事。夏即早入晚归，当午乃息；冬即辰后起功，始申而罢，所以养人力

① （宋）李焘撰，上海师范大学古籍整理研究所、华东师范大学古籍整理研究所点校：《续资治通鉴长编》卷66，景德四年七月壬申，第 1472 页。
② （宋）李焘撰，上海师范大学古籍整理研究所、华东师范大学古籍整理研究所点校：《续资治通鉴长编》卷321，元丰四年十二月丁卯，第 7744 页。
③ （宋）李焘撰，上海师范大学古籍整理研究所、华东师范大学古籍整理研究所点校：《续资治通鉴长编》卷338，元丰六年八月丙戌，第 8146 页。
④ （宋）李焘撰，上海师范大学古籍整理研究所、华东师范大学古籍整理研究所点校：《续资治通鉴长编》卷347，元丰七年七月丁未，第 8324 页。
⑤ （宋）李焘撰，上海师范大学古籍整理研究所、华东师范大学古籍整理研究所点校：《续资治通鉴长编》卷347，元丰七年七月丁未，第 8324 页。
⑥ （宋）李纲著，王瑞明点校：《李纲全集》卷 104《与李尚书措置画一札子》，第 991 页。
⑦ （宋）李焘撰，上海师范大学古籍整理研究所、华东师范大学古籍整理研究所点校：《续资治通鉴长编》卷396，元祐二年三月己卯，第 9665—9666 页。

而护寒燠也……其计匠也，先举民籍，得千余人，军籍三百人，分为四番，约旬有代，指期自至，不复追呼”。[①]元丰七年（1084年），大名府路安抚司在发德、博州夫万二千修完水口河堰后，又“因此夫修厢军营，及筑上下水关”及“食库、馆驿舍”[②]。靖康元年（1126年），朝廷诏令中也提道：“土木之役，伤财害民，比来监司守令营造料率，或差人夫，或役禁旅……又有分科寺观认造亭榭之类，百端骚扰。”[③]南宋绍兴二十六年（1156年），朝廷还针对“淮南边郡虽无甚兴造，至如修葺宫宇，补治城壁，其他种种杂作，犹时被驱役。街市小民，一日失业，则一日不食”[④]的问题，传布诏令，州县“不得差科百姓工役。若尚敢循习，令监司、帅臣按劾”[⑤]。

也有民众主动提出无偿为官廨修建出力的，如宣和六年（1124年），在方腊起义失败后，淳安县（新安县）令“宣布德意，旋茇舍以招抚流散，瘗掩骼胔……靖共夙夜，一无扰于民，民亦相戒以弗犯”，官民关系融洽，在重修县治时，民众在“力农之余，咸请出力，以营官府。运土木，陶瓦甓，操刘削者，肩摩而袂属”[⑥]。南宋初，鄞县在兵火之后，县令推行宽简之政，与民休息，得到民众拥护，重建县治，“邑人既悦于政，思所以报称守令之德，咸愿推其赢余以助工役”[⑦]。但是其中情况如民众出资修官廨一样，较为复杂，是否是民众真心自愿出力，只凭官方一面言辞是难以确定的，需要认真分析。

3. 有偿雇佣工匠或民众

宋代地方官府在修建官廨中，既有无偿役使百姓、工匠的情况，也有有偿雇佣民众或工匠情况。如哲宗绍圣元年（1094年），泸州修都仓，“乃请漕台，得省金一千八百缗……募民五千六百手，役兵之力以足之”[⑧]。南宋初，洪州修筑城池、官廨，由于厢军不够使用，“至夏末秋初，方借寺观庄夫以助工役，日给钱米，月有犒设”[⑨]。孝宗淳熙十一年（1184年），修建长洲县尉厅，“凡役二

---

① （宋）张咏著，张其凡整理：《张乖崖集》卷8《益州重修公署记》，第79页。

② （宋）李焘撰，上海师范大学古籍整理研究所、华东师范大学古籍整理研究所点校：《续资治通鉴长编》卷349，元丰七年十月庚午，第8366页。

③ （宋）汪藻撰，王智勇笺注：《靖康要录笺注》卷7，靖康元年五月十二日，第774页。

④ 刘琳、刁忠民、舒大刚，等校点：《宋会要辑稿》食货六九之八〇，第8096页。

⑤ 刘琳、刁忠民、舒大刚，等校点：《宋会要辑稿》食货六九之八〇，第8096页。

⑥ （清）李诗等纂修：嘉靖《淳安县志》卷13《俞偐兴 县厅壁题名记》，《天一阁明代地方志选刊》，上海：中华书店上海编辑所，1963年影印本，第16册，第2页。

⑦ （清）钱维乔修，钱大昕纂：乾隆《鄞县志》卷24《鄞县治》，《续修四库全书·史部·地理类》，上海：上海古籍出版社，2002年影印本，第537页。

⑧ （明）解缙等编：《永乐大典》卷7516《家安国 绍圣创都仓记》，第4352页。

⑨ （宋）李纲著，王瑞明点校：《李纲全集》卷104《与李尚书措置画一札子》，第991页。

徒，合九百七十二人，计口给粟，课工酬直”①。庆元二年（1196年），昌国县新修主簿厅，“木工一千五百有奇，役夫二千，优与之直，费钱才千缗。父老争持酒币以犒工役”②。理宗淳祐九年（1249年），广西安抚司修犒赏库，“木工、竹工、石工费钱一□二十万有奇”③。开庆元年（1259年），建康府修公使库，“工计佣二万一千二百十”④。

有一些规模较大的建筑工程，往往是有偿雇佣工人和无偿役使工匠、兵役并用，体现出人力使用方面的复杂性，如大观二年（1108年）八月，常州修市易务，“木之工二百八十，竹之工百有九，瓴甓之工百三十，涂饰之工百五十，凡为工六百六十有九。募于市者十之一，晋陵之所集者十之九。其畚除运负之工又四百五十有畸。以负重出纳食其力于务者七夫，与警守之卒供其事”⑤。绍圣元年（1094年），泸州修都仓，“募民五千六百手，役兵之力以足之”⑥，即是借助雇佣民力和役兵两种力量来进行修筑。

4. 利用胥吏或承役人

他们在地方官廨修建中往往既出钱，又出力。如景德三年（1006年），知杭州薛映就奏劾本路转运使姚铉“占留州胥，在司擅增修廨宇”⑦。又如绍兴三十二年（1162年），臣僚上奏所说：地方保甲“既使之治道路矣，又使之供雇船脚；既使之饰传舍矣，又使之应办食用。役使既同于走卒，费耗又竭其家赀。民不堪命，而官吏晏然为之，此为害一也”⑧。理宗淳祐中，宝庆府修设厅，“胥吏以稽簿书，营卒以供役使”⑨。

5. 使用僧道力量

僧道是地方官廨修筑的重要参与力量。熙宁中，张颉为荆南府知府，“勒部下玉泉寺僧修治诸官园亭，费用常住人、牛、钱、物不少；以修唐斋己草堂为

① （明）钱谷编：《吴都文粹续集》卷9《曾复 长洲尉厅记》，《景印文渊阁四库全书》，第1385册，第228—229页。
② （宋）楼钥撰，顾大鹏点校：《楼钥集》卷55《昌国县主簿厅壁记》，第1005页。
③ （清）蔡成韶等修，胡虔等纂：嘉庆《临桂县志》卷9《犒赏库记》，《中国方志丛书》，台北：成文出版社，1983年影印本，第143页。
④ （宋）马光祖修，周应合纂：《景定建康志》卷23《城阙志四 · 诸库》，《宋元方志丛刊》，第1695页。
⑤ （宋）程俱撰：《北山小集》卷19《常州新修市易务壁记》，《宋集珍本丛刊》，第33册，第478页。
⑥ （明）解缙等编：《永乐大典》卷7516《绍圣创都仓记》，第4352页。
⑦ （宋）李焘撰，上海师范大学古籍整理研究所、华东师范大学古籍整理研究所点校：《续资治通鉴长编》卷64，景德三年十月癸巳，第1431页。
⑧ 刘琳、刁忠民、舒大刚，等校点：《宋会要辑稿》食货一四之三七，第6285页。
⑨ （宋）程公许撰：《沧州尘缶编》卷13《宝庆府改建设厅记》，《景印文渊阁四库全书》，第1176册，第1035页。

名，令颉乡僧居止其中”[①]。又如南宋宝庆中仙游县修县丞厅，就提到“旧比每任一葺，必取工材于浮图氏。遂召其主首而告之曰：‘与其三岁率一扰，曷若协力新之，劳于此时，逸于后日，不亦可乎？’皆曰唯。肇役于中秋，阅三月而成。端直宏敞，一洗昔时偏颇湫溢之陋”[②]。从中可以看出，当地利用僧侣提供人力、物料来修筑官廨已经成为惯例，无论是三年一小修，还是大规模的重修，都功材于僧侣，甚至也无人感觉此有何不妥。[③]《夷坚志》也记载：“石城永福寺，县主簿据为官舍。藏院相对有丘陇，高且十丈。……绍熙四年，衢人郑管为主簿，以其处显敞可远览，欲平治陇首，建小亭。工料已具，僧徒虑或招谴，交劝止之。”[④]从以上诸条记载，可见地方政府盘剥僧侣之普遍。

（三）地方官廨的修建物料

地方官廨的修建主要运用的物料包括土、木、石、砖、漆等。物料方面的筹措，地方官廨修建主要有以下筹措途径。

1. 科敛地方民众或豪强、僧道献助

科敛是地方官府修建常用的手段。如仁宗皇祐中，信州修建州城和官廨，“符县调富民水之所不至者夫钱，户七百八十六，收佛寺之积材一千一百三十有二。不足，则前此公所命富民出粟以赒贫民者二十三人”[⑤]。仁宗嘉祐三年（1058年）五月庚午，知汝州李寿朋在京西路发生饥荒的情况下，仍“令郡人献材木，修廨宇亭榭，重为劳扰”[⑥]。更有甚至，如神宗熙宁八年（1075年），鄂州新城县令曹登“作新城县廨宇，民间被害，每一条木即令连纳数条。为手实之法，每一出乡，笞挞遍野。酷暴如此”[⑦]。靖康元年（1126年），朝廷下诏停止修造三年，诏令中也提到：“土木之役，伤财害民，比来监司守令营造料率，或差人夫，或役禁旅，或取木植，或供上位，或入私家，又有分科寺观认造亭榭之类，

① （宋）李焘撰，上海师范大学古籍整理研究所、华东师范大学古籍整理研究所点校：《续资治通鉴长编》卷283，熙宁十年七月辛未，第6938页。

② （宋）陈宓撰：《复斋先生龙图陈公文集》卷9《仙游县丞厅记》，《宋集珍本丛刊》，第73册，第470页。

③ （宋）陈宓撰：《复斋先生龙图陈公文集》卷9《仙游县丞厅记》，《宋集珍本丛刊》，第73册，第470页。

④ （宋）洪迈撰，何卓点校：《夷坚志》丁志卷第三《陈公祖墓》，第985页。

⑤ （宋）王安石撰，聂安福等整理：《临川先生文集》卷82《信州兴造记》，王水照主编：《王安石全集》，第1457页。

⑥ （宋）李焘撰，上海师范大学古籍整理研究所、华东师范大学古籍整理研究所点校：《续资治通鉴长编》卷187，嘉祐三年五月庚午，第4509页。

⑦ （宋）李焘撰，上海师范大学古籍整理研究所、华东师范大学古籍整理研究所点校：《续资治通鉴长编》卷271，熙宁八年十二月壬寅，第6644页。

百端骚扰。”①

也有民众或僧道献助者，前述绍兴二十五年（1155 年），崇德县重修县治，“豪右助金者一千七百余缗，助材者巨细一百七十余事。凡佣食之费，取诸其间”②。不仅如此，当地广法院僧侣还将县治临时寄居的大殿献出，“愿以殿后重屋之属移为县宇。小大余五十间，盖前百年之良材也”③，从而为此次县治的复建提供了巨大的帮助。又如理宗景定中，福建福清县修谯楼，由于县帑空虚，知县“捐俸千楮为倡。帅马公天骥助巨杉三十条，诸寄公巨室合助楮六万五千一百。学职林裕泰、陈达卿画策请于州，以待补据付县给，得楮八千四百，诸澳愿易船据，得楮一万二千六百，计瓶楮八万六千八百”④。可见，地方官员民众是有钱出钱，有物料出物料，共同促成此次修建活动。

2. 市场购买

从市场上购买修建官廨的物料，是宋代地方政府经常使用的办法，体现了宋代商品经济的发达，也是宋朝政府诏令所要求的。如绍兴三十年（1160 年），朝廷令李若川修盖江州寨屋，“其合用钱物，仰将的确有窠名钱物支拨，具支过钱数申尚书省除破。仍就用系官竹木，如无，即依市价收买，不得科敷搔扰”⑤。孝宗淳熙中，修长洲尉厅，“木石竹苇、砖甓丹雘，所需百物，悉操币以贸”⑥。当时辛弃疾为潭州知州兼湖南安抚使“在长沙，欲于后圃建楼赏中秋，时已八月初旬矣。吏白：‘他皆可办，唯瓦难办。’他“命于市上每家以钱一百赁檐前瓦二十片，限两日以瓦收钱，于是瓦不可胜用”⑦。宁宗庆元二年（1196 年），青田县更换官舍屋瓦，“买薪于贩鬻之家，僦工于游闲之夫，无一毫扰吾民也”⑧。开禧中，隆兴府修禁军、厢军军营，“人工、物料钱二万五千余缗、米七百余石”⑨。永丰县修县尉厅，“若人市竹木，若人市金石，若人市瓦，臣台受成焉。问其费，祖者辍俸，关者赖直焉”⑩。理宗朝福清县修官廨，“境内海坛里海湧

① （宋）汪藻撰，王智勇笺注：《靖康要录笺注》卷 7，靖康元年五月十二日，第 774 页。
② （元）单庆修，徐硕纂：《至元嘉禾志》卷 25《碑碣十 • 崇德县治记 》，《宋元方志丛刊》，第 4601 页。
③ （元）单庆修，徐硕纂：《至元嘉禾志》卷 25《碑碣十 • 崇德县治记 》，《宋元方志丛刊》，第 4601 页。
④ （宋）刘克庄撰，王蓉贵、向以鲜校点，刁忠民审订：《后村先生大全集》卷 92《福清县重建谯楼记》，第 2378 页。
⑤ 刘琳、刁忠民、舒大刚，等校点：《宋会要辑稿》方域一九之二六，第 9664 页。
⑥ （明）钱谷编：《吴都文粹续集》卷 9《曾复 长洲尉厅记》，《景印文渊阁四库全书》，第 1385 册，第 228 页。
⑦ （宋）罗大经撰，王瑞来点校：《鹤林玉露》乙编卷 6《临事之智》，北京：中华书局，1983 年版，第 220—221 页。
⑧ （清）雷铣修，王棻纂：光绪《青田县志》卷 14《易瓦记 郑汝谐》，《中国方志丛书》，第 811 页。
⑨ 刘琳、刁忠民、舒大刚，等校点：《宋会要辑稿》兵六之二八至二九，第 8731 页。
⑩ （宋）曾丰撰：《撙斋先生缘都集》卷 22《永丰县重建县尉厅记》，《宋集珍本丛刊》，第 61 册，第 196 页。

大木，长七丈，围二丈，若天相者。市材于永福，率陆运，旬日攀跻冈岭，至水次，又水运，经大海闽安、海口两镇至县河”①。真德秀《西山政训》中也说：“自今非甚不获已，毋辄兴土木之工，其不急兴修，并仰住罢，所有合修去处，须管以见钱置场，依时价召人申买，不许出引敷率。今恐属县或因修造辄有敷配，仰日下除罢。”②

3. 山中采伐

如北宋初益州修官署，通过砍伐山林，“得竹凡二十万木，椽二万条”③。又如真宗景德四年（1007年）七月，知宜州刘永规驭下严酷，“课澄海卒伐木葺州廨，数不中程即杖之，至有率妻孥趣山林以采斫者。虽甚风雨，不停其役”④。仁宗庆历中，蒋堂为益州知州，“建铜壶阁，其制宏敞，而材不预具，功既半，乃伐乔木于蜀先主惠陵江渎祠”⑤。润州丹阳县重修门楼，“乃役工百余指，伐木十余本，易其数梁，替其数楹，涂其墉，赭其栏”⑥。

4. 官府生产或制造

主要是砖瓦等材料，一般官府都组织工匠进行烧制，以供使用，减少因购买而增加的修筑成本，如前述益州修官廨，“又以徒役之人，陶土为瓦，较日减工，人不告倦，岁得瓦四十万”⑦。又如哲宗绍圣元年（1094年），泸州修都仓，“乃请漕台，得省金一千八百缗，购材于山，陶土于野，募民五千六百手，役兵之力以足之”⑧。南宋初洪州修建城池官廨，“用新砖百二十余万口，皆自置窑烧变，及令窑户高价揽扑，皆有数在工房可稽考也”⑨。《淳熙三山志》记载：福州有窑务，“庆历《旧记》务在南台，主造砖瓦，凡官有修筑营缮，命流役人充作”⑩。同时还有抽木场，“附临津馆后，凡抽水七分，变转以归经制，此主焉。三分入河，以备州用修造”⑪。此外，还有灰场、修造场等，应也与官府修

---

① （宋）刘克庄撰，王蓉贵、向以鲜校点，刁忠民审订：《后村先生大全集》卷92《福清县重建谯楼记》，第2378页。

② （宋）真德秀撰：《西山政训》不分卷《禁科扰》，《丛书集成初编》，第670页。

③ （宋）张咏著，张其凡整理：《张乖崖集》卷8《益州重修公署记》，第79页。

④ （宋）李焘撰，上海师范大学古籍整理研究所、华东师范大学古籍整理研究所点校：《续资治通鉴长编》卷66，景德四年七月壬申，第1472页。

⑤ （宋）李焘撰，上海师范大学古籍整理研究所、华东师范大学古籍整理研究所点校：《续资治通鉴长编》卷153，庆历四年十二月甲辰，第3723页。

⑥ （宋）夏竦撰：《文庄集》卷21《重修润州丹阳县门楼记》，《宋集珍本丛刊》，第2册，第609页。

⑦ （宋）张咏著，张其凡整理：《张乖崖集》卷8《益州重修公署记》，第79页。

⑧ （明）解缙等编：《永乐大典》卷7516《绍圣创都仓记》，第4352页。

⑨ （宋）李纲著，王瑞明点校：《李纲全集》卷104《与李尚书措置画一札子》，第991页。

⑩ （宋）梁克家纂修：《淳熙三山志》卷7《公廨一・窑务》，《宋元方志丛刊》，第7855页。

⑪ （宋）梁克家纂修：《淳熙三山志》卷7《公廨一・抽木场》，《宋元方志丛刊》，第7854页。

造有关。

5. 修建其他建筑剩余材料或拆旧建筑材料

如前述昌国县修主簿厅，就是利用了“郡造浮梁，邑有余材，君请得之”[①]，长洲县修县尉厅，也利用之前多次修桥的剩余材料，“凡六修小长桥，有余材，辄储以俟用”[②]。绍兴五年（1135 年），万载县重修县治，“寸木片瓦，悉取坏宇弃材，罔有科敛，规模简俭，粗庇风雨，而不务壮丽者，惜民力也”[③]。绍兴十六年（1146 年），成都府修钤辖厅，也是利用了旧厅之材，“悉所得旧材，撤去腐败而易以新。竹以个，木之栋楹梁衰者以枚，椽以枝，合三千五百九十。砖之大而磨者以方，狭者以条，瓦以半，合二万三千三百”[④]。这种利用旧材的节俭修筑传统至今在中国一些农村地区仍在使用。

第四节　地方政府修建行政设施的主观、客观原因及其分析

两宋时期，地方各级政府修建了大量的行政设施，包括官员治所、仓场库务、军营、馆驿、递铺等，投入的经费、人力、物力也相当可观。如南宋初年，李纲为洪州知州兼江西安抚制置大使，用钱五万贯，役使本州厢军、壮城及它州刬刷到兵卒共五百余人，修建城池“七百二十丈，壕与城等；为楼橹一百二十余座，计七百余间；为城门十有一所，计三十余间；器具、笓篱、炮座等，并旧城皆一新”[⑤]。同时还筹钱创建厢军、禁军、客军军营屋舍三千五百余间，并“造吏院三十间，以居群吏”又“造房廊数十间，收其直归公使库”[⑥]，“州学旧未全备，为增修两廊斋舍等五十余间；大丰仓自兵火后，全无屋宇，为造新廒八座计四十余间，以贮大使司并常平司米斛；前此并无教阅之所，为造新兵射厅及阅武堂；防城器具之类，不可无安顿去处，为造东南壁及西北壁防城库两所，

① （宋）楼钥撰，顾大鹏点校：《楼钥集》卷 55《昌国县主簿厅壁记》，第 1005 页。
② （明）钱谷编：《吴都文粹续集》卷 9《曾复 长洲尉厅记》，《景印文渊阁四库全书》，第 1385 册，第 228 页。
③ 康熙《袁州府志》卷 15《万载重修县记 徐昇》，《北京图书馆古籍珍本丛刊・史部・地理类》，第 31 册，第 364 页。
④ （宋）扈仲荣等编：《成都文类》卷 28《辖厅重建报忠堂记 朱辂》，《景印文渊阁四库全书》，第 1354 册，第 604 页。
⑤ （宋）李纲著，王瑞明点校：《李纲全集》卷 104《与李尚书措置画一札子》，第 991 页。
⑥ （宋）李纲著，王瑞明点校：《李纲全集》卷 104《与李尚书措置画一札子》，第 992 页。

共四十间。无馆宾客之所，为置候参谋，宅以充行衙”①。此次修建规模相当大，几乎是重修洪州城池官廨，花费钱物众多，这在宋朝政府并不鼓励修建和地方财力不宽裕的情况下更显得十分突出，那么，导致宋代地方政府进行众多行政设施修建的原因又有哪些呢？下面，我们从客观和主观两方面原因进行分析。

（一）客观原因

1. 自然灾害原因

两宋时期，各类自然灾害频发，如水灾、风雹、地震等灾害容易导致行政设施的大规模毁坏，各级政府不得已，只得重修。

水灾导致的地方官府行政设施损毁最为严重。《宋史》五行志记载此类灾害众多，太祖开宝六年（973 年）七月，“历亭县御河决。单州、濮州并大雨水，坏州廨、仓库、军营、民舍”②。太宗淳化三年（992 年）九月，“澶州河涨，冲陷北城，坏居人庐舍、官署、仓库殆尽，民溺死者甚众。梓州玄武县涪河涨二丈五尺，壅下流入州城，坏官私庐舍万余区，溺死者甚众。……（至道二年七月）建州溪水涨，溢入州城，坏仓库、民舍万余区”③。真宗大中祥符二年（1009 年）八月，“无为军大风雨，折木，坏城门、军营、民舍，压溺千余人”④。天禧三年（1019 年）六月，“河决滑州城西南，漂没公私庐舍，死者甚众，历澶州、濮、郓、济、单至徐州，与清河合，浸城壁，不没者四板”⑤。仁宗天圣四年（1026 年）六月，福建路提点刑狱司言：“建州、南剑州、邵武军大水，坏官私庐舍七千九百余区，溺死者百五十余人。”⑥ 英宗治平三年（1066 年），全国多地发生水灾，自夏至秋，霖雨不止，“京畿东南十有余州，庐舍沈于深渊，浮苴栖于木末”⑦。同年入秋后，“暴雨大至，一昼之间，川泽皆溢，沟渠逆流，原隰丘陵，悉为洪波，一苗半穗，荡无孑遗。都城之内，道路乘桴，城阙摧圮，官府仓廪、军垒民居，覆没殆尽”⑧。吕诲在治平二年（1065 年）九月上书中写道：“以天

① （宋）李纲著，王瑞明点校：《李纲全集》卷 104《与李尚书措置画一札子》，第 991—992 页。
② （元）脱脱等撰：《宋史》卷 61《五行志一》，第 1320 页。
③ （元）脱脱等撰：《宋史》卷 61《五行志一》，第 1323 页。
④ （元）脱脱等撰：《宋史》卷 65《五行志三》，第 1421 页。
⑤ （元）脱脱等撰：《宋史》卷 61《五行志一》，第 1325 页。
⑥ （宋）李焘撰，上海师范大学古籍整理研究所、华东师范大学古籍整理研究所点校：《续资治通鉴长编》卷 104，天圣四年六月丙戌，第 2410 页。
⑦ （宋）李焘撰，上海师范大学古籍整理研究所、华东师范大学古籍整理研究所点校：《续资治通鉴长编》卷 206，治平二年八月乙未，第 4985 页。
⑧ （宋）李焘撰，上海师范大学古籍整理研究所、华东师范大学古籍整理研究所点校：《续资治通鉴长编》卷 206，治平二年八月乙未，第 4985 页。

地灾变，古今时有，如一二日内，大雨毁坏公私庐舍万余间，未尝闻矣。”[①] 神宗熙宁八年（1075 年）四月，湖南转运司言：“潭、衡、邵、道州江水溢，坏官私庐舍。”[②] 熙宁十年（1077 年）七月，黄河决口于曹村下埽，澶州言：河水“凡灌州县四十五，而濮、齐、郓、徐尤甚，坏官亭、民舍数万，田三十万顷”[③]。元丰元年（1078 年）八月，京东路齐州章丘县发生水灾后，朝廷诏令当路转运司“其所修县城、仓库、官舍并给省钱”[④]。元丰四年（1081 年）七月，泰州海风驾大雨，漂浸州城，坏公私舍数千楹[⑤]，元丰七年（1084 年），泰州因海风夹杂暴雨，“浸州城，坏公私屋数千间”[⑥]。可见，水灾所导致的官府行政设施损毁非常严重，是常见的。

到了南宋时期，由于境内江河湖泊甚多，故而因水灾导致的官廨损坏和重建更加频繁。《宋史》五行志也多有记载，从高宗朝开始，到南宋末度宗朝，每年都有大量水灾导致的地方官廨、仓库、军营等毁坏，如“绍兴三年七月丙子，泉州水三日，坏城郭、庐舍……六年冬，饶州雨水坏城四百余丈。……（孝宗）隆兴二年七月，平江、镇江、建康、宁国府、湖、常、秀、池、太平、庐和光州、江阴、广德、寿春、无为军、淮东郡皆大水，浸城郭，坏庐舍、圩田、军垒。……淳熙五年六月乙巳，兴化军及福清县及海口镇大水，漂民庐、官舍、仓库，溺死者甚众……八年五月壬辰，严州大水，漂浸民居万九千五百四十余家、垒舍六百八十余区。……（淳熙十五年）荆江溢，鄂州大水，漂军民垒舍三千余。……（光宗）绍熙二年七月癸亥，嘉陵江暴溢，兴州圮城门、郡狱、官舍凡十七所，漂民居三千四百九十余……（宁宗）嘉定二年五月己亥，连州大水，败城郭百余丈，没官舍、郡庠、民庐，坏田亩聚落甚多。六月辛酉，西和州水，没长道县治、仓库。丙子，昭化县水，没县治，漂民庐。成州水，入城，圮垒舍。……嘉定十七年五月，福建大水，漂水口镇民庐皆尽，侯官县甘蔗砦漂数百家，人多溺死；建宁府没平政桥，入城；南剑州圮郡治、城楼、郡

---

① （宋）李焘撰，上海师范大学古籍整理研究所、华东师范大学古籍整理研究所点校：《续资治通鉴长编》卷206，治平二年九月丙子，第 5001 页。

② （宋）李焘撰，上海师范大学古籍整理研究所、华东师范大学古籍整理研究所点校：《续资治通鉴长编》卷262，熙宁八年四月壬午，第 6404 页。

③ （宋）李焘撰，上海师范大学古籍整理研究所、华东师范大学古籍整理研究所点校：《续资治通鉴长编》卷283，熙宁十年七月乙亥，第 6940 页。

④ （宋）李焘撰，上海师范大学古籍整理研究所、华东师范大学古籍整理研究所点校：《续资治通鉴长编》卷291，元丰元年八月丁巳，第 7122 页。

⑤ （元）脱脱等撰：《宋史》卷 65《五行志三》，第 1422 页。

⑥ （宋）李焘撰，上海师范大学古籍整理研究所、华东师范大学古籍整理研究所点校：《续资治通鉴长编》卷314，元丰四年七月乙酉，第 7610 页。

狱、官舍，城坏，民避水楼上者皆死。乙卯，建昌军大水，城不没者三板，漂民庐，圮官舍、城郭、桥梁，害稼。……（理宗）淳祐十二年六月，建宁府、严、衢、婺、信、台、处、南剑州、邵武军大水，冒城郭，漂室庐，死者以万数……（度宗）咸淳七年五月甲申，诸暨县大水，漂庐舍。是月，重庆府江水泛溢者三，漂城壁，坏楼橹”[①]。在水灾破坏之后，必然要进行官廨的重新选址和修建。如孝宗乾道八年（1172 年），泾县“暑雨霖霪，溪流泛溢，一夕，县治堂庑之西栅尽为水所漂，而簿所仅免荡析”[②]，迫使整个县治不得不迁移到地势高处，重新修建，仅主簿厅“为屋叁拾间，若厅事，若堂庑，庖湢、灶井毕具”[③]。

此外，风灾、地震对地方官廨等损害亦较为严重，如太祖开宝九年（976 年）五月，宋州言：“大风坏官舍民居凡四千六百余间。”[④]太平兴国二年（977 年）六月，“曹州大风，坏济阴县廨及军营……六年九月，高州大风雨，坏廨宇及民舍五百区。七年八月，琼州飓风，坏城门、州署、民舍殆尽。八年九月，太平军飓风拔木，坏廨宇、民舍千八十七区。十月，雷州飓风，坏廪库、民舍七百区。九年八月，白州飓风，坏廨宇、民舍”[⑤]。真宗天禧三年（1019 年）六月，徐州言：“利国监大风起西南，坏官私庐舍二百余区。”[⑥]神宗元丰四年（1081 年）六月，“邕州飓风，坏城楼、官私庐舍。七月甲午夜，泰州海风作，继以大雨，浸州城，坏公私庐舍数千间。静海县大风雨，毁官私庐舍二千七百六十三楹”[⑦]。南宋孝宗淳熙三年（1176 年），“六月乙巳夜，福清县、兴化军大风雨，坏官舍、民居、仓库及海口镇，人多死者”[⑧]。

地震方面，如太宗“至道二年十月，潼关西至灵州、夏州、环庆等州地震，城郭庐舍多坏……咸平二年九月，常州地震，坏鼓角楼、罗务、军民庐舍甚众”[⑨]。“景祐四年十二月甲子，京师地震。甲申，忻、代、并三州地震，坏庐舍，覆压吏民……治平四年秋，漳、泉、建州、邵武、兴化军等处皆地震，

① （元）脱脱等撰：《宋史》卷 61《五行志一》，第 1329—1338 页。
② （清）李德淦修，洪亮吉纂：嘉庆《泾县志》卷 10《官署》，《中国方志丛书》，第 887 页。
③ （清）李德淦修，洪亮吉纂：嘉庆《泾县志》卷 10《官署》，《中国方志丛书》，第 887 页。
④ （宋）李焘撰，上海师范大学古籍整理研究所、华东师范大学古籍整理研究所点校：《续资治通鉴长编》卷 17，开宝九年五月庚辰，第 372 页。
⑤ （元）脱脱等撰：《宋史》卷 67《五行志五》，第 1468 页。
⑥ （宋）李焘撰，上海师范大学古籍整理研究所、华东师范大学古籍整理研究所点校：《续资治通鉴长编》卷 93，天禧三年六月丙戌，第 2148 页。
⑦ （元）脱脱等撰：《宋史》卷 67《五行志五》，第 1469—1470 页。
⑧ （元）脱脱等撰：《宋史》卷 67《五行志五》，第 1471 页。
⑨ （元）脱脱等撰：《宋史》卷 67《五行志五》，第 1483 页。

潮州尤甚，拆裂泉涌，压覆州郭及两县屋宇，士民、军兵死者甚众……熙宁元年七月甲申，地震；乙酉、辛卯，再震；八月壬寅、甲辰，又震。是月，须城、东阿二县地震终日，沧州清池、莫州亦震，坏官私庐舍、城壁……宣和七年七月己亥，熙河路地震，有裂数十丈者，兰州尤甚。陷数百家，仓库俱没。”[①]由于地震的威力巨大，灾害发生之前又多缺乏预警，故而灾害造成的损失是非常巨大的，对城市和官廨的破坏也非常严重。

2. 火灾原因

古代建筑多系竹、木、茅草，容易引发火灾，宋代火灾频发，这里面有人为原因的纵火、遗火，也有因建筑材料年久失修、自燃等自然原因发生火灾，这也是宋代地方政府官廨毁坏重修的重要原因。如太祖乾德四年（966 年）二月甲子，岳州言：“火焚衙署仓廪库务、居民庐舍殆尽。”[②]同年八月，衡州大火，“焚公廨、仓库、居民庐舍九百区”[③]。神宗元丰二年（1079 年）六月，权知邕州、庄宅副使兼阁门通事舍人刘初、通判陈中、幕职官等均受到追官、勒停等处罚，原因是“坐邕州火，焚官舍千三百四十六区，诸军裹衣万余分，谷帛军器等百五十万”[④]。《宋史》五行志对此也多有记载：太祖建隆三年（962 年），“正月，滑州甲仗库火，燔仪门及军资库一百九十区，兵器、钱帛并尽。……二月，安州牙吏施延业家火，燔民舍并显义军营六百余区。……乾德四年八月，衡州火，燔公署、仓库、民舍仅千余区。……开宝三年八月，辰州廨火，燔军资库。五年七月，忠州火，仓库殆尽。……八年四月，洋州火，燔州廨、民舍千七百区。永城县火，燔军营、民舍千九百八十区，死者九人。……雍熙三年，光化军民却勋家火，延燔军廨、舍、库。端拱元年二月，云安军威棹营火。二年三月，衡州火，燔州县官舍、仓库、军营三百余区。又崇贤坊有鸟燔数十处，七日不灭”[⑤]。

淳化三年（992 年）十月，“蔡州怀庆军营火，燔汝河桥民居、官舍三千余区，死者数人。十二月，建安军城西火，燔民舍、官廨等殆尽。……景德四年十一月，郢州火，燔仓库并尽。大中祥符元年正月，桂州甲仗库灾。二年（1009

① （元）脱脱等撰：《宋史》卷 67《五行志五》，第 1484—1486 页。
② （宋）李焘撰，上海师范大学古籍整理研究所、华东师范大学古籍整理研究所点校：《续资治通鉴长编》卷 7，乾德四年二月甲子，第 168 页。
③ （宋）李焘撰，上海师范大学古籍整理研究所、华东师范大学古籍整理研究所点校：《续资治通鉴长编》卷 7，乾德四年八月壬子，第 176 页。
④ （宋）李焘撰，上海师范大学古籍整理研究所、华东师范大学古籍整理研究所点校：《续资治通鉴长编》卷 298，元丰二年六月甲辰，第 7254 页。
⑤ （元）脱脱等撰：《宋史》卷 63《五行志二上》，第 1375—1376 页。

年）四月，升州火，燔军营、民舍殆尽。……元丰四年六月，衡州火，烧官舍、民居七千二百楹。……政和三年四月，苏州火，延烧公私屋一百七十余间。五月，封州火，延烧公私屋六百八十二间。……绍兴二年十二月甲午，行都大火，燔吏刑工部、御史台、官府、民居、军垒尽，乙未旦乃熄。……绍兴十年十一月丁巳，温州大火，燔州学、酤征舶等务、永嘉县治及民居千余。十一年七月癸亥，婺州大火，燔州狱、仓场、寺观暨民居几半。九月甲寅，建康府火，燔府治三十余区，民居三千余家。……十五年，大宁监火，燔官舍、帑藏、文书。……乾道九年九月，台州火，经夕，至于翌日昼漏半，燔州狱、县治、酒务及居民七千余家。……绍熙二年四月……是月，徽州大火，夜燔州治、谯楼、官舍、狱宇、钱帑库务，凡十有九所，五百二十余区，延烧千五百家，自庚子至于壬寅，乃熄。五月己巳，金州火，燔州治、官舍、帑藏、保胜军器库、城内外民居甚众。……庆元六年八月戊戌，徽州火，燔州狱、官舍，延及八百余家。……嘉定九年七月甲戌，南剑州沙县火，燔县门、官舍及千一百余家，民有死者。……嘉定十七年六月丁亥，岳州火，燔岳阳楼、州狱、帑库，延及八十家”①。两宋时期，火灾的防治尽管有了相当进步，但由于人口密度大、房屋建筑材料、人为因素等多种原因并存，导致火灾对官廨的损失极大，且常见重特大火灾发生。

尽管水灾、火灾、地震后，地方政府未必有财力一一修建官廨、军营、仓库等行政设施，但还是尽力重建，往往重建的过程会因经费、人力、中央重视程度等，时间长短不同。但是，作为地方政府最基础的官廨、仓库等基本行政设施，还是能够优先予以修缮的。如仁宗庆历八年（1048 年）正月，谏官言：“江宁上始封之地，守臣视火不谨，府寺悉焚”②，朝廷命龙图阁直学士、吏部郎中张奎为右谏议大夫知江宁府，“奎既至，简材料工，一循旧制，不踰时复完”③。又如婺州都税院，频繁发生火灾，导致修建工作一直不断，“按郡乘，都税务旧在西南二百六十五步，宣和己亥煨烬之余，徙于今地，去州西二里一十步，实建炎庚戌也。绍兴辛酉又灾，郡太守龙图周公纲即新之。嘉定初又灾，集撰王公棐在郡幕，奉命重创，尝为精廨矣。宝庆丁亥，漫塘刘公宰为赵君琚作《题名记》及《征官箴》，人多称颂之。景定庚申，居民不戒，灾又及之。咸

① （元）脱脱等撰：《宋史》卷 63《五行志二上》，第 1376—1384 页。
② （宋）李焘撰，上海师范大学古籍整理研究所、华东师范大学古籍整理研究所点校：《续资治通鉴长编》卷 162，庆历八年正月甲子，第 3912 页。
③ （宋）李焘撰，上海师范大学古籍整理研究所、华东师范大学古籍整理研究所点校：《续资治通鉴长编》卷 162，庆历八年正月甲子，第 3912 页。

淳丙寅（1266 年），侍郎陈公绮始创屋四楹于草莽荆棘之场，洞无壁立，不得与闾阎伍，过者愈薄之”[①]。咸淳五年（1269 年），再次对其进行修建，“遂得以因其四楹，前后翼之以轩，厅堂门庑、吏舍庖湢，次第而完且美矣。且敛墙缩地，虚其四旁，以防延燎。斧斤断续，两年于兹，会其赀凡十有五万”[②]。邵武军在经历南宋初兵火灾害后，“草创一切，无复基序”[③]，绍兴十六年（1146 年），国家局势稳定后，守臣才有余力对其进行整治修缮，“经始于丙寅仲秋之戊申，迄役于丁卯孟春之戊寅，钱以缗计者万一千有余，佣以日计者二万八千有奇。高明靓深，体与名称，修廊杰阁，卫以戟闳。俭而不削，美而不汰”[④]。

3. 战争原因

两宋时期与周边辽、金、元、西夏战争频繁，外族军队时有进入宋境，加之地方兵民变乱频仍，战乱加之烧杀掳掠，导致地方官廨、仓库等损毁，不得不进行重建。如太祖开宝五年（972 年）九月，“崖州牙校陆昌图作乱，烧劫牙署。知琼州周仁俊遣兵击平之”[⑤]。英宗治平二年（1065 年）正月，孙沔奏：西夏“谅祚以二十万兵寇秦、渭两路，掳掠焚烧，数百里间，扫荡俱尽”[⑥]。神宗熙宁九年十二月，权御史中丞邓润甫言：“河北、京东、福建等路盗贼窃发甚众，往往杀戮人民，焚荡庐舍，甚者至于劫束官吏，攻略县镇。”[⑦]徽宗朝方腊起义给东南地区州城府县造成巨大的破坏，如严州州衙“在子城内正北，（旧制：屋宇甚备，经方腊之乱，荡然无遗，宣和三年知州周格重建”[⑧]。衢州和风驿，“置驿在治城西门之内，由陆则属于涂，由水则即于川，道即便近，宾无留难。岁丙子，焚于睦寇之乱”[⑨]。婺州永康县“宣和间，睦寇窃发，猖狂入境，官舍民居，荡为煨烬”[⑩]。

---

① （宋）王柏撰：《鲁斋集》卷 6《婺州都税院记》，《丛书集成初编》，第 105—106 页。

② （宋）王柏撰：《鲁斋集》卷 6《婺州都税院记》，《丛书集成初编》，第 106 页。

③ （宋）胡寅撰：《斐然集》卷 21《邵武重建军治记》，《景印文渊阁四库全书》，第 1137 册，第 587 页。

④ （宋）胡寅撰：《斐然集》卷 21《邵武重建军治记》，《景印文渊阁四库全书》，第 1137 册，第 587 页。

⑤ （宋）李焘撰，上海师范大学古籍整理研究所、华东师范大学古籍整理研究所点校：《续资治通鉴长编》卷 13，开宝五年九月戊寅，第 289 页。

⑥ （宋）李焘撰，上海师范大学古籍整理研究所、华东师范大学古籍整理研究所点校：《续资治通鉴长编》卷 204，治平二年正月癸酉，第 4940 页。

⑦ （宋）李焘撰，上海师范大学古籍整理研究所、华东师范大学古籍整理研究所点校：《续资治通鉴长编》卷 279，熙宁九年十二月甲午，第 6834 页。

⑧ （宋）陈公亮修，刘文富纂：《淳熙严州图经》卷 1《廨舍》，《宋元方志丛刊》，第 4288 页。

⑨ （清）杨廷望纂修：《衢州府志》卷 5《宋毛开记》，《中国方志丛书》，第 380 页。

⑩ （清）李汝为等修，潘树棠等纂：光绪《永康县志》卷 15《敕书楼记 洪清臣》，《中国方志丛书》，台北：成文出版社，1970 年影印本，第 796 页。

两宋之交，金军南侵，加之兵匪趁火打劫，更是宋朝广大地区行政设施造成巨大的破坏，很多地区由于经济贫困，多年后也未能恢复北宋官廨旧貌。如朱松记载建安县，“自火于戊申之盗，仍寓于民居，湫隘单露，于令所以赋政百里者甚不足以称。中又更盗贼废乱，至烦王师，群盗始次第伏诛。是以凡五六年，犹不克以诏书从事而复于其旧”①。婺州永康县也是“民力日益窘。官吏或牵制不敢为，或倥偬不暇作，迄二十余年，未曾复古”②，《夷坚志》也记载：“绍兴二年。虔寇谢达陷惠州，民居官舍，焚荡无遗。”③建炎四年（1130年）八月，盗杨隆与其徒百余人入梅州，“焚州治，执守臣”④。当时士大夫孙觌在上书中也提道：“伏自大盗入境，小盗因之，城邑保聚，焚荡一空……今州县官寺簿书刑狱、仓廪府库皆无，有如县丞、簿曹、掾官添差添监酒税之类，皆可罢可并。大军之后，桑柘萧条，穷里空舍，鞠为草莽。”⑤此后，南宋一直面临金、蒙古进攻，内部也兵民变乱不定，因战争导致地方行政设施损毁和重建也非常普遍。如镇江府府治在“建炎兵火，一夕埃荡，未草创。绍兴帅臣胡世将经理缔构相继增葺，端平军哄，荐罹焚毁，吴渊来守，实鼎新之，视旧益宏壮矣”⑥。

宁宗嘉定中，遂宁府“强寇窃发，鼓行而前，如入无人之境，直造官府，焚毁漕廨，劫掠仓库。州县储积为之一空，甲仗一库尽为贼有，取不尽者焚之而去。至于居民，悉皆荡尽”⑦。理宗“绍定四年秋，寇起常山，八月，犯开化，官民庐舍荡于回禄，靡有孑遗”⑧。石泉军治也是在“绍兴间，平凉魏侯禧守此一十三载，官廨、学校、城郭规置周备，颉颃内郡。嘉熙二年罹遭战祸，焚荡靡遗。至淳祐二年，同庆张公贵来守此邦，始终十载，经营郡治，宏丽可观，夫子之宫略备其制。宝祐四年冬，番焰再炽，化为昆明劫灰。一坏已甚，岂堪乎再？”⑨屡屡的兵火战乱，给地方官廨修建造成一而再，再而三的巨大冲击，再无财力复建，许多城市在这一时段后逐渐衰落下去，难以恢复唐宋旧貌。

---

①（宋）朱松撰：《韦斋集》卷10《建安县敕书楼记》，《宋集珍本丛刊》，第40册，第725页。

②（清）李汝为等修，潘树棠等纂：光绪《永康县志》卷15，《敕书楼记 洪清臣》，《中国方志丛书》，第796页。

③（宋）洪迈撰，何卓点校：《夷坚志》甲志卷10《盗敬东坡》，第87页。

④（宋）李心传编撰，胡坤点校：《建炎以来系年要录》卷36，建炎四年八月壬辰，第821页。

⑤（宋）孙觌撰：《南兰陵孙尚书大全文集》卷1《与张全参政书》，《宋集珍本丛刊》，第35册，第334页。

⑥（元）脱因修，俞希鲁纂：《至顺镇江志》卷13《公廨》，《宋元方志丛刊》，第2792页。

⑦（明）解缙等编：《永乐大典》卷10998《知遂宁府奏札》，第4559页。

⑧（清）杨廷望纂修：《衢州府志》卷5《董梦程记》，《中国方志丛书》，第361页。

⑨（清）舒钧纂修：乾隆《石泉县志》卷4《重建石泉军治记》，《中国方志丛书》，台北：成文出版社，1969年影印本，第361页。

4. 建筑工艺有限，自然损耗破败，不得不重建

尽管太祖朝就下达诏令："郡县之政。三年有成。官次所居。一日必葺"[①]，也为地方州府官员设置了"具官舍有无破损及增修文帐"方面的考核项目，规定"损坏不完补者。殿一选。如能设法不扰人整葺、或创造舍宇。与减一选。无选可减者收裁"[②]。但是，由于官员们重视程度不同，未必做到时时修护，加之古代建筑工艺水平限制，竹木、砖瓦在长时间风吹日晒下，自然损耗，导致地方行政设施损毁，不得不进行重建。

如哲宗元祐四年（1089年），苏轼给朝廷上书请求拨款修杭州官廨，他提出："臣自熙宁中通判本州，已见在州屋宇，例皆倾邪，日有覆压之惧。今又十五六年，其坏可知。到任之日，见使宅楼庑，欹仄罅缝，但用小木横斜撑住，每过其下，栗然寒心，未尝敢安步徐行。及问得通判职官等，皆云每遇大风雨，不敢安寝正堂之上。至于军资甲仗库，尤为损坏。今年六月内使院屋倒，压伤手分书手二人；八月内鼓角楼摧，压死鼓角匠一家四口，内有孕妇一人。因此之后，不惟官吏家属，日负忧恐，至于吏卒往来，无不狼顾。"[③] 在出现严重的房屋倒塌事故后，重修官廨是必然的选择了。又如衢州和风驿，在北宋徽宗末年方腊起义后重建，"上雨旁风，四无屏蔽，暴客奸人，狂为囊橐，至者惧不敢入，则返舍于逆旅。垂三十年，而莫能复"[④]。直至绍兴十七年（1147年），重建新驿，"是邦属役赋功，即日而用迁，期年而告成，不费有司，不扰民力。为屋四十三楹"，旧驿只存在了不到三十年就破败重建了。[⑤] 又如孝宗淳熙年间，赵彦卫为长洲县丞，县丞厅"视事之所，栋宇欹挠，榱桷朽蠹，上漏下湿，殆弗可居。于是发私财以佐其用，度故地以全其基，役以麇至，工以巧献，无损于公，无扰于民，厅事廊庑，轮奂一新，为三十余间"[⑥]。台州通判厅"事庳且隘，曾

① 司义祖整理：《宋大诏令集》卷190《令外郡官罢任具官舍有无破损及增修文帐诏》，北京：中华书局，1962年版，第696页。刘琳、刁忠民、舒大刚，等校点：《宋会要辑稿》方域四之一一与之同，第9334页；《续资治通鉴长编》将其系年于开宝元年二月癸亥，诏令与之内容也略有不同。（宋）李焘撰，上海师范大学古籍整理研究所、华东师范大学古籍整理研究所点校：《续资治通鉴长编》卷9，开宝元年二月癸亥，第200页。

② 司义祖整理：《宋大诏令集》卷190《令外郡官罢任具官舍有无破损及增修文帐诏》，第696页；刘琳、刁忠民、舒大刚，等校点：《宋会要辑稿》方域四之一一与之同，第9334页；《续资治通鉴长编》将其系年于开宝元年二月癸亥，诏令与之内容也略有不同。（宋）李焘撰，上海师范大学古籍整理研究所、华东师范大学古籍整理研究所点校：《续资治通鉴长编》卷9，开宝元年二月癸亥，第200页。

③ （宋）苏轼撰，孔凡礼点校：《苏轼文集》卷29《乞赐度牒修廨宇状》，第843页。

④ （清）杨廷望纂修：《衢州府志》卷5《宋毛幵记》，《中国方志丛书》，第380—381页。

⑤ （清）杨廷望纂修：《衢州府志》卷5《宋毛幵记》，《中国方志丛书》，第381页。

⑥ （宋）赵彦卫撰，傅根清点校：《云麓漫钞》附录卷1《赵彦卫生平考察》，第274页。

他官不如，堂奥倾欹，岌钠欲压”[①]，原因是“衹云淳熙二年通判管君锐重建。倒指岁棊，未周一甲子，岂当时因陋就简，易至弛陊，重以绍定己丑荡析之变然耶？”[②]在修造近六十年后的理宗绍定五年（1232 年），“既则恢衍规制，增筑基构，取材于市，鸠工于庸，给用于施，官不知役，人不告劳。经始壬辰暮春，断手中夏，听事穹隆，堂寓显敞，廊庑纚属，户牖爣阆，总为楹三十有四”[③]。理宗淳祐年间，宝庆府“官寺位置卑狭，率不中程度，而黄堂为甚，丹垩漫漶，搘拄欹倾，楹柱蠹败，过者怵惕，若将压焉”[④]。于是积累数年，缩减冗费支出，花费一万余缗，重建设厅，“乃度面势，拓其尺度，悉撤而更新之。以广壮革隘陋，以轮奂易腐挠，坚密宏巨，可支久远”[⑤]。宁宗嘉定中，上高县门廊因“岁月寖久，日就敝陋，门庑吏舍，又其尤者，竹椽蠹腐，瓦砾飘堕，倾欹岌钠，若将压焉”[⑥]，知县赵公交篆“于是度其材，量其用，窒塞蠹源，樽节浮费，瓦石竹木，日积月累，期年而西庑成，再期而东庑备，三年而门观巍峨，焕然一新”[⑦]。盐官县治在徽宗政和七年（1117 年）重建后，历经百余年，维护修补，难以为继，“建今几百稔，历时滋久，材木朽腐，上漏下湿，左支右吾，势将覆压，居其下者为之悚惕”[⑧]。宁宗嘉定八年（1215 年），“鲁侯来宰是邑。始至，顾瞻咨嗟，有意于作新之”[⑨]。又如嘉定中，绍兴府有馆驿曰奉使馆，“奉常朝陵往来寓息之所也”[⑩]，士大夫吕午“某蒙台府暂假馆焉。连夕闻西偏有倾摧声，起视则从四间，横如从之数，椽捝瓦毁，上漏旁穿，将至大坏”[⑪]。“推

① （宋）林表民编：《赤城集》卷 2《李宗勉 重修台州通判厅记》，《景印文渊阁四库全书》，第 1356 册，第 630 页。

② （宋）林表民编：《赤城集》卷 2《李宗勉 重修台州通判厅记》，《景印文渊阁四库全书》，第 1356 册，第 630 页。

③ （宋）林表民编：《赤城集》卷 2《李宗勉 重修台州通判厅记》，《景印文渊阁四库全书》，第 1356 册，第 630 页。

④ （宋）程公许撰：《沧州尘缶编》卷 13《宝庆府改建设厅记》，《景印文渊阁四库全书》，第 1176 册，第 1034 页。

⑤ （宋）程公许撰：《沧州尘缶编》卷 13《宝庆府改建设厅记》，《景印文渊阁四库全书》，第 1176 册，第 1035 页。

⑥ （清）曾国藩、刘坤一等修，刘绎、赵之谦等纂：光绪《江西通志》卷 67《建置略・廨宇》，《中国地方志集成》，南京：凤凰出版社，2009 年影印本，第 618 页。

⑦ （清）曾国藩、刘坤一等修，刘绎、赵之谦等纂：光绪《江西通志》卷 67《建置略・廨宇》，《中国地方志集成》，第 618 页。

⑧ （清）许傅霈等原纂，朱锡恩等续纂：《浙江集・海宁州志稿》卷 18《重修县听之记》，《中国方志丛书》，第 1930 页。

⑨ （清）许傅霈等原纂，朱锡恩等续纂：《浙江集・海宁州志稿》卷 18《重修县听之记》，《中国方志丛书》，第 1930 页。

⑩ （宋）吕午撰：《竹坡类稿》卷 2《绍兴府修少卿馆记》，《北京图书馆古籍珍本丛刊・集部・宋别集类》，第 89 册，第 281 页。

⑪ （宋）吕午撰：《竹坡类稿》卷 2《绍兴府修少卿馆记》，《北京图书馆古籍珍本丛刊・集部・宋别集类》，第 89 册，第 281 页。

原其故，每奉常来前数日，例从稽、阴两邑委吏胥葺治，如堂厅以奉宾燕，房室以便寝处，东偏以备厨传，辅行官吏各有常居，皆所不可阙者。不得已略大饰应故事，又以峦幕掩覆之，上下相蒙，莫知究诘。三数日奉常去，则责塞矣。率以为常，安有所谓葺治之实？”[①]在这种长期得不到修缮的情况下，官廨材料废坏，不得不进行大的修治，“于是府斥木百十有一章以佐兴补，两府判厅斥钱百八十有八贯以给梓匠徒役、瓦石丁竹黟垩之需，府吏各一人同司其出入。堂西偏既一新，又即其余波，及于厅堂，甃石以防倾颓，为窗以障风日”[②]。通过以上史料可以看出，宋代地方官廨许多年久失修，材料废坏，多是苟且维护，迫不得已才寻求资金进行重建，因自然损耗导致重新修缮也是在所难免的。

（二）主观方面原因

这里面主要是指宋代中央或地方政府、官员因各种需求，对地方行政设施进行重建或改建。

1. 加强治安防备

地方上城池、敌楼、厢、禁军军营、弓手营寨等具备军事防御和治安职能，对其加强修建是地方政府必须完成的职责。如真宗咸平五年（1002 年）七月，“遣使臣完葺京城军营。应诸州因霖雨坏营舍，有军出而家属在营者，赐缗钱”[③]；八月，“命诸州置县尉弓手营舍”[④]。景德年间，李允则知沧州、积极修建道路，“浚浮阳湖，葺营垒官舍，间掘井城中，人厌其烦”，但后来事实证明，这些设施有效防御了辽朝的进攻。[⑤]庆历二年（1042 年）正月，令河北、京东西转运司用省钱收买民间树木、屋梁等，“修盖新添军营”[⑥]。徽宗政和四年（1114 年），臣僚奏报，“两浙厢军营房多因霖雨摧塌，致见管军兵赁屋散居，将校难为（钤）[钤]束。与逃军杂居，捕盗官无以辨认；遇夜为寇，部辖人无以知觉。是致逃军日

---

① （宋）吕午撰：《竹坡类稿》卷 2《绍兴府修少卿馆记》，《北京图书馆古籍珍本丛刊·集部·宋别集类》，第 89 册，第 281 页。

② （宋）吕午撰：《竹坡类稿》卷 2《绍兴府修少卿馆记》，《北京图书馆古籍珍本丛刊·集部·宋别集类》，第 89 册，第 281 页。

③ 刘琳、刁忠民、舒大刚，等校点：《宋会要辑稿》兵六之一二，第 8722 页。

④ （宋）李焘撰，上海师范大学古籍整理研究所、华东师范大学古籍整理研究所点校：《续资治通鉴长编》卷 52，咸平五年八月戊子，第 1149 页。

⑤ （宋）李焘撰，上海师范大学古籍整理研究所、华东师范大学古籍整理研究所点校：《续资治通鉴长编》卷 57，景德元年八月辛亥，第 1260 页。

⑥ （宋）李焘撰，上海师范大学古籍整理研究所、华东师范大学古籍整理研究所点校：《续资治通鉴长编》卷 135，庆历二年正月庚戌，第 3213 页。

甚，盗贼滋多”[①]，朝廷责令“立限修盖，须管足备，庶得逃军、盗贼易为缉捉”[②]。南宋绍兴初年，因金军南侵，“洪州自兵火之后，营房并无存者，厢禁军与民杂处，不可钤束。兼得朝廷指挥，每岁防秋，许勾抽本路隶将不隶将兵按阅使唤，亦无寺观屋宇可以屯泊。不免建置营屋，大使司支钱，与诸州收买木植，及令诸县根括户绝抛弃屋宇，折移改造，置营房三千余间，并系瓦屋，除拨付本州厢禁军逐营外，造客军营房一所五百余间，见今屯泊诸州及步谅军马”[③]。南宋孝宗乾道四年（1168 年），明州禁军“重修五营，增屋凡四百楹”[④]；淳熙五年（1178 年），朝廷责令“诸路州军所管厢、禁军有在营外人，尽拘收入营；其无营房去处，限半年修盖”[⑤]。时江阴县尉无弓手营，而江阴多盗，弓手所居，“则远者居数里外，近者犹二三里，而家于尉曹之旁者才数人。予喟然叹曰：此曹之设，本以备不虞尔。群焉而居，犹惧弗及；散而不聚，如缓急何？”[⑥]在治安需求下，朝廷责令知州“乃辍郡计，钱以缗、米以石者皆二百，木三百章，以佐其费。罗公行部，至而观焉，复给钱三十万，以竟其役。盖经始于丁未之仲春，而告具于是年之季冬。凡为屋百七十六间”[⑦]。宁宗开禧中，隆兴府“所管厢、禁军计一十五指挥，除团结拣中禁军一千人见有营寨居止外，有不系拣中禁军并厢军，旧来各有营分，缘自建炎兵火之后，尽为废地。诸军散居民间，虽有管营军头等人，名曰部辖，实不相统”[⑧]。后经知府施康年奏请，“本府于交割钱内取拨会子一万贯，专充盖造寨屋支用”[⑨]，避免因军兵散处所造成的诸多弊病。宁宗朝明州辖下三姑都巡检“治在三姑山县西北八十里”[⑩]，宁宗嘉定七年（1214 年）提刑程覃摄守，“每岁拨二百五十人，水军五十人各三百人出戍三姑，以十月朔往，三月朔还。……就军中择将佐拨发训练官以部之，即山上建寨屋并厅屋二十间，射亭二间，俾之更番休息，阅习于其内。夜则归船宿泊，防守北洋要冲，自是控扼始严”[⑪]。嘉定中，朝廷也一再诏令，“行下诸路州军，常切检视禁军营屋，如有倾坏，随即修治……仰守臣常切

① 刘琳、刁忠民、舒大刚，等校点：《宋会要辑稿》兵六之一六，第 8724 页。
② 刘琳、刁忠民、舒大刚，等校点：《宋会要辑稿》兵六之一六，第 8724—8725 页。
③ （宋）李纲著，王瑞明点校：《李纲全集》卷 104，《与李尚书措置画一札子》，第 991 页。
④ （宋）胡榘修，方万里、罗濬纂：《宝庆四明志》卷 7《叙兵·制置司水军》，《宋元方志丛刊》，第 5070 页。
⑤ 刘琳、刁忠民、舒大刚，等校点：《宋会要辑稿》兵六之二六，第 8730 页。
⑥ （宋）袁燮撰：《絜斋集》卷 9《江阴尉司新建营记》，《丛书集成初编》，第 139 页。
⑦ （宋）袁燮撰：《絜斋集》卷 9《江阴尉司新建营记》，《丛书集成初编》，第 139 页。
⑧ 刘琳、刁忠民、舒大刚，等校点：《宋会要辑稿》兵六之二八，第 8731 页。
⑨ 刘琳、刁忠民、舒大刚，等校点：《宋会要辑稿》兵六之二九，第 8731 页。
⑩ （宋）胡榘修，方万里、罗濬纂：《宝庆四明志》卷 20《昌国县志全·叙县》，《宋元方志丛刊》，第 5247 页。
⑪ （宋）胡榘修，方万里、罗濬纂：《宝庆四明志》卷 20《昌国县志全·叙县》，《宋元方志丛刊》，第 5247 页。

差官检视，岁具修过数目申安抚司照会。如违，许安抚司觉察闻奏”[①]。可见，各种军事、治安需求，造成了地方相关军事营房、官廨的修建。

2. 加强地方统治和管理力量（新设州县、机构和官员，新建官廨）

宋代地方行政区划调整非常频繁，不仅州县区划多有增减，两宋时期，路级区划也有诸多变化，按照《宋史》地理志记载：“至道三年，分天下为十五路，天圣析为十八，元丰又析为二十三：曰京东东、西，曰京西南、北，曰河北东、西，曰永兴，曰秦凤，曰河东，曰淮南东、西，曰两浙，曰江南东、西，曰荆湖南、北，曰成都、梓、利、夔，曰福建，曰广南东、西。东南际海，西尽巴僰，北极三关，东西六千四百八十五里，南北万一千六百二十里。崇宁四年，复置京畿路。大观元年，别置黔南路。三年，并黔南入广西，以广西黔南为名。四年，仍旧为广南西路。……迨宣和四年，又置燕山府及云中府路，天下分路二十六，京府四，府三十，州二百五十四，监六十三，县一千二百三十四，可谓极盛矣。大抵宋有天下三百余年，由建隆初讫治平末，一百四年，州郡沿革无大增损。熙宁始务辟土……盖自崇宁以来，益、梓、夔、黔、广西、荆湖南北迭相视效，斥大土宇，靡有宁岁，凡所建州、军、关、城、寨、堡，纷然莫可胜纪。厥后建燕山、云中两路，粗阅三岁，祸变旋作，中原版荡，故府沦没，职方所记，漫不可考。……高宗仓（黄）[惶]渡江，驻跸吴会，中原、陕右尽入于金，东画长淮，西割商、秦之半，以散关为界，其所存者两浙、两淮、江东西、湖南北、西蜀、福建、广东、广西十五路而已，有户一千二百六十六万九千六百八十四。此宁宗嘉定十一年数。建国江左又百五十年，迨德祐丙子，遂并归于我皇元版图，而天下始复合为一焉。”[②]这是《宋史》编纂者从整体上对宋代地方行政区划沿革进行了一个概括，实际上，疆域和内部州县数量增减，一直持续于两宋始终，难以一一记述[③]，而一旦有路、州、县行政区划的增加，往往会伴随着行政机构的修建。如真宗景德四年（1007年）正月二十九日，“诏永安镇特建为县，隶河南府”[④]，“宜以殿中丞黄昭益知陵台令、兼永安县事，仍就陵令公宇增修县廨”[⑤]。广西地区乳源乡，“居民数百家，陆通湖广桂阳，盗贼出没无时，至则肆屠爨”，南宋绍兴中，经官员民众奏请，朝廷同意将其升立为县，县令及民众“承命惟谨，夙夜不遑安处。于乾道三年（1167年）八月

① 刘琳、刁忠民、舒大刚，等校点：《宋会要辑稿》兵六之三〇，第8732页。
② （元）脱脱等撰：《宋史》卷85《地理志一》，第2094—2097页。
③ 李昌宪：《中国行政区划通史·宋西夏卷》，上海：复旦大学出版社，2007年版。
④ 刘琳、刁忠民、舒大刚，等校点：《宋会要辑稿》礼三七之二九，第1572页。
⑤ 刘琳、刁忠民、舒大刚，等校点：《宋会要辑稿》礼三七之二九，第1573页。

十有三日，集乡儒父老邓灏辈，议立县于乳源乡虞塘黄土岭下”[①]，“由是取木于山，伐石于野，建县治、儒学、庙祠、坛壝、厅事、殿堂、廊庑、廨舍、仓库，以楹计五百八十有奇，筑土城周围五里余、高十一尺，厚七尺”[②]。又如宁宗朝，松原乡为处州所辖，“庆元丁巳（1197 年），以松源一乡益以延庆乡之半，置为邑。赐名‘庆元’，越明年卜地于兹，建县治，若迎诏、颁春、若庾犴，罔不咸具。丞廨在其东，尉廨在其西，县学在其北。木斤邑有木数千章”[③]。

在行政区划变动之外，每路、州、县行政机构的增加，也会导致官廨数量的增加和新建，如真宗朝，诸路增设提点刑狱司，仁宗嘉祐中，为增强广大南方地区军事防御力量，朝廷于四年（1059 年）五月诏“淮南东路扬州、西路庐州，江南东路江宁府、西路洪州，湖南路潭州、浙东路越州、福建路福州并兼本路兵马钤辖，就置禁军、驻泊禁军三指挥，越州、福州置禁军二指挥。其新招禁军以威果为额，请受如宣毅例，每指挥毋得过四百人”[④]。同时“逐路选尝历任武臣二员为兵马都监，浙东、福建路一员，并置公廨于本州，以专训练，毋得差出”[⑤]。神宗熙丰变法时期，诸路增提举常平司、诸县增设县丞等，在原有机构之外，新设机构也会增加官廨的修建。徽宗朝，“国家修明百度，董正治官，自崇宁以来，县有令者悉补丞”[⑥]，盐官县“县有丞甫十年，设官之初，每事草具，廨舍尤隘陋，而又枝梧补苴，殆不堪处”[⑦]。北宋末年，因反对新法，废除诸路提举常平司，南宋初，又下诏复置，“而远方官司奉承不暇，修饰廨舍，召置吏人，供帐什物之资，增给禄廪之费，不知其几何也。近据监察御史林之平申，福州一州已使过钱三千余贯（三千：《建炎以来系年要录》卷 27 记作［三万］）。则其余州县计不减此”[⑧]。又“中兴，路置钤辖，以统州郡厢禁军之军官，使臣六品，位在守倅下，斯亦不轻矣。日有教，春秋有大阅，其驻札之所，呵

---

① （清）额元克等修，单兴诗等纂：同治《韶州府志》卷 15《建置略·乳源县》，《中国地方志集成·广东府县志辑》，上海：上海书店出版社，2003 年影印本，第 322 页。

② （清）额元克等修，单兴诗等纂：同治《韶州府志》卷 15《建置略·乳源县》，《中国地方志集成·广东府县志辑》，第 322 页。

③ （清）嵇曾筠、李卫等修，沈翼机等纂：雍正《浙江通志》卷 32《公署三·庆元县治》，《中国地方志集成·省志辑·浙江》，第 782 页。

④ （宋）李焘撰，上海师范大学古籍整理研究所、华东师范大学古籍整理研究所点校：《续资治通鉴长编》卷 189，嘉祐四年五月丁巳，第 4566 页。

⑤ （宋）李焘撰，上海师范大学古籍整理研究所、华东师范大学古籍整理研究所点校：《续资治通鉴长编》卷 189，嘉祐四年五月丁巳，第 4566 页。

⑥ （清）许傅霈等原纂，朱锡恩等续纂：《浙江·海宁州志稿》卷 19《宋丞厅记》，《中国方志丛书》，第 2027 页。

⑦ （清）许傅霈等原纂，朱锡恩等续纂：《浙江·海宁州志稿》卷 19《宋丞厅记》，《中国方志丛书》，第 2027 页。

⑧ 刘琳、刁忠民、舒大刚，等校点：《宋会要辑稿》职官四三之一八，第 4120 页。

殿出入甚都，而居无定廨，非人情也。其初以渡江草创而不能置”[①]，浙东路“盖百二三十年而郡守史公实来，会稽孙君绍祖始出力为己任。告之，首得城西废地若干步，高明爽垲，傍墉而瞰湖。建大门，为长庑属之。厅如邦君之居，宾次吏房周设其外，而内有堂序牖户，下至庖湢，无不全好”[②]。又如理宗景定年间，“始诏诸县并创主学一员，汉之经师、唐之博士是也。于是老师宿儒，皆得列于学宫”[③]，当时新昌县主学无官舍，“咸淳甲子（1264 年），天台谢侯治邑，政成，加惠学官，殿堂门庑，一日毕葺。……乃相学宫之隙，为屋百楹，堂宇庖湢，内外完好”[④]。时长兴县主学亦无官厅，“长兴号畿内最大邑，亦一再更官，无所乎寓。咸淳六年，嘉兴陈君骈来，始即丛桂堂增饬为厅廨，规模宏敞，观听一新”[⑤]。

此外，每路、州、县官员数量的增加，其官廨数量会有所增加。如转运使原来为一员，新增一员，或提刑、县尉原来为一员，增武臣提刑、县尉等，都会适当增加官廨的修建。《嘉定镇江志》载：州官舍“《祥符图经》载官舍除州治外凡十二处……盖是时郡僚之数止如此。其后寖多，始时别乘一员，今增为两员，其下又有签判矣；始时都监一员，今增为五员，而其上又有钤辖矣；始时推官一员，监当官共七员，今推官分为节、察二员，而监当则有监仓、监库、监酒、监税、监闸及排岸、巡铺、作院等官矣，兵官、监当员众，无定居，不能尽述”[⑥]。《嘉泰会稽志》也记载：“越州旧止通判一员，及经驻跸，又为辅藩，增至三四员，亦尝有不厘务者”[⑦]，“通判北厅在府东六十步，通判南厅在府南六十四步，通判东厅在府东南八十五步”[⑧]。由此可以看出，当时诸路州县官员数量增多及对官方行政设施修建的压力，往往难以满足所有官员居住需求。

3. 加强重点地区控制，移动官廨治所位置

宋代地方官府治所并非一成不变，往往需要根据治理需要，进行变动，如县尉司、巡检司要移动到治安形势复杂地区，转运司要靠近漕运便利地区等。治所从迁至它处，往往需重新修建官廨。

---

① （宋）戴栩撰：《浣川集》卷 5《浙东路分新厅题名壁记》，《景印文渊阁四库全书》，第 1176 册，第 722 页。

② （宋）戴栩撰：《浣川集》卷 5《浙东路分新厅题名壁记》，《景印文渊阁四库全书》，第 1176 册，第 722 页。

③ 万历《新昌县志》卷 7《新昌县主学厅记》，《天一阁藏明代方志选刊》，上海：上海古籍书店，1964 年影印本，第 19 册，第 4 页。

④ 万历《新昌县志》卷 7《新昌县主学厅记》，《天一阁藏明代方志选刊》，第 19 册，第 4 页。

⑤ （宋）黄震撰：《黄氏日抄》卷 87《长兴县主学厅题名记（咸淳七年二月）》，（宋）黄震著，张伟、何忠礼主编：《黄震全集》，第 2348 页。

⑥ （宋）史弥坚修，卢宪纂：《嘉定镇江志》卷 12《公廨》，《宋元方志丛刊》，第 2406 页。

⑦ （宋）沈作宾修，施宿等纂：《嘉泰会稽志》卷 3《通判廨舍》，《宋元方志丛刊》，第 6762 页。

⑧ （宋）沈作宾修，施宿等纂：《嘉泰会稽志》卷 3《通判廨舍》，《宋元方志丛刊》，第 6763 页。

如真宗朝，梓州路转运使寇瑊就上奏说："本使公署在梓、遂，去戎、泸地远，缓急边警，难以照应。请徙于资州"，朝廷从之。[①] 当时的入内殿头白崇庆也提出："监修淮渎庙既成，民有祷祠者，多上庙内烹宰喧渎，请禁之，仍徙桐柏县令廨宇庙之东偏"，朝廷诏可。[②] 天禧元年（1017 年）三月，梓州路承受臧沪言："戎泸资荣州、富顺监都巡检使公署在戎州，去淯井监近踰百里，夷寇惊扰则应援不及，望徙置江安县"，朝廷从之。[③] 仁宗天圣四年（1026 年）五月，徙南仪州于岑雄驿，"以旧州地险，中多瘴雾之毒，吏民岁死者众故也"[④]。为加强统治，覆盖更广泛辖区，仁宗明道元年（1032 年）七月，因"淮南转运使并知楚州，而诸州申发文字报复不时，其徙一员治庐州"[⑤]。景祐元年（1034 年）五月诏："诸路提点刑狱司廨舍与转运使副同在一州者并徙他州。"[⑥] 神宗元丰四年（1081 年）三月，诏："徙开封府界提点司于白马县，提举司于管城县。以御史满中行言'两司之官，名曰外任，而治所在城中，不务管职赴功，惟以请谒奔竞为事'故也。"[⑦] 徽宗政和中，朝廷置四辅郡，"颍昌府领南辅都总管。于是京西北路常平使者言，常平司故治颍昌，今颍昌隶畿内，当徙治所"[⑧]，于是于蔡州"东南隅得官地若干亩。夏六月兴土功，冬十月毕涂雘，为屋二百八十六间，吏舍居十三"[⑨]。南宋绍兴二年（1132 年），"自叶浓之乱，而福建监司皆聚于福州。言者以为'建、剑、汀、邵四州，习俗强悍，盗贼屡作。漳、泉、兴、福，号下四州，其民怯弱，少有为盗者。每闻寇作，监司首为逃避之计，按部漳、泉，去贼逾远，群凶益无所惮'，乃诏漕臣还治建州"[⑩]。孝宗乾道五

---

① （宋）李焘撰，上海师范大学古籍整理研究所、华东师范大学古籍整理研究所点校：《续资治通鉴长编》卷 83，大中祥符七年八月丙寅，第 1891 页。

② （宋）李焘撰，上海师范大学古籍整理研究所、华东师范大学古籍整理研究所点校：《续资治通鉴长编》卷 83，大中祥符七年十一月庚戌，第 1904—1905 页。

③ （宋）李焘撰，上海师范大学古籍整理研究所、华东师范大学古籍整理研究所点校：《续资治通鉴长编》卷 89，天禧元年三月壬寅，第 2048 页。

④ （宋）李焘撰，上海师范大学古籍整理研究所、华东师范大学古籍整理研究所点校：《续资治通鉴长编》卷 104，天圣四年五月癸未，第 2407 页。

⑤ （宋）李焘撰，上海师范大学古籍整理研究所、华东师范大学古籍整理研究所点校：《续资治通鉴长编》卷 111，明道元年七月甲戌，第 2584 页。

⑥ （宋）李焘撰，上海师范大学古籍整理研究所、华东师范大学古籍整理研究所点校：《续资治通鉴长编》卷 114，景祐元年五月庚午，第 2676 页。

⑦ （宋）李焘撰，上海师范大学古籍整理研究所、华东师范大学古籍整理研究所点校：《续资治通鉴长编》卷 312，元丰四年四月甲申，第 7572 页。

⑧ （宋）程俱撰：《北山小集》卷 19《京西北路提举常平司新移公宇记》，《宋集珍本丛刊》，第 33 册，第 480 页。

⑨ （宋）程俱撰：《北山小集》卷 19《京西北路提举常平司新移公宇记》，《宋集珍本丛刊》，第 33 册，第 480 页。

⑩ （宋）李心传编撰，胡坤点校：《建炎以来系年要录》卷 56，绍兴二年七月辛巳，第 1146 页。

年（1169年）四月，臣僚奏："楚州系极边重地，路当冲要，本州之东，地名皃鱼，沟、北沙一带，抵接淮海，与山东沿海相对。乞将本州兵马钤辖羊滋移往前去，置廨舍，警察奸盗"①，朝廷从之。两宋时期因各种原因导致的州县府官廨迁移还有很多，不再一一列举，总之，从以上诸种例证中可以看出，因统治需求而导致的治所迁移、廨舍修建在两宋也是非常普遍的。

4. 加强财税征税和储藏官物、备灾救灾，增加仓场库务机构

场务用以经营牟利、生产制造，满足地方和中央政府财政需求；仓库用以储藏官物，满足地方政府物资需求以及救助地方民众，实现社会救济职能，此方面的需求也是地方行政设施修建增多的重要原因。如真宗景德三年（1006年），有臣僚提出："水旱灾沴，有备无患，古有常平仓，今可复置。请于京东西、河东、陕西、江淮、两浙计户口多少，量留上供钱，自千贯至二万贯，令转运使每州择清干官主之……每岁夏秋，准市估加钱收籴，贵则减价出粜，俟十年有增羡，则以本钱还三司"②，朝廷经集议后从之，其后"大率万户岁余万石，止于五万石。或三年以上不经粜，则回充粮廪，别以新粟补之。其后，有诏灾伤州军粜粟，斗勿过百钱"③。神宗元丰三年（1080年）八月诏："开封府界、诸路提举司，于要会州县，指占空闲地或空营，盖造常平仓。仍度岁所收积定间数，其所费并以常平息钱充。如省仓有空闲或官舍可修葺者，亦令指占。其不阙者，不得一例盖造。"④解决民众临灾救济的问题。又如仁宗至和中，海陵（州名待查）州甲仗库破败，"老屋数楹"⑤，"入阅其器，则庳漏热湿，阴郁胜润，筋角干羽或至脱剥不可用"⑥。而此州防御形势严峻，"是郡负江海之险，而兵疲械敝，复又畜藏不严，以开奸纖之隙，万一有警，孰恃以为安哉？"⑦因而新守臣"乃度亢爽之地，易今屋。其为地五尺，屋之高五倍之，总十有五楹。凡器之不完者一切增修之，左右兰锜，栖列有次。既又循库而西，为治事之厅，

① 汪圣铎点校：《宋史全文》卷25上《宋孝宗三》，乾道五年夏四月辛卯，北京：中华书局，2016年版，第2071页。

② （宋）李焘撰，上海师范大学古籍整理研究所、华东师范大学古籍整理研究所点校：《续资治通鉴长编》卷62，景德三年正月辛未，第1385页。

③ （宋）李焘撰，上海师范大学古籍整理研究所、华东师范大学古籍整理研究所点校：《续资治通鉴长编》卷62，景德三年正月辛未，第1385页。

④ （宋）李焘撰，上海师范大学古籍整理研究所、华东师范大学古籍整理研究所点校：《续资治通鉴长编》卷307，元丰三年八月丁巳，第7471页。

⑤ （清）王友庆、刘铃等修，梁桂等纂：道光《泰州志》卷31《甲仗库记》，《中国地方志集成·江苏府县志辑》，南京：江苏古籍出版社，1991年影印本，第348页。

⑥ （清）王友庆、刘铃等修，梁桂等纂：道光《泰州志》卷31《甲仗库记》，《中国地方志集成·江苏府县志辑》，第348页。

⑦ （清）王友庆、刘铃等修，梁桂等纂：道光《泰州志》卷31《甲仗库记》，《中国地方志集成·江苏府县志辑》，第348页。

总二十有二楹"[①]。又如神宗元丰中，石陂寨置巡检、增士兵，稽查盗贼，"唯军食犹艰"[②]，"今百兵月食斛米二百，而于距寨四十里之蓝田受之，盖可。但阻暴流"[③]，因而报请批准，元丰六年（1083年），"建以壬戌之六月十二日，凡费缗钱三十而羸。屋以间计之三，以楹计之十有八。又增中前二楹为亭，以茈出纳"[④]。从此，解决了军粮供应的问题。宣和中，袁州军资库破败，金帛放置散乱，袁州"于江西虽支郡，岁所出纳，无虑数十万计，而库之厅事，败椽朽栋，气象弗严，每风雨暴至，则有覆压之虞"[⑤]，宣和七年（1125年）重建，"得余财而一新之，明朗轩豁，不侈不陋，揆之以理，可支百年"[⑥]。又如南宋理宗绍定中，扬州修南仓，此前，仓屋破败，"惟杨桩积仓储粟常五十余万。历岁滋久，阙于缮修，浸淫岁时，颓垣败壁，飘飘风雨，储粟因以红腐"[⑦]，而新仓的修建，"计一百二十五间，新创四十楹，增壮于旧。凡为工三万一千有奇，费缗八万余，用米几千斛"[⑧]。这种地方官廨的修建，虽然花费大量钱物，但是避免官府物资的损耗，还是具有相当积极意义的。

5. 往来客商、使臣休息需求，增加馆驿机构

宋代地方政府负责往来官员、使臣招待、休息，需要修建馆驿以供其需，避免人员在露天营宿，风吹雨淋，减少不必要的危险，对于辽朝、金朝、西夏等外国使臣的接待，更是需要精心准备。馆驿的修建，有其合理需求，这也是地方馆驿设施修建众多的原因。如真宗景德四年（1007年）八月，朝廷诏："以曹利用等出征，远涉炎瘴，令缘路诸州创造亭舍，使得休息。"[⑨]又如大中祥符五年（1012年）正月，因"契丹每遣人至宁化军"[⑩]，朝廷诏于河东路"横岭铺治馆舍以待之"[⑪]。大中祥符八年（1015年）二月，"令登州于八角镇海口治官

---

① （清）王友庆、刘铨等修，梁桂等纂：道光《泰州志》卷31《甲仗库记》，《中国地方志集成·江苏府县志辑》，第348页。

② （明）解缙等编：《永乐大典》卷7516《石陂寨新置军储仓记》，第3449页。

③ （明）解缙等编：《永乐大典》卷7516《石陂寨新置军储仓记》，第3449页。

④ （明）解缙等编：《永乐大典》卷7516《石陂寨新置军储仓记》，第3449页。

⑤ 正德《袁州府志》卷13《军资库记》，《天一阁藏明代方志选刊》，上海：上海古籍书店，1963年影印本，第37册，第18页。

⑥ 正德《袁州府志》卷13《军资库记》，《天一阁藏明代方志选刊》，第37册，第18页。

⑦ （明）解缙等编：《永乐大典》卷7516《南仓记》，第3452页。

⑧ （明）解缙等编：《永乐大典》卷7516《南仓记》，第3453页。

⑨ （宋）李焘撰，上海师范大学古籍整理研究所、华东师范大学古籍整理研究所点校：《续资治通鉴长编》卷66，景德四年八月甲辰，第1479页。

⑩ （宋）李焘撰，上海师范大学古籍整理研究所、华东师范大学古籍整理研究所点校：《续资治通鉴长编》卷77，大中祥符五年正月乙酉，第1751页。

⑪ （宋）李焘撰，上海师范大学古籍整理研究所、华东师范大学古籍整理研究所点校：《续资治通鉴长编》卷77，大中祥符五年正月乙酉，第1751页。

署，以待高丽、女真使者”[①]。神宗元丰二年（1079年）五月，明州及定海县修高丽贡使馆，名曰“乐宾”，亭名曰“航济”[②]。哲宗元祐元年（1086年）八月诏：“河阳创修北使驿亭，温县宿顿以至德，河阳县中顿以清沇，汜水县中顿以‘行庆馆’为名。”[③]又如元祐中，太原府寿阳县修驿站，寿阳当河东、河北咽喉，地势险要，“井陉之险，乘者不得安舆，骑者不得徐驰，使道途之人，去是险厄而得安固之室，以免夫祁寒盛暑之薄铄，其视地主宜何如也！”[④]乘农隙修建，“四楹以为堂，六楹以为室。左右有夹，东西有庑，宾下有舍，马有厩庌，又十有九楹。砻甓以为坚，墁垩以为洁，完密疏明，内安外固，而宾至如归”[⑤]。因而此驿站的修建，对往来官员使臣，有重要意义。政和中，河东芮城无馆驿，“平日部使者、府官之按行，率由此途。当夏狂澜怒涨，祈寒坚冰凝结，与夫震风凌雨之际，舟不得渡，至于暴露原野，彷徨草莽，茫然四顾，无所休止。吏之不职，孰大于是！”[⑥]后来邵伯温修建了馆驿，屋舍、厨房等皆具，“暮夜菽粟水火皆得而求也”[⑦]。南宋宁宗朝徽州位于交通要道，“士大夫入川广，达行都，经于此者轮蹄相踵，部使者岁时观问风俗，太守与属僚始至或代去，何时无之。傥馆舍不设，则无以备将迎、示观瞻矣”[⑧]。此前因年久失修，馆驿破败，“士大夫戾止，往往寓佚老之室，不得已则俛就逆旅”[⑨]，因而修嘉宾馆，“备材鸠工，增广润色外，鼎新门台……而毕费钱千万，民无纤粟之扰，而嘉宾馆不惟得还旧观，且益崇大矣”[⑩]。诸如此类大量的地方官廨、馆驿的修建，解决了往来官员、监司巡查时住所问题，还是具有相当积极合理意义的。

---

① （宋）李焘撰，上海师范大学古籍整理研究所、华东师范大学古籍整理研究所点校：《续资治通鉴长编》卷84，大中祥符八年二月甲戌，第1918页。

② （宋）李焘撰，上海师范大学古籍整理研究所、华东师范大学古籍整理研究所点校：《续资治通鉴长编》卷298，元丰二年五月壬辰，第7251页。

③ 刘琳、刁忠民、舒大刚，等校点：《宋会要辑稿》方域一〇之一五，第9470页。

④ （清）马家鼎修，张嘉言纂：光绪《寿阳县志》卷11《重修驿记》，《中国方志丛书》，台北：成文出版社，1976年版，第699—700页。

⑤ （清）马家鼎修，张嘉言纂：光绪《寿阳县志》卷11《重修驿记》，《中国方志丛书》，第699页。

⑥ （清）觉罗石麟等监修，储大文等编纂：雍正《山西通志》卷202《待济亭记》，《景印文渊阁四库全书》，第581页。

⑦ （清）觉罗石麟等监修，储大文等编纂：雍正《山西通志》卷202《待济亭记》，《景印文渊阁四库全书》，第581页。

⑧ （宋）吕午撰：《竹坡类稿》卷2《嘉宾馆记》，《北京图书馆古籍珍本丛刊·集部·宋别集类》，第89册，第283页。

⑨ （宋）吕午撰：《竹坡类稿》卷2《嘉宾馆记》，《北京图书馆古籍珍本丛刊·集部·宋别集类》，第89册，第284页。

⑩ （宋）吕午撰：《竹坡类稿》卷2《嘉宾馆记》，《北京图书馆古籍珍本丛刊·集部·宋别集类》，第89册，第284页。

6. 促进信息传递，维护递铺机构

宋代地方州县广泛设置递铺，传递信息，促进各地及地方与中央之间信息及时沟通，促进行政、军事等决策的科学化。递铺还有传递运输物资职责，促进物资流通，故而地方递铺的修建，也是地方行政设施增多的原因之一。如神宗熙宁八年十二月，因交趾攻陷钦州，为加强与广西联系，朝廷诏“自京至邕、桂以来置急脚递铺，差内侍一人点检，系阙人处，即差人贴铺”[①]。元丰四年（1081年）十一月，臣僚奏请：“窃见韦州至清远军驻札将官潘定、刘清日逐搜山，道路通活，别无阻节。其南州至韦州驻札将官刘仅、乐进，虽差下未至。即今灵州至韦州向上，粮道阻节不通，乞差近上臣僚，多发禁军，自新界柴棱沟，每十里置一铺及创堡寨，以便运粮、转送文书。”[②]朝廷责令臣僚调查分析。哲宗朝，为从四川搬运茶叶到陕西，“后遂添置递铺，十五里辄立一铺，招兵五十人，起屋六十间，官破钱一百五十六贯，益以民力，仅乃得成。今置百余铺矣”[③]。南宋乾道中，臣僚奏论：“沿路州县摆铺例皆缺额，其间止三两名，多单身逃军代名。诸州县斥堠铺兵，每月合支本身食钱，州县吝惜财赋，往往不支，或支以半。铺屋损漏及少缺间架，沿路桥梁道路并不修整”[④]，诸多原因导致文书传递迟滞，“拥并积压”[⑤]。朝廷责令诸路巡辖马递铺官员加强按察督促。总之，宋代地方诸路州县因文书传递和物资运输，而修建递铺，这正是宋代地方行政设施修建费用增多的原因之一。

7. 改变建筑材料，防止灾害

宋代居室建筑多以木、砖、石、瓦为主，穷苦百姓和南方地区大量使用茅草和竹材，导致火灾频发，风雹灾害时房屋容易垮塌，因而在宋代一些士大夫推动下，宋代城镇行政设施和军营中开始推广改茅屋为瓦房的建筑过程。[⑥]如真宗天禧四年（1020年），枢密使丁谓奏请：升州官瓦甚多，而“营垒多葺茅为舍，延燔所及，难于救止”[⑦]，因而请求令“接续增益”瓦房营舍，朝廷从

① （宋）李焘撰，上海师范大学古籍整理研究所、华东师范大学古籍整理研究所点校：《续资治通鉴长编》卷271，熙宁八年十二月丁未，第6645页。

② （宋）李焘撰，上海师范大学古籍整理研究所、华东师范大学古籍整理研究所点校：《续资治通鉴长编》卷320，元丰四年十一月乙巳，第7726页。

③ （宋）李焘撰，上海师范大学古籍整理研究所、华东师范大学古籍整理研究所点校：《续资治通鉴长编》卷366，元祐元年二月癸未，第8806页。

④ 刘琳、刁忠民、舒大刚，等校点：《宋会要辑稿》方域一一之二四至二五，第9502—9503页。

⑤ 刘琳、刁忠民、舒大刚，等校点：《宋会要辑稿》方域一一之二五，第9503页。

⑥ 漆侠主编：《辽宋西夏金代通史·宗教风俗卷》，北京：人民出版社，2010年版，第235—236页。

⑦ 刘琳、刁忠民、舒大刚，等校点：《宋会要辑稿》兵六之一三，第8723页。

之。[①]仁宗朝，夷陵县（湖北宜昌市）居民屋舍“其覆皆用茅竹，故岁常火灾”[②]，景祐二年（1035 年）后，峡州知州“教民为瓦屋，别灶廪异人畜，以变其俗”[③]，“既又命夷陵令刘光裔治其县，起敕书楼，饰厅事，新吏舍”[④]。当时广西桂州，“州人覆茅为屋，岁多火”[⑤]，（克明）知州“选北军教以陶瓦，又激江水入城，以防火灾”[⑥]。元丰二年（1079 年）三月，广西提举常平刘谊奏：“邕州官舍民居，悉以茅覆，兼兵火之后，边城楼橹未备，乞集陶匠烧瓦，运宜州木板，置溪洞竹，盖公私屋宇，庶绝火患”[⑦]，朝廷从之。光宗绍熙元年（1190 年），建康府在知府章森的推动下，“厢禁军营旧皆茅庐，森至，易为瓦屋数千间，号曰‘新营’，其隶尺籍者始不与民居杂有”[⑧]。南宋孝宗朝青田县“民多滨溪结屋，覆以茅茨。溪之下流，委注江海，江风飘发无时，火灾间作，居民病之”[⑨]，“茅茨之居，至是十几七八。火之始炽，未尽一室，而茅烬飞扬，抟空而下，四面之火环合而起，操器提水欲事沃灭者，眙愕无所措。漏下数刻，燎余之室无几矣”[⑩]。庆元二年（1196 年），知州赵善坚与县令共同决定更换县城居民、官舍屋顶瓦，“‘贫者给之，富者而自易之’榱桷楹杙之朽腐挠弱者，次第新之”[⑪]，经过一年多修造，“蕞尔井邑，斩然一新。甍宇相属，栉比鳞合……是役也，郡用钱百万有奇，县佐以十之一”[⑫]。当时并规定今后凡房屋修造，“以瓦不以茅，违者禁之”[⑬]。淳熙中，广东梅州“在万山间，官舍民居率以茅竹为屋”[⑭]，张和卿为知州，“公虑火灾，更以木瓦。自驿舍、库廪、两狱，先以公帑为之，民亦乐从”[⑮]。这种修建和建筑材料更换，也是导致地方行政设施成本增加的原因之一，但从长远来看，其还是有助于降低灾害发生率，节省无效行

---

① 刘琳、刁忠民、舒大刚，等校点：《宋会要辑稿》兵六之一三，第 8723 页。
② （宋）欧阳修撰，李逸安点校：《欧阳修全集》卷 39《夷陵县至喜堂记》，北京：中华书局，2001 年版，第 653 页。
③ （宋）欧阳修撰，李逸安点校：《欧阳修全集》卷 39《夷陵县至喜堂记》，第 653 页。
④ （宋）欧阳修撰，李逸安点校：《欧阳修全集》卷 39《夷陵县至喜堂记》，第 653 页。
⑤ （元）脱脱等撰：《宋史》卷 272《曹克明传》，第 9318 页。
⑥ （元）脱脱等撰：《宋史》卷 272《曹克明传》，第 9318 页。
⑦ （宋）李焘撰，上海师范大学古籍整理研究所、华东师范大学古籍整理研究所点校：《续资治通鉴长编》卷 297，元丰二年三月戊子，第 7223 页。
⑧ （宋）马光祖修，周应合纂：《景定建康志》卷 14《建康表十》，《宋元方志丛刊》，第 1505 页。
⑨ （清）雷铣修，王棻纂：光绪《青田县志》卷 14《易瓦记 郑汝谐》，《中国方志丛书》，第 810 页。
⑩ （清）雷铣修，王棻纂：光绪《青田县志》卷 14《易瓦记 郑汝谐》，《中国方志丛书》，第 810 页。
⑪ （清）雷铣修，王棻纂：光绪《青田县志》卷 14《易瓦记 郑汝谐》，《中国方志丛书》，第 811 页。
⑫ （清）雷铣修，王棻纂：光绪《青田县志》卷 14《易瓦记 郑汝谐》，《中国方志丛书》，第 811 页。
⑬ （清）雷铣修，王棻纂：光绪《青田县志》卷 14《易瓦记 郑汝谐》，《中国方志丛书》，第 811 页。
⑭ （宋）楼钥撰，顾大鹏点校：《楼钥集》卷 110《知梅州张君墓志铭》，第 1916 页。
⑮ （宋）楼钥撰，顾大鹏点校：《楼钥集》卷 110《知梅州张君墓志铭》，第 1916 页。

政成本的。

8. 文人士大夫文化娱乐消遣，增加亭台楼馆建设

宋代是中国古代官僚政治极为典型的时代，“皇帝与士大夫共治天下”，文官出任地方知州、知县、转运使、提刑等各级主要官员，由于文人的雅趣，喜欢交游、宴会、吟诗歌赋，故而地方官廨和城镇中具有此类功能的亭台楼馆大量出现，在正厅处理公务之外，有了休闲娱乐的场所，这也是地方行政设施成本增加的重要原因。如哲宗元祐中，江宁府知府吕升卿因“境内无事，姑与宾客僚佐宴游”①，发现圃中凉馆“惜其将隳，乃命营葺，因其故材授以新矩，未几而功就，大厦既成，规摹增壮，弗华弗质”②。又如宋祁治寿州，“惟有黄堂便坐，与吏民宾客相见，无它观游，庸息我私”③，因而“乃取四偏隙地，袤三百弓，治而园之。……析置八区，翚棘相望。不决沼沱，平疏圃畦。射焉有堋，庇焉有樾。取材于官，役不逮民”④，其作用是“春秋以展地主之勤，岁月以休公家之劳。礼成事时，身有余佚”⑤，起到招待宾客和休闲娱乐的功能。神宗朝，眉州知州“既留三年，民益信，遂以无事。因守居之北墉而增筑之，作远景楼，日与宾客僚吏游处其上”⑥。徽宗朝，阆中“太守之居，盖前日节度使之所治，园囿至广，而亭榭至少，宾客往来，无燕劳馆犒之地。乃不类夫所谓节镇者。上下习熟，恬不经意”⑦，因而后来知州修建整暇堂、思政堂，“二堂相望，雄杰相应。吏民观之，有以知刺史之尊，而专城为可乐也”⑧。又如南宋孝宗朝，湖南转运判官厅修建尊美堂，为堂五楹，“植梅竹于前，而其后为方沼，向之茀不治者一旦为靓深夷衍之居，于以问民事，接宾客，奉燕处，无不宜者”⑨。福清县修谯楼，“楼旧五间，今增为七。前列颁春、宣诏两亭，长春、丛桂二坊”。修好后，县令“尝领宾客登楼四望”，抒发忧国情怀。⑩理宗绍定中，吕午为转运司主管文字，于官厅增建小月台，“市材鸠工，涓吉植木。既成，摄衣而上，群峰毕露，烟树楼台，室庐城市，俱在吾目中。如乍出坎井，一睹天日，岂不

① （宋）马光祖修，周应合纂：《景定建康志》卷21《城阙志二・凉馆》，《宋元方志丛刊》，第1656页。
② （宋）马光祖修，周应合纂：《景定建康志》卷21《城阙志二・凉馆》，《宋元方志丛刊》，第1656页。
③ （宋）宋祁撰：《景文集》卷98《寿州西园重修诸亭录》，《丛书集成初编》，第976页。
④ （宋）宋祁撰：《景文集》卷98《寿州西园重修诸亭录》，《丛书集成初编》，第977页。
⑤ （宋）宋祁撰：《景文集》卷98《寿州西园重修诸亭录》，《丛书集成初编》，第977页。
⑥ （宋）苏轼撰，孔凡礼点校：《苏轼文集》卷11《眉山远景楼记》，第353页。
⑦ （宋）唐庚撰：《唐先生文集》卷15《重修思政堂记》，《宋集珍本丛刊》，第31册，第696页。
⑧ （宋）唐庚撰：《唐先生文集》卷15《重修思政堂记》，《宋集珍本丛刊》，第31册，第696页。
⑨ （宋）张栻撰，杨世文、王蓉贵校点：《张栻全集》卷12《尊美堂记》，第734页。
⑩ （宋）刘克庄撰，王蓉贵、向以鲜校点，刁忠民审订：《后村先生大全集》卷92《福清县重建谯楼记》，第2378—2379页。

快哉！”[①]阐述了楼台亭阁的兴建对于文人雅士登高望远、抒发情怀的作用。

9. 长官奢侈享乐，追求奢华生活，展示官威

在各个朝代，地方政府官员中都不乏追求奢侈享乐，喜好丰亨豫大的人员，高大、华丽的官府建筑、精美典雅的亭台楼阁也是他们奢华生活的一部分，宋代同样如此，虽然宋朝中央政府三令五申，地方官员不得因营建公廨扰民科配，但是仍有部分官员敢于违背朝命、大肆敛财、营建规模宏大的地方官衙，以用来展示他们的官威，这也成为地方行政设施营建的重要原因。如宋仁宗至和中，韩琦为相州知州，“典乡郡，因辟牙城作甲仗库，以备不虞，遂大修亭池，名曰康乐园，取斯民共乐康时之义故云。魏公自为记，书而刻诸昼锦堂上。园中旧有七堂曰：昼锦、燕申、自公、荣归、忘机、大悲、凉堂。又有八亭曰：御书、红芳、求已、迎合、狎鸥、观鱼、曲水、广春。又有休逸、飞仙二亭”[②]。而此前太宗朝，韩崇赟为节度使，相州官廨厅堂均逾制，“宋太宗归自河东，视其厅曰：‘朕之所居，亦不过也。’上欲留宿，崇赟奏曰：‘臣以一方之力，积岁成此，今陛下居一夕，即虚之矣，不免劳民重建，乞赐守臣，岂胜荣幸？’上乃命设幄宿于厅下而去。至魏公大加完饰，郡廨园亭，雄壮华丽甲于河朔”[③]。韩一句“一方之力，积岁成此”[④]，道出了其追求奢华生活，花费大量钱物营建官廨的事实。《却扫编》中也记载韩琦：“韩魏公喜营造，所临之郡必有改作，皆宏庄雄深，称其度量。在大名，于正寝之后稍西为堂五楹尤大，其间洞然，不为房室，号‘善养堂’。盖其平日宴息之地也。”[⑤]在宋代，此类情况还有很多，不再一一列举，正如蔡襄在英宗治平年间奏章中所说：“天下州郡，自太平以来，廨宇亭榭，无有不足。每遇新官临政，必有改作，土木之功，处处皆是，不惟枉费财用，必须多役兵卒。”[⑥]由于地方行政长官的喜好而修建奢华的城池官廨，也是官舍营建的重要原因。

10. 装点门面，粉饰太平

宋代地方官员需要得到上级领导尤其是皇帝的肯定，因而在皇帝出巡之时，

① （宋）吕午撰：《竹坡类稿》卷2《意会台记》，《北京图书馆古籍珍本丛刊·集部·宋别集类》，第89册，第282页。
② （元）纳新撰：《河朔访古记》卷中《魏郡部》，《丛书集成新编》，第9页。
③ （元）纳新撰：《河朔访古记》卷中《魏郡部》，《丛书集成新编》，第9页。
④ （元）纳新撰：《河朔访古记》卷中《魏郡部》，《丛书集成新编》，第9页。
⑤ （宋）徐度撰，朱凯、江汉椿整理：《却扫编》卷下，《全宋笔记》第三编第十册，郑州：大象出版社，2008年版，第176页。
⑥ （宋）蔡襄撰，陈庆元、欧明俊、陈贻庭校注：《蔡襄全集》卷18《论兵十事》，福州：福建人民出版社，1999年版，第436页。

所到之处的官员为粉饰太平，显示恭敬之心，往往提前突击修缮官廨，建筑行宫馆驿，这也成为地方官员修建行政设施的原因。有些时候，中央政府也会责令地方官员修缮，以备巡幸，宋真宗朝是此种营建行为较多的时期。如真宗景德二年（1005 年）五月，朝廷诏令河南府知府："葺西京大内及诸司廨舍，将朝陵故也。"[①] 景德三年（1006 年）七月诏："以来年春朝谒诸陵……乃诏所至州县，但增饬馆驿"[②]，为防止地方借修建扰民，同时诏令"不得更建行宫。侍从臣僚并百司供拟及供御之物，并令减省"[③]。大中祥符元年（1008 年），真宗东封泰山，诏令"东封缘路禁采捕。修建行宫，无得侵占民田"[④]，"自京至兖州，敢有妄指民舍林木，言建营行宫、开修道路，及托官司须索配市、假借人夫车乘乞取财物者，所在护送赴阙"[⑤]。虽然此次皇帝出巡不许地方临时修建行宫，但是此类现象还是难以禁止。如大中祥符元年五月，京东转运使言："修葺行宫，合用筒瓦，望自京运送。"[⑥] 真宗自己改变前命："'前诏行宫无得广有营造，今方盛暑，自京送瓦，重有劳扰，非朕意。'即令以常瓦给用。"[⑦] 虽然精简了营建材料，但是还是默许了地方官员营建行宫的行为。东封之后，真宗又西祀汾阴神祠，沿途地方官员又掀起营建行宫馆驿的高潮，如天禧元年（1017 年）九月，宰相李迪言："陛下东封时，敕所过无伐木除道，即驿舍或州治为行宫，才令加涂塈而已。及幸汾、亳，土木之役，过往时百倍。今旱蝗之灾，殆天意所以儆陛下也"[⑧]，真宗曰："卿之言然，一二臣误朕为此。"[⑨] 此后，这种修建行宫馆驿的现象在北宋末和南宋高宗朝仍屡屡出现，给地方民众也造成了较大的损害和骚扰。如绍兴二年（1132 年），朝廷诏令："比缘移跸临安，令漕臣措置营缮，

---

① （宋）李焘撰，上海师范大学古籍整理研究所、华东师范大学古籍整理研究所点校：《续资治通鉴长编》卷 60，景德二年五月癸丑，第 1338 页。

② （宋）李焘撰，上海师范大学古籍整理研究所、华东师范大学古籍整理研究所点校：《续资治通鉴长编》卷 63，景德三年七月癸未，第 1418 页。

③ （宋）李焘撰，上海师范大学古籍整理研究所、华东师范大学古籍整理研究所点校：《续资治通鉴长编》卷 63，景德三年七月癸未，第 1418 页。

④ （宋）李焘撰，上海师范大学古籍整理研究所、华东师范大学古籍整理研究所点校：《续资治通鉴长编》卷 68，大中祥符元年四月壬寅，第 1532 页。

⑤ （宋）李焘撰，上海师范大学古籍整理研究所、华东师范大学古籍整理研究所点校：《续资治通鉴长编》卷 68，大中祥符元年四月辛亥，第 1535 页。

⑥ （宋）李焘撰，上海师范大学古籍整理研究所、华东师范大学古籍整理研究所点校：《续资治通鉴长编》卷 69，大中祥符元年五月丙戌，第 1547 页。

⑦ （宋）李焘撰，上海师范大学古籍整理研究所、华东师范大学古籍整理研究所点校：《续资治通鉴长编》卷 69，大中祥符元年五月丙戌，第 1547 页。

⑧ （宋）李焘撰，上海师范大学古籍整理研究所、华东师范大学古籍整理研究所点校：《续资治通鉴长编》卷 90，天禧元年九月癸卯，第 2078—2079 页。

⑨ （宋）李焘撰，上海师范大学古籍整理研究所、华东师范大学古籍整理研究所点校：《续资治通鉴长编》卷 90，天禧元年九月癸卯，第 2079 页。

闻诸颇取材于民，违背初旨。可令监察御史黄龟年取索，仍给银绢、度牒，计市价偿之。”[①] 可见，此前的修建，完全是令民众无偿捐助的。绍兴二年（1132年）闰四月戊戌，朝廷赐绍兴府行宫复作府治，高宗谓：“时方艰难，宜惜财用，若别建府第，益烦费矣。”[②] 绍兴二年五月，“赐江东安抚大使司折帛钱十万缗，为修行宫之费”[③]。此类耗费大量钱物的地方官府营建，在两宋时期是存在的，它们也构成了地方官府修建行政设施的重要原因。

总之，宋代地方官府行政设施的修建，既有客观上难以避免、不得不修的原因，又有主观上实现政府治理职能、官员喜好等原因，各方面的需求共同促成了宋代地方行政设施的修建和相关费用的支出。故而两宋时期地方行政设施的修建，是较为频繁的，也消耗了大量的人力、物力、财力，对于地方财政的影响绝不是可有可无的，而是十分显著的。地方行政设施的修筑，其中的原因既有加强政府治理效能、维护政府公信力、促进职能运转等诸多合理因素，也有奢侈、享乐、预算不周、修造仓促等不合理因素。对于宋代地方行政设施的修造，评价不能简单一概而论，而应视具体情况而分析。总的来说，由于宋代中央对地方财政控制越来越严密，相关钱物支出审核监督制度化建设日益成熟，故而宋代地方行政设施的修造，数量虽多，但突破常规限度的情形较少，应属中国古代地方行政设施修建的平稳期。

第五节　政府缩减行政设施修建费用的举措

宋代中央和地方政府，出于不同立场，均采取了一系列的举措，以限制和减少地方官府行政设施修建费用。除了“视廨舍如传舍”[④]，任凭官舍破败腐朽而熟视无睹不进行修建者外，宋代政府节约修建费用的相关举措为数众多，其中既包括合理的举措，也包括非合理的举措，其中的经验教训值得今人总结。

宋代地方官廨修建中，合理的缩减支出成本的举措包括以下几个方面。

1. 注意日常维护，减少重建大修

这是中国古代官府一直遵循的一条规律，也是节约修建费用的良策。宋太祖乾德六年（968年）的修造诏令中就宣扬了这一思想，“郡国之政。三年有成。

---

① （宋）李心传编撰，胡坤点校：《建炎以来系年要录》卷51，绍兴二年二月己巳，第1055页。
② （宋）李心传编撰，胡坤点校：《建炎以来系年要录》卷53，绍兴二年闰四月戊戌，第1099页。
③ （宋）李心传编撰，胡坤点校：《建炎以来系年要录》卷54，绍兴二年五月庚午，第1111页。
④ （清）定祥修，刘绎纂：光绪《吉安府志》卷7《建置志·主簿厅》，《中国方志丛书》，第276页。

官次所居。一日必葺。如闻诸道藩镇郡邑府署仓库等。凡有损庳。多不缮修。因循岁时。渐至颓圮。及僝工而庀役。必倍费以劳民。自今节度观察防御团练刺史知州通判等罢任日。具官舍有无破损及增修文帐。仍委前后政各件以闻。其幕职州县官候得替。据增葺及创造屋宇。对书新旧历子。方许给付解由”[①]。苏轼、洪迈等名士也赞同这一思想，“至于宫室，盖有所从受，而传之无穷，非独以自养也。今日不治，后日之费必倍。而比年以来，所在务为俭陋，尤讳土木营造之功，欹仄腐坏转，以相付，不敢擅易一椽，此何养也！”[②]《州县提纲》中也说：“公廨有倾则必修，有弊则必葺，无致因循颓毁以贻后费至利民之事。”[③]南宋士大夫吕午更是赞叹：“昔我艺祖皇帝尝诏郡县吏代归者，皆上其官舍敝坏或兴葺之数以为殿最。意盖以官司举事类不坚固，惟一政一修，第第相承，庶可勿坏。若待其甚坏而后为之，则官无以为，必重费民力矣。此万世臣子所当体承而遵守也”[④]，不在日常进行小规模的修补，“岁复一岁，其至大坏固宜。……大坏而后图，则必大费”[⑤]。故而宋代许多有良知和责任感的士大夫在任“每思一日必葺之义，虽煎熬不暇为，补考不必为，劳民动众不可为，然朱墨余闲，未尝不营图之”[⑥]，“凡居者一日必葺，毋遗后以岌岌”[⑦]。通过日常小规模的修缮，保证官府行政设施整体稳固，尽可能地延长其使用寿命，缩减行政设施新建费用。[⑧]具体例子如宁宗朝嘉定中，绍兴府治所“自钱镠再建，坏而复修不知

---

① 司义祖整理：《宋大诏令集》卷190《令外郡官罢任具官舍有无破损及增修文帐诏》，北京：中华书局，1962年版，第696页。

② （宋）洪迈著：《容斋随笔》四笔卷12《当官营缮》，第754页。

③ （宋）陈襄撰：《州县提纲》卷2《无轻役民》，《官箴书集成》，合肥：黄山书社，1997年影印本，第54页。

④ （宋）吕午撰：《竹坡类稿》卷2《龙阳县丞厅壁记》，《北京图书馆古籍珍本丛刊・集部・宋别集类》，第89册，第281页。

⑤ （宋）吕午撰：《竹坡类稿》卷2《绍兴府修少卿馆记》，《北京图书馆古籍珍本丛刊・集部・宋别集类》，第89册，第281页。

⑥ （宋）吕午撰：《竹坡类稿》卷2《龙阳县丞厅壁记》，《北京图书馆古籍珍本丛刊・集部・宋别集类》，第89册，第282页。

⑦ （宋）孙应时撰：《烛湖集》卷9《南驿记》，《景印文渊阁四库全书》，第1166册，第634页。

⑧ 有关宋代地方行政设施的日常修缮维护，其费用亦属于地方行政设施成本之一，但因史料中对其记载极为简略，缺少数字记载，故而对其探讨从略。且有的史料记载中，行政设施修缮与新建费用在一起，难以区分。如《景定建康志》卷20载：“知府兼任制使姚公希得任内重修诸城门、税亭、备屋、廊宇等。自景定三年三月十一日兴工，至九月十六日毕。逐处修整费钱二万三千一百余缗，米五十七石六斗有奇。”这其中有的是对旧建筑的修补，有的则是重建新设施，难以一一区分，故这里一并计算为行政设施修建费用。但日常修缮维护费用经费来源可以确定，主要包括免役头子钱、系省钱、赃罚钱等，与地方修造经费来源有诸多相同。如《续资治通鉴长编》载，熙宁七年三月朝廷诏：“役钱每千别纳头子五钱，其旧于役人圆融工费修官舍、作什器、夫力辇载之类，并用此钱，不足即用情轻赎铜钱。”吕陶在熙宁十年奏章中也提到：免役在宽剩钱“盖欲准备修葺桥道廨舍，并买置什物之类。”《净德集》卷1《奏乞放免宽剩役钱状》。《庆元条法事类》中也规定：仓库有损害，“州县支本仓系省头子钱增修讫，申所属点检”。《庆元条法事类》记载：地方监狱“州县当职官半年一次躬行检视修葺，所费及狱司（当直司同）应供官用，若给囚之物，皆以赃罚钱充，不足者，修葺支转运司钱，余支本司头子钱（如不足，亦许支转运司钱）。仍听州县随宜支拨，转运司不得令申请待报。”

其几，嘉定十五年守汪纲以谓其敝已极，弗治则不可枝矣。于是外自谯楼，以至设厅，旁由廊庑、吏舍，内自寝堂、燕坐、庖湢之所，悉治新之”①。通过精心的维护，这座府宅延续了320年时间，才重新修建。

2. 减少部分散官闲职无专门办公机构的修建费用

宋代地方一些官员自设立之始，朝廷就明确规定其不得修建官廨，可以任便居住，如州府文散官、宫观官、添差官等，借之减少官廨修建成本。如《庆元条法事类》中就规定：“诸宫观祠庙提举、主管、监官，创造廨宇者，杖一百；于本宫观祠庙有犯，依监临法；添差者，准此，唯听任便居止。”②《古今合璧事类备要》中也记载：“寇莱公谪道州司马，素无公宇。百姓闻之，竞荷瓦木，不督而会，公宇立成，颇亦宏壮。守土者闻于朝，遂再有海康之命。”③虽然百姓爱戴寇准，自发为其修建廨舍，但这并不符合宋朝制度，因而再被贬黜。甚至一些路级属官乃至军兵，也不允许其拥有廨舍。如南宋绍兴府为浙东安抚司置司地，属官“参议机宜、抚干旧无廨舍，皆僦居于市”④。景德元年（1004年），臣僚奏章中也说：“川（陕）[峡]巡检兵士自来不许修造廨宇，多分泊道（涂）[途]。”⑤此类情况还有很多，不一一列举。总之，政府通过法令，限制部分官吏廨舍修建，来减少相关成本支出。

3. 借助其他官府屋舍充当官廨，一屋多用，缩减修建相关机构的费用

此类现象在宋代极为常见，成为最通行的节约修建费用的手段。如《夷坚志》记载：“周勉仲自强为蕲州司法时，以驿舍为官廨。”⑥又如南宋建炎中，邵武县被兵，“焚官寺民庐略尽”⑦，这种情况下，县令无治所，“寓于尉廨”⑧，绍兴二十一年（1151年），“知县事叶邃始复县治，未及成，安抚使用兵官王存之请，即日撤除，涤地皆尽，而县徙寓武阳驿”⑨，一直持续到宁宗朝庆元四年（1198年），凡七十年“而反寓其治于传舍，诏敕法令，图志符檄，护藏不严，栖列无所，决讼问囚，延见丞佐与宾客之来者，其地皆褊迫庳陋，仰漏旁穿，

① （宋）张淏纂修：《宝庆会稽续志》卷1《府廨》，《宋元方志丛刊》，第7097页。
② （宋）谢深甫撰：《庆元条法事类》卷10《舍驿》，杨一凡、田涛主编，戴建国点校，《中国珍稀法律典籍续编》第1册，第177页。
③ （宋）谢维新撰：《古今合璧事类备要》别集卷13《官廨》，上海：上海古籍出版社，1992年版，第941—83页。
④ （宋）张淏纂修：《宝庆会稽续志》卷3《安抚司签厅》，《宋元方志丛刊》，第7122页。
⑤ 刘琳、刁忠民、舒大刚，等校点：《宋会要辑稿》方域四之一二，第9334页。
⑥ （宋）洪迈撰，何卓点校：《夷坚志》乙志卷5《周勉仲》，第225页。
⑦ （宋）陆游：《陆游集》卷20《邵武县兴造记》，第2160页。
⑧ （宋）陆游：《陆游集》卷20《邵武县兴造记》，第2160页。
⑨ （宋）陆游：《陆游集》卷20《邵武县兴造记》，第2160页。

非所以宣布德泽、示民以上下之分也”[①]。南宋理宗朝嘉兴县，“市南临衢濒河，官有败屋数间，丞廨废暂寓之”[②]，县丞将官屋临时充当官廨，后来县丞迁移新居后，这里“兴工改筑为行衙。揖客有厅，燕息有堂，主廊翼室，庖湢悉备”[③]。福州府有转运司行司及同提点刑狱官舍，熙宁中“寻罢同提刑司，政和间始并转运司为提刑司属官厅、吏舍、省马院、架阁库等”[④]。南宋初绍兴三年（1133年），高宗以江宁府府治为行宫，“遂改转运司衙为建康府治”[⑤]。

新增官员最初多无廨舍，往往需要借助其他官廨居住。如福州府“旧通判一员”[⑥]，“绍兴五年增一员，始居旌隐坊北，十九年，通判叶仁以日趋都厅不以事请于卿，以威武军之东故知录司户厅舍而为廨……淳熙五年复置添差厘务通判，寓转运行司之东偏”[⑦]。福州府同时为安抚司治所，“自建炎三年始置机宜、抚干为属，以监务厅为机宜廨舍”[⑧]。绍兴府为浙东提刑治所，“在府治之东二百三十七步，前临运河与蓬莱馆相望。而武臣提刑则以添差通判厅为之，其后武臣提刑既久不除，乃复为通判东厅”[⑨]。

又有将官廨临时用作其他用途者，如用作税务，太祖乾德四年（966年）七月，“令诸州就州廨作检纳厅，以受民租”[⑩]，这样就减少了修建税务所需费用。又如用作灾民收容所，真宗天禧元年（1017年）五月，“诏灾伤流民所至之处，官吏倍加存恤，无居室者许于寺观公舍安泊，勿令失所”[⑪]。再如用作皇帝巡幸时的行宫。真宗天禧元年，宰相李迪就说：“陛下东封时，敕所过无伐木除道，即驿舍或州治为行宫，才令加涂塈而已。”[⑫]南宋绍兴二年（1132年）闰四月戊戌，“朝廷赐绍兴府行宫复作府治”[⑬]，高宗谓：“时方艰难，宜惜财用，若别建

---

① （宋）陆游：《陆游集》卷20《邵武县兴造记》，第2160页。

② （元）单庆修，徐硕纂：《至元嘉禾志》卷25《碑碣十・新建行衙记》，《宋元方志丛刊》，第4602页。

③ （元）单庆修，徐硕纂：《至元嘉禾志》卷25《碑碣十・新建行衙记》，《宋元方志丛刊》，第4602页。

④ （宋）梁克家纂修：《淳熙三山志》卷7《公廨一・转运行司》，《宋元方志丛刊》，第7845页。

⑤ （元）张铉纂修：《至正金陵新志》卷1《行台察院公署图考》，《宋元方志丛刊》，第5293页。

⑥ （宋）梁克家纂修：《淳熙三山志》卷7《公廨一・帅属廨舍》，《宋元方志丛刊》，第7848页。

⑦ （宋）梁克家纂修：《淳熙三山志》卷7《公廨一・帅属廨舍》，《宋元方志丛刊》，第7848页。

⑧ （宋）梁克家纂修：《淳熙三山志》卷7《公廨一・帅属廨舍》，《宋元方志丛刊》，第7847页。

⑨ （宋）沈作宾修，施宿等纂：《嘉泰会稽志》卷3《提刑司》，《宋元方志丛刊》，第6762页。

⑩ （宋）李焘撰，上海师范大学古籍整理研究所、华东师范大学古籍整理研究所点校：《续资治通鉴长编》卷7，乾德四年七月丁亥，第174页。

⑪ （宋）李焘撰，上海师范大学古籍整理研究所、华东师范大学古籍整理研究所点校：《续资治通鉴长编》卷89，天禧元年五月戊戌，第2058页。

⑫ （宋）李焘撰，上海师范大学古籍整理研究所、华东师范大学古籍整理研究所点校：《续资治通鉴长编》卷90，天禧元年九月癸卯，第2078—2079页。

⑬ （宋）李心传编撰，胡坤点校：《建炎以来系年要录》卷53，绍兴二年闰四月戊戌，第1099页。

府第，益烦费矣。”[①] 再如用作教场。哲宗元祐中，苏辙针对朝廷令诸路州县修建保甲教场一事，提出：“访闻京畿、三路，见今皆修盖冬教场屋宇，州、县颇以为劳。臣昔守官河北，窃见义勇冬教，并不曾置教场屋宇，每遇教日，皆权于系官屋宇及寺院等处安泊，别无阙事”[②]，因而建议朝廷进行调查，如果这种借用“别无不便，亦乞罢修，以宽民力”[③]。地方政府通过这种更改官舍用途，一屋多用的方法，缩减行政设施修建费用。

4. 市场租赁、占据民房、僧舍充当官廨

这种现象在宋代也相当普遍，多出现于地方官府中不重要的属官中。如绍兴府浙东安抚司“参议机宜、抚干旧无廨舍，皆僦居于市”[④]。徽州“监在城酒税一员，僦居无定处”[⑤]。又如理宗朝，刘克庄回忆其为真德秀安抚司参议官时，“曩余参真公谋议，熟知之。时廨废为潜火局，假屋以居，机宜寓僧寺，仅存一干官直舍，诿曰闲慢官尔”[⑥]。地方武臣属官同样也不受重视，如哲宗元祐元年（1086 年），臣僚奏：“诸处巡检，自更改后来，其廨宇营房，往往阙少，或只于乡县寺舍安泊。”[⑦] 福建路分驻泊兵马都监厅“绍兴七年火，遂僦居，后治雄略指挥教场官厅……今都监、监押增四员，皆僦居”[⑧]。监当官也多无官廨，多租赁房屋居住。如福州“初监务两员，都务官廨舍旧旌隐坊北，临河务官廨舍旧法海寺北。建炎以来旌隐坊北改为机宜、通判参议厅，法海寺北尝为登瀛馆，近亦添差签判所寓，监务后增三员，皆僦居”[⑨]。福州监甲仗库官“旧康参门内之南，乾道元年以展拓试院，移瓯治地南庵舍，淳熙八年复为庵舍，始僦居”[⑩]。宁宗朝，澉浦镇监镇官“旧是兼职，元在定安桥西，嘉定十二年（1219 年）内朝绅有请增置，靡有定寓，或借民庐，或泊僧舍，因循岁月已数政矣”[⑪]。南宋

① （宋）李心传编撰，胡坤点校：《建炎以来系年要录》卷 53，绍兴二年闰四月戊戌，第 1099 页。
② （宋）李焘撰，上海师范大学古籍整理研究所、华东师范大学古籍整理研究所点校：《续资治通鉴长编》卷 382，元祐元年七月甲子，第 9315 页。
③ （宋）李焘撰，上海师范大学古籍整理研究所、华东师范大学古籍整理研究所点校：《续资治通鉴长编》卷 382，元祐元年七月甲子，第 9315 页。
④ （宋）张淏纂修：《宝庆会稽续志》卷 3《安抚司签厅》，《宋元方志丛刊》，第 7122 页。
⑤ （宋）赵不悔修，罗愿纂：《新安志》卷 1《州郡・官府》，《宋元方志丛刊》，第 7611 页。
⑥ （宋）刘克庄撰，王蓉贵、向以鲜校点，刁忠民审订：《后村先生大全集》卷 90《福建安抚司二准备差遣厅记》，第 2327 页。
⑦ （宋）李焘撰，上海师范大学古籍整理研究所、华东师范大学古籍整理研究所点校：《续资治通鉴长编》卷 365，元祐元年二月庚申，第 8747 页。
⑧ （宋）梁克家纂修：《淳熙三山志》卷 7《公廨类一・驻泊都监监押厅》，《宋元方志丛刊》，第 7849 页。
⑨ （宋）梁克家纂修：《淳熙三山志》卷 7《公廨类一・监务廨舍》，《宋元方志丛刊》，第 7849 页。
⑩ （宋）梁克家纂修：《淳熙三山志》卷 7《公廨类一・监甲仗库廨舍》，《宋元方志丛刊》，第 7849 页。
⑪ （宋）罗叔韶修，常棠纂：《澉水志》卷下《澉浦镇新创廨舍记》，《宋元方志丛刊》，第 4669 页。

宁宗朝镇江府也是“兵官、监当，员众无定居”[①]。

灾后以及年久失修，往往会出现官无廨舍的情况，在此情况下，往往要借助民屋、僧舍等充当官廨。如福建路分驻泊兵马都监厅“绍兴七年火，遂僦居，后治雄略指挥教场官厅”[②]。当时因金军南侵，乱兵焚毁官舍，许多官员无处可居，如萍乡县“县治遭贼焚煨烬之余，蒿艾荆棘，翳为麋墟。凡八年间，令二十有七，视事皆于僧舍”[③]。崇德县也是如此，“县治自罹建炎兵火，鞠为茂草，乃寓于邑之广法院。所谓囹圄帑藏、案籍吏舍，纷杂莫辨。无庭除以别官曹，讼辈气息相属，每郡吏追呼，径造屏间。如是者盖二十有四年”[④]。崇德主簿厅更是宣和中厅室毁坏后，“寄梵宇几百年，最后徙就民居”[⑤]，直到理宗嘉熙中才重建官廨。陆游也记载：“建炎、绍兴间，予为童子，遭中原丧乱，渡河沿汴，涉淮绝江，间关兵间以归。方是时，天子暴衣露盖，栉风沐雨，巡狩四方……况于州牧郡守以降，籧篨一厦以治其事者相望，又况降而为县令丞簿者哉。及王室中兴，内外粗定，然郡县吏寓其治于邮亭民庐僧道士舍者，尚比比皆是。积累六七十年……然后皆得稍复承平之旧。至于县，则有迨今苟且因循者。”[⑥]不仅是官廨，军营、仓库等也有借居民屋、僧舍者。如庆元五年（1199年），臣僚奏报：“诸州军兵各有营房，近年因循不葺，旋至圮坏，其地多为豪贵请佃，军兵遂至赁屋以居。”[⑦]又如，袁州上供所用支移仓，因离河流较远，运输不便，“乾道丙戌，遂徙之新喻……唯是迁徙之初，仓廪未备寄寓于县之僧舍，隘不足于容，弱不足于负”[⑧]。常熟县旧仓狭小，民众所交税赋“岁输之粟至八万石，有仓污庳迫窄，才容四分之一……是岁常散蓄于浮屠之居，廊庑皆满，盖藏弗谨，涂塈弗完，得无有以诲盗哉”[⑨]。

新设官员，由于难以在短暂时间内兴建官廨，往往也会较长时期寄居民房、僧舍。如徽宗大观二年（1108年），臣僚说：“伏睹朝廷设教授之官，于今六年，州郡尚有不置教官廨宇之处，尽室寓于僧院。”[⑩]又如南宋福建路分驻泊兵马都

① （宋）史弥坚修，卢宪纂：《嘉定镇江志》卷12《公廨》，《宋元方志丛刊》，第2406页。

② （宋）梁克家纂修：《淳熙三山志》卷7《公廨类一・驻泊都监押厅》，《宋元方志丛刊》，第7849页。

③ （清）锡荣纂修：嘉庆《萍乡县志》卷6《新建萍乡县治记 江淮》，《中国方志丛书》，台北：成文出版社，1975年影印本，第450页。

④ （元）单庆修，徐硕纂：《至元嘉禾志》卷25《碑碣十・崇德县治记》，《宋元方志丛刊》，第4601页。

⑤ （元）单庆修，徐硕纂：《至元嘉禾志》卷25《碑碣十・主簿厅记》，《宋元方志丛刊》，第4603页。

⑥ （宋）陆游：《陆游集》卷20《诸暨县主簿厅记》，第2161页。

⑦ 刘琳、刁忠民、舒大刚，等校点：《宋会要辑稿》兵六之二八，第8731页。

⑧ （明）解缙等编：《永乐大典》卷7515《支移仓》，第3442页。

⑨ （宋）孙应时纂修，鲍廉增补，（元）卢镇续修：《琴川志》卷12《叙文・常熟新建顺民仓记》，《宋元方志丛刊》，第1273页。

⑩ 刘琳、刁忠民、舒大刚，等校点：《宋会要辑稿》方域四之一五，第9336页。

监，在孝宗淳熙中“今都监、监押增四员，皆僦居”[①]。监当官也多无官廨，多租赁房屋居住。如福州“初监务两员，都务官廨舍旧旌隐坊北……监务后增三员，皆僦居”[②]。度宗咸淳中，黄震也说：“我先皇帝善通其变，始诏天下县学各置官主之，与州郡置教授等。圣虑深远，所为人才计者可谓悉矣。然方草创，官多僦屋而居，市巷猥亵，师道不严。”[③]南宋宁宗嘉定中，镇江府因官员日益增多，“始时别乘一员，今增为两员，其下又有签判矣。始时都监一员，今增为五员，而其上又有钤辖矣。始时推官一员，监当官共七员，今推官分为节察二员，而监当则有监仓、监库、监酒、监税、监闸及排岸、巡铺、作院等官矣。兵官、监当员众无定居”[④]。

官无廨舍，通过市场租赁、借居民房、僧舍，虽是无奈之举，但对于节约地方行政设施修建费用，缓解地方财政压力，还是起到一定积极作用的。

5. 以工代赈、节约修造费用

在灾荒年份，雇佣灾民进行大规模的城池、官廨、仓库、军营、河渠等修造，既解决了灾民的衣食问题，防止灾民大规模迁移引发的社会不稳定问题，同时又将人员雇佣费用和灾民救济费用合二为一，不失为地方政府节约修造费用的合理途径。这种手段，在宋代之前就已采用，宋代各级地方政府官员也努力创造条件，践行这一理想的救灾与修筑模式。如《鹤林玉露》记载：“皇祐间，吴中大饥。范文正公领浙西，乃纵民竞渡，与僚佐日出燕湖上，谕诸寺以荒岁价廉，可大兴土木。于是，诸寺工作鼎新。又新仓廒吏舍，日役千夫。监司劾奏杭州不恤荒政，游宴兴作，伤财劳民。公乃条奏所以如此，正欲发有余之财以惠贫者，使工技佣力之人，皆得仰食于公私，不至转徙填壑。荒政之施，莫此为大。是岁，惟杭饥而不害。”[⑤]通过范仲淹在杭州的大规模修造活动，解决了当时这一地区民众的饮食，防止因灾荒导致的大规模人口迁移和死亡。但苏轼也对此提出不同看法，认为修造官廨是技术性较强的工作，“若散募饥贫，不堪工役，鸟兽聚散，得钱便走。熙宁中，尝行此事，名为召募，其实不免于等第上差科，官支钱米尽入役夫，而本户又须贴钱雇人，凶年人户，重有此扰，皆虚名无实，利少害多”[⑥]。但是他自身又积极向朝廷申请度牒修造杭州官廨，

① （宋）梁克家纂修：《淳熙三山志》卷7《公廨类一·驻泊都监押厅》，《宋元方志丛刊》，第7849页。
② （宋）梁克家纂修：《淳熙三山志》卷7《公廨类一·监务廨舍》，《宋元方志丛刊》，第7849页。
③ （宋）黄震撰：《黄氏日抄》卷87《长兴县主学厅题名记（咸淳七年二月）》，（宋）黄震著，张伟、何忠礼主编：《黄震全集》，第2348页。
④ （宋）史弥坚修，卢宪纂：《嘉定镇江志》卷12《公廨》，《宋元方志丛刊》，第2406页。
⑤ （宋）罗大经撰，王瑞来点校：《鹤林玉露》甲编卷3《救荒》，第52页。
⑥ （宋）苏轼撰，孔凡礼点校：《苏轼文集》卷48《上执政乞度牒赈济及因修廨宇书》，第1408页。

并认为“深念本州廨宇弊坏已甚，不可不修，及今完葺，所费尚少，后日大坏，其费必倍，又因以募人纳米出粜救饥。设使不因修完廨宇，朝廷以饥民之故，特出圣恩，乞与二百道度牒，犹不为过，而况救饥修屋两用而并济乎？”①两者自相矛盾，实际上，他还是主张饥荒年份，修造官廨的，同时他在杭州也是大修亭台楼阁，重修西湖等。正如陆游记载其六叔祖向哲宗奏报中所说：“臣任浙西转运司勾当公事日，轼知杭州，葺公廨及筑堤西湖，工役甚大，臣谓其费财动众，以营不急，劝止。轼遂怒，语郡官曰：‘比举一二事，与诸监司议，皆以为然，而小句辄呶呶不已！’‘小句’盖指臣也。然是时岁凶民饥，得食其力以免于死、徒者颇众。臣所争亦未得为尽是。”②这种临灾修廨，对于雇佣饥荒民众，减轻政府救灾资金，整饬园林官舍，还是有相当积极意义的。

6. 使用旧物料，砍伐山林，节约购买成本

使用旧的建筑上的砖瓦材料，用来修盖新的建筑，是自古至今都在采用的缩减修建成本的措施之一。如哲宗朝，吉州修建州治小厅，“得地于废库之遗址，得材于完葺廨舍之余”③。又如庆元二年（1196年），昌国县修主簿厅，就是利用了“郡造浮梁，邑有余材，君请得之”④，长洲县修县尉厅，也利用之前多次修桥剩余材料，“凡六修小长桥，有余材，辄储以俟用”⑤。绍兴五年（1135年），万载县重修县治，“寸木片瓦，悉取坏宇弃材，罔有科敛，规模简俭，粗庇风雨，而不务壮丽者，惜民力也”⑥。绍兴十六年（1146年），成都府修钤辖厅，也是利用了旧厅之材，“悉所得旧材，撤去腐败而易以新。竹以个，木之栋楹梁衰者以枚，椽以枝，合三千五百九十。砖之大而磨者以方，狭者以条，瓦以半，合二万三千三百”⑦。通过这种途径，既精简了修造费用，同时又物尽其用，值得后人学习。

砍伐山林，也是缩减修建物料费用的办法，如仁宗朝蒋堂为知益州，修建铜壶阁，“其制宏敞，而材不预具，功既半，乃伐乔木于蜀先主惠陵、江渎祠”⑧。

---

① （宋）苏轼撰，孔凡礼点校：《苏轼文集》卷48《上执政乞度牒赈济及因修廨宇书》，第1407页。

② （宋）陆游撰，孔凡礼点校：《家世旧闻》卷上《六叔祖劝东坡勿开西湖》，北京：中华书局，1993年版，第182页。

③ （宋）刘弇撰：《龙云集》卷22《吉州新修小厅记》，《景印文渊阁四库全书》，第1119册，第242页。

④ （宋）楼钥撰，顾大鹏点校：《楼钥集》卷58《昌国县主簿厅壁记》，第1005页。

⑤ （明）钱谷编：《吴都文粹续集》卷9《长洲尉厅记曾复》，《景印文渊阁四库全书》，第1385册，第228页。

⑥ 康熙《袁州府志》卷15《万载重修县记徐昇》，《北京图书馆古籍珍本丛刊·史部·地理类》，第31册，第364页。

⑦ （宋）扈仲荣等编：《成都文类》卷28《钤辖厅重建报忠堂记　朱辂》，《景印文渊阁四库全书》，第1354册，第604页。

⑧ （宋）李焘撰，上海师范大学古籍整理研究所、华东师范大学古籍整理研究所点校：《续资治通鉴长编》卷153，庆历四年十二月甲辰，第3725页。

又如宣和元年八月工部供到《政和令》中就规定："诸营（造）材料并官给，阙，官差军工采官山林；又无，以转运司钱买。若不足，听于中等以上户税租内，随等第以实直科折。"[①]可见，官廨营建材料缺乏，从山林采伐，是第一解决方案，第二才是市场购买，第三才是从中等税户科折，采伐山林，是当时较好的节省修建成本措施之一。

7. 动员民间力量，公私共同修建

由于地方财政困难，经费紧张，宋代地方政府也经常会动员地方上的富民、豪强、商人、僧道等出钱出力，共同完成官方行政设施的修建，虽然其中难免劝募或以势干请，但也不排除因官员为政清廉，地方民众主动出资进行兴修的情况，其中的原因较为复杂，难以只凭官员、士大夫所作修造记等一面之词确定，但如果排除强行科配民众，这对于地方政府来说，仍然是缩减修造经费的合理途径之一。相关情况，已在前面论述宋代地方行政设施经费来源中进行了论述，这里不再一一详列。

8. 改变建筑材料，节省无效行政成本支出

如为防止火灾，宋代地方官府将官廨、馆驿、军营、仓库、民屋等改建瓦屋顶，减少茅草、竹木屋顶，短期内虽然增加了修建费用，但是长远看来，对于避免火灾，防止行政设施大规模的重建，是有利于节省无效行政成本支出的，有关内容，在前面论述行政设施修建原因中已有论述，这里不再详列。

9. 迁移治所，节省无效行政成本支出

宋代一些州县治所，因原始选址不好，如在深山之中，烟瘴毒气浓重，或易受到少数民族部落攻击，或地理位置低下，容易被大水暴雨冲毁等[②]，往往进行迁移。还有的行政机构为满足统治需求，如加强治安、减少物资运输距离、增加机构间合作等，也发生迁移，这种迁移是有积极意义的，虽然短期内增加了修建费用，但是长远看来，也是有利于节约无效行政成本，是合理的行政成本缩减手段。有关内容，在论述宋代地方行政设施修建原因中也进行了分析，这里不再详述。

① 刘琳、刁忠民、舒大刚，等校点：《宋会要辑稿》方域一〇之三三，第 9480 页。

② 如真宗大中祥符八年正月，迁移棣州城，先是，河北转运使李士衡、张士逊等言："河流高于州城者丈余，朝命累年役兵修固，盖念徙城重劳民力。而去冬盛寒，尚有冲注，若冻解，必致决溢，为患滋深。今请于州之北七十里阳信县界，地名八方寺，即高阜改筑州治，以今年捍堤军士助役，则永久之利。"诏可。（宋）李焘撰，上海师范大学古籍整理研究所、华东师范大学古籍整理研究所点校：《续资治通鉴长编》卷 84，大中祥符八年正月戊戌，第 1914 页。

10. 加强立法、监督和审计，减少修造活动，节约修造成本

宋朝政府加强立法、减少地方擅自修造活动，节约修建费用，如《宋刑统》中就规定："诸有所兴造，应言上而不言上，应待报而不待报，各计庸坐赃论，减一等。即料请财物及人功，多少违实者，笞五十。若事已损费，各并计所违，赃庸重者坐赃论，减一等（本料不实，料者坐。请者不实，请者坐）。"[①]"诸非法兴造，及杂徭役十庸以上，坐赃论（谓为公事役使，而非法令所听者）。"[②]对于官府廨舍的迁移，宋朝政府也进行严格管控，如规定："诸监司廨宇，不得缘私事辄乞移置他州。"[③]对于修建的建筑材料和规格，宋朝中央政府也进行了限定，其中有节约行政成本的因素。如真宗景德四年（1007年）诏令："自今皇城内外亲王宫宅、寺观、祠庙用石灰泥，诸司库务营舍、厅堂、门屋用破灰泥，自余止麦䴬细泥，营舍、厅堂、门屋用赤色装。如自备泥饰者，听。"[④]《宋史》中也记载，宋朝"凡公宇，栋施瓦兽，门设梐枑。诸州正牙门及城门，并施鸱尾，不得施拒鹊。六品以上宅舍，许作乌头门。父祖舍宅有者，子孙许仍之。凡民庶家，不得施重栱、藻井及五色文采为饰，仍不得四铺飞檐。庶人舍屋，许五架，门一间两厦而已"[⑤]。同时政府加强财务审计，避免奢侈浪费及其中的贪赃行为。仁宗朝天圣元年（1023年）诏令，"自今传宣营造屋宇，并先下三司计度实用功料，然后给以官物。时上与皇太后宣谕辅臣曰：'比来诸处营造，内侍直省宣谕，不由三司，而广有支费。且闻伐材采木，山谷渐深，辇致劳苦，宜检约之'"[⑥]。通过三司审计，减少物资浪费。徽宗朝当时"数内外路官司为有廨舍，前后相承，增修不已，或巧为名目，多作料数。州县一面勘请，或肆行检计，动数千缗，诸司直牒取授，莫可检察"[⑦]。朝廷对此予以关注，宣和元年（1119年）的时候，朝廷规定："诸营缮廨宇、馆驿、马递铺、桥道及什物之类"[⑧]，"三十贯以下，转运、提举常平司分认，从所属支，修讫申逐司。诸营造材料所支钱及百贯，或创造三十间，每间不及四椽者以四椽准一间。申转运司。创造及三十间者，仍申尚书工部。县创造三间或缮修十间，并应支转运司

① （宋）窦仪等撰，吴翊如点校：《宋刑统》卷16《兴造料请（工作不如法）》，第262页。
② （宋）窦仪等撰，吴翊如点校：《宋刑统》卷16《兴造料请（工作不如法）》，第263页。
③ （宋）谢深甫撰：《庆元条法事类》卷4《臣僚陈请》，杨一凡、田涛主编，戴建国点校，《中国珍稀法律典籍续编》第1册，第42页。
④ 刘琳、刁忠民、舒大刚，等校点：《宋会要辑稿》食货五五之三，第7252页。
⑤ （元）脱脱等撰：《宋史》卷154《舆服志六》，第3600页。
⑥ （宋）李焘撰，上海师范大学古籍整理研究所、华东师范大学古籍整理研究所点校：《续资治通鉴长编》卷100，天圣元年三月甲申，第2318页。
⑦ 刘琳、刁忠民、舒大刚，等校点：《宋会要辑稿》方域四之一六，第9337页。
⑧ 刘琳、刁忠民、舒大刚，等校点：《宋会要辑稿》方域一〇之三三，第9480页。

钱者，申所属相度［施］行。应申者检计，仍委官覆检。其创造及百间，具奏听旨”[①]。州县修建“若巧作名目，多作料数支给，仰监司按劾闻奏。诸路依此”[②]。南宋高宗绍兴六年（1136 年），朝廷也对地方“修造舍屋及添修舟舡官司”[③]，所料工物钱“虚桩大料”提出警告，如果再如此，“官吏并重作施行”。[④]此外，宋真宗朝之后，中央政府还经常颁布诏令，规定地方政府减少修建活动，防止扰民害政，“应修造不急可缓者。权住修造。所用人物亦权住”[⑤]。“除紧要治事处许随宜修盖，应闲慢修造并住”[⑥]，等等。总之，宋朝政府通过立法、监督、审计等举措，限制地方政府动用钱数和修建房屋间数，减少修造活动，减少地方行政设施修建成本。

其他诸如精简机构、缩减人员或增加现任官员兼职等，均具有缩减行政设施修建成本的作用，但由于这些措施的功能比较综合，不仅仅缩减了行政设施修建费用，故而不在此处进行论述。以上诸多措施为宋代地方行政设施修建中合理的节省修造费用的诸多举措。

宋代地方政府还有许多方法也能大大缩减地方行政设施修建费用，但往往是采用超经济的行政强制力量，是不合理的。在宋代不合理的节约地方官府修建费用的举措包括：无偿征发民众、军兵、僧道，充当修造人夫；无偿或低价科配兵民修建物料；责令兵民、商人出钱，转嫁费用；官吏自掏腰包修建官廨；向下级政府摊派等。这些举措在前述地方行政设施修建经费来源中，已进行了论述，这里不再一一详述。

总之，在地方官廨的修建中，“不费于公，不敛于民”[⑦]是官员们追求的非常理想的状态，但现实中很难做到，一般只存在于各级官吏从自己俸禄中出钱进行修造，但这又是他们所不希望的，往往实际的现状是，“盖土木之设，不费于公，则扰于民”[⑧]，故而以上宋代地方官府行政设施修建中所体现的诸多节省修造费用的合理举措，其积极意义还是值得充分肯定的，也值得我们今人学习和借鉴。

---

① 刘琳、刁忠民、舒大刚，等校点：《宋会要辑稿》方域一〇之三三，第 9480 页。
② 刘琳、刁忠民、舒大刚，等校点：《宋会要辑稿》方域四之一六，第 9337 页。
③ 刘琳、刁忠民、舒大刚，等校点：《宋会要辑稿》方域四之一八，第 9338 页。
④ 刘琳、刁忠民、舒大刚，等校点：《宋会要辑稿》方域四之一八，第 9338 页。
⑤ 司义祖整理：《宋大诏令集》卷 179《应修造不急可缓者权住御笔》，第 649 页。
⑥ 刘琳、刁忠民、舒大刚，等校点：《宋会要辑稿》方域四之一七，第 9337 页。
⑦ （宋）陆游：《陆游集》卷 20《诸暨县主簿厅记》，第 2162 页。
⑧ （宋）张津等纂修：《乾道四明图经》卷 39《冯輗 慈溪县修县门记》，《宋元方志丛刊》，第 4943 页。

第六节 地方政府行政设施修建频率的统计及行政成本的估算

（一）关于宋代地方政府行政设施修建频率

宋代地方官员由于诸多朝廷法令限制，加之地方财力有限，故而官廨因自然损耗的修建、重建频率整体上较低，但由于各种水灾、地震、战乱等因素，官廨、仓库、军营等行政设施因突发事件损毁和重建情况又是较多的。我们选取一些有重建记载的地方官廨，通过表 1-7 来反映宋代地方官廨修建的频率问题。

表 1-7 宋代地方官廨修建频率统计表

地方官廨名称	修建时间	毁坏时间及原因	重建时间	与上次修建间隔时间	重修重建次数	修建费用	史料来源
泰和县官厅	唐朝创建	自然损耗	庆历二年（1042年）	垂七八十载，未尝一葺焉	一次	得钱百万，用权厥费	万历《吉安府志》卷 35《泰和县公厅记》
福清县谯楼	唐之圣历（698年）	自然损耗	修于宝祐之丁巳（1257 年），再修于景定辛酉（1261 年）	初修间隔五百六十年（其中应多次重修），再修间隔为四年	重建二次，其中应多次修缮	景定中用八万瓶楮币	《后村先生大全集》卷 92《福清县重建谯楼》
常州州治	唐末景福元年（892 年）	建炎元年（1127 年）中毁	俞守兴复后逐渐兴建绍兴四年（1134 年）	二百三十余年	一次		《咸淳毗陵志》卷 5《官寺一·州治》
苏州州治	唐乾宁元年（894 年）	年代久远，自然损耗	仁宗嘉祐间重建，元丰六年（1083 年）又修廊庑、甲仗库等	初修间隔一百七十年，再修间隔二十七年	二次	元丰六年，又修廊庑、甲仗库等，用羡钱二百万	《吴郡图经续记》卷上《州宅下》
苏州州治设厅	唐乾宁元年（894 年）修	唐至宋由于自然损耗，后建炎中毁于兵火	皇祐六年（1054 年）重修、嘉祐中大修；绍兴三年（1133 年）更建新厅	一百六十余年	二次	嘉祐中用钱数千缗	《吴郡志》卷 6《官宇》
乌程县治	唐乾宁三年（896 年）修	自然损耗	宋大中祥符元年（1008 年）间重建	一百一十二年	一次		《嘉泰吴兴志》卷 15《乌程县》

续表

地方官廨名称	修建时间	毁坏时间及原因	重建时间	与上次修建间隔时间	重修重建次数	修建费用	史料来源
抚州州治	天祐元年（904年）	自然损耗	治平二年（1065年）四月	二百年	一次		《宋文鉴》卷84《抚州新建使厅记》
杭州州治	五代钱氏修建（907—978年）	自然损耗	元祐四年（1089年）额三修	百余年	一次	钱四万贯，合度牒二百道	《苏轼文集》卷29《乞赐度牒修庙宇状》
绍兴府府治蓬莱阁	按阁乃吴越钱镠（907—978年）所建		自元祐戊辰（1088年）章楶修之，又八十七年钱端礼再修，又四十八年汪纲复修，嘉定十五年（1222年）修之	重修间隔一百至一百七十余年，再修间隔八十七年，再修间隔四十八年	三次		宝庆《会稽续志》卷1《府廨》
建康府句容县	唐天祐六年建（907年）		嘉定元年（1208年）间重建	三百余年	一次		《至正金陵新志》卷1《句容县图考》
明州定海县县厅、敕书楼	后梁贞明二年（916年）立，雍熙元年（984年）修缮	建炎四年（1130年）毁于兵，敕书楼绍熙五年（1194年）毁于风	绍兴元年（1131年）重建，淳熙四年（1177年）再建县门，绍熙六年（1195年）重建敕书楼	初修间隔六十余年，再毁间隔一百四十余年	二次		《宝庆四明志》卷18《叙县·公宇》
江宁府	不详，南唐中（937—975年）	庆历八年（1048年）正月火灾毁坏	庆历八年至庆历九年	间隔七十八至一百一十年	一次	役二十二万，材二百二十万，考室七百楹	《续资治通鉴长编》卷162庆历八年正月辛巳、《景定建康志》卷13《建康表九》、《张方平集》卷33《江宁府重修府署记》
永康县敕书楼	太祖朝	宣和中毁于方腊起义	绍兴辛酉（1141年）	初坏间隔一百六十余年	一次		光绪《永康县志》卷15《敕书楼记》
成都府钤辖厅	建隆中	自然损耗	靖康中坏，重建在绍兴十六年（1146年）	一百七十余年	一次		《成都文类》卷28《钤辖厅重建报忠堂记 朱辂》
长兴县治	太祖开宝六年（973年）建	建炎（1127年）兵火毁	绍兴五年（1135年）重建	初毁间隔一百五十年	一次		《嘉泰吴兴志》卷15《长兴县》

续表

地方官廨名称	修建时间	毁坏时间及原因	重建时间	与上次修建间隔时间	重修重建次数	修建费用	史料来源
常州无锡县治	开宝乙亥（975年）草创	栋宇未完	乾兴壬戌（1022年）岁，乃募豪杰萃杞梓利工善之器揆定中之日听讼之厅雄构击鼓之楼峻峙修廊挟室越柒拾间	开宝乙亥迨天圣丁卯（1027年）五十年	一次		《无锡志》卷4中《常州无锡县记》
盐官县治	太宗太平兴国元年（976年）中	自然损耗	康定元年（1040年）	六十余年	一次		《浙江省·海宁州志稿》卷19
鄞县县主簿厅	太平兴国四年（979年）建	建炎（1127年）兵火毁	绍兴八年（1138年）重建，绍定元年（1228年）火	初毁间隔一百四十余年，再毁间隔九十年	二次		《宝庆四明志》卷12《叙县·官僚》
建昌军府衙	太平兴国四年（979年）	绍兴甲寅（1134年）兵火毁	绍兴中	一百五十余年	一次		正德《建昌府志》卷6《公署·建昌府治》
邵武军军治	太平兴国四年（979年）	建炎兵火毁	绍兴十六年（1146年）重建	初坏间隔一百四十余年	一次	一万一千缗有余	《斐然集》卷21《邵武重建军治记》
兴化县厅	太平兴国四年（979年）	自然损耗	崇宁元年（1102年）间进行重建，之后一百三十年每年一修，宝庆丁亥又重建	初修间隔一百三十余年	一百三十年每年一修，重建二次		《复斋先生龙图陈公文集》卷9《兴化县重建厅事记》
邵武县治	太平兴国五年（980年）	建炎兵火	庆元四年（1198年）	初坏间隔一百四十余年，修缮间隔二百一十余年	一次	百余万钱	《渭南文集》卷20《邵武县兴造记》，《陆游集》
明州慈溪县中门	太宗雍熙元年（984年）建		宝庆三年（1227年）重建	二百四十年	一次		《宝庆四明志》卷16《叙县·公宇》
鄞县县尉厅	雍熙三年（986年）建	建炎元年（1127年）兵火毁	绍兴八年（1138年）重建	一百四十余年	一次		《宝庆四明志》卷12《叙县·官僚》
鄞县县治大厅	太宗端拱元年（988年）建	建炎四年（1130年）兵火毁坏	绍兴八年（1138年）重建，嘉定十年（1217年）重建	初毁间隔一百四十六年，再建间隔七十九年	二次		《宝庆四明志》卷12《叙县·公宇》
明州市泊务	太宗淳化元年（990年）置	火灾、质量不好	嘉定十三年（1220年）火灾重建，宝庆三年（1227年）又重建	初毁间隔二百三十年，再建间隔七年	二次	宝庆三年，费楮券万三千二百八十八缗有奇	《宝庆四明志》卷3《叙郡中·坊苍》

续表

地方官廨名称	修建时间	毁坏时间及原因	重建时间	与上次修建间隔时间	重修重建次数	修建费用	史料来源
庆元府治九经堂	淳化二年（991年）	自然损耗、建炎年间兵火	元祐五年（1090年）重建，绍兴十八年（1148年）重建	初修间隔一百年，再毁间隔三十七年	二次		《宝庆四明志》卷3《叙郡下·公宇》
滕县县治	仁宗天圣元年（1023年）改作		神宗元丰元年（1078年）重建	五十二年	一次		《苏轼文集》卷11《滕县公堂记》
永州鼓楼	天圣丙寅（1026年）	自然损耗	绍兴己巳重建，庆元三年（1197年）又重建	一百二十四年、五十余年	二次		道光《永州府志》卷3《建置志上·永州府》
定海县海内东寨巡检	天圣中	建炎四年（1130年）毁于兵	嘉定八年（1215年）并东寨于西寨，移建厅事	初毁间隔一百年	一次		《宝庆四明志》卷18《叙县·官僚》
武功县设厅	天圣中建	自然损耗	大观四年（1110年）重建	八十余年	一次		正德《武功县志》卷1《建置志第二》
绛州州宅黄堂	天圣辛未（1031年）	自然损耗	宣和三年（1121年）	九十一年	一次	金四十八万	《山右石刻丛编》卷18《潜心堂记》
江宁府	仁宗庆历八年（1048年）	绍兴十年（1140年），自然损耗		间隔九十二年	一次		《景定建康志》卷13《建康表九》
临海县治	仁宗皇祐二年（1050年）建	乾道九年火（1173年）	淳熙六年（1179年）重建	一百二十余年	一次		《嘉定赤城志》卷6《公廨门三·临海》
秀洲华亭县尉厅中西亭	皇祐四年（1052年）建	不明原因	绍兴间重建后毁坏，嘉定十三年（1220年）又重建	初修间隔七十年，再修间隔七十三年	二次		《云间志》卷上《亭馆·西亭》
镇江府治	仁宗至和二年（1055年）重建	自然损耗，后重建，建炎兵火又毁，胡世将重建后，端平军乱焚毁	宣和辛丑（1121年）重建，建炎毁后，绍兴中胡世将重建，理宗朝端平乙未吴渊重建	初建间隔七十余年、再毁间隔十余年，三次建间隔一百余年	三次	端平中屋以程计凡六百二十五泉粟以缗考者总十五万八千有奇	《至顺镇江志》卷13《公廨·治所》
临海县尉厅	仁宗嘉祐元年（1056年）建	宣和元年（1119年）中毁于寇	明年复建	七十余年	一次		《嘉定赤城志》卷6《公廨门三·临海》

续表

地方官廨名称	修建时间	毁坏时间及原因	重建时间	与上次修建间隔时间	重修重建次数	修建费用	史料来源
定海县主簿厅	嘉祐八年（1063年）建	建炎四年（1130年）毁于兵	庆元五年（1199年）重建	初毁间隔六十七年	一次		《宝庆四明志》卷18《叙县·官僚》
苏州常熟县治	英宗治平年间	自然损耗	绍兴中重修琴堂，丙辰（1136年）令新作寝室，旧有君子堂，久废，庆元戊午新之。嘉泰壬戌（1202年）令重建县厅，后又增筑一些亭台楼阁	初修间隔七十余年，再修间隔六十余年	二次		《琴川志》卷1《叙县·公廨》
苏州常熟县顺民仓	治平二年（1065年）建	岁旧损耗	绍熙四年（1193年）常平司给钱修，庆元三年（1197年）重建北仓，四年重建南仓，嘉熙元年，增加时间仓屋	中间一百二十八年	一次		《琴川志》卷1《叙县·仓库》
苏州常熟县丞厅	神宗熙宁中（1068年）建		淳熙初年（1174年）重建厅事	一百余年	一次		《琴川志》卷1
广德军谯门	熙宁戊申（1068年）	自然损耗	绍兴甲子（1144年），庆元丁巳（1197年）再修	五十三年	二次		《庐陵周益国文忠公集》卷58《广德军重修谯门记》
乐清县鼓楼、谯楼	熙宁癸丑（1073年）	自然损耗	淳熙戊戌（1178年）	一百四岁	一次		永乐《乐清县志》卷4《邑令袁采重修县楼记》
黔阳县治所	熙宁中	自然损耗	宝庆元年（1225年）	一百五十余年	一次		《八琼室金石补正》卷119
泰兴县敕书楼	神宗元丰四年（1081年）	自然损耗	宣和六年（1124年）	四十余年	一次		嘉靖《惟杨志》卷7《公署志》
福州都仓	哲宗元祐四年（1089年）建仓厅，有屋二百一十区	自然损耗	政和八年（1118年）重修，建炎元年（1127年）复修	初修间隔三十年，再修间隔九年	二次		《淳熙三山志》卷7《公廨·都仓》
仙游县尉厅梅轩	元祐六年（1091年）重建		嘉定十年（1217年）重建	间隔一百二十六年	一次		《仙溪志》卷1《官廨》

续表

地方官廨名称	修建时间	毁坏时间及原因	重建时间	与上次修建间隔时间	重修重建次数	修建费用	史料来源
绍兴府钱清镇盐场厅	徽宗崇宁若年	自然损耗	建炎中修	一百年	一次	十万钱	《楼钥集》卷55《钱清盐场厅壁记》
仙游县丞厅	崇宁三年（1104年）		绍定元年（1228年）重建	间隔一百一十四年	一次		《仙溪志》卷1《官廨》
鄞县县丞厅	徽宗政和元年（1111年）建	建炎兵火（1127年）	绍兴八年（1138年）重建，绍定元年（1228年）火	初毁间隔十六年，再毁间隔九十年	二次		《宝庆四明志》卷12《叙县·官僚》
盐官县治	政和七年（1117年）	自然损耗	嘉定八年（1215年）	近一百年	一次		《浙江省·海宁州志稿》卷18《重修县厅之记》
盐官县丞厅	政和八年（1118年）	自然损耗	淳熙四年（1177年）	五十余年	一次		《勾容金石志》卷5
明州慈溪县门及敕书楼	徽宗宣和初（1119年）建	宝庆二年（1226年）风吹塌	宝庆二年（1226年）重建，楼凡五间	一百余年	一次		《宝庆四明志》卷16《叙县·公宇》
余杭县治	宣和中	建炎中毁于寇，后自然损耗	建炎中重建，理宗绍定中又建	百余年，二次亦百余年	二次		《平斋文集》卷9
黄岩县厅	宣和五年（1123年）	自然损耗	嘉定八年（1215年）	百年	一次	缗钱三千、米三百斛	《赤城集》卷3《黄岩重建厅事记　王居安》
黄岩县狱	不详（高宗建炎二年（1128年）左右）	自然损耗	绍定己丑（1229年）	百年	一次		《赤城集》卷8《重建黄岩县狱记　周端朝》
长洲县尉厅	建炎兵火后修建	建筑质量不好	淳熙十一年（1184年）	五十余年	一次		《吴都文粹续集》卷9《长州县尉厅记》会复
石泉军治	高宗绍兴间	嘉熙二年战祸（1238年），宝祐四年（1256年）年再遭战火	淳祐二年（1242年）重建，宝祐二年（1254年）再重建	初修间隔百余年，再修间隔十余年	二次		乾隆《石泉县志》卷4《重建石泉军治记》、《宋代蜀文辑存》卷100
汀州谯楼	推测应为高宗绍兴三年左右（1133年）	自然损耗	绍定六年（1233年）重建	百年老屋	一次	修谯楼用二万缗	《后村先生大全集》卷88《汀州重建谯楼》

续表

地方官廨名称	修建时间	毁坏时间及原因	重建时间	与上次修建间隔时间	重修重建次数	修建费用	史料来源
庆元府治进思堂	绍兴四年（1134年）建	自然损耗	淳祐六年（1246年）重建	一百一十年	一次		《宝庆四明志》卷3《叙郡下·公宇》
镇江府谯楼	绍兴丙辰（1136年）	端平元年（1234年）中焚毁	端平丙申（1236年）重建	一百年	一次		《至顺镇江志》卷13《公廨·治所》
鄞县县狱	绍兴八年（1138年）重建	火	绍定元年（1228年）重建	九十年	一次		《宝庆四明志》卷12《叙县·公宇》
上高县门楼	绍兴十二年（1142年）建	自然损耗	嘉定四年（1211年）	七十余年	一次		嘉庆《上高县志》卷13《重修上高县治门廊记》
镇江府丹阳馆	绍兴十四年（1144年）间	自然损耗	咸淳五年（1269年）重建	一百二十六年	一次		《宋左丞相陆公全书》卷3《丹阳馆记》，又见《古今图书集成》考工典卷7
筠州通判厅	绍兴庚午（1150年）	自然损耗，弊当改为	嘉泰壬戌（1202年）	五十年	一次	羡余四十五万	《庐陵周益国文忠公集》卷60《筠州判官厅记》
永新县厅	绍兴庚辰（1160年）	火灾	宝庆丙戌（1226年）	六十八年	一次		同治《永新县志》卷6《重修永新县厅记（绍定元年三月）》
临安府钱塘县尉司	孝宗隆兴癸未（1163年）建	自然损耗	嘉泰三年（1203年）修，宝庆元年1225年）重建	初修间隔四十年，再修间隔二十余年	二次		《咸淳临安志》卷54《诸县官厅·钱塘县》
明州公使库	孝宗乾道中用通判厅充	自然损耗	宝庆三年（1227年）重建，屋一百六十六间	六十二年	一次	役工一万五百二十六用楮券一万二千六百二十七缗有奇	《宝庆四明志》卷3《叙郡下·坊巷》
台州通判厅	孝宗年间（1175年）重建	质量不好	绍定五年（1232年）	五十余年	一次		《赤城集》卷2《重修台州通判厅记李宗勉》

续表

地方官廨名称	修建时间	毁坏时间及原因	重建时间	与上次修建间隔时间	重修重建次数	修建费用	史料来源
临安府於[于]潜县丞厅	淳熙四年（1177年）修	迁移治所	嘉泰中（1201年）迁于县仓，重建	间隔二十余年	一次		《咸淳临安志》卷54《诸县官厅·於潜县》
丹阳县治	淳熙丙午（1186年）建		宝祐甲寅（1254年）重建	七十年	一次		《至顺镇江志》卷13《堂·丹阳县》
台州便厅	淳熙十五年（1188年）	质量不好	重建狱宝庆改元（1225年）	未四十年	一次	钱总五百万，米百余斛	《赤城集》卷2《台州重建便厅记》
苏州常熟县尉厅	光宗绍熙中创	后岁久废	淳祐戊申（1248年）重建	五十八年	一次		《琴川志》卷1《叙县·公廨》
镇江府通判北厅	宁宗庆元二年（1196年）建		淳祐六年（1246年）修，景定二年（1261年）重建	初修间隔六十年，再建间隔十五年	二次		《至顺镇江志》卷13《公廨·治所》
吴县尉厅	宁宗开禧乙丑（1205年）	自然损耗，五十五年无修缮	景定三年（1262年）	五十五年	一次	五千六百缗	《黄氏日抄》卷86
临安府仁和县治	不知所始，距绍定五年（1232年）不只百年	自然损耗	绍定五年（1232年）重建	百余年	一次	捐钱四百万	《咸淳临安志》卷54《诸县官厅·仁和县》
万载县治	不知年月	建炎兵火	绍兴五年（1135年）	二百年	一次		乾隆《袁州府志》卷32
诸暨县狱	不详	自然损耗	端平改元（1234年）	承百年之旧	一次	八百缗	《漫塘文集》卷23《诸暨县重建县狱记》
仙游县丞厅	不详	自然损耗，每年一修	宝庆丙戌（1226年）	一百四十年	一次，每年一修		《复斋先生龙图陈公文集》卷9《仙游县丞厅记》
婺州都税院		宣和己亥（1119年）火灾，绍兴辛酉（1141年）灾、嘉定初灾、景定庚申（1260年）又灾	建炎庚戌（1130年）重建、绍兴辛酉（1141年）灾后重建，嘉定（1208年）灾后又重建，嘉定庚申又灾，咸淳丙寅（1266年）重建，质量不好，四年后又修建	间隔时间不定，少则十余年，多则六十余年	五次重建	咸淳中修建费用一五万	《鲁斋集》卷6《婺州都税院记》

通过以表 1-7 可以看出，宋代地方政府行政设施的损坏、修缮和重建在两宋三百年间一直持续不断，重建和修缮的原因主要是建筑材料自然老化、垮塌、火灾和战乱，其中也包括因木材日久老化而引起的自燃导致的火灾毁坏。当然，这里面也存在一些因建筑质量低劣导致的时间不久就被迫重修的情况，两宋之交的宋金战争摧毁了大量的地方政府官廨和行政设施，导致地方政府行政成本支出的大量增加。

整体上看，宋代地方各级政府修缮的频率比较低，一般为五六十年重建一次，如果维护修缮较好，建筑寿命可以达到上百年乃至二百年以上。能够做到任上每年进行修缮官廨的地方官府极为少见，许多官屋存在“五十有五年，间无与葺一椽瓦者”[①] 的情况，从而导致了建筑损坏情况的加剧，难以达到设计之初的寿命。

如果我们以宋代建筑平均预期寿命进行统计，当时认为如果一座建筑修建维护的好，“揆之以理，可支百年”[②]，如果只有五六十年就损坏，人们就会认为，最初建筑质量不合格，“岂当时因陋就简，易至弛隳”[③]。对照现今普通建筑寿命，我们认为，排除战乱、火灾等人为和自然原因，单就自然老化腐朽而言，宋代官方行政设施建筑的平均寿命应取五十至一百年的平均数也就是七十五年左右，这一修建频率相对于现代建筑并不算高，也可以在一定程度上改变我们对宋代地方政府修建费用过高，过于奢侈浪费的传统印象。

（二）地方行政设施修建费用的估算

宋代地方行政设施修建费用的估算，前人未尝进行相关研究，我们也只能通过一些数字进行简单的估算，可能与实际情况谬之千里，但进行这一估算，对于认识宋代地方行政设施修建费用的整体情况，进而探讨每年地方政府用于行政设施修建费用的数量及其占地方财政支出的比重，还是有相当积极意义的。

我们先分别估算北宋、南宋地方行政设施修建费用。北宋自 960 年建立，至 1127 年灭亡，存在了 167 年，北宋太宗太平兴国四年（979 年），平定北汉后，天下“凡十八路，州府军监三百二十二，县一千二百六十二”[④]。“大抵宋有天

① （宋）黄震：《黄氏日抄》卷 86《修吴县尉衙纪事（景定三年九月）》，（宋）黄震著，张伟、何忠礼主编：《黄震全集》，第 2308 页。

② 正德《袁州府志》卷 13《军资库记》，《天一阁藏明代方志选刊》，第 37 册，第 18 页。

③ （宋）林表民编：《赤城集》卷 2《重修台州通判厅记李宗勉》，《景印文渊阁四库全书》，第 1356 册，第 630 页。

④ （宋）王应麟辑：《玉海》卷 14《地理・地理图》，第 275 页。

下三百余年，由建隆初迄治平末，一百四年，州郡沿革无大增损。”[①] 神宗朝之后开始拓边，疆域变化比较频繁，至北宋末徽宗宣和四年（1122 年）“天下分路二十六，京府四，府三十，州二百五十四，监六十三，县一千二百三十四，可谓极盛矣”[②]。当时有路 26，府州军监 351，县 234。我们取这两个样本的中间值对宋代地方政府行政单位数量进行统计，北宋时期地方转运司路的数量应为 22 个，府州军监数量应为 336，县的数量为 1248，按照 75 年，各级地方政府行政设施整体进行重建一次，167 年间，宋代各级地方政府机构至少应重建两次。北宋时期，路级机构官廨重建费用应在 1 万贯左右[③]，按照每一路四个机构计算，每一路行政设施整体建设费用约 4 万贯，22 路费用为 88 万贯，北宋 167 年重建二次费用为 176 万贯；州及机构官廨整体重建费用也应不低于 5000 贯[④]，336 州府修建费用应为 168 万贯，北宋时期重建二次修建费用应为 336 万贯；县级政府机构单一官厅如主簿、县尉厅修建费用数百贯，整体重建费用应不低于 1000 贯[⑤]，1248 县重建费用应为 124.8 万贯，北宋时期重建二次修建费用应为 249.6 万贯，那么，通过以上估算可以看出，北宋时期路、州、县各级地方官廨修建两次的整体费用达到了 761.6 万贯。如果用上面估测出来的北宋时期地方官廨整体修缮费用，来统计 167 年间每年宋代地方官府用于官廨修缮费用，那么每年的修缮费用应为 4.56 万贯。这个数字平均到全国上千个县、三百余个州和二十余个路来看，其费用是相对较低的，与地方财政支出相比，所占比重也是较少的，如徽宗朝，安焘所说：“熙宁、元丰之间，中外府库，无不充衍，小邑所积钱米，亦不减二十万。”[⑥] 徽宗朝，湖北靖州“岁于湖广拨钱七八万，以养官兵”[⑦]，宣和七年（1125 年），袁州“岁所出纳，无虑数十万计”[⑧]。绍兴元年（1131 年），胡安国也说：“靖州置郡在崇宁元年，自鼎、澧应副钱粮，岁费二十七万。”[⑨] 州县地方行政设施修建费用在地方财政支出中只占据非常小的比例。一州岁计都

① （元）脱脱等撰：《宋史》卷 85《地理志一》，第 2095 页。

② （元）脱脱等撰：《宋史》卷 85《地理志一》，第 2095 页。

③ （宋）李焘撰，上海师范大学古籍整理研究所、华东师范大学古籍整理研究所点校：《续资治通鉴长编》卷 342，元丰七年正月，第 8219—8232 页。

④ 前面列表所反映的州府修缮费用往往与城池一同进行，达到数万缗，单一行政设施如设厅、廊庑等修缮费用也近 2000 贯，排除城池修缮费用，一般小型州府官廨修建费用应不低于 5000 贯。嘉靖《太原县志》卷 5《崇圣寺碑铭并序（元丰八年）韩绎》，《天一阁明代方志选刊》，上海：上海古籍书店，1963 年影印本，第 8 册，第 13—17 页。

⑤ （清）定祥修，刘绎纂：光绪《吉安府志》卷 7《建置志・泰和县官廨》，《中国方志丛书》，第 274—275 页。

⑥ （元）脱脱等撰：《宋史》卷 328《安焘传》，第 10568 页。

⑦ （宋）曾敏行撰，朱杰人整理：《独醒杂志》卷 9，《全宋笔记》第四编第五册，郑州：大象出版社，2008 年版，第 193 页。

⑧ 正德《袁州府志》卷 13《军资库记》，《天一阁藏明代方志选刊》，第 37 册，第 18 页。

⑨ （明）黄淮、杨士奇编：《历代名臣奏议》卷 47《治道》，上海：上海古籍出版社，1989 年影印本，第 638 页。

在二三十万贯，而用于修建行政设施的费用只有四五千贯，而且是五六十年才重建一次，平均一年才百贯左右，单从修建所用钱的数量计算①，与地方州县财政规相比，可谓少之又少。

南宋时期，由于金朝的南侵，宋朝丧失了北方大片领土，自绍兴十一年（1141年）双方合议签订，“东画长淮，西割商、秦之半，以散关为界，其所存者两浙、两淮、江东西、湖南北、西蜀、福建、广东、广西十五路而已”②，当时有路15，州府军监186，县685③。宁宗嘉定元年（1208年），全国有路15，府州军监193，县711。④理宗端平元年（1234年），疆域有所扩大，全国有路15，府州军监203，县747。⑤南宋晚期，由于蒙元的连续打击，南宋疆域日益缩减，咸淳四年（1268年），朱禩孙奏：蜀中“六十余州今止有二十余州，所谓二十余州者又皆荒残，或一州而存一县，或一县而存一乡”⑥。当时在宋朝境内比较完整的辖区只有两浙路、淮南东、西路、江南东、西路、荆湖南、北路、福建路、广南东、西路，共计十路，府州军监142，县539，我们取这四个样本的中间值对南宋地方政府行政单位数量进行统计，共计路13，府州军监181，县670；南宋153年时期，每级行政机构至少重建2次。南宋时期，由于物价的上涨，整体修建费用增加，路级机构修建费用达到6万贯⑦，一路四个机构修建费用在24万贯左右，13个路的修建费用在312万贯，两次修建费用为624万贯，州及政府机构修建费用应不低于1.5万贯，181个府州军监修建费用为271.5万贯，两次修建费用为543万贯。县级政府机构整体修建费用应不低于3000贯⑧，670个县的修建费用在201万贯，两次修建费用为402万贯，通过以上估算可以看出，南宋时期路、州、县各级地方官廨修建两次的整体费用达到了1569万贯，平均到南宋时期每年用于地方政府官廨修建的费用平均为10.25万贯。这个数字平均到南宋时期670个县、181个府州军监、13个路，其修建费用仍然不高，所占地方政府财政支出的比重也较低。如高宗绍兴二十六年（1156年），鲁冲奏：“臣前任宜兴县，漕计合收窠名，有丁盐钱、坊场课利钱、租地钱、租丝租纻钱，一岁所入，不

① 这其中并未计算地方行政设施修建中投入的人力、物料费用。
② （元）脱脱等撰：《宋史》卷85《地理志一》，第2096页。
③ 李昌宪：《中国行政区划通史·宋西夏卷》，第244页。
④ 李昌宪：《中国行政区划通史·宋西夏卷》，第261页。
⑤ 李昌宪：《中国行政区划通史·宋西夏卷》，第271页。
⑥ （宋）佚名撰：《咸淳遗事》卷下，《景印文渊阁四库全书》，第408册，第819页。
⑦ （宋）魏了翁撰：《鹤山先生大全文集》卷43《潼川转运司重建东衙记》，《四部丛刊初编·集部》，第12页。
⑧ （宋）林表民编：《赤城集》卷3《黄岩重建厅事记 王居安》，万历《黄岩志》卷2《黄岩县重建听事记 王居安》，《景印文渊阁四库全书》，第1356册，第642页。

过一万五千余缗。其发纳之数，有大军钱、上供钱、籴本钱、打舡钱、军器物料钱、天申节银绢钱之类，岁支不啻三万四千余缗。又有见任寄居官请受、过往官兵批券，与非泛州郡督索拖欠，略无虚日。”① 孝宗朝，李椿也说：“略计婺州一郡所出财赋，臣到官七月日起发过钱四十八万余贯，及州用支遣并支钱七十余万贯，终岁计之，无虑百万缗。”② 其中州用每年约 32 万贯。孝宗朝蔡戡也说：朝廷“凡除一监司，概以中数，岁费三万缗；公帑万缗，迎送万缗，俸给五千缗，兵卒券食五千缗。贤者居之，所费止此，不才者抑又甚焉。多取头子钱者有之，抑卖公库酒者有之，科置土产物者有之。巡历之馈遗宴设，吏卒之取乞批支，盖非一端，州县之扰可知也。而又迁易不常，费用不赀。且以湖北漕言之，淳熙三年迨今五六年间，凡送迎三十余次。如此，漕计安得不匮，民力安得不困乎？”③ 宁宗朝，黄榦也说：“大抵本县财赋所入，供其所出，每岁尝欠二万缗。积之一政，常拖欠六万缗。”④ 理宗宝庆中，莫泽上奏提到：州郡养禁兵，“且一兵请给，岁不下百缗，以小计之，一郡占三百人，是虚费三万缗也”⑤。南宋时期地方财政支出规模较北宋进一步扩大，虽然地方行政设施修建费用也较北宋有了较大的增长，但是与地方州军动则 30 万缗、县邑、监司三五万缗的财政支出比例，仍然是非常少的。

宋代地方政府行政设施修建费用所占地方财政支出比重较低，其中的原因有很多，最重要的方面有二：一是地方政府不重视修建官廨，长期没有列支此项费用，官廨修缮不及时；二是大量转嫁行政成本，将修缮所需人力、物力、经费等转嫁给承役人、僧道、军兵、地方民众，将这部分实际经费支出缩减了下去。

① （宋）李心传编撰，胡坤点校：《建炎以来系年要录》卷 171，绍兴二十六年二月甲戌，第 3266 页。
② （明）黄淮、杨士奇编：《历代名臣奏议》卷 319《弭盗》，第 4129 页。
③ （宋）蔡戡撰：《定斋集》卷 2《乞选择监司奏状》，《丛书集成续编》，第 20 页。
④ （宋）黄榦：《勉斋先生黄文肃公文集》卷 29《新淦申转运司乞赈恤县道札子》，《宋集珍本丛刊》，北京：线装书局，2004 年影印本，第 68 册，第 52 页。
⑤ （元）脱脱等撰：《宋史》卷 195《兵志九》，第 4871 页。

第二章　宋代地方政府公务接待成本问题

宋代地方政府的公务接待在其行政成本支出中占有非常重要的地位，主要包括迎送往来、宴请各级官员、公使馈赠等，其费用较大，且由于受社会关注度高，因而在士大夫的文集中往往有非常生动而夸张的描述。公使库是宋代州、府、军、监一级政府公务消费支出的主要机构。北宋初年由太祖创立公使库，其目的是在往来的道路上给予官员犒设，使他们无“旅寓之叹”。随着社会的发展，公务接待支出种类日益复杂多样。由于地方政府公务经费的增加，特别是在犒赏经费出现了严重不足的情况下，为了解决地方政府的财政危机，北宋中后期以来，地方政府为满足公务接待需求，逐渐开始利用公使物品进行贩卖获取利润，达到增加公务接待经费的目的，这一行为一直持续到南宋灭亡。

宋朝政府对公务接待开支和公使库的管理是十分严格的，国家派遣专人进行管理，严格监控仓库收支，对官员进行监察，这些行为都是为了加强对公使库的管理，并且起到了一定的效果。但是公使钱在使用过程中，部分官员利用职务上的便利或者政策上的纰漏，大肆侵占公使钱、挪用公使钱，而超规格举行犒设逐渐成为常态。不仅如此，公使物品还常常作为馈赠的礼品，助长了官员的奢靡之风，也导致了两宋地方政府公务接待消费支出居高不下。

第一节　地方政府公务接待的主要支出项目

公使钱的作用就是提供经费，满足士大夫们的公务接待和消费，这也是公使钱最初设立的目的。官署、州军以公使钱作犒设，作为变相福利，宋代地方政府公务消费支出的主要项目包括以下几方面，其中既有合理支出的部分，同时也有大量超支范围、违法经营支出的内容。

一、公务宴请支出

早在宋太祖时期，朝廷就明文规定："祖宗旧制，州郡公使库钱、酒，专馈士大夫入京往来与之官、罢任旅费"[①]，而且这部分经费只能专款专用，"公使钱非理费用，及别有馈送，论如监主自盗法"[②]。至南宋孝宗隆兴二年（1164年）正月朝廷更是规定："诸州公库合支见任官供给，止许送酒，仍不得过数。"除了资金的严格管控，对犒设的对象也做出了规定："敢以钱物私馈，并以违制论，令提刑司常切觉察。"[③]

公使钱犒设，主要为迎送上任或去任官员，如范仲淹所说："切以国家逐处置公使钱者，盖为士大夫出入及使命往还，有行役之劳，故令郡国馈以酒食，或加宴劳，盖养贤之礼，不可废也……以待宾客，野鄙之委积，以待羁旅。"[④]熙宁二年（1069年），"特赐淮南等路发运司每年公用钱三百贯，只得管设支用，不得辄将馈送"[⑤]。所以国家特赐的公使钱是专款，不能随意他用。随着国家机构的运行，维护这一政策也需要公使钱的支持，徽宗宣和二年（1120年）八月，"凡系崇宁旧法所不载者，并更不施行。崇宁法于公库寄造酒及遇节管设，仍并罢。见在院人依崇宁法，不合入院者特免改正外，依大宗正司条法，不应支破请给或食料者，据本院见请减半给之"[⑥]。

边境的个别州郡，也往往将其作为一种激励军兵的手段，以便于地方管理，如真宗景德四年（1007年），高阳关承受刘柽言："'河北诸州军用兵之际，优给公使钱，犒设军校。今边鄙乂安戍兵大减，请令转运、提点刑狱司量州军闲剧均定。'既而李士衡等请除缘边及当路仍旧外，余皆增省其数以闻，从之。"[⑦]荆湖南路转运使周沆也提到："本路蛮寇未息，而官军久戍，请岁给公使钱一千贯以犒设将校。"[⑧]神宗熙宁五年（1072年）特意下诏规定节日的犒设："诸路县、

---

① （宋）王栐撰，诚刚点校：《燕翼诒谋录》卷3，北京：中华书局，1981年版，第29页。

② （宋）李焘撰，上海师范大学古籍整理研究所、华东师范大学古籍整理研究所点校：《续资治通鉴长编》卷337，元丰六年秋七月壬戌，第8129页。

③ 刘琳、刁忠民、舒大刚，等校点：《宋会要辑稿》刑法二之156，第8384页。

④ （宋）李焘撰，上海师范大学古籍整理研究所、华东师范大学古籍整理研究所点校：《续资治通鉴长编》卷141，庆历三年五月乙未，第3384—3385页。

⑤ 刘琳、刁忠民、舒大刚，等校点：《宋会要辑稿》礼六二之四三，第2136页。

⑥ 刘琳、刁忠民、舒大刚，等校点：《宋会要辑稿》职官二〇之三七，第3584页。

⑦ （宋）李焘撰，上海师范大学古籍整理研究所、华东师范大学古籍整理研究所点校：《续资治通鉴长编》卷67，景德四年十一月丁丑，第1505页。

⑧ （宋）李焘撰，上海师范大学古籍整理研究所、华东师范大学古籍整理研究所点校：《续资治通鉴长编》卷158，庆历六年二月癸亥，第3820页。

镇有兵马处，凡遇冬至、正旦及同天节，犒设军员所费，旧令知县、都监更出钱，甚无谓。其自今以本州公使钱给之。"[①] 向经在陈州时，有一年天寒地冻"岁大雪辄弛，公私僦钱以宽民，又斥公使钱归有司，以供享劳宾客军师之用"[②]。熙宁八年（1075 年）六月，朝廷就"以洮州有马蕃勇敢、岷州并床川寨弓箭手各二百人，益以蕃落兵合五百人，隶醇忠、义方、行谦，即岷州置廨舍，岁使公用钱千缗，以备犒设"[③]。哲宗时期，陕西转运司亦曾上言："虢州南阳县界，有军贼六七十人，杀捕盗兵三人，虑王冲余党戈俊等亦在其间。乞差德隆寨监押王用充商、虢州都大捉贼，仍就本路选募马步军二百人，岁支公用钱三百贯，许寄官务造酒，充犒设等之费。"[④] 当军队的资金不够时，国家也会允许一些地方回易生财，如"经制熙河路边防财用司言：'被旨均定熙河岷州、通远军公使钱，乞以转运司岁所支四州军公使数并拨付本司均支外，尚少钱二万缗。本司乞管认帖支数足，仍乞并罢逐州军回易。今定熙州四万五千缗，专犒设蕃部；河、岷二州及通远军各万二千缗，内二千缗专犒设蕃部"[⑤]；三个月后，经制熙河边防财用司回应称："近有旨许岷州以旧钱本回易，管设蕃部。缘河、岷州已有公使钱外，更有管设钱，乃惟岷州许回易，乞更赐指挥"；朝廷遂停止岷州地区的回易活动，"诏罢岷州回易，其河、岷州管设钱旧各二千缗，令岷州更增二千缗，河州半之，并给经略司钱专犒设蕃部探刺边事，仍不得别支用"。[⑥] 该地区不仅获赐公使钱，还享有专门的犒设钱。

突发事件也有犒赏，神宗时期，在广南西路与交趾打仗，为了提高战斗力对保丁进行犒赏，神宗熙宁九年（1076 年），"'今欲每差保丁两番，即于附保人内差夫一番，各量给钱米，及本司所勾抽官员差使，欲望以官钱犒设。'从之，仍特支公使钱五百千"[⑦]。元丰六年（1083 年），"增宜州公使钱为二千缗，以犒

① （宋）李焘撰，上海师范大学古籍整理研究所、华东师范大学古籍整理研究所点校：《续资治通鉴长编》卷 237，熙宁五年八月戊戌，第 5773 页。

② （清）嵇璜、刘墉等撰，纪昀等校订：《钦定续通志》卷 530《外戚》，《景印文渊阁四库全书》，台北：商务印书馆，1986 年影印本，第 400 册，50 页。

③ （宋）李焘撰，上海师范大学古籍整理研究所、华东师范大学古籍整理研究所点校：《续资治通鉴长编》卷 265，熙宁八年六月癸巳，第 6485 页。

④ （宋）李焘撰，上海师范大学古籍整理研究所、华东师范大学古籍整理研究所点校：《续资治通鉴长编》卷 373，元祐元年三月乙酉，第 9042 页。

⑤ （宋）李焘撰，上海师范大学古籍整理研究所、华东师范大学古籍整理研究所点校：《续资治通鉴长编》卷 291，元丰元年八月己酉，第 7114 页。

⑥ （宋）李焘撰，上海师范大学古籍整理研究所、华东师范大学古籍整理研究所点校：《续资治通鉴长编》卷 294，元丰元年十一月甲戌，第 7163 页。

⑦ （宋）李焘撰，上海师范大学古籍整理研究所、华东师范大学古籍整理研究所点校：《续资治通鉴长编》卷 273，熙宁九年二月丁亥，第 6674 页。

设蛮人阙乏故也”[①]。绍圣二年（1095 年）正月，枢密院言：“请沿边城堡镇寨应有公使钱处，并依例策供馈本处有职事官及犒设汉蕃使臣、兵员，如敢于例策外辙［辄］有馈送，并知而受者，并坐违制。委逐路经略安抚、钤辖司逐季点检。”[②]南宋对待金国每年贺正旦生辰遣使要支出很多钱，“公使库一千六百一十九贯四百五十八文”[③]。由此看来，宋代军事上的公使钱支出是十分庞大的，其数额往往随着军事战争而激增。

值得一提的是，随着犒设的施行，攀比之风、奢靡之风逐渐显现出来，庆历七年（1047 年）十月九日，判北京贾昌朝言：

> 河北诸州军及总管司等争饰厨传，以待使客，肴馔果实，皆求多品，以相夸尚。盖承平日久，积习成风，稍加裁损，遂兴谤议，为守将者不得不然。近永静军收买公用羊麦，剩取数目，偶因发摘，遂至彰露。其如诸处州县似此者多，衙前公人亡家破产、市肆商贾亏本失业者不可胜数。欲乞应河北州军有公使钱，除管领军校接待信使，不得辄有减刻外，其余筵会迎送，并从简约，不得令衙前公人远诣诸处求买珍异之物。所买诸般公用物色，并须依准市价，不得亏损百姓。[④]

北宋中期开始，官府的犒设行为对社会造成了极大的危害，官府的奢靡之风有增无减，为此朝廷下令进行规范。到了南宋时期风气不减，变相浪费现象更甚。如绍兴二十七年（1157 年）二月，知临安府荣薿言：“江阴军本常州属县，建炎之初，沿江守御，权改为军，候士马宁息依旧。臣前知常州，备见本处虽改为军，于朝廷初无所补，而民间实（备）［被］其害。盖财赋本出一县，而官兵请（终）［给］、券食公库、将迎使客，乃供一州之费，遂使（遥）［徭］役科率，倍于他州，而又常州失此一县之赋，两皆受弊。欲乞将江阴军复改为县。”[⑤]面对如此严峻的奢靡之风，绍兴二十九年十二月，中书舍人洪遵、侍御史朱倬上书减少犒设的支出，并将部分预算罗列出来：“今取索到应干兼局添破请给、折食等钱，及人吏诸般犒设钱物数目，并诸路圭租物斛，逐一参照，有合减损处……契勘上下半年犒设系承指挥支破，欲依旧，其余名色犒设钱依激赏库例与减一

---

① （宋）李焘撰，上海师范大学古籍整理研究所、华东师范大学古籍整理研究所点校：《续资治通鉴长编》卷337，元丰六年秋七月戊辰，第 8132 页。

② 刘琳、刁忠民、舒大刚，等校点：《宋会要辑稿》方域一九之一三，第 9657 页。

③ （宋）赵彦卫撰，傅根清点校：《云麓漫钞》卷 6，第 99 页。

④ 刘琳、刁忠民、舒大刚，等校点：《宋会要辑稿》刑法二之二八，第 8298 页。

⑤ 刘琳、刁忠民、舒大刚，等校点：《宋会要辑稿》方域六之二二，第 9392 页。

半，今后不得创添（色）[名] 色支破。”[①]

二、公务馈赠支出

在犒设之外，公使钱的另一个重要作用就是馈赠，这也是地方公务接待支出的重要内容之一。北宋前期，公使馈赠物品少、价值低，主要为礼节性和救助性的。但仁宗朝之后，地方公款行贿之风日益严重，如仁宗嘉祐三年（1058年），直龙图阁知兖州王逵“以公用蜡烛及墨遗京师要官”[②]，被追官、勒停。神宗熙宁三年（1070年）四月，臣僚奏“陕西有公使钱许造酒处每五节以酒交遗，有行经二十驿者挈负去来道路烦苦……知莫州柴贻范送别州酒至九百余瓶，所差兵夫至二百余人”，因而朝廷下诏禁止年节州郡“以酒相馈”。[③] 徽宗朝此类行为日益严重。大观三年（1109年）五月，河北东路提点刑狱司就上奏：“访闻齐州比年以来，公库供给，有岁余、月余之称，皆例册外别立名目，以为馈送。”[④] 宣和七年（1125年）五月，朝廷也针对“内外官以苞苴相赂遗”的情况，规定“其赂遗并收受人并以坐赃论。如有违犯，必行窜责，令御史台常切觉察弹奏”[⑤]。而北宋名臣包拯也指出地方官员“互以公用酒食及匹帛之类往来馈遗”，其目的就是为了“交结权倖，以为身计”。[⑥] 既然这种需求一直存在，朝廷也并未废除公使钱可以馈送礼品特别是公使酒的条款，因而其诏令的效果就必然难以达到实效。

南宋时期，公使钱物馈赠，贿赂朝中及各地官员更加盛行。李心传就记载当时的情况说：“公使苞苴，在东南而为尤甚。扬州一郡，每岁馈遗，见于帐籍者，至十二万缗。江、浙诸郡，每以酒遗中都官，岁五、六至，至必数千瓶。淳熙中，王仲行尚书为平江守，与祠官范致能、胡长文厚，一饮之费，率至千余缗。时蜀人有守潭者，又有以总计摄润者，视事不半岁，过例馈送，皆至四五万缗，供宅酒至二百余斛，孝宗怒而绌之（九年正月戊子、三月乙未），然其风盖未殄也。东南帅臣、监司到罢，号为上下马，邻路皆有馈，计其所得，动

① 刘琳、刁忠民、舒大刚，等校点：《宋会要辑稿》职官五七之七五至七六，第4599—4600页。
② 刘琳、刁忠民、舒大刚，等校点：《宋会要辑稿》职官六五之一七，第4806—4807页。
③ （宋）李焘撰，上海师范大学古籍整理研究所、华东师范大学古籍整理研究所点校：《续资治通鉴长编》卷210，熙宁三年四月甲申，第5114页。
④ 刘琳、刁忠民、舒大刚，等校点：《宋会要辑稿》食货二一之一七，第6459页。
⑤ 刘琳、刁忠民、舒大刚，等校点：《宋会要辑稿》刑法二之九三，第8333页。
⑥ （宋）包拯撰，杨国宜校注：《包拯集校注》卷4《请罢天下公用回易札等》，合肥：黄山书社，1999年版，第256页。

辄万缗。近岁蜀中亦然。其会聚之间，折俎率以三百五十千为准，有一身而适兼数职者，则并受数人之馈，献酬之际，一日而得二千余缗，其无艺如此。”[①]孝宗朝，赵汝愚在上奏中就曾对比福州的公使钱数额变化，“臣检《国朝会要》，诸州军岁赐公用钱皆有定数。且如福州，国初岁赐钱仅五百贯；熙宁五年始增定为二千贯；至绍兴九年，本州守臣有请，以升改帅府增置官属，岁用不足，有旨每岁更给钱一千贯，通计每岁不过三千贯而已。臣略计本州近年支费，每岁率用钱七万余贯，过于岁额二十余倍，多是于系省钱内取拨，全无限制。询之诸郡，事体略同，惟视守臣之贤否，用度之丰约，以为多寡之数，而祖宗法制皆荡然无复存矣。……而州郡费用之广，至二十倍过于往时。然则百姓安得不贫！”[②]只福州一地，公使钱就超出定额20倍，达到6万贯，而且这部分钱物还是官员私自从朝廷严格控制的州郡系省钱中拨出，其中用于馈送他人的钱物占据近三分之一，其对地方公用经费的消耗，从中可见一斑。名臣周必大也上奏皇帝反映说：“扬州一郡，每岁馈遗见于册籍者，至二十万缗；江浙诸郡，酒每以岁遗中都官，岁五六至，至必数千瓶。其无艺类如此。臣累任监司、牧守，邻道馈遗，前后不下数十万，悉以原物归赵，未敢分毫染指”，而且他前任庐州知州时，曾退还扬州知州给他的公使馈赠一万贯，但后来却没有回到扬州公使钱账目上，“今蒙圣恩擢任扬守，按阅度支册籍，见前所却万缗，有支无收。其或胥史干没，或守臣入橐，皆未可定”。因而他建议“特严传馈之禁；有仍踵旧辙者，罚无赦。庶重官方，即所以励廉隅，肃国纪，即所以厚民生。上下相维而府库充裕，轻费有制而闾閈不扰，无负祖宗制公使钱之意”[③]。可见，当时官员利用公款行贿，数额一次就达到万贯，明目张胆，庞大的公务馈赠支出给地方财政造成了巨大的压力，也给百姓造成了巨大的负担，同时也使得官场风气败坏，官吏从中为奸。一些地方官员互相馈送公使钱物，侵吞公共资产，“诸司互以钱物馈送，皆以折酒为名，赇饷相通，专济私欲”，虽然朝廷规定路级诸司“互相馈遗，及因行部辄受折送者，以赃论”[④]，但是对于贪赃者惩治过轻，实际效果十分有限。

理宗端平元年（1234年），江东转运使许潜在上奏中也提到，自己上任一年

① （宋）李心传撰，徐规点校：《建炎以来朝野杂记》甲集卷17《公使库》，第394—395页。
② （明）黄淮、杨士奇编：《历代名臣奏议》卷192《奏便民事宜》，第2520页。
③ （宋）郑兴裔撰：《郑忠肃奏议遗集》卷上《请禁传馈疏》，《景印文渊阁四库全书》，第1140册，第199页。
④ 刘琳、刁忠民、舒大刚，等校点：《宋会要辑稿》职官四五之三一，第4249页。

零四个月，受到“应干事例并诸司问去遗例册桩到钱七万贯文”[①]，数额之大远超前朝。这么多的钱物用于公款馈赠，已经超出礼节往来的范围，堪称贪赃贿赂的典范。如孝宗淳熙三年（1176 年）九月，臣僚奏言：“近岁监司临按，多受馈饷，行部例有折送钱物，数目至多。又有无忌惮者，诸司互以钱物馈送，皆以折酒为名，赇饷相通，专济私欲。”[②]不仅监司本身，他们所差官同样收受丰厚的贿赂。宁宗嘉定八年（1215 年），臣僚上奏中就弹奏了“监司差官馈送之弊”。监司所差官员下州下县，“惟利是图，馈遗既足，他皆不问。曰下马钱，曰发路钱，曰折送钱，曰特送钱，批（胜）[券] 既足则又有夫脚钱。间遇州郡稍有事力，使其当之，犹或庶几。惟是小小县道，率皆迫蹙，岂宜堪此！一遇贪婪之徒，则又有意外无厌之需，稍不满欲，多端罗织。其间或有不法事件，不过增加馈遗，虽有过愆，置而不言，为监司亦何从而察之耶!”[③]其中充满了贪赃、徇私，公款馈送这种风气导致侵害日常公务经费，严重影响地方政府行政职能运转。

不仅仅是上司或朝廷权贵需要贿赂，一些官员也将公使钱馈赠亲戚、朋友，或者用公款替他们解决困难，同样耗费了地方政府大量的公务经费。如高宗绍兴二十四年（1154 年），故龙图阁学士程瑀的论著刊印问世，但是这部著作并非是私用出资刊行，而是“尽用京西转运司官钱，费用不赀，又以传示四方亲故，并携归其家，无虑数千百本”。因而转运使魏安行遭到官员弹劾，“本身为漕臣，当为国家爱惜财用，岂可率意妄作，以济其私？使官钱可以私用，则其他何所不至!”，公款私用，毫无疑问是重罪一件，他也因此遭到罢官和编管的处罚。[④]孝宗朝，台州知州唐仲友在上任后，也关照自己的相亲故旧，他深感“我到任，乡里官员相知并无送惠”。因而“口点官员、士人六七员姓位，令具单状，公库支送折酒钱。数内一员一十五贯，或一十贯，或五贯，凑及五十贯，具单判送本库关取会子，封角同书，就书院供纳。自后或二日一次，或三日一次，或五日一次，类及五十千，取呈批判，就库关取会子，封角并书，系楠赍入书院交纳。今将付书簿逐一拖具，除实送外，内唐仲友虚作送与官员邵朝议等，纳入书院共九十项，计官会四千六百四十五贯”[⑤]。他还将用公使钱雕印的“荀、杨、

---

① （宋）吴潜撰：《许国公奏议》卷 1《奏以趱剩事例并诸司问遗例册钱代纳江东一路折帛事（端平元年）》，《丛书集成初编》，第 906 册，第 6 页。

② 刘琳、刁忠民、舒大刚，等校点：《宋会要辑稿》职官四五之三一，第 4249 页。

③ 刘琳、刁忠民、舒大刚，等校点：《宋会要辑稿》职官七九之二四，第 5237 页。

④ （宋）李心传编撰，胡坤点校：《建炎以来系年要录》卷 167，绍兴二十四年十二月丙戌，第 3178 页。

⑤ （宋）朱熹撰：《晦庵先生朱文公文集》卷 19《按唐仲友第六状》，朱杰人、严佐之、刘永翔主编：《朱子全书》，第 863—864 页。

韩、王四子印板，共印见成装了六百六部”，“数内二百五部自今年二月以后节次送与见任寄居官员，及七部见在书院，三部安顿书表司房，并一十三部系本州史教授、范知录、石司户、朱司法经州纳纸兑换去外，其余三百七十五部内，三十部系表印，及三百四十五部系黄坛纸印到，唐仲友逐旋尽行发归婺州住宅”[①]。这种毫无原则的馈送，使得大量官府钱物流失损耗，虽然拉近了官员与其周边人员的关系，但是却使得政府公共利益受到巨大侵害。

地方政府公务馈赠行为的存在，有其一定的合理性，这其中存在着自古流传下来的“养贤之礼”，难以一概取消，但宋代实际地方公务馈赠中存在着日益严重的奢侈之风，其中也不乏变相行贿、腐败等问题，这也成为北宋后期乃至南宋地方官场的一大突出弊病。

三、公务迎送支出

宋代地方政府公务接待消费又一大支出项目即是迎送费用，这其中涉及迎送所需要动用的地方官府人力、兵丁，同时还需要雇佣大量的地方民众，还有诸多陈设、器具，因而相关费用也非常大，也因为迎送使节、官员，本地官员往往倾城出动，官府事务废弛，对地方政府的公信力也是一种损害，故而真宗大中祥符二年（1009 年），朝廷规定：“诸路官吏迎送使命，止许一两员出城，不得过三五里。如违，重置其罪，仍不在陈首之状。”[②]以此，避免这种迎送活动给地方政府造成的不良影响。

地方政府公务迎送往往也从公使钱中支出。如宁宗开禧元年（1205 年）六月诏令中就提道：“诸路监司并本司属官凡是迎送从物，各从逐司支公使库钱应办，不得行下州县。诸州知州、通判、幕职等官迎送从物，并从本州支公使库钱置造。县令、簿尉从物令本县支系省钱制造。”看来，路级机构、州级机构官员迎送所需费用，均是从本级政府中公使库钱支出，而县级政府大多没有公使库，故而从朝廷系省钱物中列支。为了缩减相关费用，朝廷还规定：迎送费用“知县不得过一百贯，佐官以下不得过五十贯，并不得科之乡司。更敢妄作名色，科扰百姓，许民户越诉”[③]。迎送活动相关费用在地方政府财政支出中所占比重

① （宋）朱熹撰：《晦庵先生朱文公文集》卷 19《按唐仲友第六状》，朱杰人、严佐之、刘永翔主编：《朱子全书》，第 864 页。

② （宋）李焘撰，上海师范大学古籍整理研究所、华东师范大学古籍整理研究所点校：《续资治通鉴长编》卷 71，大中祥符二年三月丙寅，第 1598 页。

③ 刘琳、刁忠民、舒大刚，等校点：《宋会要辑稿》仪制四之三二，第 2378 页。

相当大，如士大夫蔡戡曾说："凡除一监司，概以中数，岁费三万缗；公帑万缗，迎送万缗，俸给五千缗，兵卒券食五千缗。贤者居之，所费止此，不才者抑又甚焉。"① 迎送费用占据了路级监司一年费用的三分之一，超出其官员俸禄、兵丁券食等。这还是遵守法纪的监司官员，如果是奢侈享乐，喜欢排场宏大的，那费用就更大了，只能变相搜刮民财以满足所需，"取头子钱者有之，抑卖公库酒者有之，科买土产物者有之。巡历之馈遗宴设，吏卒之取乞批支，盖非一端，州县之扰可知也。而又迁易不常，费用不赀。且以湖北漕言之，淳熙三年殆今五六年间，凡送迎三十余次。如此，漕计安得不匮，民力安得不困乎？"② 监司官员如此，地方州县官员迎送费用同样也是如此。

公务接待活动不仅耗费大量钱财，同时也耗费地方官府大量人力、物力，如英宗朝蔡襄就曾提出："边郡兵官替移，迎候送还，厢军动皆数百人，多者至千人。自来明有条制，州郡皆以人情，不敢自约。此一事也。南方替罢官员，近由江浙，远自湘潭，一舟十人至二十人，大者倍之，一岁往还京师可了。一次一舟之费，小者五百千，大者七百千，所载官物，不过数千缗之直，衣粮所费几何？此二事也。"③ 这种迎送活动已经超出了本地公务接待的范畴，已经变相成为一种权力腐败，占用原有工作岗位的人力、物力，为自己赴任营造一种庞大的阵仗，这数百、上千的人力和数百贯的车船修造费用，对举行迎送活动的地方政府无疑是一种巨大的财政损耗。南宋时期同样是如此，陈傅良在担任桂阳军知军上任后，发现本地兵卒存在大量的空岗问题，而空岗的原因之一就是大量的被其他官员迎送差遣所占用，他计算了一下："见管禁军一百九十八人，厢军一百二人，牢城七十四人。牢城一营既不在准备缓急之数，则通厢禁军止三百人。而其接送守臣各九十六人，提刑、提举司各四十人，干办公事官二十一人，诸司占破二十人，率每岁用一百七十八人又有押部纲运、担擎文书之类，差拨不足，不免通那禁军应副。臣之到官，亦欲略行整龊教阅，然常不满百人。"④ 一地之官兵，一半多的人员被用来迎送各级官员，其在地方公务活动中所占人力比重之大可见一斑。

---

① （明）黄淮、杨士奇编：《历代名臣奏议》卷 147《乞选择监司奏状·蔡戡》，第 1928 页。

② （明）黄淮、杨士奇编：《历代名臣奏议》卷 147《乞选择监司奏状·蔡戡》，第 1928—1929 页。

③ （宋）蔡襄撰，陈庆元、欧明俊、陈贻庭校注：《蔡襄全集》卷 18《论兵十事》，第 436 页。

④ （宋）陈傅良撰：《止斋先生文集》卷 19《桂阳军乞画一状》，《四部丛刊初编·集部》，上海：商务印书馆，1936 年影印本，第 2203 册，第 8—9 页。

四、公务接待经费的非法用途

在宋代，地方政府公使钱的用途很多，但非法使用的现象同样大量存在。尽管宋初非法事件并不多，但在北宋中后期却出现了第一次公使钱滥用高峰，到了南宋中后期又出现第二次高峰，并一直延续至宋朝灭亡。

（一）用公使钱为回易牟利的本钱

官府、军队常利用回易等进行营利，这部分收支又可纳为不系省钱。尽管大部分时候政府都默许其存在，但法理上仍将此类行为视为非法："皆听知、通以支之二税，分数既隶属郡坊场等利又归本州。此外，犒馈、宴设又有公使库以回易，朝廷非不知州郡榷利，均厚其权若重也。"[①]至于回易的本金，来源不一，有封桩钱，如神宗熙宁四年（1071年）"诏经略司借以封桩钱二万缗，为本州回易公使钱之本"[②]。有军资库钱，如"经费职之军资库，犒宴职之公使库，而又使之回易，收其息，利其财，何如哉"[③]。不过，回易还是给各军州带来了严重的社会经济问题：

> 臣窃见天下州军公用钱，自降指挥，许令回易之后，诸路尤被其苦，而河北之害尤甚。前后累有臣僚论列，乞罢回易。虽近降条约，罕或遵行。缘逐路不以远近，广令兴贩，并将物货抑配人户，不惟诛剥细民，兼又阻绝商旅，以致卖贩盐酒违禁之物，无所不为。本路盐酒税课利，递年以此大段亏少，盖侵夺使然，是致用度不足。未免重烦朝廷。况逐州合破官钱不少，若只用管设军员犒劳宾客，自亦有余。但好进之辈图规厚利，交结权幸，以为身计尔。臣欲乞应系有公用钱处，依先降指挥，更不得回易。其沿边及人使路分，即与量添钱数，则公私之利，无便于此。其互以公用酒食及匹帛之类往来相馈遗者，并望严赐止绝。如敢故犯，乞坐，违制之罪。[④]

不难看出，公使钱回易严重影响了地方经济的发展，而且涉及了社会生活

① （宋）林駉撰：《古今源流至论》续集卷7《郡守》，《景印文渊阁四库全书》，第942册，第455页。
② （宋）李焘撰，上海师范大学古籍整理研究所、华东师范大学古籍整理研究所点校：《续资治通鉴长编》卷222，熙宁四年夏四月辛巳，第5412页。
③ （宋）章如愚辑：《群书考索》续集卷37《官制门》，扬州：广陵书社，2008年影印本，第1131页。
④ （宋）包拯撰，杨国宜校注：《包拯集校注》卷4《请罢天下公用回易》，第256页。

的各个方面。同时，很多人还利用回易牟取暴利，危害朝廷和个人。鉴于此，包拯就曾建议："其诸州公用钱，除沿边及人使路分州军量与增添外，诸路一切禁止，并不得回易，则国用民力渐可完复。"[①]他在知瀛洲时，也下令，"除放一路所负回易公使钱十余万，仍奏诸州毋得回易公使钱，遂为著令"[②]。仁宗嘉祐三年（1058年），朝廷采纳了包拯的建议，"诏河北、陕西、河东路转运使，应有公使钱州军并权停回易，听以官地所产及不系省房钱助其岁用，如尚不足，即以户绝及闲田差官检定所出课利，量多少给之。从包拯议也"[③]。

对于非法使用公使钱物的处罚，朝廷一般会采取革职除名等措施，如哲宗元符元年（1098年），"大理寺平定军勘到，供备库副使，前知宁化军冯维举，宣德郎、平定军签判王宗旦，供奉官、监押刘舜元，将公使库钱物回易，并在任兴贩等事，该赦及赦后虚妄。诏冯维举特除名勒停，王宗旦、刘舜元并特冲替"[④]。不过，如果这部分钱物并未入私囊，那么涉事者的罪责则相对较轻："若将公使钱回易到别物公用，但不入己，更不坐罪。"[⑤]再如元丰四年（1081年）九月，"朝奉大夫、宝文阁待制、知成德军章衡落职，守本官提举杭州洞霄宫。坐纵指使回易公使，下本路体量得实也"[⑥]。

当然，并非所有涉事官员都会遭受处罚，如王韶知鄂州时动用公使钱回易，神宗熙宁十年（1077年）侍御史知杂事蔡确言："韶表皆怨怼，欲归过主上，而妄为自洁之辞。臣尝被命鞫熙河结籴违法事，闻韶屡有争执，大率以朝廷制狱为非。察韶之情，不过阿庇旧日将校，及欲掩其在任弛纵之迹。后根究诸州军公使库，共借结籴钱二十余万缗，回易取利，韶亦有支借百姓刘昌立钱钞等事。朝廷以韶方备位枢府，不复谴诃。"[⑦]

（二）外借给各级官员、民众

公使库作为一个重要的仓库，仓储的钱、物丰富，部门官员常借权力之便，

① （宋）包拯撰，杨国宜校注：《包拯集校注》卷4《再请移那河北兵马及罢公用回易》，第238页。
② （宋）曾巩撰，王瑞来校正：《隆平集校正》卷11《包拯传》，北京：中华书局，2012年版，第333页。
③ （宋）李焘撰，上海师范大学古籍整理研究所、华东师范大学古籍整理研究所点校：《续资治通鉴长编》卷188，嘉祐三年冬十月甲辰，第4530页。
④ （宋）李焘撰，上海师范大学古籍整理研究所、华东师范大学古籍整理研究所点校：《续资治通鉴长编》卷498，元符元年五月丙子，第11863页。
⑤ （宋）李焘撰，上海师范大学古籍整理研究所、华东师范大学古籍整理研究所点校：《续资治通鉴长编》卷146，庆历四年春正月辛未，第3529页。
⑥ 刘琳、刁忠民、舒大刚，等校点：《宋会要辑稿》职官六六之一五，第4831页。
⑦ （宋）李焘撰，上海师范大学古籍整理研究所、华东师范大学古籍整理研究所点校：《续资治通鉴长编》卷285，熙宁十年冬十月壬午，第6973页。

将之外借于其他机构或个人，而这部分钱物很多情况下难以收回，因而亏空严重。如哲宗元祐元年（1086年），“诏给空名度牒一百道，修复郑州廨舍仓库，特借二年公使钱，令转运司应副，余于常平钱内借支”①。又如向怀德私役禁军，外借公使钱，哲宗元祐七年（1092年），“鄜延路第四将、宫苑副使向怀德追一官，充鄜延路准备差使。以经略司言其私役禁军，借用公使钱，及西贼侵犯绥德城，怀德不即时策应，以其累有战功特免勘，故有是贬”②。而为弥补亏空，采取拆东补西的办法将别的仓库的钱充入公使库，也是非法的。如神宗元丰二年（1079年）诏：“权荆湖北路转运判官、降授奉礼郎马瑊勒停……瑊坐为监司以省钱借江陵府公用，之纯、常坐公使库违法也。”③

宋代法律规定将公使钱借给个人是要罚俸的，如孙用外借公使钱就定了罪，庆历五年（1045年），“范仲淹言前泾原都巡检、礼宾副使孙用借公使钱，瓦亭寨主、左班殿直、合门祗候张忠过取职田课入，并坐法勒停，其人颇有武勇，乞稍复官资，责其效用”④。另韩琦也借用过公使钱，神宗熙宁八年（1075年）秋七月，仍诏正彦过阙赐对，面谕以照管诸孤。又诏：“闻琦借用相州公使钱二千余缗，其令转运司除之。”⑤元丰三年（1080年）审刑院奏：“知德顺军姚麟、知河州刘昌祚、秦州甘谷城监押尚德等，以公用银枪并马借人，各得公罪杖。”⑥哲宗元符元年（1098年），“前知应天府赵君锡等将公使库寄纳官钱借使。诏君锡以少府少监分司南京，亳州居住，赵子洙等一十一人各罚铜十斤”⑦。

还有的官员私自放贷进行收益，曹利用在随州做知州时，有人告他的儿子曹汭“逆谋”，“又明年，赵人告其从子汭逆谋”，又告曹利用“坐私贷景灵宫公用钱，贬节度副使，房州安置”⑧，最后他不堪压力自缢而终。尹洙就因为外贷公使钱而追责，“后士廉、诣阙，诉洙，知渭州日，以公使钱货与部将及

① （宋）李焘撰，上海师范大学古籍整理研究所、华东师范大学古籍整理研究所点校：《续资治通鉴长编》卷373，元祐元年三月辛巳，第9033页。
② （宋）李焘撰，上海师范大学古籍整理研究所、华东师范大学古籍整理研究所点校：《续资治通鉴长编》卷475，元祐七年秋七月乙巳，第11322页。
③ （宋）李焘撰，上海师范大学古籍整理研究所、华东师范大学古籍整理研究所点校：《续资治通鉴长编》卷300，元丰二年冬十月壬寅，第7308页。
④ （宋）李焘撰，上海师范大学古籍整理研究所、华东师范大学古籍整理研究所点校：《续资治通鉴长编》卷157，庆历五年十二月甲戌，第3813页。
⑤ （宋）李焘撰，上海师范大学古籍整理研究所、华东师范大学古籍整理研究所点校：《续资治通鉴长编》卷266，熙宁八年秋七月戊辰，第6523页。
⑥ （宋）李焘撰，上海师范大学古籍整理研究所、华东师范大学古籍整理研究所点校：《续资治通鉴长编》卷303，元丰三年夏四月乙未，第7375页。
⑦ （宋）李焘撰，上海师范大学古籍整理研究所、华东师范大学古籍整理研究所点校：《续资治通鉴长编》卷494，元符元年春正月癸酉，第11737页。
⑧ （宋）曾巩撰，王瑞来校正：《隆平集校正》卷10《曹利用传》，第309页。

私自贷”[①]。欧阳修在尹洙的墓志当中写道：“初师鲁在渭州，将吏有违其节度者，欲按军法斩之而不果。其后吏至京师，上书讼师鲁以公使钱贷部将，贬崇信军节度副使。”[②]

（三）私用公使钱

在宋代，各级官员利用职务便利私用公使钱的行为比较常见，但都比较隐秘，不会明目张胆的将公使钱移作私用，一般会以不同的名义来使用。大多数情况下，官员盗用、私用公使钱，都会受到降级、罢官或者充军的处分。政和三年十二月十六日曾提到私用、侵占公使钱的危害：

> 或攘取帑藏，号为公使，规牟入己；或私役禁旅，营缮第家；资给过往，虚称白直；率米为酿，不可以数计，科配军民，侵夺官酤，公私受害；骚扰番户，贱市贵物，不给其直；货赂交通，污蔑监司，耳目按察之官，曾莫敢言。至于理财备边之术，足兵之计，所当为者，恬不为恤，考其治效，蔑如也。今法度具备，期于不犯，疆土日广，期于富庶，而阃寄之臣辄肆抵冒，殊负眷注。比以数经恩宥，未欲致于理。自今已往，敢有犯者，窜殛刑戮，当不汝容。仍仰监司耳目之官，详究逐项事理，各务按察弹奏以闻。[③]

乾道二年十二月二十五日，中书门下省奏：“访闻广南州郡守臣改移事故，多是寄居待阙官以势力图权郡事，公库郡帑，私费妄用，深属未便。乞自后以广阙守臣，差通判或签判兼权。如并阙，令帅、宪、转运司同共于邻州选差正官通判或签判暂摄。”[④]有人弹劾陈公亮，说他：“公亮素无廉声，昨漕江西，闻改福漕，席卷公用，郡人骇之；幼学早为伪学，巧取伦魁，持节闽部，全不事事。”[⑤]还有的随意使用公使钱办私事，这类情况较为普遍。如苏舜钦利用公费召妓的事件：“舜钦与右班殿直刘巽辄用鬻故纸公钱召妓乐，间夕会宾客”，此事件遭到御史中丞王拱臣的弹劾，“于是舜钦与巽俱坐自盗除名，同时会者皆知名士，因缘得罪逐出四方者十余人”。[⑥]再如淳熙四年（1177年）七月，“同日，新知新州郑守浩罢任，新知台州林仲夷改差主管成都府玉局观。以言者论：‘守

---

① （宋）陈均编，许沛藻等点校：《皇朝编年纲目备要》卷12，北京：中华书局，2006年版，第272页。

② （宋）吕祖谦编：《宋文鉴》卷140《尹师鲁墓志铭》，北京：中华书局，1992年版，第1963页。

③ 刘琳、刁忠民、舒大刚，等校点：《宋会要辑稿》职官四五之九至十，第4238页。

④ 刘琳、刁忠民、舒大刚，等校点：《宋会要辑稿》职官六二之四七，第4748页。

⑤ 刘琳、刁忠民、舒大刚，等校点：《宋会要辑稿》职官七三之六七，第5039页。

⑥ （元）脱脱等撰：《宋史》卷442《文苑四》，第13078页。

浩为前执政亲旧，超躐除授；仲夷合赴新任，预索迓吏，取公使钱随行用度，又偏于权要经营内除。'故有是命"[①]。严重一些的就是充军了，绍熙三年（1192年）七月，"十三日，诏：'知严州叶筹特贷命，追毁出身以来文字，除名勒停，永不收叙，免真决，刺面，配远州牢城收管，仍籍没家财。'坐在任将公库钱盗支入己。先是，臣僚论列，令浙西宪司勘鞫得实，宰执奏其年老不任真决，上只令刺配"[②]。

与上述违法官员不同的是，借着公使钱的名义乱用，乾道元年（1165 年）八月十二日，册皇太子赦："其逐场率多科扰，及衷私将盐本钱以公使为名，妄有支费，以致亭户贫乏，有亏盐课。"[③]还有"绎曲庇何德顺弟何迪，偷税金四百两，事不断抽，罚不觉察。公使库破，男并随行助教供给食钱。以公使谷养白鹇，系窃盗自守不尽赃，罪杖。其余罪犯，难以悉陈"[④]。

国家规定，正任以上可以私用公使钱，但有些官员将其奉献出来，"以帝舅位将相，小心避权势。公使钱正任以上许私用，而（李）用和悉以为军费，不入其家"[⑤]。贾昌朝在大名做安抚使时，就表现出来了高风亮节，"它将相赐公使钱，多使牟利，公度所赐为用，故在所尤不扰"[⑥]。

纵观公使钱的违法行为，有以下几个特点：第一，由于监管的不严密，盗用、私用公使钱的行为屡禁不绝，虽然国家利用法律进行约束，但是对部分官员的约束力较小；第二，由于公使钱作用的多样性，官员利用手中的权力往往将用于公务的公使钱装进私人腰包，达到贪污公款的目的；第三，并不是所有的回易都是非法的行为，而关于公使钱非法回易问题，不是因为特殊需要而进行的合理回易，而是借着某种名义进行非法的勾当，以回易掩盖某种非法的目的。

第二节　地方政府公务接待经费的资金来源

宋朝各地方官署的公务接待经费配给大致由中央政府拨款、地方自主经营

① 刘琳、刁忠民、舒大刚，等校点：《宋会要辑稿》职官七二之一八，第 4977 页。
② 刘琳、刁忠民、舒大刚，等校点：《宋会要辑稿》刑法六之四二，第 8554 页。
③ 刘琳、刁忠民、舒大刚，等校点：《宋会要辑稿》食货二七之一九，第 6591 页。
④（宋）苏轼撰，孔凡礼点校：《苏轼文集》卷 27《缴进陈绎词头状》，第 775 页。
⑤（宋）曾巩撰，王瑞来校正：《隆平集校正》卷 11《李用和传》，第 342 页。
⑥（宋）王安石撰，聂安福等整理：《临川先生文集》卷 87《赠司空兼侍中文元贾魏公神道碑》，王水照主编：《王安石全集》，第 1520 页。

以及其他的途径获得。宋初政府每年定期或不定期地将一部分钱划归到公使库充当公使钱。到北宋中期，各地方的数额逐渐固定。宋代地方政府利用公共财产获取收益，把公产收益所得的一部分拨入公使库，到南宋中后期，政府的经营盈利也有部分充入公使库，如公使库的卖酒、卖醋所得利润，极大地扩大了地方政府公务接待经费的规模和资金渠道。

一、中央政府的拨款

（一）宋代公使钱额度的确定

中央政府给予地方公使钱的数额经历了一个从无到有，从无定额到定额的过程。这些拨款主要以正赐公使钱的名义给付。所谓正赐公使钱，即中央政府拨给地方政府或各类官署衙门的办公、宴请、犒赏经费，这部分钱一般都是定额的，按照每年、每季、每月由中央政府划拨，也有时会因各种事项而紧急划拨。北宋太祖时期，战争仍在继续，故公使钱大多赐予征战的武将，而且数额有限，也不固定。太宗时期，公使钱制度逐渐完善，淳化元年（990 年）九月诏“诸州、军、监、县无公使处，遇诞降节给茶宴钱，节度州百千，防、团、刺史州五十千，监、三泉县三十千，岭南州、军以幕府州县官权知州十千”[①]，部分地区没有公使钱，给予地方的公使钱都是专项拨款的形式，说明这一时期地方的财政体系尚不完备，各项国家制度尚在完善之中，还没有定额的公使钱。真宗大中祥符元年（1008 年）正月四日“诏差定诸州军公用钱”[②]，因为这一时期国家趋于稳定，经济水平有了很大的提高，各级政府、官署运转正常，随着地方政府财政体系的完善，公使钱制度也在日臻完善，所以在这一时期规定了地方长官的公使钱数额。

对于正赐公使钱的分类，王云裳在《宋代军队经营问题研究》一文中提出：“虽然是正赐公使钱，也存在系省钱与不系省钱之分。其中，系省公使钱往往是正赐公使钱充公的这一部分，属于系省窠名的钱”[③]，太祖开宝六年（973 年）“令诸州旧属公使钱物尽数系省，毋得妄有支费。以留州钱物尽数系省始于此”[④]。

① （元）脱脱等撰：《宋史》卷 172《职官十二》，第 4144 页。
② 刘琳、刁忠民、舒大刚，等校点：《宋会要辑稿》食货三五之四六，第 6783 页。
③ 王云裳：《宋代军队经营问题研究》，北京：中华书局，2013 年版，第 67 页。
④ （宋）马端临著，上海师范大学古籍研究所、华东师范大学古籍研究所点校：《文献通考》卷 23《国用考一》，北京：中华书局，2011 年版，第 693 页。

仁宗庆历六年（1046 年），“十一月丁丑朔，诏天下旬设，其无公使钱处，自今以系省钱给之”①。不系省钱是可以给予个人的钱，也称别赐公使钱，不在朝廷的挂账之内。如神宗元丰八年（1085 年），“诏泸州权添公用钱一千缗，于不系省钱内支，候夷事平日如故”②。

与此同时，中央官署的公使钱配给，也是在不断完善之中。大中祥符二年（1009 年）八月，诏：“住给大理寺逐月充均定公用茶，自今逐月特给公用钱二百三十千。二百六十二千均定给本寺官吏，三千四百充公用钱”，中央给各级官署每月的钱，既有给官员的福利钱，又有公用钱。后来规定：“于本寺阁住钱内，更支十千充公用。”③ 这是由给物到给钱的演变过程。到真宗大中祥符六年（1013 年），“诏广州知州给添支钱。自今以七十万为添支，五十万为公用。时言事者云广州本无公用钱，而知州月给十万，盖兼备公费，而长吏以其名为添支，但以自奉，宴设甚稀。故特为定式”④。天禧五年（1021 年）六月，“诏定大理寺餐钱：月二百六十千，均给众官。其员缺在假者，留充公用。从本司之请也”⑤。对于请假不在岗的官员，这部分钱就充公了。宋初三朝虽然有了公使钱制度，但各地发展不均衡，执行情况也各不相同。真宗朝后，公使钱开始有了定额，到神宗熙宁四年（1071 年），朝廷又重新制定了公使钱的数额标准，称为“新额”；“又诏诸州公使库，例以役人主之，倍备縻费，其令天下具公使钱及主吏轻重所当支酬数，上司农寺详定利害以闻。其后，司农定诸州所用公使钱，奢俭各不中礼，甚者或至非理掊克，今当量入为出，随州郡大小立等，岁自二百贯至五千贯止”⑥。结合文献资料将真宗、神宗、哲宗三朝的公使钱额度做表 2-1 如下：

表 2-1　真宗、神宗、哲宗时期地方政府部门正赐公使钱数额表

时间	单位	类别	数额（钱）	材料出处
大中祥符元年（1008 年）夏四月戊戌	兖州	大都督府	月二十万	《续资治通鉴长编》卷 68、《元丰九域志》卷 1
		节度州		

① （宋）李焘撰，上海师范大学古籍整理研究所、华东师范大学古籍整理研究所点校：《续资治通鉴长编》卷 159，庆历六年十一月丁丑朔，第 3850 页。

② （宋）李焘撰，上海师范大学古籍整理研究所、华东师范大学古籍整理研究所点校：《续资治通鉴长编》卷 291，元丰元年八月癸亥，第 7123 页。

③ 刘琳、刁忠民、舒大刚，等校点：《宋会要辑稿》职官二四之三，第 3656 页。

④ （宋）李焘撰，上海师范大学古籍整理研究所、华东师范大学古籍整理研究所点校：《续资治通鉴长编》卷 50，大中祥符六年六月辛巳，第 1831 页。

⑤ 刘琳、刁忠民、舒大刚，等校点：《宋会要辑稿》职官二四之四，第 3657 页。

⑥ （宋）李焘撰，上海师范大学古籍整理研究所、华东师范大学古籍整理研究所点校：《续资治通鉴长编》卷 219，熙宁四年春正月乙酉，第 5328 页。

续表

时间	单位	类别	数额（钱）	材料出处
大中祥符二年（1009年）三月己巳	戎、泸州	上州 刺史州	不详	《续资治通鉴长编》卷71、《元丰九域志》卷7
大中祥符五年（1012年）十二月己卯	冀州	上州 节度州	岁五十万	《续资治通鉴长编》卷79、《元丰九域志》卷2
大中祥符五年（1012年）十二月乙酉	蔡州	紧州 节度州	岁二十万	《续资治通鉴长编》卷79、《元丰九域志》卷1
大中祥符七年（1014年）九月己丑	河南府	京府	增五十万	《续资治通鉴长编》卷83、《元丰九域志》卷1
大中祥符七年（1014年）九月己酉	泸州	上州 刺史州	岁五十万	《续资治通鉴长编》卷83、《元丰九域志》卷7
大中祥符八年（1015年）二月壬戌	笼竿城		岁二十万	《续资治通鉴长编》卷84
大中祥符八年（1015年）二月丙寅	澶州	上州 节度州	岁五十万	《续资治通鉴长编》卷84、《元丰九域志》卷2
大中祥符八年（1015年）三月甲辰	镇戎军	同下州	岁二十万	《续资治通鉴长编》卷84、《元丰九域志》卷3
大中祥符八年（1015年）夏四月壬戌	绛州	雄州 防御州	增五十万	《续资治通鉴长编》卷84、《元丰九域志》卷2
天禧三年（1019年）三月乙丑	许州	次府 节度州	增至七十万	《续资治通鉴长编》卷93、《元丰九域志》卷1
天禧五年（1021年）五月己亥	宁化军	同下州	增十万	《续资治通鉴长编》卷97
熙宁五年（1072年）冬十月己丑	镇洮（军）	上州 节度州	三千缗	《续资治通鉴长编》卷239、《元丰九域志》卷3
熙宁五年（1072年）冬十月壬午	岷州	下州 团练州	岁千五百缗	《续资治通鉴长编》卷239、《元丰九域志》卷3
熙宁九年（1076年）春正月丁丑	广州	中都督 节度州	增至七千缗	《续资治通鉴长编》卷272、《元丰九域志》卷9
熙宁九年（1076年）春正月丁丑	桂州	下都督 节度州	增至五千缗	《续资治通鉴长编》卷272、《元丰九域志》卷9
熙宁九年（1076年）二月乙巳	桂州	下都督 节度州	增至七千缗	《续资治通鉴长编》卷273、《元丰九域志》卷9
熙宁九年（1076年）二月乙巳	潭州	上州 节度州	增至六千五百缗	《续资治通鉴长编》卷273、《元丰九域志》卷6

续表

时间	单位	类别	数额（钱）	材料出处
元丰元年（1078 年）八月癸亥	泸州	上州 刺史州	增千缗	《续资治通鉴长编》卷 291、《元丰九域志》卷 7
元丰二年（1079 年）七月壬午	宪州	中州 军事州	岁千缗	《续资治通鉴长编》卷 299、《元丰九域志》卷 2
元丰三年（1080 年）春正月癸未	开封府	京府	增千缗	《续资治通鉴长编》卷 302
元丰三年（1080 年）六月丙午	桂州	下都督 节度州	增为四千缗	《续资治通鉴长编》卷 305、《元丰九域志》卷 9
元丰五年（1082 年）冬十月丙辰	宜州	下州 军事州	权增千缗	《续资治通鉴长编》卷 330、《元丰九域志》卷 9
元丰六年（1083 年）二月癸亥	诚州	下州 军事州	增千缗	《续资治通鉴长编》卷 333、《元丰九域志》卷 6
元丰六年（1083 年）二月庚午	熙州	上州 节度州	权增三千缗	《续资治通鉴长编》卷 333、《元丰九域志》卷 3
元丰六年（1083 年）二月庚午	通远军	同下州	二千缗	《续资治通鉴长编》卷 333、《元丰九域志》卷 3
元丰六年（1083 年）五月戊戌	沅州	下州 军事州	千缗	《续资治通鉴长编》卷 335、《元丰九域志》卷 6
元丰七年（1084 年）三月丙寅	多星堡（属靖州）	下州 军事州	岁百五十千	《续资治通鉴长编》卷 344 《宋史》卷 88《地理志四》
元祐二年（1087 年）三月辛巳	葭芦（属石州）	下州 军事州	二千余贯	《续资治通鉴长编》卷 397 《宋史》卷 86《地理志二》
元祐二年（1087 年）三月辛巳	吴堡（属石州）	下州 军事州	二千余贯	《续资治通鉴长编》卷 397 《宋史》卷 86《地理志二》
元符二年（1099 年）闰九月庚辰	鄯州	 节度州	四万贯	《续资治通鉴长编》卷 516 《宋史》卷 87《地理志三》
元符二年（1099 年）闰九月庚辰	湟州	 节度州	二万贯	《续资治通鉴长编》卷 514 《宋史》卷 87《地理志三》
元符二年（1099 年）闰九月庚辰	龙支城（属西宁州）		三千贯	《续资治通鉴长编》卷 514 《宋史》卷 87《地理志三》

从表 2-1 中可得，大部分州军在真宗时原本就有公使钱，李昌宪在《中国行政区划通史·宋西夏卷》中提到：“宋承唐制，州的等级划分有两套标准。一

套是循唐朝前半期之制，将州分为辅、雄、望、紧、上、中、中下、下数等。另一套则是根据唐代政局演变的结果，将州分为六等，分别为都督、节度、观察、防御、团练、军事。”[①]第一种是按户与口的多少进行分类的，另一种是按军事地位进行分类的。表 2-1 中所示真宗时期的戎、泸、冀、澶等上州的岁公用钱大概在 50 万（钱），而蔡州虽为紧州，但他的公用钱比一些上州的数额还要少，仅有 20 万；大都督州为月 20 万，每年就是 240 万（钱），而镇戎军、宁化军等同下州每年大概在 20 万左右，与都督州、上州的差距还是很明显的。纵观真宗朝，所有增赐的数量大概在 10 万到 70 万（钱）之间，低一级的州军在 15 万到 20 万。这里的“增公使钱”就是中央的专款下拨。真宗时期，与辽朝、西夏时战时和，尤其是北方三路作为重点军事防御地区，宋廷在这一地区驻扎了数量众多的军队。这说明，在澶渊之盟之后冀州、澶州、绛州、镇戎军、宁化军、泾原路笼竿城增赐的公使钱极有可能是为了保障驻扎军队的需要。其中尤以宁化军地区“军屯颇众”，所以划拨的公使钱增加了 10 万（贯）之多。宋初三朝公使钱的使用来看，公使库是伴随着地方财政的逐步完善而发展的，地方得到的公使钱逐渐增多，受益的部门也越来越广泛。值得注意的是这一时期的配给大都属于朝廷的财政拨款，地方上还不存在公使钱自筹的情况。

在神宗时期进行的一系列改革活动中，也包括对公使钱的改革。此类改革大致从熙宁四年持续到元丰三年，期间经过了多次修订。杨倩描在《北宋公用钱“新额”时间考》一文中，对 23 个路的各个州军新旧额做了一个对比，而且在改革的时间也作了严谨的考证。[②]从神宗时期赐给的公使钱来看，这一时期的公使钱数量较真宗时期有了大幅度的提高，拿同为上州、节度州的潭州和真宗时的冀州相比，这时期的公使钱为 6500 缗，较冀州多出了 6000 缗；另外，以都为同下州的通远军和镇戎军相比，神宗时期通远军的数额是真宗时期镇戎军的 10 倍。纵观神宗时期的公使钱配给数额，其一，各个州级行政单位得到的钱数在 5000 缗上下，有的达到了 7000 缗，比真宗时期平均四五十万（钱）整整高了 10 倍；其二，受益机构方面也比真宗时期多。在远离中央的州军，出于军事需要而被赐予公使钱的比例仍然较高。

再以泸州为例，从真宗到神宗有一个变化的过程，泸州在“新额”之前的数额为千缗，到了元丰时期增加了千缗，至少是 2000 缗，增加了 1 倍。另以神宗时期的桂州为例，熙宁九年（1076 年）春正月时为 5000 缗，二月的时候为

---

① 李昌宪：《中国行政区划通史・宋西夏卷》，第 89 页。
② 杨倩描：《北宋公用钱“新额”时间考》，《河北学刊》2002 年第 5 期，第 131—135 页。

7000 缗，而到了元丰三年（1080 年）的时候下降到了 4000 缗，这种数额的变化是与政策息息相关的。

哲宗时期的公使钱配给特点来看，边境地区的公使钱较多，以鄯州、湟州为例，每年给的公使钱比内地的地区还要多。

（二）中央政府对地方长官的拨付

1. 公使钱额度的演变

宋代对群臣的待遇十分优厚，除了皇亲国戚，大量的公使钱赏赐给了文臣与武将。而赏赐的数额也经历了一个逐渐演变的过程。宋初，太祖为了避免再次出现武将专权，采取“杯酒释兵权”的方式剥夺了诸位武将的统兵权，在这次宴会上他提到：“尔辈归朝，日与朕相宴乐，何如？”方镇再拜，“即诏给侯伯随使公使钱，虽在京，亦听半给。州县租赋，悉归公上，民无苛敛之患。至今侯伯尚给公使钱，以此也”[①]。可见，这时期太祖就开始压制武将，要求他们享受生活即可，不必拥有兵权，另外还规定在京的官员一般都是半给公使钱，由于外官所在地的租税都要上交，武将因此没有特殊的收入，所以优给公使钱安抚他们。

宋代一般按官员等级和州郡等级赐给官员公使钱。大致在咸平五年（1002 年），宋政府按武将的等级规定了公使钱的供给额：

> 自节度使兼使相，有给二万贯者。其次万贯至七千贯，凡四等。节度使，万贯至三千贯，凡四等。节度观察留后，五千贯至二千贯，凡四等。观察使，三千贯至二千五百贯，凡二等。防御使，三千贯至千五百贯，凡四等。团练使，二千贯至千贯，凡三等。刺史，千五百贯至五百贯，凡三等。亦有不给者。（观察使以下在禁军校者，皆不给。）京守在边要或加钱给者，罢者如故，皆随月给受，如禄奉焉。咸平五年，令河北、河东、陕西诸州，皆逐季给。[②]

据材料可得，从节度使到刺史的公使钱都是按照等级进行划分的，这部分官员的公使钱是朝廷每年都会赐予的；如果武将在河北、河东、陕西任职，那么公使钱是按季度发放的，如果是京守官员在边塞做官，那么这部分官员的公

① （宋）王巩撰：《闻见近录》，《全宋笔记》第二编第六册，郑州：大象出版社，2006 年版，第 22 页。

② （元）脱脱等撰：《宋史》卷 172《职官十二》，第 4144 页。

使钱是按月发放的。

另外，公使钱配给的数额不仅依靠官阶，还要看官员所在州郡的行政级别。如哲宗元祐三年（1088年），政府按州郡的行政等级规定了文武官员公使钱的数额，“诏太中大夫以上知、判州府，添赐公使钱。正任团练使、遥郡防御使以上至观察使，并分大郡、次郡。初除次郡，俸钱各减四分之一，移大郡全给。留后、节度使分大镇、次镇、小镇，递减五万。刺史以下、使相以上不减。其刺史至节度使公使钱，依俸钱分数裁减”[①]。这次朝廷的规定不仅从官员等级上做了区别，还依照州郡等级的高低进行了分配，遗憾的是材料中并没有涉及数额的多少。

徽宗时期又对宰相级别的高级官员进行定额，徽宗大观二年（1108年），“‘立定自学士至兵马都钤辖公使钱：水［外］任给，内曾任执政官以上，不限内外并给。观文殿大学士曾任宰相，钱一千五百贯；观文殿学士、资政殿大学士、资政殿学士、端明殿学士曾任宰相、执政官，钱一千贯，余七百贯；龙图、天章、宝文、显谟、徽猷阁学士、直学士、待制、枢密直学士及太中大夫以上，五百贯。已上兼安抚经略使或马步军都总管、兵马都钤辖，各加钱一百贯。乞从本所依此刊为定制，仍乞不限内外，并所领职任一等支给。’诏依所奏，其资政殿学士可以七十贯别为一等”[②]。这次调整不仅在等级上有所体现，还强调了内、外官公使钱的不同。如果是外官，则都有公使钱，如果是内官，必须担任过执政官以上才会“不限内外并给”，另外，官员如有差遣还会多加一百贯。

汪圣铎先生在《两宋财政史》中对元丰改制前公使钱数额变化的情况已有详细统计。[③]元丰改制以后，由于官制发生了变化，为了更好地说明官员数额的变化，在众多官职当中，我们以地方的帅臣、监司、和通判为例，他们作为地方高官具有一定的代表性，徽宗宣和七年（1125年）规定，“欲乞应郡守、监司每月所受公使库应干供给，纽计钱数，不得过二百贯。总管、钤辖、通判不得过一百五十贯。其余等级，依仿裁定。若旧例数少者依旧，不得增添”。北宋末期，郡守、监司的最高标准是二百贯，通判不超过一百五十贯，如果违犯此标准，则“计所剩以盗论。委监司据岁分州郡，季一取索检察，若有违法，按劾以闻。或敢隐蔽，即监司互察，仍令廉访所弹奏。如此，不惟多寡得中，少抑扰民之弊”[④]。为了防止监司作弊，还允许监司互查，以防形成窝案。在执行过

① 刘琳、刁忠民、舒大刚，等校点：《宋会要辑稿》礼六二之四八，第2140页。
② 刘琳、刁忠民、舒大刚，等校点：《宋会要辑稿》礼六二之五一，第2141—2142页。
③ 汪圣铎：《两宋财政史》下册，附表037，第811—815页。
④ 刘琳、刁忠民、舒大刚，等校点：《宋会要辑稿》职官五七之六二，第4592页。

程中，中央对公使钱数额也进行了相应的改革，“其内外官又给公用钱，京师分月给、岁给，月给者自三百千至十千不等，岁给者惟尚书都省、银台司、审刑院、提举诸司、库务司不限年月，用尽则续给，自五千至百千凡十三等。外官刺史千五百贯至五百贯凡三等，递增至节度使兼使相有至二万贯者”①。可见，外官较内官的数额确实多了不少，文武臣之间存在巨大的差距，还有一则材料也说明了这个问题，如政和八年（1118年）三月，臣僚言：“州军唯知州、通判所得供给往往优厚，其次兵职、监当官及倚郭知、佐等，谓之州官，亦预给散”，虽都为外官，但也有等级差别“其外县镇官等所得甚微，至有全不沾及者，欲望特诏有司，并须据等，内外均给”。②

南宋建炎二年（1128年）又规定：“诸路帅臣供给，每月不得过二百五十贯”，其他官职也做了规定，诸路提举茶盐公事，陕西、福建路提举茶事，并知县资序知州军人等，“并与通判供给，每月不得过一百五十贯。旧例数少者并依旧。其节序并非泛供给，纽计充本月供给数”③。相比北宋末期的数额在数量上变化不大，例如通判的数额依旧是不得过一百五十贯，还规定“数少”的这一类官员，按崇宁旧法供给。又过了一年，高宗建炎三年（1129年）的时候，重新规定了公使钱的补助办法，“帅臣不得过二百贯，知州军不得过一百五十贯，监司供给依知州军数，通判八十贯……如收受过数，并以自盗”④，此外，朝廷还允许外人进行监督，并且举报还可以得到奖励。从建炎三年的规定来看，帅臣减少到不得过二百贯，监司为一百五十贯，通判为八十贯，与北宋时期的供给数额相比是减少了。

这样在一年之内发布的两条规定多多少少有些不同，究其原因可能是南宋建立之初，政局还不是太稳定，国家财政亏空，在官员的待遇上也显出了紧张的状况。经过三十多年的发展到了孝宗时期再次规定公使钱的补助额度，户部状：“公使库给供给，帅臣不得过二百贯，监司、知州军不得过一百五十贯，通判不得过八十贯，兵职官、监司属官不得过三十贯，外县知县、县丞不得过一十五贯，簿、尉、监当官不得过一十贯。”⑤这次规定与高宗朝数额大致一样，但在受益人群上有所变化。

---

① （清）嵇璜、刘墉等撰，纪昀等校订：《钦定续通典》卷39《职官》，《景印文渊阁四库全书》，第639册，第558页。

② 刘琳、刁忠民、舒大刚，等校点：《宋会要辑稿》职官五七之五九，第4590页。

③ 刘琳、刁忠民、舒大刚，等校点：《宋会要辑稿》职官五七之六四，第4593页。

④ 刘琳、刁忠民、舒大刚，等校点：《宋会要辑稿》食货二一之一八，第6460页。

⑤ 刘琳、刁忠民、舒大刚，等校点：《宋会要辑稿》职官五七之八三，第4603页。

与此同时，朝廷还会以“别赐”的名义临时性的赐给公使钱。大中祥符二年（1009 年），昭宣使、诚州团练使、内侍左右班都知张崇贵，“自鄜延召还，愿留京师，上以崇贵练悉边要，故复遣之，面谕属任之意，仍许每岁诣阙奏事，别赐公用钱岁二百万”①。曹玮紧急赴任边关“上以为戎人多诈，虑缓急寇边，侵扰熟户”于是下令：“先命周文质监泾原军，又徙玮是州，兼两路事以备之。赐玮公用钱岁三百万，仍诏自今不兼安抚使者给其半。”②

2. 优待的表现

宋代对士大夫的待遇相当优厚。仁宗时，宋祁在知定州和益州时生活奢靡，被人检举：“先是，右司谏吴及言祁在定州不治，纵家人贷公使钱数千缗，及在蜀奢侈过度；而（包）拯亦言祁在益部多游宴，且其兄庠方执政，不可任三司，累论之不已。”③另说他：“晚年知成都府，带《唐书》于本任刊修，每宴罢，盥洗毕，开寝门，垂帘，燃二椽烛……望之如神仙焉。”④绍兴十五年（1145 年）十一月丙寅，“全给秦桧岁赐公使钱万缗”⑤；理宗时，贾似道养母胡氏的丧事也要动用公使钱，“又依所奏将绍兴府公使库径行拨赐”⑥。各臣子在生活上更是被照顾的无微不至，高宗建炎三年（1129 年）诏：“‘除行在一行官吏、军兵等日支食料等许行支给（付）[外]，其余应干公使、花果、房卧、生（白）[日]、身亡孝赠钱物，并权住支。’从户部尚书叶梦得之请也。”⑦除了俸禄，官员的福利待遇涉及了各个方面。

（1）官员赴任和升迁

群臣的赴任或者是晋升都有可能得到赏赐，如景德元年（1004 年）十一月十五日，“以刑部侍郎赵昌言知河阳，月增公用钱十五万”⑧；冯拯上任时“以刑部尚书、兼御史中丞冯拯为户部尚书、知陈州，增给公用钱岁百万”⑨；乾兴初给曹利用钱，“加左仆射兼侍中、武宁军节度使、景灵宫使，诏如曹彬给公使

---

① （宋）李焘撰，上海师范大学古籍整理研究所、华东师范大学古籍整理研究所点校：《续资治通鉴长编》卷72，大中祥符二年十二月丙申，第 1644 页。

② （宋）李焘撰，上海师范大学古籍整理研究所、华东师范大学古籍整理研究所点校：《续资治通鉴长编》卷85，大中祥符八年九月甲寅，第 1949 页。

③ （宋）李焘撰，上海师范大学古籍整理研究所、华东师范大学古籍整理研究所点校：《续资治通鉴长编》卷189，嘉祐四年三月己未，第 4554 页。

④ （宋）魏泰撰，李裕民点校：《东轩笔录》卷 15，北京：中华书局，1983 年版，第 171 页。

⑤ （元）脱脱等撰：《宋史》卷 30《高宗七》，第 564 页。

⑥ （宋）周密撰，吴企明点校：《癸辛杂识》前集《贾母饰终》，北京：中华书局，1988 年版，第 49 页。

⑦ 刘琳、刁忠民、舒大刚，等校点：《宋会要辑稿》礼四四之二八，第 1708 页。

⑧ 刘琳、刁忠民、舒大刚，等校点：《宋会要辑稿》食货三五之四六，第 6782 页。

⑨ （宋）李焘撰，上海师范大学古籍整理研究所、华东师范大学古籍整理研究所点校：《续资治通鉴长编》卷85，大中祥符八年冬十月辛巳，第 1952 页。

钱岁万缗”[①]；再如赵昌言知河阳，仁宗庆历五年（1045年）闰五月，“宣徽北院使、建武节度使李用和为彰信节度使、同平章事，许张伞击杖子，上下马如二府仪，余无得援例。又诏公使钱特依宗室例，岁给其半”[②]；另如“内园使燕达权发遣环庆路驻泊总管，每年赐公使钱一千五百缗，仍先借支二年”[③]。司马光记录了范子渊升官时朝廷恩赐公使钱的情况，“介甫大喜，即除子渊都水外监丞，置浚川司，使行其法，听辟指使二十人，给公使库钱”[④]。绍兴十五年（1145年）闰十一月，“权兵部侍郎郑朴充敷文阁待制，提举江州太平观，从所请也。诏提举秘书省月给公使钱三百缗”[⑤]。综上，国家增赐州府级别官员的公使钱大概在岁千贯到千八百贯之间，同为节度使的曹利用和李用和每年的公使钱却在万缗左右，可见差别之大。

国家有时会给予个人特殊照顾，特别赏赐一些公使钱。“神宗在御，李端愿纳节，以少师致仕，特给节度使俸之半。曹佾拜中书令，特赠公使钱一万贯，朱衣双引。皆近朝待戚里之殊礼也”[⑥]，李瑞致仕给钱一半。另说曹佾“仍诏出入如二府仪，公使半给见钱，后毋得为例”[⑦]，仅此特例。淳熙元年（1174年）十一月，诏：“南班士矩等六人生日支赐公使钱，与依格全支。后人不得援例”[⑧]。（淳熙）四年（1177年）五月，诏：“史浩已除少保、观文殿大学士、醴泉观使、侍读、永国公，其岁赐公使钱，缘曾任开府仪同三司日未曾批勘，特与依开府仪同三司本格全支，自降麻日始。”[⑨] 另淳熙六年（1179年）三月，“新除右监门卫大将军、忠州防御使、权知大宗正事不悳言‘各人自有岁赐公使等物……’内公使钱，缘不悳官系遥郡支给，令户部每岁特支钱五百贯。候转官至应给日住支”[⑩]。综上，朝廷恩赐的公使钱会出现特例的情况，

（2）奖励官员

当武将有了军功或者其他的功绩常常得到朝廷的奖励。景德二年（1005年）

① （元）脱脱等撰：《宋史》卷290《曹利用传》，第9707页。
② （宋）李焘撰，上海师范大学古籍整理研究所、华东师范大学古籍整理研究所点校：《续资治通鉴长编》卷156，庆历五年闰五月己酉，第3779页。
③ （宋）李焘撰，上海师范大学古籍整理研究所、华东师范大学古籍整理研究所点校：《续资治通鉴长编》卷240，熙宁五年十一月癸丑，第5825页。
④ （宋）司马光撰，邓广铭、张希清点校：《涑水记闻》卷15，北京：中华书局，1989年版，第296页。
⑤ （宋）李心传编撰，胡坤点校：《建炎以来系年要录》卷154，绍兴十五年闰十一月丙戌，第2922页。
⑥ （宋）高晦叟撰，孔凡礼整理：《珍席放谈》卷下，《全宋笔记》第三编第一册，郑州：大象出版社，2008年版，第191页。
⑦ 刘琳、刁忠民、舒大刚，等校点：《宋会要辑稿》职官一之一，第2933页。
⑧ 刘琳、刁忠民、舒大刚，等校点：《宋会要辑稿》食货六四之一一三，第7795页。
⑨ 刘琳、刁忠民、舒大刚，等校点：《宋会要辑稿》食货六四之一一四，第7795页。
⑩ 刘琳、刁忠民、舒大刚，等校点：《宋会要辑稿》崇儒一之一二，第2733页。

五月，“诏宣徽北院使雷有终依前给观察使公用钱。以久在边鄙，家无余资也”①。向经在军队中勤恳治军，为人正直，他的事迹得到了皇后的赞赏。“经所至，勤于吏事，管库米盐，薄书期会皆亲之。故事，州镇刺史以上别赐公使钱，例得私以自奉，去又尽入其余赀，经一切付主吏，惟供飨劳宾客军师之用，无一毫他费。”②

宋政府依靠武将开拓疆土、抵御战事，给予一定的奖励是十分必要的。不过这些公使钱同样分为实俸和虚俸，大多时候给的是虚俸，而赐予实俸的时候相当少，真宗大中祥符九年（1016 年），“召尧叟子就赐告牒，寻命判河阳，月给实俸，岁赐公使钱百万”③。大多数时候给一半或者更少，如大中祥符八年（1015 年）九月八日，“赐知秦州、兼泾原路沿边安抚使曹玮公用钱岁三百万，仍诏自今不兼安抚使者给其半”④，虽然曹玮实给了三百万，但不兼安抚使的官员就只能得到一百五十贯了。再如“诏给建宁军留后、勾当军头司杨景宗公使钱三分之一，他不得援例”。因为当时规定：“近制，刺史以上公使钱非外任不给，景宗缘章惠太后故，特给之”⑤，这还是看在章惠太后的面子上给予三分之一的公使钱。不仅仅都是增加公使钱，有时候也会减少公使钱的数额，例如随着军事战争的结束，公使钱就会相应的减少，“罢同、解、干、耀等九州军公使钱，共一千八百贯”⑥。

如果官员带病坚持赴任则会得到更多的奖励。天禧元年（1017 年）三月，“以给事中、权御史中丞凌策为工部侍郎、知宣州。策疾甚，再表求任本郡，特许之。寻有诏增公用钱岁三十万，亦从其请也”⑦。虽然他没有赴任，但为了奖励他的功绩，还是给他公使钱。枢密使、彰德节度使、同平章事王贻永，在至和元年（1054 年），“数以疾求罢，己巳，罢为景灵宫使，加右仆射、兼侍中，仍诏特依宗室例，岁赐在京公使钱五千缗，其进奉听如两府例”⑧。故而看出，

---

① 刘琳、刁忠民、舒大刚，等校点：《宋会要辑稿》食货三五之四六，第 6782 页。

② （宋）李焘撰，上海师范大学古籍整理研究所、华东师范大学古籍整理研究所点校：《续资治通鉴长编》卷 273，熙宁九年二月乙未，第 6681 页。

③ （宋）李焘撰，上海师范大学古籍整理研究所、华东师范大学古籍整理研究所点校：《续资治通鉴长编》卷 87，大中祥符九年八月丙戌，第 2005 页。

④ 刘琳、刁忠民、舒大刚，等校点：《宋会要辑稿》礼六二之三四，第 2130 页。

⑤ （宋）李焘撰，上海师范大学古籍整理研究所、华东师范大学古籍整理研究所点校：《续资治通鉴长编》卷 162，庆历八年春正月乙酉，第 3904 页。

⑥ （宋）李焘撰，上海师范大学古籍整理研究所、华东师范大学古籍整理研究所点校：《续资治通鉴长编》卷 141，庆历三年五月乙未，第 3384 页。

⑦ （宋）李焘撰，上海师范大学古籍整理研究所、华东师范大学古籍整理研究所点校：《续资治通鉴长编》卷 89，天禧元年三月丁未，第 2048—2049 页。

⑧ （宋）李焘撰，上海师范大学古籍整理研究所、华东师范大学古籍整理研究所点校：《续资治通鉴长编》卷 176，至和元年三月戊辰，第 4254 页。

宋代对待官员的福利宋政府可谓慷慨大方。

（3）增加编制

增加编制往往会得到公使钱。以负责皇帝起居的起居院为例，“自后授者为同修起居注，增置楷书二人，月给公用钱十千，表纸五百番”①。另外，司封部也增加一人，至道三年十二月，“诏尚书考功依例许招院子一人，粮钱一千，以祠部公用钱支”②。天圣九年（1031 年）九月，“若欲佣雇丁夫采漫生盐者，除旧请受外，第给酱菜日食白米，仍许监官批历为课，请行酬奖，岁给提举官公用钱五百千”③。朝廷十分重视修书人员的福利待遇，嘉祐四年（1059 年）六月诏：“又益置编校官，每馆二员，给太官食，公使十千。”④此外，在国子监与贡院这两个负责学习考试的地方，增加人员同样要给予公使钱，元丰三年（1080 年）二月，“诏国子监罢书库官，复置主簿，增监厨、使臣各一员；增岁赐公使钱，并旧为千缗”⑤，贡院选录“新赐进士、诸科期集钱，如的确合用不足，仰本院公用钱相贴支用”⑥。监军、监官所差之人“诏提举熙河等路弓箭手营田蕃部共为一司，隶泾原路制置司，许奏举勾当公事官一员、准备差使使臣三员，给公使钱千缗”⑦。

（4）官员犒设

武将驻守边关，尤其是在战争年代，政府势必要给予一定的公使钱进行犒设。景德四年（1007 年）高阳关承受刘柽上言：“河北用兵之际，优给公使钱犒设军校。今边鄙久安，戍兵大减，请令转运、提点刑狱量州军闲剧均定。”⑧神宗元丰五年（1082 年）夏四月，“赐河北提举义勇保甲狄谘每年公使钱千缗，专给犒设”⑨，同年五月“又赐邕州公使钱岁二十万，以其地管蛮洞，备犒设也”⑩。在武将执行公务的时候，朝廷也会派发公使钱，元丰七年（1084 年）“泾

① 刘琳、刁忠民、舒大刚，等校点：《宋会要辑稿》职官二之一一，第 2991 页。
② 刘琳、刁忠民、舒大刚，等校点：《宋会要辑稿》职官九之一，第 3271 页。
③ 刘琳、刁忠民、舒大刚，等校点：《宋会要辑稿》食货二三之三六，第 6507 页。
④ 刘琳、刁忠民、舒大刚，等校点：《宋会要辑稿》崇儒四之八，第 2819 页。
⑤ （宋）李焘撰，上海师范大学古籍整理研究所、华东师范大学古籍整理研究所点校：《续资治通鉴长编》卷 302，元丰三年二月癸卯，第 7352 页。
⑥ 刘琳、刁忠民、舒大刚，等校点：《宋会要辑稿》选举二之一一，第 5270 页。
⑦ （宋）李焘撰，上海师范大学古籍整理研究所、华东师范大学古籍整理研究所点校：《续资治通鉴长编》卷 323，元丰五年二月丁卯，第 7785 页。
⑧ 刘琳、刁忠民、舒大刚，等校点：《宋会要辑稿》食货三五之四六，第 6783 页。
⑨ （宋）李焘撰，上海师范大学古籍整理研究所、华东师范大学古籍整理研究所点校：《续资治通鉴长编》卷 325，元丰五年夏四月戊寅，第 7831 页。
⑩ 刘琳、刁忠民、舒大刚，等校点：《宋会要辑稿》礼六二之三四，第 2130 页。

原路总管姚麟乞特给公使钱。诏如更有边事出入，给千缗”[①]。乾道九年（1173年）六月，“欲乞每驿于本州添差使臣内差拨使臣一员充监驿，军兵六人内一名管押……及（今）[令]本州除请给外，每月支供给钱一十贯文”[②]。

尽管如此，有些地方的武将还嫌公使钱不够用，以各种借口向朝廷索要公使钱，如果被拒绝那就会想尽其他办法弄到钱，经营公使库牟利，卖酒、卖醋、卖书，卖药，只要是能赚钱的行当均涉足其中。

二、地方政府的自筹

由于宋代地方政府日常开销十分巨大，正赐公使钱往往满足不了巨额的开销，苏轼任扬州知州时却提到“本州公使额钱每年五千贯文，除正赐六百贯，诸杂收簇一千九百贯外，二千五百贯并系卖醋钱”[③]，扬州每年的政府拨款仅占据了很少的一部分，大部分需要地方政府自筹，为了扩大公使钱的来源渠道，地方政府会根据自身拥有的资源进行公使库的营利活动。这部分盈余大体来源于公田、头子钱、部分酒税和醋息钱，此外还有地方、军队的回易等收入。

（一）公使库中物品的经营收益

公使库作为一个仓库，不仅管理着公使钱，更为重要的是，公使库作为一个营利性机构经营了很多物品，例如公使酒、公使醋、公使库刻书等。这些物品的经营为公使库带来了丰厚的收益。

1. 公使酒

（1）国家的法律规定

公使酒作为官员福利的一种，其管理十分严格。宋初国家就规定了公使酒的配额：“其公用酒，太平兴国六年九月定制，河南、应天以下六府，曹、郓以下六十六州，月各给一石，歙州在其数中。”[④]此“六府”就是依太宗太平兴国六年（981年）九月的诏：“诏诸路州府每月第给系省酒充公用，其后各有定制：河南、应天、河中、凤翔、江陵、江宁六府。”[⑤]月给一石数量确实不少。而高

① （宋）李焘撰，上海师范大学古籍整理研究所、华东师范大学古籍整理研究所点校：《续资治通鉴长编》卷350，元丰七年十一月辛酉，第8388页。

② 刘琳、刁忠民、舒大刚，等校点：《宋会要辑稿》兵二五之五二，第9160页。

③ （宋）苏轼撰，孔凡礼点校：《苏轼文集》卷36《申明扬州公使钱状》，第985页。

④ （宋）赵不悔修，罗愿纂：《新安志》卷2《叙物产・公用》，《宋元方志丛刊》，第7632页。

⑤ 刘琳、刁忠民、舒大刚，等校点：《宋会要辑稿》食货二一之一五，第6457—6458页。

级官员配给额也很高，“亲王、宰相、使相岁赐公使钱七千贯许造酒，主第亦然”[①]。其他朝公大臣也会配给公使酒，如真宗咸平五年（1002年）诏：“增川、峡路京朝使臣等月给添支及羊直，令如铜钱界。其知州公用酒亦如之。”[②]

（2）公使酒的生产过程和原料

诸军州造酒有定额规定，国家按例每年拨付专款造酒，神宗熙宁七年（1074年）正月初一诏：“听以公使钱顾召人工，置备器用，收买物料造酒”[③]，并对各地造酒的成本做了规定：“诏诸州自来不造酒处，许以公使钱造，每百贯造十石，额外造者以违制论”[④]。元丰元年（1078年），权荆湖北路转运判官马瑊言：“诸州已裁定年额公使钱数，欲乞造酒所用米曲，许前一年申本司借钱造曲粂米，复于次年合破钱数内分四季克除。”[⑤]南宋高宗建炎四年（1130年）六月十八日诏：“诸州公使库造酒，自有定额，其监司供给已分定州军。今后巡历去处，除合得供给外，并不许用米曲价钱于公使库买酒。”[⑥]为了增加本地的收入，各地方政府四处找钱进行造酒，淳熙四年十二月十九日，南外宗正司“缘住罢卖酒，公使匮乏，无可支遣。乞依西外宗正司例，岁给度牒”。于是朝廷批示：“户、礼部于泉州合起发钱内支拨三千贯，其度牒更不给降。”[⑦]

此外，北宋中后期到南宋时期还存在大量以私钱物造酒的现象，自“勘会诸路州军官员多以私钱于公使库并场务寄造酒，显属违法”。故而朝廷颁布了严格的惩罚诏令：“诸州以私钱物就公使库若场务酝酒者，论如私酝酒法，加一等；已入己，以自盗论，长贰当职官加二等。监司、统辖、廉访官知而不纠，与同罪；不知，减三等。许人告，不以赦降原减。”[⑧]尽管如此，但私钱造酒活动依然猖獗，朝廷不得不屡颁条法以禁之，如宣和二年（1120年）“公使库假用米曲及因耗官课者，以坐赃罪之，监官移替”[⑨]；同年十月诏：“诸榷酤，漕计所仰，迩来［州］县违法失职，公使库酒货侵夺官课，及私造公行，例亏岁额。仰诸

① （宋）钱彦远撰：《钱氏私志》，《景印文渊阁四库全书》，第1036册，第662页。
② （宋）李焘撰，上海师范大学古籍整理研究所、华东师范大学古籍整理研究所点校：《续资治通鉴长编》卷52，咸平五年秋七月癸亥，第1145页。
③ 刘琳、刁忠民、舒大刚，等校点：《宋会要辑稿》食货二一之一六，第6458页。
④ （宋）李焘撰，上海师范大学古籍整理研究所、华东师范大学古籍整理研究所点校：《续资治通鉴长编》卷249，熙宁七年春正月己亥，第6066页。
⑤ （宋）李焘撰，上海师范大学古籍整理研究所、华东师范大学古籍整理研究所点校：《续资治通鉴长编》卷291，元丰元年八月壬寅，第7110页。
⑥ 刘琳、刁忠民、舒大刚，等校点：《宋会要辑稿》食货二一之一九，第6460页。
⑦ 刘琳、刁忠民、舒大刚，等校点：《宋会要辑稿》崇儒一之一一至一二，第2733页。
⑧ 刘琳、刁忠民、舒大刚，等校点：《宋会要辑稿》食货二一之一七至一八，第6459页。
⑨ （元）脱脱等撰：《宋史》卷185《食货下七》，第4519页。

路漕臣督责州县措置官酤，严戢私酝，如有违慢、贪污不法去处，按劾以闻，当议重加典宪。”[①]诏令的频繁出台，从反面论证了私钱造酒活动的泛滥。私钱造酒对国家的财政收入有很大的损失，绍兴三十年十二月二十九日，户部侍郎邵大受说道：“今稽考诸路一岁亏欠二百余万缗，皆缘诸州公使库广行造酒，置店酤卖，及巧作名目，别置酒库，或于省务寄造，并不分隶，搀夺省司课利，致诸路酒务例皆败坏，亏失国计。”[②]显然公使库造酒的收益大都留在了本州，不进行分隶，是破坏税收的表现。更有甚者，部分官员将这些贩卖之后的钱大都装进了私人腰包。绍熙二年（1191 年），澧州官员“卖公库酒而不入经制，私籴军粮，刻剥兵士，贪状寖露故也”[③]，遭到本路运判薛叔似的弹劾。

（3）公使酒的经营

公使酒在原则上是不能经营买卖的，如宣和六年（1124 年）三月四日，提举荆湖北路常平等事郑庭芳奏：“契勘天下坊场所入，酒利最厚。比年买扑坊场之家，类多败阙，多因州县官令酒场户卖供给酒及荐送伶人之类。”于是他建议：“欲乞朝廷立法。勘会：除在任官荐送人于所部已有法禁自合遵守外，余合取自朝廷指挥。诏：‘见任官将所得供给酒抑配，令酒场户出卖者，以违制论。’”[④]然而在实际执行中，由于政府监管松弛，多地政府便公然贩卖公使酒。

当然，特殊时期的造酒卖钱也是无奈选择，绍兴二年（1132 年），“诏帅臣、统兵官以公使酒酤卖者，取旨论罪。先是，李纲为湖广宣抚使，请于所在州军造酒，许之”[⑤]。虽然是违法的行为，但是为了本州公用经费的开支，地方政府也不得不这么做，而国家也默许了此类行为。

除了正常的贩卖，还有部分官员非法出卖公使酒的，如政和七年（1117 年）“楚州公库造酒，出卖寄造为名，令虞候于小店货卖，官利日亏，其余州军类皆如此”。为此，朝廷“寻选差秀州司录丘朝俊等诣宿、亳等（县）[州] 体究到，数内宿、真、通、泰、海、舒、和、庐、寿、光、濠、蕲、黄州、无为军无公使造酒、出卖寄造为名外，体究得亳、泗州知州、通判及见任官，却有将所请公使供给酒令虞候、厅子等于市肆开小店，不认官课，致拍官酒店户停闭，及都酒务因此课利日亏”[⑥]。于是朝廷又规定：“今后见任官不得令人开店卖供给酒，

① 刘琳、刁忠民、舒大刚，等校点：《宋会要辑稿》食货二〇之一三，第 6430 页。
② 刘琳、刁忠民、舒大刚，等校点：《宋会要辑稿》食货二〇之二三，第 6441 页。
③ 刘琳、刁忠民、舒大刚，等校点：《宋会要辑稿》职官七三之六，第 5004 页。
④ 刘琳、刁忠民、舒大刚，等校点：《宋会要辑稿》刑法二之九〇，第 8331 页。
⑤ （宋）李心传编撰，胡坤点校：《建炎以来系年要录》卷 59，绍兴二年冬十月乙酉，第 1190 页。
⑥ 刘琳、刁忠民、舒大刚，等校点：《宋会要辑稿》食货二一之一八，第 6459 页。

令户部立法，申尚书省，其亳州、泗州知、通各罚铜十斤。”[①]宣和六年（1124年）提举荆湖北路常平郑庭芬建议：“见任官将所得供给酒抑配，令买扑坊场户出卖者，以违制论。”[②]这样，国家就把见任官的财路从政策上封住了，但实际操作过程中，地方官私卖公使酒的现象并未断绝，如唐仲友在台州时，“公使库自来不许卖酒，缘添归正人，合支些小供给钱。仲友到任以来，以此为名，公库每日货卖生酒至一百八十余贯，煮酒亦及此数。一日且以三百贯为率，一月凡九千贯，一年凡收十万余贯。其所造酒米麦之属，既并取于仓库羡余，而所收息钱太半不曾收附公使库钱历，并是入己”[③]。

在私卖酒的同时，为增加收入，一些地方官还强迫百姓买劣酒，如“（旧例）遇正旦、寒食、冬至各印关子付居民、令户、户纳钱赴官、沽酒、自一百至一贯”[④]。不仅如此，公使库卖给百姓的酒质量还比较低劣，如政和八年（1118年）二月四日，臣僚上言：“州县仓库受纳、籴买，国用所系。永静军纵令揽纳粗恶税斛八万余硕，略行估剥，亏官钱三万缗，却于揽纳户处贱籴黄米入公使库，偿以淡酒。又令纳仓献送遗利钱数百缗，复以酒持送仓官，虽知州但以不知情赎金，而粗恶损折之物无缘偿足。切虑此类尚多，欲乞应总领财用监司巡历所至，检察违戾者奏劾。”[⑤]更有甚者，还将腐坏的酒出售给百姓，为了增加收入，部分公使库也公然做违法之事。

公使库造酒过滥，不仅对本部门产生危害，而且也对社会上的一些群体造成了危害，如神宗熙宁三年（1070年）“诏诸路州军遇正、至、寒食、端午、重阳节序，无得以酒相馈。初，知渭州蔡挺言陕西有公使钱许造酒处，每五节以酒交遗，以行经二十驿者挈负去来，道路烦若，请禁止”[⑥]。知渭州蔡挺又言：“陕西有酝公使酒交遗，至逾二十驿，道路烦苦。”[⑦]高宗建炎元年（1127年）六月十三日赦：“访闻诸路州军县镇酒务、公库等，多将酒醋抑配与人户及过往客旅、僧道等，为害甚大。仰监司、守臣常切觉察举劾，官吏重行黜责。”[⑧]

---

① 刘琳、刁忠民、舒大刚，等校点：《宋会要辑稿》食货二一之一八，第6459页。

② 刘琳、刁忠民、舒大刚，等校点：《宋会要辑稿》食货二〇之一四，第6431页。

③ （宋）朱熹撰：《晦庵先生朱文公文集》卷18《按唐仲友第三状》，朱杰人、严佐之、刘永翔主编：《朱子全书》，第20册，第832—833页。

④ （宋）洪适撰：《盘洲文集》卷49《荆门应诏奏宽恤四事状》，《景印文渊阁四库全书》，第1158册，第572页。

⑤ 刘琳、刁忠民、舒大刚，等校点：《宋会要辑稿》食货五四之六，第7239页。

⑥ （宋）李焘撰，上海师范大学古籍整理研究所、华东师范大学古籍整理研究所点校：《续资治通鉴长编》卷210，熙宁三年夏四月甲申，第5114页。

⑦ （元）脱脱等撰：《宋史》卷185《食货下七》，第4517页。

⑧ 刘琳、刁忠民、舒大刚，等校点：《宋会要辑稿》食货二一之一八，第6460页。

同时，公使库造酒过滥也给地方财政带了一定不利的影响，如绍兴三十年（1160 年），点检措置赡军酒库改由户部管理，于是户部侍郎邵大受等言："岁计赖经、总制，窠名至多，今诸路岁亏二百万，皆缘诸州公使库广造，别置店酤卖，以致酒务例皆败坏。"①

2. 公使醋

醋是造酒的附属产物，公使库另外一个赚钱的物品就是醋，官署机构利用榷醋、买扑等制度，利用公使醋赚钱，填充公使钱。

宋代初期，酒务负担着当时造醋的工作，太祖开宝六年（973 年），"酒务糟醇除系人户及公使库买扑外，如无人买扑、官自造醋酤卖"②。由此，公使库通过糟醇进行酿造。随着宋代经济的发展，公使库的盈利在地方官员心目中地位的提高，公使钱的多少直接关系到了官员的福利待遇，为了达到最大程度的敛财，官营醋务机构开始打压私营醋户，从原料上提高价钱，徽宗时期，"州县见卖糟酵每斤只计一文三分或一文五分，今每斤添作三文足，每十斤仍加耗二斤，除旧额钱系提举司分拨外，其所添钱专充直达纲支费"③。于是这样官营醋务就逐渐垄断了市场，获利丰厚。

醋息是公使库收入的来源之一，随着买扑制的发展，政府允许公使库获得买扑醋坊的收益，绍兴二十六年（1156 年）七月，御史中丞汤鹏举言："逐州私置税场，广收醋息，倍有所入，尽归公库，恣己所用。"为了防止私用醋息钱，政府规定"无不科敛以纳醋息，其害不可言者……按月支见任供给，违者并以自盗论，令台谏、监司按（刻）[劾]"④。由于利润丰厚，很多官员不惜铤而走险从中牟利，如王拱在保州时，因"时令漕臣措买名房廊，收诸州公库醋务息钱以佐邦用，而拱辄奏委是供给不行"⑤。由于他中饱私囊，最终被冠以"贪吏"之名。孝宗乾道六年（1170 年）六月，史正志言："诸路州军及帅司公使，自有立定岁赐钱数。虽在法微利听拨入公用，如卖醋收息，一岁所入不赀，尽入公使，以资妄用，户部不曾检察措置。欲于十分内拨五分，赴发运司贴助籴本。仍专委逐郡通判、县丞逐日拘收桩管，逐旬申本司，伺候起发。"⑥理宗宝庆年间，"应官监醋务，如公使库愿认纳课利造醋沽卖，收钱贴助公使库者，听"⑦。

---

① （元）脱脱等撰：《宋史》卷 185《食货下七》，第 4521—4522 页。
② （宋）胡榘修，方万里、罗濬纂：《宝庆四明志》卷 5《赋税上・醋息钱》，《宋元方志丛刊》，第 5049 页。
③ （宋）胡榘修，方万里、罗濬纂：《宝庆四明志》卷 5《叙赋上・糟钱》，《宋元方志丛刊》，第 5049 页。
④ 刘琳、刁忠民、舒大刚，等校点：《宋会要辑稿》刑法二之一五四，第 8382 页。
⑤ 刘琳、刁忠民、舒大刚，等校点：《宋会要辑稿》职官六八之四〇，第 4895 页。
⑥ 刘琳、刁忠民、舒大刚，等校点：《宋会要辑稿》职官四二之五六，第 4100 页。
⑦ （宋）胡榘修，方万里、罗濬纂：《宝庆四明志》卷 5《叙赋上・醋息钱》，《宋元方志丛刊》，第 5049 页。

南宋理宗时庆元府的收益情况，“奉化、定海、象山三县醋息钱一千二十贯文，隶公使库”[①]，仅仅这三个县就达到了千贯以上，由此推测南宋时期的醋息钱收入是十分可观的。无怪于马端临总结道：“而天下无遗利，而公使钱始立定额，自二百贯至三千贯止。州郡所入，才醋息、房园、祠庙之利，谓之‘收簇’。”[②]

公使醋的经营在北宋和南宋时期呈现出不同的特点：第一，南宋时期，禁榷更加苛刻，取消了醋户私自造醋的情况，而官营醋坊的收益也日渐萎缩；第二，公使库这样的机构在北宋时期只需缴纳糟醇的成本钱，其余收入都是归公库的，到了南宋时期不仅要缴纳成本糟醇所需的钱，还要缴纳糟本钱、醋息钱等各类杂税。高宗建炎二年（1128 年）十一月，“指挥，酒务昨行经制，量添费，糟钱依旧拘收，令糟酵钱充公用外，于醋息钱内并拨分隶诸司钱”[③]。绍兴年间又规定：“诸州公使库卖醋息及糟麸孽生畜产价钱，谓非抑配出卖者，听岁额外支用。旧例于都酒务拨糟酵造醋，纳糟本钱充经制、直达二窠名，其余息钱归公使库。今东西二醋库纳公使库钱外，以糟酵醋息钱并计之，日共给经制钱一贯二百文，粜本司钱八百文，移用司钱六百文。”[④]

卖醋的收入大都进了公使库，谈到这部分收益的用途，一部分作为官员的福利，神宗元丰二年（1079 年）“已拘收三州一军公使醋坊归本司资助，请以逐处月收课利约定监官三等食钱，月终纽计，于醋坊净利钱内纳给”[⑤]。一部分用于发展教育等公益事业，崇宁二年（1103 年），“涟水军使、兼知楚州涟水县钱景允乞依例买扑醋坊，拨充军学应干支费。……即依所申。余路依此”[⑥]。

公使醋的收益并不都是有益的，公使醋的存在也会给百姓带来一定的危害，如“惟总领所公使钱，以料次取于大军库，故敛不及民。然正赐不多，而岁用率十数万，每岁终，上其数于户部，辄以劳军、除戎器为名，版曹知而不诘也。所谓公使醋钱者，诸郡皆立额，白取于属县，县敛于民吏以输之，小邑一岁亦不下千缗，人尤以为怨，谓宜罢互送而捐遗利，使上下一体，而害不及民，则合祖宗制公使之意矣”[⑦]。这样一步步的搜刮百姓，达到了极致。

---

① （宋）胡榘修，方万里、罗濬纂：《宝庆四明志》卷 5《叙赋上·醋息钱》，《宋元方志丛刊》，第 5051 页。

② （宋）马端临著，上海师范大学古籍研究所、华东师范大学古籍研究所点校：《文献通考》卷 23《国用考一》，第 693 页。

③ （宋）胡榘修，方万里、罗濬纂：《宝庆四明志》卷 5《叙赋上·糟钱》，《宋元方志丛刊》，第 5049 页。

④ （宋）胡榘修，方万里、罗濬纂：《宝庆四明志》卷 5《赋税上·酒·醋息钱》，《宋元方志丛刊》，第 5049 页。

⑤ （宋）李焘撰，上海师范大学古籍整理研究所、华东师范大学古籍整理研究所点校：《续资治通鉴长编》卷 296，元丰二年二月戊辰，第 7213 页。

⑥ 刘琳、刁忠民、舒大刚，等校点：《宋会要辑稿》崇儒二之一〇，第 2767 页。

⑦ （宋）马端临著，上海师范大学古籍研究所、华东师范大学古籍研究所点校：《文献通考》卷 24《国用考二》，第 719 页。

3. 公使库刻书

宋代公使库刻书也是一种增加地方收入的方式，尤其在南宋时期，各地公使库刊印了很多书籍，对后世的刻书业影响巨大。

嘉祐年间，王琪就曾将公使库书版进行贩卖，赚取公费："时方贵《杜集》，人间苦无全书，琪家藏本，雠校素精。即俾公使库镂版印万本，每部为直千钱。士人争买之，富室或买十许部。既偿省库，羡余以给公厨。"[①]元祐年间王诏知滁州，"求轼书欧阳修所撰《醉翁亭记》，重刻于石，仍多取墨本，为之赆遗，费用公使钱。诏坐罪"[②]。绍兴初年，孙觌知临安府，"用公库馈送过客楮札《楞伽经》、《东坡集》之属"，并因此遭到弹劾。唐仲友在台州时，大肆侵占公使钱，"唐仲友叫上辉，就公使库开雕《杨子》、《荀子》等印板，辉共王定等一十八人在局雕开"[③]。

除了以上三种物品可以进行经营，还包括其他的物品，如矾等。政和二年（1112 年）二月三日，"至今约计五年，矾货山积，变转不行，虚占本钱，利息甚寡，官吏、军兵、公使等钱所费不轻。乞依旧法出卖，故也"[④]。另外，公使库还开设其他机构进行创收，"若帅、宪等司，则又有抚养、备边等库，开抵当、卖熟药，无所不为，其实以助公使耳"[⑤]。

综上所述，公使库为了增加公务经费和官员津贴，将公使物品进行经营，赚取了大量的资本，满足地方财政的需要，对增加地方财政收入起到了积极的作用，是地方财政体系中不可缺少的环节。

（二）公务接待资金来源的其他方式

1. 公田和山林湖泽

公田包括宋政府没收不法官僚的土地，逃户、绝户被政府收回的田地，以及淤积的沙田、围护造出的圩田、军队开垦的营田等。这些土地分布在全国各地，由地方政府经营管理，其收益归国家所有，再由国家进行分配。

政府土地的收益，有的是通过田租地税的方式获利，如仁宗天圣六年（1028

① （宋）范成大纂修：《吴郡志校注》卷 6《官宇》，《宋元方志丛刊》，第 724 页。
② （宋）周煇撰，刘永翔校注：《清波杂志校注》卷 5《重刻醉翁亭记》，北京：中华书局，1994 年版，第 191 页。
③ （宋）朱熹撰：《晦庵先生朱文公文集》卷 19《按唐仲友第六状》，朱杰人、严佐之、刘永翔主编：《朱子全书》，第 866 页。
④ 刘琳、刁忠民、舒大刚，等校点：《宋会要辑稿》食货三四之五，第 6736 页。
⑤ （宋）李心传撰，徐规点校：《建炎以来朝野杂记》甲集卷 17《公使库》，第 394 页。

年）六月，“赐秀州城北门外荒田三顷，召客耕种，以为公用”①。熙宁七年（1074年），西河路安抚司奏：“乞拨地二千顷，籍所入为公用。”②南宋初期，建康府张孝祥为重建周围的水道，拓展出来了很多荒地，“兼两岸居民填筑河岸，添造屋宇，日渐侵占其岸白地，利入公库”③。也有官员不认同这一做法的，程仁在涪州时就取消了地租入公使库这一项政策，“其民旧出地租为公使钱者，悉除之”④。

除了土地，山林湖泽水中的资源也是官府赚取公使钱的一种方式，熙宁八年（1075年），王安石上奏请示：“臣欲于内权开丁字河源……只随其田土色高低岁收水面钱，以供公使库之用。”⑤ 哲宗元祐年间，苏轼任杭州知府的时候就通过西湖菱草的课利充入公库，“本州公使库，自来收西湖菱草荡课利钱四百五十四贯，充公使”。因为他看到这部分资源既可以使一部分百姓获得收入，又可以增加公使库钱的数量，“今来既开草葑，尽变为菱荡，给与人户租佃，即今后课利，亦必稍增。若拨入公使库，未为稳便”。为了做到一举两得，他还出台了优惠政策：“今来起请欲乞应西湖上新旧菱荡课利，并委自本州量立课额，今后永不得增添。如人户不切除，治致有草葑，即许人铲赁。其铲赁人，特与权免三年课利”；同时，为了名正言顺的牟利他还增设了一个专门的机构，以法律规范使其合法，“所有新旧菱荡课利钱，尽送钱塘县尉司收管，谓之开湖司公使库，更不得支用，以备逐年雇人开葑撩浅，如敢别将支用，并科违制”⑥。

有的是通过折变增加了公使钱的数额。政和四年（1114年），胡伋在深州做通判时就利用公田所得入库，“廨有菜圃千六百余畦，岁得钱踰二百万，伋以圃送公使库。时州县官颇营圃规利”⑦。

2. 头子钱

头子钱是唐宋时期按照一定比例在法定租赋外加收的，或在官府出纳时抽取的税钱，为附加税的一种，为不系省钱。宋代地方政府有时将头子钱纳入公使库，补充公用钱，宋开宝六年（973年），“令川、陕人户，两税以上轮纳钱帛，每贯收七文，每匹收十文，丝帛一两，茶一斤，秆草一束各一文”。并诏“诸仓

① 刘琳、刁忠民、舒大刚，等校点：《宋会要辑稿》礼六二之二七，第2126页。

② （宋）李焘撰，上海师范大学古籍整理研究所、华东师范大学古籍整理研究所点校：《续资治通鉴长编》卷249，熙宁七年春正月辛酉，第6071页。

③ 刘琳、刁忠民、舒大刚，等校点：《宋会要辑稿》食货八之二三，第6158页。

④ （宋）晁公溯撰：《嵩山集》卷52《程邛州墓志铭》，《景印文渊阁四库全书》，第1139册，第289页。

⑤ （宋）王安石撰，聂安福等整理：《临川先生文集》附录一：临川先生文集佚文《乞废玄武湖为田疏》，王水照主编：《王安石全集》，第1817页。

⑥ （宋）苏轼撰，孔凡礼点校：《苏轼文集》卷30《申三省起请开湖六条状》，第871页。

⑦ （宋）赵不悔修，罗愿纂：《新安志》卷7《胡伋传》，《宋元方志丛刊》，第7699页。

场受纳所收头子钱，一半纳官，一半公用，令监司与知州、通判同支使用”①。这种附加税涵盖了各个方面，这是头子钱补充公用钱的开始，此后头子钱逐渐成为地方公用钱的来源之一。

元丰五年（1082 年）十一月，都大提举永兴军等路榷茶公事陆师闵上奏说道：“本司旧支头子钱七百贯充公使，今乞特添三百贯，每年共支一千贯文。”②元丰六年（1083 年），“诸给纳，并每贯收头子钱五文足，应茶场监官添支驿料、运船，提举司官属及干事官属直吏禄，公使什物杂费，并贴支诸场公人佣食钱等，并以所收头子市利钱充”③。绍兴五年（1135 年），“于是首增头子钱为三十文……其十五文充经制窠名，七文充总制窠名，六文提、转两司，二文公使支用”④。绍兴二十六年（1156 年）五月，左朝散郎、殿中侍御史周方崇注意到头子钱之多带来的挥霍之害：“岁收头子钱入公使库不下五六万缗，尽充提举官私用，应副权势及亲旧请求，有至数百千者，复广市什器、幕帟等以娱耳目，二浙亦然，为亭户之害如此！”为了改变这一奢靡的现象，他建议“将淮、浙路盐不得违法收头子钱，日前入公使者，约度一岁合用之数，余并拨充置盐本钱，将福建卖盐。令提刑司觉察重叠科买及擅自增价，正其罪犯，宽恤一方之民”⑤。南宋地方政府常常还从酒税中提取头子钱补充公用，据舒州地区酒务状载：“今具（绍兴三十二）十二月十五卖酒下项……本州头子钱壹佰贰拾贰文伍分省，赴州公使库交纳”⑥，“今具（绍兴三十二）十二月十六日卖酒下项……本州头子钱壹佰贰拾捌文伍分省，赴州公使库交纳”⑦。由此可见，头子钱不仅仅来源于赋税，还包括其他形式。

3. 税收

除了中央政府的拨款和自主的经营获取公使钱之外，杂税的收入也是公使钱来源的一个重要渠道。在偏远地区，由于农业不发达，且中央政府难以管辖，这些地方遂常利用农田的租税、收入弥补开支，咸平二年（999 年）七月，“今三司建议，但系官水陆庄田，据州县近远并充职田，召人佃莳，所得课利随二

① （宋）马端临著，上海师范大学古籍研究所、华东师范大学古籍研究所点校：《文献通考》卷 4《田赋考四》，第 89 页。
② 刘琳、刁忠民、舒大刚，等校点：《宋会要辑稿》职官四三之六五，第 4143 页。
③ 刘琳、刁忠民、舒大刚，等校点：《宋会要辑稿》食货三〇之二二，第 6665—6666 页。
④ （宋）李心传撰，徐规点校：《建炎以来朝野杂记》甲集卷 15《总制钱》，第 318 页。
⑤ 刘琳、刁忠民、舒大刚，等校点：《宋会要辑稿》食货六二之三三，第 7567 页。
⑥ 上海市文物管理委员会、上海博物馆编：《宋人佚简》第五编，第 50、53、115 页。
⑦ 上海市文物管理委员会、上海博物馆编：《宋人佚简》第五编，第 51—54 页。

税输送，置仓收贮，依公使钱例上历公用，具帐申省”[①]。高宗绍兴二十年（1150年）用正言章夏奏：“诏州县收纳二税出剩数并附赤历，无得拨归公使库。”[②]虽然已经不再纳库，但说明在此奏章之前，是要将二税交纳后剩余的钱充入公使库的。绍兴二十一年（1151年）六月，大理评事莫蒙言：“场务收税，各有定则，而比年诸州郡守辄于额外令监官重加征取，又以民间日用油布、席纸细微等物置场榷卖，展转增利。缘此物价翔踊，所得之息，止资公库无名妄用。”[③]部分地区甚至为了收税而巧立名目，“虽令文，米麦不许收税，而场务别为名色，号曰公使钱，多端邀阻”[④]。唐仲友在台州时，“又本州违法收私盐税钱岁计一二万缗，入公使库，以资妄用”[⑤]，“至冬月，令县尉追集防江人户，将以前鱼利之数均勒认纳，每岁得钱二百余贯入公使库”[⑥]。马端临对这一记载的总结相当简洁明了：“其留州郡者，军资库、公使库、系省钱物，长吏得以擅收支之柄。”[⑦]

4. 仓库之间的调配

各类仓、库之间的调配与补充也是公使钱来源的渠道之一，其中包括常平司的役钱，绍熙五年（1194年）九月十四日赦文说，如“州县役钱，逐年均敷，皆有定数。访闻诸路提举常平司却以余剩为名，抑令县道添认，作余剩钱解发公库，以资妄用”。开禧二年（1206年）从左藏库出钱，“合用鞍马、军器、衣甲等，从提举所绩次申请。提举所创立之初，别无公用钱物，欲乞每月支公用钱一百贯文，下左藏库支给，充教阅子弟公用，置历收支”[⑧]。为了保障政策的实施，朝廷进一步规定监司的监察责任：“县道无所从出，不免科配于民，委是违法，合行禁约。如有违戾，许监司互察，仍令人户越诉。”[⑨]

5. 房屋的租金

地方政府通过出租楼务店、租堰、房廊等方式获取租金，并以之充入公使库。如嘉定五年（1212年），知和州富嘉谋说：“公使库日收房廊、白地赁钱，

① 刘琳、刁忠民、舒大刚，等校点：《宋会要辑稿》职官五八之二，第4615—4616页。
② （宋）马端临著，上海师范大学古籍研究所、华东师范大学古籍研究所点校：《文献通考》卷5《田赋考五》，第117页。
③ 刘琳、刁忠民、舒大刚，等校点：《宋会要辑稿》食货一七之四〇，第6368页。
④ （宋）董煟撰：《救荒活民书》卷2《弛禁》，《丛书集成初编》，北京：中华书局，1985年版，第27页。
⑤ （宋）朱熹撰：《晦庵先生朱文公文集》卷18《按唐仲友第三状》，朱杰人、严佐之、刘永翔主编：《朱子全书》，第830页。
⑥ （宋）洪适撰：《盘洲文集》卷49《荆门应诏奏宽恤四事状》，《景印文渊阁四库全书》，第1158册，第572页。
⑦ （宋）马端临著，上海师范大学古籍研究所、华东师范大学古籍研究所点校：《文献通考》卷19《征榷考六》，第557页。
⑧ 刘琳、刁忠民、舒大刚，等校点：《宋会要辑稿》职官六之三四，第3172页。
⑨ 刘琳、刁忠民、舒大刚，等校点：《宋会要辑稿》食货六六之二七，第7875页。

并行拨隶，使后之为州者得以了一岁添支之费。”[①]南宋理宗时，“楼店务钱约二千贯文，隶公使库；鄞、定海、慈溪河涂租堰钱三千三贯七百八十文，隶公使库；鄞、定海、慈溪城基房廊钱二百三十一贯二百四十文，隶公使库”[②]。

6. 当铺收益

当铺收益也是公使钱来源的一个渠道。在中央，检校库作为一个信托机构，在积攒公使钱上也发挥了不小的作用。神宗年间，朝廷依据开封检校库的建议，允许设于各地的检校库将他们托管的财产作为本金，投资于抵押贷款，从而将原来的资产盘活起来。各地方放贷所得的利息，部分被用来充入公使库，如熙宁五年（1072 年）诏“给武学钱万贯，送检校库出息，以供公用”。熙宁九年（1076 年）七月，“武学请收还本钱，遂罢”。同年十一月二十七日，“诏给国子监钱二万贯，送检校库出息，以供公用”。翌年四月二十四日，“给律学钱万贯，送检校库出息，以供公用。并从其请也”[③]。这样检校库逐渐提供信贷的方式，来处理其他衙门里的营利事务。在地方，帅、宪等司在当地“开抵当、卖熟药，无所不为，其实以助公使耳”[④]。政府利用开当铺的机会大肆渔利，用其收益充入公使库。

7. 杂货的贩卖

还有各项物资的依法贩卖，宋代对部分金属的开采和冶炼实行国家专营，以此获得利润，乾道九年（1173 年）“契勘潼川、利州路缘为路稽察不前，访闻得逐处产铜浩瀚，递年收到余剩铜，转运司货卖价钱，以为公库使用”[⑤]。从剩余铜的贩卖中获取利润。

在南方地区，一些地方机构通过加工竹子获取利润，充实府库。如大中祥符六年（1013 年）二月，诏：“八作司制造竹作家事，收到竹白、竹梢，每斤估钱六分，令货市，充公使之费。”[⑥]仁宗天圣七年（1029 年）三月，流内铨也通过贩卖公物获取利益，“诏流内铨每季支厨料公用钱，并三铨过院纸笔钱，共四十三千，并折支茶货卖现钱一十九千供用。自今令三司于见折支茶更特与添支九十五斤，充在铨公用”[⑦]。

---

① 刘琳、刁忠民、舒大刚，等校点：《宋会要辑稿》食货六二之七四，第 7590 页。
② （宋）胡榘修，方万里、罗濬纂：《宝庆四明志》卷 6《杂赋》，《宋元方志丛刊》，第 5650 页。
③ 刘琳、刁忠民、舒大刚，等校点：《宋会要辑稿》职官二七之六五，第 3744 页。
④ （宋）李心传撰，徐规点校：《建炎历来朝野杂记》甲集卷 17《公使库》，第 394 页。
⑤ 刘琳、刁忠民、舒大刚，等校点：《宋会要辑稿》职官四三之一六九，第 4196 页。
⑥ 刘琳、刁忠民、舒大刚，等校点：《宋会要辑稿》职官三〇之八，第 3794 页。
⑦ 刘琳、刁忠民、舒大刚，等校点：《宋会要辑稿》选举二四之一一，第 5702—5703 页。

8. 倒卖度牒

朝廷还通过倒卖度牒的方式增加收入，真宗时期，“逃亡、还俗僧尼祠部戒牒依例烧毁者，今缘本部在三司，火烛不便，今后欲只剪碎毁弃，收贮充公用”①。元丰三年（1080年），“借度僧牒二百收息，置公使器用”②。神宗熙宁七年（1074年），枢密直学士、知定州薛向言：“‘并边教习卒伍，试阅义勇、保甲，必为赏罚，使之劝向。今公使库钱支费不足，无以充赏，而又募人伺察北边机事，其所募人不畏诛戮者，以金帛诱之故也。今苟无以给其欲，则人莫敢赴。欲乞给钱三万余缗回易，以充其费。’诏以度僧牒三百赐之。”③

9. 没收违法所得

宋代对官员的经济处罚较轻，不过没收的违法所得，还是有一部分被充入了公使库。嘉祐六年（1061年）七月，“知江州、刑部郎中萧固追三官，责蔡州团练副使；广南西路转运使、度支郎中宋咸追一官，勒停”，追官、勒停这两位官员是因为他们私贩物品入己，宋咸还假言所获收益，达到变为私有财物的目的，“固坐知桂州日，令部吏市女口，及差指使入两浙商贩私物；咸在邕州，射银楪子凡九百六十九片，及事觉察，诈收入本司公使簿”④。对一些小官吏则进行罚款，大中祥符二年（1009年）九月，进奏院言：“进奏官小可僭犯，旧例止罚直充公用，并宣敕明文，自今欲乞量行区分，诏依旧例施行。”⑤更有非法收入入库的，鲍琚在镇江时曾“多以官钱送亲戚；及在庐州，结纳妖僧，故于治所以符水惑人，得钱入公库故也”⑥。

另外，公使库吏人利用权势榨取民利的事情也时有发生，“据公使库呈，买岁计獐鹿、鹑兔及鲟鳇等鱼，从例监诸场务合干人收买。……总保等人又是科扰百姓，官司文引一出，收买一觔，必是收买三五十觔。除纳官外，又须纳与诸厅人吏。交纳之际，公使库人吏，又要钱使用。如此不胜其扰，其实又只供口腹之需，及苞苴之用，州郡何忍以此扰民”⑦。

通过上述分析，不难看出地方政府通过朝廷拨款和官员配给、地方自筹等

---

① 刘琳、刁忠民、舒大刚，等校点：《宋会要辑稿》职官一三之二〇，第3380页。

② （宋）李焘撰，上海师范大学古籍整理研究所、华东师范大学古籍整理研究所点校：《续资治通鉴长编》卷306，元丰三年秋七月丙寅，第7437页。

③ （宋）李焘撰，上海师范大学古籍整理研究所、华东师范大学古籍整理研究所点校：《续资治通鉴长编》卷254，熙宁七年七月辛酉，第6226页。

④ 刘琳、刁忠民、舒大刚，等校点：《宋会要辑稿》职官六五之二二，第4810页。

⑤ 刘琳、刁忠民、舒大刚，等校点：《宋会要辑稿》职官二之四五至四六，第3014页。

⑥ 刘琳、刁忠民、舒大刚，等校点：《宋会要辑稿》职官七〇之二九，第4931页。

⑦ （宋）黄榦撰：《勉斋先生黄文肃公文集》卷37《约束场务买纳岁计事物榜文》，《宋集珍本丛刊》，第68册，第770页。

多种方式获得了大量的公务接待经费，从而为地方公务接待活动的展开提供了便利，有助于正常公务接待活动的展开，但同时如果变相牟利过多，资金量太大，花费太多，也不利于地方官场形成勤俭、淳朴的风气，反而为一些贪腐、奢侈的官员提供了享乐的资本。

第三节　地方政府公务接待用品的存放机构及物品种类

公使库又称“公库”[①]，是宋代州、府、军、监一级官府用来储存公务经费和日常公用接待器物的主要仓库，同时也是宋代官署中专门管理公务接待经费和物品的机构。作为宋代地方财政的重要组成部分，公使库中的公使钱承担了地方官员的办公经费，官员津贴和官员犒赏的支出，同时作为官员特别俸禄的一种，公使钱在对公支出和官员个人消费上都发挥了重要的作用。公使物品除了贮藏和贩卖之外，其中公使酒作为官员间互赠的礼品，也在国家的赏赐制度中有特别的体现。

一、公使钱物的源流探析

公使库是宋代管理公务接待经费的官署机构，宋之前虽没有公使库的特定名称，但也有职能相近的机构。公使库作为宋代独有的机构，其建立之初是为了行政上的需要。文献记载：“太祖既废藩镇，命士人典州，天下忻便，于是置公使库，使遇过客，必馆置供馈，欲使人无旅寓之叹。此盖古人传食诸侯之议，下至官吏，批支口食之类。”[②]此后公使库便有了犒赏、招待的职能，且一直延续至南宋灭亡。宋以后这一特殊的机构却少见于史料，究其原因，值得深思。

在深入探讨宋代公使库问题之前，我们有必要对其源流做简要的梳理与考证。西周以降，实行世官世禄制，只要贵族没有丧失爵位，其采邑就可以世袭，因而，这时期并没有公务消费的概念。战国时期，社会经济结构发生了变化，为促进封建经济的发展，诸侯国纷纷推行“食有劳而禄有功”[③]之法，于是以奖

① 刘琳、刁忠民、舒大刚，等校点：《宋会要辑稿》礼六二之三五，第2130—2131页。
② （宋）王明清撰：《挥麈录》后录卷1，上海：上海书店出版社，2001年版，第42页。
③ （汉）刘向撰，向宗鲁校证：《说苑校证》卷7《政理》，北京：中华书局，1987年版，第165—166页。

励军功为主要目的的财政支出成为最早的公务支出。据《秦律·金步律》可见，秦国已有了“养”“见牛者”“仆”等公家配给人员，这些人的日常配给都是由公家按月支出，不必由官员个人负责；这种由公家提供开支的形式与后世的“公用钱”制度虽无相似之处，但却存在一些关联。两汉时期，确立了以谷物为主的俸禄制度，其中，俸用钱包括禄赐、奉赐等。而赏赐是官员在俸禄之外获取正当收入的主要途径之一，包括了定期赏赐、庆典赏赐、功勋赏赐。但统治者认为，“数易长吏，送故迎新之费及奸吏缘绝簿书盗财物，公私费耗甚多，皆当出于民”[①]。故这一时期的庆典赏赐虽有公用钱的影子，却并不完备。魏晋南北朝时期，已经有了“别杂调”“杂供给”“饷馈”等不同的俸禄名称，尽管还不成熟，但已初具后世公用钱的雏形，“宋氏以来，州郡秩俸及杂供给，多随土所出，无有定准……先令后刑之谓也。臣谓宜使所在各条公用公田秩石迎送旧典之外，守宰相承，有何供调，尚书精加洗核，务令优衷”[②]。此外，官员间礼尚往来也成为公务消费的一部分，南朝时即有了“送故主薄”[③]负责具体实行“迎新送故之法”，据《隋书·百官志》记载“郡县官之任代下，有迎新送故之法，饷馈皆百姓出，并以定令。其所制品秩，今列之云”[④]。此中的“迎送”指的是官员上任或者离任时，会得到一些金钱或者物品，以表示欢迎和惜别之情。同一时期的北周，始出现“公廨”一词：“公廨甚富于财，限法不敢辄费。又王臣无得效私。”[⑤]隋唐时期，“公廨钱”与“公廨田”已渐成为官员消费的主要资金来源：“先是京官及诸州，并给公廨钱，回易生利，以给公用”[⑥]；“外官亦各有职分田。又给公廨田，以供公用”[⑦]。“公廨钱”是为供官府各种公用和充做官吏的俸钱而设置的，可以经由官府的商业行为获取收益。

黄惠贤、陈锋的《中国俸禄制度史》[⑧]、苗书梅的《宋代官员选任和管理制度》[⑨]中均提到，与宋代公使钱联系最密切的可能是唐代的“公廨本钱”，长庆三年（823年）“赐内园使公廨本钱一万贯，军器使三千贯”[⑩]；贞观十五年（641年）“复置公廨本钱，以诸司令史主之……市肆贩易，月纳息钱四千，

① 《汉书》卷89《黄霸传》，北京：中华书局，1962年版，第3631页。
② （梁）萧子显撰：《南齐书》卷22《萧嶷传》，北京：中华书局，1972年版，第409页。
③ （梁）沈约撰：《宋书》卷55《颜师伯传》，北京：中华书局，1974年版，第1523页。
④ 《隋书》卷26《百官志上》，北京：中华书局，1973年版，第742页。
⑤ 《隋书》卷55《周摇传》，第1376页。
⑥ 《隋书》卷24《食货》，第685页。
⑦ 《隋书》卷24《食货》，第681页。
⑧ 黄惠贤、陈锋主编：《中国俸禄制度史》，武汉：武汉大学出版社，1996年版。
⑨ 苗书梅：《宋代官员选任和管理制度》，开封：河南大学出版社，1996年版。
⑩ （后晋）刘昫等撰：《旧唐书》卷16《穆宗》，北京：中华书局，1975年版，第503页。

岁满受官”[①]。唐代的公廨本钱可以给予武将作为俸禄，又可以进行生利。综上可见，唐以前的“公用”制度是随着社会的变迁和行政机构的变化而逐步完善的。上述各项措施归根结底都是为了更好地维护统治阶级的利益。

公器什物的出现要比公用钱更为久远，商、周“封邦建国”，诸侯国所得物品除上供外都留作封国内部享用。当时，有了“公田”和“公酒”等名词，《周礼·天官·酒正》提到：“凡为公酒者，亦如之。”魏晋南北朝时期，进一步确立了以公器什物作为赏赐的制度，以酒为例：“正光后，四方多事，加以水旱，国用不足，预折天下六年租调而征之。百姓怨苦，民不堪命。有司奏断百官常给之酒。”[②]足见当时酒已经成为官员公务开支的一部分了。

宋初天下未定，战争仍在进行，为维护后方稳定，提高官员对宋王朝的向心力，太祖遂设立公使库。这不仅提高了官员的待遇，而且也保证了官员的公务消费，这种以钱养廉，维护稳定的措施，在这一时期确实非常有效。如范仲淹便曾谈道：“我太祖尝谓近臣曰：‘安边御众，须是得人心。优恤其家，厚其爵禄，多与公用钱及属州课利，使之回图，特免税算。听其召募骁勇以为爪牙，苟财用丰盈，必能集事。朕虽减后宫之数，极于俭约，以备边费，亦无辞也。’”[③]从中不难看出，太祖是在用一种经济补偿的方式让文武官员得到实惠，从而使之安于现状顺应新政权的统治，以这种办法来夯实自己的统治根基。从材料还能看出，自太祖就明确规定了武将和地方州、军可以用公用钱进行回易，获得更多的收益。他的所作所为就是为了与自己的政治、军事目标保持一致，实现宏伟蓝图。北宋前三朝的统治者采取了各种各样的方式，归根结底，就是以金钱的代价换取社会、政治、军事的稳定。这种以小代价换来大效益的策略，实在高明。

除了待遇的提升，这一时期还确立了公使库另一职能——公务用餐。太祖不仅给其优厚的俸禄，还广设“公厨”，提供官员的公务餐，国家规定了地方的公务经费额度，这样有两方面用意：第一，防止官员以不正当手段谋取钱财以充公费，也使国家的钱用到更需要的地方；第二，宋代制定了严密的法律制度，将官员的消费数额牢牢地限定在一定的范围之内，既如此，如果官员再贪污腐败，那必然面临罢官降级的处分。

根据具体职能的不同，公使库又分为各种不同的小库，《淳熙三山志》提到

---

① （宋）欧阳修、宋祁撰：《新唐书》卷55《食货五》，北京：中华书局，1975年版，第1395页。

② （北齐）魏收撰：《魏书》卷110《食货志》，北京：中华书局，1974年版，第2860—2861页。

③ （宋）范仲淹撰，李勇先、王蓉贵校点：《范仲淹全集》卷7《答窃议》，成都：四川大学出版社，2002年版，第164—165页。

福州有公使七库：进奉库、银器库、帐设库、醋库、酒库、钱库、杂物库等①；《嘉定赤城志》也提到，台州公使库下有酒库、钱库、银器库、帐设库、设厨②。按照经营方式的不同又包括公使刻书库、公器什物库等，在具体运用中还存在不同的情况。

那么公使库的设立究竟是给予武将的安抚费用还是提供官员来往的犒设费用呢？通过以上分析，笔者认为：在没有正式建立公使库之前，国家的公使钱是拨付给了各个武将作为特别津贴，公使库建立之后，公使库主要负责官员来往的犒赏，而随着社会的发展，公使库逐渐融合了以上两种职能。

二、地方政府公使库中的钱和物品种类

（一）公使钱

公使库成立于宋太祖时期，负责来往文官的犒赏与接待；公使钱又可称为“公用钱”、“公费钱”、“供给钱”③、“公库钱”④，是宋代各级机构日常的办公经费，是官员的特别津贴以及宴请犒赏之费。那么公使库与公使钱究竟是从属关系，还是并列关系，目前学界尚无定论。而公使钱在唐、五代就已出现，承担了官府的公务消费之责。黄纯艳、俞宗宪等主张二者是从属关系，学者们认为，从大体上看二者功能较为相近，都是为了给予官员福利待遇；且均以“公使”为名，公使钱也都贮藏在公使库中，因而属于从属关系。林天蔚等则认为，公使库与公使钱为非包含关系，在宋代有公使库与公使钱库之分，而公使库贮藏的是公使库钱，公使钱库当中贮藏的是公使钱。从宋代地方志与《宋人佚简》的记载来看，南宋各地方政府卖酒的收入，大都成为公使库钱，而非公使钱，这说明还是有一定的区别的。以上两种说法固然都可自圆其说，但均比较片面，笔者认为：宋代成立之初，公使库中并非贮藏着公使钱，而是随着社会的发展，公使钱与公使库钱的含义逐渐合一，其作用也趋于相同，但也保持着细微的差别，南宋时期，地方为了保持财政的余留，才又把公使库钱与公使钱区别开来。

值得注意的是，到了北宋中后期公使库中包含着公使钱。由于公使钱具备了公用、宴请、犒赏等诸多用途，是公使库中最为重要的物品之一，需要特别

---

① （宋）梁克家纂修：《淳熙三山志》卷7《公使库》，《宋元方志丛刊》，第7853页。

② （宋）齐硕修，陈耆卿纂：《嘉定赤城志》卷7《宫廨门四》，《宋元方志丛刊》，第7329页。

③ 张希清等：《宋朝典制》，第149页。

④ 刘琳、刁忠民、舒大刚，等校点：《宋会要辑稿》职官六七之七，第4850页。

的介绍。公使钱作为公用经费，管理起来就十分复杂，加之宋代贪腐风气较为严重，利用公使钱非法回易赚钱的行为数不胜数，加之各级政府都想利用公使库的经营收敛钱财，使得公使钱的管理更加困难。

（二）地方政府公使物品的种类

公使库中不仅贮藏、管理公使钱，还包括其他的公用物品，有些是经常使用的，例如公使酒和公使醋，有些尽管不是官署的大宗用品，但时常会被作为商品进行经营，如熟药、竹板等。

1. 公使酒

一般贮藏于公使酒库当中，是公使库经营的一种物品，其经营受公使库的管理。所谓公使酒也称公酒，宋人说“公酒即公使酒”[①]。公使酒和公使钱的出现基本是同时的：“祖宗旧制，州郡公使库钱酒，专馈士大夫入京往来与之官、罢任旅费”[②]；同时还规定了公使酒的用途“祖宗以来，诸州公使库造酒止供犒设及筵会”[③]。从这两条材料可以清楚地看到公使酒库建立的大致时间和作用。此后，公使酒成为公务消费的一部分，不仅官员自用，而且相邻的州之间还会相互馈赠；再看朝廷对官员、军士们进行犒赏，甚至士大夫们的节日福利也要赠酒。由此可见，公使酒在地方官场中扮演了十分重要的“角色”，这也是从物质上给予官员优待的表现。

2. 公使醋

公使醋是公使库中贮藏、贩卖的物品，具体由公使醋库进行管理的，而公使醋库隶属于公使库。宋代公使醋最早源于太祖时期，当时的醋由各酒务制造，并准许公使库进行贩卖。在地方财政吃紧的情况下，各地方政府将公使醋看作赚取醋息钱的重要手段，而醋息钱又是官员办公经费和津贴的重要来源。足见，公使醋在宋代地方财政体系中也具有相当重要的地位。

除了以上物品还有其他一些不经常使用的物品。有些说明了贮藏机构就是公使库，有些却没有具体记载，但是从实际情况分析，应该是储藏在公使库中的。

3. 公用铜

铜作为国家的禁榷物品，是不能随意使用和买卖的，如嘉祐五年（1060 年）七月十一日，“知晋州、都官员外郎吴京追三官，寿州编管；前提点河东路刑狱

① 刘琳、刁忠民、舒大刚，等校点：《宋会要辑稿》食货二一之一六，第 6458 页。
② （宋）王栐撰，诚刚点校：《燕翼诒谋录》卷 3，第 29 页。
③ 刘琳、刁忠民、舒大刚，等校点：《宋会要辑稿》食货二一之一八，第 6460 页。

公事、祠部郎中庞汝弼特勒停。同提点刑狱、西京左藏库副使寇利一，前同提点刑狱、礼宾副使段隐，各冲替。先是，京犯自盗赃，而汝弼尝多取寄州厨生饩，又利一数与京聚会，隐亦尝受公用铜洗罗，故并坐之”[①]。

4. 公使蜡烛及墨

嘉祐三年（1058 年）三月二十一日，“刑部郎中、直龙图阁、知兖州王逵追一任官，勒停；都官员外郎、通判马预赎铜，徙小处通判。初，逵以公用蜡烛及墨遗京师要官，又课人输枯骨而葬之，以故冢墓多被发者，及离细民夫妇而自主其嫁婚。马预讼其事，而预亦以鬻所得酒于部中，故皆坐之”[②]。虽然没有明确说明公使蜡烛及墨贮藏于何处，但鉴于是因公而用，而且因此王逵还犯了罪，由此推断，公使蜡烛和墨是公使库中贮藏的物品。

5. 果子

对于各样的水果、干果也可储藏在公使库中。皇祐四年（1052 年）十月二十八日，“罢广州岁贡（密）[蜜] 果子。已在道者，留所至州军公用，其赍牙校兵力，即遣还之”[③]。另外，高宗建炎元年（1127 年）五月一日诏：“诸路常供之物，内有时新口味果实之类，所在因缘供奉，数外取索，多归公库，更相馈送，骚扰为甚。仰礼部措置，除缘天地宗庙陵寝荐献所须外，余并罢贡。”[④]

6. 公器什物

康定元年十二月六日，司勋员外郎马彝言：“昨判大理，累见诸州奏案，多有官员率吏出钱创置公用器物。望自今犯者重断，委按察官觉举。”[⑤] 制造好的公用器物一方面通过公使库贩卖；另一方面公器什物的储藏似乎只能放在管理公用物品的公使库之中。

7. 药材

公使库还通过卖药品进行收益，“若帅、宪等司，则又有抚养、备边等库，开抵当、卖熟药，无所不为，其实以助公使耳”[⑥]。

8. 竹制品

大中祥符六年（1013 年）二月，诏：“八作司制造竹作家事，收到竹白、竹梢，每斤估钱六分，令货市，充公使之费。”[⑦]

---

① 刘琳、刁忠民、舒大刚，等校点：《宋会要辑稿》职官六五之二〇至二一，第 4809 页。
② 刘琳、刁忠民、舒大刚，等校点：《宋会要辑稿》职官六五之一七，第 4806—4807 页。
③ 刘琳、刁忠民、舒大刚，等校点：《宋会要辑稿》崇儒七之二六，第 2915 页。
④ 刘琳、刁忠民、舒大刚，等校点：《宋会要辑稿》崇儒七之六二，第 2918 页。
⑤ 刘琳、刁忠民、舒大刚，等校点：《宋会要辑稿》刑法二之二五，第 8296 页。
⑥ （宋）李心传撰，徐规点校：《建炎以来朝野杂记》甲集卷 17《公使库》，第 394 页。
⑦ 刘琳、刁忠民、舒大刚，等校点：《宋会要辑稿》职官三〇之八，第 3794 页。

公使库作为一个综合性仓库，储存、管理公使钱和公使物品是其基本职能。在众多项目中做到条理有序是十分不易的。基于这种特点，地方政府的管理就显得尤为重要了。

第四节　地方政府公务接待成本的管控举措

为减少地方公务接待消费支出数额，同时加强对地方政府的监控，避免结党营私，宋政府对地方公务接待行为管理是十分严格的。为了防止各种舞弊行为的发生，宋政府设置公使库管理机构、派遣官吏、制定规章制度、实行严格的出纳流程并且制定审查制度，并对地方公务接待消费支出制定严格管控举措。这些措施对于保障公使库的有效运行具有十分重要的意义，也有助于控制不断增长的公务接待消费支出。

一、公使库的管理机构及其人员

宋代财政有着鲜明的特点，表现在中央政府既要高度集中财权，地方政府又为了自身的发展与中央争利，这种矛盾构成了宋代财政体系中较为独特的一个方面。在地方，各个财政部门一方面要上交大量的钱物满足中央的需要；另一方面又要想尽办法截留一部分，于是包括公使库在内的众多仓库就成为地方政府保证财源“对抗”中央的机构之一。

宋代中央财政收支浩大，管理繁杂，导致了财政管理和监督的工作量大大增加，而地方政府也面临着同样的问题。在地方政府中，对财政的管理会出现各种问题，一方面在财政管理上，地方政府常会出现：“长官日困于应酬，赋财文书凡目既多，往往不暇详究，兼前后交承，首尾不相应，以至渗漏者甚多。或支数与收数不同，细数与总数有异，或上历支解而复收入已，或已解及数而涨数虚解，或以单子脱解而不上籍，或以钞脱解而不上历，似此之类，不一而足”[①]的问题。从记载的情况来看，地方政府在财政管理方面漏洞百出。另一方面知州、县却因事务的繁杂而消极管理，从而导致财政越发混乱，时常出现收支不兑账的现象。面对这种财政状况，政府需要派专人管理与审计。

① （宋）陈襄撰：《州县提纲》卷4《搜求渗漏》，《官箴书集成》，第65—66页。

宋一朝，尽管没有专门管理公使库的机构，但从整个监察系统中仓库的管理情况来看，大致能梳理得出公使库的情况。与公使库管理和审计相关的部门有很多，而作为仓库的一种，公使库显然也需要符合整体的仓库管理要求。现把主要的直接的管理部门做如下分析。

宋廷建立了强大的管理监察机构，从中央到地方各级都有监察审计的部门。这些部门严格把关，相互监督，防止某一个部门独揽权力。具体到仓库管理方面，负责监察中央官署机构中的公使库有库务司和刑部的比部两个部门。库务司和比部主管账簿，定期检查各仓库的收支情况，发现问题，并责令仓库进行整改，如“比部员外郎谢卿材诣在京诸库务勾收帐历，契勘见在，察访本末利害”①，随之进行“本寺备录帖所管库务，又经比部勾过，然后送库务支给”②。不难看出，比部是经过对帐历进行勾过才会交由库务运行的，库务司再根据帐历进行支取。这样一个部门管理账目，一个管理实体仓库，从而做到权力的分散，防止各类贪污现象的出现。

提举常平司主要管理常平仓和在京的司、库、务、坊、场、院等。在京师，如侍御史周尹提到：“都水监勾司农寺吏刘道冲等盗公库钱，闻张谔以简请求权知府陈绎于三数日结案，故出罪人。且开封府、司农寺检正官，皆委任不轻，乃敢朋邪欺罔，其为害甚大，不可不惩。”③如此严重的事态，朝廷必须要严肃处理。“谔曲庇吏同盗官钱，私书请求绎等故出人重罪，及杜亮恐迫所辖吏致盗官钱，兼尝曲法受赃，不当补三班奉职。勘官刘柄因诣臣说，兼府司元勘及今刘柄再勘，案验甚明，乞检会臣前奏并案牍施行。”④该案例说明，提举常平司对在京诸司库出纳的钱物进行审查，给予偷盗公使钱者以严惩，对防止贪污舞弊现象的发生起到了积极的作用。

在地方，转运司作为路级行政单位中最高的财权部门，拥有监督地方财政之权，对一路的财政负责，管理本路各类仓库是其职责所在。转运使在其中发挥了重要的作用，不仅对本路的仓库储存状况进行清点，也对违法之事进行监察。如政和四年（1114 年）十一月十二日“淮南运副石械，令吏部与远小处监当。以㦛申乞立法，监司分巡州县，许省察诸司仓库，点检诸司簿书，侵官越

① 刘琳、刁忠民、舒大刚，等校点：《宋会要辑稿》职官五之四，第 3123 页。

② （宋）李焘撰，上海师范大学古籍整理研究所、华东师范大学古籍整理研究所点校：《续资治通鉴长编》卷 373，元祐元年三月辛巳，第 9035 页。

③ （宋）李焘撰，上海师范大学古籍整理研究所、华东师范大学古籍整理研究所点校：《续资治通鉴长编》卷 277，熙宁九年八月戊申，第 6778—6779 页。

④ （宋）李焘撰，上海师范大学古籍整理研究所、华东师范大学古籍整理研究所点校：《续资治通鉴长编》卷 277，熙宁九年八月戊申，第 6779 页。

职，有违元丰成宪故也”[①]。巡检的方向不仅是仓库情况还有簿书、官员的违法行为等，可见，巡查州县的仓库也是转运使的工作之一。

对于州郡来说，知州作为本州的最高行政长官，负有管理仓库之责，通判协助监督知州的工作，宋廷规定：宋初开宝四年（971 年）“诏应州有公使处，知州与通判同上历支破”[②]，“州郡仓库一出一纳，并须先经由太守判单押帖，次呈通判，呈签厅签押俱毕，然后仓官凭此为照，依数支出”[③]。一方面，通判负责复查、核对簿历，巡视仓库，如大中祥符七年（1014 年）夏四月“诏诸路知州、通判，自今在城仓库则每季检视，在外县者止阅簿籍，不须巡行。初，淳化中，诏长吏每季行县，县有去州五七百里者，以烦扰故，罢之”[④]。还要亲自审核，“仍令就本厅置库，躬亲出纳，不得付之属官”[⑤]。另一方面，还要监察大小官吏，检举其违法行为，五年（1012 年）四月“给事中边肃追夺三任，为岳州团练副使，不签书州事。肃前知镇州，以公费钱贸易规利，又遣部吏强市民羊及买女口，通判东方庆等列状于州，知州王嗣宗以闻”[⑥]。另外，对于吏人利用职务之便从仓库渔利的行为，朝廷还规定：“诸州通判官到任，皆须躬阅帐籍所列官物，吏不得以售其奸。主库吏三年一易。”[⑦]简言之，仓库出纳必须要由知州和通判签字才能生效，可以看出知州和通判的管理在地方财政体系当中十分重要。

通判之下还有辅助机构或人员负责监督管理仓库，例如应在司、磨勘司、理欠司等。按州规模的大小与事务的多少，这些机构有时由通判一人兼管，有时是安置多个吏人进行管理。如南宋时“诸州应在司，通判一员掌之（如无通判处，差职官一员），仍造吏人主行（三年为一界）”[⑧]。其中，应在司负责对本州内钱物进行勾销点检，“应已支官物合候收附文钞者，所支仓库限一日具管押人姓名、物数、卸纳去处报司，本司限当日注籍拘催勾销。仍每月一次取索仓

---

① 刘琳、刁忠民、舒大刚，等校点：《宋会要辑稿》职官六八之三三，第 4891 页。

② （宋）李焘撰，上海师范大学古籍整理研究所、华东师范大学古籍整理研究所点校：《续资治通鉴长编》卷 12，开宝四年冬十月丙戌，第 272 页。

③ 中国社会科学院历史研究所宋辽金元史研究室点校：《名公书判清明集》卷 1《仓官自擅侵移官米》，北京：中华书局，1987 年版，第 30 页。

④ （宋）李焘撰，上海师范大学古籍整理研究所、华东师范大学古籍整理研究所点校：《续资治通鉴长编》卷 82，大中祥符七年夏四月庚辰，第 1873 页。

⑤ 刘琳、刁忠民、舒大刚，等校点：《宋会要辑稿》食货三五之二七，第 6770—6771 页。

⑥ 刘琳、刁忠民、舒大刚，等校点：《宋会要辑稿》职官六四之二二，第 4777 页。

⑦ （元）脱脱等撰：《宋史》卷 179《食货下一》，第 4348 页。

⑧ （宋）谢深甫撰：《庆元条法事类》卷 31《财用门二》，杨一凡、田涛主编，戴建国点校，《中国珍稀法律典籍续编》第 1 册，第 493 页。

库月内起过钱物窠名、数目与应在簿照对点检”[①]。理欠司负责追讨各个部门所欠仓库的钱物，“诸州县理欠官、转运司于逐州县不许差出官内各选差一员，干办吏人，三年一替，州委通判，县委令提辖”[②]。仓库令中还记载“诸州于他处般请官物，交纳毕，于次帐收附申所属。若色件交互或欠，亦具注之，仍即究治。内欠限满不足者，送理欠司”[③]。由此可知，理欠司的作用就是管理欠账的机构，对库内的欠款一一归总，进行催促。磨勘司负责驱磨帐籍，“诸官物支界讫，本州限拾日取帐历、应干文书送磨勘司，限叁拾日驱磨毕，送库架阁，仍保明申州”[④]。这三个机构同为通判的辅助官属部门，配合知州、通判共同管理州内的大小仓库，为防止这些部门久处一地形成利益集团，大都“三年一易”。总之，宋代地方的各个监察机构中都自有一套行之有效的办法，有助于各个仓库良好的运行，如政和三年（1113 年）九月二十六日，发运副使贾伟节奏：“臣常考州县钱谷出入之籍，有季易、岁易，有一岁而再易者，各分事例，吏缘为奸……检察之司提其纲领，简而不繁，与磨勘理欠应在司条法各不相妨，仍可参照为用。”[⑤]

再看监当官有时也会负责当地仓库的监督与管理，据载：“本朝监当官掌场务、库藏出纳之事。”[⑥]如果监当官出现失职的行为，还要追究当事人的责任，“失觉察公人高友等取乞客人、铺户、井户等钱事，降一官冲替”[⑦]。由于监当官的作用十分重要，故朝廷对其选派十分慎重，如蔡襄认为：“今京师仓场库务受纳天下所输之物，招来四方商贾之资，计利最多，号为繁重……京师商贾出入，所收谓利万数不少，赃污之吏岂堪其任？”[⑧]因而，监当官一定要品行端正，刚正不阿：“所举之官并委三司举曾历外任无赃污之人”；至和元年（1054 年）二月，“诏审官院，京朝官曾犯赃私罪若公坐至徒者，毋得差监在京仓、场、库

---

① （宋）谢深甫撰：《庆元条法事类》卷 31《财用门二》，杨一凡、田涛主编，戴建国点校，《中国珍稀法律典籍续编》第 1 册，第 493 页。

② （宋）谢深甫撰：《庆元条法事类》卷 31《财用门二》，杨一凡、田涛主编，戴建国点校，《中国珍稀法律典籍续编》第 1 册，第 515 页。

③ （宋）谢深甫撰：《庆元条法事类》卷 31《财用门二》，杨一凡、田涛主编，戴建国点校，《中国珍稀法律典籍续编》第 1 册，第 516 页。

④ （宋）谢深甫撰：《庆元条法事类》卷 17《文书门二》，杨一凡、田涛主编，戴建国点校，《中国珍稀法律典籍续编》第 1 册，第 359 页。

⑤ 刘琳、刁忠民、舒大刚，等校点：《宋会要辑稿》职官四二之三七，第 4090 页。

⑥ （宋）潘自牧编纂：《记纂渊海》卷 35《职官部》，北京：中华书局，1988 年影印本，第 782 页。

⑦ （宋）张嵲撰：《紫微集》卷 15《王全为驱逐杨德著热身死特降一官制》，《丛书集成续编》，第 470 页。

⑧ （宋）蔡襄撰，陈庆元、欧明俊、陈贻庭校注：《蔡襄全集》卷 15《乞商税院不用赃吏》，第 389 页。

务”。[①]

宋代直接管理公使库的官员几乎没有，除上述的通判，大都是兼职。“公使库，于本省有官职掌内选差一名兼充监库，每日轮差库子、军员各一人在库宿直。”[②]这里的“省”指的秘书省，从该机构中选取一名官员，职责就是监督公使库，但他们不直接参与管理，而是再分派给其他吏员。

吏人是管理公使库的主要负责人，种类众多，十分复杂。公使库手分负责公使库文簿、帐历的抄写与登记。“提点仓场所状：所管仓场库务去处少，日有给纳粮草、钱谷官物，万数浩瀚。及四河卸纳纲船（乞）[讫]日，将领手分行遣，自早至暮，分头往来点检，催驱发遣，方免住滞，全藉惯熟得力手分行遣。”[③]作为直接的管理者的手分任务是十分繁重的，仓库的收支都由手分一手办理。在唐仲友案中，公使库手分马澄就是他的“帮凶”，利用职务上的便利为唐仲友谋取了丰厚的利益。具体内容在妄用公使钱一节中进行论述。

库子：是“掌管收支见在官物”[④]的吏员，与手分的工作内容大致相同。“诸色等人，照得本学已立学舍，所有官钱物、书籍、柴米等，合差置专知官一人，于刑部差副尉充，立界更替。库子一名，同共掌管；攒司一名，并要能书写攒筭”[⑤]。与手分不同的是，手分主要是负责调度，而库子倾向于仓库的清点。

库经：具体到某一个库是由库经负责的，“辖下库务，各有库眼库经，收贮抄上在库官物。自来库务为见上件库经开说，作过不得，遇有给纳，不于日下抄转……应收支官物画时抄上省印收支文历”如果是出现了错误，还会连累上级，“如违，其干系官吏并从违制，分公私故失定断外，虽该赦书、德音疏决及去官不原”。[⑥]

综上所述，直接管理或者间接管理仓库吏员的情况是相当的繁杂的，可见为了防止仓库偷盗事件的发生，宋政府是多么的煞费苦心！

纵观宋代仓库的管理机构和人员，表现出两个特点：第一，宋代中央政府与地方政府在财政管理方面的投入是巨大的，从制度建设到人员分配，目的都是为了管住财政。而中央政府在财政上做到集权中央，起到“强干弱枝”的效果；第二，这些制度贯彻起来十分艰难，具体表现在：机构臃肿、人员冗杂、

① （宋）李焘撰，上海师范大学古籍整理研究所、华东师范大学古籍整理研究所点校：《资治通鉴长编》卷181，至和元年二月丁丑，第4374页。

② （宋）陈骙撰，张富祥点校：《南宋馆阁录》卷10《职学》，北京：中华书局，1998年版，第153页。

③ 刘琳、刁忠民、舒大刚，等校点：《宋会要辑稿》职官二六之二六，第3701—3702页。

④ 刘琳、刁忠民、舒大刚，等校点：《宋会要辑稿》职官二九之一，第3781页。

⑤ 刘琳、刁忠民、舒大刚，等校点：《宋会要辑稿》崇儒一之一九，第2737页。

⑥ 刘琳、刁忠民、舒大刚，等校点：《宋会要辑稿》职官二七之四七，第3734—3735页。

管理混乱，从而造成效率低下。另外，冗官、冗费现象始终没有杜绝。从这两个特点看出，无论从经济上还是政治上，统治者都在想尽办法控制国家机器，为己服务。

二、公使库相关管理制度

宋代为了规范仓库的管理，制定了众多的法律条款以保障仓库的有效运行，同时防止了官吏监守自盗的行为，对部分违法官员给予严厉的处罚，对违法犯罪的官吏起到了震慑的作用。通过介绍一般性的仓库管理制度，探索地方公务经费的仓库管理制度。

（一）日常管理

日常的仓库管理不仅需要专员管理，还需要法律条文与日常行为规范进行约束。库监要严格遵守时间入职，“诸仓库监专应早入晚出而违者，（受纳官遇开场同。）一时杖一百，一时加一等，罪止徒二年”①。一天的工作结束后，甚至连住宿都有相关规定：“诸仓库内无廨舍者，监官不得住家，收支文书，监官厅封锁，遇替移，交受都簿赤历足，批上印纸离任。”②当班过程中如有人进入仓库，则需要登记，从仓库出来更要进行搜查，以防窃取，“诸有人从库藏出，防卫主司应搜检而不搜检，笞二十”③。遇到天气好的日子要对物品或钱进行整理，定期疏理清点，“诸（官物）仓库及积聚财物安置不如法，若暴凉不以时，致有损败者，计所损败坐赃论”，当职官还要受到牵连，“以专副为首，监官为二从，签书官为第三从，通判、知州为第四从”。④由此可见，当出现官物损坏时，上至知州、通判，下到普通专职吏员都要受到惩罚。

另外，日常的仓库管理还有很多细节上的问题要注意，“诸仓库水火防虞有备，非人力所及致损败官物者，监专具所损所收实数申州，保明奏哉”⑤。在防水方面，“诸仓库植木为荫，不得近屋，仍置砖场以备量覆，其敖内地皆布砖”，

① （宋）谢深甫撰：《庆元条法事类》卷36《库务门一》，杨一凡、田涛主编，戴建国点校，《中国珍稀法律典籍续编》第1册，第557页。
② （宋）谢深甫撰：《庆元条法事类》卷37《库务门二》，杨一凡、田涛主编，戴建国点校，《中国珍稀法律典籍续编》第1册，第578页。
③ （宋）窦仪等撰，吴翊如点校：《宋刑统》卷15《库藏搜检偷盗》，第242页。
④ （宋）窦仪等撰，吴翊如点校：《宋刑统》卷15《损败仓库物》，第245页。
⑤ （宋）谢深甫撰：《庆元条法事类》卷36《库务门一》，杨一凡、田涛主编，戴建国点校，《中国珍稀法律典籍续编》第1册，第558页。

在防潮方面“诸仓库空地不得种莳”①。这样避免了地面潮湿造成的物品折损。古代社会十分重视防火，尤其是大小府院、官廨、仓库，制定了严厉的规章制度，如果违犯必将严厉惩处，在放火方面规定：“诸库藏及仓内皆不得然［燃］火，违者徒一年”②；如果事件严重到仓库着了火，“诸于官府廨院及仓库内失火者，徒二年”③。由此可见，宋代在仓库的管理中是十分重视防水防火的。

对于日常收支，其规定更为细致，专职人员要“诸仓库，监专同开闭，并押记锁封，掌钥以长官，门钥以监门”④。对于仓库中的物品收纳也有很多规定，如要在仓库门上注明“诸具纳官物，其约束条制，州县以板具录，榜仓库门”⑤；另外“诸仓库监专应替，并差官监交，仍置交历四本，分新、旧官及本州转运司为照。物多难交者，具事因申本州审度，听新界抽摘点检”⑥，官物出纳需要四方对照，彼此印证，方可有效。对于自然损坏的物品要及时上报，“诸官物无支用者，申转运司相度转易，不堪支用，估卖讫申，又不堪，差员覆验弃毁”⑦。遇到中央政府的任务，例如纲运等事情，更要负责到底。“诸听探仓库见在及纲运钱物名数传报，致他司截拦占取者，各杖一百，许人告”⑧，出现的违法问题，还接受上告，在各个吏员之间形成了隐蔽的监督机制，防止了个人专权。

在日常规定限制之外，中央政府会不定期地对地方政府的财政进行巡视、审计，这种不定期检查方式称之为巡视点检，往往根据仓场库务的重要性选择方式和巡视密度，从每日一次到每年一次周期不等，但更多的是不定期巡视，如“钱库常切排垛齐整，与历尾库经相照，仍常写空头门牌，以备官员不期到来点检”⑨。元祐五年（1090 年）五月，户部上奏说：“乞太府长贰每月各分巡辖下库务一两处，点检簿历官物，具有无举法改正事件申省，即不得豫定时日。

① （宋）谢深甫撰：《庆元条法事类》卷 36《库务门一》，杨一凡、田涛主编，戴建国点校，《中国珍稀法律典籍续编》第 1 册，哈尔滨：黑龙江人民出版社，2002 年版，第 558—559 页。

② （宋）窦仪等撰，吴翊如点校：《宋刑统》卷 27《失火》，第 435 页。

③ （宋）窦仪等撰，吴翊如点校：《宋刑统》卷 27《失火》，第 436 页。

④ （宋）谢深甫撰：《庆元条法事类》卷 36《库务门一》，杨一凡、田涛主编，戴建国点校，《中国珍稀法律典籍续编》第 1 册，第 558 页。

⑤ （宋）谢深甫撰：《庆元条法事类》卷 36《库务门一》，杨一凡、田涛主编，戴建国点校，《中国珍稀法律典籍续编》第 1 册，第 559 页。

⑥ （宋）谢深甫撰：《庆元条法事类》卷 36《库务门一》，杨一凡、田涛主编，戴建国点校，《中国珍稀法律典籍续编》第 1 册，第 559 页。

⑦ （宋）谢深甫撰：《庆元条法事类》卷 36《库务门一》，杨一凡、田涛主编，戴建国点校，《中国珍稀法律典籍续编》第 1 册，第 559 页。

⑧ （宋）谢深甫撰：《庆元条法事类》卷 36《库务门一》，杨一凡、田涛主编，戴建国点校，《中国珍稀法律典籍续编》第 1 册，第 557 页。

⑨ （宋）李元弼撰：《作邑自箴》卷 5《官箴书集成》，合肥：黄山书社，1997 年影印本，第 81 页。

所点检事却有奸弊发露者，点检官本部奏劾”[①]，为防止地方诸库的舞弊行为，巡视的具体时间一般是不会提前告知的。

官员巡视的具体内容包括收支凭证、查核账簿、结存实物等。按照标准来说，这三者应该是一致性的，如出现了不一致的情况，则该库必定存在舞弊行为，“诸因点磨取索到县镇仓库收支钱物簿历（钞旁之类同），或余文书，并限十日用毕送还”[②]。另据《宋会要辑稿》记载：

> （宣和七年）四月二十七日，讲议司言：“勘会收支官物，州县官司则凭簿历，朝廷省部、监司则凭帐状，而帐内官物与簿历不同，簿历内又与仓库见在不同，至有帐尾见在钱物一二十万，而历与库内全无见在。攒造、驱磨、申奏，徒为无用之空文。除诸司封桩钱物已降指挥委常平司官取索驱磨外，其非封桩钱物，欲令所属监司委诸州通判，遍诣本州及管下仓、场、库、务，将帐检及逐处赤历文簿取见在官物实数，于勾院置簿拘籍。”[③]

由此看出，要做到帐状与簿历一致，本库的账目与库存一致，三方相对，查看是否存在非法行为。

（二）出纳流程

公使库作为贮藏、经营性仓库，应符合宋代一般性仓库管理的要求，虽没有固定的公使库出纳流程，但从一般仓库流程中可窥探其一二。库中的钱物出纳之时，要经过一系列烦琐的流程。“州郡仓库一出一纳，并须先经由太守判单押帖，次呈通判，呈签厅签押俱毕，然后仓官凭此为照，依数支出。”[④]先由地方的最高行政长官允许才能执行，申请部门要提前写好物品的名称、数量交由知州、通判押帖，经过长官的签押，然后再到仓库按数量领取，到了库务官那里要先核对原始凭证，“到日，候请人到库，将请受历与正勾省帖勘同，于省帖及历内批书日分，拆开文旁，对历支付”[⑤]，也就是说，监库官要拿着文旁（文旁指的是经过最高长官签发的支出命令）与送来的文帖（文帖指的是由经办人

① 刘琳、刁忠民、舒大刚，等校点：《宋会要辑稿》职官二七之一五，第3717—3718页。
② （宋）谢深甫撰：《庆元条法事类》卷32《财用门三》，杨一凡、田涛主编，戴建国点校，《中国珍稀法律典籍续编》第1册，第503页。
③ 刘琳、刁忠民、舒大刚，等校点：《宋会要辑稿》食货六二之六〇，第7582页。
④ 中国社会科学院历史研究所宋辽金元史研究室点校：《名公书判清明集》卷1《仓官自擅侵移官米》，第30页。
⑤ 刘琳、刁忠民、舒大刚，等校点：《宋会要辑稿》食货五一之二二至二三，第7153页。

持有的领物凭证）进行对比，准确无误后方才有效。由库务官进入库中索取钱物，无关人等在库外等候，提取钱物完成后，由库务官将文旁与文帖进行粘连合帖，以备后查。

当钱物支出之后，库务官要留作案底予以登记并且上交审计部门，也就是“立便上簿”①，这时对监库官提出了更高的要求，每当一笔出纳过程之后要及时核对出库、入库的数量。绍兴十九年（1149 年）七月二十七日，监察御史章复提到：“切见州县凡输纳财物，不即时入库，而有所谓‘到廊’；凡支出财物，不即时出库，而有所谓‘外支’。故专、库等人，致有侵欺擅用。欲望督责监司、守臣觉察，杜绝‘到廊’、‘外支’之弊，诏令户部施行。”②这样的措施是防止一部分主管库官舞弊行为的发生，如果对出纳的凭证不及时处理，积压很久则会受刑法处分，“自今凭由须逐时申破，如积涉经年，以违制坐之”③。

当钱物从库中支出后，还要经过层层把关，逐级监督，“诸勘请官物，勘给送审计院申讫封旁，付给处粮料院，每月具已堪旁及物数开，磨勘司对账申转运司”④。涉及审计院、磨勘司、转运司在内的部分还要留下凭证，以备后查。除此之外，对经办人员也有特殊规定，“诸勘给官物，旁、帖皆书应支仓库，专副姓名、界分，若本界有故不给者，批注事因，送元批勘处，换其旧旁、帖封毁。即改旁、帖或就给者，干系人均备”⑤。而在日常管理中，中央政府要时刻了解地方政府的仓库动态，规定“诸仓库月终以钱帛粮草见在逐色总数，次月五日以前申州，州限十日磨审讫做、缴申转运司、本司类聚申尚书户部”⑥。这样一个完整的出纳流程才算结束，其特点就是层层把关，严密看管，从人员、物品、凭证上做到准确无误。

（三）官员的违法行为以及处罚

部分官员在履职当中对仓库进行各种违法犯罪活动，国家规定，“诸仓库公人因折纳折博粜籴受乞财物，依重禄公人法（谓应给头子钱者），舆者，非求曲

---

① 刘琳、刁忠民、舒大刚，等校点：《宋会要辑稿》食货五一之二二，第 7152 页。

② 刘琳、刁忠民、舒大刚，等校点：《宋会要辑稿》食货五四之二一，第 7152 页。

③ 刘琳、刁忠民、舒大刚，等校点：《宋会要辑稿》食货五四之二一，第 7152 页。

④ （宋）谢深甫撰：《庆元条法事类》卷 37《库务门二》，杨一凡、田涛主编，戴建国点校，《中国珍稀法律典籍续编》第 1 册，第 599 页。

⑤ （宋）谢深甫撰：《庆元条法事类》卷 37《库务门二》，杨一凡、田涛主编，戴建国点校，《中国珍稀法律典籍续编》第 1 册，第 599 页。

⑥ （宋）谢深甫撰：《庆元条法事类》卷 37《库务门二》，杨一凡、田涛主编，戴建国点校，《中国珍稀法律典籍续编》第 1 册，第 579 页。

法不坐”[①]。若违反了相关规定，那么他们就会受到惩处。同时，朝廷还允许他人上告“诸给纳卖买官物，干系公人减克受乞财物者，虽非主司，论如监临主司受财法。无故留难者，杖一百，即职官下公人、兵级受乞，以监临官受乞财务论，并许人告”[②]。可见在买卖官物中舞弊的行为惩罚是很重的。如果是偷盗行为，则要视偷得钱物的数量情况而定，“以故致道，不觉者减盗者罪二等”；晚上被盗也有相关规定，“若夜持时不觉盗，减三等”；对待主要负责人的惩罚是：“主守不觉盗者，五匹笞二十，十匹加一等，过杖一百，二十匹加一等，罪止徒二年，若守掌不如法，以故致盗者，各加一等”；对于从犯则“故纵者各与同罪，即故从赃满五十匹加役流，一百匹绞”[③]，“诸拦头、库、称、检、拣、掏、斗子于本仓库受赃及盗诈官物，或用情给纳亏官者，并勒停（擅将人入仓库干办而犯者，正身虽不知情亦准此。）”[④]。具体到公使库买卖方面，“诸在任官（亲戚同），及公使库中卖粮草入官者，以违制论。为人请嘱或令人中卖者，准此。以上监官知情减二等，专副又减一等，并许人告，物没官”[⑤]；情节严重涉及犯罪，“诸仓库兵级犯笞罪，听专副行决，过十下者，论如《前人不合捶考》律，以故致死活因公事殴至折伤以上者，并奏裁”[⑥]。

官家的物品是不能随便支用的，更不能随意外借，宋廷对借用仓库的物品的行为也做了相关规定，“诸假请官物，事讫过十日不还者，笞三十，十日加一等，罪止杖一百，私服用者加一等。若亡失，所假者自言所司，备尝如法，不自言者，以亡失论”[⑦]。如在转移物品中出现了舞弊的行为，“诸钱物支移他处送纳而径于仓库取收附并给之者，各杖一百”[⑧]。

宋代是严禁官物私用的，对于官物私用的情况有相关约束，其一，暂时的侵占，“诸监临主守以官物私自贷，若贷人，及贷之者，无文记以盗论，有文记

① （宋）谢深甫撰：《庆元条法事类》卷37《库务门二》，杨一凡、田涛主编，戴建国点校，《中国珍稀法律典籍续编》第1册，第563页。

② （宋）谢深甫撰：《庆元条法事类》卷36《库务门一》，杨一凡、田涛主编，戴建国点校，《中国珍稀法律典籍续编》第1册，第563页。

③ （宋）窦仪等撰，吴翊如点校：《宋刑统》卷27《失火》，第242页。

④ （宋）谢深甫撰：《庆元条法事类》卷37《库务门二》，杨一凡、田涛主编，戴建国点校，《中国珍稀法律典籍续编》第1册，第564页。

⑤ （宋）谢深甫撰：《庆元条法事类》卷37《库务门二》，杨一凡、田涛主编，戴建国点校，《中国珍稀法律典籍续编》第1册，第569页。

⑥ （宋）谢深甫撰：《庆元条法事类》卷36《库务门一》，杨一凡、田涛主编，戴建国点校，《中国珍稀法律典籍续编》第1册，第557页。

⑦ （宋）窦仪等撰，吴翊如点校：《宋刑统》卷15《假借官物不还》，第243页。

⑧ （宋）谢深甫撰：《庆元条法事类》卷32《财用门三》，杨一凡、田涛主编，戴建国点校，《中国珍稀法律典籍续编》第1册，第578页。

准盗论，（文记谓取抄署之类）立判案减二等，即充公廨及用公廨物，若出付市易而私用者，各减一等坐之（虽贷亦同，余条公廨准此。即主守私贷，即无文记者依盗法。）所贷之人不能备尝者，征判署之官（下条私贷亦准此）”[①]。其二，将官物事实上纳为己有则“诸财物应入官私而不入者，不应入官私而入者坐赃论”[②]。其三是对“库眼”的管理，这种方式是为了便于仓库的管理，加强库房监督，南宋时期“诸路州军钱物，并合隶军资库。近年以来，州军多将拘到钱物别置库眼，赤历拘收，以为羡余之献、公库之用。乞令逐路转运司，将创置库眼去处废罢，其钱物拨并入军资库。今后州军辄敢仍前别置库眼者，以违制论。仍放罢。监司知而不纠者与同罪，并许人告”[③]。

哲宗绍圣四年（1097 年），朝廷还规定：“随行东厨、专知官等一十一人，翰林仪鸾司五人，已上专知官、手分、库子请给等，乞依降赐公使库则例。厨子、院子、翰林仪鸾司请给等，乞依降赐公使库秤子则例。”[④] 由此可见，宋代还有降赐公使库则例等规章制度，由于史料的遗失，已无从考证。

宋代官府中寄养着大量的胥吏，他们成为宋代基层组织中熟练操作行政流程的人员，但这些胥吏通常是没有俸禄的，以至于他们的生活有时需要非法收入来保障。沈括言：“天下吏人，素无常禄，唯以受赇为生，往往致富。”[⑤] 由此可见，宋代低级别的吏员俸禄是很少的，甚至是没有俸禄的，通常是靠官员的经济活动盈利，按照一定比例发放的俸钱。有的地方监管不严格，这些吏员就依靠自身的腐败行为维持生计，所以为了生存，胥吏们经常对管辖的仓库采取偷盗、隐匿等违法活动获得收益。例如公使库中的勾当人、库子、库经、公人、手分等，这些都是直接与公使库的管理密不可分的人员，其重要程度可想而知。

三、公务接待消费的相关监管制度

朝廷官员因上任、出使、公务派遣等原因经过各地，与州县政府和民众相接触，产生了相关的公务接待活动。朝廷为了防止朝廷官员利用此机会勒索地方财物或违法舞弊，与地方官员结党营私，贪腐贿赂，奢侈浪费，针对接待者和被接待者都设置了一系列的规章加以约束。

① （宋）窦仪等撰，吴翊如点校：《宋刑统》卷 15《假借官物不还》，第 244 页。
② （宋）窦仪等撰，吴翊如点校：《宋刑统》卷 15《财物应入官私》，第 245 页。
③ 刘琳、刁忠民、舒大刚，等校点：《宋会要辑稿》食货五四之八，第 7241 页。
④ 刘琳、刁忠民、舒大刚，等校点：《宋会要辑稿》职官三九之七，第 3978 页。
⑤ （宋）沈括撰，金良年点校：《梦溪笔谈》卷 12《官政二》，北京：中华书局，2015 年版，第 122 页。

其一，如官员出使经过地方州府，不得于途中受宴款待及参与州郡宴会。这主要是为了防范其骚扰地方或与州县勾结，宋仁宗朝就规定："诸路州军迎送安抚、转运、提点刑狱及诸使人，须至馆方许过诣，仍不许于道路排顿，违者以违制论，其受亦如之。"① 徽宗朝也诏令：监司"今后出巡除不许赴州郡宴会"②。《庆元条法事类》中也规定，监司预妓乐宴会，或诡辩为邂逅之类，"各徒二年，即赴所部及寄居官用家妓宴会者，加二等"③。可见，朝廷惩罚力度之大。尤其是地方官府采用妓乐招待过往官员成为一大禁忌，也成为许多朝廷要员被台谏官攻击乃至丢官罢职的重要因素。

其二，官员出使地方或过往不得过量收受馈赠及纵容属吏收受钱财。朝廷规定，提刑等监司巡查时，可收受酒食等，如徽宗政和六年（1116 年）七月朝廷颁布法律规定："近降睿旨，陕西路监司不得赴州郡筵会，及收受上下马馈送……所有置司去处合得供给，官为优立正数，许令收受等……本所今相度，欲乞依置司州府知州应受诸色供给之类，并听算请外，如遇出巡，给驿券一道，归司日罢。"④ 过了一年，详定一司敕令所奏："诸路监司供给，依置司处知州例支破。其出巡或被旨勾当公事，除沿路上下马馈送及筵会，自依已降指挥不许收受、趁赴外，十五日又上奏，尚书省言：勘会除监司已降指挥，依置司处知州供给，遇出巡给驿券外，所有其余官司属官，欲遇出巡亦许破券一道，归司日罢。"⑤

南宋时期，相关公务馈赠的立法仍不断完善，如高宗朝知平江府汤东野奏："元丰、政和条令节文，诸发运、监司因点检或议公事，许受酒食，其巡历所至，薪碳、油烛、酒食并依例听受。"⑥《庆元条法事类》也规定："诸监司巡历所过州军，到发合得供馈者，不理供给之数。"⑦ 但对于此外的物品、钱财，如果监司收受的，则要受到惩罚。孝宗朝规定：监司"因行部辄受折送者，以赃论"⑧。

① （宋）李焘撰，上海师范大学古籍整理研究所、华东师范大学古籍整理研究所点校：《续资治通鉴长编》卷165，庆历八年八月壬辰，第 3966 页。
② 刘琳、刁忠民、舒大刚，等校点：《宋会要辑稿》职官四五之一一，第 4239 页。
③ （宋）谢深甫撰：《庆元条法事类》卷 9《迎送宴会》，杨一凡、田涛主编，戴建国点校，《中国珍稀法律典籍续编》第 1 册，第 161 页。
④ 刘琳、刁忠民、舒大刚，等校点：《宋会要辑稿》职官四五之一一，第 4238 页。
⑤ 刘琳、刁忠民、舒大刚，等校点：《宋会要辑稿》职官四五之一一，第 4238—4239 页。
⑥ 刘琳、刁忠民、舒大刚，等校点：《宋会要辑稿》职官四五之一五，第 4240—4241 页。
⑦ （宋）谢深甫撰：《庆元条法事类》卷 7《监司巡历》，杨一凡、田涛主编，戴建国点校，《中国珍稀法律典籍续编》第 1 册，第 120 页。
⑧ 刘琳、刁忠民、舒大刚，等校点：《宋会要辑稿》职官四五之三一，第 4249 页。

《庆元条法事类》中也规定："诸发运、监司例外受馈赠送者，以自盗论。"[①]"诸监司巡历所至，应受酒食之类辄受折送钱者，许互察。"[②] 同时，对于官员纵容属吏巡查所部时收受贿赂行为，朝廷也严加惩处，孝宗乾道五年（1169 年）九月诏令：出巡官员"如敢依前容纵公吏等乞觅骚扰，当议重置典宪"[③]。淳熙年间还曾针对监司吏人索贿问题，实行过"随行吏卒，各于州郡差拨，逐州交替"[④] 的办法，可见朝廷为此煞费苦心。

其三，官员不得过数带公人兵级或违法差役州县人户。宋朝规定，官员出使地方，可带一定的随从，宁宗《庆元条法事类》载："监司官巡按：吏人二人，（应副军期及别奉朝旨干办，别带二人），通引官或客司一名；书表司一名；当直兵级一十五名；般担军人一十五人。"[⑤] 基本上的要求就是轻车简从，以防过度骚扰州县，对于监司"带公人兵级过数，若为系公之人差借人马者，各徒二年"[⑥]。"监司官巡按，般担人有人应差而和雇者，徒二年。"[⑦] 若监司"巡按而差过数，或已归本司不即发还者，各杖一百"[⑧]。

其四，官员出使或巡历所到之处，一般停留勿过三日。为保证监司在规定时间遍巡属部，并防止因缘骚扰，规定监司出巡无公事不得住过三日，如孝宗乾道中规定："勘会监司巡历州县，依条不得过三日。"[⑨]《庆元条法事类》中也记载：诸监司巡历所至，"无公事不得住过三日"[⑩]。

其五，官员出使或巡历不得以白状向州县借钱。朝廷虽明文禁止监司收受过数馈赠，但一些监司却以借请为名，变相向州县勒索钱财。朝廷对此加以严惩，高宗朝诏令：监司"以白状借请州县钱者，准盗论"[⑪]。孝宗朝也重申：监

① （宋）谢深甫撰：《庆元条法事类》卷 7《监司巡历》，杨一凡、田涛主编，戴建国点校，《中国珍稀法律典籍续编》第 1 册，第 127 页。
② （宋）谢深甫撰：《庆元条法事类》卷 7《监司巡历》，杨一凡、田涛主编，戴建国点校，《中国珍稀法律典籍续编》第 1 册，第 118 页。
③ （宋）佚名：《皇宋中兴两朝圣政》卷 47，乾道七年九月丁巳，北京：北京图书馆出版社，2007 年版。
④ 汪圣铎点校：《宋史全文》卷 27 下，淳熙十二年八月甲寅，第 2318 页。
⑤ （宋）谢深甫撰：《庆元条法事类》卷 7《监司巡历》，杨一凡、田涛主编，戴建国点校，《中国珍稀法律典籍续编》第 1 册，第 125 页。
⑥ （宋）谢深甫撰：《庆元条法事类》卷 9《迎送宴会》，杨一凡、田涛主编，戴建国点校，《中国珍稀法律典籍续编》第 1 册，第 116 页。
⑦ （宋）谢深甫撰：《庆元条法事类》卷 7《监司巡历》，杨一凡、田涛主编，戴建国点校，《中国珍稀法律典籍续编》第 1 册，第 117 页。
⑧ （宋）谢深甫撰：《庆元条法事类》卷 7《监司巡历》，杨一凡、田涛主编，戴建国点校，《中国珍稀法律典籍续编》第 1 册，第 118 页。
⑨ 刘琳、刁忠民、舒大刚，等校点：《宋会要辑稿》职官四五之二五，第 4246 页。
⑩ （宋）谢深甫撰：《庆元条法事类》卷 7《监司巡历》，杨一凡、田涛主编，戴建国点校，《中国珍稀法律典籍续编》第 1 册，第 118 页。
⑪ 刘琳、刁忠民、舒大刚，等校点：《宋会要辑稿》职官四五之二三，第 4245 页。

司巡历州县，“却有直判白状，重叠过数借请乞取骚扰……仰监司互察，如违，令御史台弹劾”①。

其六，州县官迎送过往官员不得逾制。宋朝规定，监司等各级官员巡查属部，所过州县要差一定的人兵防护，如哲宗元符元年（1098 年）朝廷诏：陕西、河东路监司巡查极边地分，“合差人马防护处，即令本地分将佐城寨官，量差马步军防护，毋得过五十人骑，仍逐地分，递相交替”②。南宋宁朝诏令：监司每岁巡按所部，“州县各差三十人支应迎送”③。对于州县“差接送人过数，及不应差而差并应差厢军而差禁军，及应差步军而差马军”等行为，均以违制论，如果差人迎送超过规定地界，“杖一百，每百里加一等”④。对于违法逾制的监司也令诸司互察。⑤可见，当时朝廷对于地方官员接待过往官员的人数和军兵类型也做出了详细的规定，为管控地方公务消费支出成本过高也是煞费苦心。

综上所述，宋代在地方政府公务接待问题上制定了诸多的规定，其内容十分精细，基本涵盖了管理的各个方面，在实施过程中也会针对不同对象区别轻重进行处置。此外，法律规定的条文类别清晰，关键在于给各类违法、违规活动进行了定性，这就为有效管理提供了制度的保障，也为打击非法官吏提供了法律的依据。但是，有了严密的制度并不等于就能杜绝类似问题的发生，因为再严密的制度也是要靠人来执行和监督的，如果执行者不认真遵守制度，监管者没有认真履行监督职责，再完善的制度也只能是一纸空文，从两宋屡屡出现的地方超标准公务接待问题及相关惩治就可以看出⑥，这一问题的解决仍远没有达到中央政府所希望的样子。

---

① 刘琳、刁忠民、舒大刚，等校点：《宋会要辑稿》职官四五之二五，第 4246 页。

② （宋）李焘撰，上海师范大学古籍整理研究所、华东师范大学古籍整理研究所点校：《续资治通鉴长编》卷 497，元符元年四月丙申，第 11832 页。

③ 刘琳、刁忠民、舒大刚，等校点：《宋会要辑稿》职官四五之四，第 4234 页。

④ （宋）谢深甫撰：《庆元条法事类》卷 10《吏卒接送》，杨一凡、田涛主编，戴建国点校，《中国珍稀法律典籍续编》第 1 册，第 182 页。

⑤ 刘琳、刁忠民、舒大刚，等校点：《宋会要辑稿》职官四五之二一至二二，第 4244 页。

⑥ 如绍兴末年，富元衡为利州路提刑官，“蜀旧例，监司交馈不下数千缗，元衡悉拒不纳。再移湖北，专以平反为心。隆兴中召还，中途遇盗，行李为之一空，帅李师颜馈以匣金，元衡不启，缄谢绝之”。参见（宋）孙应时纂修，鲍廉增补，（元）卢镇续修：《琴川志》卷 8《叙人》，第 1227 页）。孝宗朝臣僚上奏中也提道：监司巡查，“随轿皆有乘马，胥吏稍遇晴热，例使人持黑油伞遮日，多至三五十柄，见者叹骇，谓驾后亦不如此”。参见刘琳、刁忠民、舒大刚，等校点：《宋会要辑稿》刑法二之一二三，第 8351 页。

第三章　宋代地方政府“羡余进奉”成本问题

“羡余”指两宋的地方官员在完成中央的上供任务之后的盈余财物，“羡余进奉”指地方官员将所掌握的盈余钱物再次进贡给中央的行为。“羡余进奉”现象起于唐代，兴盛于宋代，“羡余进奉”也是宋代地方政府重要的行政成本支出之一，其对宋代社会和地方政府的影响是巨大的。一是使中央政府对地方财政监督权弱化，导致地方财税征收混乱，行政成本支出财源匮乏，伤害国家最底层的平民百姓。二是使官员只顾利益，知利而不知义，使皇帝视听混乱，误判经济形势不利于皇帝做出正确的决策，也使社会经济的长期发展受阻。

第一节　地方政府“羡余进奉”现象的历史演变及其特点

宋代地方政府“羡余进奉”在不同历史时期呈现不同的面貌，总体上看，太祖、太宗时期几乎没有羡余进奉现象；真宗时期“羡余进奉”出现，进献规模较大，且士大夫关于进献现象的议论不多，“羡余进奉”尚处在合理的范围内；仁宗时期，政府财政收支陷入入不敷出的局面，“羡余进奉”现象进一步发展，进献规模较大，士大夫对“羡余进奉”现象上书激烈的批判；徽宗时期，“羡余进奉”风气渐成，各级官员争羡余进奉，由于皇帝的昏庸，政治的黑暗，这一时期关于禁羡余的讨论较少；高宗时期羡余进奉之风盛行，士大夫虽对羡余进奉多有批驳，但见效不大；孝宗继位，改革政务，严禁羡余，羡余进奉之风稍抑；孝宗之后，皇帝下诏禁羡余，但羡余之献有禁不止。在各个时期，地方政府“羡余进奉”也有其自身特点，值得我们深入总结。

一、地方政府“羡余进奉”现象的历史演变

宋代结束唐末五代以来的藩镇割据，并以前代为戒，建立了高度集权的管理制度，在财政方面亦是如此。在中央，宋政府建立了三司理财体制。三司之设，唐以前无之[①]，出现于唐，成形于五代，繁荣于宋。宋代在财政上实行了集权，财政权集中于中央，中央财权的主要部分又归于三司。在地方，宋政府分路而治“凡一路之财，置转运使掌之；一州之财，置通判掌之，为节度、防御、团练、留后、观察、刺史者，皆不予签书金谷之事，于是外权削而利归公上矣”[②]。在路级设置转运司，转运一路财赋入中央，即增加了中央调用的财赋，也加强了对地方财政的监督和管理。宋太祖乾德二年（964 年）“是岁，始令诸州自今岁受民租及管榷之课，除支度给用外，凡缗帛之类，悉辇送京师”[③]。有关这一诏令的实施状况众说纷纭，但可以表明中央的态度，即使有些财赋项目可以暂时存留在地方，一旦朝廷需要可随时从地方拨调。

除转运司外，宋代在地方陆续设立了提点刑狱司、安抚司、提举常平司，合称“漕、帅、宪、仓”。路级主要行政机构转运司“掌经度一路财赋，而察其登耗有无，以足上供及郡县之费；岁行所部，检察储积，稽考帐籍；凡吏蠹民瘼，悉条以上达，及专举刺官吏之事”[④]。转运司主管一路财赋，在地方拥有较大的权力。在其发展过程中，中央政府令其他机构分散转运司的权力。熙宁时期的王安石变法，以提举常平司为一路监司，“掌常平、义仓、免役、市易、坊场、河渡、水利之法，视岁之丰歉而为之敛散”[⑤]，其作用主要为管理雇役钱财。提刑司主管一路的刑狱，大约在元丰年间，提刑司财政权力得到极大发展。元丰初有诏“诸路转运及开封府界提点司桩管阙额禁军请受……委提点刑狱及府界提举司拘收，于所在分别桩管”[⑥]。

北宋仁宗时期冗费的局面形成之后，中央财政紧缺，迫切的需要除税赋之外的财富缓解中央政府的窘境，满足皇族骄奢的生活需求。在这样的时代背景

① （宋）赵与时著，齐治平点校：《宾退录》卷 7，第 84 页。

② （宋）李攸撰：《宋朝事实》卷 9，台北：文海出版社，1967 年版，第 114 页。

③ （宋）李焘撰，上海师范大学古籍整理研究所、华东师范大学古籍整理研究所点校：《续资治通鉴长编》卷 5，乾德二年十二月辛未，第 139 页。

④ （元）脱脱等撰：《宋史》卷 167《职官志七》，第 3964 页。

⑤ （元）脱脱等撰：《宋史》卷 167《职官志七》，第 3968 页。

⑥ （宋）李焘撰，上海师范大学古籍整理研究所、华东师范大学古籍整理研究所点校：《续资治通鉴长编》卷 290，元丰元年七月乙酉，第 7099 页。

下，有些官员力图通过变法自强，从根源上解决中央财政的窘境，有些官员向中央进献部门财政的盈余，以解决财政的不足。有些官员则为了自身利益，进献财政的盈余，迎合中央的需要。这些进献的情况即为“羡余进奉”，虽然具体情况各有不同，但“羡余进奉”现象贯穿了两宋的始终。

地方政府“羡余进奉”在宋代不同的皇帝间，有不同的表现。真宗及真宗以前时期，宋朝立国之初，太祖把攻陷各国后缴获的钱财集中储存起来，设立封桩库，每年国家财政经费的剩余也归入该库，以备军费之用。太祖死后，太宗继位初“分左藏北库为内藏库，并以讲武殿后封桩库属焉，改封桩库为景福内库”[①]，太宗皇帝加强了对财政的控制，储蓄财赋的机构发生变化，但是这部分财赋的用途还是以备非常之用。汪圣铎先生在《两宋财政史》一书中认为太祖、太宗统治时期，宋代的财政状况呈上升趋势，统治者把财政问题放在首位。真宗以前太祖、太宗在位时期羡余进奉现象很少，可以忽略不计。真宗时期是宋代的全盛时期。真宗在宋辽战争失利后，为掩盖这一耻辱，维护自身尊严，大搞封禅祭祀等个人崇拜活动，与之相应的就是大兴土木，宫殿道观四起，相关费用的消耗使朝廷财政难以支持。史料中首个明确记载的“羡余进奉”现象就在这一时期，进奉的金额较大，进献的羡余钱财物品多样。真宗时期“羡余进奉”开始多了起来。尤其是河北路转运使李士衡，在真宗在位期间曾多次进献羡余，李士衡是位理财能手，范仲淹为他写碑文时写到“曾不加赋兮抑有羡余”[②]。真宗曾褒奖李士衡：

> 封泰山，献钱帛、刍粮各十万，见于行宫，迁右谏议大夫。祀汾阴，又助钱帛三十万，乃命同林特提举京西、陕西转运事。权知永兴军，进给事中。踰月，以枢密直学士知益州。顷之，河北阙军储，议者以为士衡前过助封祀费，真宗闻之，以为河北都转运使。驾如亳州，又贡丝绵、缣帛各二十万……南郊，复进钱帛八十万。先是，每有大礼，士衡必以所部供军物为贡，言者以为不实。士衡乃条析进六十万皆上供者，二十万即其羡余。帝不之罪，谓王旦曰：“士衡应猝有材，人欲以此中之。然朝廷所须，随大小即办，亦其所长也。”[③]

---

① （宋）李焘撰，上海师范大学古籍整理研究所、华东师范大学古籍整理研究所点校：《续资治通鉴长编》卷19，太平兴国三年冬十月乙亥，第436页。

② （宋）范仲淹撰，李勇先、王蓉贵校点：《范仲淹全集》卷13《宋故同州观察使李公神道碑》，第310页。

③ （元）脱脱等撰：《宋史》卷299《李士衡传》，第9937页。

如上所述，真宗封泰山，李士衡进献钱粮各十万，祭祀汾阴助钱帛三十万，棣州水患又助钱八十万。真宗从河北阙军储议者处得知李士衡曾进助封祀费，作为奖励提升李士衡为河北转运使。可见真宗对李士衡进助封祀费的做法是鼓励的。李士衡多次进奉后，有官员质疑士衡进献钱帛的来源，士衡条析解释所进钱帛的种类。这一时期官员进献金钱的来源是“合法”的，即为上缴税费后的剩余而不是横征暴敛。“真宗时监司有以羡余进奉者，议赏”①，皇帝对羡余进献是鼓励的，而朝廷官员对于“羡余进奉”现象还处于质疑其金钱来源的阶段，而不是进言分析羡余的弊端，请求皇帝禁羡余。真宗时期“羡余进奉”金额数以万贯计，且进献者抓住了当权者的难处，羡余进奉以解皇帝的燃眉之急。

仁宗时期，政府收支初陷入不敷出的局面。真宗在位之时淫祭滥祀、营造无度，对仁宗时期的财政影响颇大，再加上明道、景祐年间灾荒不断，使财政运转更加紧张。时江淮发运使李溥“每岁奏计，则以大船载东南美货，结纳当途，莫知纪极。章献太后垂帘时，溥因奏事，盛称浙茶之美，云：‘自来进御，唯建州饼茶，而浙茶未尝修贡。本司以羡余钱买到数千斤，乞进入内。’自国门挽船而入，称进奉茶纲，有司不敢问。所贡余者，悉入私室”②。李溥以浙茶作为契机讨好章献太后，用本司的羡余钱购买浙茶上贡，除上贡内廷之外有一部分还落入了官员个人的腰包。这个时期地方诸路长官“羡余进奉”现象较之前代增加。赵抃曾对仁宗说“前此，发运司入奏，多献羡余以希恩”③，孟昶任江南东路转运使兼按察使后“尤以举官为急务，不效俗吏掎拾羡余”④，王逵为荆湖转运使后“率民输钱免役，得缗钱三十万，进为羡余，蒙诏奖。由是他路竞为掊克以市恩”⑤。可见，在仁宗时期官员“羡余进奉”，讨好上司、皇帝，以求仕途平稳，皇帝宠信。也有官员摒弃俗吏“羡余进奉”的行为，在任期间兴办实事。但大多数官员看到因为“羡余进奉”而受到嘉奖的同僚，也会加入到这一行列。所以在仁宗时期“羡余进奉”被一些官员厌弃，但在大部分官员看来这是“希恩获赏”的最佳途径。

① （宋）杨时撰：《龟山先生全集》卷13《余杭所闻》，《宋集珍本丛刊》，第29册，第390页。

② （宋）沈括原著，杨渭生新编：《沈括全集》卷22《谬误谲诈附》，杭州：浙江大学出版社，2011年版，第495页。

③ （宋）李焘撰，上海师范大学古籍整理研究所、华东师范大学古籍整理研究所点校：《续资治通鉴长编》卷282，熙宁十年五月癸亥，第6906页。

④ （明）邵经邦撰：《弘简录》卷143《台谏・宋五之四・杨察》，清康熙刻本，第2263页。

⑤ （元）脱脱等撰：《宋史》卷177《食货上五》，第4297页。

"神宗嗣位，尤先理财"[①]以挽救国家的财政危机。神宗任用王安石进行变法，王安石以"开源节流"为宗旨制定了一系列理财新法。这一时期是战争和军事行动较频繁的时期。新法的实行很有效果，在这种情况下国家财政收入大大提高。汪圣铎先生在《两宋财政史》中写到"从熙宁二年到元祐二年这十八九年中，免役宽剩钱、青苗息钱共积攒下八九千万贯，除去战争中消耗外，平均每年约积攒五百万贯财赋"。但是王安石变法没有坚持下去，变法失败后，神宗朝的财政又恢复收支不平的状态。神宗时期财政制度发生了重大的变化，三司的权力被户部代替，中央财权进一步集中，地方余留财赋压缩。这一时期"羡余进奉"现象频繁出现，由于地方财政的削弱，"羡余进奉"的资金源于变本加厉的剥削人民所得。熙宁初"有司求羡余，务刻剥，为法之害"[②]，哲宗绍圣四年（1097 年）时，御史蔡蹈"见圣旨指挥，以权中书舍人沈铢缴还新除权户部尚书吴居厚词头，令具析闻奏……臣僚上言辨雪吴居厚事……臣（蔡蹈）谨按，居厚奉使京东，争利苛急，惟务羡余，以赴功赏，而创置铁冶等非义取民，一方愁怨，声动朝野"[③]。监司上任后想方设法地获取金钱，以羡余的名义进献朝廷，以获晋升。不仅监司向中央进奉羡余，州县官员也会向监司进献羡余。神宗熙宁时期，"右正言李常亦言：'（王）广渊以陈汝羲所进羡余进奉钱五十余万缗，随和买绢钱分配，于常税折科放买外，更取二十五万缗，请以颢言付有司行之'不从"[④]。神宗改革财政制度后，地方的财政数额减少，但官员进奉羡余的热情却不曾改变。"羡余进奉"的广度较之前代增加不少。

这一时期，"羡余进奉"现象比前一时期多，朝臣对于"羡余进奉"现象的讨论较热烈，皇帝也明确的下诏禁止羡余进奉。仁宗曾提出："诸路转运使多献羡余以希进，然遇灾伤，不免暴取于民，此朕所不取也，其戒之"[⑤]，皇祐四年（1052 年）五月江淮发运使判官许元"欲广收羡余，以媚三司，惮诸路不从，请以六路转运司自，皆令具状申发运司"[⑥]。神宗时期，中书舍人范百禄对司

① （元）脱脱等撰：《宋史》卷 179《食货下一・会计》，第 4354 页。

② （宋）李焘撰，上海师范大学古籍整理研究所、华东师范大学古籍整理研究所点校：《续资治通鉴长编》卷 367，元祐元年二月丁亥，第 8440 页。

③ （宋）李焘撰，上海师范大学古籍整理研究所、华东师范大学古籍整理研究所点校：《续资治通鉴长编》卷 488，绍圣四年五月丙子，第 11584—11585 页。

④ （宋）马端临著，上海师范大学古籍研究所、华东师范大学古籍研究所点校：《文献通考》卷 20《市籴考一・均输市易和买》，574 页。

⑤ （宋）李焘撰，上海师范大学古籍整理研究所、华东师范大学古籍整理研究所点校：《续资治通鉴长编》卷 175，皇祐五年闰七月丙子，第 4224 页。

⑥ （宋）李焘撰，上海师范大学古籍整理研究所、华东师范大学古籍整理研究所点校：《续资治通鉴长编》卷 172，皇祐四年五月丁卯，第 4146 页。

马光说“有司求羡余，务刻剥，为法之害”[①]，熙宁四年（1071年），检正中书五房公事同判司农寺曾布上言道：“两浙欲以羡余徼幸，司农欲以出剩为功，此臣所未喻也。”[②] 经历了真宗朝的“羡余进奉”现象，士大夫们已看出诸路“羡余进奉”的弊端，当朝廷中再次出现这一现象，士大夫们便上书进言，希望皇帝从地方官员冠冕堂皇的言辞中醒悟，正确对待朝廷官员的“羡余进奉”行为。

神宗去世后，王安石变法几经废立，变法的焦点逐渐由改革财政收支变为新旧党权力争夺。政治腐败不堪，国家财政日益困窘且财政制度愈加混乱，尤其是徽、钦宗时期。边疆战争次数逐渐增多，军费花销压力巨大；再加上统治集团的挥霍无度，使国家的财政愈加困窘。这一时期“羡余进奉”现象最为繁盛且出现了新的现象：监司探知皇帝的喜好，以“羡余”的名义进献给皇帝，如徽宗崇宁间河北转运司梁子美，“河北都转运使，倾漕计以奉上，至捐缗钱三百万市北珠以进。由是诸路漕臣效尤，争羡余进奉矣”[③]，于是有“崇宁间，诸路漕臣羡余进奉，自子美始”[④] 的说法。监司的“羡余进奉”肆无忌惮，如徽宗崇宁初的江淮发运使胡师文“作羡余献之，除户部侍郎，而转般一年之储无有矣”[⑤]。北宋有名的佞臣蔡京为保皇宠“举天下之财而尽用，诸路漕臣靡然从风，本路无以周给而进羡余……州郡视之而不敢禁，常平知之而不敢劾，上下蒙蔽以姑息”[⑥]。蔡京这一“表率”作用，使得更多的官员对于“羡余进奉”趋之若鹜，官官相护、上下包庇，使得正直官员敢怒而不敢言，且徽宗时期士大夫对“羡余进奉”现象的上书、讨论很少，皇帝奢靡，近臣为讨好皇帝剥削下臣，地方官员为仕途晋升，变本加厉的剥削人民。这种情况下劝诫的言语不被采纳，反而劝诫之人下场惨淡。全国上下呈现出一种病态的氛围，万马齐喑，人民暴乱不断。当时“羡余进奉”的严重态势可见一斑。

正当徽宗沉浸在无上皇权、纸醉金迷之时，北方女真兴起，建立金国。金军不断侵扰边疆、驱兵南下，势如破竹，灭辽攻宋，最终占领开封，俘虏徽钦二帝，北宋灭亡。康王赵构即位为高宗，在金军的追击下南逃，在杭州重建王朝，史称南宋。南宋的疆域大面积缩小，赋税收入急剧缩减，但由于金军的不

---

① （宋）李焘撰，上海师范大学古籍整理研究所、华东师范大学古籍整理研究所点校：《续资治通鉴长编》卷367，元祐元年二月丁亥，第8840页。

② （宋）李焘撰，上海师范大学古籍整理研究所、华东师范大学古籍整理研究所点校：《续资治通鉴长编》卷225，熙宁四年秋七月戊子，第5472页。

③ （元）脱脱等撰：《宋史》卷285《梁子美传》，第9625页。

④ （宋）王称撰：《东都事略》卷66《梁子美》，济南：齐鲁书社，2000年版，第546页。

⑤ （宋）陈均编，许沛藻等点校：《皇朝编年纲目备要》卷27，崇宁三年九月条，第682页。

⑥ （明）黄淮、杨士奇编：《历代名臣奏议》卷305《灾祥・王襄论彗星》，第3954—3955页。

断南侵，军费开支猛增，占国家财政收入的大部分。换言之，国家赋税收入大幅减少，财政支出尤其是军费支出大幅增加。在正常赋税收入下，南宋政府财政岌岌可危。在与金军不断交战的过程中，高宗意欲求和，偏安于一隅。绍兴十一年（1141年），宋金合议，南宋同意了屈辱的条件，换得了喘息和发展的机会。国家的工作重心对由战争转为对内稳定与恢复发展。在和平的氛围下，南宋官员把谋求仕途、前程提上日程，"羡余进奉"现象犹如燎原之火，一发不可收拾，"时监司郡守多献羡余以希进"[①]，"时州郡多献羡余"[②]。"羡余进奉"已经成为当时官场惯例的一部分，有些士大夫抨击羡余进奉的行为，但羡余进奉之势并未减弱。故这一时期"羡余进奉"现象频繁，且羡余进奉的官员比之北宋有所不同。南宋时期除转运司（使）、发运司（使）羡余进奉外，监司和地方长官也"多献羡余以希进"[③]，在史料中有"监司、守臣献羡余则黜之，宣抚司献则受之"[④]的记载，也许跟当时的社会舆论有关。从中可以看出，虽然监司守臣羡余进奉受到惩罚，但宣抚司羡余进奉却安然无恙，皇帝和朝廷并没有放弃官员羡余进奉这笔收入。近臣献羡余或近臣勾结内侍宠臣羡余进奉在南宋数见不鲜，高宗时的秦桧"阴结内侍及医师王继先，伺微旨动静，必具知之。日进珍宝珠玉书画，奇玩羡余，帝宠眷无比"[⑤]。

孝宗即位之初有中兴之志，任用贤臣，改革高宗时期的弊政。"乾道二年，诏：'临安府安抚司酒库悉归赡军；并赡军诸库及临安府安抚司酒务，令户部取三年所收一年中数立额。'日售钱万缗，岁收本钱一百四十万，息钱一百六十万，曲钱二万。羡余献以内藏者又二十万，其后增为五十万"[⑥]，酒务进奉的羡余钱孝宗是接受的。除此之外，孝宗时期，虞允文为相之后改革版曹中的一些灰色收入"尽取版曹岁入窠名之必可指疑者，号为岁终羡余之数，而输之内帑。顾以其有名无实、积累挂欠、空载簿籍、不可催里者，拨还版曹，以为内帑之积，将以备他日用兵进取不时之须"[⑦]，为未来进兵北方收复失地积累财物。淳熙五年（1178年），"绍兴府知府张津羡余进奉四十万缗，诏以代民输和买、身

① （宋）熊克撰：《中兴小纪》卷32，《丛书集成初编》绍兴十五年十二月，北京：中华书局，1985年版，第387页。
② （宋）韩元吉撰：《南涧甲乙稿》卷20《左大中大夫充龙图阁待制致仕赠左正奉大夫吕公墓志铭》，《丛书集成初编》，第396页。
③ （宋）熊克撰：《中兴小纪》卷32，《丛书集成初编》，第372页。
④ （元）脱脱等撰：《宋史》卷381《洪拟传》，第11750页。
⑤ （宋）李心传编撰，胡坤点校：《建炎以来系年要录》卷169，绍兴二十五年冬十月丙申，第3218页。
⑥ （元）脱脱等撰：《宋史》卷185《食货下七》，第4522页。
⑦ （元）脱脱等撰：《宋史》卷429《朱熹传》，第12761页。

丁之半”[①]孝宗对地方官员进奉的羡余持否定态度，多把这些钱用于人民。孝宗时期的官员王十朋曾在上书中用“君子与小人”的观点论述过“羡余进奉”现象。他认为“君子之进必以道谊自奋，小人之进未有不以利求合者”，并指出了羡余进奉长时期兴盛的原因，“前日朝廷以财赋不足为忧，小人遂献羡余以求进，朝廷不惜名气以美官要职处之，诸路监司郡守翕然胥效”[②]。官员们以“羡余献之朝廷以自见其功”[③]。淳熙间“临安守臣始以羡余缗钱为献，每岁十万，复益之，每季一献，遂至四十万，皆入禁中以充博弈之用。此乾道以前之所无有也”[④]。姑且不论羡余钱的来源，临安府守臣每年固定进献如此巨额的羡余钱，也可以认为是“羡余进奉”现象扩大的表现。孝宗的宏图中途破产，南宋监司守臣羡余进奉仍在延续。

二、地方政府“羡余进奉”现象的特点

通观宋代历史，地方政府“羡余进奉”在宋代各个皇帝在位期间均有发生，看似杂乱无章，肆意而为，但统计各个时期的“羡余进奉”的具体案例如表 3-1 所示，从中还是可以一些特点。

表 3-1　“羡余进奉”官员任职表

在位皇帝	进献时间	进献者官职	进献官员姓名	出处
真宗	大中祥符九年（1016 年）五月己未	河北转运使	李士衡	《续资治通鉴长编》卷 87
仁宗	庆历三年（1043 年）四月庚申	淮南转运使	吕绍宁	《续资治通鉴长编》卷 140、《欧阳修全集》卷 99
仁宗	庆历新政期间	湖南转运使	王逵	《宋史》卷 177
仁宗	皇祐三年（1051 年）八月庚寅	江南西路转运使	刘纬	《续资治通鉴长编》卷 171
仁宗	皇祐五年（1053 年）五月戊申	淮南转运使	张瓌	《续资治通鉴长编》卷 174
神宗	熙宁十年（1077 年）五月癸亥	淮浙发运副使	卢秉	《续资治通鉴长编》卷 282、《宋史》卷 331

① （元）脱脱等撰：《宋史》卷 35《孝宗本纪》，第 667 页。
② （明）黄淮、杨士奇编：《历代名臣奏议》卷 157《王十朋 除知湖州上书》，第 2053 页。
③ （宋）黄榦撰：《勉斋先生黄文肃公文集》卷 8《与金陵制使李梦闻书》，《宋集珍本丛刊》，第 67 册，第 619 页。
④ （宋）袁燮撰：《絜斋集》卷 2《轮对乾德三年内库金帛用度札子》，《景印文渊阁四库全书》，第 1157 册，第 17 页。

续表

在位皇帝	进献时间	进献者官职	进献官员姓名	出处
神宗	元丰间	京都转运使	吴居厚	《吴郡志》卷27
哲宗	元符年间	京东转运司属郡	郭奉世	《宋史》卷447
徽宗	崇宁间	河北都转运使	梁子美	《宋史》卷285
徽宗	崇宁初	江淮发运使	胡师文	《宋史》卷175《漕运》
徽宗	崇宁、大观间	提举成都路茶马		《宋史》卷353
高宗	绍兴二年（1132年）五月二十四日	明州知州	吴懋	《宋会要辑稿》职官七〇之九
高宗	绍兴十二年（1142年）四月辛巳	江东转运使	王映	《建炎以来系年要录》卷145
高宗	绍兴十二年（1142年）四月辛巳	福州知州	程迈	《建炎以来系年要录》卷145
高宗	绍兴十二年（1142年）四月辛巳	洪州知州	李迨	《建炎以来系年要录》卷145
高宗	绍兴十二年（1142年）四月辛巳	江东大帅	叶梦得	《建炎以来系年要录》卷145
高宗	绍兴十三年（1143年）前后	川陕宣抚副使	张浚	《建炎以来系年要录》卷149
高宗	绍兴十三年（1143年）八月己亥	川陕宣抚副使	郑刚中	《建炎以来系年要录》卷149
高宗	绍兴二十七年（1157年）十二月戊申	万州知州	冯时行	《建炎以来系年要录》卷178
高宗	绍兴三十年（1160年）十一月丙申	福建运副	王时升	《建炎以来系年要录》卷187
高宗	绍兴三十一年（1161年）八月癸丑	临安府		《建炎以来系年要录》卷192
高宗	绍兴三十一年（1161年）八月癸丑	两浙转运司		《建炎以来系年要录》卷192
高宗	绍兴中	淮东总领所		《建炎以来朝野杂记》甲集卷17、《内藏库》
孝宗	乾道九年（1173年）	广南提举官	章潭	《皇宋中兴两朝圣政》卷52
孝宗	乾道九年（1173年）三月	广南提举官	廖容	《皇宋中兴两朝圣政》卷52
孝宗	淳熙间	临安府知府		《絜斋集》卷2
孝宗	淳熙二年（1175年）十一月	提点坑冶	王楫	《皇宋中兴两朝圣政》卷54
孝宗	淳熙五年（1178年）四月辛未	绍兴府知府	张津	《皇宋中兴两朝圣政》卷56

从表 3-1 中可以发现：

（1）北宋时期“羡余进奉”主体均为监司，且多在南方任职。如上表所示：北宋时期，北方进献事例的记载为 4 例，南方进献事例的记载为 7 例。

北宋初建之时，为了改变唐末五代以来藩镇擅赋自赡的局势，遂把天下以路为单位进行划分，路分的设置与财政经济紧密相关[①]，每路设转运使，管理一路的财赋。一路的财赋全部集中到转运使手中，而中央政府也赋予他们管理一路财赋、民政、监察的权力，这成为转运使“羡余进奉”的先决条件。

随着北宋的建立，大面积的战事日益减少，国家进入恢复发展期。区域之间经济发展的不平衡性渐渐显现。此前，相较于北方政权更替、战乱频繁，南方政权的“保境息民”政策，使得民众得以生存发展，经济也有所发展。宋朝统一后，全国经济迅速发展：陕西、河东、河北三路自古富庶，尤其是陕西路，虽遭战乱侵袭，但恢复能力很强，在整个宋代财政中居有重要的地位，但由于地处北方边界，军费消耗巨大，三路的财政收入大多都用于军费，向中央的上供较少，除去这些开销，财政没有亏空已是万幸；京西路的财政收支都很少，京东路在宋代财政中居重要地位，是宋政府的财政支柱之一，上供中央的财物也很多，还经常转移支付支援外路。[②]但南方地区距北方宋辽、宋夏战场较远，占财政支出绝大部分的军费开支很少，支边的费用较之京东、京西路少，所以南方诸路的税利收入上供比例就比较大，因不必负担大量驻军费用。

东南地区诸路上供钱物数量普遍较多，而以两浙为最；成都路、潼川路（梓州路）、利州路最少；北方以京东最多。[③]在这种情况下，不论财政收入的来源，就南方诸路的财政的支出而言，财政盈余十分可观，故在北宋时期，南方诸路“羡余进奉”次数很多。

除此之外，朝臣多次上书陈述监司于南方刻剥、苛敛钱财：仁宗庆历四年（1044 年）三月乙丑，谏官欧阳修言“又近年以来省司屡于南方敛率钱货，而转运使等多方刻剥以贡羡余。江淮之民上被天灾，下苦盗贼，内应省司之重敛，外遭转运之诛求，比于他方被苦尤甚”[④]。宋朝疆域较之唐代稍小，北方边疆更是辽、西夏少数民族政权交替，战争压力较大。相对于战争频发的北方，宋代

---

① 曹尔琴：《宋代行政区划的设置与分布》，《中国历史地理论丛》1992 年第 3 辑，第 71—88 页。

② 程民生：《宋代地域经济》第五章《各地区地方财政特点与区域性经济政策》，开封：河南大学出版社，1992 年版。

③ （宋）马端临著，上海师范大学古籍研究所、华东师范大学古籍研究所点校：《文献通考》卷 23《国用考一 •历代国用》，第 691—692 页。

④ （宋）李焘撰，上海师范大学古籍整理研究所、华东师范大学古籍整理研究所点校：《续资治通鉴长编》卷 147，庆历四年三月乙丑，第 3554 页。

南方地区平稳安定。整个宋代南方都处于经济发展的阶段，虽贫富差距很大，远没到“苏湖熟，天下足”的程度，但发展的态势较好，最好的例证就是“江淮发运司”的设立，发运司的根本职能是将东南诸路上供中央的各类财赋及时的、足额的调集到京师或指定地点，之后又增加了政府购买的职能。宋政府在江淮地区设发运司，正是印证了江淮地区，或为东南地区赋税的大幅度增加的局面。这也是南方地区“羡余进奉”盛行的经济基础。宋朝初建，设立了一系列的机构，加强对地方财政的管理，其中发挥作用最大的就是转运司和之后设立的发运司。转运司对一路的财政进行监督和管理，是地方上最高的财政机关，掌控着一路的税赋。发运司管理组织东南地区赋税的运送，增加政府购买职能后，还会从中央获得一笔本金。从这一方面考虑，转运司和发运司是“羡余进奉”的主力机构。

《续资治通鉴长编》中记载了仁宗皇祐四年（1052年）六月的诏书“诏诸州军理正，押司、录事，已代而令输钱免役者，以违制论”，原因是“王逵为荆湖南路转运使，率民输钱免役，得缗钱三十万，进为羡余，朝廷既降诏奖谕。由是，诸路竞为掊克，欲以市恩，至破产不能偿所负。朝廷知其弊，故条约之”。[①] 王逵“羡余进奉”被奖赏，刺激了南方诸路“羡余进奉”现象的发展。北方地区“羡余进奉”现象较之南方地区大为减少。监司出现“羡余进奉”现象的区域仅为京畿附近，地方财政拮据，供军压力大是其中重要原因。

（2）南宋时期“羡余进奉”主体除监司之外增加了部分知州知府，一朝“羡余进奉”的频率也高于北宋。

转运司等监司“羡余进奉”上文已经讨论，这里重点讨论知州知府“羡余进奉”之事。南宋的国土较之北宋锐减，边疆局势紧张：建国之初战事不断；绍兴和议之后，虽战事减少，但仍处于戒备状态。这就得保证军队的数量，在宋代的募兵制度下，军队的数量与军费成正相关。北方领土的沦陷，导致中央财政收入减少，但财政支出却处于上升趋势，导致了南宋财政的窘境。为了筹得足够的财政经费，南宋政府施行了严格的征调财赋的催督之制，各种税目较多，地方政府为了完成中央交付的任务，“别作名色，巧取于民”，无所不用其极；中央也曾对地方政府的法外苛敛下令禁止，奈何事关国家财政收入，法外苛敛的减少，直接预示着中央财政税收的缺额，只能通过默许这些行为来解决财政困难。中央政府这种以财政收入优先的策略，最终导致中央对地方财政的

---

① （宋）李焘撰，上海师范大学古籍整理研究所、华东师范大学古籍整理研究所点校：《续资治通鉴长编》卷172，皇祐四年六月丙戌，第4152页。

实际控制减弱，因为中央财政部门首先关注的是地方财政的上缴数量，其次才是地方财政的资金来源。所以在中央财政困窘的时期，中央政府除征调财赋外，对诸路州军的岁收岁支之数已难以了解。①

中央对各州的财政收支的控制减弱，意味着地方财权的加强，各州长官对本州财政的支配能力增大。在“羡余进奉”成风的南宋时期，有较大财权的地方州府长官以“羡余”的名义谋求前途也是合理的，他们也有这样的经济实力。故南宋时期在监司之外，地方州府长官也多“羡余进奉”，这与南宋时期的财政政策是息息相关的。

两宋财政困窘的程度与“羡余进奉”次数呈正相关关系，毕竟，国家在生产力无明显增强的情况下，解决财政的唯一办法就是增大对地方物资的调拨，默许地方政府征敛民众，这导致地方财政税收的混乱，对地方财政的监督减弱；无序的政策、宽松的监督，方便了宋代地方长官、地方财政管理者的聚敛；拥有财富的长官们，把这些财富以“羡余”的名义向中央上贡，以示忠诚，以此谋取“重用”。故南宋进献之风较之北宋繁多且浩大。

第二节　地方政府“羡余钱”的来源及用途

两宋历史上频频出现“羡余进奉”的事件，而宋代中央财政长时间面临“积贫”的状况。中央财政困窘非常，便加大了地方财政上供的金额，侵占地方财赋的份额。在这种状况下，地方政府“羡余”的来源是怎样的，中央所接收地方官员所进的“羡余”收入又贮藏于何处，这部分经费又是如何使用的，值得进一步深入探讨。

一、来源之一：两税及其附加税

宋代自真宗初期起就进入“冗官、冗兵、冗费”的“三冗”状态，国家财政处于危机之中，虽然中途也有范仲淹、王安石等士大夫以改革财政为目的进行变法，但没有从根本上改革宋代财政的弊端。中央财政紧缺，因而加大了对地方财政的侵夺，地方财赋运送中央的比例在不断扩大。北宋大致从仁宗起，

① 包伟民：《宋代地方财政史研究》第三章《中央与地方财赋分配关系演变》，北京：中国人民大学出版社，2011年版。

由于财政开支的增长，上供额度不断的上调，这种趋势一直延续到南宋末年。北宋前期处于国家经济的上升期，财政管理中基本上可以做到中央与地方的互相兼顾，地方州郡都积聚有一定数量的财赋，以备不时之需。仁宗宝元中地方出现经费亏空，中央却自顾不暇，有官员上书“乞诫谕诸路转运司，如用度缺，须管自擘画支赡。若的是圆融不出，即许于邻道钱谷有剩处支挪，不得更似日前，乞自京般请钱银之类，编行下者”[①]。北宋后期，君臣恬嬉误国，地方税赋征敛的情形更趋恶化。南宋时期地方财政的困窘更是到了无以复加的地步，例如南宋初年的洪州“月支官兵粮米七千余石，岁支八万五千余石，除正苗米尽数起发上供外，本州所得耗米等支用仅及其半”[②]。

缓解财政拮据的办法无外乎“开源”与“节流”。但“开源”有两种做法，一是改革现有财税制度，发现其弊端，从而增加收入；二是加大税收面，增加税收名目，剥削压榨百姓。“节流”即减少政府不必要的开支，裁省浮费，节省用度。

仁宗庆历年间的荆湖转运使王逵“率民输钱免役，得缗钱三十万，进为羡余，蒙诏奖。由是，他路竞为掊克以市恩”[③]。王安石变法中的免役法与王逵的输钱免役一脉相承。王安石变法失败后免役法复行，但“监司、守令之不仁者，于雇役人之外多取羡余，或一县至数万贯，以冀恩赏”[④]，“其后有司求羡余，务刻剥，乃以法为病，今第减助免钱额以宽民力可也”[⑤]。其实这二者之间的界限十分模糊，稍有不慎就会加剧刻剥百姓。其中有些官员在实践中能够很好地把握尺度，既改革制度弊端，又获得财政收入；如仁宗康定元年，“郑戬在三司才半岁，复转运使考课格，分别殿最，又勾校三司出入，得羡钱四百万缗”[⑥]。南宋孝宗朝“自虞允文之为相也，尽取版曹岁入窠名之必可指疑者，号为岁终羡余之数，而输之内帑。顾以其有名无实、积累挂欠、空载簿籍、不可催理者，拨还版曹，以为内帑之积，将以备他日用兵进取不时之须”[⑦]。北宋仁宗时期的郑戬、南宋孝宗时期的虞允文都是清理簿籍，发现其中的漏洞，而获得钱粮，

① （宋）李焘撰，上海师范大学古籍整理研究所、华东师范大学古籍整理研究所点校：《续资治通鉴长编》卷124，宝元二年九月丁巳，第2929页。
② （宋）李纲撰，王瑞明点校：《李纲全集》卷101《条具防冬利害事件奏状》，第966页。
③ （元）脱脱等撰：《宋史》卷177《食货上五》，第4297页。
④ （元）脱脱等撰：《宋史》卷177《食货上五》，第4311页。
⑤ （元）脱脱等撰：《宋史》卷177《食货上五》，第4314页。
⑥ （宋）李焘撰，上海师范大学古籍整理研究所、华东师范大学古籍整理研究所点校：《续资治通鉴长编》卷128，康定元年九月丙辰，第3037—3038页。
⑦ （元）脱脱等撰：《宋史》卷429《朱熹传》，第12761页。

并严格执行规范。

但有些官员在实施中却过犹不及，如真宗时期的尚书右丞张雍："雍性鄙吝，莅事勤恪，善为米盐苛察以肃下，恃其清干，受遇于时，益矫厉以取名誉。所至藩镇宴犒，率皆裁节；聚公钱为羡余，以输官帑，集会宾佐，粝食而已。"[①]张雍缩减宴会用度是十分必要的，把节省下来的钱财输入"官帑"也是很好的，但缩减到集会宾客尽食"粝食"就有些矫枉过正之嫌。

综观数两宋历史，同样是"开源"，在盐、茶、铁、铜等禁榷和矿冶业中，官员改革榷法及课税，增收的效果最好，下节详述；而在二税及附加税的征收中，地方官员往往会出现苛敛百姓以羡余进奉的现象。

田税、代役税和人丁税是宋代农民负担的较为经常和正规的赋税，苛敛加增的情况较少，因为两税正税税收的条款分明，税额有定制，故易于探察，如熙宁初的正中书刑房承之"察访陕西，时郡县昧于奉法，敛羡余过制，（李）承之曰：'是岂朝廷意耶？'悉裁正其数"[②]。在两税的附加税中，有杂钱一项，杂钱为税外之税，名下有若干以钱立额的杂税，多是由"杂变""沿纳"之赋转化而来。另外还有免役钱，它是各级机构缓解财政困窘、增加收入的常用手段。

宋代的梓州为"东川为壮藩，户口最盛"。神宗时，王吉甫在梓州任知州："转运使欲增折配以取羡余，吉甫谓其僚曰：'民力竭矣，一增之后，不可复减，吾宁贻使者怒，忍为国敛怨，为民基祸哉'。竟却之。"[③]正税与附加税中以钱为额的部分实际征收时不征现钱而折征实物称为折科，税钱的折科与一般折变不同。"其入有常物，而一时所须则变而取之，使其直轻重相当，谓之折变"，"折变之法，以纳月初旬估中价准折，仍视岁之丰歉，以定物之低昂"。[④]原本为了满足官府多方面临时需求，避免所收非所需、复行变换贸易所造成的麻烦而设置的折变之法，因为国家财政的恶化、政治的腐败成为地方政府变相增加税赋的手段。两宋通常的手段是高估本色，低估折变物，其之间的差价就是增加的实际税收。科配，是一种无固定时间、无固定品种、无固定数额的临时性税赋，北宋后期科配逐渐演变为地方政府因一定事由，随时向所有税户摊征钱物的法外征敛之法。因此，这些不经常的附加税成为各级官员增加赋入的手段。

仁宗庆历四年（1044年）三月谏官欧阳修上书道："近年以来，省司屡于南方敛率钱货，而转运使等多方盘剥，以贡羡余。江、淮之民，上被天灾，下苦

① （元）脱脱等撰：《宋史》卷307《张雍传》，第10122页。
② （元）脱脱等撰：《宋史》卷300《李承之传》，第10178页。
③ （元）脱脱等撰：《宋史》卷330《王吉甫传》，第10637页。
④ （元）脱脱等撰：《宋史》卷174《食货上二·赋税》，第4211页。

盗贼，内应省司之重敛，外遭转运之诛求，比于他方，被苦尤甚。”[①]仁宗皇祐三年（1051年）八月庚寅，江南西路转运使、司勋郎中刘纬知庐州，“台谏官言纬庸懦不职，方饥而剥下以收羡余”[②]。在北宋，转运司是羡余进奉的重要部门。理财是转运使的第一要务。转运使既负责督办本路州军向朝廷输送财赋，又负责在本路各州军之间调剂余缺。其自身还直接掌握一部分财赋的入出。但一路税赋的征收不由转运使掌握，是州军各级官府负责的。地方赋入先集中于州军，然后州军再向转运司、三司申报。所以史料中所说的转运使赋，是指转运使指使下辖的州军的官员盘剥百姓，或是转运使盘剥下辖的各级官府，以收敛财赋，进奉“羡余”。高宗绍兴二十六年（1156 年）三月丙寅，直徽猷阁两浙转运副使张汇言：“州郡岁额诸色上供钱物，皆所以供朝廷经常之用。而近年以来，各狥私意，将合发窠名，侵移名色，以充羡余。因致积累拖欠，暗损赋入。”[③]高宗绍兴二十六年（1156年）正月丙寅，侍御史张鹏举言：“曹泳至为户部侍郎，即以正入窠名钱物，用充羡余；将合收财用，擅申住罢，以钓时誉”[④]，按照常理推断地方官员进奉的羡余钱，是在保证上供赋税完成之外，另外进献的钱财。但如上述材料中有些胆大的官员为博皇帝的欢心，把上供的赋税拿来羡余进奉，导致国家正常赋税的上供阙额。这一行为搅乱了国家正常的赋税收入秩序。

二、来源之二：禁榷收入

财政收入是国家政权的经济基础，为了维持庞大的中央集权的国家机器，单单靠赋税收入还不足以维持政府的开支，于是宋朝政府实行严格的禁榷专卖制度。禁榷品包括盐、酒、茶、香、矾等。宋代的禁榷既包括官府对某些商品实行的专卖，也包括由这种专卖而派生出的官商合营分利形式及对某些商品在严峻法律和严密措施保证下征收高额产销税的制度。如果制度使用得当，会因此而减轻或不加重赋税的征收，但要做到这点，或者说长期坚持做到这点很难。往往初期会出现在不增加税收的情况下增加财政收入，之后就会出现以权谋私的现象。如南宋时期朱熹曾批评说：“州县之间号为能吏者往往务为急刻，专以

① （宋）李焘撰，上海师范大学古籍整理研究所、华东师范大学古籍整理研究所点校：《续资治通鉴长编》卷147，庆历四年三月乙丑，第3554页。

② （宋）李焘撰，上海师范大学古籍整理研究所、华东师范大学古籍整理研究所点校：《续资治通鉴长编》卷171，皇祐三年八月庚寅，第4105页。

③ （宋）李心传编撰，胡坤点校：《建炎以来系年要录》卷172，绍兴二十六年三月丙寅，第3285页。

④ （宋）李心传编撰，胡坤点校：《建炎以来系年要录》卷171，绍兴二十六年正月丙寅，第3262页。

趣办财赋为功，而视抚字听断为不急。其间又有聚敛以为羡余之献者，增市征则害商贾，督逋赋则病农民，甚或侵移常赋贻患后人。朝廷不察反谓有才，顾有以深戒戢之，则天下之幸也。”[①] 租赋的额度有限，剥削空间小；但贸易的商品压榨空间较大，但会阻碍商品经济和经济发展。

（一）榷盐收入

盐作为重要的调味品，是日常生活中不可或缺的一部分。盐税早在春秋时期就已征收，后来更是加入禁榷的行列。宋代的榷盐收入在榷酤收入中较特殊，榷盐收入由朝廷直接支配的部分较大。宋代盐的销路不是全国性质的，而是划分了销盐区域，大致为解盐区、海盐区、井盐区和土盐区，在发展过程中这些区的界限屡有变迁，但大致稳定。食盐生产—销售这一系统中，运输是十分重要的。宋代主持盐运管理机构，有四个系统：一是朝廷设置的发运司、都大发运司，或辇运司；二是负责财务的转运司或是监管几路的都转运司，这两套系统均属兼管盐运，同时调发其他上供财物；三是独立的盐运司、盐税司；四是主管或兼管盐运的盐茶司、盐事司等，这两套系统则纯属或基本上属于专职盐运、盐务机构。[②] 发运司、辇运司主要是调运各地的财物钱币以保障京师和朝廷的供给，盐利是其重要的一部分，发运司掌握着大笔的盐本钱。转运司掌管盐务通常是配合发运司或盐司进行的，一般限于界内。

在不同的生产体制、流通结构下，盐产量和盐利收入是大相径庭的。宋初，刘保勋“拜户部。遭母丧，起复，出掌蕲口榷茶。徙云安监盐制置使，岁满，出羡余百万，转运使欲以状闻，保勋曰：‘贪官物为已功，可乎？’乃止”[③]。北宋初，设置茶盐制置司，其长官品阶较高的称为制置使。太宗淳化中“杨允恭改茶盐法，荐（秦）羲掌真州榷务，寻提点淮南西路茶盐，得羡余十余万”[④]。杨允恭在至道年间对淮盐进行改革：“先是，淮南十八州军，其九禁盐，余则不。商人由海上贩盐，官倍数而取之；至禁地，则上下其直。民利商盐之贱，故贩者益众，至有持兵器往来为盗者。发运使杨允恭以为行法宜一，即奏请悉禁之，而官遣吏主其事。事下三司……允恭又请令商人先入金帛京师及扬州博务者，

① （宋）朱熹撰：《晦庵先生朱文公文集》卷 96《少师观文殿大学士致仕魏国公赠太师谥正献陈公行状》，朱杰人、严佐之、刘永翔主编：《朱子全书》，第 4459 页。

② 郭正忠：《宋代盐业经济史》第四章《宋代食盐的流通（二）——运输体制》，第 320 页。

③ （元）脱脱等撰：《宋史》卷 279《刘保勋传》，第 9385 页。

④ （元）脱脱等撰：《宋史》卷 390《秦羲传》，第 10163—10164 页。

悉偿以茶。”[①]杨允恭的榷盐法确实增加了财政收入。又如河东路都转运使陈安石上书道：“元丰元年闰正月奉诏干集本路盐事，臣自到任，推行新法，官场课办，私盐禁止，及召商人入中钱算请永利两监积盐，已通行，岁有羡余。”[②]在国家财政紧缺的情况下，榷盐收入不可或缺。榷盐的超高利润使得朝廷中出现了很多“朝廷更盐法，多求羡余以希进”[③]的官员。更有监官直接增长盐钞的价格收揽资金，以羡余为号入供京师，如“自（徽钦时期）转运务增收钞价以为羡余，权货务渔夺解盐之入供京师币轻货重”致使“商旅不至”，而朝廷鼓励这一行为。[④]

（二）榷茶收入

中国的饮茶史可以追溯到先秦，但茶叶成为商品开始于唐，兴盛在宋。唐宋时期饮茶十分兴盛，唐代的陆羽更着有《茶经》一书，到宋代，茶叶已成为社会生活的必需品，特别东南地区，盛有嗜茶之风。因此，茶经济在这一时期发展很快，虽然不及榷盐的利润，但可以与酒利相媲美。宋朝前期茶的生产产地主要集中在长江中下游地区及福建，后川蜀茶得到较快发展。所以茶叶在不仅在唐宋商品经济的发展中占有十分重要的地位，还在政府解决财政军需，调动商人力量等方面有着其他商品难以取代的作用。并后来居上成为专卖行业中仅次于盐的重要专卖品。由于茶的重要性，使其管理机构的设置颇具特色：宋朝茶叶管理机构的机构可以分为两大系统，即中央系统与地方系统。中央茶叶管理机构在元丰官制改革前后有所变化，元丰官制改革前由三司主管，改革后为户部和太府寺分领。地方理茶系统较繁杂，可以概括为：北宋茶叶管理机构先是三司，改为发运制置司，后为六榷务十三山场体制，转运司亦预茶事；南宋初为户部、太府寺，改为榷货务都茶场，后为路级茶盐司体制。在熙丰变法期间更是产生了茶马司（即川陕卖茶买马）和提举水磨茶场（即主管水磨茶务）两个新机构。茶事机构不但负责组织管理茶的生产和流通，收取茶利，还肩负着收买战马等职能。

---

① （宋）李焘撰，上海师范大学古籍整理研究所、华东师范大学古籍整理研究所点校：《续资治通鉴长编》卷40，至道二年十一月丁卯，第855页。

② （宋）李焘撰，上海师范大学古籍整理研究所、华东师范大学古籍整理研究所点校：《续资治通鉴长编》卷314，元丰四年七月己亥，第7605页。

③ （清）谢旻等修：雍正《江西通志》卷80《人物·宋·邹极》，《景印文渊阁四库全书》，第515册，第738页。

④ （明）钱谷编：《吴都文粹续集》卷45《宋故左中奉大夫致仕柳公墓铭》，《景印文渊阁四库全书》，第1386册，第420—421页。

较之茶事机构的变动，宋代榷茶制度的变动更为频繁。榷茶的变动伴随着政府对茶利的压榨。景德元年（1004 年），澶渊之盟缔结后，真宗为粉饰太平，大肆进行祭祀封禅活动，同时大兴土木，广修道观宫殿。大中祥符元年（1008 年）开始，真宗东封泰山、西祀汾阴、南谒太清宫，并修玉清昭应宫。这些烦琐、病态的封禅祭祀活动，使得相关费用一直居高不下。祭祀封禅活动能搞得如火如荼，最基本便是丰厚的财力与物力的支持。这就不得不提林特与李溥两人。这二人善于聚敛财物，在真宗热衷于祭祀封禅时，二人把敛财刀挥向了茶叶禁榷。[①]他们采取的一系列措施，如规定商人新旧引的对带折纳、逾期贴纳，并派遣提点官管理场务，提出“监买官赏罚之式”等，目的是为了增加政府收入，集财于京师，满足真宗财用上的巨大消耗。其中值得关注的是，大中祥符六年（1013 年），又有新法实施，即“凡买到入算茶，及租额递年送榷务交足而有羡余者，即理为课绩”，把“交足租额”后的羡余定为监官“课绩”，这在无形中加大了监官对茶利的剥夺和对茶农的剥削。真宗朝新法改革后，茶税岁课连年增加，再加上岁课之外的“羡余钱”，补贴了日渐困窘的国家财政。上述史料之中虽未提“羡余进奉”之事，但“羡余进奉”之意溢于言表。真宗之后更有多次茶法变革，虽变革茶法的条款不同，但目的却有异曲同工之妙。高宗绍兴年间，有些监司不再满足于变法求羡余，而是直接“务增茶额，以求羡余”[②]，完全不顾园户的接受能力。

（三）侵夺榷酒收入

中国的酒文化历史悠久，至宋朝已有三千年。酒的用途很广，日常生活中要饮酒，祭祀要用酒，婚庆要用酒，甚至医疗也要用到酒。榷酒始于西汉武帝时期，“武帝天汉三年初榷酒酤”[③]，国家垄断酒利，对后代有重要的影响。宋朝建国之初就制订了严格的法律，确定了酒的专卖地位。宋代酒的专卖，与茶盐专卖同样占有很重要的地位。榷酒收入在宋朝财政中仅次于两税、榷盐而居于第三位。宋代管理酒类产销的机构，大概有四个系统：总领天下财政的三司及之后的户部；掌管一路军政财务的漕司、宪司、仓司；州、县、镇、寨级官吏的兼管；诸司和三衙的兼管。宋榷酤之法，地域不同榷法各异，大致可分为：

---

① （元）脱脱等撰：《宋史》卷 183《食货志下五》，第 4481 页。

② （宋）李心传编撰，胡坤点校：《建炎以来系年要录》卷 175，绍兴二十六年闰十月甲子，第 3355 页。

③ （宋）马端临，上海师范大学古籍研究所、华东师范大学古籍研究所点校：《文献通考》卷 17《征榷考四·榷酤》，第 480 页。

城镇地区官造官卖，小城镇及乡村百姓买扑酒坊，四京地区行官卖曲、民买官曲造酒之法。榷酒制度在宋朝存在的年限里趋于稳定，但各别区域如四川的造酒法有些变动。

榷酒的收入，宋初多归地方支配，后朝廷逐渐分取。在榷酒总额无大增的情况下，归朝廷支配的钱数越来越多。南宋初诸官司、诸军广泛造酒取利，后宋廷将大部分酒库务收回，“（绍兴）三十一年，殿帅赵密以诸军酒坊六十六归之户部，同安郡王杨存中罢殿帅，复以私扑酒坊九上之；岁通收息六十万缗有奇，以十分为率，七分输送行在，三分给漕计。盖自军兴以来，诸帅擅榷酤之利，由是，县官始得资之以佐经费焉”[①]。国家将酒务库收回，又要照顾到军队和地方政府的利益，使得酒利的分配更加复杂化了。

> 乾道元年，以浙东、西犒赏库六十四隶三衙，输课于左藏南库，余钱充随年赡军及造军器。二年，诏：“临安府安抚司酒库悉归赡军；并赡军诸库及临安府安抚司酒务，令户部取三年所收一年中数立额。”日售钱万缗，岁收本钱一百四十万，息钱一百六十万，曲钱二万，羡余献以内藏者又二十万，其后增为五十万。[②]

孝宗初期，继续收回地方官府属下的库、务。乾道二年（1166年），临安府统收诸酒库，并令户部重新统算酒利税额。酒生产销售的金额，除去本钱、息钱和曲钱，剩下的临安府知府以“羡余”之名献给皇帝，之后，献羡余钱的金额又有增加。后南宋理宗时出现“愿以酒所羡余入贡”[③]的现象。在这种背景下，这则材料描述的现象，上溯高宗、北宋时期，或推及后代，也是适用的。如此，可以推测，皇帝对进献羡余的默认态度，会使得其他官员纷纷效仿，把通过提高酒价或收回酒务获得“羡余”的钱财，上供朝廷以获褒奖。综上所述，酒利是监司守臣“羡余进奉”资金的来源之一。

除以上这些刻剥聚敛方式外，监司守臣、地方官员还挪用其他资金用以羡余进奉。

北宋末“羡余进奉”之风兴盛，监司守臣不甘落后争献羡余，而“州县赋入有常”，长期献羡余使得“大郡仅足支遣，小郡往往匮乏。而近者四方尚有以赢余献者，不过重折苗米，或倍税商人，至有取新赋以积余钱，损积逋以与州

---

① （元）脱脱等撰：《宋史》卷185《食货志下七》，第4522页。
② （元）脱脱等撰：《宋史》卷185《食货志下七》，第4522页。
③ （元）袁桷等纂修：《延祐四明志》卷5《赵与欢》，《宋元方志丛刊》，第6211页。

郡。州郡无以自给，不过重取于民”。[①] 更有甚者“有司理财，一切用衰陋褊隘之策。至于卖楼店、括学田、鬻官地，而所在争献羡余”[②]。宋代，对学校教育是相当重视的，朝廷曾专门拨出一部分土地来供应学生日常生活之需，这部分土地即为学田。学校把学田租赁出去，以实物和货币的形态收其地租。各州县官府都设置专吏管理学田，并建立了一套完备的管理体制。这些制度保证了学田地租的收入。“羡余之献”出现后，学田的租金收入成为官员敛财的目标之一。根据材料中“括学田”的记载和漆侠先生在《宋代经济史》中“官僚豪绅曾向各类国有地伸手，对学田也不例外”的论述，虽然现有材料中没有明确的记载夺学田租赋作为羡余的具体方式，但可以推测出两种：一是官府扩大学田的面积，这部分地租的收入官员可以自由的支配；二是地方官府占有学田移作他用，通过这种方式获得金钱；用于“羡余进奉”等活动。至于官田的鬻卖，在两宋时期数见不鲜。官员地主通过冒佃、盗耕等办法蚕食官田，宋廷出卖官田政策出现后，官田的鬻卖、侵占更甚。

三、“羡余钱”的用途

宋代内藏库的贮藏财富用于三司或户部的借贷、军费及救恤灾祸的费用、掌控金银坑冶的支出等。监司守臣羡余进奉的资金大部分都归入内藏库中，羡余进奉资金的用途也无外乎这几种情况。羡余钱归入皇帝帑库后，与库中原有的财富混合，已不再有原本的意义。所以讨论羡余钱的用途使用的材料多为记载朝廷接受羡余钱之前的活动。

太祖立国，平定南方诸国，与北方少数民族政权并立。宋代边疆的危机一直存在。所以宋代军费的支出是国家财政支出的重要组成部分，在岁出总额中一般占半数以上，战争时期甚至占到十之七八。军费开支的项目繁杂，包括官兵俸禄、犒军奖赏、粮草，后勤的医药、被服、马匹等开支，战争时开支更是庞大。军费的筹集是各级政府的重要工作。军费的筹集更多的是对百姓的剥削，官府在征税之外另筹集钱财的行为，从百姓一方看，是在交纳税赋之余的额外征收，虽说用于军费但与剥削无异；况且官员的征敛不是纯粹为了征收军费，同样也包含了媚上希恩之意。如仁宗皇祐四年（1052年）二月戊寅，仁宗对王辅臣说：“发运使施昌言：‘许元乃欲分往两浙、江南调发军储，是必谋诛剥疲

① 汪圣铎点校：《宋史全文》卷24下，乾道三年闰七月癸巳，第2048页。
② 汪圣铎点校：《宋史全文》卷27上，淳熙九年三月戊子，第2270页。

民，求羡余以希进尔’”[①]，仁宗时期王质任荆湖北路转运使，“时西陲宿兵，财用为重，诸道转运使竞进羡余进奉几千万”[②]。皇帝也会从私库拨款以助军费，徽宗宣和七年（1125年），“岁出内藏库金帛及上京榷货务缗钱，皆不翅数百万”[③]。除此之外，朝廷还会下诏号召地方捐助军费，如绍兴二十四年（1154年），“诏捐四川茶马司羡余钱给军费，以宽民力”[④]。而四川茶马司有用羡余钱“羡余进奉”的历史，可以推测这些羡余钱原本是四川茶马司“羡余进奉”以媚上的资金，却因为皇帝诏书改作了军费。忽略前因，从最终结果分析，这些钱调发给军队，成为军队的开支，也可以看作上供的羡余钱一部分用于了军费。

在国家重征税额的同时，为了维护皇帝“体恤民情”“宽厚爱民”的圣王之形象，其对进献羡余事件的处理（亦可看作羡余钱的用途）便格外重要。对于监司守臣进献的羡余钱，朝廷有的降旨以代民输赋税，如孝宗朝的“绍兴帅张津献羡余四十万缗，（赵）雄乞降旨下绍兴，以其钱为民代输和买身丁折帛钱之半，使取诸民者，民复得之，足以见圣主之德”[⑤]。其中，身丁钱是一种沿纳性质的赋税，是对年龄在二十到六十岁之间的农村青壮年征收的赋税；和买初指官府向民户和买绢绸，后演变为官府敲诈勒索百姓的额外赋税；折帛钱是将税绢与和预买绢一起按比例征折的征折钱。对于诸路未进的羡余钱，朝廷下旨决定其用途，有的留为本路移用钱，使得地方转运使等更多的灵活运用经费，同时也减少对百姓的盘剥。仁宗皇祐五年十二月戊午诏：“有能尽岁入以致增盈者，留为本路移用，毋得进羡余”[⑥]，至于羡余钱的确切用途，由一路长官决定，因“路”而异。“以诸路羡余钱充月桩之数”[⑦]，“若计诸州羡余，以减月桩，诚宽民力”[⑧]。月桩钱是南宋之初新立的杂税名目，也是要上供给朝廷、军费使用的一个项目。

除监司守臣向皇帝羡余进奉外，下级地方官员也会向上级进献羡余，高宗

---

① （宋）李焘撰，上海师范大学古籍整理研究所、华东师范大学古籍整理研究所点校：《续资治通鉴长编》卷172，皇祐四年二月戊寅，第4130页。

② （宋）杜大珪撰：《名臣碑传琬琰集》中卷卷7《王待制质墓志铭》，台北：文海出版社，1969年影印本，第535页。

③ （元）脱脱等撰：《宋史》卷175《食货上三·漕运》，第256页。

④ （元）脱脱等撰：《宋史》卷31《高宗本纪八》，第580页。

⑤ （元）脱脱等撰：《宋史》卷396《赵雄传》，第12074页。

⑥ （宋）李焘撰，上海师范大学古籍整理研究所、华东师范大学古籍整理研究所点校：《续资治通鉴长编》卷175，皇祐五年十二月戊午，第4241页。

⑦ （元）脱脱等撰：《宋史》卷30《高宗本纪七》，第567页。

⑧ （宋）李心传编撰，胡坤点校：《建炎以来系年要录》卷156，绍兴十七年九月乙亥，第2968页。

时的青田令陈光，“献羡余百万，（叶）颙以所献充所赋”[①]，上级官员把收到的羡余进奉用于下级政府赋税的缴纳。这是正直的官员收到羡余的做法。有些官吏在任上“前后盗取羡余官钱二百三十四贯”[②]，看来一部分地方官府节省下来的经费存入地方官府，可供日常公使支用。如收到羡余进奉的资金，一定收归私库，可能会被地方官员肆意挥霍。

从上述材料可以看出，地方官员在羡余进奉受阻而失败的情况下，“羡余钱”的用途也归为更加多样化即可以代地方民众缴纳上供的赋税，也可以用于地方公共事业支出，亦可能用于地方政府行政费用列支。

第三节　宋代士大夫、皇帝对“进羡余”的态度

由于地方政府“羡余”经费来源不一，混杂不清，这部分经费的使用往往由地方政府长官来决定，如果上供给皇帝，可能会获得君主的青睐和嘉奖，升官进爵，也有可能给自己带来搜刮民财、谄媚奉上的恶名，故而两宋时期，君主和大多士大夫往往对地方官员进奉“羡余”持否定态度，至少较少有公开的支持。

一、反对“进羡余”士大夫的主张和行动

宋代统治者做出了“与士大夫治天下”的选择，将士大夫群体作为可信赖的政治合作伙伴，而这个群体也只有依附皇室，才能更好地发挥自身能力。[③]伴随着“进羡余”行为兴盛的是宋代士大夫关于“进羡余”的讨论、争议，及上书对皇帝的劝诫。宋代的士大夫以普通士人平民出身为主，无出身门第的他们，荣辱盛衰都掌握在皇帝手中，使他们不得不出言谨慎；基层的经历，也使他们懂得下层人民的无助与痛苦，而性格和抱负不同的士大夫们对待部分地方官员“进羡余”行为呈现三种截然不同的态度。第一种是强烈抨击进羡余行为，主张严厉制裁进羡余者，以禁绝进羡余行为为己任；第二种是虽对于进羡余行为不

① （元）脱脱等撰：《宋史》卷384《叶颙传》，第11820页。

② （宋）李焘撰，上海师范大学古籍整理研究所、华东师范大学古籍整理研究所点校：《续资治通鉴长编》卷21，太平兴国五年冬十月丁亥，第480页。

③ 诸葛忆兵：《宋代士大夫的境遇与士大夫精神》，《中国人民大学学报》2001年第1期，第107—112页。

加评判，但以身作则，用实际行动抵制进羡余行为；第三种是趋炎附势后紧跟形势，进羡余以求皇帝恩宠，确保仕途前程，加入进献羡余的行列。

宋朝建国之后，太祖、太宗吸取前代的教训，“以史为鉴”，采取了“崇文抑武”“与士大夫共治天下”的方针。并通过偃武修文、厚待文人、大力发展科举制度等政策提高文人士大夫的地位，宋代文人的待遇是前所未有的优越①，这种优越感激发了文人们“以天下为己任”的责任感，发出了“先天下之忧而忧，后天之乐而乐”的豪言壮语。宋长期以来执行的优待士大夫政策的效果之一即：出现了一批“以天下为己任”的士大夫，他们讨论时事、褒贬时政，对现实事件有着强烈的参与感和荣辱感。他们热切地关注着现实政治，“极陈古今治乱成败，以指切当世贤。愚善恶，是是非非，无所讳忌”②。自一些官员“进羡余”行为兴起后，部分正直敢言的士大夫对其进行了强烈的抨击。他们主要通过三个方面来抨击“进羡余”现象，一是以义利观中的“小人献羡余以求进”；二是以惜民思想中的“号曰羡余，本于聚敛”③；三是以礼治思想中的“伤国体，毁圣德”。

（一）“小人献羡余以求进”

汉武帝“罢黜百家，独尊儒术”后，儒家思想成为皇帝统治的标榜思想，在社会生活中也是主流思想。之后儒、佛、法思想融合的趋势，更是为儒家的思想注入充足的活力。宋代结束了五代十国的混乱割据之后，重拾礼治，儒家思想成为统治者首选。官员、百姓以儒家思想提倡的为荣，以儒家思想禁止的为耻。故面对日益严重的进羡余行为，一部分士大夫以儒家思想为引，批判“进羡余”是顺理成章的。

士大夫王十朋在纵观孝宗之前的“进羡余”事件之后，在其除知湖州时曾上书孝宗，以“君子”和“小人”为引，讨论进羡余事件：

> 夫君子小人虽不易知，而亦有可知之理。君子孤立如松柏，小人附丽如萝蔓；君子进必由直道，小人进必由邪径……君子喻于义，小人喻于利。君子之进必以道谊自奋，小人之进未有不以利求合者。前日朝廷以财赋不

---

① 郭学信：《试论宋代士大夫的社会角色》，《山东师范大学学报（人文社会科学版）》2007年第6期，第127—130页。

② （清）黄宗羲原著，全祖望补修，陈金生、梁运华点校：《宋元学案》卷2《泰山学案·附录》，北京：中华书局，1986年版，第111页。

③ （宋）袁说友撰：《东塘集》卷17《贺周侍御启》，《景印文渊阁四库全书》，第1154册，第353页。

足为忧，小人遂献羡余以求进，朝廷不惜名器以美官要职处之。诸路监司郡守翕然胥效，为剥下益上计，州县骚然，民不聊生。[①]

王十朋认为君子清高如松柏，以天下为己任，视金钱如粪土；小人谄媚如藤蔓，趋利避害，对财、权趋之若鹜。

他指出北宋以来的进献羡余的主体，主要为监司守臣。统计监司守臣进羡余的动机，无非“以冀恩赏”“以市恩”“求幸媚”，是小人进献羡余“未有不以利求”的写照。为官者上接圣听下系黎民，当以百姓安定富足、圣上下察世事为己任，辖区内吏治清明、狱决公平、社会安定、民风淳善。如若当官者把仕途前途作为为官基准，则失去了为官应有的廉洁正直和忠君爱民之心，“以当官者无爱人之心，苟欲省事不肯为之穷辩”[②]。宋代羡余进献的几次兴起都是以朝廷财政困窘为背景的。困窘的财政是统治者的大患，“自希恩者以为羡余献之，故朝廷不足则下诸路补发”[③]，而监司守臣“岁计不足犹进羡余”[④]。而我们从上述王氏的言记中还可以看出一点，即南宋朝廷对“进羡余”现象的鼓励，更有甚者“盖尝以献羡余而进，自此而得枢密矣”[⑤]。朝廷的态度使得“州县守令皆以财赋为先，不以民事为意”[⑥]，如若进羡余后面临的是降职罢官，那么“进羡余”现象必然不复存在。

（二）“羡余本于聚敛”

“进羡余”的成功后的加官进爵，是官员们前赴后继“进羡余”的原因；朝廷对“进羡余”的默许，成为地方官员“进羡余”的保障。监司守臣“进羡余”，其所进的羡余“本于聚敛”。国家一年赋税收入有限，每岁支出数额庞大，如遇战争支出更是无数。而宋代中央财政长期处于“冗费积贫”的状态，使得地方上供中央的数额越来越庞大，地方经费逐年减少。在这种情况下“倘规致于羡

---

① （明）黄淮、杨士奇编：《历代名臣奏议》卷157《知人·王十朋除知湖州上书》，第2053页。

② （宋）程颐、程颢，王孝鱼点校：《二程集》卷9《上谢帅师直书》，北京：中华书局，1981年版，第611页。

③ （宋）汪藻撰：《浮溪集》卷24《朝散大夫直龙图阁张公行状》，《景印文渊阁四库全书》，第1128册，第216页。

④ （宋）李光撰：《庄简集》卷9《论胡直孺第二札子》，《宋集珍本丛刊》，第33册，第797页。

⑤ （宋）杨万里撰，辛更儒笺校：《杨万里集笺校》卷62《旱暵应诏上疏》，北京：中华书局，2007年版，第2674页。

⑥ （宋）马端临著，上海师范大学古籍研究所、华东师范大学古籍研究所点校：《文献通考》卷5《田赋考五·受纳税粮》，第125页。

余，必深务于掊克”[①]。孝宗淳熙五年（1178 年），江南东路安抚使陈俊卿曾在孝宗“俾召赴阙”时，向孝宗反映道：

> 州县之间号为能吏者，往往务为急刻专以趣办财赋为功，而视抚字听断为不急。其间又有聚敛以为羡余之献者，增市征则害商贾，督逋赋则病农民，甚或侵移常赋贻患后人，朝廷不察反谓有才，愿有以深戒戢之，则天下之幸也。[②]

“进羡余”的出现使得官不成官，在其位不谋其政，专以刻剥聚敛为事。如转运使“本以澄清官吏、绥抚人民”为职，在“进羡余”兴盛的背景下“特事诛求以剥下”。[③]财政匮乏的中央政府以“羡余之数”为官员课绩的考量，“视羡余之多寡为官吏之才否”[④]。故官吏在本职的赋税、课利上，希望令获财富，以备进献之用。他们在“二税上重叠科折”[⑤]以为羡余献之，以“酒所羡余入贡”[⑥]，以“本钱为羡余献之”[⑦]，“增收钞价以为羡余”[⑧]献之。农业中粮食的产出，盐、茶、矿冶等场所的产出，都是些相对固定的数额，或许会有上下浮动，但额度较小。这些官吏为获得进献资金而增税聚敛的做法无异于增加了百姓、手工业者和商人的负担，瓜分了他们的利益。

（三）“伤国体，毁圣德”

“水能载舟亦能覆舟”，民众作为国家的根基，是统治层应该安抚的对象，过分的盘剥只会使民众离心，国之根基崩溃。“进羡余”始于唐朝后期，之后各种进献事件频频发生，“进羡余”更是成为官员们进献的常用借口。“进羡余”的风气给唐朝带来了沉重的打击，右阙张潜奏：“藩府代移之际皆奏‘羡余’为

---

① （宋）李焘撰，上海师范大学古籍整理研究所、华东师范大学古籍整理研究所点校：《续资治通鉴长编》卷7，乾德四年四月辛酉，第 170 页。

② （宋）朱熹撰：《晦庵先生朱文公文集》卷 96《少师观文殿大学士致仕魏国公赠大师谥正献陈公行状》，朱杰人、严佐之、刘永翔主编：《朱子全书》，第 4459 页。

③ （宋）李焘撰，上海师范大学古籍整理研究所、华东师范大学古籍整理研究所点校：《续资治通鉴长编》卷175，皇祐五年十二月戊午，第 4241 页。

④ （宋）黄震：《黄氏日抄》卷 71《申杨提举新到任求利便状》，（宋）黄震著，张伟、何忠礼主编，《黄震全集》，第 2105 页。

⑤ （宋）李焘撰，上海师范大学古籍整理研究所、华东师范大学古籍整理研究所点校：《续资治通鉴长编》卷190，嘉祐四年冬十月癸酉，第 4596 页。

⑥ （元）袁桷纂修：《延祐四明志》卷 5《赵与欢》，《宋元方志丛刊》，第 6211 页。

⑦ （宋）黄震：《黄氏日抄》卷 39《治道》，（宋）黄震著，张伟、何忠礼主编，《黄震全集》，第 1423 页。

⑧ （明）钱谷编：《吴都文粹续集》卷 45《宋故左中奉大夫致仕柳公墓铭》，《景印文渊阁四库全书》，第 1386 册，第 420 页。

课绩，朝廷因为甄奖。夫财赋有常，非重取于民，刻削军士，则安得‘羡余’？南方诸镇不宁，皆由此也。”[①] 唐代进献羡余的危害，深深印刻于宋代士大夫的心中。宋士大夫们以史为鉴，纷纷上书以“国体和圣德”论述羡余之献的危害。再加上宋代各朝的成风的“进羡余”，使士大夫忧患至深。理宗朝士大夫赵必愿曾向上书说：

> 今之大夫不能为国生财，程异、皇甫镈之徒乘间捷出，推敲克剥，以术相胜，凿空取办，以计巧取，事掊敛，献美余，间架缗钱之令下，而唐祚愈促矣。愿陛下精思熟虑，约己爱民，必如勾践之卧薪尝胆，必如卫文公之帛衣布冠，可也。[②]

国家赋税有常，进献之资的来源必出于黎民。层层的搜刮，使百姓困苦潦倒不堪。官员以进献“结权幸”“悦朝廷”，形成了“进羡余”的链接，下层官吏进羡余以保前程，上层官员以羡余之献悦圣上，求宠幸长存。这样的官员勾结、上下蒙蔽必将使百姓怨愤，国基不稳。如神宗熙宁四年（1071 年）六月戊午，监察御史里行刘挚上疏说：

> 今天下有喜于敢为，有乐于无事。彼以此为流俗，此以彼为乱常。畏义者以进取为可耻，嗜利者以守道为无能。此风浸成，汉、唐之党祸必起矣。[③]

士大夫们的上书，条列“进羡余”的种种危害，以史为鉴，转引分析前代的史实，预见“进羡余”不止的后果。这些上书起到了一些警醒的作用，提高了统治者的警惕性，下诏禁羡余。高宗绍兴二十八年（1158 年）九月曾有“是秋申严献羡余之禁，从刘珙奏也”[④] 的情况。但“进羡余”之事却在此之后时有发生。

相较于以上上书抨击“进羡余”的士大夫，一些士大夫选择了“不言不献”，即第二种态度：虽对于进羡余行为不加评判，但以身作则，用实际行动抵制进羡余行为。他们认为“苟掎拾羡余，则俗吏之能，何必我哉”[⑤]。在同僚以献羡余为重心时，“独不进羡余，其赋敛近宽平，治以常法。故他路不胜其弊，而荆

---

① （宋）马端临著，上海师范大学古籍研究所、华东师范大学古籍研究所点校：《文献通考》卷 22《土贡考一》，第 649 页。
② （元）脱脱等撰：《宋史》卷 413《赵必愿传》，第 12411 页。
③ （元）脱脱等撰：《宋史》卷 340《刘挚传》，第 10850 页。
④ 汪圣铎点校：《宋史全文》卷 24 下，乾道三年九月，第 2051 页。
⑤ （元）脱脱等撰：《宋史》卷 295，《杨察传》，第 9855 页。

湖之人自若"[①]。南宋士大夫林埏任潮阳知县时，其"长官欲以利献，公奋然曰：'诸库方告匮，乃以酒本钱为羡余，是不为明日计乎？'遂不果献"。[②]这些官员在地方任职，恪守道德，不受羡余诱惑，实为可嘉。

对于"进羡余"现象，主张"以进羡余为害"的宋代士大夫群体中出现了直讽"进羡余"之害和"不言不献"两种不同的态度，如表3-2和表3-3所示。

表3-2 宋代上书论羡余之害的官员统计

任职时皇帝	所任官职	姓名	事件	出处
北宋仁宗		陈舜俞	朝廷进剥刻之吏，以羡余为有功；郡县校征科之劳，以残忍为称职	《都官集》卷10《上时相书》
北宋仁宗	起居舍人、知谏院	不祥	淮南、京西转运使以赋外他钱贡上曰羡余，请不隶	《丹渊集》卷39《龙图母公墓志铭》
北宋神宗熙宁二年（1069年）七月	起居舍人、知谏院	范纯仁	今执政不明，引用小人，使争利柄，而其人素有贪饕之行，屡为欺罔之奸，必将以羡余悦朝廷；以贿赂结权倖。加以人民贫弱，官吏承风，君门九重，朝廷万里；有掊克之患而不得诉，有疮痍之苦而不得伸，怨愤一兴，何所不至	《诸臣奏议》卷190《上神宗乞罢均输》
北宋神宗熙宁四年（1071年）六月戊午	监察御史里行	刘挚	张靓、王廷老擅增两浙役钱，督赋严急，人情嗟怨，此皆欲以羡余希赏	《资治通鉴后编》卷79
北宋神宗元丰年间	度支员外郎	邹极	朝廷更盐法，多求羡余以希进者，极条其不合	雍正《江西通志》卷80《人物》
北宋哲宗元丰八年（1085年）四月巳丑	陈州知州	司马光	又监司守令之不仁者，于雇役人之外，多取羡余，或一县至数万贯，以冀恩赏、规进取，不顾为民世世之患	《传家集》卷47《乞罢免役钱状》
北宋徽宗崇宁年间	江西提举常平司	张根	诏书许诸路监司实封言事……自希恩者以为羡余献之，故朝廷不足，则下诸路补发，势必敷于民，为无穷之害	《浮溪集》卷24《朝散大夫直龙图阁张公行状》
南宋高宗绍兴二十六年（1156年）	吏部侍郎	许兴古	若罢献羡余，蠲民间积欠，谨择守臣戒饬，监司奉法循理，则称民安矣。诏行之	《文献通考》卷27《致堂胡氏论见田赋考》
南宋孝宗乾道三年（1167年）	潭州知州、湖南安抚使	刘珙	自湖南召还，上书论羡余之弊。	《宋史全文》卷24下
南宋孝宗	四川制置使、知成都府	汪应辰	至于询访时事，委曲周密……当官者竞为羡余之献，皆非治世美事，孰若治其本而末自应乎	《文定集》卷15《与陈枢密》

① （宋）欧阳修：《欧阳修全集》卷21《尚书度支郎中天章阁侍制王公神道碑铭》，第338页。
② （宋）刘克庄撰，王蓉贵、向以鲜校点，刁忠民审订：《后村先生大全集》卷148《墓志铭·林沅州》，第3792页。

续表

任职时皇帝	所任官职	姓名	事件	出处
南宋孝宗淳熙九年（1182 年）三月戊子	臣僚	不详	有司理财，一切用衰陋褊隘之策，至于卖楼店、括学田、鬻官地而所在争献羡余，此风日炽，诚恐陛下赤子无宁岁矣	《宋史全文》卷 27 上
南宋孝宗	左司员外郎	王信	转对论士大夫……谋利者以羡余为事，而不究源流之实	《宋史》卷 400《王信传》
南宋孝宗	枢密院编修官	王蔺	轮对奏五事……其三言贪暴之吏权——剥侵渔，以羡余悦朝廷，以贿赂结权要，托名献助而恣贪饕，征利敛财以钓官职	《清献集》卷 19《王蔺传》
南宋光宗绍熙元年（1190 年）	臣僚	不祥	今州县守令皆以财赋为先，不以民事为意。上供有常额，而以出剩为能。省限有定期，而以先期为办	《文献通考》卷 5《田赋考五》
南宋光宗	主管西京嵩山崇福宫	朱熹	拟封事……而至于有私人以私心用私人，则不能无私费。于是内损经费之入，外纳羡余之献。而至于有私财，使天下万事之弊，莫不由此而出，是岂不可惜也哉	《群书考索》别集卷 20《财用门》
南宋理宗	侍御史兼侍讲	朱貔孙	力诋外戚、内臣及进羡余失人心者	《宋史》卷 411《朱貔孙传》
南宋理宗端平二年（1235 年）六月	秘书省正字	王迈	今则献羡余于公朝奸朋邪党	《臞轩集》卷 2《乙未六月上封事》

表 3-3　宋代地方官员不进羡余事例统计

任职时皇帝	所任官职	姓名	事件	出处
北宋仁宗	江南东路转运使	杨察	苟掎拾羡余，则俗吏之能，何必我哉。	《宋史》卷 295《杨察传》
北宋仁宗	荆湖北路转运使	王质	当用兵西方，急于财用之时，独不进羡余，其赋敛近宽平，治以常法，故他路不胜其弊，而荆湖之人自若。	《宋名臣言行录》前集卷 9《王质》
北宋仁宗	荆湖北路转运使	彭思永	时大农以利诱诸路，使以羡余为献。公曰："裒民取赏，吾不忍为。"遂无所献。	《宋名臣言行录》后集卷 5《彭思永》
北宋仁宗	江淮两浙荆湖发运判官	许元	为司十三年，余粟百万，不献羡余。	《黄氏日抄》卷 61《古赋》
北宋徽宗年间	知郁林	郑雍	时诸郡守献羡余，部使者以为言，公曰："吾郡无余也，何所献。"	《南涧甲乙稿》卷 20《秘阁修撰郑公墓志铭》
南宋高宗	知雩都	刘安世	有郡官讽以羡余献者。安世曰："县土田瘠而赋重，安得有余？必若是，吾有去耳。"遂以疾辞	雍正《江西通志》卷 75《人物》

续表

任职时皇帝	所任官职	姓名	事件	出处
南宋高宗	召对除直秘阁知广州	陈璹	监司郡守例献羡余，亦有黾勉以避祸者，公独未尝献也	《文定集》卷 21《左朝散大夫直徽猷阁陈公墓志铭》
南宋高宗绍兴年间	知袁州	王师心	方秦丞相用事，监司郡守类献羡余以希进。或谓公盍献诸，公笑不答，则以贷贫民之逋租者，犹沛然有余积也	《文定集》卷 23《显谟阁学士王公墓志铭》
南宋高宗绍兴三十一年（1161年）十月丁未	常州知州	叶颙	或劝献羡余，颙曰：“名为羡余。其实皆重征横敛，是民之膏血也。以利易赏，心实耻之。”	《资治通鉴后编》卷 119，绍兴三十一年十月丁未
南宋孝宗初	知徽州	吕广问	时州郡多献羡余，公不肯，曰：“无以使上知民之贫也。”	《南涧甲乙稿》卷 20《左大中大夫充龙图阁待制致仕赠左正奉大夫吕公墓志铭》
南宋高宗孝宗年间	江南东路计度转运副使	张维	执政数语公以酒羡课献内帑，公笑而不答，退曰：“一钱尽公家物，朝廷欲用当自取之，吾宁以献自媒邪。”	《晦庵先生朱文公文集》卷93《右司张公墓志铭》

如上两表所示，上书“论羡余之害”的官员有以下几种情况：

（1）御史言官弹劾上书，即御史大夫、谏官等，如起居舍人知谏院的范纯仁等、监察御史里行的刘挚。御史言官隶属于监察机构，宋代的中央监察机构在前代的基础上出现了新的变化，御史和言官合二为一“台谏合一”。御史言官具了有言事、弹劾的权力，并监察执政的百官。所以御史言官上书“禁羡余”是其本职工作，是必然现象。

（2）“轮对”“转对”之奏，部分宋朝官员借助“轮（转）对”形式觐见皇帝上书奏“进献羡余”之害。宋代疆域辽阔，官员数量庞大，并不是每个官员都能面见皇帝，“轮对”“转对”等方式就显得尤为珍贵。“轮对”“转对”均属于轮流奏对，参与者仅限于京城（或行在）的部分官员，举行的日期、参加的人数都有明确的规定。[①] 一些深知“献羡余”之害的士大夫也会利用这个机会向皇帝论述“羡余之害”，如南宋孝宗时期的左司员外郎王信曾在轮对的时候向孝宗进言“谋利者以羡余为事，而不究源流之实”[②]。

（3）皇帝允许上封实事或诏求直言之时，如徽宗崇宁间“诏书许诸路监司

① 徐东升：《从转对、次对到轮对——宋代官员轮流奏对制度析论》，《厦门大学学报（哲学社会科学版）》2009年第5期，第45—51页。

② （元）脱脱等撰：《宋史》卷 400《王信传》，第 12140 页。

实封言事”[①]、孝宗时期允许“询访实事”等，地方监司守臣进奏“进羡余”危害。皇帝居于庙堂之高，以“实封言事”和“诏求直言”等作为获得外界信息的渠道。所以地方官员可以通过这种途径上达圣听。这也是一些地方官员目睹“进羡余”后，条陈其危害，上报皇帝的途径。如北宋崇宁年间的江西提举常平使张根在诏书允许诸路监司实封言事后，向徽宗进言“自希恩者以为羡余献之，故朝廷不足，则下诸路补发，势必敷于民，为无穷之害”[②]；南宋孝宗乾道三年，从湖南召还的潭州、湖南安抚使刘珙向孝宗上书论述“羡余”之事的弊端[③]。

（4）官员主动上书，如司马光、朱熹等。宋代善待士大夫的政策，使得一部分士大夫产生了“以天下为己任”的责任感，而司马光和朱熹就是其代表。司马光是北宋著名的政治家、思想家，他主张“养百姓”“不加赋而国用足”，故在其被贬任知州期间，看到日益严重的“进羡余”行为，上书发出了“规进取不顾为民，世世之患”的呼喊。[④]朱熹是南宋时期著名的政治家、思想家，他主张“为政以德”“爱养民力”，虽为小官，但忧其国。羡余之献危害百出，与朱熹的德政爱民思想相悖，故有了“内损经费之入，外纳羡余之献。而至于有私财，使天下万事之弊，莫不由此而出”的论述。除二者之外，还有很多有志士大夫寻求途径上书进言羡余之害。[⑤]

通过以上分析可以看出上书“禁羡余”的士大夫们的任职为监察御史、“知谏院”、左司员外郎、侍御史等，都是中央行政机构的官员，且部分有弹劾官员、谏诤朝政的职能。另有一部分监司也上书言“禁羡余”，只因朝廷下诏“许诸路监司实封言事”[⑥]或在任上被朝廷召回。

表3-3列举的是“不言不献”的官员，他们多任职地方，以转运使（副使）、发运使（副使）和知州为主，即监司守臣。这个群体同时也是“进羡余”的中坚力量。这两种行为—抨击进献和“不言不献”—的出现，与宋代的行政管理体系息息相关。宋代的行政管理制度可分为七个层面，即：皇帝制度、宰执制度、中央行政管理机构、监察机构、皇宫京师侍奉机构、地方行政管理机构、军

① （宋）汪藻撰：《浮溪集》卷24《朝散大夫直龙图阁张公行状》，《景印文渊阁四库全书》，第1128册，第216页。
② （宋）汪藻撰：《浮溪集》卷24《朝散大夫直龙图阁张公行状》，《景印文渊阁四库全书》，第1128册，第216—217页。
③ 汪圣铎点校：《宋史全文》卷24下，乾道三年闰七月癸巳，第2048页。
④ 顾全芳：《司马光的政治思想》，《河南大学学报（哲学社会科学版）》1984年第4期，第45—50页。
⑤ 汪高鑫：《朱熹政治思想初探》，《安徽史学》1995年第2期，第16—20页。
⑥ （宋）汪藻撰：《浮溪集》卷24《朝散大夫直龙图阁张公行状》，《景印文渊阁四库全书》，第1128册，第216页。

事统率机构与地方治安机构。[1] 这七个层面又可以大体分为两个部分：中央行政机构和地方行政机构。关于监察机构中监司的归属，由于他们管理一路的财政、军事、矿冶等，又巡历考察地方各级官员。虽是中央派出部门，无固定办公场所，但所处理的事务以地方性的为主，所以在本文中把监司归为地方行政机构。就监司而言，虽有地方监察机构的作用，但监察的范围为所任职的一路，对于外路的行政无发言权。这些地方官员，他们能够以身作则，不随波逐流进献羡余，实属难得，由于他们作为中层官员，故考虑独善其身，不公开反对进献羡余。

再者，传统的“思不出位”的观念也桎梏着为官阶低的士大夫。“位”指的是臣子（士大夫）所任之职。这个观念所要表达的是：若任官已经做到量能授任，官员关注分外事务是力所不及的；若某人才过其位则应该升迁拔擢，若任由其干涉出位越职之事，不仅会扰乱井然的政治秩序，甚至可能影响政治之治乱。[2] 宋代的士大夫形成了“以天下为己任”的思想，对国家政事有着空前的热情，也曾对朝廷发出“思出其位”的挑战。在政治风气宽松的朝代，进行过思出其位的政治实践，但未制度化；更多的时候，是对“思出其位”的反对。“思不出位”的观念继续束缚着宋代的士大夫们。

故此一部分监司郡守对于“进羡余”事态的发展只能听之任之，做出“不言不献”的选择，发出“以利易赏，心实耻之”的肺腑之言。虽然这些士大夫反对“进羡余”的动作平和，但他们的以身作则保证了一路百姓的安宁、政局的平稳，其功绩亦不可忽视。

二、两宋皇帝对“进羡余”的态度

作为“进羡余”的接受者，两宋皇帝对“进羡余”的态度可谓是“又爱又恨”。利用“进羡余”固然是解决财政问题的一个方法，但长期的放任会使得官场腐化，人心不稳。故皇帝下诏“禁羡余”的次数很多，如表 3-4 所示。

表 3-4　两宋皇帝罢羡余事例一览表

诏令发布人	发布诏令的时间	诏令针对部门（或个人）	诏令内容	出处
太祖	乾德四年（966 年）四月		诏“禁羡余”	《太平治迹统类》卷 2

① 龚延明编著：《宋代官制辞典》，第 9 页。

② 陈晔：《“思不出位”观念与宋代士大夫议政》，《四川师范大学学报（社会科学版）》2015 年第 1 期，第 147—154 页。

续表

诏令发布人	发布诏令的时间	诏令针对部门（或个人）	诏令内容	出处
太祖	乾德四年（966年）四月	有司	诏曰："出纳之吝，谓之有司。倘规致于羡余，必深务于掊克。……苟非倍纳民租、私减军食，亦何以致之？宜追复其事，勿复颁行。除官所定耗外，严加禁之"	《续资治通鉴长编》卷7乾德四年四月辛酉
太祖	乾德四年（966年）夏五月		罢羡余赏格	《宋元资治通鉴》卷2《宋纪二》
太宗	太平兴国二年（977年）七月庚午	诸库藏	诏："诸库藏敢变权衡以取羡余者死"	《宋史》卷4《太宗本纪四》
真宗	咸平元年（998年）秋八月	仓官	严仓官羡余禁	《皇朝编年纲目备要》卷6
真宗	咸平元年（998年）八月癸丑	仓官	诏："禁仓官以羡余为课"	《皇朝编年纲目备要》卷6
真宗	咸平五年（1002年）二月癸酉	比司帑库	诏："比司帑库者，多收羡余以为课绩。盖出纳之际，有所重轻，此可责而不可奖也。宜令有司严加戒饬，无使复然"	《太平治迹统类》卷28
真宗	咸平五年（1002年）二月	有司	禁有司以羡余为课	《皇朝编年纲目备要》卷6、《宋大事记讲义》卷6
真宗	景德二年（1005年）五月己巳		时承平日久，掌财赋者法禁愈密，悉笼取遗利，凡较课以租额前界处年增之，榷务连岁有羡余，三司即取多收为额，上以其不俟朝旨，或致掊克。癸酉，诏增额皆奏裁	《续资治通鉴长编》卷60
真宗	景德二年（1005年）六月		时三司多取羡余为额，至是诏榷利勿以羡余年为额，凡增额皆奏。	《皇朝编年纲目备要》卷7
真宗	大中祥符五年（1012年）		过求羡余当虑有时，而阙不许	《隆平集校证》卷3
真宗	大中祥符八年（1015年）四月丙寅		申严仓庾羡余禁	《皇朝编年纲目备要》卷8
真宗	大中祥符八年（1015年）		复诏："禁诸仓羡"	《文献通考》卷4
真宗	大中祥符八年（1015年）五月		却羡余贡	《皇朝编年纲目备要》卷8
仁宗	天圣三年（1025年）		诏："取常赋外敛民者，以违制论之"	《群书考索》后集卷65

续表

诏令发布人	发布诏令的时间	诏令针对部门（或个人）	诏令内容	出处
仁宗	皇祐五年（1053 年）五月戊申	转运使	毋取羡余以助三司	《宋史》卷 12《仁宗本纪四》。
仁宗	皇祐五年（1053 年）十二月戊午	转运司	有能尽岁入以致增盈者，留为本路移用，毋得进羡余	《续资治通鉴长编》卷 175、《宋史全文》卷 9 上
仁宗	皇祐五年（1053 年）十二月	转运司	禁转运进羡余	《皇朝编年纲目备要》卷 14
仁宗	嘉祐四年（1059 年）九月癸酉		仍不许更进羡余，若以本路钱帛密申三司取发上京者，必当黜降	《续资治通鉴长编》卷 190
神宗	熙宁十年（1077 年）五月癸亥		乞遂禁绝，上嘉纳之	《续资治通鉴长编》卷 282
神宗	熙宁十年（1077 年）		禁羡余	《太平治迹统类》卷 28
神宗		转运司	诸路转运司不得献进羡余，即岁计有余，可但令留充本路次年支费	《宋朝名臣奏议》卷 149
徽宗	政和二年（1112 年）五月	利州路转运使张臣	却羡余贡，献羡余三十万缗，为言者所论，诏特罢之，寻除名编管池州	《皇朝编年纲目备要》卷 28
高宗	绍兴三年（1133 年）秋七月癸酉		监司、守臣献羡余则黜之	《建炎以来系年要录》卷 67
高宗	绍兴七年（1137 年）九月戊子		禁诸路进羡余	《宋史》卷 28《高宗本纪五》
高宗	绍兴十七年（1147 年）春正月己卯	监司郡守	禁监司郡守进羡余	《资治通鉴后编》卷 106
高宗	绍兴三十年（1160 年）十一月		诏：“不得以羡余推赏”	《续宋中兴编年资治通鉴》卷 6
孝宗	乾道三年（1167 年）九月		是秋，申严献羡余之禁，从刘珙奏也	《宋史全文》卷 24 下
孝宗	乾道三年（1167 年）十月		却羡余之献，诏书屡下，德音甚厚	《历代名臣奏议》卷 2
孝宗	乾道五年（1169 年）九月丙寅		今后若有献，朕当却之	《宋史全文》卷 25 上
孝宗	乾道九年（1173 年）三月乙巳		陛下即位以来，屡却羡余之献	《宋史全文》卷 25 下
孝宗	淳熙二年（1175 年）十一月戊午	提点坑冶王楫	进羡余十万，诏却之	《宋史》卷 34《孝宗本纪二》
孝宗	淳熙五年（1178 年）四月辛未	绍兴府张津	绍兴府张津进羡余四十万缗，诏以代民输、和买、身丁之半	《资治通鉴后编》卷 125
孝宗	淳熙五年（1178 年）五月丁未	诸路州军	禁诸路州军进羡余	《钦定续通志》卷 36《宋纪》

续表

诏令发布人	发布诏令的时间	诏令针对部门（或个人）	诏令内容	出处
理宗	景定元年（1260年）五月		禁献羡余	《宋季三朝政要笺证》卷3
理宗	景定五年（1264年）十二月壬寅		戒脏吏绝贡羡余	《宋史》卷46《度宗本纪》

皇帝虽然明白“进羡余”的危害，也下诏制止。但是“羡余”之名诱惑极大，君臣皆有此方面的要求，故两宋羡余之献屡禁不止。在历朝“禁羡余”诏书之下，宋代官员“进羡余”的情况还是很多，特列表3-5。

表3-5　两宋皇帝接受地方官员“进羡余”一览表

进献时间	进献者官职	进献官员姓名	进献额度	出处
真宗大中祥符九年（1016年）五月己未	河北转运使	李士衡	绢布60匹，钱20万贯	《续资治通鉴长编》卷87
仁宗庆历三年（1043年）四月庚申	淮南转运使	吕绍宁	钱10万	《续资治通鉴长编》卷140、《欧阳文忠公集》卷99《奏议三》
仁宗庆历新政期间	湖南转运使	王逵	缗钱30万	《宋史》卷177
仁宗皇祐五年（1053年）五月戊申	淮南转运使	张瓌	金9钱	《续资治通鉴长编》卷174
神宗熙宁十年（1077年）五月癸亥	淮浙发运副使	卢秉	70万缗	《续资治通鉴长编》卷282、《宋史》卷331
神宗元丰间	京都转运使	吴居厚	300万缗	《吴郡志》卷27
哲宗元符年间	京东转运司属郡	郭奉世	万缗	《宋史》卷447
徽宗崇宁间	河北都转运使	梁子美	用300万贯换北珠进献	《宋史》卷285
徽宗崇宁初	江淮发运使	胡师文	100万缗	《宋史》卷175《漕运》
高宗绍兴二年（1132年）五月二十四日	明州知州	吴懋	5万贯	《宋会要》职官七〇之九
高宗绍兴十二年（1142年）四月辛巳	江东转运使	王映	银钱10万缗两	《建炎以来系年要录》卷145
高宗绍兴十二年（1142年）四月辛巳	福州知州	程迈	银2万两	《建炎以来系年要录》卷145
高宗绍兴十二年（1142年）四月辛巳	洪州知州	李迨	5万缗	《建炎以来系年要录》卷145
高宗绍兴十二年（1142年）四月辛巳	江东大帅	叶梦得	钱3万缗	《建炎以来系年要录》卷145
高宗绍兴十三年（1143年）前后	川陕宣抚副使	张浚	1500镒（1镒=20两，一说24两）	《建炎以来系年要录》卷149

续表

进献时间	进献者官职	进献官员姓名	进献额度	出处
高宗绍兴十三年（1143年）八月己亥	川陕宣抚副使	郑刚中	黄金万两	《建炎以来系年要录》卷149
高宗绍兴二十七年（1157年）十二月戊申	万州知州	冯时行	以万数计	《建炎以来系年要录》卷178
高宗绍兴三十年（1160年）十一月丙申	福建运副	王时升	缗钱20万	《建炎以来系年要录》卷187
高宗绍兴三十一年（1161年）八月癸丑	临安府		5万缗	《建炎以来系年要录》卷192
高宗绍兴三十一年（1161年）八月癸丑	两浙转运司		2万缗	《建炎以来系年要录》卷192
高宗绍兴中	淮东总领所		50万缗	《建炎以来朝野杂记》甲集卷17《内藏库》
孝宗乾道九年（1173年）	广南提举官	章潭	钱20万	《皇宋中兴两朝圣政》卷52
孝宗乾道九年（1173年）三月	广南提举官	廖容	计约16万贯	《续宋中兴两朝圣政》卷52
孝宗淳熙间	临安府知府		每岁10万缗；后每季10万缗，即每岁40万	《絜斋集》卷2
孝宗淳熙二年（1175年）十一月	提点坑冶	王榯	10万	《皇宋两朝圣政》卷54
孝宗淳熙五年（1178年）四月辛未	绍兴府知府	张津	钱40万贯	《皇宋两朝圣政》卷56

根据表3-4的不完全统计：太祖时期下“禁羡余”诏3次，太宗时期下诏2次，真宗时期下诏10次，仁宗时期下诏5次，神宗时期下诏3次，徽宗时期下诏1次，高宗时期下诏5次，孝宗时期下诏6次，理宗时期下诏1次，度宗时期下诏1次。

根据表3-5的不完全统计：太祖、太宗时期无“进羡余”；真宗时期有记载的为李士衡的一次进献，其实李士衡曾多次进献羡余，但记载时间不明确，故没有在表中列出；仁宗时期有3次；神宗时期有2次；哲宗时期有1次；徽宗时期有2次，实际上徽宗时期进羡余次数很多，但都语焉不详，无法收录；高宗时期有12次，都集中在绍兴时期；孝宗时期有5次。

太祖、太宗下诏“禁羡余”，是由于历史的影响。宋朝是在经历百年的战乱之后建立起来的统一的王朝，前代的种种弊政像是烙印一样，深深地镌刻在开国君主脑中。故在建国伊始就颁布“禁羡余”的诏令，避免唐后期由于“进羡余”而出的乱象再现。

太宗薨，真宗继位。宋真宗作为北宋承平时代的君主，虽无太祖、太宗的雄才大略，也没有经历过乱世战火的洗礼，但性情柔弱的真宗却听取了王钦若的封禅的建议。[①]真宗大兴祭祀封禅的原因暂且不论，举办这一活动的财、物消耗是巨大的，使国库的财物耗费过半，将北宋建国以来，太祖、太宗以及真宗前朝十多年的积蓄消耗殆尽，遂至“海内虚竭”。[②]为了使封禅得到广泛的支持，真宗用奖励参与封禅官员的办法谋得支持。对察觉皇帝“财物不丰”而进献的官员，奖励更是丰厚。如河北转运使李士衡“奏罢内帑所助钱八万缗，于是，又请辇本路金帛刍粟四十九万赴京东，以助祀事。上曰：‘士衡临事有心力，可奖也。’遂赐褒诏，丁谓因请留士衡于澶州管勾东封事，诏从之”[③]。后有官员质疑士衡捐助财物的来源，士衡解释为“羡余”。真宗对李士衡进献羡余褒奖的做法，对官员来说是空前的。虽祥符年间也下过“禁羡余”的诏书，但收效不大。就真宗来说，虽下诏禁羡余，但官员的进献能够很好地满足他对财富的需求，故一边颁布诏书勒令“禁羡余”，一边褒奖“进羡余”的官员。在这种看似矛盾的政策下，真宗朝历史结束。但在记载中，真宗时期并没有明确地提出“进羡余”一词。

仁宗时期，由于宋代不抑兼并的土地政策，致使土地兼并急速发展，赋役不均的情况日益严重；加之天灾边患频仍，国家财政处于岌岌可危的局面。国家入不敷出、国库空虚，对西夏的边境战争，又连连失利，内忧外患之下，积贫积弱的政治危局已经形成。[④]仁宗继位初期，也曾有缔造锦绣江山的雄心。他尊重大臣，贯彻“仁”的思想。曾多次下诏禁止转运司（使）“进羡余”。但财政危机的影响过于强大，要摆脱财政危机最直接快速的方法就是增加赋敛、加课商税，“今国家财用，常多不足，不足则责于三司，三司责于诸路转运，转运何所出？诛剥于民尔”[⑤]。在这条潜规则的作用下，仁宗朝的“禁羡余”条令如同摆设，转运司（使）“进羡余”的活动毫不受制：庆历年间，淮南转运使吕绍宁献“羡余”钱10万，湖南转运使王逵“进羡余”30万缗；而居庙堂之高的仁宗被转运司的“羡余”之说所打动，接纳其进献。仁宗时期为解决危机也曾经

① 宫磊：《宋真宗封禅探究》，山东师范大学硕士学位论文，2007年。

② 杨昆：《宋真宗与北宋兴衰》，《北方论从》2005年第5期，第95—98页。

③ （宋）李焘撰，上海师范大学古籍整理研究所、华东师范大学古籍整理研究所点校：《续资治通鉴长编》卷69，大中祥符元年五月壬戌，第1542页。

④ 王晓薇：《宋仁宗朝缓解财政危机的失败》，《河北学刊》2001年第5期，第83—87页。

⑤ （明）黄淮、杨士奇编：《历代名臣奏议》卷33《治道·程颐上书》，第446页。

过变法改革，但由于各种原因变法最终失败。无论仁宗是否了解“羡余”的真实情况，“进羡余”在仁宗朝没有禁断，由此推断仁宗对“进羡余”的态度也是默认的。

通观两宋历史，把神宗朝称为变革的时代无可争议。仁宗朝时财政危机就已显现，却没有得到良好的缓解，神宗朝时财政危机愈加严重。神宗继位之初，对前代因循无所作为的局面痛心疾首，他极富改革精神，立志改革“祖宗”的弊政。神宗任用王安石，进行了熙丰变法。熙丰变法期间，王安石的富国改革政策确实做到了使国家财政增收，客观上却加重了对百姓的盘剥。① 变法的条例被有心之人盗用成为合理合法的聚敛之术。神宗年间不乏“羡余”进献，对此神宗曾下诏禁止，但进献不止。如熙宁十年（1077 年）五月癸亥，江淮发运副使卢秉进献羡余 70 万缗，臣僚进言乞求神宗“禁绝”羡余之献，“上嘉纳之”；神宗熙宁十年（1077 年）还下达了“禁羡余”的诏令。但元丰年间“进羡余”依然存在，如元丰年间的京都转运使吴居厚进献羡余 300 万缗。② 故在神宗朝，财政危机依然存在。以“羡余”的名义进献财物缓解帝王的财政困境，成为监司们博得前途捷径。

帝王们继位之初的雄心壮志被残酷的现实所磨灭，从仁宗开始的财政危机延续到徽宗朝，“进羡余”的风气亦然，并在佞臣的操纵下快速蔓延。徽宗爱好艺术，写字、画画无一不通，古器、花石无一不赏，这样的人登临高位，又有阿谀奉承之臣的蛊惑引诱，焉有不穷声色之娱的道理。为了满足徽宗的巨大开销，更使徽宗相信国库的充盈，蔡京使出煞费苦心的增加财政收入，尤其是国库的收入。③ 蔡京的牟利政策使“掊克之吏，争以赢献为功”④，各级官吏争相进羡余以求进。虽有“却羡余贡”的诏书颁布，却对进献官员的约束之力微乎及微。江淮发运使胡师文和河北都转运使梁子美的大额进献拉开了徽宗朝“进羡余”的序幕，各地的“羡余”纷纷涌入徽宗的手中，制造了天朝圣国、太平和谐的假象，更加助长了徽宗的奢靡之心。“进羡余”这个剥下以益上的行为，在徽宗眼中更像是对盛世的歌颂；那些想把徽宗从美梦中唤醒的士大夫们被蔡京集团镇压，失去了“声音”。一个被蒙蔽的昏君，一群对权力趋之若鹜的臣僚，在这个羡财以迎合君心的时代里，北宋灭亡了。

金军占领开封，俘虏了徽宗、钦宗二位皇帝，康王赵构在逃亡的过程中继

① 王曾瑜：《王安石变法简论》，《中国社会科学》1980 年第 3 期，第 131—154 页。
② （宋）范成大纂修：《吴郡志》卷 26《人物・范纯粹》，《宋元方志丛刊》，第 888 页。
③ 王海鹏：《宋徽宗时期的诸局所研究》，河北大学硕士学位论文，2006 年。
④ （元）脱脱等撰：《宋史》卷 184《食货志第一三七》，第 4505 页。

位，是为高宗，宣告北宋灭亡、南宋建立。南宋建立之初飘摇不定，直到绍兴二年（1032年）才以杭州为行在稳定下来。此时，宋朝失去大片领土，财政税收减少，又要组织军队抵御金军的南下，军费消耗巨大；绍兴合议后，又添加岁币之贡，南宋财政陷入窘境。由于朝廷的财政需求，对地方官府的督催甚为严峻，地方官府为了满足上供财赋的需求，不得不巧取豪夺。地方官即使有心改革征收赋税等弊端，也要以保证财赋收入为前提，改革弊政才可能施行。[①]此外，秦桧大权在握，一方面他看穿了高宗奢侈虚荣的本质，“日进珍宝珠玉书画，奇玩羡余”[②]，以贡高宗享用，“帝宠眷无比”；另一方面，他“文案壅滞皆不省”，把精力都集中到贪污聚敛上。[③]秦桧公开接受官员的贿赂，官员的升迁，除了看所献的“羡余”的多少，还要看到任后给秦桧的“贡献”。[④]而高宗在其中所扮演的角色不言而喻。他对秦桧的眷宠，就是对其所作所为的默认和支持。古代统治集团的态度就是政治的风向标，“故赃吏恣横，百姓愈困”[⑤]。虽“禁羡余”诏书屡下，监司守臣“进羡余”之势却愈演愈烈。

“孝宗即位，锐意雪耻”。[⑥]他为恢复北方失地和提高在宋金关系中的地位而努力，但成为“太上皇”的高宗余威仍在，朝中对金的软弱态度仍占主导地位，再加上南宋国力的不济，孝宗最终进取心丧失，安于现状，禅位于光宗，五年后郁郁而终。[⑦]孝宗在位的27年，其政治大体可以分为三个阶段：隆兴年间，重心在于雄心勃勃的恢复中原，最终失败；乾道年间，重心在于内政的全面整治，收到一些效果；淳熙年间，政治保守，再无作为。[⑧]其间监司守臣的“进羡余”和皇帝的“禁羡余”随着孝宗统治政策变化而变化。隆兴年间，全国的关注点随着孝宗的政治重心转到北伐上，或积极备战，或上书反对；皇帝无暇关注“进羡余”。乾道年间，军事失败后，孝宗把“工作重心”转移到内政上，充实国力，恢复经济发展；内政改革被提到案头，“禁羡余”也在之列，截止到乾道末年，孝宗曾屡下“禁羡余”诏，“今后若有献，朕当却之”；随着政治的革新，财政好转，乾道年间曾出现两次进献，进献者均是广南提举官，进献理由

① 雷家圣：《聚敛谋国——南宋总领所研究》第一章《绪论》，台北：万卷楼图书股份有限公司，2013年版。
② （宋）徐梦莘撰：《三朝北盟会编》卷220《炎兴下帙一二〇》，上海：上海古籍出版社，2008年，第1548页。
③ （宋）李心传编撰，胡坤点校：《建炎以来系年要录》卷169，绍兴二十五年十月丙申，第3218页。
④ 何忠礼：《“绍兴和议”签订以后的南宋政治》，《杭州大学学报（哲学社会科学版）》1997年第3期，第61—68页。
⑤ （宋）李心传编撰，胡坤点校：《建炎以来系年要录》卷169，绍兴二十五年十月丙申，第3218页。
⑥ （宋）黎靖德编：《朱子语类》卷133《麦狄》，朱杰人、严佐之、刘永翔主编：《朱子全书》，第4164页。
⑦ 王德忠：《宋孝宗“恢复”图治述评》，《东北师大学报》1991年第1期，第54—59页。
⑧ 方如金：《试评宋孝宗的统治》，《浙江师大学报》2000年第6期，第9—13页。

为“羡余”。提举官在上贡财物之外进献羡余钱，这部分钱的来源不明，无外乎苛捐剥削。但在孝宗改革的背景下进献，满足了孝宗的虚荣心。但是较之前代，乾道年间的羡余进献克制不少，这与孝宗的政策密不可分。淳熙年间，孝宗虽政治保守，但是对“进羡余”的态度不变，对官员的进献“诏却之”“诏以代民输、和买、身丁之半”，淳熙五年（1178年）更是下诏“禁诸路州军进羡余”①，成效颇大。

孝宗之后，虽没有官员进羡余的直接的记载，但从理宗景定元年（1260年）五月的“禁献羡余”②诏和理宗景定五年十二月壬寅的“戒脏吏绝贡羡余”③诏中可以推断，羡余进献仍然盛行。

皇帝为了维护其统治的稳定，不时下诏令禁止，虽有因“进羡余”而遭罢黜，但整体收效不大。究其原因，除政治因素外，还在于国家财政收入的不足，特别是皇帝要满足自身奢靡享受的需求。所以在整个宋代，呈现出朝廷“禁羡余”诏令不断，但地方官员“进羡余”不止的奇特景象。

第四节　地方政府“羡余进奉”的社会影响

“羡余进奉”是宋代地方政府行政成本的支出用途之一，整体上看，它并非地方政府常规的财政收入项目，因而数额难以估算。但是它绝对不是可有可无的，它的支出对中央和地方均产生了一定的影响，不仅进一步压缩了地方行政财政经费规模，而且也不利于地方上正常官场风气的营造，对唐宋以来中央与地方财政关系也造成了一定的影响和冲击。

一、对中央、地方财政的影响

李锦绣在《唐代财政史稿》里曾写“羡余之献”源于非正税进献，是唐代众多进献里的一种。④宋代的“羡余进奉”亦然。宋代“羡余进奉”理论上是地方财政应该上缴中央之外的财政盈余，是不定时的上供；在现实操作中，上供

① （清）嵇璜等撰：《钦定续通志》卷36《宋纪》，《景印文渊阁四库全书》，第392册，第382页。
② （元）佚名撰，王瑞来笺证：《宋季三朝政要笺证》卷3，景定元年六月已未，北京：中华书局，2010年版，第266页。
③ （元）脱脱等撰：《宋史》卷46《度宗本纪》，第893页。
④ 李锦绣：《唐代财政史稿》下卷，北京：北京大学出版社，2001年版，第988页。

给中央的“羡余”已不是真正的财政盈余，只是上供之时借用“羡余”名义，但它与地方财政共出一脉。故在讨论“羡余进奉”的影响时，不可避免的涉及地方财政与中央财政之事。

两宋“羡余进奉”现象出现的契机，一是有较为良好的经济发展环境；农业、手工业、商业等行业的良性发展促使赋税收入的增长，使地方财政在中央规定上缴的数额之外还有盈余，这部分盈余财政可能成为“羡余进奉”的资金。二是出现危机的国家财政，混乱的赋税征收制度，在中央政府默许下有自主权的州县财政；国家财政出现危机，最直接的解决方法就是中央政府增加对地方财政的征调额度，而地方政府为了应对中央政府的征调，只能加倍剥削百姓，中央政府为了保证财政逐渐放松了对地方财政的监督，在这个过程中，“羡余进奉”现象应运而生。北宋末年以后，中央政府对地方财政的征调额与实际收入愈见脱节，虽然有前项的《收支见在钱物状》，但所达到的效果不比以前，中央政府对地方财政的监督政策的控制力逐渐减弱。出现了“诸路财用岁入多寡，与其登耗，官司无以周知，安能督治经画，以待一岁之用”[①]的现象。南宋时期，中央政府对地方财政的监督更加弱化。出现“天下财赋窠名，旧悉隶三司，今户部惟有上供之目而已。问诸路所总窠名于户部，户部不能悉；问诸郡所总窠名于漕司，漕司不能悉”[②]的现象，之后更是出现“今户部所知之数，则上供而已。其留州、送使，无得而考焉。若州郡不得人，官吏侵耗，豪强隐落，则虽竭民力，支遣不办。又缘朝廷不知取民实数，轻重无制。民间合输一石，不止两石；合纳一匹，不止两匹。多取之罪则隐而不言，乏兴之诛惧于立见”[③]和“凡州郡之出纳，则不与知焉”[④]的情况。虽中央多次颁布加强对地方财政监督的旨意，奈何施行的效果实在太差，故中央政府也就默认了地方政府的这种行为。

在中央对地方的财政监察减弱的过程中，地方对财赋的支配权逐渐增加；为完成中央制定的上供额度，横征暴敛，出现各种征税名头。而中央对财赋的迫切需求又是地方苛敛的保护伞，中央政府只能在财赋和税制清明中选择其一，历史的现象告诉我们中央政府选择的答案。中央政府对地方财政的收入、支出、盈余等情况一无所知，只要按时上供财赋，盈余的支配中央政府无法置喙。

中央政府对地方财政的监督减弱，是“羡余进奉”出现的客观原因；而“羡

① 刘琳、刁忠民、舒大刚，等校点：《宋会要辑稿》食货五六之三二，第7301页。
② （宋）李心传编撰，胡坤点校：《建炎以来系年要录》卷54，绍兴二年五月丙戌，第1118页。
③ 刘琳、刁忠民、舒大刚，等校点：《宋会要辑稿》食货五六之五八至五九，第7315页。
④ 汪圣铎点校：《宋史全文》卷33，嘉熙二年闰四月丁卯，第2731页。

余进奉”的出现反过来又加速了中央对地方财政监督权的减弱。也就是说，“羡余进奉”的影响之一，就是中央政府对地方财政监督权的减弱，导致了地方正税规则的混乱，伤害着国家最底层的平民百姓。

二、对宋代社会的影响

“羡余进奉”是指地方官员在完成两税上供、留出地方开支，并预留地方囤积数额后，还有剩余财政进献给皇帝或中央。这只是理想状态或者是进献官员口中的状态，而与宋代实际的财政收入相差甚大。宋开国之初规定，“自余诸州常切约度，在州以三年准备为率外，县镇二年，偏僻县镇一年，河北、陕西缘边诸州不在此限”川陕地区亦不在此限。[①]但在实际操作中，这些条规逐渐走向虚设，实施的效果逐渐变差。纵观两宋历史，地方上供额度逐年上升，虽说经济也在发展，但是上供额度上升的幅度远大于经济增长的幅度。马端临在《文献通考》中曾感叹：

> 盖宋承唐之法，天下财赋除其供辇送京师之外，余者并留之州郡。至于坊场、坑冶、酒税、商税，则兴废增亏不常，是以未尝立为定额。其留州郡者，军资库、公使库、系省钱物，长吏得以擅收支之柄。景德以来，虽屡有拘辖此算之令，然祖宗法度宽大，未尝究竟到底。熙、丰以后，驱磨方密，然又有青苗、助役、市易、免行等项钱物，则州郡所入，亦复不少。过江以来，军屯日盛，国用大困，遂立经、总制等窠名以取之，虽曰增征商之羡余，减出纳之贯陌，而亦所以收州县之遗利也，然倥偬之际，不暇审订，故不量州军之力，一例均抛，而额之重者不可复轻，督迫之余，州县遂至别立苛横之法，取之于民。[②]

由于时代的久远，能够全面的、直观的表现宋代社会经济发展的数据很少。却可以合理地推测：在以农业为主要产业的宋代，虽然手工业、商业等行业繁荣发展，但远远撼动不了农业的龙头地位。农业的产出增长速度缓慢，那么在这种情况下，地方政府是如何做到完成两税上供、留出地方开支，将剩余的财政进献给皇帝或中央的。答案只有一个：即挪用侵占或剥削聚敛。

---

① （宋）马端临著，上海师范大学古籍研究所、华东师范大学古籍研究所点校：《文献通考》卷23《国用考一·历代国用》，第694页。

② （宋）马端临著，上海师范大学古籍研究所、华东师范大学古籍研究所点校：《文献通考》卷19《征榷考六》，第557页。

一年的社会总产出是有限的，上供国家的部分增大，额外又有“羡余进献”，势必会侵占其他部分的份额，尤其是应该分属民众的部分。前文在论述两宋官员“羡余进奉”资金来源时，曾列数过取得“羡余”资金的方法，这里就不再一一论述。监司守臣进献羡余的行动腐蚀着整个社会阶层。

（一）“重利轻义”——官员知利而不知义

在中国古代，皇帝作为权力的象征，是最高的统治者，是宏观大局的掌控者，是政策的制定者；皇帝之下的官员是皇权的维护者，是政策的执行者。故官员的素质和作为与国家大政息息相关。

为官者，当上忠于君主，下益于黎民；先天下之忧而忧，后天下之乐而乐。但在实际官场中也不乏争名好利之徒，他们想方设法获得皇帝的恩宠。如向皇帝进献“羡余”，博取皇帝的欢心。是以杨万里曾在淳熙十四年（1187年）七月十三日上书孝宗说：“沈复之为秀州，盖尝以献羡余而进，自此而得枢密矣。钱良臣之为总领，盖尝以巧聚敛而进，自此而至参政矣。上之人设大官以诱之，故下之聚敛者奔而趋之。”[①]这样的事例，让一些阿谀谄媚的官员看到了仕途的捷径。在权力的诱惑下，保持公正廉洁的官员能有多少？官员之中“知利而不知义。受田租之粟，则多至加倍，理讼狱之员，则专务罚金，甚至周内罪名，没入生业。大则献羡余结权贵，小则私盗取资妄用”[②]的情况时有发生。被利益所驱使的官员在其位而不谋其政，专务搜刮敛财，“惟言利之臣不恤国体，阴自增益，或献羡余遂为定数，民力愈困，逋欠愈多”[③]。在蔡京当权时甚至出现“本路无以周给而进羡余，百姓常税不纳而急横赋。诸县岁终无以塞责，则令民取常平钱斛，转易而为二税。州郡视之而不敢禁，常平知之而不敢劾，上下蒙蔽，以姑息苟且取急于一时”[④]的事情。

而皇帝对官员“羡余进奉”的态度也加剧了官员的进献行为。如仁宗时期的官员王逵出任荆湖南路转运使，在任上非理配率民户输钱免役，得缗钱30万进为羡余，以图进用；既蒙奖诏，由是它路争相仿效，竞为掊克。[⑤]而“山下居

---

① （明）黄淮、杨士奇编：《历代名臣奏议》卷307《灾祥·杨万里因灾上奏》，第3976页。

② （宋）杨万里撰，辛更儒笺注：《杨万里笺注》卷125《宋故华文阁直学士赠特进程公墓志铭》，第4822页。

③ （宋）袁燮撰：《絜斋集》卷12《端明殿学士通议大夫签书枢密院事崇仁县开国伯食邑七百户食实封一百户累赠太保罗公行状》，《景印文渊阁四库全书》，第1157册，第158页。

④ （宋）赵汝愚编，北京大学中国中古史研究中心点校整理：《宋朝诸臣奏议》卷45《上钦宗论彗星》，上海：上海古籍出版社，1999年影印本，第481页。

⑤ （元）脱脱等撰：《宋史》卷177《食货志》，第4279页。

民苦于诛求，逃入蛮洞，结集凶党，致此大患，于今未息”①。后“臣僚奏劾，（王逵）降知池州；寻该赦宥，移福州；未几，又自扬州移今任（江南西路转运使）。虽遇霈泽，弃瑕录用，然刻暴之性，难以悛改”②。王逵担任江南西路转运使，在任上“所为惨虐，黜降差遣。昨任江东转运使，恣性狂率，愈甚于前；未几降知光州，又改今任（淮南转运使）”③。官员上书，乞求仁宗收回任命王逵为淮南转运使的诏书，仁宗皇帝没有同意。王逵历任转运使皆“惨虐不法，降黜差遣，纵该赦宥，不可复任职司，（包拯）乞追还敕命，至今未蒙施行”④。

而同一时期的京东转运使薛绅、江东转运使杨纮、转运判官王绰、提点刑狱王鼎，因为“亟疾苛察相尚”违背了仁宗“忠厚爱人之意”，故“纮已降知衡州，而绅等故在，其降绅知陕州、鼎知深州，绰方居丧，候服除日取旨。自今皆无得用为监司”。

王逵在任上“刻暴惨虐”，敛财用于“羡余”进献。有官员弹劾时，仁宗皇帝下令降职，但很快就会“官复原职”并隐有升迁之意；而薛绅、杨纮等因为对其他官员严厉的苛察被皇帝降职，并“无得用为监司”。由此可以看出，正是仁宗对王逵进奉羡余行为的默许和嘉奖，才导致其屡遭弹劾而官运亨通。

以仁宗朝王逵、薛绅等人的案例为例，皇帝包庇进献者，羡余进献成为仕途的保证。而在官场中选择走所谓捷径的官员，以攫取“羡余钱”为中心，以羡余进献获得升官为目标，摒弃本职工作。当大多数官员做出以上选择时，官场的风气随之改变，上供（上贡）额度成为衡量官员业绩的主要数据；贪污腐败滋生。使官场风气更加恶化，并由此循环往复。

（二）“粉饰太平”——扰乱皇帝视听

在古代，君主专制政体本身即从根本上限制了信息渠道畅通的可能性，但这并不意味着当时没有围绕信息渠道的建设，宋代亦是如此。在通信技术和交通环境落后的宋代，长期坐镇京城的皇帝无法以一己之力全面掌握社会的瞬息变化，故此一切地方与中央的接触活动，都是皇帝获得地方信息的途径。在理想的条件下，皇帝在中央与地方的接触中是可以获得有效信息的，如二税的征收情况可以反映地方农业的丰欠信息，商税等其他税收和禁榷收入可以反映商

---

① （宋）包拯撰，杨国宜校注：《包拯集校注》卷1《弹王逵一》，第59页。
② （宋）包拯撰，杨国宜校注：《包拯集校注》卷1《弹王逵二》，第60页。
③ （宋）包拯撰，杨国宜校注：《包拯集校注》卷1《弹王逵四》，第62页。
④ （宋）包拯撰，杨国宜校注：《包拯集校注》卷1《弹王逵六》，第64页。

业经济发展信息和禁榷物品的经营信息；另一个接受信息的途径为地方官员的上奏和监察机构上报的信息。但这些“呈上”的信息渠道十分脆弱，稍有不慎，就会阻碍信息的传递，更甚者传递虚假信息。

从古至今，信息的传递离不开“人”的操作，而处于信息传递核心地位的“人”，也是信息渠道的弱点，即信息渠道传递的信息的有效性与操作它的“人”息息相关。朝廷的决策层，包括帝王在内，理应关心信息的可靠程度，而他们显然也无法摆脱一己私利的缠绕，不仅获得的信息具有明显的选择性，而强烈地希望听到顺遂之言。故在朝臣纷纷以献“羡余”作为仕途捷径的时候，信息渠道的有效性进一步被削弱。孝宗时期，“州郡多献羡余，公（吕广问）不肯，曰：无以使上知民之贫也？”[①] 两宋时期频繁的、大范围的“羡余”的上贡，营造出一种丰收、繁盛的经济景象，虽有官员上书批驳“羡余进奉”之事，有时皇帝也下诏“禁羡余”，但是混迹官场的官员们，深谙其中的规则，故羡余上贡之事屡禁不止。对照宋代经济的发展程度，地方上供的额度和州县的日常开销等收支项目，频繁的“羡余”进献是不可能出现的。而这种状况的出现扰乱了中央信息渠道的信息收取工作，形成了地方富庶，盈余甚多的虚假信息；而作为信息的接受者，皇帝接收到虚假信息，以这些信息为蓝本制定发展政策，影响甚是深远。

故“羡余进奉”的存在，营造了四海升平、物产充盈的假象，扰乱着皇帝的“耳目”，助长皇帝奢靡的生活习惯。

（三）“移东易西”——影响社会经济的长期发展和民众生活

宋代，尤其是北宋中期以后和南宋，官员疯狂的“羡余进奉”，其“羡余”何来？关于这点，史书中有记载：“转运务增收钞价以为羡余”[②]、“诸州所献羡余，类皆移东易西以觊恩幸”[③]、“以赋外它钱贡上，曰：羡余”[④]、“诸库方告匮，乃以酒本钱为羡余，是不为明日计乎”[⑤]。可以发现“羡余”资金来源的多元化，但有一共同点，“羡余”非羡余，移东易西、偷梁换柱得之。

---

① （宋）韩元吉撰：《南涧甲乙稿》卷20《左大中大夫充龙图阁待制致仕赠左正奉大夫吕公墓志铭》，《丛书集成初编》，第396页。

② （明）钱谷编：《吴都文粹续集》卷45《宋故左中奉大夫致仕柳公墓铭》，《景印文渊阁四库全书》，第1386册，第420页。

③ （宋）佚名：《皇宋中兴两朝圣政》卷56，淳熙五年四月辛未，第285页。

④ （宋）文同撰：《丹渊集》卷39《龙图母公墓志铭》，《景印文渊阁四库全书》，第1096册，第788页。

⑤ （宋）刘克庄撰，王蓉贵、向以鲜校点，刁忠民审订：《后村先生大全集》卷148《墓志铭·林沅州》，第3792页。

社会经济的发展需要多种因素：平稳的环境、合理的制度、充足的劳动力、充足的资金，一个综合作用的结果，而资金在其中占有绝对重要的地位，是经济发展的血液。官员为跟随“羡余进奉”的潮流，积极组织羡余进献，但一地区丰灾无常，收入有限，官员们便把目光聚焦到地方的其他收入上。这一举动破坏了经济发展的节奏，对社会经济的长期发展危害极大。

社会的生产和消费是紧密联系在一起的链条，其中任意一环出现问题都会影响整体的发展。在生产方面，以“酒本钱为羡余”为例。酒是农业发展的产物，酿酒需要大量的粮食，无论是“官营官卖”，还是“官营商卖”都需要购买粮食作为原材料，此外还需要其他的辅料，这些都是“酒”的成本。无良的官员把酒本钱作为羡余献上，酒的生产如何进行呢？搜刮下属、剥削百姓，得资维持酒的生产。被层层盘剥的百姓，只能节衣缩食维持生计。

在消费方面，以“转运务增收钞价以为羡余”为例。转运务为获羡余资金而增加（盐）钞价，实属杀鸡取卵。提高盐钞的价格，商人认购时需要支付的认购金额随之增加，商人无利不起早，投入增加，盐在市场上价格必将提高。钞价的提高最终由百姓买单。盐是生活必需品，无可替代，在百姓收入不变的情况之下，盐价的提高使得百姓购买盐的开支增加，同时减少其他可以节省的消费，消费的欲望降低，长此以往，必将影响经济的发展。

在社会分配方面，社会总产值是有限的，对社会总产值的分配也是固定的。在极少的情况下，定式的分配之外会有剩余，官员可以作为羡余进献中央，“羡余进奉”是个小概率事件。宋代大范围出现的“羡余进奉”，是以“羡余”为名的谄媚之事。既然无羡余，官员便挪用“它用”的资金进献。资金被挪用，之后的发展，应对的突发事件的能力减弱，政府职能减弱。任由“羡余进奉”的发展只会减少底层百姓的持有财物，削弱其消费能力。

（四）对中央与地方财政关系的影响

宋代前期，国家建立了高度集中的财政管理体系，并具体规定了地方政府上供财物的数量和上供的时限，上供之外的钱物朝廷不再过问，地方自行支配。在这一时期中央财政对地方财政进行严格的管理，但地方政府有部分的财政支配权，地方财政已渐从中央财政中分离开来。太祖、太宗在位期间，国家财政处于良好的状态；真宗以后财政劣势已现，但情况尚可；诸州郡均积贮一定数量的财赋，国家财赋的分配基本上能够兼顾到中央与地方。仁宗、英宗以后中央财政状况较差，经常处于入不敷出的状态，“冗费”的局面形成。神宗时期，“熙丰变法”期间，中央财政的窘境稍缓；变法失败后财政问题重现。北宋后期，朝廷奢靡腐化成风，财政问题更加严重；南宋兵戈不歇，疆域骤减，中央财政的困境甚重。[①]为解决中央的财政问题，中央一味扩大财赋征调的数额，中央与地方财政分配逐渐发生变化，即中央侵占地方财赋。而这一时期还是“羡余进奉”的频发期。地方政府如何在中央的财政高压下还有余力“进献羡余”呢？中央政府为确保财赋的征调，制定了严格的赏罚制度，并把向中央输送财物的多寡视为官员的个人政绩与其仕途官位相联系。这更加刺激了地方官员，他们尽敛财之能事，以“足上供”为第一要务，更视“整顿吏治”“厘清财务”和一些经济政策为不急之务。而中央为缓解财政的困境，不断加强对地方财赋的征调，默许着地方政府的法外征敛，对经济政策的实施效果已不再执着。中央与地方财政的分配并不合理。中央政府对地方的监控已经弱化，中央政府很难见到地方政府的财政收支数据，地方政府的财权扩大不少，但在中央集权的体制下，地方财政缺少自我保护的力量，中央与地方财政相对平衡状态被打破。

① 包伟民：《宋代地方财政史研究》第三章《中央与地方财赋分配关系的演变》，第54—56页。

第四章　宋代地方政府无形行政成本问题

无形行政成本是与有形行政成本相对而言的，现代行政成本问题研究者对其概念界定、探讨等并不充分。一般来讲，它是按照政府行政成本所消耗的有形的公共资源和无形的公共资源来界定的。有形行政成本主要是指以货币或实物形态存在的，在政府的财务账目上可以直接体现出来的，这部分成本往往比较容易引起研究者的注意，也是历代政府着重审计、监督和裁减的重点，它相比于无形行政成本，控制起来也相对容易。无形行政成本主要是非实物或货币形态的，主要是指政府的行政行为所带来的各种社会影响和损失，主要包括对于政府行政运转效率、社会民众、自然环境等所带来的影响和损失。它们是伴随政府的行政活动产生的，一般在政府财务账目上体现不出来，成本核算和监管也相对困难，所以不容易引起行政监管部门的注意[①]，但是，无形行政成本同样是政府行政成本的重要组成部分，也是值得加强认真研究和有效控制的。两宋时期，地方政府在耗费了大量有形行政成本的同时，在无形行政成本的消耗方面，同样是非常惊人的，他们对于行政行为所带来的时间的消耗、社会的影响乃至生态环境的破坏，主观思想上的重视也不足，相关无形成本的消耗更是难以估量，值得我们深入探讨。

第一节　地方政府的时间成本

任何政府的行政活动都会占用一定的时间来完成，但是，每一项行政活动都应该有完成的时间限度，如果超越了这一限度，必然会影响政府的行政效率，影响政府下一步工作的完成和整体行政机器的运转。现代学者有对政府行政时间成本进行概念界定，认为行政时间成本亦即“行政管理过程中资源闲置和非

① 赵爱英、李晓宏：《政府行政成本与绩效研究》，第 31 页。

必要的时间浪费所蕴含的价值损失”[①]。并提出了行政时间成本的四个特征，即稀缺性、价值性、不可替代性、可核算性。从这一定义出发，时间成本的特点是“闲置”和“非必要”，也就是负面的时间代价。依照这一标准，两宋期间，地方政府在行政活动中由于各种原因，也耗费了大量的时间成本。主要体现在以下几种类型。

（一）地方政府层级众多、机构重叠，职权交叉，管理运行不畅，耗费大量时间成本

其一，宋代地方行政层级为路、州、县三级，较之隋唐前期的郡县二级制，增加了地方路一级高层政区，从而增加了各级政府机构间公文往来、政务处理的时间，特别是地方路级政区又史无前例的创设了转运司、提刑司、提举常平司等多个高层政区机构，各个高层政区机构都可以对州县行使相应管理职能，使得地方县、州对应的高层政区机构从一个变成多个，机构数量的增多，大大增加了州县应承高层政区机构的政务量，从而增加了相应的时间成本。

按照宋朝一般的行政事务程序，县级政府如果想要在政务管理中有所举措，必须先上报州级政府，州级政府再根据事务的类型，分报路级机构和中央，而例如救灾、治安等突发社会问题，州级政府必然同时上报路级诸司，这也就增加了相关公牒往来所用的时间成本。如真宗大中祥符二年（1009 年），广南转运使何亮言：“交州每移牒缘边州军，皆俟奏报及申转运使司，稽缓致失机事。望自今令逐处详酌，行讫以闻。”[②]由于担心文牒往来耽搁时间，朝廷给予了沿边州军一定的对外交往决断的自主权。哲宗元祐元年（1086 年），有臣僚也针对朝廷下发的诸司条贯，历来由转运司承接，“付转运司押牒入递，分送诸州，率多迟滞”的现象。比影响州县实际使用，因而改为朝廷“颁降新法，以所下转运司印本移送进奏院，坐省符连牒发送诸州”[③]。这样就跨过了转运司，直接由中央下发各州，减省了行政程序和时间，提高了行政效率。对于这种常规的县—州—路—中央烦琐的行政文书上行程序和浪费的时间，司马光在元祐元年（1086 年）有关常平仓粮的收籴论述中有更为恳切的认识，他说：“常平之法，公私两利，此乃三代之良法也。向者有因州县阙常平籴本钱，虽遇丰岁，无钱收籴。又有官吏怠慢，厌籴粜之烦，虽遇丰岁，不肯收籴。……又有官吏虽欲趁时收

① 陈晓春、曾滔：《行政时间成本述论》，《长白学刊》2010 年第 2 期，第 74 页。
② 刘琳、刁忠民、舒大刚，等校点：《宋会要辑稿》蕃夷四之二九，第 9787 页。
③ 刘琳、刁忠民、舒大刚，等校点：《宋会要辑稿》职官二之四七，第 3015 页。

籴，而县申州，州申提点刑狱，提点刑狱司申司农寺取候指挥，比至回报，动涉累月，已是失时，谷价倍贵。是致州县常平仓斛斗有经隔多年，在市价例终不及元籴之价，出粜不行，堆积腐烂者。此乃法因人坏，非法之不善也。”[①]

官府收籴粮食，因为逐级上报，获得批准后才招手收买，浪费了大量的时间，导致没有把握住市场机会，购买不到低价的粮食，正应了现代学者对行政时间成本的定义，这种“非必要的时间浪费所蕴含的价值损失”[②]。这种地方政府逐级的上报，还可能使一些合理的意见和建议在上层某个环节被卡住，最终音信全无，良法美意无疾而终。如北宋末汪藻在德兴县《谯楼记》中就感叹，为什么地方官廨修建如此困难，许多应该修缮的建筑没有得到及时修缮，最终彻底废坏坍塌，“异时尺椽寸甓之役，县常听之州，州常听于部使者。吏幸岁月可引而去，则曰：‘吾尝有请矣，如不我报何？’其以怠而止者十尝四五也”[③]。南宋高宗建炎二年（1128 年），浙西路安抚司也对盗贼突发，奏报不及时的问题表示忧虑：“本路州县遇有贼寇窃发，邻郡不为之援，必待奏报，辄勤王师，道路往回，贼已张甚。”因而提出“自今乞许本处召募健卒，厚以犒赏。令告急于四邻郡”。各州军如果不“不移时遣发兵民救援。如已受告给文字及奉帅（邀）檄，逗遛不进，其兵将或捕盗等官并依军法行遣，守令、当职官并奏劾，乞重行窜黜”。获得朝廷的批准，从而有利于缩短应对突发治安事件的反应时间，提高行政效率[④]。孝宗淳熙六年（1179 年），广西安抚使刘焞还针对州郡盗贼案件上报复核太慢的问题，提出警告，“宾、邕、昭、象等州见有劫盗公事一十五火，未曾结断。自来候提刑司请覆取会，或奏听敕裁，动淹岁月”；后又提出“本路州县单弱，久有篡囚越狱之风，或恐凶徒越逸”[⑤]，请求对于一些社会危害严重的罪犯“许申本路经略安抚司，酌情断遣讫以闻”。不再事先上报朝廷，也获得批准。南宋董渭《救荒活民书》中也对州县申请下拨救灾物资时，因逐级上报，而导致灾害赈济不及时的问题做出生动的描述，“今岁在庚子，水旱饥馑，委乡官抄札鳏寡孤独、跛眇废疾不能自存之人，计一千五百九十九也。虽屡申上司，乞发下义仓米赈济，然使府所临一郡八县，监司所统一路百城，虽许量拨，至

① （宋）马端临著，上海师范大学古籍研究所、华东师范大学古籍研究所点校：《文献通考》卷 21《市籴考二》，第 627 页。

② 陈晓春、曾滔：《行政时间成本述论》，《长白学刊》2010 年第 2 期，第 74 页。

③ （清）孟庆云修，杨重雅纂：同治《德兴县志》卷 9《谯楼记　汪藻》，《中国方志丛书》，台北：成文出版社，1975 年影印本，第 1485 页。

④ 刘琳、刁忠民、舒大刚，等校点：《宋会要辑稿》兵一三之四，第 8853 页。

⑤ 刘琳、刁忠民、舒大刚，等校点：《宋会要辑稿》职官四一之七八，第 4039 页。

今未下。度其米斛，不足沾济”[①]。人命关天，晚一日下拨救灾粮款就可能饿死一大批民众，时间成本极为高昂，因而当地官府只能申请当地富户、僧侣、官户出钱物救灾，“是时劝分赈粜，无所不至”[②]。至宋末，黄震在庆元府任职中，也对州县逐级上报诸司公牒，繁文缛节、浪费时间，耽搁政务的情况提出严厉批评，“承平之弊，每遇一事，遍牒诸司，互为程督，继又传生枝节，反牒帖添差通判听等处追督，诸司责其违慢，自此诸司各以符移而归之州，州则合诸司之符移而归之县，县则尽以诸司、本州之符移而归之民，极而至于民，则无复可以转行推托之地，家破人亡，乱阶由此。今为何时，尚循故习？”[③]南宋时期，地方政府行政层级的增多，公文往复的烦琐，所消耗的时间成本几乎动摇了宋代地方统治的根基，导致了南宋的丧乱亡国。

地方路级机构之间相互制衡，职能划分不清，机构数量增多、彼此之间的分歧也容易导致因文移往来所增加的时间成本。如宋真宗天禧四年（1020 年），“诸道提刑为劝农使副使兼提点刑狱，凡农田事悉领之”[④]，并设立两个机构——提刑司和劝农司，文移往来烦琐，造成大量无效时间成本，后来转运司也采取了同样的设置原则。仁宗天圣四年（1026 年），中书言：“诸路提、转皆别置劝农司，文移烦扰……诏罢劝农司，而领使如故。”[⑤]仁宗至和二年（1055 年），京东西路安抚司也提出缉捕盗贼职权不统一的问题，“两路兵甲、盗贼，专督在本司，而别司又带提举，事权不一，请皆罢之”。中央却没有完全接受他的建议，仍诏令“南京留守司仍旧外，余从之”[⑥]。熙宁九年（1076 年），臣僚也奏论诸路提举常平官不明确自己的职责所在，“凡有举动，辄与转运司一例申禀。提举司亦多不问是与不是本管职事，便为行遣，或有闻奏朝廷者。上下烦劳，弊害颇甚”[⑦]。元丰元年（1078 年），神宗也批下诏令：“日者广西凡有边事，五六处交奏，不惟过涉张皇，深恐沿路习为常事，或真有边机当速者，反致稽迟。可速下转运、提点刑狱、经略、邕州安抚、都监司，自今非紧切边事，毋得擅发急递，及经略司已奏者勿重复。”[⑧]哲宗元祐七年（1092 年），因诸路提刑司不

① （宋）董煟撰：《救荒活民书》卷 3《程迴代能仁院赈济疏》，《丛书集成初编》，第 69 页。
② （宋）董煟撰：《救荒活民书》卷 3《程迴代能仁院赈济疏》，《丛书集成初编》，第 70 页。
③ （宋）黄震：《黄氏日抄》卷 77《申省乞免诸司委送》，（宋）黄震著，张伟、何忠礼主编：《黄震全集》，第 2192 页。
④ （宋）王应麟辑：《玉海》卷 178《至道劝农使》，第 3269 页。
⑤ （宋）王应麟辑：《玉海》卷 178《至道劝农使》，第 3270 页。
⑥ （宋）李焘撰，上海师范大学古籍整理研究所、华东师范大学古籍整理研究所点校：《续资治通鉴长编》卷 179，至和二年四月丁酉，第 4329 页。
⑦ 刘琳、刁忠民、舒大刚，等校点：《宋会要辑稿》食货五三之一一，第 7204 页。
⑧ 刘琳、刁忠民、舒大刚，等校点：《宋会要辑稿》方域一〇之二四，第 9475 页。

肯应付转运司籴本钱而导致军储收买错过时机的问题，朝廷下发诏令，责令“诸路提刑司，遇转运司借拨籴本，即疾速应副，不得非理问难，致籴买后时，及令转运司籴买，州军并以见在市价趁时籴买，务使惠及农民，所蓄数广”[①]。除了机构之间的职责交叉、职能划分不清导致的时间成本浪费外，一些路级官员个人之间的纷争也极大的影响了机构的运行效率，造成了相当的时间成本浪费。如熙宁四年（1071 年），新任权发遣荆湖南路转运副使范子奇因“与潭州之提点刑狱交争不已，势须移立”，当年八月就改任权发遣户部判官，改派户部判官担任湖南转运副使，神宗也指出“数易职司不便，范子奇才到又替”[②]。熙宁中，何洡“以录事参军提举梓州路常平仓等，所至暴横，捶挞吏民以立威，皆窜匿无地。气陵提转，直出其上，公牒州县云：‘未得当司指挥，其提转牒皆不得施行，转运使李竦、判官陈充与之议事，不合，辄叱骂之。”[③]南宋高宗绍兴三年（1133 年），湖南转运副使李弼孺与本路安抚使折彦质“与之有旧隙”，折请将李改任他路差遣，李“闻命不行，遍檄诸州，有敢应副帅司者，当职官枷项送狱”[④]。在此情形下，地方政府行政时间成本的浪费，政务的废弛，是可想而知的了。对于这种因路级机构增多所导致的官员间纷争，两宋之交的士大夫吕好问有更精彩的描述，他提出这其实不是官员个人的问题，而是制度设计本身的问题，设监司太多必然导致纷争。“臣窃见比年以来，诸路杂科监司猥多。司分既异，所行不复相照，各执己见，意在必行，事相牵连，首尾相戾，文移如雨，督责如火，官吏书纸尾之不暇，矧能及民事乎？”因而他主张除了转运司、提刑司外，“应杂科监司不必专置司者一切尽罢”，“庶几事皆归一，易责成功”[⑤]。

此外，一些大的藩府长官，也并不奉行路级机构长官指令，二者互相抵触，导致事务废弛，耗费大量的时间成本。南宋初大儒胡宏在《中兴业·罢监司》中就指出：路级监司与州军长官之间意见不合，“平时，监司州郡已不肯同心国事，互相忌恶。自丧乱以来，州郡专以抗拒监司为能，监司专以陵挠州郡为事。为漕使者，不能平贵贱，通有无，或厚敛苟免以资敌，或重载遁逃以实己，是使守令不得养民以生财也。为宪使者，不能察奸欺，允刑狱，赃污狼藉者不按，

① （宋）李焘撰，上海师范大学古籍整理研究所、华东师范大学古籍整理研究所点校：《续资治通鉴长编》卷477，元祐七年九月壬辰，第 11371 页。

② （宋）李焘撰，上海师范大学古籍整理研究所、华东师范大学古籍整理研究所点校：《续资治通鉴长编》卷226，熙宁四年八月辛酉，第 5500—5501 页。

③ （宋）司马光撰，邓广铭、张希清点校：《涑水记闻》卷 16，北京：中华书局，1997 年版，第 311 页。

④ （宋）李心传编撰，胡坤点校：《建炎以来系年要录》卷 68，绍兴三年九月己卯，第 1324 页。

⑤ （宋）赵汝愚编，北京大学中国中古史研究中心点校整理：《宋朝诸臣奏议》卷 67《上钦宗论杂科监司不可不尽罢　吕好问》，第 746 页。

奸宄通贼者不治，是使守令不得治民以息争也。徒能变乱是非，荧惑朝听，专利谋己，移易官吏，轻侮朝廷威令，使守宰无所取，则弃掷守宰教条，使吏民无所取信，下被其殃，上爽其忧，此则监司之为也”①。因而主张“尽罢监司之职，属之连帅，选择守令，使各清心省事”②，保持地方州县与路级安抚司的单一对应关系，避免因路级机构过多而导致州县难以应承的问题。

路级高层诸机构间的分歧也使得州县官员无所适从，因为在监司异论相搅的命令下做出选择相当困难，因而浪费了大量的时间成本。南宋孝宗朝王师愈在《论监司党局札子》中就提出：“比来诸路监司罔推公心，多徇私意，各党其局，不相照应。凡有施行，一可一否，从转运司则取怒于提刑司，从提刑司则或获罪于提举司，遂使州县难于遵承。至如人户翻诉，其前断果失，从而变更，不亦善乎？若夫前断已当，乃以私喜怒，故为变更，愚民无知，滋长争端。若此之类，不可胜举。”③他还以江南东路为例，指出州军长官在监司的压制下要想有所作为是多么的困难，“且以江东一路言之，止九郡耳，有两总领、两运使、两提刑，又有安抚、提点、提举各一员。是则一人守郡，临之者九人，十羊九牧，犹未足以况也。至若监司置司之郡，益又甚焉。岂非长官尊大，为郡守者欲行一事，欲下一令，动辄掣其肘，而吏卒挠政，未可胜举。稍加绳治，交斗衅隙，郡守必至斥去而后已”④。宁宗嘉定十一年（1218年），臣僚的奏状也非常生动地显示了州县官员的困境和决策所浪费的大量时间成本。“而今之为监司者，依势作威。不以激浊扬清为先务，而惟以追逮县吏为威名；不以按发奸赃为己能，而惟以泛受词状为风采。故珥笔之吏，凡有词讼，今日经某司则判曰云云，明日经某司则又判曰云云。甲可乙否，彼是此非，遂致州县之间无所适从，日迁月延，终不予决。”⑤“十羊九牧”“不相照应”，路级机构数量的增多和相互分歧，给地方州县行政效率的提升和无形时间成本的降低，造成了巨大的障碍，这恐怕也是宋代中央政府为了削弱地方政府权力，解除其对中央朝廷的威胁所带来的难以克服的必然缺陷吧。

宋代州县长官的地位也因中央的刻意削夺而变得孱弱，特别是对于军队的控制调动权遭到极大削弱，从而大大增加了在民众变乱、外敌入侵之时向上级政府、统军机构乃至朝廷申发公文、往来公牒所花费的时间，造成了大量的时

① （宋）胡宏撰，吴仁华点校：《胡宏集》，北京：中华书局，1987年版，第215页。
② （宋）胡宏撰，吴仁华点校：《胡宏集》，第215页。
③ （明）解缙等编：《永乐大典》卷11888《论监司党局札子 王师愈》，第5008页。
④ （明）黄淮、杨士奇编：《历代名臣奏议》卷145《论重郡守之权疏　王师愈》，第1904页。
⑤ 刘琳、刁忠民、舒大刚，等校点：《宋会要辑稿》职官四五之四二，第4255页。

间成本浪费。《群书考索》续集中作者就感叹，宋初太祖削夺地方方镇兵财之权，尺度掌握的比较适当，熙宁变法之后，中央过于削夺地方兵财之权，“熙宁大臣用意过当，尽削州郡之权，籍郡县兵并兵额一路团结五千人为一将，置将副专领。军情离贰，役使不行，而州郡之兵弱矣。免役、青苗，色色取办，旧例财帑悉归经费。守臣所有者止有限额正使钱而已。而又禁其回易，限其酝造，而州郡之财匮矣。兵不足以自卫，财不足以自给，一有警急，束手无措，后日之患君子已预卜之。嗟夫！州郡之权不可以不削，亦不可以过削，不削则纵，过削则弱，得其中者，其惟国初乎？”[①] 元祐元年（1086 年），司马光在上奏中也反对将兵法，提出“国朝以来置总管、钤辖、都监、监押为将帅官，凡州县有兵马者，其长吏未尝不兼同管辖，盖知州即一州之将，知县即一县之将故也”[②]。“近年灾伤，盗贼颇多，州郡全无武备，长吏侍卫军单寡，禁旅尽属将官，将官多与州郡争衡，长吏势力远出其下，万一如李顺、王伦、王均则之寇，乘间窃发，攻陷郡县，岂不为朝廷忧，”建议“尽罢诸路将官，其禁军各委本州长吏与总管、钤辖、都监等，如未置将已前，使州郡平居武备有余，然后缓急可责以守死”[③]。但是朝廷只是做出“稍省诸路钤辖及都监员，仍以将官兼州都监职事，卒不能尽罢将、副，如光等言”[④]。到了哲宗绍圣年间，朝廷又取消了州郡长官对于隶属于诸将的将兵的犯罪惩治权，“至是，州县一无关预，兵愈骄，无复可用矣”[⑤]。这种局面一直持续到北宋末，宣和年间，知婺州杨应诚曾言：“‘诸路屯戍，当隶守臣，兵民之任一，然后号令不二。不然，将骄卒横，侵渔细民，气压州郡，有不胜其忧者。’于是诏自今令隶守臣。无何，复诏曰：‘将兵遵将官条教，除前隶守臣指挥。’其后，江、浙盗起，攻陷州邑，东南将兵，望风逃溃，无复能战”[⑥]。南宋时期，地方州郡也大都对朝廷精锐的屯驻大军没有指挥权，如宁宗朝泉州知州真德秀就举例说：“左翼一军屯驻泉南垂七十载，官兵月粮衣赐、大礼赏给及将校折酒等钱，间遇出戍借请，悉倚办于本州，招刺效用军兵，亦例从本州审验，若无一事不与州郡相关，其实未尝略有统摄。故于军政全不与闻”，遇到火灾、盗贼作乱等问题，指挥不灵，浪费时间。“丁丑春尼

① （宋）章如愚辑：《群书考索》续集卷 37《官制门・郡守》，第 1086 页。
② （宋）马端临著，上海师范大学古籍研究所、华东师范大学古籍研究所点校：《文献通考》卷 153《兵考五》，第 4587 页。
③ （宋）马端临著，上海师范大学古籍研究所、华东师范大学古籍研究所点校：《文献通考》卷 153《兵考五》，第 4588 页。
④ （元）脱脱等撰：《宋史》卷 188《兵志二》，第 4629—4630 页。
⑤ （元）脱脱等撰：《宋史》卷 188《兵志二》，第 4630 页。
⑥ （元）脱脱等撰：《宋史》卷 188《兵志二》，第 4630 页。

院之灾，守臣亲出救援，将士偃然不肯用命，必邀重赏而后肯前。今夏海寇陆梁，本州措置收捕，幸统戌得人，军律粗整，具与州郡同心协力，故得俘获群丑。向使如前任贺清臣之愚愎，其取败也必矣”[①]。地方州军长官无兵无财，在盗贼作乱、起义频发的年代无法做出及时应对，耗费了大量的时间成本用于请示汇报，最终导致了州县的陷落和国家的灭亡。

其二，宋代路、州、县各级机构内部，也相应地增加了转运副使、转运判官、同提刑、通判、县丞等官员，来分散转运使、提刑、知州、知县的职权，他们之间相互制约，耗费大量时间成本。

宋太祖建隆四年（963 年），州府增设通判，这是中央为分化地方州府长官权力的重要举措，通判“既非副贰，又非属官。故尝与知州争权，每云：‘我是监郡，朝廷使我监汝。’举动为其所制”[②]。太祖为此在乾德四年（966 年）还专门下诏训诫诸州通判，“本期共治。必冀分忧。而闻与长吏互执事权。罔思公共。或循私而为党。或专欲而自强。多致忿争。动成踰越。自今应诸道州府。事无巨细。须长吏通判签议连署。则州郡僚属。方许禀行”[③]。太宗雍熙二年（985 年），再次强调州郡上报公文要求知州、通判联合署名[④]，表面强调要合作，其实暗含互相监督制约的意思，如果二者有不同意见，肯定不能署名，胥吏往来奔走，倒使得事务决策执行缓慢，浪费大量时间成本。仁宗皇祐五年（1053 年），朝廷也针对沿边州军守臣多为武将的情况，下诏告诫他们处理公务“须与僚属参议公事，毋专决”[⑤]。事实上仍有大量事实表明，知州与通判难以合作愉快，如王安石所作《主客郎中知兴元王公墓志铭》中就记载：此王公通判真定府，“府帅王嗣宗恃气，侮折其属，为不法，以故久之莫敢为通判者。公行，嗣宗固不怿，稍侵公以气，公恬然不为校也，以礼示之而已，嗣宗诎服”[⑥]。欧阳修《归田录》也记载：“然至今州郡往往与通判不和。往时有钱昆少卿者，家世余杭人也，杭人嗜蟹，昆尝求补外郡，人问其所欲何州，昆曰：‘但得有螃蟹无通判处则可矣。’至今士人以为口实。”[⑦] 南宋绍兴七年（1137 年），知黄州杜湛与本州

① （宋）真德秀撰：《西山先生真文忠公文集》卷 8《申枢密院乞节制左翼军状》，《宋集珍本丛刊》，第 75 册，第 754—755 页。
② （宋）欧阳修撰，李伟国点校：《归田录》卷 2，北京：中华书局，1981 年版，第 31 页。
③ 司义祖整理：《宋大诏令集》卷 190《诫约通判与长吏叶和诏》，第 695 页。
④ 司义祖整理：《宋大诏令集》卷 190《诫约同僚连署奏牍诏》，第 697 页。
⑤ （元）脱脱等撰：《宋史》卷 12《仁宗本纪四》，第 235 页。
⑥ （宋）王安石撰：《临川先生文集》卷 96《主客郎中知兴元王公墓志铭》，王水照主编：《王安石全集》，第 1650 页。
⑦ （宋）欧阳修撰，李伟国点校：《归田录》卷 2，第 31 页。

通判叶介不合，“介率其僚七人走鄂州，诉湛语言不顺”[①]。为了一点琐事，通判竟然率领属官到上司奏报，最终两人一同罢免，严重影响行政机构的运转，导致大量公务废弛，耗费大量的时间成本。还有影响更为恶劣者，绍兴二十五年（1155 年），左朝散郎、知沅州李景山“与通判丁涛交恶”，两人言语不和，相互论告，本州“判官巩潨闻之，遂兴狱连逮数百人。时方盛暑，有系死者”[②]。宋朝中央政府这种分散地方州军长官权力，互相牵制与制衡的策略，换来的却是州府官员间互相纷争，从而严重影响行政效率的恶果。

在宋代，中央政府对州郡长官的限制是全方位的，正如朱熹所言：“于是削其支郡，以断其臂指之势；当时至有某州某县直隶京师，而不属节度者。置通判，以夺其政；命都监监押，以夺其兵；立仓场库务之官，以夺其财；向之所患，今皆无忧矣。”[③]州府属官都由朝廷任命，州军长官对其只有荐举、考核、奏报不法、罚俸等“软惩罚”举措，却没有直接任免权，因而导致这些七八品的小官也敢于和州军长官当庭抗礼，纷争不断，这种州军长官权威性的下降，也是导致地方政府行政效率降低、时间成本无效浪费的重要原因之一。[④]

同样的问题也出现在路级转运司、县级政府内部，在路级机构中，转运司是设置最早的一个，也是宋朝中央政府极力加以防范的，在转运司内，转运使之外，太宗“太平兴国初……又置副使判官，又置同勾当转运事。俄罢诸副使，止置使二员。明年复置副使”[⑤]。由于转运判官有监督转运使副的职权，在仁宗朝，就发生“判官与转运争权而罢”的问题，后又于“至嘉祐中复置”，南宋“中兴以来，逐路都转运使除授不常，惟使、副、判官常置。旧制，转运司除授皆命词给诰，渡江已后，例给敕命，后稍复旧，转运使、副命词，运判则否。六年，诸路运判亦命词给诰。光宗绍熙以来，使副、运判不双除”[⑥]。在这种情况下，不仅转运司之外的提刑司、提举常平司、安抚司对其形成牵制，其内部的监督和制约也十分严重，在一定程度上也影响了转运司的行政效率。路级机构内部多员长官的纷争及其带来时间成本的消耗正如南宋大儒陈傅良所说的：“臣

① （宋）李心传编撰，胡坤点校：《建炎以来系年要录》卷 109，绍兴七年二月丁巳，第 2048 页。

② （宋）李心传编撰，胡坤点校：《建炎以来系年要录》卷 168，绍兴二十五年六月壬寅，第 3198 页。

③ （宋）黎靖德编：《朱子语类》卷 110《朱子七》，朱杰人、严佐之、刘永翔主编：《朱子全书》，第 3548 页。

④ （宋）朱熹撰：《宋名臣言行录》卷 7《范仲淹》，台北：文海出版社，1967 年影印本，第 6 页。“范公仲淹以进士解褐，为广德军司理参军，日抱具狱与太守争是非。守盛怒临之，公不为屈，归必记其往复论辩之语于屏上，比去，至字无所容。贫止一马，鬻马徒步而归。（宋）王象之原著，李勇先校点：《舆地纪胜》卷 24《广德军・官吏》，第 1136 页。

⑤ （宋）李攸撰：《宋朝事实》卷 9，第 404 页。

⑥ （宋）马端临著，上海师范大学古籍研究所、华东师范大学古籍研究所点校：《文献通考》卷 61《职官考十五》，第 1847 页。

窃观近日监司皆无阙员，间有一事而分为两司，一司而辖以二人者，其间职掌不同，好恶亦异，外假举刺，内示趣向。同一讼也，而有是非焉；同一吏也，而有能否焉。号令难于奉行，往来疲于迎送，盖不止如苏轼之所论，其为害岂细也哉！”[①]因而他建议将各监司能省并的就省并，各监司中“间总于一员，或文或武，不必于并置。庶几州县之吏，易于趣向，朝廷政令，有所总一”[②]，从而有利于提高行政效率。

县级政府机构中也存在知县、县令与县尉、县丞、主簿等的分权与制衡，知县等长官并无绝对的权威，他们相互之间的纷争也可能造成政务的废弛，时间成本的增加，宋代的官箴书《昼帘绪论》中就指出：“县之有僚采，兄弟等也。兄弟有阋墙之衅，则家用不和，何以干蛊而御侮哉？县僚本无慢长官之心，而每有与令不相能者，非他也。令挟长以临僚采，僚采复睚眦不相下，势必至于睽且忌。”[③]。南宋薛季宣也在论《冗官冗兵》中认为“而州之知、通，县之令、佐，不相统临，各行其意。臣之所谓冗官”[④]。看来，县级政府机构中也存在因官员互相异论相搅而导致时间成本消耗的现象。

一些比较特殊的路、州、县官府，甚至设置两员乃至多员长官，文移往来，数量过多的同机构官员之间相互牵制，极大增加了办理相关公务的时间成本。如周密《齐东野语》就引《放翁笔记》说：“庆历初，夏竦判永兴军，陈执中、范雍，并为知军。一府三守，不知职守如何分？既非长贰，文移书牒之类必有程式。官属胥吏，何所禀承？国史不载，莫可考也。然谏官御史不以为非，三公亦不辞，岂在当时，亦便于事邪？”[⑤]周密也对这种一府三位守臣的情况非常好奇，他也追问这样的情形下，地方政府能够正常运转吗？“今按竦先以都部署兼经略招讨使，判永兴军。既而执中为同都部署经略使知军，而诏竦判如故。未几，竦屯鄜州，执中屯泾州。盖两人议边事不合，故分任之。未几，又以范雍知军。竦、执中既分出按边，而领府事犹故。于是一府三守，公吏奔趋往来想不胜其扰，自昔未尝有也。然则史未尝不载，而于事安得为便乎？”[⑥]实际上像这样的一个政府机构多位长官的情况并非绝无仅有，这种情况下，公文往来，十羊九牧，行政效率低下，时间成本耗费极高是非常明显的。如仁宗嘉祐三年

① （宋）彭龟年撰：《止堂集》卷5《论定监司奏》，《丛书集成初编》，第75页。
② （宋）彭龟年撰：《止堂集》卷5《论定监司奏》，《丛书集成初编》，第76页。
③ （宋）胡太初撰：《昼帘绪论》僚采篇第四，《丛书集成初编》，第5页。
④ （宋）陈傅良撰：《止斋先生文集》卷51《右奉议郎新权发遣常州借紫薛公行状》，《四部丛刊初编·集部》，第4页。
⑤ （宋）周密撰：《齐东野语》卷8《一府三守》，《丛书集成初编》，第104页。
⑥ （宋）周密撰：《齐东野语》卷8《一府三守》，《丛书集成初编》，第99页。

（1058 年），朝廷针对以往“诸路每一州军巡检有至三五员者，又三两州至八九州有都、同巡检或驻泊、捉贼，员数过多，非唯军马势分，兼遇惊劫，罕能获贼”的情况做出改革，“其一州军止留巡检一员，数州留都、同巡检一员”。[①]通过减少长官数量，明确责任，既节约了行政成本，又可提高行政效率，降低时间成本。此前康定元年（1040 年），鄜延钤辖张亢也曾上奏朝廷，对本路部署、钤辖、都监人员过多、耗费时间成本的问题提出异议，“旧制：诸路部署、钤辖、都监不过三两员，余官虽高，止为一州部署、钤辖，不预本路事。今每路多至十四五员，少亦不减十员，皆兼路分事，权均势敌，不相统制，凡有议论，互执不同”[②]，这严重影响了军队的相关政务处理和西夏突发进攻的应对。但是，他的质疑似乎后来也没有得到朝廷的重视[③]。

（二）地方官员行政决策失误，管理水平有限，浪费大量时间成本

宋代地方政府官员在行政管理中的决策失误，有时候损失的不仅仅是政府的有形物资和钱货，还可能损失大量的时间成本，诸如灾民救助、河渠防洪、盗贼治理等方面。其损失的政府行政成本是双重的，因而给政府行政机器运转造成的无效损耗也是双重的。

在行政设施的修造、灾害赈济等方面，容易出现因决策失误而导致时间成本的损耗问题。如熙宁七年（1074 年）十二月，神宗曾下诏，指责河北路转运司在修建赵州城池中的决策失误，“访闻见修赵州城所用夜义散子木植，转运司于定州城壕四面采斫，不惟枉费脚乘、船运，重成劳扰，兼恐将来本州修城自要使用”[④]。转运司在赵州修建城池，却要从数百里之外的定州城池周边采伐树木，这样不仅耗费了大量的木材运输费用，同时也耗费了大量的时间成本，也为将来定州城池修筑材料的缺失埋下隐患，但是神宗只是令其改正错误，却没有追究因转运司的失误给河北路所造成的有形和无形行政成本损失。又如南宋孝宗淳熙十年（1183 年），黄州由于没有经过深思熟虑，将本州税务建造在了“赤壁湍险之处”，这里地方水流湍急，往来舟船很多，加之税官的刻意阻拦，“每

① 刘琳、刁忠民、舒大刚，等校点：《宋会要辑稿》职官四八之一二八，第 4392 页。

② （宋）李焘撰，上海师范大学古籍整理研究所、华东师范大学古籍整理研究所点校：《续资治通鉴长编》卷 128，康定元年七月癸亥，第 3025 页。

③ （宋）李焘撰，上海师范大学古籍整理研究所、华东师范大学古籍整理研究所点校：《续资治通鉴长编》卷 135，庆历二年春正月庚戌，第 3213 页。

④ （宋）李焘撰，上海师范大学古籍整理研究所、华东师范大学古籍整理研究所点校：《续资治通鉴长编》卷 258，熙宁七年十二月壬辰，第 6306 页。

遇舟船到岸，百端阻节，动至五七日稽留。江面阔远，风涛不测，前后积聚官私舟船不可胜计”。因为交纳商税、办理各种手续，导致大量船只的滞留，浪费了大量的时间成本。不仅如此，由于风浪过大，船只停泊困难，还容易导致相互碰撞，造成不必要的损失，“近有客人颜清等因拘栏看税间，忽一夜风浪大起，坏船十只，沉失盐二千余袋，又打碎其他大小船五十余只，老小不知数目”，迫不得已，朝廷责令黄州将税关改移到上游“彼处江面狭窄”，有避风港湾的地方，并将做出错误决策的黄州知州方廷瑞罢黜。[①]再如南宋宁宗嘉泰年间，地方各级政府对于灾害赈济的时间把握不好，决策失误，在八月开始收接有关灾害诉告的文状，“至九月则检放，至十月则抄札。又有检放未实而再覆实检放者，亦有抄札未实而再覆实抄札者，往往多至十一月而后定”。之后上报路级诸司和朝廷，申请动用救灾储备，分发百姓，“然后官司行救荒之政，下劝分之令，虽至十二月，民犹有未得食者”[②]，然而实际上百姓的收成从六七月份灾情状况就可以断定，而州县官府完全不考虑实际情况，坚持将这套行政程序走完，至少耗费了四个月，由于决策的失误，浪费了大量的时间成本，造成百姓无辜死亡。“禾稼不登，民即艰食。若至十二月有未得食，则斯民之饥四阅月。盖民一日不食则饥，饥则病，病则死，岂能延四阅月之命乎？”[③]因而朝廷责令诸路提举常平司提前做出应对，筹备钱、米，抄札灾民姓名，下发救灾粮食，“限十月内须管一切了毕，不得迁延，及不得漏滥，务要全活民命，免致流殍”[④]。

在地方案件的审理中，各级政府官员多有因决策失误，造成时间成本损失的现象。如北宋熙宁五年（1072年），陈州知州张方平就提出，诸路监司多苛刻艰深，抓住州郡一些很小的案件不肯放过，置狱根勘，导致浪费大量的人力、物力，耗费大量的时间，却没有什么收获。“事本微小，张皇为大，因缘骚扰，株连枝蔓，至有往还数千里，勾追证佐，盛暑严冬，淹留牢禁。其中甚有罪犯绝轻，亦有无罪之人。一身久系，家为破散，瘐病饥寒，愁痛无告。及其结正，亦有不移前案者”。他还举了一个亲历的例子，陈州“兵士指论冒请粮米事”，“有转运判官张次山到州点检取索一宗状词，将带前去，寻别差官置院推勘。四月末，所差官到院，至九月初方始结绝，历一百二十余日。前后所经，禁系近六十人，往还三千余里，勾追照证。炎暑之月，系累道路。自夏涉秋，其间病患相继。亦有军员枉遭刑禁，及至断遣，并止杖罪。推院缴送到所取款状二千一

① 刘琳、刁忠民、舒大刚，等校点：《宋会要辑稿》食货一八之一二，第6379页。
② 刘琳、刁忠民、舒大刚，等校点：《宋会要辑稿》食货五八之二四，第7370页。
③ 刘琳、刁忠民、舒大刚，等校点：《宋会要辑稿》食货五八之二四，第7370页。
④ 刘琳、刁忠民、舒大刚，等校点：《宋会要辑稿》食货五八之二四，第7370页。

百三十一纸，净案六百七十张，诸杂行遣照证文字三十五卷。当时若自本州勘结，不过十余日可了，其滋章为弊如此。”①一个杖刑案件，本州十余日就可以了结的案件，被监司置狱推勘，耗费了一百二十日，往返三千里追征，仅供状就二千一百纸，证词三十五卷，这种监司的错误决断给地方政府造成了多么大的有形行政成本浪费，而其中所涉及的被差推勘官吏、证人、犯罪嫌疑人无形时间成本消耗就更难以估量了，朝廷因此立法对监司随意置狱推勘加强监管，情况得到好转。但是，到了南宋时期，仍出现大量因监司、郡守对案情判断失误，置狱推勘，导致狱案积滞、耗费时间成本的现象。如绍兴九年（1139 年），臣僚奏报中就提出，广西路一些监司在审核地方刑狱案件中，过于自信，凡是州县上报的案情审理结果与自己判断不符的，全部发回重审，“必欲如其所按。又诸郡申请移推、详覆之类，皆不即报应，有及三五月者，率以为常”②。孝宗淳熙十四年（1187 年）臣僚奏报也提出同样的问题，监司“先授意旨，往来申请，必欲符合，乃许结案。系留锻炼，动经数月，类多冤枉，致伤和气”③。这样，公文往复，案情审理拖沓，从而耗费大量时间。乾道九年十二月九日，臣僚也强调了县级初审的正确与否对提供案件审理效率关系重大：“狱贵初情，初情利害实在县狱。今大辟之囚，必先由本县勘鞫圆备，然后解州。州狱一成，奏案遂上，刑寺拟案，制之于法，则死者不可复生矣”。如果县级政府初审失误，导致犯人反复翻异，“邻州邻路差官别勘，多（致）[至]六七次，远（致）[至]八九年，未尝不因县狱初勘失实”。因而请求加强对于初审县狱官吏的审查和责任追究，防止因此而造成的时间成本耗费。④

此外，监司对于已有制度理解的错误，也是导致狱讼迟滞的重要原因，如孝宗乾道六年（1170 年），权刑部侍郎汪大猷就说，诸路监司不遵守朝廷法令，将所案发官吏“送置司州军根勘”，导致“承勘州军被受不同，旋行申审，文移往复，遂成稽滞”。⑤乾道六年，大理少卿周自强也说：各路监司、郡守“按发赃吏，多送邻州根勘，其干连人被追逮者多至一二百人，少亦不下数十人。狱成之后，往往翻异，差官别勘，至有经年不决者”⑥。从而耗费了大量的时间成本和人力、物力，因而他建议今后只在案发州军根勘，不再到他州，避免人员往返，耗费大量的时间成本，也有助于避免狱案积滞，久拖不决。

① （宋）张方平撰，郑涵点校：《张方平集》卷 25《陈州奏监司官多起刑狱》，第 386—387 页。
② 刘琳、刁忠民、舒大刚，等校点：《宋会要辑稿》刑法三之七九，第 8435 页。
③ 刘琳、刁忠民、舒大刚，等校点：《宋会要辑稿》职官五之五一，第 3145—3146 页。
④ 刘琳、刁忠民、舒大刚，等校点：《宋会要辑稿》刑法三之八七，第 8442 页。
⑤ 刘琳、刁忠民、舒大刚，等校点：《宋会要辑稿》刑法三之八五至八六，第 8440 页。
⑥ 刘琳、刁忠民、舒大刚，等校点：《宋会要辑稿》刑法三之八六，第 8441 页。

地方政府官员在政务处理中的迟滞和失误，有时候是源自其自身能力和水平的欠缺，这种疲弱的表现，会导致大量公文、案卷等积滞在某一个环节，难以顺畅及时的运转，导致时间成本大量消耗。如太宗淳化五年（994 年），邢州散参军廉成式被河北转运使李若拙差往通利军推勘公案，“近七十日尚未了当”，经过核实，廉本人“元是犯事人，若拙不合抽差”。可见，其能力已不被认可，朝廷因而令“转运司疾速别差官替”[①]。仁宗朝，曹颖叔知永兴军，由于年事已高，“渐昏耄，事颇壅积，人或嘲诮之，卒于官”[②]。南宋高宗建炎二年（1128 年），在金兵退去后，东京留守宗泽“檄知尉氏县陈长宁权淮宁府，武经郎张某权蔡州。蔡领十县，民牒浩繁，张不能办”，导致政务积滞，迫不得已，宗泽改派已被罢官的阎孝忠“权知州”[③]。孝宗淳熙十三年（1186 年），臣僚也奏报说，地方州军上报朝廷的奏裁案件，诸路提刑司只应接收副本，但是其往往责令州军“皆令申上俟其看详之后，方许闻奏”。这样做本是希望减轻对中央司法机构的压力，但是因官员能力不足，“推其本心，固欲审克，力不逮志，竟成淹滞，至有一郡之狱凡十八案申上，累月不报，遂致一路之狱积四百余件，终岁待报而不决”[④]。因而朝廷责令州军遵守旧制，“合应奏者，州郡径自照条闻奏，不必俟宪司回报，庶使狱无淹滞”[⑤]，从而减省案件审批环节，节约了时间成本，避免了狱案积滞。此外，在南宋朱熹的《语录》中，也描述了南宋一些州县官员，尸位素餐，毫无决断能力，只会彼此推脱责任，“直要理会事，且如一事属吏部，其官长奏对时，下面许多属官一齐都著在殿下。逐事付与某人某人，便著有个区处，当时便可参考是非利害，即时施行此一事便了。其他诸部有事皆如此，岂不了事？如今只随例送下某部看详，迁延推托，无时得了。或一二月，或四五月，或一年，或两三年，如何得了？某在漳州要理会某事，集诸同官商量，皆逡巡泛泛，无敢向前。如此几时得了。于是即取纸来，某自先写起，教诸同官各随所见写出利害，只就这里便见得分明，便了得此一事。少间若更有甚商量，亦只是就这上理会，写得在这里定了，便不到推延。若只将口说来说去，何时得了！”[⑥]朱熹所希望的，就是勇于承担责任的官员，议定就行，不听

---

① 刘琳、刁忠民、舒大刚，等校点：《宋会要辑稿》刑法三之五二，第 8420 页。

② （元）脱脱等撰：《宋史》卷 304《曹颖叔传》，第 10071 页。

③ （宋）李心传编撰，胡坤点校：《建炎以来系年要录》卷 13，建炎二年二月丙子，第 334 页。

④ （宋）马端临著，上海师范大学古籍研究所、华东师范大学古籍研究所点校：《文献通考》卷 170《刑考九》，第 5106 页。

⑤ （宋）马端临著，上海师范大学古籍研究所、华东师范大学古籍研究所点校：《文献通考》卷 170《刑考九》，第 5106 页。

⑥ （宋）黎靖德编：《朱子语类》卷 128《本朝二》，朱杰人、严佐之、刘永翔主编：《朱子全书》，第 3999—4000 页。

泛泛的虚论，只有这样，才能真正提高行政效率，减少无效时间成本的损耗。

（三）地方政府官员缺乏时间观念，办事拖拉，浪费大量时间成本

两宋时期，导致地方政府行政效率低下，时间成本高昂最重要原因之一就是相当数量的地方官员缺乏时间观念，不以官府的公共管理事务为意，办事拖拉，推三阻四，导致大量事务被积滞，大量的宝贵时间被毫无意义的消耗。

在地方社会治理中，处理狱讼问题是行政官员们最为常见的公务，也是最容易出现拖延、迟滞的领域，一些没有责任心的官员不以百姓的利益为意，只顾自己享乐，导致大量案件被积滞，原被告权益均无法得到很好的保障。早在太宗太平兴国六年（981 年），朝廷就立法督促地方官及时决狱，“乃建三限之制，大事四十日，中事二十日，小事十日，不须追捕而易决者无过三日”①，但是实际执行效果却不够理想。如雍熙三年（986 年）二月，左拾遗张素就提出：“诸州县系囚动经旬月，（迄）［乞］令自今诸县镇禁系不得过十日，仍令本州长吏察访”，获得朝廷的批准。② 但是这种州县内部的自我监督，其实际意义相当有限，地方司法官吏办事拖拉，耗费大量时间成本的情况仍屡有出现。徽宗政和八年（1118 年），臣僚也奏报：“伏睹州县听讼，其间或有冤滥，即诣监司申诉，而监司多不即为根治，但以取索公（按）［案］看详为名，久不结绝，或只送下本处，或不为受理，致无所控告。自来非无法禁，盖官吏玩习，恬不介意”③，朝廷责令立法，将监司对州县狱讼的审核、看详情况列入年终考核，“以为殿最，庶几诉讼获申”④。但是由于国家行将灭亡，其制度的实际意义依然有限。到了南宋时期，地方官员对司法案件的淡漠和拖延亦相当严重，如绍兴三年十二月，江南东路提刑司言：“抚州司理院见禁周七十等，为周三十七身死公事，将及一年，淹禁坐狱，并不结绝。又本院见罪人陈俊为行刀杀死张进，至今亦及一年有余，未曾结绝，以致陈俊脱去枷杻，跳墙逃走，见今未获。其司理参军宋仲和显是弛慢不职，已牒信州取勘”⑤。朝廷诏令将本州司理参军宋仲和先次放罢，“令本路提刑司催促信州疾速取勘，具案闻奏”⑥。在绍兴六年（1136 年）的时候，

① （宋）李焘撰，上海师范大学古籍整理研究所、华东师范大学古籍整理研究所点校：《续资治通鉴长编》卷 22，太平兴国六年三月己未，第 491 页。
② 刘琳、刁忠民、舒大刚，等校点：《宋会要辑稿》刑法六之五一，第 8558 页。
③ 刘琳、刁忠民、舒大刚，等校点：《宋会要辑稿》刑法三之二二至二三，第 8404 页。
④ 刘琳、刁忠民、舒大刚，等校点：《宋会要辑稿》刑法三之二三，第 8404 页。
⑤ 刘琳、刁忠民、舒大刚，等校点：《宋会要辑稿》刑法三之七四，第 8433 页。
⑥ 刘琳、刁忠民、舒大刚，等校点：《宋会要辑稿》刑法三之七四，第 8433 页。

中书舍人董弅做了一个统计，南宋各路“见勘命官公事，计二百二十四件。其间奸赃不法等罪，为数百二十有一。其干连禁系有及三四年未结绝，死于狴犴，又不知其几何人”[①]。当年十月，又有官员奏报：“诸路未结绝公事有二百八十九件，其间有自绍兴二年淹延至今日”[②]，已经历经四年时间，朝廷因而责令“诸路体量取勘公事人，刑部开具住滞尤甚者申尚书省，取旨施行”[③]。孝宗朝隆兴二年（1164年），臣僚也奏报：朝廷不再允许民众越级上诉案情是符合制度规定的，但是“州县、监司所受词讼，多有经涉岁月不为结绝者，欲乞行下刑寺，将州县、监司词诉分别轻重，立限结绝。如限满尚未与决，许人户次第陈诉”[④]。正是地方官府的迟滞和不作为，导致大量时间成本的浪费，倒逼中央政府不得不再次放开越诉，而且这种民众越诉的时限越来越短。乾道二年（1166年）七月九日，臣僚言：“比来民讼至有一事经涉岁月，而州县终无予决者，缘在法，县结绝不当而后经州，州又不当而后经监司。乞自今词诉在州、县半年以上不为结绝者，悉许监司受理。”[⑤]将允许民众越诉的时限缩减到半年，从而迫使州县官府加速案件的审理。光宗绍熙四年（1193年），知邵州胡澄及通判、录事参军等属官因“两年之间，两狱瘐死狱囚至多。如段齐诬告之狱，追逮淹系也殆将一年，死者亦至三人”[⑥]，而被展磨勘、降官等处罚。宁宗朝《庆元令》中，曾对地方官府受理民众词讼和处理时限做出法律约束，“诸受理词诉限当日结绝，若事须追证者，不得过五日，州郡十日，监司限半月。有故者除之，无故而违限者听越诉”[⑦]。但是实际中却并未很好的执行，宁宗嘉定五年（1212年）九月二日，臣僚言：“今州县、监司理对民讼，久者至累年，近者亦几一岁，稽违程限，率以为常。”[⑧]因而请求戒饬监司、州县，“照应条法，应词诉稽程不为结绝者，即与次第受理，已结绝即与出给断由。仍下户、刑部，如受理词诉，即时出给告示，不受理者，亦于告示内明具因依。庶使人户凭此得经台省陈理，民情上达，冤枉获申”[⑨]。

两宋时期，在案情比较复杂，需要追取大量证人、证据的案件中，如果地

① 刘琳、刁忠民、舒大刚，等校点：《宋会要辑稿》刑法三之七七，第8434页。
② 刘琳、刁忠民、舒大刚，等校点：《宋会要辑稿》刑法三之七七，第8434页。
③ 刘琳、刁忠民、舒大刚，等校点：《宋会要辑稿》刑法三之七七，第8434页。
④ 刘琳、刁忠民、舒大刚，等校点：《宋会要辑稿》刑法三之三一，第8409页。
⑤ 刘琳、刁忠民、舒大刚，等校点：《宋会要辑稿》刑法三之三二，第8409页。
⑥ 刘琳、刁忠民、舒大刚，等校点：《宋会要辑稿》职官七三之一六，第5009页。
⑦ 刘琳、刁忠民、舒大刚，等校点：《宋会要辑稿》刑法三之四〇至四一，第8414页。
⑧ 刘琳、刁忠民、舒大刚，等校点：《宋会要辑稿》刑法三之四一，第8414页。
⑨ 刘琳、刁忠民、舒大刚，等校点：《宋会要辑稿》刑法三之四一，第8414页。

方官员拖延、缺乏责任心，往往会造成狱讼迟滞，甚至一些证人也被长期羁押在监狱，导致民间一般百姓颇有“畏讼”的情绪。如仁宗景祐元年（1034年），朝廷诏令：“州县刑狱须证逮者速决遣之，虑久系妨农事也。”[①]又如神宗元丰四年（1081年），“开封府治盖渐之狱，禁系已久，详其所治，在民间至为小事。本府所以如此淹延者，以御史所言，致为意外推求，盛暑之际，追逮不已，冀附致近臣之罪，以塞言者之口”[②]。元丰五年（1082年）六月，朝廷也诏令“鄜州制勘公事，追系八十一人。当此盛暑，非人情所堪，可限十日结案。景思谊、张谊、张荛发来赴阙，如有罪，案后以闻”[③]。徽宗宣和五年（1123年），中书省在调查中发现一些地方州县官员在调查处理民众诉状的时候，存在多种扰民行为，其中之一就是“或因对证，勾追人户到县，与词状分日引受。若遇事故，有迁延至五七日不能辨对了当，非理拘留，妨废农事”[④]。追证过度，羁押证人时间过长，从而给民众生活和案件及时审理带来相当损害。这种现象在南宋同样存在，高宗绍兴九年（1139年），臣僚奏报指出，“追证取会及差官审录之类，一涉他州，互相推避，文移往返，动经岁月”[⑤]，虽然有相关法令制度，约束追证时限，但往往不被认真执行。二十三年（1153年）九月，大理寺丞郭唐卿同样提出：“州县推勘罪人，于他处追取会问，往往回报稽留，致淹刑禁，乞申严令甲程限施行。”[⑥]过多的追取证人和远距离追证是导致狱讼淹延的重要原因。

宋代地方管理活动中，一些事务需要官员离开治所，外出执行公务。如差派州县官员审理案件、救济灾民、审计账目等，监司也需要亲自前往各州县督导救灾、审案等，在这些需要外出的公务活动中，一些地方官员往往推三阻四、不愿执行，导致大量时间成本的浪费和事务的废弛。如仁宗皇祐四年（1052年），“以京东、淮浙、江湖路灾伤，令转运使、提点刑狱分部巡察”[⑦]，而江东提点刑狱张肃等“稽违不行，乃奏准《编敕》，每遇出巡，仍须同行，又请挈家于分定州军”[⑧]。这导致仁宗非常生气，“始令分路巡按，盖急于抚恤疲羸，督视盗

① （宋）李焘撰，上海师范大学古籍整理研究所、华东师范大学古籍整理研究所点校：《续资治通鉴长编》卷115，景祐元年七月己亥，第2690页。
② 刘琳、刁忠民、舒大刚，等校点：《宋会要辑稿》刑法三之六七，第8429页。
③ 刘琳、刁忠民、舒大刚，等校点：《宋会要辑稿》刑法三之六七，第8429页。
④ 刘琳、刁忠民、舒大刚，等校点：《宋会要辑稿》刑法二之八七，第8330页。
⑤ 刘琳、刁忠民、舒大刚，等校点：《宋会要辑稿》刑法三之七九，第8435页。
⑥ （宋）李心传编撰，胡坤点校：《建炎以来系年要录》卷165，绍兴二十三年九月辛丑，第3138页。
⑦ 刘琳、刁忠民、舒大刚，等校点：《宋会要辑稿》职官六五之九，第4802页。
⑧ 刘琳、刁忠民、舒大刚，等校点：《宋会要辑稿》职官六五之九，第4802页。

贼，而肃等乃欲挈家以自便”①，严重延误救灾时间，因而将提刑张肃，同提点、内殿承制、合门袛候赵牧等几人降官，改任差遣。又如徽宗崇宁三年（1104年），户部言：“契勘本司自来差官体量坊场、河渡，或检察灾伤，或被朝旨分定州军选差官结绝刑禁等事，其依条合差出之官，每遇差委，须计会本州占留。守臣收敛人情，便为申乞，别行差官。既无官可差，往复行遣，动经三两月方肯前去，率皆迟误。兼坊场、河渡系出纳净利钱，若所差官逗留月日，枉有积压官钱。检察灾伤及狱囚在禁，却居家待免，尤为害事”。为此朝廷立法，“应监司依条差官，别无违碍，不许申乞占留，依限起发。辄推避及为申者，并科杖一百罪”②。由于当时朝政腐败，官员们尸位素餐，地方监司、州军官员也仿效朝廷官员，政务废弛，不愿远出，宣和二年（1120年），开封府官员就奏报：“伏见监司被受御笔处分，或暂摄帅府，或托故在假，身不行而委官以代之。被委小吏，请托避免，动涉月日，莫肯就道，慢命不虔，于此为甚。”③朝廷虽立法严厉督责，但实际效果却极为有限。南宋时期，在差派地方官员审理案件等方面仍存在拖延、迟滞的现象，孝宗乾道九年（1173年），大理寺奏报：“勘会被差鞫狱、录问，起发违［时］及辄占留（词）［辞］避者，皆有成法。近来所差之官，往往不即起发，饰词避免，或妄称它司先以差委。文牒往来，迁延月日，致使罪人久被囚系。”因而责令诸路监司、郡守“觉察按劾，重置典宪”④。宁宗嘉定六年十二月，臣僚也对州县案发后司法检验差官推阻的现象提出疑问：“今县邑检验，偶本县有嫌，合牒邻县委官。邻县多不相统属，或遇移文，不曰所属官有假故，则曰已差出无人。或预有所闻，则并与缄封不启。如此数四，往返累日。”⑤由于地方州县官员寻找各种借口，百般推脱差出，案发地官员不得不再向提刑司、州军上报公文，申请别处差官，这样就耗费了大量的时间，“亦非旦暮可毕，暑月腐坏，至不可验。由是奸胥黠吏因得并缘，不得其情，多基于此”⑥。因而朝廷责令诸路提刑司约束诸县，“遇有检覆公事，合牒邻县差官者，即于移牒封题明著某事，有辞避不承、稽违时日者，重与责罚”⑦。

中央责令地方，或地方政府中上级责令下级调查、执行的政务，由于监管机构变换比较多、情况比较复杂、公文往来比较冗杂，也容易导致事务积滞，

---

① 刘琳、刁忠民、舒大刚，等校点：《宋会要辑稿》职官六五之九，第4802页。
② 刘琳、刁忠民、舒大刚，等校点：《宋会要辑稿》刑法二之四四，第8307页。
③ 刘琳、刁忠民、舒大刚，等校点：《宋会要辑稿》刑法二之七七，第8325页。
④ 刘琳、刁忠民、舒大刚，等校点：《宋会要辑稿》刑法三之八七，第8442页。
⑤ 刘琳、刁忠民、舒大刚，等校点：《宋会要辑稿》刑法六之七，第8534页。
⑥ 刘琳、刁忠民、舒大刚，等校点：《宋会要辑稿》刑法六之八，第8534页。
⑦ 刘琳、刁忠民、舒大刚，等校点：《宋会要辑稿》刑法六之八，第8534—8535页。

耗费大量时间成本的情况。如徽宗政和六年（1116年），“湖南转运副使程元佐、转运判官乔方、运勾苏公才各降一官。以朝旨取会湖南北路土军弓弩手人数及废置，下逐路转运司勘会，经六催不报故也”[①]。高宗绍兴七年（1137年）十月，刑部奏报：“鼎州为修职郎舒邦彦于安抚司使臣何商处受寄李允文激赏库并宅库金银，侵欺入己，委邵州根勘。本部计一十次催促，并无回报。”[②]其还奏报：“进义副尉、权广州香山镇林智在任与本镇副坊洪浩为保，领黄世通不纳牛皮事，林（知）[智]取乞洪浩银七十两等，已牒广州送所司根勘施行。据申，林智逃走，乞下高州催勘施行。本部已勘会，自合一面移文高州，发遣前来本州根勘。计二十九次符下广州，四次申到因依，两次根治，即目未有结绝。”[③]大量的时间被消耗在烦冗的公文往复之间，朝廷也因此对这些勘案迟滞、不以官民利益为意的官员做出惩罚。在绍兴十四年（1144年），刑部奏报：“民有冤抑，诉于郡守、监司，其所委定夺之官或不即与决，缘是按牍亡失，间被拆换，亦无从稽考。”[④]在屡屡出现这种狱案积滞、官员不以朝廷法令为意的情况下，南宋通过立法，对各级地方官员承接朝廷和上级事务的情况做出年终考核，“县官每月终具所承定夺事目，画一开坐被受年月日，若干件已回申，若干件见索按、已未索到，结无漏落文状申本县，类申本州，本州类申逐司。如此，一阅尽在目前，易为督责，不惟下情无壅，且可以察官吏之能否”[⑤]。这样，就能够比较清楚地看出一州一县对待上级差派事务的处理情况，有利于提高行政效率，节省时间成本。但是，在后来实际执行中，似乎并未如立法者所愿，下级官员消极对待上司命令，事务迟滞的现象仍然存在。如孝宗淳熙十二年（1185年），宰执进呈“狱案籍，三省事下诸州，有督促至十余而未报者”，孝宗指出对此种行为，不需要多下公文，只是严惩拖延、迟慢官吏就可以解决[⑥]。光宗绍熙五年（1194年），明堂赦文中也说：“州县民户词诉已经朝省、监司受理，行下所属州县追究定夺之类，往往经涉岁月，不与断理，使实负冤抑之人无由伸雪。”[⑦]又如宁宗嘉定六年（1213年），权户部侍郎李珏言：“窃惟今日中外之弊，莫甚于按牍积滞。吏习因循，视民政为不切之务。近因置籍稽考诸路监司并州郡承受本部发送民讼，截至九月终，未结绝共一千三百三十四件，其间盖有经数年尚未结

① 刘琳、刁忠民、舒大刚，等校点：《宋会要辑稿》职官六八之三六，第4892页。
② 刘琳、刁忠民、舒大刚，等校点：《宋会要辑稿》刑法三之七七，第8434页。
③ 刘琳、刁忠民、舒大刚，等校点：《宋会要辑稿》刑法三之七八，第8434页。
④ 刘琳、刁忠民、舒大刚，等校点：《宋会要辑稿》刑法三之二六，第8406页。
⑤ 刘琳、刁忠民、舒大刚，等校点：《宋会要辑稿》刑法三之二七，第8406页。
⑥ 汪圣铎点校：《宋史全文》卷27下，淳熙十二年正月辛卯，第2311页。
⑦ 刘琳、刁忠民、舒大刚，等校点：《宋会要辑稿》刑法三之三七，第8412页。

绝。近而两浙转运司未结绝者亦二百四十余件。是致人户不住经部、经台催趣。”[①]朝廷虽责令立法对地方官员承办相关事务加强考核，督责他们“留意民政，狱讼平理，并无违滞”[②]，但是实际效果仍不理想。当年商逸卿就因“比守辅藩，有大辟狱，省部督趣数十次，更无一字回报”而被奏罢[③]。理宗开庆中，孙子秀江东提点刑狱，州县狱讼迟滞，“皆由期限之不应。使者下车，或亲书戒州县勿违，而违如故，则怒之。怒之，改匣，又违则又重怒之，至再三。而专卒四出，巡尉等司缴限抱匣费不赀，则其势必违”[④]。在这种监司和州县官员之间的公文往来中，耗费了大量的人力、物力，同时也浪费了大量的时间，结果事务却毫无进展。孙子秀对此做出改革，“与州县约，到限者径诣庭下，吏不得要索，亦无违者。其后创循环总匣属各州主管官，凡管内诸司报应皆并人匣，一日一遣，公移则又总实于匣以往。于是事无小大，纤悉毕具”[⑤]，但是这样有效的制度却没有得到坚持，“而风闻者反谓专卒淩州县，劾罢之，子秀笑而已”[⑥]。于是南宋的政务又陷入因循废弛的局面。到了理宗朝，中央政府也因无法忍受司法行政的低效率，意图下放一些权力，加快行政节奏，“比诏诸提刑司，取翻异驳勘之狱，从轻断决。而长吏监司多不任责，又引奏裁，甚者有十余年不决之狱”[⑦]。但是，地方监司毫不在意案卷复核的职责，反复的申请奏裁，在这种烦冗的公文往复中，出现了大量超长时限的公务处理过程，耗费了超量的时间成本。

除了狱讼之外，宋代地方官员在其他政务处理中也存在怠惰、拖延、缺乏责任心的情况。如灾害的赈济中，最需要官员们及时巡查灾情，申请和发放救灾物资，但是一些地方官员却不以为意，往往应对迟缓、浪费时间，侵害灾民利益。如神宗元丰中，提点开封府界、承议郎杨景略等人在救灾中“不亲督趣捕蝗”[⑧]，并迁移官廨迟缓，被朝廷降官责罚。徽宗政和六年（1116 年），朝廷诏令中就提到：“常平散敛之法，民受其赐，踰三十年。岁久法玩，吏缘为奸，州县监司习以为常，事有稽缓，至累年不决；文移取会，辄不具报。赴诉省部，日常有之，民失其平，提举官号为事简，不复省察。绍述之政，莫此为最。而

---

① 刘琳、刁忠民、舒大刚，等校点：《宋会要辑稿》刑法三之四一，第 8414 页。
② 刘琳、刁忠民、舒大刚，等校点：《宋会要辑稿》刑法三之四一，第 8414 页。
③ 刘琳、刁忠民、舒大刚，等校点：《宋会要辑稿》职官七三之四七，第 5027 页。
④ （元）脱脱等撰：《宋史》卷 424《孙子秀传》，第 12665 页。
⑤ （元）脱脱等撰：《宋史》卷 424《孙子秀传》，第 12665 页。
⑥ （元）脱脱等撰：《宋史》卷 424《孙子秀传》，第 12665 页。
⑦ （元）脱脱等撰：《宋史》卷 201《刑法志三》，第 5015 页。
⑧ 刘琳、刁忠民、舒大刚，等校点：《宋会要辑稿》职官六六之二〇，第 4835 页。

弛废若此，非所以奉承先志。”[①]因而责令户部对于地方上“应三催不报，或踰年不结绝”的现象，“并州县监司行遣失当，并具奏劾，官员随重轻黜责，吏配千里”[②]。从而有助于加快常平仓物资的发放，救助灾民。又如地方公文的传递，一些州县递铺兵丁故意拖延、怠惰，人为延缓政务处理的速度。如北宋初年，各州府在京师设立进奏院，分派亲信、胥吏驻扎京师，主管本州文书传递，但是“外州将吏不乐久居京师，又符移行下率多稽迟，或漏泄机事”[③]。耗费了大量的时间成本，从而引起了宋代进奏院制度由隶属于地方向隶属于中央的重大制度变革，提高了传递效率。徽宗宣和元年（1119年），权知洪州徐惕在调查朝廷“布政诏书并急递等文字，递铺住滞，过期方到”的案情中也提到，一些地方官府缺乏时间观念，并不依照文书的日限及时传递，“多是曹级容令铺兵售雇与往来人担擎，或肆为营趁，积聚公角三百件，方差一二名贫乏者负担承传。似此抄转名件既多，担夯例皆负重，何缘依应条限？巡铺使臣略不点检，虽已移文逐路催促，缘系别路，终是催趁不前”[④]，导致了朝廷重要的文书超期多日才能到达。高宗绍兴二十三年（1153 年），新知潭州陈璹也提出：朝廷对于递铺兵待遇优厚，并责令监司、通判、知县监督文书传递，虽然关防周尽，“而稽迟之弊初未尝革。且以二广去朝廷远，既以急递，期限不过旬日，而广西承受尚书省抹绿牌递，有踰两月而不到。本路发急递至进奏院，有踰三月方到者。其间朝廷待报紧急文字与夫诸州刑狱奏案，稽迟日久，岂不误事？”[⑤]因而建议朝廷再次重申法令，并对于传递文书特别废弛的官员“上之省部，行下所属根究违滞，特行责罚”[⑥]。孝宗隆兴二年（1164年），权发遣昌化军李康臣也对海南文书传递迟缓问题提出批评：“海南琼州、万安、吉阳、昌化军四州军之地，邈在海外，去朝廷为至远，趣静江府亦不（递）[啻]千余里，朝廷有一命令，帅臣、监司有一行移，动辄经年，少则半载。虽云道远，亦由递铺之弊。”[⑦]一道诏令和监司文牒，往往要经历半年至一年才能到达，递铺兵丁的问题影响可谓严重。因而他请求设立提领官，督责递铺加快文书传递，朝廷责令驾部及提举广南西路马铺递官认真研究解决方案。还有一些地方官员，因未能及时发放军饷、犒劳军队

---

① 刘琳、刁忠民、舒大刚，等校点：《宋会要辑稿》食货五六之三六至三七，第7303页。
② 刘琳、刁忠民、舒大刚，等校点：《宋会要辑稿》食货五六之三七，第7303页。
③ （宋）王辟之撰，吕友仁点校：《渑水燕谈录》卷5《官制》，北京：中华书局，1981年版，第60页。
④ 刘琳、刁忠民、舒大刚，等校点：《宋会要辑稿》方域一〇之三二，第9479页。
⑤ 刘琳、刁忠民、舒大刚，等校点：《宋会要辑稿》方域一一之一二，第9496页。
⑥ 刘琳、刁忠民、舒大刚，等校点：《宋会要辑稿》方域一一之一二，第9496页。
⑦ 刘琳、刁忠民、舒大刚，等校点：《宋会要辑稿》方域一一之一七至一八，第9499页。

物资等[①]，从而给地方治安稳定造成严重的隐患。一些州府官员时间观念淡薄，不及时“依条限印给属县租税簿”，妨碍地方税收的征收和国家财政的正常运转[②]，存在诸多公务废弛，耗费大量时间成本的情况。这种尸位素餐的官员，有时甚至比贪污官员危害更大，“欲加按劾，则无显过；欲置不问，则为民害”[③]。上级官员对其渎职行为也缺乏处理办法，一旦遇到赈灾、抵御盗贼侵扰等突发事件，他们的危害就会显现出来，所耗费的时间成本可能会造成大量的人力、物力损失。

一些地方官员对私人事务的关注远远超过对于官府事务的热情，因私害公，占用过多的公务时间，导致公务废弛。如《默记》中就记载：“刘原父就省试，时父立之为湖北转运使。按部至鄂州，与郡守王山民宴于黄鹤楼，数日不发，谓守曰：‘吾且止此，以候殿榜，儿子决须魁天下。’……来日，殿榜到州，原父果第二名。”[④]从这样一个小的故事中，我们阅读到的不只是“知子莫若父”，同时也看到刘立之只是为了等待儿子的殿榜，故意在鄂州停留多日，宴会享乐，严重超过了监司按郡如无特殊情况，每地停留不得过三日的朝廷法令，这样就影响到其巡查其他州郡的进度，必然造成政务废弛和时间成本的无效消耗。仁宗朝，周湛为江西转运使，他发现州县中大量存在“簿领案牍，淆混无纪次，且多亡失”[⑤]，这样一来，将一些关键证据和文书丢失，“民诉讼无所质，至久不能决。湛为立号”[⑥]，地方官吏不认真整理和保存簿书，案件审理、公务文书处理“久不能决”，极大地影响了政府的行政时间成本，损害了政府的公信力。还有一些地方官员安于享乐，不理政务，“郡县长吏间有连日不出公厅，文书讼牒多令胥吏传押，因缘请托，无所不至，乡民留滞，动经旬月，至有辨讼终事而不识长官面者。如此，则岂能尽民之情、宣上之德！”[⑦]甚至一些官员在接到朝廷任状后不及时上任，历经三个月乃至半年，迁延不发[⑧]，由此而造成的政务

① 宣和三年四月二十五日，“知邓州崔彪勒停，以月支军粮稽违故也”（刘琳、刁忠民、舒大刚，等校点：《宋会要辑稿》职官六九之八，第4901页）。绍兴三十二年八月十七日诏“权发遣全州王莀臣可放罢。坐行赏稽缓，致兵士聚众作乱故也”（刘琳、刁忠民、舒大刚，等校点：《宋会要辑稿》职官七一之一，第4947页）。

② （宋）李心传编撰，胡坤点校：《建炎以来系年要录》卷166，绍兴二十四年三月戊寅，第3154页。

③ （宋）朱熹撰：《晦庵先生朱文公文集》卷21《乞许令佐自陈岳庙状》，朱杰人、严佐之、刘永翔主编：《朱子全书》，第948页。

④ （宋）王铚撰，朱杰人点校：《默记》卷中，北京：中华书局，1981年版，第34—35页。

⑤ （元）脱脱等撰：《宋史》卷300《周湛传》，第9967页。

⑥ （元）脱脱等撰：《宋史》卷300《周湛传》，第9967页。

⑦ 刘琳、刁忠民、舒大刚，等校点：《宋会要辑稿》职官四七之三〇，第4282页。

⑧ 绍兴四年二月八日，荆湖北路转运判官刘庭佐特降一官冲替。先是，绍兴三年八月一日诏：“荆湖北路运判范寅亮与湖南运判刘庭佐两易其任，庭佐自降旨半年尚未赴任。至是，都省言其避事，故有是责。”（刘琳、刁忠民、舒大刚，等校点：《宋会要辑稿》职官七〇之一三，第4922页。）

嘉熙元年六月丙午，“知黄州兼淮西安抚使、本路提刑李寿朋，被命三月，不即便途之官，遂还私舍，诏削三秩，送建昌军居住”。（元）脱脱等撰：《宋史》卷42《理宗本纪二》，第814页。

废弛，严重影响到政府行政体制的正常运转，造成大量时间成本的消耗。此外，过多的宴会应酬同样对地方官员及时处理政务造成影响，神宗元丰六年（1083年），前湖州知州唐淑问针对州县狱讼迟滞的情况和原因就提出："州郡有当冲要者，例修宾客往复，间有不来，谤怒随之。常情未免顾私，其间或以废事。吏抱案牍，走道路以取决，则有漏泄稽滞之失；小民持诉牒趋官府，则又未必知长吏所之，而讼不时决。况中外官守均有事任"[①]。他认为，是地方过多的公务宴会迎送干扰了正常的狱讼审理活动，导致狱案废弛，浪费大量时间，因而请求"乞州郡禁谒并依在京百司例"[②]，后朝廷通过立法，"知州、通判、县令非假日不得出谒，即谒亲属，及职事相干，并泛遣使命，或知州、通判、提举官、钤辖以上者听"[③]。南宋宁宗朝知汉阳军黄榦也提出，其下属一些州军官员"动辄往来鄂州，不以为怪，甚至郡守亦或一往。窃详其意，不过欲奔走诸台，以求知己，其次则谒亲旧、事宴游。抑不思事上之礼"[④]。这种过多公务宴会、交游影响正常公务活动，确实应当禁止。

（四）地方政府官吏故意拖延时限，贪赃谋私，浪费大量时间成本

两宋时期，一些地方官吏办事拖拉的原因却是故意刁难当事人，希望从中以权牟利，也有一些有权势的犯罪官员、豪强借此来拖延案件审理，上下营求，以求脱罪。在这种权力寻租的拉锯战中，大量的时间成本也被无效消耗了，这种情况在地方司法领域尤为常见。

宋朝立国后，崇尚宽容政治，对待罪犯恩赦过多，而且每隔数年，就有郊祭大赦。这也就引起了一些犯罪分子的注意，在犯了重罪之后，往往通过金钱收买地方官员，拖延时限，等待大赦。如太平兴国三年（978年），太宗颁布的诏令中就提到："朕以长至之辰。亲祀上帝。省灾宥过。抑有旧章。窃虑不逞无赖之徒。因而为奸。以图侥幸。诸州官吏。留大狱不决。以觊宥赦。"[⑤]这样一来，不仅浪费大量的行政时间，同时也助长了犯罪分子的嚣张气焰和官吏贪污

① （宋）李焘撰，上海师范大学古籍整理研究所、华东师范大学古籍整理研究所点校：《续资治通鉴长编》卷335，元丰六年五月戊子，第8067—8068页。
② （宋）李焘撰，上海师范大学古籍整理研究所、华东师范大学古籍整理研究所点校：《续资治通鉴长编》卷335，元丰六年五月戊子，第8068页。
③ （宋）李焘撰，上海师范大学古籍整理研究所、华东师范大学古籍整理研究所点校：《续资治通鉴长编》卷335，元丰六年五月戊子，第8068页。
④ （宋）黄榦撰：《勉斋先生黄文肃公文集》卷37《汉阳禁约官属违法出界仍牓客位》，《宋集珍本丛刊》，第68册，第179页。
⑤ 司义祖整理：《宋大诏令集》卷190，《约束八月一日以后吏民所犯不在恩赦之限诏》，第696页。

之风，因而朝廷诏令转运司及各州府自当年“自八月一日以后。吏民所犯。并论如法。不在恩赦之限”[①]。当时，一些州府长官不以狱讼为意，“诸州大狱，长吏不亲决”，任凭下属官员、胥吏贪赃营私，随意追证，拖延时限，“逮捕证左，滋蔓踰年而狱未具”[②]，给地方政府行政效率和诉讼当事人均造成相当时间成本损失。甚至还有一些县级政府，胥吏随意逮捕嫌疑人，不将其羁押在监狱，而是“付厢收系，动成底滞”，在长期拘押之下，被押人员不得不通过金钱贿赂，以求脱身，“厢吏恣行乞取，其毒有甚于囹圄”[③]。到了南宋时期，随着秦桧、韩侂胄、史弥远等权臣相继执政，导致朝政日益腐败黑暗，地方官吏也多通过拖延政务处理时限，来勒索当事人，获取钱物，使得犯法违禁者得不到惩处，蒙冤受屈之人得不到申诉。从而造成政府行政时间成本和政府公信力的双重损失。高宗绍兴四年（1134 年）九月，右司谏赵霈就指出：“比来在外刑狱例常淹延，考其奏案，原其情犯，有法当论死，初无可疑者，奈何吏缘为奸，以狱为市，意在纵释，以故久而不决。使已死之魄，冤抑而不得达，被苦之家，怨愤而不得申，将何以召和气乎？”[④]他还举了建康府百姓王绂等六人因失牛而报私怨杀死一十三人，被处以凌迟，“后因审问，乃辄翻异，今踰一年”[⑤]。婺州豪民厉景忻因盗贼发，为求赏钱，杀害无辜平民，“昨体究诣实，后来勘鞫，两经翻异，今踰二年”[⑥]，这些人员都是背负杀害平民性命的重罪，而地方官吏“二狱久而不决，皆欲迁延免死，则死者何其不幸哉！”[⑦]绍兴九年（1139 年），臣僚奏报中也说：犯人入监，官府胥吏往往乞取贿赂，教唆其翻异口供，“或故为不圆以使监司疏驳，或沉溺递角以致奏案不到，迁延岁月，以待按发之官去任。或徒伴有死亡者，然后计嘱官司，尽脱其罪”[⑧]。绍兴二十九年（1159 年），大理评事潘景珪也说：“诸州狱讼，有罪状显著而不能决者，皆奸猾玩法，而胥吏因之以为利。”[⑨]隆兴二年（1164 年），中书门下省也奏论：“访闻广州县鞫狱，推吏受赃，往往指教罪人翻异，移司别勘，累岁不决，使干连无辜之人枉被刑禁，

① 司义祖整理：《宋大诏令集》卷 190，《约束八月一日以后吏民所犯不在恩赦之限诏》，第 696 页。

② （宋）李焘撰，上海师范大学古籍整理研究所、华东师范大学古籍整理研究所点校：《续资治通鉴长编》卷 22，太平兴国六年三月己未，491 页。

③ 刘琳、刁忠民、舒大刚，等校点：《宋会要辑稿》刑法二之六三，第 8317 页。

④ （宋）李心传编撰，胡坤点校：《建炎以来系年要录》卷 80，绍兴四年九月己巳，第 1515 页。

⑤ （宋）李心传编撰，胡坤点校：《建炎以来系年要录》卷 80，绍兴四年九月己巳，第 1516 页。

⑥ （宋）李心传编撰，胡坤点校：《建炎以来系年要录》卷 80，绍兴四年九月己巳，第 1516 页。

⑦ （宋）李心传编撰，胡坤点校：《建炎以来系年要录》卷 80，绍兴四年九月己巳，第 1516 页。

⑧ 刘琳、刁忠民、舒大刚，等校点：《宋会要辑稿》刑法三之七九，第 8435 页。

⑨ （宋）李心传编撰，胡坤点校：《建炎以来系年要录》卷 181，绍兴二十九年正月甲申，第 3473 页。

间有死亡，甚失朝廷好钦恤之意。”① 宁宗嘉定十五年（1222 年），臣僚奏报中也说：“民之犯罪至于重辟，勘结自有限日，而近之作县者委成于吏，枝蔓䜌弄，动淹岁月。或导囚翻异，变乱狱情；或牵执平民，妄行追扰；或根连干证，与囚同禁。致失农业，甚至瘐死，岂有不伤和气！”② 一些被差他州县审案的官员也为了早日脱身，故意教唆犯罪嫌疑人翻变口供，“况顽囚贪生畏死，类多抵谰，教之使翻，彼胡为而不翻乎？”③ 在这些事情的指引下，不但官府的行政效率被无限降低，而且官场风气、社会正义也被肆意歪曲了。到了宋理宗朝，地方官府狱讼审理效率低下，拖延时限以求谋私的情况更加严重，监察御史程元凤奏曰：“今罪无轻重，悉皆送狱，狱无大小，悉皆稽留。或以追索未齐而不问，或以供款未圆而不呈，或以书拟未当而不判，狱官视以为常，而不顾其迟，狱吏留以为利，而惟恐其速。……有矜贷之报下，而其人已毙于狱者；有犯者获贷，而干连病死不一者，岂不重可念哉？”④ 这完全是黑白颠倒，毫无行政效率可言，吏治的腐败是导致这种行政低效率的重要原因。

除了一般犯罪人员的贿赂所导致的地方官府断案迟缓外，一些有权势的官员、豪强更是在犯罪后上下营求，拖延案情审理，以求脱罪。如高宗绍兴七年（1137 年），广东提刑司就奏论德庆府官吏“根勘封州县令林廷辉在任不法事”，因为收受了贿赂，“上下受嘱，故作违慢。本司推勘，计八十八次，经七个月，未见申到结绝”。⑤ 绍兴十三年（1143 年），前知邕州知州俞儋因“冒请遥郡全俸及路分钤辖添支，[计] 赃二十匹（又）[以] 上，及侵欺朝廷买马钱”⑥ 而被朝廷置狱审理，初在象州，后移郴州，俞利用其在当地官场的影响力，上下嘱托，“往往相与图救，致无辜之人久此拘囚，而巨赃未正典刑”，“见付郴州，迄今三年，未闻结绝”⑦。三年都无法审理清楚一个简单的贪赃案情，地方官府的行政效率何其低下！贪官污吏也通过制造和利用这种迟缓的行政节奏而获得脱罪的机会。到了理宗朝，地方司法更加黑暗，一些有权势的豪强，利用狱讼积滞来残害有仇嫌的平民，“有强豪赂吏，罗织平民而囚杀之。甚至户婚词讼，亦皆收禁。有饮食不充，饥饿而死者；有无力请求，吏卒凌虐而死者；有为两词赂遗，苦楚而死者。惧其发觉，先以病申，名曰‘监医’，实则已死；名曰‘病死’，

① 刘琳、刁忠民、舒大刚，等校点：《宋会要辑稿》刑法三之八四，第 8439 页。
② 刘琳、刁忠民、舒大刚，等校点：《宋会要辑稿》刑法三之八八，第 8443 页。
③ 刘琳、刁忠民、舒大刚，等校点：《宋会要辑稿》职官五之六三，第 3151 页。
④ （元）脱脱等撰：《宋史》卷 201《刑法志三》，第 5015 页。
⑤ 刘琳、刁忠民、舒大刚，等校点：《宋会要辑稿》刑法三之七八，第 8435 页。
⑥ 刘琳、刁忠民、舒大刚，等校点：《宋会要辑稿》刑法五之三六至三七，第 8523 页。
⑦ 刘琳、刁忠民、舒大刚，等校点：《宋会要辑稿》刑法五之三六至三七，第 8523 页。

实则杀之。至度宗时，虽累诏切责而禁止之，终莫能胜，而国亡矣。”[①]这种迟缓的行政节奏不仅耗费了大量的时间成本，同时还可能导致政治的腐败黑暗，最终威胁整个王朝统治的稳定。

除了司法事务之外，地方政府的一些其他公务的迟滞、拖延，其中也往往包含着官员、胥吏从中作梗，贪污营私的因素，如地方官府职役征发中，南宋朝廷制度规定，可以出钱雇人代役，但是绍兴年间，一些州县“多是公吏别立私名受募，每有文移，承受之后，即收匿，追呼催索，有踰数限而不报。其徒递相壅蔽，但见公府事多而令慢，不知其弊繇此”[②]。他们之所以要别立私名募人，利益因素是其中重要的一个方面，但是这些人员难以适应官府公文传递等的要求，因而导致了政务废弛、效率低下。又如常平仓粮田的耕种和灾粮发放中，胥吏也从中牟利，“户绝、水利之田，欺隐于奸吏。帑庾之积，所至空虚”[③]，等到灾情爆发之后，仓廪空虚，再临时向朝廷或邻路、邻州求援，文移往复，拖延时限，“道路既遥，时月亦淹，救助未至，而民之骨已槁矣”[④]。宋代地方官吏的贪腐，不仅耗费了政府有形的物质资产，同时也消耗了宝贵的时间，导成严重的社会后果。还有一些地方官吏，只考虑到自己任内财政收支平衡和小团体的利益，忽视社会管理的大职责，在灾害赈救中，不肯及时投入，“县有水旱，令则观望州郡，不即受状；守则顾惜郡计，恶闻言损。既不申奏，又不检视。或因诸司觉察，不得已而差官检踏，动在深冬。彼时旱禾多为牛马蹂践，民间无以续食，先自耕犁旱田，播种菜麦，官吏所至，称是无藁秸可验，多不减放，遂使有田者不被蠲租之恩，无业者不沾赈济之惠，民生兹郡，何不幸耶！”[⑤]由于没有及时的救助灾民，虽然节省了政府有形的物资成本，但是却没有尽到社会管理职责，使民众生命财产遭受更大的损失，同时也严重损害了政府无形的时间成本及公信力成本，其实也是得不偿失的。

（五）地方政府一些岗位空缺或人员更换频繁，导致事务处理积滞，时间成本高昂

边远地区或者一些基层的工作岗位往往会出现官员长期空缺，行政事务没有专人管理，事务积滞，时间成本浪费的情况。北宋前期，地方上也存在相当

① （元）脱脱等撰：《宋史》卷200《刑法志二》，第4997页。
② 刘琳、刁忠民、舒大刚，等校点：《宋会要辑稿》食货一四之三五，第6284页。
③ 刘琳、刁忠民、舒大刚，等校点：《宋会要辑稿》职官四三之三七，第4130页。
④ 刘琳、刁忠民、舒大刚，等校点：《宋会要辑稿》职官四三之三七，第4130页。
⑤ 刘琳、刁忠民、舒大刚，等校点：《宋会要辑稿》瑞异三之二六，第2662页。

数量县级官员岗位空缺的情况，当时的原因还主要是官员数量少，难以满足地方实际需要，导致相当数量岗位空缺。[①]但是到了真宗朝之后，情况发生了改变，就是官员们不愿意到基层任职，如北宋名臣陈襄在神宗朝新法实施后，奏报中提到当时地方基层官员岗位空缺的严重情况，“臣所领审官东院契勘近日合入亲民资序官七十余员，知县阙次八十余处，全然差注不行”[②]。其实并非没有等待除授的待次官员，而是在熙丰新法实施后，“县道事繁，督责严密，被累者多。故虽有廉良之才，稍知自重，则莫不畏罪规避，无敢就者，至有折资愿就闲局”[③]，大家宁肯担任闲职，也不愿担任繁重的县令，导致“今来任知县人不减五十余员，并正任监当人又自有九十余员，其监当阙次只有十处，不惟县道阙人，兼监当待次人无由发遣。”[④]大量的地方事务因而废弛。哲宗时期彭汝砺在《论重县令之选奏》中也提出：“一路之为职司者，不过三四人，一州为之守者一人，而为之令者或五六人，或十人。事之自县而至于州者，十止于三四，自州而至于职司者，一二而已。故利害系于民者至多，而其迹尤与民亲者莫如令也。”[⑤]可见，县令与民众接触最多，处理的相关行政事务也最集中，他们一旦出现空缺，必然导致相关事务处理的积滞。但是当时的实际情况却是“今知县阙次常有余处，虽至好县分亦不肯注授，故诸处阙官有至数年者。今逐处县分惟能了青苗、免役等钱，则监司以为材能，亦不问其他，人不复知有县令职事”[⑥]。到了徽宗时期，情况更为严重，在蒋静为转运判官王籧所做的墓志铭中就提到，夔州路由于道路遥远，地理偏僻，“士大夫惮川陆之险，郡邑员阙十四五，官有废事，吏不任责”[⑦]。州县官员有接近一半的比例都没有正任官员，这样一来，必然导致相关事务的废弛，耗费大量的时间成本。大观中，杭州“久阙守，郡事废弛”[⑧]。政和中，“知县、县令凡百七十余阙，无愿注者”[⑨]。实际上，不仅仅是官员，即使普通士兵的缺乏，也会导致政府相关事务处理的积滞，如许多士兵

① 刘琳、刁忠民、舒大刚，等校点：《宋会要辑稿》选举二七之七，第5771页。

② （宋）陈襄撰：《古灵先生文集》卷17《理会吏部资序札子》，《宋集珍本丛刊》，第8册，第788—789页。又见（明）黄淮、杨士奇编：《历代名臣奏议》卷160《理会吏部资序札子》，第2099页。

③ （宋）陈襄撰：《古灵先生文集》卷17《理会吏部资序札子》，《宋集珍本丛刊》，第8册，第789页。又见（明）黄淮、杨士奇编：《历代名臣奏议》卷160《理会吏部资序札子》，第2099页。

④ （宋）陈襄撰：《古灵先生文集》卷17《理会吏部资序札子》，《宋集珍本丛刊》，第8册，第789页。又见（明）黄淮、杨士奇编：《历代名臣奏议》卷160《理会吏部资序札子》，第2099页。

⑤ （明）黄淮、杨士奇编：《历代名臣奏议》卷137《论重县令之选奏》，第1801页。

⑥ （明）黄淮、杨士奇编：《历代名臣奏议》卷137《论重县令之选奏》，第1801页。

⑦ 谢飞、张志忠、杨超著：《北宋临城王氏家族墓志》所载《宋故中奉大夫太原王公墓志铭》，北京：文物出版社，2009年版，第43页。

⑧ （宋）周淙纂修：《乾道临安志》卷3《牧守・张阁》，《宋元方志丛刊》，第3249页。

⑨ （宋）马端临著，上海师范大学古籍研究所、华东师范大学古籍研究所点校：《文献通考》卷38《选举考十一》，第1116页。

被官员私人占用，或者被差出用于迎送、接待，导致训练废弛，在盗贼作乱、救灾等突发事件的处理中，就会因无法及时到位，影响相关事务的解决，耗费大量时间成本。甚至如钦宗靖康元年（1126年），由于大量州县递铺兵卒“类多空缺，而州县恬视，不以填补，至有东南急递文书委弃在邮舍厅庑之下数日无人传者。且如福建路有经半月、二十日杳无京报”①，大量的政府文书没办法及时送达，影响了相关朝廷公务的处理和信息的沟通，这其中的有形和无形成本损耗也是非常严重的。

到了南宋时期，偏远地区、基层政府官员岗位空缺，无人专任的情况仍然严重，南宋初年，战乱频仍，西北地区被金人破坏，危险且难以治理，导致当地缺少正任官员，“盖缘西北多系金人或盗贼残破去处，士大夫惟欲官于东南，东南之阙不足以给之，反有留滞失职之叹，而西北州县，遂致久阙正官，职事旷废。今取会到侍郎左选，见在部人四百九十员，而河东、河北、陕西、京东西经使阙三百余处，无人注授”②，必然导致相关事务处理的迟滞，“职事旷废”，政府时间成本的无端消耗。此外，绍兴中，朝廷推行“民事被罪之法”，加重对县官处理民事问题不当的处罚，导致许多官员因惧怕县官难做，而不去就任，正如绍兴二十六年（1156年），官员上奏中所指出，“今铨曹有知县、县令共二百余阙，无愿就者，正缘财赋督迫，民事被罪，所以畏避如此”③。而偏远地区依然少人上任，同是绍兴二十六年，臣僚引对时就奏报“广东西路有数小郡，如贵、新、南恩之类，有至十年不除守臣者。权官苟且，郡政弛废”④。又如度正在《重庆府到任条奏便民五事》中就提到，“夔峡之间，大山深谷，土地硗确，民居鲜少，事力贫薄，比东西川十不及一二，士之仕者率不愿往，如幕职官、令录、理法、簿尉之阙有一二年无人授者，有十余年无人授者。重庆之为郡，在昌、合之下，忠、涪之上，较其地势，未为僻远，其间员阙无人愿就者不能无之。巴县倚郭上县，乃至七八年无正官。自臣到任，与之通情共事，方有愿就者。巴县尉则十余年无人授，江津县尉则又十四五年无人授。去年新进士就吏部注阙，合入簿尉者无虑百人，窃意以其见次必有愿就之者，而此两阙竟无人肯授，徐问其故，乃是公私艰棘，物价翔踊，不及东西川；吏卒凋敝，不足以供使令，不及东西川；风俗蕞陋，讼牒纷然，盗贼充斥，往来追捕无顷刻暇，

---

① 刘琳、刁忠民、舒大刚，等校点：《宋会要辑稿》方域一〇之四一，第9484页。

② （宋）张守撰：《毗陵集》卷1《乞吏部破格差注札子》，《丛书集成初编》，第6—7页。

③ （宋）李心传编撰，胡坤点校：《建炎以来系年要录》卷171，绍兴二十六年二月癸酉，第3267页。

④ （宋）李心传编撰，胡坤点校：《建炎以来系年要录》卷171，绍兴二十六年正月己巳，第3264页。

不及东西川”[①]。大量的科举中第者，宁可闲居待次，也不去条件艰苦的基层岗位上任，导致政府被迫选派当地一些“借补之官、不理选限之官与夫纳粟之官，日夜经营诸司以求权摄”，这些人没有为公之心，一心贪赃牟利，“所在椎肤剥髓，以肥其家，以媚其上”，导致“深山穷谷之民疾痛疴痒尝患无可告诉”[②]，相关政务处理迟缓，耗费政府和民众大量时间成本。南宋理宗朝之后，由于蒙古军队的不断进攻，南宋三边之地日益残破，许多州县缺少正任官员，没有人愿意就任，更加导致了相关防务的废弛，京胡、江淮都督魏了翁上奏中就说：“（蒙古攻宋），京湖管郡一十有八，残破者七，被兵者三，仅存者八。又皆竭于供亿，困于守备。”[③]“厥今并边之地，自京西之均以至淮东之楚，凡十一郡，而守臣之正任者十无二三。次边及沿江北岸，自归、峡至通、泰州，凡二十郡，而帅守之非正任者亦五六。屈指防秋，无两月事，重以鞑兵出没，叛徒披猖，又如郭胜、范用吉辈，熟知江湖虚实，此岂小故？而上下因循，虽久无正官，亦不以为意。”[④]这种局面延续下去，最终必然导致沿边地区“终无经理之人与经理之时，而戎马已告警，数千里为盗区矣”[⑤]。而那些临时被命的权摄之官，因为缺乏相关奖惩与利益关切，“朝不谋夕者，不可同日语也”[⑥]，“事多旷弛，民受其弊”[⑦]。

此外，一些地方政府岗位人员更换频繁，迎来送往，无心政事，对所管理事务熟悉程度差，也容易导致行政效率低下。北宋中期此类现象就已经出现，如仁宗朝至和二年（1055年），范镇就说：“恩州自皇祐五年秋至去年冬，知州凡换七人，河北诸州，大率如此，欲望兵马练习，固不可得”[⑧]。两年多的时间，更换了七位知州，大大短于三年一任的制度规定，这样官员们还有什么心思处理本任和前任留下来的公务呢？故而朝廷在嘉祐六年（1061年），也颁布了《久任诏》，使地方政府“所在守令得人。使久其任。则能奉行朝廷之意”，安抚民

① （宋）度正撰：《性善堂稿》卷6《重庆府到任条奏便民五事》，《景印文渊阁四库全书》，第1170册，第194页。
② （宋）度正撰：《性善堂稿》卷6《重庆府到任条奏便民五事》，《景印文渊阁四库全书》，第1170册，第194页。
③ （宋）魏了翁撰：《鹤山先生大全文集》卷30《缴奏奉使复命十事》，《四部丛刊初编·集部》，第4页。
④ （宋）魏了翁撰：《鹤山先生大全文集》卷30《缴奏奉使复命十事》，《四部丛刊初编·集部》，第11—12页。
⑤ （宋）魏了翁撰：《鹤山先生大全文集》卷30《缴奏奉使复命十事》，《四部丛刊初编·集部》，第12页。
⑥ （宋）魏了翁撰：《鹤山先生大全文集》卷30《缴奏奉使复命十事》，《四部丛刊初编·集部》，第12页。
⑦ （宋）李心传编撰，胡坤点校：《建炎以来系年要录》卷159，绍兴十九年二月戊戌，第3012页。
⑧ （宋）李焘撰，上海师范大学古籍整理研究所、华东师范大学古籍整理研究所点校：《续资治通鉴长编》卷178，至和二年二月乙卯，第4319页。

众。[①] 徽宗朝，朝廷也提出久任的重要意义，“夫监司按察一路。郡守师帅千里。数变易则下不安。民知其将久。乃服从其教化”[②]。而官员更换频繁，弊病多多，因而规定“自今监司郡守。可依累降指挥。三载成任方替。更不许替成资阙”[③]。南宋时期，地方官员任期太短，更易频繁更为严重，如南宋高宗朝，御史胡寅就曾上奏感叹地方监司守臣更易频繁，难以责成，“郡守、县令者，亲民之官。监司者，统临州县之长。天下之治，起于一县，县治则州治，州无不治则天下治矣。明主必慎择居此之人，既得其人，必久任之，以考功罪之实，而施赏罚焉。近日以来，朝廷移易郡守、监司，无月无之，殆不可胜纪。东南路分，不过十数，何乃纷纷如此？陛下宜察其故矣”[④]。这样一来，容易导致人浮于事，“无肯安其职业，为三数年计者，往往数日待迁，视所居之官有如传舍”[⑤]。孝宗朝，太学博士庄夏上奏中也说：“比年分藩持节，诏墨未干而改除，坐席未温而易地，一人而岁三易节，一岁而郡四易守，民力何由裕？”[⑥] 宰相周必大在回应孝宗的“久任责成”问题中，也提到“陛下练兵以图恢复而将数易，是用将之道未至；择人以守郡国而守数易，是责实之方未尽。诸州长吏，倏来忽去，婺州四年易守者五；平江四年易守者四，甚至秀州一年而四易守，吏奸何由可察，民瘼何由可苏！”[⑦] 大量的人员没有来得及实施自己的治理方案，展示自己的才华，就已经被调任，因此而浪费的不仅仅是迎送、接待官吏的费用，同时也损害了政府的无形时间成本，导致相关政务的废弛。理宗朝的方大琮在与他人书信中也提到，“某留广五年，见十三郡更易非一，最少者三，多则至于五于六，独濡滞之迹若朴断然。顾此一时也”[⑧]，五年时间，广南有的州郡竟然更换五六位知州，每位在任时间不到一年，必然导致这些地区相关政务处理上的间断，政策执行中的前后不一，由此而耗费的政府大量无形时间成本是相当严重的。而赵善括在知鄂州中，也提到自己的困惑，“鄂州一年之间，三易守臣，前任莫蒙曾具奏札，备言财用窘匮，拖欠官钱及官吏请给至多，蒙陛下矜察，于总领所窠名钱内借钱五万贯应副急阙。到任未几，忽又致仕。继闻漕臣张栻兼

① 司义祖整理：《宋大诏令集》卷 162《久任诏》，第 615 页。
② 司义祖整理：《宋大诏令集》卷 164《监司郡守自今三载成任不许替成资阙诏》，第 628 页。
③ 司义祖整理：《宋大诏令集》卷 164《监司郡守自今三载成任不许替成资阙诏》，第 628 页。
④ （宋）李心传编撰，胡坤点校：《建炎以来系年要录》卷 27，建炎三年闰八月庚寅，第 632 页。
⑤ （宋）李心传编撰，胡坤点校：《建炎以来系年要录》卷 177，绍兴二十七年七月乙丑，第 3389 页。
⑥ （元）脱脱等撰：《宋史》卷 395《庄夏传》，第 12052 页。
⑦ （元）脱脱等撰：《宋史》卷 391《周必大传》，第 11967 页。
⑧ （宋）方大琮撰：《铁庵集》卷 22《与新州左守书》，《北京图书馆古籍珍本丛刊·集部·宋别集类》，第 89 册，第 595 页。

权，未曾到任，复已改除。见今止系本州官暂时权摄，则其窘匮又可知矣。”[①] 这里官员更换的频繁程度更加严重，一年三易守臣，迎送、宴会等费用高昂，导致连州郡官吏的工资都难以发放，更不用说下级官吏和百姓相关政务的及时处理了，在这种情况下，必然导致官吏渎职怠政，相关行政时间成本的大量消耗。

（六）中央相关政策缺陷、官员行政弊病所导致地方政府时间成本浪费

两宋时期，皇帝和朝廷为了收夺地方权力，减少对中央集权体制的威胁，采取了一系列的政策措施，除了前面所论述的在地方设立多个行政层级、行政机构和官员，令其彼此制衡以及过多增加官员兼职，事务积滞，所导致的有形行政成本浪费和时间成本消耗外，还有相当多的政策措施缺陷和官员行政中的弊病也导致了地方政府时间成本的无端消耗。

在司法领域，一些文明先进的制度设计被过分滥用，反而走向其反面，影响地方政府行政效率和时间成本。如宋朝中央所倡导的翻异别勘制度，对于保证犯罪嫌疑人的权利，避免因法官徇私或误判而导致的冤假错案出现，还是起到相当积极作用的，也体现了宋代法律文明的发达。但是，宋代司法中，大大突破了唐代翻异三推结案的制度，达到五推乃至七推，一些司法案件在实际审判中犯人反复翻异，迫使地方各级司法机构不断重新委派官员进行重审，耗费了大量的时间成本，同时也造成了稀缺的司法资源被过多占用，浪费大量人力物力。这一制度的制定和实际推行，重要责任在于中央政府，正是其在倡导和实践中的纵容，才导致罪犯借此制度长期逍遥法外，受害人的权益难以得到及时维护。如太宗淳化四年（993年），知制诰柴成务就提出：“应差官勘事及诸州推鞫罪人，案成差官录问，其大辟罪别差职员监决。如录问翻变，或监决称冤，即别差官推勘。此诚重刑之至，然臣详酌，滋长弊幸。且人之犯罪至重者死，数有翻变，或遇赦免，则奸计得成。纵不遇恩，止是一死。近见蓬州贾克明为杀人前后禁系一年半，七次勘鞫，皆伏本罪，录问翻变。赖陛下英明，经赦不放，差转运副使蒋坚白、提点使臣董循再同推勘，方得处断。其如干连证逮，州县追禁，此又何辜？”[②] 他建议地方转运司、州县司法机构对于事实清楚、证据明白的案件采用“三推结案”制度，获得朝廷批准。但是后来的司法实践证明，此制度并未得到有效执行，特别是在南宋时期，大量存在着屡次翻异而最

---

① （宋）赵善括撰：《应斋杂著》卷1《鄂州札子（三）》，《景印文渊阁四库全书》，第1159册，第9页。

② 刘琳、刁忠民、舒大刚，等校点：《宋会要辑稿》刑法三之五一至五二，第8419页。

终侥幸脱罪的情况。如高宗绍兴二十九年（1159年），朝廷规定："令杀人无证、尸不经验之狱，具案奏裁，委提刑审问。如有可疑及翻异，从本司差官重勘，案成上本路，移他监司审定，具案闻奏。否则监司再遣官勘之，又不伏，复奏取旨。"① 孝宗乾道二年（1166年），新知贵州姚孝资言："在法，诸录囚有翻异者听别推，然后移推，初无止限，至有一狱经六七推不得决者。证佐之人，追呼拘系，率被其毒。"② 因而他请求今后狱讼经过三推之后未结案者，不再追索证人，"庶几无辜得免殒于非命"③，此建议并未得到朝廷的完全批准。乾道四年（1168年），经臣僚奏请，朝廷批准，"自今遇有翻异公事，先须本路提刑、转运、安抚司遍行差官推勘。倘尚伸冤，却于邻路再差，勿复隔路。其已遍经邻路置勘而又翻异者，令后勘官开具前后所招及翻异因依，申取朝廷指挥"④。这样从最初审理案件开始，又是给了犯罪嫌疑人六七次翻变口供、重新审理的机会。在孝宗朝，朝廷给予犯人翻异次数日益增多，逐渐走入一个误区，即不再相信案件审判官员的能力，只是犯人翻异，就会给其重审的机会，这样一个案件的审判，要经过县、州，本路转运司、提刑司、提举司、安抚司、邻路提刑司等七八次差官重勘⑤，实在是对地方行政成本的严重无效损耗，浪费了大量的时间和人力、物力，淳熙十四年（1187年），刑部尚书葛邲言："（民妇）阿梁因与叶胜同谋，杀夫程念二，叶胜身死在狱，今已九年，节次翻异，凡十差官勘鞫，已降指挥处斩。既差官审问，又行翻异，复差江东提刑耿延年亲勘。"⑥ 通过十一年差官审理，都难得出一致的结论，最终，为了避免此前所差官因断案失当而受到处罚，加之"叶胜既以瘐死狱中，阿梁得以推托，淹延岁久，追逮及于无辜，委是有伤和气"⑦。阿梁被赦免死罪，改为杖脊，"决脊杖二十，送二千里外州军编管"⑧。当时的士大夫对此也多有微词，淳熙六年（1179年）六月一日，大理少卿梁总就说："近来狱多翻异，有至类推经涉数年者。州郡厌于

① （元）脱脱等撰：《宋史》卷201《刑法志三》，第5024页。
② 刘琳、刁忠民、舒大刚，等校点：《宋会要辑稿》刑法三之八四，第8439页。
③ 刘琳、刁忠民、舒大刚，等校点：《宋会要辑稿》刑法三之八四，第8439—8440页。
④ 刘琳、刁忠民、舒大刚，等校点：《宋会要辑稿》刑法三之八五，第8439页。
⑤ 淳熙四年十一月十九日，敕令所言："自今翻异公事，已经本路监司、帅司或邻路监司差官，通及五次勘鞫，不移前勘，又行翻异者，后勘官申本路初差官提刑司提刑，躬亲置司根勘，着寔情节，牒邻路提刑司，于近便州军差职官以上录问或审问。如依前翻异，即令本路提刑具前后案款指定闻奏。"刘琳、刁忠民、舒大刚，等校点：《宋会要辑稿》职官五之四八，第3144页。
⑥ 刘琳、刁忠民、舒大刚，等校点：《宋会要辑稿》刑法六之四〇至四一，第8553页。
⑦ 刘琳、刁忠民、舒大刚，等校点：《宋会要辑稿》刑法六之四〇至四一，第8553页。
⑧ 刘琳、刁忠民、舒大刚，等校点：《宋会要辑稿》刑法六之四〇至四一，第8553页。

供须，干连困于追逮。”[①] 这种犯罪反复翻异，政府差官别勘的现象在宁宗朝也相当严重，宁宗朝臣僚也奏论：“州县之间，顽民健讼，不顾三尺。稍不得志，以折角为耻，妄经翻诉，必欲侥幸一胜，则经州、经诸司、经台部，技穷则又敢轻易妄经朝省，无时肯止。甚至陈乞告中，微赏未遂其意，亦敢辄然上渎天听，语言妄乱，触犯不一。”[②] 耗费了各级政府大量的时间成本，却没有取得任何实际效果，反而成就了一些好讼之徒的非分之求。这一制度的过分使用，其危害还不仅如此，一些地方司法官吏也借助翻异别勘制度，来敷衍审判工作，推脱自身的责任，正如嘉定十四年（1221 年）六月，知处州孔元忠所言：“在法，囚禁未伏则别推，若仍旧翻异，始则提刑司差官，继即转运司、提举司、安抚司或邻路监司差官，谓之五推。若使推勘官之来，照其翻异之词，一一与之究证对辨得实，囚将何辞。或果冤枉，则与平反，亦何必至五推而不决？然今之被差勘鞫者循袭为常，才一入院，惧其留滞，推狱示意于囚，使之供状，略无异辞。至录问官之来，即使之翻异。故囚利其无所拷讯，所差官则谓得讫事便回，殊不知无罪干累者终岁牵连，损财废业，彼实无辜。”[③] 因而他请求今后，再差官勘案时，要仔细对照前审官员的案卷，一一核对犯人口供，不许再提前嘱咐胥吏，告诉犯人于判案时伏罪，“却令就录问翻异”，耽误地方官府大量的行政时间，耗费众多的人力、财力。[④] 这一提议获得朝廷批准，但是由于涉及过多实践操作层面，恐怕实际上难以监督落实。

又如过分优待犯人的问题，宋真宗天禧四年（1020 年），朝廷规定：“自今天下犯十恶、劫杀、谋杀、故杀、斗杀、放火、强劫、正枉法赃、伪造符印、厌魅咒诅、造妖书妖言、传授妖术、合造毒药、禁军诸军逃亡、为盗罪至死者，每遇十二月，权住区断。过天庆节，即决之。余犯至死者，十二月及春夏，未得区遣，禁锢奏裁。”这样一来，地方州府要花费大量的人力、财力、物力来供养这些应该被处置的犯人，还要“厚加矜恤，扫除狱房，供给饮食、薪炭之属，而严防护，无致他故”[⑤]。同时在每年十二月及冬夏不能断遣犯人，影响司法审判的进程和效率。

再如，过分强调法官在案件审理中的责任，通过“一案推结”制度来追究

① 刘琳、刁忠民、舒大刚，等校点：《宋会要辑稿》职官五之四九，第 3145 页。
② 刘琳、刁忠民、舒大刚，等校点：《宋会要辑稿》刑法二之一三七，第 8365 页。
③ 刘琳、刁忠民、舒大刚，等校点：《宋会要辑稿》职官五之六三，第 3151 页。
④ 刘琳、刁忠民、舒大刚，等校点：《宋会要辑稿》职官五之六三，第 3151 页。
⑤（宋）马端临著，上海师范大学古籍研究所、华东师范大学古籍研究所点校：《文献通考》卷 166《刑考五》，第 4983 页。

所有于此案件审理有关人员的责任，反而陷入教条主义，导致反复追究责任，地方政府行政时间成本的在等待中被大量消耗。如高宗绍兴二十六年(1156年)，知筠州凌景夏入对中就提出：死刑案件在审理有一案推结之制，如果前审法官有故意或过失，应该一并坐罪，但是“历时既久，官吏或有事故，或在远方，文移取会，动经岁月，坐狱之人，不免淹系”[①]。为了等待案件当事人之外的法官归案，从而耗费了大量的时间，他还举自己亲历的例子为证：“臣待罪筠州，本州见禁妇人阿罗杀夫陈德公事，大情已定，狱案已上，正拘此条，未有决遣之期。臣契勘阿罗自绍兴二十一年入狱，今已五年。”[②]在监狱中五年，案情清楚，仍然没有得到处置，因而他请求刑部先审理案情，“别无未圆，先降指挥检断其前勘不实官吏，续次施行。仍乞立为定制，庶不致久淹刑禁”[③]。宁宗庆元四年（1198年），臣僚也奏论“一案推结”之弊，“谓如前勘官吏或有失实，于法须并行追勘。关涉人数既多，追逮繁扰。彼冤者既不能得直，而后勘官吏已与前勘官吏自相争讼，故后勘官吏悉皆视成于前勘。及至州狱翻异，则提刑司差官推勘。提刑司复翻异，则以次至转运、提举、安抚司。本路所差既遍，则又差邻路。关涉之人越多，则越难一案推结”[④]。还没等案件审理结束，前后审法官之间因为怕承担责任，反而互相争讼，导致案件审理越拖越长，地方行政效率和时间成本被大量损耗。

同时，当时的中央立法者在法令制定中没有考虑实际可操作性，法令繁多，难于检用，也是造成地方政府政务积滞，时间成本过高的原因之一，这一问题最明显的就是宋神宗朝推行敕、令、格、式法典体例，将一条诏令分解为多条，归入不同门类，编敕规模过于庞大，检用不便。哲宗元祐元年（1086年），右谏议大夫孙觉就对此提出批评：“臣窃闻中外之议，以为今日之患，切于人情者，莫甚于元丰编敕细碎烦多，难以检用。而因事立法，不可通行者，其间不一。虽有老于为吏，习于用法者，亦或莫能通晓。至有一条分为四五，缓急不相照会，其细碎如此，岂所谓王者之法，岂所谓王者之法如江河，使人易避局难犯也？”[⑤]连地方执法官员自己都搞不清楚犯罪行为应该适用的刑罚，前后矛盾，不相照应，这样一来，必然导致地方司法效率的降低和时间成本的升高。

---

① （宋）李心传编撰，胡坤点校：《建炎以来系年要录》卷171，绍兴二十六年正月丙寅，第3261页。
② （宋）李心传编撰，胡坤点校：《建炎以来系年要录》卷171，绍兴二十六年正月丙寅，第3261页。
③ （宋）李心传编撰，胡坤点校：《建炎以来系年要录》卷171，绍兴二十六年正月丙寅，第3261页。
④ 刘琳、刁忠民、舒大刚，等校点：《宋会要辑稿》职官五之五六至五七，第3148页。
⑤ （宋）李焘撰，上海师范大学古籍整理研究所、华东师范大学古籍整理研究所点校：《续资治通鉴长编》卷373，元祐元年三月乙卯，第9026—9027页。

此外，中央政府朝令夕改，自乱典章，同样也会造成地方政府无所适从，政务积滞，如真宗景德二年（1005 年），知制诰朱巽就提出：“朝廷命令，不可频改，自今有陈述利害、更张法制者，请先付有司议其可否，如经久可行者行之，不可者止之。苟不辨是非，一切颁布，恐失重谨之道”[①]。这其中说到的还只是法令的权威性和朝廷的尊严问题，而仁宗朝欧阳修所说的则更侧重朝廷朝令夕改对地方政府的严重影响，庆历元年（1041 年），欧阳修奏：“言多变则不信，令频改则难从。故每处置之事，州县知朝廷未是一定之命，则官吏相谓曰：‘且未要行，不久必须更改’。或曰：‘备礼行下，略与应破指挥，旦夕之间，果然又变。”[②]这种情况下，地方官员迟疑、观望，有令不行，必然影响政府行政效率，耗费时间成本。在北宋中后期，变法与反变法派相互斗争期间，许多法令前后更改，互相矛盾，导致地方官府难于奉行，耗费大量时间成本。元祐元年（1086 年）七月，殿中侍御史吕陶的奏论中关于役法就有明显的反应，“臣伏见朝廷改更役法以来，及今半年，民间已安其事，被差并无纠决，祗应多是正身，验之人情，良以为便。惟是官司自相疑贰，盖有幸差法之不成而欲伸其志者；有观望俯仰，伺势之所在而不复究利害者，有偏蔽不通而好异立奇者，州县不敢决，而禀议于详定，详定俟监司之请而后裁正。奏报屡上，多非纲要，辞教数下，殊少适从”[③]。当时的混乱状态正如元祐二年（1087 年）刘安世所言：“朝廷命令变易頗数，远不过一二岁，近则期月而已。甚者朝令而夕改，亦有前诏未颁而后令蠲除者，盖由谋议未精，思虑未审。”[④]这样一来，必然导致地方政府行政的低效率，白白做了许多无用功，导致行政成本的无效损耗。

此外，中央政府过多削弱地方政府权力，凡事都要提前向中央奏报批准，文移往复，影响地方相关事务处理，也耗费了大量的时间。如宋真宗朝，湖南发生大面积饥荒，潭州知州李允则希望动用官府库藏进行赈灾，“欲发官廪先赈而后奏”[⑤]，这样是违反朝廷制度规定的，“转运使执不可，允则曰：‘须报逾月，则饥者无及矣’”[⑥]。因而违反规定先开仓救灾，第二年，灾情仍没有好转，李“复欲先赈，转运使又执不可，允则请以家赀为质，乃得发廪贱粜”[⑦]。如果没

① （宋）谢维新撰：《古今合璧事类备要》后集卷 4，第 574 页。

② （宋）谢维新撰：《古今合璧事类备要》后集卷 4，第 574 页。

③ （宋）李焘撰，上海师范大学古籍整理研究所、华东师范大学古籍整理研究所点校：《续资治通鉴长编》卷 383，元祐元年七月甲申，第 9343 页。

④ （宋）谢维新撰：《古今合璧事类备要》后集卷 4，第 574 页。

⑤ （元）脱脱等撰：《宋史》卷 324《李允则传》，第 10479 页。

⑥ （元）脱脱等撰：《宋史》卷 324《李允则传》，第 10479 页。

⑦ （元）脱脱等撰：《宋史》卷 324《李允则传》，第 10479 页。

有李允则这样一位有胆识和魄力的知州违背朝廷制度规定，先开仓放粮，不知有多少无辜灾民要抛尸田野，这种中央过分收夺的财权严重影响了地方赈灾的时间和效率，这种现象在此后宋朝赈灾、平定叛乱等突发事件中仍有发生，一些敢作敢为的地方官也因此受到打击，甚至被迫害，含冤而死。在地方司法权的削弱下，许多案件都要上报中央刑部、大理寺决断，同样也耗费了大量时间成本，如哲宗元祐元年（1086年）四月，尚书省就提出："远方奏谳待报者甚众，动经岁月，淹禁罪人，极为不便。欲川、广、福建、荆湖南路罪人系情轻法重合奏断者，申安抚或钤辖司，酌情决断讫奏。"[①] 获得朝廷批准，有助于减少这些偏远地区因等待朝廷批复而造成的犯罪嫌疑人、证人长期羁押，案情得不到结果的问题。

再者，中央一些政府部门官员工作态度消极、敷衍拖沓，导致地方政府呈报上来的公文迟迟得不到回复，文移往复，行政效率因此大打折扣，无端耗费了地方政府大量时间成本。如对于地方州府奏裁案件的处理，中央一些司法部门态度消极拖沓，如宁宗庆元三年（1197年），臣僚就对大理寺官吏的工作拖沓之风和严重后果提出批准："大理寺左断刑，天下奏案之所聚，人命死生，刑名出入，皆于此决。一失其平，是非讹舛，生死倒置，冤滥可胜言哉！窃见州郡勘鞫大辟公事，除正犯人外，知证干连者又不知几人。自初勘以至圆结，有经涉一二年者。比至奏案到寺，定断行下，又须数月。若系川、广，即往反动涉年岁。每勘一大辟公事，自始至末，不下二三年，方得断遣。"[②] 一些大理寺官吏因为收接的狱案没有及时处理，害怕省部催问，就胡乱编造理由，说案件情节不清，证据不全，发回补充材料，"便将名件销豁，作已结绝之类。殊不知一经取会，远地往返又是一二年，是致州郡刑狱多有淹延，盛夏隆冬，饥寒疾疫，囚系者（瘦）[瘐] 死，监留者失业，召民怨而伤和气，莫此为甚"[③]。理宗朝同样存在此类问题，杜范在安吉州和大理寺前后供职，都是掌管刑狱事务，他才体会到地方州府为何上报的奏裁案件迟迟得不到回应，"曩为安吉狱吏，官见本州狱按已成，上之朝廷，至有二年不下者，干连拘系，多已瘐死，心甚念之，意谓棘寺刑部稽滞，以至此也。昨为大理司直，方知刑部下其按于棘，大小皆有限日，纵有驳难往复，亦有期程。尝询问其故，盖大囚之狱，谓之死按，欲其缓死，奏上辄留，有司不敢请，遂致稽滞。是知缓死之为仁，而不知无辜被系，

① （宋）李焘撰，上海师范大学古籍整理研究所、华东师范大学古籍整理研究所点校：《续资治通鉴长编》卷376，元祐元年四月癸丑，第9125页。

② 刘琳、刁忠民、舒大刚，等校点：《宋会要辑稿》职官二四之四一，第3678页。

③ 刘琳、刁忠民、舒大刚，等校点：《宋会要辑稿》职官二四之四一，第3678页。

迁延岁月，至于瘐死之为不仁甚也”[①]。他们的拖沓之风害苦了地方官府的官吏，导致频繁往复，补充材料，严重影响地方行政效率，更为令人愤慨的是监狱中被囚禁的嫌犯和证人，可能因此拖沓之风而丧命，难怪朝廷要对此等官吏严加惩治，并令御史台进行严厉监督。

除了拖沓、敷衍，一些中央官吏的贪腐和对地方官吏的吃拿卡要，也是导致地方上报公文处理迟缓，行政效率低下的原因。在公文传递中，“邸吏承受文状，不即时投下，候伺求觅，视多寡为后先，至有沉匿经年而不上者”，“六曹猾吏倚法为奸，贿赂公行，则洗垢吹毛，曲为沮抑”，“凡此积有岁年，胥吏舞文，惟有力者往往缘奸而得志，孤寒寡援者，一归于无可奈何，近者胥吏因循，不以为事，日趋于废弛”。[②] 在这些因素影响下，地方官吏更加无心于政务，或者上行下效，从而导致地方政府政务积滞、行政时间成本被大量的无效消耗。

第二节　地方政府的生态成本

现代学者对政府的生态成本已有所认识，但研究尚不充分[③]，已有研究认为，政府的行政决策和具体活动对自然生态环境也是有相当影响的。这种生态成本主要产生两个方面的影响：“一方面，政府自身在提供某些公共物品时忽视了对自然环境和生态系统的保护；另一方面，由于政府政策的错误导向，过度追求社会经济的一时发展而对市场主体的环保控制有所放松。……灾害性自然现象的增多、气候无常，就是对长期以破坏生态环境为代价发展经济的短视行为的‘报复’。政府在制定经济发展规划和自然资源开发计划时，必须把对环境和资源的损耗计入成本，追求人与自然的和谐、可持续发展”[④]。中国古代社会虽然追求“天人合一”，倡导人与自然的和谐发展，但是在宋代这个商品经济大发展的时代，政府财政支出规模日益扩大，在物资需求和地方财政的压力下，也存在一定的对自然资源的过度开发和政府经济活动对自然环境的破坏行为，为了更全面的了解宋代地方政府无形行政成本的面貌，我们也应对两宋时期地方政

---

① （宋）杜范撰：《清献集》卷5《理宗朝・军器监丞轮对第二札》，《宋集珍本丛刊》，第78册，第391页。

② 刘琳、刁忠民、舒大刚，等校点：《宋会要辑稿》刑法三之二三至二四，第8404—8405页。

③ 赵爱英、李晓宏：《政府行政成本与绩效研究》一书中虽然提到“行政成本不仅应当包括政府最终消费支出，还应包括政府决策和政府行为引起的社会经济和生态方面的成本”，第28页，但并未对生态成本进行概念界定和具体研究。

④ 岳海鹰、杨瑞梅：《行政成本的界定及控制途径》，《社会科学家》2005年S1期，第62页。

府在生态环境方面的成本损耗有一个概括性的认识。宋代地方政府生态成本表现在以下几个方面。

两宋时期，地方政府在进行许多公共管理活动乃至经营活动中，都会给环境带来影响和破坏，造成一定的无形环境成本损失，主要表现在以下几个方面。

第一，河道的治理及发掘对环境的破坏。这是其中造成破坏比较严重的一个方面，这本是政府公共管理职能的一个方面，如果做得好，也是对人民非常有益的，但是两宋时期的治理中出现了不少问题，其中问题比较多的集中于两点：

其一，因筹措维护河道物料而造成的树木、石材砍伐和开采过滥等问题。如太宗至道元年（995 年），京兆府通判杨覃言，官买修河竹六十余万，太宗就提及往日修河，“闻关右百姓竹园，官中斫伐殆尽，不及往日蕃盛，此盖三司失计度所致。自今官所须竹，量多少采取，厚偿其直，存其竹根，则新竹可望矣”①。从中可见，修河所费竹木数量之巨，对环境破坏力之大。真宗天禧四年（1018 年）春正月，滑州修治黄河决口，“是役，凡赋诸州薪、石、楗、芟、竹千六百万，发兵夫九万人治之”②。仁宗天圣八年（1030 年），三门白波发运使文洎言：“沿河诸埽岸物料内山梢，每年调河南、陕府、虢、解、绛、泽州人夫，正月下旬入山采斫，寒节前毕。虽官给口食，缘递年采斫，山林渐稀。”③由于连年治理河道，造成黄河沿岸大量的山林被砍伐用来做成山梢，阻挡河水泛滥，从而造成山林环境破坏。而且修河官员没有提前做好预算，每年都超量储备，造成不必要的损耗，“山梢旧每年止一二百万束，去年所及三百七十六万束，今七百八（千）［十］余万束，以至竹索，桩橛比旧数倍多。盖是计料之时，不以埽岸紧慢，广作约束，度多不使用，积留枉耗。今计沿河诸埽使外物料尚有二千五百万有余，称是深损烂煤末不（甚）［堪］，约直三二千贯”④。虽然这些物料价值不高，但是它的砍伐所造成的破坏是很严重的，而且为了砍伐这些山梢也耗费了民众大量的时间和劳力，每年正月下旬开始“入山采斫，寒节前毕”，“今年所差三万五千人，内有三二家共（著）一丁应役之人，计及十万，往复千里已上，苦辛可悯。所有桩橛竹索出自向南北，山梢又更北远。虽芟榆所出地近，劳役亦重”。⑤从中也可以看出，连年修黄河堤岸所进行的砍伐，已经使近山

① 刘琳、刁忠民、舒大刚，等校点：《宋会要辑稿》方域一四之三，第 9552 页。
② 刘琳、刁忠民、舒大刚，等校点：《宋会要辑稿》方域一四之九，第 9556 页。
③ 刘琳、刁忠民、舒大刚，等校点：《宋会要辑稿》方域一四之一四，第 9559 页。
④ 刘琳、刁忠民、舒大刚，等校点：《宋会要辑稿》方域一四之一四至一五，第 9559 页。
⑤ 刘琳、刁忠民、舒大刚，等校点：《宋会要辑稿》方域一四之一四，第 9559 页。

区无材可伐，只能迫使民众向深山区拓展，所造成的山林生态破坏就更加严重了。同样的问题在仁宗朝之后仍然不断出现，如宋神宗朝推行农田水利法，各地大修水利设施，改造河道，同样砍伐了大量的树木、山石。如熙宁四年（1071年）五月，御史刘挚言河北修治漳河，工程浩大，“凡九万夫”，所用的物料“本不预备，需索仓猝，出于非时，官私应急，劳费百倍。除转运司供应秆草梢桩之外，又自差官采漳堤榆柳，及监牧司地内柳株共十万余，皆是逐州自管津岸”[①]。这种因修治漳河所造成的周边林木破坏是很严重的，导致了“河北难得薪柴，村农惟以麦䵚等烧”[②]。同时地方官员为了获得足够的修河物料，加快修河进度，还虐待民夫，“逼使夜役，蹂践田苗，发掘坟墓，残坏桑柘，不知其数。愁苦之声流播道路，传至京师”[③]。从而给沿河周边地区生态环境造成严重的破坏，同时也极大地损耗了政府在民众心目中的形象，损失政府公信力成本。

其二，因河道治理不善、河水泛滥成灾所造成的周边居民生态环境破坏问题。[④]一些中央乃至地方官员在开挖或阻塞河道时，没有提前做好规划，也没有对可能出现的突发问题做好预案，导致河流冲出河道，给沿河百姓生命财产造成严重破坏，同时也对沿河周边生态环境造成严重损害。如神宗朝，推行农田水利法，各地政府广泛兴修水利设施，治理河道，其中也出现一些破坏生态环境的问题。熙宁五年（1072年），前两浙路提举常平官沈披因“开常州五泻堰不当”，“坏田八百顷，民被害者众”而被“降一官，送审官东院”[⑤]。熙宁六年（1073年），河北路提点刑狱孔嗣宗因修滹沱河枉费财用，“且坏塘泊，忤安石意”而被罢免[⑥]。当年九月，朝廷令“屯田员外郎侯叔献、太常丞杨汲府界淤田各十顷”，这两人开挖河道引水不善，造成沿河下游生态环境遭到破坏，“引河水淤田，决清水于畿县、澶州间，坏民田庐塚墓，岁被其患。他州县淤田类如此，而朝

① （宋）李焘撰，上海师范大学古籍整理研究所、华东师范大学古籍整理研究所点校：《续资治通鉴长编》卷223，熙宁四年五月乙未，第5421—5422页。

② （宋）李焘撰，上海师范大学古籍整理研究所、华东师范大学古籍整理研究所点校：《续资治通鉴长编》卷223，熙宁四年五月乙未，第5422页。

③ （宋）李焘撰，上海师范大学古籍整理研究所、华东师范大学古籍整理研究所点校：《续资治通鉴长编》卷223，熙宁四年五月乙未，第5422页。

④ 宋代许多治河活动是由中央政府决策实施的，但是由地方政府提出最初治理方案并具体负责行动落实的，我们也将其一并视为地方政府对环境的破坏和成本损耗。

⑤ （宋）李焘撰，上海师范大学古籍整理研究所、华东师范大学古籍整理研究所点校：《续资治通鉴长编》卷239，熙宁五年十月甲午，第5817页。

⑥ （宋）李焘撰，上海师范大学古籍整理研究所、华东师范大学古籍整理研究所点校：《续资治通鉴长编》卷242，熙宁六年二月辛丑，第5906页。

廷不知也”[①]。同样因淤田引水，导致下游冲毁农田的问题在熙宁七年（1074年）再次发生，当年十一月范百禄奏论：此前“都水监丞王孝先献议，于同州朝邑县界畎黄河淤安昌等处碱地。及放河水，而碱地皆高原不能及，乃灌注朝邑县长丰乡永丰等十社千九百户秋苗田三百六十余顷”[②]。后经再派官员体量核实，均指认王孝先“因淤田约水不住，坏民田苗”[③]。同年十月，河北路提举兴修水利程昉、永静军判官林伸、东光县令张言举、权发遣河北路转运副使陈知俭、转运判官黄好谦、提举河北东路常平赵偁等也因“开葫芦河引水”入滹沱河新开故道，“浸民田不可胜计”[④]而被追官、罚铜等处罚。他们完全不顾“新河身比旧河高一丈以来，致水逆行浸民田”的客观规律，强行开挖，导致这一生态环境破坏的严重后果。徽宗政和中，秀州松江兴修水利，政府没有提前做好规划，就“尽决诸堰，而巨海咸潮竟入为害，于是东南四乡民流徙”[⑤]，导致沿海地区海潮倒灌，良田变为盐碱地，生态环境遭到巨大破坏，乡民流徙。

第二，自北宋前期至南宋后期，宋朝各级政府为加强防卫，阻隔辽朝、金朝、蒙元铁骑乃至地方盗贼的进攻，往往人为改变地形地貌，修建河塘，改移水道，甚至扒开黄河，导致水患频发，下游人民生命财产遭受重大损失，也对当地的生态环境造成一定的影响和破坏。从宋太宗、真宗朝开始，河北地区就通过开挖河道，淤灌屯田等，在保州、定州、雄州、莫州等沿边地区修建水上防御体系，阻挡辽朝军队南侵。但是，这种人工开挖河道，也容易造成环境破坏、民田受损。如仁宗景祐初，杨怀敏领河北屯田事，“塘泊日益广，至吞没民田、荡溺丘墓，百姓始告病，乃有盗决以去水患者”[⑥]。看来，民众也难以忍受政府对当地环境的改造和破坏，人为起来反抗，这导致了河北沿边许多防御水系的破败。如宋仁宗朝，曾在“保州西至九顷塘度七里以来，及保州东阳村堤以东至臧村堤度三十里”[⑦]筑堤壅水防御辽兵，后因修理不善而“隳废二十余年”。

① （宋）李焘撰，上海师范大学古籍整理研究所、华东师范大学古籍整理研究所点校：《续资治通鉴长编》卷247，熙宁六年九月丙辰，第6013页。

② （宋）李焘撰，上海师范大学古籍整理研究所、华东师范大学古籍整理研究所点校：《续资治通鉴长编》卷258，熙宁七年十一月丁未，第6291页。

③ （宋）李焘撰，上海师范大学古籍整理研究所、华东师范大学古籍整理研究所点校：《续资治通鉴长编》卷258，熙宁七年十一月丁未，第6291页。

④ （宋）李焘撰，上海师范大学古籍整理研究所、华东师范大学古籍整理研究所点校：《续资治通鉴长编》卷257，熙宁七年十月丙子，第6273页。

⑤ （元）单庆修，徐硕纂：《至元嘉禾志》卷5《堰闸·松江府》，《宋元方志丛刊》，第4450页。

⑥ （宋）李焘撰，上海师范大学古籍整理研究所、华东师范大学古籍整理研究所点校：《续资治通鉴长编》卷117，景祐二年十月癸酉，第2761页。

⑦ （宋）李焘撰，上海师范大学古籍整理研究所、华东师范大学古籍整理研究所点校：《续资治通鉴长编》卷260，熙宁八年二月辛卯，第6349页。

到了神宗熙宁八年（1075 年），河北西路察访使沈括再次提出应该对这一水上防御体系进行修整，“少加补完，西纳曹、鲍诸水，则杜城以东塘险相属，敌骑出入，惟有北平一路。定州之兵依险为陈，犄角牵制，滹沱横泺为难，则可以制其前；塘河之流可决，则足以断其后。有以待敌而致其必来，此必胜之术也”①。神宗令屯田司阎士良再次到实地调查，认为这一策略可行，因而朝廷命令将河北路这一规划防御水系中“交互民田，渐而收买”，“旧屯田分水河，沿河种稻，渐成险固，或当缓急壅决诸河，以制奔突”②。从而改变了河北路边防水系流向，而且将其中的民田全部淹没，等到战争爆发时还允许掘开唐河口，这些做法虽然对防御辽朝军队有所作用，但是对河北路生态环境的破坏和居民生活的长久影响是难以估量的。到了元丰二年（1079 年），神宗再次批准定州安抚使韩绛的请求，在“定州界，西自山麓，东接塘淀，绵地百余里，可以潴水，设为险固”③，通过大量引水淤灌，人为改变地形地貌。到了高宗建炎二年（1128 年）二月金兵再次进攻东京开封，留守杜充仓皇间“乃决黄河入清河以沮兵，自是河流不复矣”④，其实这样的河水仅仅是暂时延缓了金兵的进攻速度，但是却给沿河百姓造成深重的灾难，这一地区的生态环境也受到严重破坏。南宋时期，同样采取北宋时期的策略，通过开挖水道，沟通防御水系，阻挡女真骑兵，建炎三年（1129 年），大将张俊“决水溉田以限戎马”⑤当年六月朝廷责令江浙、淮南等地都“开畎潴水之地，以限戎马”⑥。但是，这种人为改变自然水系流向的做法同样具有高风险，环境成本也是很大的，如果一旦遇到暴雨、洪水暴发等自然灾害，往往因泄水不畅，加重灾害的破坏程度。如绍兴二十七年（1157 年），刘锜为太尉、知荆南府，他就发现当地江陵县在建炎中开凿水系以限制金兵突袭后，“决水入江以御盗，由是夏秋涨溢，荆复间皆被水患”⑦。于是他下令对这一错误改变自然环境面貌的行为进行更正，将所开河道堰塞，“广田数千亩，流民自占者几千家，议者以为便”⑧。同样的情况也发生在宋孝宗乾道二年（1166

① （宋）李焘撰，上海师范大学古籍整理研究所、华东师范大学古籍整理研究所点校：《续资治通鉴长编》卷 260，熙宁八年二月辛卯，第 6349—6350 页。

② （宋）李焘撰，上海师范大学古籍整理研究所、华东师范大学古籍整理研究所点校：《续资治通鉴长编》卷 260，熙宁八年二月辛卯，第 6350 页。

③ （宋）李焘撰，上海师范大学古籍整理研究所、华东师范大学古籍整理研究所点校：《续资治通鉴长编》卷 301，元丰二年十二月丙午，第 7329 页。

④ （宋）李心传编撰，胡坤点校：《建炎以来系年要录》卷 18，建炎二年十一月乙未，第 428 页。

⑤ （宋）李心传编撰，胡坤点校：《建炎以来系年要录》卷 20，建炎三年二月戊午，第 462 页。

⑥ （宋）李心传编撰，胡坤点校：《建炎以来系年要录》卷 24，建炎三年六月戊午，第 577 页。

⑦ （宋）李心传编撰，胡坤点校：《建炎以来系年要录》卷 176，绍兴二十七年二月癸亥，第 3370 页。

⑧ （宋）李心传编撰，胡坤点校：《建炎以来系年要录》卷 176，绍兴二十七年二月癸亥，第 3370 页。

年），当时和州知州胡昉为加强防御，引历阳县、含山县的麻、澧二湖水，“凿千秋涧以设险，涧既开通，而二湖之水始泄入江。积十余年，湖水日浅，灌溉之利遂废”[①]。为了防御的需要而牺牲了地方百姓灌溉的利益，也导致当地湖水的干涸，不断受到民众非议，迫不得已，在淳熙十年（1183 年）的时候，新任知州钱之望做出补救措施，“于千秋置斗门，以防湖水之泄。遇大浸则启之以出外，遇旱暵则用之以潴水，俾二湖之浸如初，又不妨千秋涧之险”[②]，获得朝廷批准。看来，这种人为改变自然环境的做法，如果没有遵循客观规律，必然要受到惩罚，同时也耗费大量的有形和无形成本。但是历朝统治者更关注的是自身的防卫安全，对于地方生态环境和百姓利益考虑较少，因而导致同样的错误一再发生，到了淳祐十二年（1252 年）的时候，理宗皇帝为了抵御蒙古铁骑的锐利进攻，仍然“令极边州郡开浚水道，去城百里之间，三里一沟，五里一洫，使北骑不得长驱而入，边民亦可为耕凿之计，此正古者立方田、开沟浍以限戎马之遗意也”[③]。其实，南宋政府自身朝政、军政的腐败、军队战斗力的薄弱才是导致其屡屡失败的主要原因，地理环境的改造，只能暂时延缓敌军的进攻，而且一旦掌握了水上作战的技术，蒙元军队的进攻速度和南宋灭亡的速度会更快，制造的纵横交错的平原水网，是导致南宋水灾频繁、破坏严重的重要原因之一。

第三，为了获取租税，增加地方财政收入，自北宋中后期直至南宋时期，宋代地方政府主导进行了大量废湖为田以及在河流湖泊中修建圩田的活动，给自然生态环境造成严重的影响和破坏。如宋真宗天禧元年（1017 年），知昇州丁谓言：“城北有后湖，往时岁旱水竭，给为民田，凡七十六顷，出租钱数百万，荫溉之利遂废。”[④] 丁建议恢复后湖，取消租税，“疏为塘陂以畜水，使负郭无旱岁，广植浦茭，养鱼鳖，纵贫民渔采”[⑤]，获得朝廷批准。虽然丁谓是真宗朝“五鬼”，著名的奸佞之臣，但是在保护生态环境，恢复水利体系方面还是颇有远见。又如熙宁九年（1076 年），王安石特任判江宁府，经过一年的治理，他感觉到江宁府城区狭小，“山广地窄，人烟繁茂，为富者田连阡陌，为贫者无置锥之地”，因而为了扩大地方耕地面积，增加政府租税收入，他向神宗皇帝提出一项建议，就是废“玄武湖为田”，他认为：“其北关外有湖二百余顷，古迹号为玄武之名，前代以为游玩之地，今则空贮波涛，守之无用。臣欲于内权开丁字河源，泄去

---

① 刘琳、刁忠民、舒大刚，等校点：《宋会要辑稿》食货六一之一二八，第 7536 页。
② 刘琳、刁忠民、舒大刚，等校点：《宋会要辑稿》食货六一之一二八，第 7536 页。
③ 汪圣铎点校：《宋史全文》卷 34，淳祐十二年正月庚戌，第 2812—2813 页。
④ （元）脱脱等撰：《宋史》卷 96《河渠志六》，第 2380 页。
⑤ （元）脱脱等撰：《宋史》卷 96《河渠志六》，第 2380 页。

余水，决沥微波，使贫困饥人尽得螺蚌鱼虾之饶，此目下之利。水退之后，济贫民，假以官牛、官种，又明年之计也。贫民得以春耕夏种，谷登之日，欲乞明敕所司，无以侵渔聚敛，只随其田土色高低岁收水面钱，以供公使库之用。”[①]废湖为田，主要目的一是解决部分贫民没有土地耕种的问题，二是解决江宁府公使库经费不足问题，由于王安石与神宗的密切关系，他的建议获得批准实施[②]，《景定建康志》的编撰者因而认为“此奏状废湖为田，盖始于王安石也”[③]。其还补充了南宋玄武湖区的情况，“增收后湖田租则始于赵善湘”，并认为王安石的做法是错误的，“田出谷麦，所利者小，湖关形势，所利者大。故著废湖之因，以待复湖之人云”[④]。实际上，玄武湖的作用不仅仅是“空贮波涛，守之无用”，它还可补充江宁府地下水源，调解雨水、防洪防旱、净化水质、供民游览、采捕鱼虾等多种用途，王安石虽为著名改革家，但是他废湖为田的做法，完全是得不偿失，也是宋代地方政府破坏生态环境的典型例证。到了宋徽宗朝，随着人口的增加和政府财政收入的亏空，许多地方政府开始主导废湖为田的进程，将此前一些豪民私下侵占湖区为田的行为合法化，立定租税，招人请佃，扩大垦田面积，同时也进一步扩大了对自然生态环境的破坏。如政和末年，楼异知明州，他为了讨好徽宗，增加官庄收入，建议将辖境内鄞县“广德湖，垦而为田，收其租可以给用。徽宗纳其说”。因而广德湖被废，“治湖田七百二十顷，岁得谷三万六千。加直龙图阁、秘阁修撰，至徽猷阁待制”[⑤]。虽然皇室的田租收入增加了，但是随州百姓却承担了环境破坏的后果，“郡资湖水灌溉，为利甚广，往者为民包侵，异令尽泄之垦田。自是苦旱，乡人怨之”[⑥]，“异时膏腴，今为下地，废湖之害也”[⑦]。他的这一错误做法同样体现了宋代地方政府在行政决策中不考虑环境成本损失的短视行为。同样命运的还有越州的鉴湖，“鉴湖之广，周回三百五十八里，环山三十六源。自汉永和五年（140 年），会稽太守马臻始筑塘，溉田九千余顷，至宋初八百年间，民受其利”，但是从宋朝开始，一直存在湖边豪民侵占湖区为田的情况，到了徽宗“政和末，为郡守者务为进奉之计，遂废湖为田，赋输京师。自时奸民私占，为田益众，湖之存者亡几矣”[⑧]。

---

① （宋）马光祖修，周应合纂：《景定建康志》卷 18《山川志二》，《宋元方志丛刊》，第 1586—1587 页。
② （宋）马光祖修，周应合纂：《景定建康志》卷 18《江湖·玄武湖》，《宋元方志丛刊》，第 1587 页。
③ （宋）马光祖修，周应合纂：《景定建康志》卷 18《江湖·玄武湖》，《宋元方志丛刊》，第 1587 页。
④ （宋）马光祖修，周应合纂：《景定建康志》卷 18《江湖·玄武湖》，《宋元方志丛刊》，第 1587 页。
⑤ （元）脱脱等撰：《宋史》卷 354《楼异传》，第 11163 页。
⑥ （元）脱脱等撰：《宋史》卷 354《楼异传》，第 11163 页。
⑦ （宋）胡榘修，方万里、罗濬纂：《宝庆四明志》卷 12《鄞县广德湖》，《宋元方志丛刊》，第 5149 页。
⑧ （元）脱脱等撰：《宋史》卷 97《河渠志七》，第 2407 页。

这样一来，当地的生态环境遭到破坏，湖边耕地得不到灌溉，百姓收入顿减，因而怨声载道，在宣和三年（1121 年）二月的时候，朝廷因反对者多，曾下诏反省和令官员调查："越州鉴湖、明州广德湖，自措置为田，下流湮塞，有妨灌溉，致失陷常赋。又请佃人多是亲旧权势之家，广占顷亩，公肆请求，两州被害民户，例多流徙。仰陈亨伯体究诣实。如所纳租税过重，即相度减免，立为中制。应妨下流灌溉处，并当施以予民。"[①] 南宋绍兴十五年（1145 年）间，秦桧还想将鉴湖剩余的部分全部填平变为耕地，"尽干鉴湖，云可得十万斛米"，遭到高宗的反对，"朕谓若遇岁旱，无湖水引灌，则所损未必不过之。凡事须远虑可也"[②]，看来高宗虽然在抗金恢复中原问题上毫无长远规划，但是在保护湖水，维护生态环境方面还是比秦桧要有远见的。当时北宋末年南方地区，出现了一波废湖为田和兴建圩田的高潮，给南方地方生态环境造成了严重的破坏，其情况正如绍兴三年（1133 年），吏部侍郎李光所奏："明、越陂湖，专溉农田。自庆历中，始有盗湖为田者，三司使切责漕臣，严立法禁。宣和以来，王仲嶷守越，楼异守明，创为应奉，始废湖为田，自是岁有水旱之患。乞行废罢，尽复为湖。如江东、西之圩田，苏、秀之围田，皆当讲究兴复。"[③]

同时，在徽宗朝，许多地方政府、豪民开始在河道中、湖泊中开始兴建圩田，这种田地虽然旱涝保收，但是它容易阻塞水道，遇到暴雨、洪水等时期会导致河水溢出，淹没周边民户田产房屋，因而对周边环境是具有相当大的破坏作用的，只是由于其提高了单位面积产量，有助于增加政府和豪民财税收入，才得到推广和扩大。宣和三年（1121 年）三月，各种反对声音日益强烈，朝廷也终于下诏对此进行反省和更正，"江南路官私圩埠，有司希功妄作，或辄将上流闭塞，致下流无水灌溉；或壅遏无所发泄，致邻左例遭水患。及有元供顷亩数多，后来实数不及，辄敷与民户，或勒令等第承佃，或抑配倍纳租赋，因此多致民户流徙。可限十日改正。见妨民户灌溉及拥遏无发泄者，所属监司相度措置，或弛以予民；所输税赋，比附邻近，立为永制。如尚（教）[敢] 营私观望，许民户越诉，当议重行黜责"[④]。其结果也与上述湖田的兴废一样，并无多少实际效果。

---

① 刘琳、刁忠民、舒大刚，等校点：《宋会要辑稿》食货六三之一九六，第 7716 页。

② （元）脱脱等撰：《宋史》卷 97《河渠志七》，第 2407 页；（宋）李心传编撰，胡坤点校：《建炎以来系年要录》卷 154，绍兴十五年七月壬子，第 2904 页。

③ （元）脱脱等撰：《宋史》卷 97《河渠志七》，第 2403 页；刘琳、刁忠民、舒大刚，等校点：《宋会要辑稿》食货七之四三，第 6138 页。

④ 刘琳、刁忠民、舒大刚，等校点：《宋会要辑稿》食货七之三七至三八，第 6135 页。

到了南宋时期，各地官员在兴废湖田、圩田问题上争论激烈，同时也对地方环境产生相当大的影响。绍兴二年（1132 年），上虞县令赵不谣言："本县所管夏盖等湖一十三处，自废湖为田，租米皆属御前，省税即隶户部。官吏知有湖田数千硕之利，而不知夺此水利，检放省税，岁乃至万硕。建炎以后，湖租尽入户部，然未之废，废之诚便。"[①] 绍兴五年（1135 年）的时候，知湖州李光也曾提出自地方政府废湖为田后，如余姚、上虞"每县收租不过数千斛，而所失民田常赋动以万计"[②]。自绍兴三年（1133 年）自己上奏后"蒙独罢余姚、上虞两邑湖田。其会稽之鉴湖、鄞之广德湖、萧山之湘湖等处，其类甚多"[③]，"望诏漕臣尽废之。其江东、西圩田，苏、秀围田，令监司守令条上"[④]。朝廷责令诸路转运司合议，结果是"其后议者虽称合废，竟仍其旧"[⑤]，地方政府在此问题上知错不改，错上加错。原因就在于"州县官往往利为圭田，顽猾之民因而献计，侵耕盗种，上下相蒙，未肯尽行废罢"[⑥]。掺杂了官员们的私人利益在其中，故而环境的破坏和民众的损失就不在他们考虑之内了。绍兴四年（1134 年）的时候，太平州也上奏，自政和二年（1112 年），"本州将路西湖兴修作政和圩，自后山水无以发泄，遂致冲决圩埕，损害田苗。乞废田，依旧开掘为湖"[⑦]。政府废湖修建圩田，造成河道阻塞，损害地方生态环境，破坏其他圩田田苗，这也是徽宗朝大规模废湖兴建湖田、圩田的错误决策的又一受害者，经本路转运、提刑等诸司相度，一致同意"决圩为湖，委是经久利便"[⑧]。南宋时期，废湖建田的不仅仅是地方政府，还包括军队，如绍兴二十三年（1153 年），谏议大夫史才就说："浙西民田最广，而平时无甚害者，太湖之利也。近年濒湖之地，多为军下侵据，累土增高，长堤弥望，名曰'坝田。'旱则据之以溉，而民田不沾其利；水则远近泛滥，不得入湖，而民田尽没。"[⑨] 军队通过围太湖造"坝田"，收入虽然增加了，但是却给当地生态环境和民众田地造成严重破坏，因而被朝廷

---

① 刘琳、刁忠民、舒大刚，等校点：《宋会要辑稿》食货七之四一，第 6137 页。
② 刘琳、刁忠民、舒大刚，等校点：《宋会要辑稿》食货八之一，第 6147 页。
③ 刘琳、刁忠民、舒大刚，等校点：《宋会要辑稿》食货七之四三，第 6138 页。
④ （元）脱脱等撰：《宋史》卷 173《食货志上一》，第 4183 页。
⑤ （元）脱脱等撰：《宋史》卷 173《食货志上一》，第 4183 页。
⑥ 刘琳、刁忠民、舒大刚，等校点：《宋会要辑稿》食货七之四三，第 6138 页。
⑦ 刘琳、刁忠民、舒大刚，等校点：《宋会要辑稿》食货七之四三，第 6138 页。
⑧ 刘琳、刁忠民、舒大刚，等校点：《宋会要辑稿》食货七之四三，第 6138 页。
⑨ （宋）马端临著，上海师范大学古籍研究所、华东师范大学古籍研究所点校：《文献通考》卷 6《田赋考六》，第 149 页。

责令“尽复太湖旧迹，使军民各安，田畴均利”[①]。这种损人利己和没有远见的经济发展模式，也引得宋末大儒马端临的感叹，“圩田、湖田多起于政和以来，其在浙间者隶应奉局，其在江东者蔡京、秦桧相继得之。大概今之田，昔之湖。徒知湖中之水可涸以垦田，而不知湖外之田将胥而为水也。主其事者皆近幸、权臣，是以委邻为壑，利己困民，皆不复问”；并认为“建康之永丰圩、明越之湖田，大率即涸梁山泊之策也”。[②]明州广德湖的兴废颇为曲折，自北宋政和中被废为田后，知州楼异“召人请佃，得租米一万九千余硕。至绍兴七年（1137年），守臣仇悆又乞令见种之人不输田主，径纳官租，增为四万五千余硕”，官府获得了实际利益，但是当地七乡之民收成却受到严重损失，“湖水未废时，七乡民田每亩收谷六七硕，今所收不及前日之半，以失湖水灌溉之利故也。计七乡之田不下二千顷，所失谷无虑五六十万硕，又不无旱乾之患”[③]。因而在绍兴九年（1139年）的时候，经本州奏请，朝廷批准，废湖田“仍旧为湖”[④]。但是这样一来，官府、官员的实际利益受到损失，到了下一任知州时，又完全改变了说法，“契勘广德湖下等田亩缘既已为田，即无复可为湖之理，不免私自冒种，非惟每年暗失官租三千余硕，而元佃人户词讼终无由止息，又因缘有争占斗讼，愈见生事”[⑤]。因而申请“欲乞依旧为田，令元佃人户耕种”[⑥]，也获得了朝廷的批准。这样，大片的湖水又被填平为田，政府政策的反复，不仅耗费了大量人力、物力、财力，同时也损害了政府无形的公信力成本和当地环境成本。

此后，在孝宗、宁宗等时期，仍存在大量的官府主导的废湖造田、租佃以收税的短视行为，如建康府著名的永丰圩田，自徽宗朝创立后，“初是百姓请佃，后以赐蔡京，又以赐韩世忠，又赐秦桧，继拨隶行宫”[⑦]。孝宗乾道元年（1165年）隶总领所。“五十年间，皆权臣大将之家，又在御府”[⑧]，有官员对其收益和损失进行了比较，绍兴中“桧既得永丰圩，竭江东漕计修筑堤埠，自此水患及于宣、池、太平、建康。昨据总领所申：通管田七百三十顷，共理租二十一

---

① （宋）马端临著，上海师范大学古籍研究所、华东师范大学古籍研究所点校：《文献通考》卷6《田赋考六》，第149页。

② （宋）马端临著，上海师范大学古籍研究所、华东师范大学古籍研究所点校：《文献通考》卷6《田赋考六》，第149页，《涑水记闻》言：“王介甫欲兴水利，有献言欲涸梁山泊可得良田万顷者，介甫然其说，复以为恐无贮水之地，刘贡甫言：‘在其旁别穿一梁山泊则可以贮之矣’。介甫笑而止。当时以为戏谈。”

③ 刘琳、刁忠民、舒大刚，等校点：《宋会要辑稿》食货七之四五至四六，第6140页。

④ 刘琳、刁忠民、舒大刚，等校点：《宋会要辑稿》食货七之四六，第6140页。

⑤ 刘琳、刁忠民、舒大刚，等校点：《宋会要辑稿》食货七之四六，第6140页。

⑥ 刘琳、刁忠民、舒大刚，等校点：《宋会要辑稿》食货七之四六，第6140页。

⑦ 刘琳、刁忠民、舒大刚，等校点：《宋会要辑稿》食货八之三，第6148页。

⑧ 刘琳、刁忠民、舒大刚，等校点：《宋会要辑稿》食货八之三，第6148页。

万一千余秤，当年所收才及其半，次年仅收十五之一。假令岁收尽及元数，不过米二万余石，而四州岁有水患，所失民租，何翅十倍？”[①]江东转运司也说：“永丰圩自政和五年（1115）围湖成田，今五十余载，横截水势，每遇泛涨，冲决民圩，为害非细。”[②]因而都主张将其废罢以通水利，朝廷从之，但是这一决定又因漕臣韩元吉的反对而作罢，“于是开掘之命遂寝”[③]。乾道三年（1167年）时，秘阁修撰、前知衢州周操也说：“宣城管下六县，唯宣城、南陵有圩田去处，而宣圩田最多，共计一百七十九所。大率地本卑下，人力矫揉，以成田亩，十年九潦，常有水患。议者多欲废决梗塞水道之圩，以全众圩，谓不当隐忍爱惜当决之圩，使众圩俱受其害。”[④]经过调查后发现，是宁国府所建的童圩造成了本州圩田的屡屡被淹。其后，知宁国府汪彻也言：“童圩最为民害。一水自徽州绩溪县、本府宁国县合诸水至童圩，一水自广德军建平县合本府宣城县南湖之水至童圩，二水奔冲并来，其势浩渺，所以向上诸圩悉遭巨浸。”[⑤]因而也主张将其废决，获得朝廷批准，但是其间所经历六年时间，不知白白损害了多少民众的生命财产安全，给生态环境也无端造成了更多的损害。但是，官府未曾从中吸取教训，到了宁宗开禧二年十二月，因为需要安顿两淮地区大量的流民，朝廷再次做出错误决策，“复两浙围田，募两淮流民耕种”[⑥]。当时韩侂胄、史弥远等权奸相继执政，朝廷上下贪赃枉法，“私欲横生”，甚至如临安府的知府也再次动起了歪脑筋，嘉定七年（1214年），臣僚上奏中就提出：本府违背“乾道、淳熙之间，累降指挥”，“其微至于西湖草塘，亦复徇情，听民请佃。日渐月积，种荷之地寖广，而湖面之水愈狭，不惟失形势之壮观，而亦违淳熙之指挥”。[⑦]而所占用的“临安府旧荡四百余亩，每岁增收租钱一千贯有畸。以天府财计之夥繁，视此千百缗，直琐琐耳”[⑧]，临安府的举措既损害了自然环境，又破坏了政府的公信力，可谓得不偿失，因而被朝廷责令恢复西湖水面旧界，“其人户岁增纳租钱，尽与蠲除”[⑨]。当时的镇江府知府赵善湘在作《放生池记》中也描述了当地官员急于营利，侵占池塘兴建酒店的现象：“博访故老，有知其故

① 刘琳、刁忠民、舒大刚，等校点：《宋会要辑稿》食货八之三，第6147页。
② 刘琳、刁忠民、舒大刚，等校点：《宋会要辑稿》食货八之三，第6148页。
③ 刘琳、刁忠民、舒大刚，等校点：《宋会要辑稿》食货八之三，第6148页。
④ 刘琳、刁忠民、舒大刚，等校点：《宋会要辑稿》食货六一之一一八，第7528页。
⑤ 刘琳、刁忠民、舒大刚，等校点：《宋会要辑稿》食货六一之一一八，第7529页。
⑥ （宋）佚名撰：《两朝纲目备要》卷9，开禧二年十二月庚午，台北：文海出版社，1967年影印本，第617页。
⑦ 刘琳、刁忠民、舒大刚，等校点：《宋会要辑稿》食货六一之一四八，第7546页。
⑧ 刘琳、刁忠民、舒大刚，等校点：《宋会要辑稿》食货六一之一四八，第7546页。
⑨ 刘琳、刁忠民、舒大刚，等校点：《宋会要辑稿》食货六一之一四八，第7546页。

者，谓数十年前池之广盖不翅一倍于此，后以郡计之急，借以为游观，乃临池设酒垆，而池日就湮塞。指今小轩曰：‘此旧南山亭也。’群不逞日醉饮其上，不知几年矣。迩来沿池居民并缘为奸，潜以粪壤侵积池垠，稍久则筑而屋之，相其曲直高下之势，池之旧迹宛然而具存。”① 为了提高当地财政收入，严重损害了政府的形象和城市风貌，因而赵责令侵占的居民全部搬迁，“凡所见侵皆前人数十年间之事，今乃使复归之官”，所以官私“酒垆之轩撤而去之，退为限隔，以绝其临眺”。新建亭台楼阁，拓宽池塘，恢复了往日风景，“顾瞻池中，纤鳞巨介，浮游而去，咸得其乐”②。这种因经济利益而放弃生态环境的错误做法一再出现，给地方政府、普通民众造成严重的损害，其中的深刻教训也值得今人反思和借鉴。

第四，两宋时期，在各级官廨、城池、仓库等行政设施修建中，大量砍伐树木，采挖石料，同样也对环境造成了相当的破坏。此外，其还要为大量中央官府机构的修建、军队物资的供应提供原材料，也造成相当破坏。一定的行政设施是管理所必要的，但是如果兴建规模过大、过于奢华，所耗费的山林、石材就会造成生态环境的破坏。而且，北宋时期，山林砍伐主要集中于陕西、山西、河北等地区，这不得不让人联想到中古以来这一地区生态环境的日益破坏是否和此有密切关系。宋人笔记《玉壶清话》中就记载：宋初关中“秦亭之西北夕阳镇，产巨材，森郁绵亘，不知其极，止利于戎”。建隆初，高防知秦州，“国朝方议营造”，高“辟地数百里，筑堡扼其要，募兵千余人，为采造务，与戎约曰：‘渭之北，戎有之；渭之南，秦有之。’果获材数万本，为桴蔽渭而下”，从少数民族所控制的地区砍伐了大量的木材。后来蕃族与宋朝反目，“绝渭夺筏杀兵”，高防带兵将蕃族战败，献俘于京师，太祖悯之，自觉理亏，“夺其地之所产，得无争乎？仍速边州之扰，不若罢之”③。双方罢兵后，蕃族再进献“美材五十万于朝”④。从这一次战争来看，宋朝就从沿边地区攫取了大量的林木用于宫殿建设，对关中生态环境造成了严重的破坏。不仅西北地区，华北沿边地区同样存在大量砍伐林木的现象，真宗朝，张昷之为河北转运使，他发现沿边州郡往往“发卒斩西山木，卒逃入契丹者岁数百人”⑤，引起士兵大量逃亡，所砍伐林木劳累程度和砍伐数量一定相当大，这不仅导致了军队数量的减损，同时也危害了广种树木以防辽军骑兵突袭的防御体系，损害了当地的生态环境，

---

① （宋）史弥坚修，卢宪纂：《嘉定镇江志》附录，《宋元方志丛刊》，第 2554 页。

② （宋）史弥坚修，卢宪纂：《嘉定镇江志》附录，《宋元方志丛刊》，第 2554—2555 页。

③ （宋）释文莹撰，郑世刚、杨立扬点校：《玉壶清话》卷 2，北京：中华书局，1997 年版，第 20 页。

④ （宋）释文莹撰，郑世刚、杨立扬点校：《玉壶清话》卷 2，第 20 页。

⑤ （元）脱脱等撰：《宋史》卷 303《张昷之传》，第 10033 页。

因而被张昷之禁止。

宋朝地方政府往往要承担为中央官廨、军营等行政设施修建筹集原材料的重任，如真宗、仁宗朝，大肆修建宫殿、道观，大量征调地方人力、物力，对地方生态环境也造成了严重的损害，如仁宗明道元年（1032年）八月，宫中大火，烧毁了崇德、长春等八殿，为了重建宫殿，朝廷命各地供给修建材料。时任西京留守司推官的欧阳修记载了当时洛阳地区竹林惨遭砍伐的惨剧。“洛最多竹，樊圃棋错。包箨榯笋之赢，岁尚十数万缗，坐安候利，宁肯为渭川下？……壬申之秋，人吏率持镰斧，亡公私谁何，且戕且桴，不竭不止。守都出令：有敢隐一毫为私，不与公上急病，服王官为慢，齿王民为悖。如是累日，地榛园秃，下亡有啬色少见于颜间者”，洛阳的竹林数量巨大，只是竹笋出卖的收益，一岁就有十余万贯，但是在这次重建宫殿中被砍伐殆尽，使地方官府、百姓、生态环境均遭受重大损失，因而欧阳修也批评了这种“敛取无艺。意者营饰像庙遇差乎”的错误做法，认为应当“不作无害有益”“君子节用而爱人”①。又如神宗元丰二年（1079年）七月，朝廷诏令“开封府界沿流诸县修造军营仓库材木，并令提点司应副，如用度不足，令三司偿其费”②。也就是说，修造军营、仓库的木材等主要由府界提点司负责筹措，如果数量不够，才可申请三司拨款购买。元丰三年（1080年）的时候，又重建尚书省官廨，房屋数量上千间，耗费材木数量巨大，神宗也和臣僚议论，认为当时天下“独熙河山林久在羌中，养成巨材，最为浩瀚，可以取足即今合用之数。宜专差都大经制熙河路边防财用事李宪兼专切提举本路采买木植”③。也就是说，在宋朝原有境内已无一地有足够的木材可供修建大规模的官廨庭院，只能从新占领地区进行砍伐，同时这也进一步加剧了西部地区森林的砍伐和破坏，导致黄河中上游水土流失和生态环境恶化。元丰四年（1081年）时，河北东、西路体量安抚蹇周辅也上奏“乞就西山采斫木植，修盖北京等处仓厫”④，获得朝廷批准，从而对太行山西部山区的林木造成进一步的破坏。徽宗朝，在蔡京等人的劝诱下，朝廷倡导丰亨豫大之说，在两浙、江南等地大量采买花石，在地方政府的主导下，导致砍伐山林树木、破坏湖泊园林等危害生态环境的行为，“修造日广，民力凋瘵，饥疫相

① （宋）欧阳修撰，李逸安点校：《欧阳修全集》卷64《戕竹记》，第936页。

② （宋）李焘撰，上海师范大学古籍整理研究所、华东师范大学古籍整理研究所点校：《续资治通鉴长编》卷299，元丰二年七月己巳，第7266页。

③ （宋）李焘撰，上海师范大学古籍整理研究所、华东师范大学古籍整理研究所点校：《续资治通鉴长编》卷310，元丰三年十二月乙酉，第7528—7529页。

④ （宋）李焘撰，上海师范大学古籍整理研究所、华东师范大学古籍整理研究所点校：《续资治通鉴长编》卷316，元丰四年九月庚戌，第7652页。

继，死者过半。挽运花石，荒废农业”[①]，“大率太湖、灵璧、慈谿、武康诸石，二浙花竹、杂木、海错，福建异花、荔子、龙眼、橄榄，海南椰实，湖湘竹木、文竹，江南诸果，登、莱、淄、沂海错、文石，二广、四川异花、奇果，贡大者，越海渡江，毁桥梁，凿城郭而至植之，皆生成，异味珍苞，率以健步捷足，虽万里，用四三日即达，色香未变也”[②]。同时其在京师修造的艮岳、明堂，各种宫殿、道观等，也耗费了地方大量的林木、石材，也对地方生态环境和百姓生活造成了严重的破坏。

此外，地方州城的修造工程同样非常浩大，因而耗费的石材、砖瓦、竹木同样数量惊人，因而也会对环境造成极大的破坏，史书曾记载有太常博士杨献民，河东人，“是时鄜州修城，差望青斫木，作诗寄郡中僚友。破题曰：‘县官伐木入烟萝，匠石须材尽日忙’”[③]。神宗朝，各地城池修建数量较多，因而对生态环境影响较大，如熙宁七年（1074 年）二月，河北路察访司相度，“州县诸城展拓处，标立界至，暴掘壕堑、课植材木”[④]。当年十二月，河北路赵州修城，“所用夜义散子、木植，转运司于定州城壕四面采斫，不惟枉费脚乘、船运，重成劳扰，兼恐将来本州修城自要使用”[⑤]，当时的转运判官李稷“修赵州城枉费材用，暴伐林木，当北使路削白文书充修城木”[⑥]。第二年（1075 年）正月，河北路大名府修城，“伐河隄林木为用”，侵害了具有护堤防洪作用的“黄河向著隄岸榆柳”[⑦]，这些既耗费有形行政成本又损耗无形环境成本的做法遭到朝廷的严厉禁止。这种在河北地区大规模的修筑城池行动，耗费了大量的民力、物力，难以一时筹备，也容易引起辽朝的对峙情绪，因而在熙宁八年（1075 年）九月，朝廷责令“河北州军城橹未兴工者权罢，据所用楼橹具材木，限三年毕储之，以待缓急”[⑧]。看来，朝廷和地方政府都无法一时筹措足够的竹木、石材以供大规模修城之用，只能暂缓三年，其对河北生态环境的破坏可见是非常严重的。

---

① （清）黄以周等辑注，顾吉辰点校：《续资治通鉴长编拾补》卷 29，大观四年八月戊寅，北京：中华书局，2004 年版，第 988 页。

② （清）黄以周等辑注，顾吉辰点校：《续资治通鉴长编拾补》卷 36，政和七年五月乙未，第 1151 页。

③ （宋）江少虞撰：《宋朝事实类苑》卷 66《语讹》，第 897 页。

④ （宋）李焘撰，上海师范大学古籍整理研究所、华东师范大学古籍整理研究所点校：《续资治通鉴长编》卷 250，熙宁七年二月庚辰，第 6093 页。

⑤ （宋）李焘撰，上海师范大学古籍整理研究所、华东师范大学古籍整理研究所点校：《续资治通鉴长编》卷 258，熙宁七年十二月壬辰，第 6306 页。

⑥ （宋）李焘撰，上海师范大学古籍整理研究所、华东师范大学古籍整理研究所点校：《续资治通鉴长编》卷 277，熙宁九年八月乙酉，第 6773 页。

⑦ （宋）李焘撰，上海师范大学古籍整理研究所、华东师范大学古籍整理研究所点校：《续资治通鉴长编》卷 259，熙宁八年正月丙辰，第 6323 页。

⑧ （宋）李焘撰，上海师范大学古籍整理研究所、华东师范大学古籍整理研究所点校：《续资治通鉴长编》卷 268，熙宁八年九月壬申，第 6567 页。

更为让人痛惜的是，当年在河北查访的大臣沈括还向神宗皇帝提出，“定州北境先种榆柳以为寨，榆柳植者以亿计”括以谓“契丹依之可蔽矢石，伐材以为梯冲，是为寇计也，皆请去之”①。朝廷从之，从而使得定州北境此前种植的大量林木被砍伐，生态环境因决策者的失误而再受重创。熙宁八年（1075 年）四月，神宗还暂停了将作监向西北新占领的熙河路“调营缮材木数多”的问题，也豁免了“通远军、凤翔府累岁所应输纳木犹积欠五十余万”②。从这两个州府所豁免的木材数量也可推测出当时宋朝在西北地区砍伐树木的规模，以及因此而造成的山林毁坏，水土流失情况。哲宗朝，韩宗武“为河间令。值河溢，增堤护城，吏率兵五百伐材近郊，虽墓木亦不免，父老遮道泣，宗武入府白罢之”③。南宋绍兴六年（1136 年）五月，宣抚使张俊屯兵盱眙，防御金军和伪齐，“右仆射张浚命依山筑城……是役也，兴于盛夏，自下运土而上者，皆有日课。望青采斫，数十里间，竹木皆尽斸，掘新旧冢，莫知其数，人甚苦之。城成，无水可守，亦无樵采”④。这一错误做法遭到左相赵鼎的反对，认为“是虽不为资敌之具，然当念劳人也”⑤。两宋时期，这种因修筑城池而滥砍滥伐，危害百姓利益的做法，又是政府行政成本遭受有形、无形双重损耗的严重危害。

除了州城外，地方官廨、仓库、园林等设施的修建也耗费了相当的树木，如仁宗景祐初，京兆府奉敕修建石塔，知府姜遵“多采石以代砖甓及烧灰”⑥，“尽力于塔，悉取碑碣以为塔材，汉唐公卿墓石十亡七八”⑦。由于其决策失误，造成了大量山石的破坏，更为严重的是破坏了大量文物古迹，“宋有国百余年，长安碑刻再厄矣”⑧，政府付出了严重的环境成本损失。仁宗庆历中，知益州蒋堂大肆兴建官廨馆舍，“又建铜壶阁，其制宏敞，而材不预具”，为了解决原材料问题，蒋责令“乃伐乔木于蜀先主惠陵、江渎祠，又毁后土及刘禅祠，蜀人浸不悦”⑨，这一次，蒋也犯了与姜遵同样的错误，砍伐林木、毁坏文物古迹，因而遭到民众反对，朝廷被迫将其调离岗位。熙宁八年（1075 年）鄂州新城县

---

① （宋）李焘撰，上海师范大学古籍整理研究所、华东师范大学古籍整理研究所点校：《续资治通鉴长编》卷 267，熙宁八年八月癸巳，第 6543 页。

② （宋）李焘撰，上海师范大学古籍整理研究所、华东师范大学古籍整理研究所点校：《续资治通鉴长编》卷 262，熙宁八年四月戊寅，第 6399—6400 页。

③ （元）脱脱等撰：《宋史》卷 315《韩宗武传》，第 10311 页。

④ （宋）李心传编撰，胡坤点校：《建炎以来系年要录》卷 101，绍兴六年五月壬辰，第 1921 页。

⑤ （宋）李心传编撰，胡坤点校：《建炎以来系年要录》卷 101，绍兴六年五月壬辰，第 1920 页。

⑥ （宋）范镇撰，汝沛点校：《东斋记事》卷 1，北京：中华书局，1980 年版，第 4 页。

⑦ （宋）江少虞撰：《宋朝事实类苑》卷 60《取碑碣为塔材》，第 797 页。

⑧ （宋）王辟之撰：《渑水燕谈录》卷 8，第 100 页。

⑨ （宋）李焘撰，上海师范大学古籍整理研究所、华东师范大学古籍整理研究所点校：《续资治通鉴长编》卷 153，庆历四年十二月甲辰，第 3725 页。

令曹登为了“作新城县廨宇，民间被害，每一条木即令连纳数条。为手实之法，每一出乡，笞挞遍野。酷暴如此”[①]。哲宗元符二年（1099年）闰九月，西部新设的会州修建仓库、营房、廨宇等，朝廷责令“兰州造粗材应副”，“自黄河沿流运致，专委官管勾”。[②]而从前述第二章关于宋代地方官廨修建费用的探讨中，也可以看出当时，地方政府用于官廨、仓库、军营等行政设施修建，耗费了大量的竹木、砖石，这些材料除了极少部分是废旧再利用外，大多取材于山林，必然会对周边生态环境造成相当的损害。

第五，在宋代武器、船只制造乃至官府燃料供应中，大量的林木被砍伐，山林为之童童，这些方面也造成了环境的破坏，造成了地方政府生态环境成本的日益增加。如仁宗庆历中，河北地区广泛种植木材，“以绝戎骑之奔突”。后来林木既成，辽人患之，乃使人间说知雄州张昭远，提出“杨可以为长梯砲梢”。张信以为真，将这些木材“悉斩以为用，后复栽植。比年以来，方及拱把，而议者又欲伐取”[③]。这样反复的砍伐成材的林木，必然会导致北宋边防空虚，同时也影响当地生态环境。熙宁二年（1069年），苏辙在上神宗皇帝的奏章中也提到重兵聚集于京师，需要转运东南地区大量的粮食物资满足其日常需求，同时也要制造数量众多的漕船，“凡今东南之米，每岁溯汴而上，以石计者，至五六百万。山林之木尽于舟楫，州郡之卒敝于道路，月廪岁给之奉不可胜计”[④]。虽然“山林之木尽于舟楫”的说法有些夸张，但是不可否认，因船只制造业耗费了地方大量木材，砍伐了大批的山林竹园。因宋辽、宋夏、宋金、宋蒙战争持续不断，在武器、战船、漕船等制造中，数量需求相当巨大，如神宗元丰五年（1082年）六月，军器监言：“相州都作院造防城箭三十三万，河北无竹笴，乞依定州用桦木笴。”[⑤]元丰六年（1083年），荆湖南路“奉诏本路买桑木弓材五万，各长三尺八寸，阔二寸五分，厚一寸，已下州县收买”[⑥]。南宋高宗绍兴四年（1134年）二月，知枢密院事张浚言：“荆南府、澧、筠、峡州，最系出产箭

① （宋）李焘撰，上海师范大学古籍整理研究所、华东师范大学古籍整理研究所点校：《续资治通鉴长编》卷271，熙宁八年十二月壬寅，第6644页。
② （宋）李焘撰，上海师范大学古籍整理研究所、华东师范大学古籍整理研究所点校：《续资治通鉴长编》卷516，元符二年闰九月壬申，第12265页。
③ 刘琳、刁忠民、舒大刚，等校点：《宋会要辑稿》兵二七之二九，第9197页。
④ （宋）苏辙撰，陈宏天、高秀芳校点：《苏辙集》卷21《上皇帝书》，北京：中华书局，1990年版，第377页。
⑤ （宋）李焘撰，上海师范大学古籍整理研究所、华东师范大学古籍整理研究所点校：《续资治通鉴长编》卷327，元丰五年六月丁巳，第7873页。
⑥ （宋）李焘撰，上海师范大学古籍整理研究所、华东师范大学古籍整理研究所点校：《续资治通鉴长编》卷334，元丰六年三月癸卯，第8042页。

杆去处，已令各计置二三百万赴行在。”后来他才发现“潭州近年采伐殆尽，今所用皆自全、永、武岗商贩而至，恐误指准，请差损其数”[①]，朝廷从之，看来由于过度砍伐，潭州地区已经没有成片竹林可以供作箭杆，环境的恶化、物产的匮乏只能倒逼政府缩减供应量。不仅是潭州地区，当时如川陕四路边面“绵亘数千理”，“盖有林木以为障蔽，谓之禁山”，自南宋初年以来，因为加强战备，“以军兴而制器械，运粮而造船筏，自近及远，采斫殆尽。异时障蔽之地，今乃四通八达”[②]，把大量的古老山林、树木砍伐一空，对当地生态环境也造成了严重的破坏，同时也导致沿边防卫空虚。理宗朝，陈宓为建昌军知军，他在与曹彦约的书信中就提道：“缘制司以万缗来此市木，辞之不可，今已得过半，而所在皆牛山矣。某之定力不能牢辞，遂贻害于三邑。”[③]而制置司收购的木材主要用于制造武器、船只等，只在一地收购一半的额度，就已将山林砍伐一空，其对环境的破坏力是相当大的。这种情况不只在一地发生，理宗朝淳祐中徐元杰为信州知州，同样遇到制置司收买木材，“近日制阃下买木之令，将以为边防排义楼串。此军期也，不可一日缓。问其数，合江东二十万，上饶一郡一万五千，其径寸，则尺以上至尺五。如此等木，他处未知有无，乡间何以有此？近年有司科造上供船及和籴船，沿港二三十里间，悉童其山，茅苇相望，忽尔薪炭踊直倍于往时。盖近市无采樵之地已数年矣，执事必深知之。今兹市木，出于朝家之不得已，然区区之愚，窃谓事之体势当论可否，不徒徇时之缓急”[④]。从中也可看出，制置司买木，主要是制造军用防城器械，而且在江东地区购买的数量达到二十万，还要有相当的规格，而对于地方政府来说，此前因修造上供船等已经把山林砍伐一空，连百姓日常做饭所用薪柴都无处采伐，导致樵夫失业，可见，武器、船只的制造是导致南宋山林被毁坏，生态环境遭到严重破坏的重要原因，而这样耗费大量人力、财力、物力制造出来的武器设备，也未能挽救南宋灭亡的危局。

第六，政府主导的矿冶业的开采、冶炼和日常燃料使用，也对山林生态环境造成严重损害。虽然矿藏的出现有其地域性，环境危害也不带有普遍性，但是一旦出现这方面的问题，对某一特定地域的环境破坏将是毁灭性的打击，因而宋朝政府出于对耕地等的保护及天人合一观念，对开采矿冶也相当慎重。如

① （宋）李心传编撰，胡坤点校：《建炎以来系年要录》卷73，绍兴四年二月丁亥，第1397页。
② 刘琳、刁忠民、舒大刚，等校点：《宋会要辑稿》刑法二之一五〇，第8378页。
③ （宋）陈宓撰：《复斋先生龙图陈文公集》卷11《与曹侍郎彦约札（三）》，《宋集珍本丛刊》，第73册，第510页。
④ （宋）徐元杰撰：《楳埜集》卷8《与袁右司书》，《宋集珍本丛刊》，第83册，第764—765页。

真宗大中祥符九年（1016 年），陕西转运使张象中言："（解州解县，安邑县）两池所贮盐计直二千一百七十六万一千八十贯，虑尚有遗利，望行条约"[①]，即进一步加大开采量，用制度来约束地方池盐开采者。而真宗认为："地利之阜，此亦至矣，过求增羡，虑有时而阙。"[②]因而不允，避免了这一地区因过度开采所造成的环境进一步破坏。神宗熙宁五年（1072 年），京西转运使吴几复言："郢、唐、均、房、金五州易得林木，而淮南铅铜积多，若由襄、郢转致铅铜至郢、唐等州，置监铸钱，可以纾钱重之弊，其利且博。"[③]神宗也非常高兴，认为"如几复言，就山林可鼓铸，即且令岁铸五十万缗，于内库封桩"[④]。但是这一提议遭到了王安石的反对，他认为所谓"置监铸钱，开辟山林，可得地耕种，此言不可用。今岑水聚浮浪至十余万，所收铜已患无本钱可买，若京西又置监，不惟无本钱可买，又余无用铅铜，兼更诱引耕民奔赴坑冶，失本业，趋末利，人众既聚，即难驱逐使散。京西平地尚乏人耕种，纵开辟山林，岂有人治田？但恐山林无人耕种，而平地之农更弃而为坑冶，即废京西农事"[⑤]。王安石是从无本钱买铜、废农业的角度来反对开发京西矿冶的，但是如果从环境保护的角度看，开发铜矿，要砍伐大量山林树木，用于冶炼，破坏生态环境，同时会将山石采伐，造成山体崩塌，容易诱发地质灾害，因而此举是极为不当的，最终神宗也遵从了王安石的意见，没有对其进行开采。但是在熙宁八年（1075 年）的时候，宋朝还是在西北地区增设钱监，因"岷州铁冶暴发"，可以冶炼铁矿石，用于铸钱，下商、虢州调发工匠五百人，命名"滔山"，从而加大了对当地山体的破坏和环境的损害。详细记载了宋代矿冶开发对周边环境破坏情况的是《云麓漫钞》卷 2，其中记载福建路建宁府松溪县瑞应场，当地银脉爆发，孝宗隆兴初，"巡辖马递铺朱姓者言于府，府俾措置，大有所得，事不可掩，闻于朝，赐名'瑞应场'，置监官"。在当地银矿开采不到二十年时间里环境遭到极大破坏，"初，场之左右皆大林木，不二十年，去场四十里皆童山。场之四畔围以大山，虽盛夏亦袷衣，日正中方见日。乾道中，人入穴凿山，忽山合夹死五十余人，血自石缝中流出。……坑户为油烛所熏，不类人形；大抵六次过手，坑户谓之

① （元）脱脱等撰：《宋史》卷 181《食货下三》，第 4414—4415 页。

② （元）脱脱等撰：《宋史》卷 181《食货下三》，第 4415 页。

③ （宋）李焘撰，上海师范大学古籍整理研究所、华东师范大学古籍整理研究所点校：《续资治通鉴长编》卷 240，熙宁五年十一月庚午，第 5866 页。

④ （宋）李焘撰，上海师范大学古籍整理研究所、华东师范大学古籍整理研究所点校：《续资治通鉴长编》卷 240，熙宁五年十一月庚午，第 5866 页。

⑤ （宋）李焘撰，上海师范大学古籍整理研究所、华东师范大学古籍整理研究所点校：《续资治通鉴长编》卷 240，熙宁五年十一月庚午，第 5866 页。

过池，曰过水池、铅池、灰池之类是也。”[①] 通过此文献中描述可以看出，银矿的开采，将周边四十里的山林全部砍伐，而山体也被凿空，不时发生塌方惨剧，坑户为了完成开采工作也付出了惨重的代价。

此外，中央、地方官府日常所用薪炭数量巨大，如治平二年（1065 年），由“京西、陕西、河东运薪炭至京师，薪以斤计一千七百一十三万，炭以秤计一百万”[②]。从中可以想见，凑齐这一千多万斤的薪柴和一百万秤的炭，需要砍伐多少林木才能完成，而这只是北宋一年京师所需的薪炭数量，还不包括各地政府和地方军队所需，中古以后北方地区生态环境的破坏，与林木的大量砍伐和广泛应用，必然有着密不可分的关系。

第七，宋代地方政府公务接待频繁，为了满足虚荣心，让过往的官员满意，宴会菜单中不乏本地较为有特色的动植物菜品，长此以往，正是这舌尖上的浪费，也造成了地方某些野生动物的大量捕杀和生态环境破坏。还有一些野生动物被捕杀，用其羽毛、外壳等用于装饰，馈赠过客或上贡朝廷，对生态环境的破坏也相当严重。如北宋末，林大声知婺州武义县，当地州府公务宴会有一道特色菜名黄雀酢，州府向各县需索，“公库岁醢黄雀，故供馈问为故事，诸邑网捕以数万计”，这样一来造成每年数万黄雀被捕杀，林大声认为：“‘食肉不食马肝，未为不知味。不急之务，劳人害物，此何为也。’独不遣。”[③] 一定程度上减少了对生态环境的破坏。孝宗隆兴二年（1164 年），三月皇帝德音中也提道：“高、藤、雷、容等州累降指挥禁止采捕翠羽、蚌珠、玳瑁、龟筒、鹿胎之属，非不严切，尚虑贪吏抑勒民户采捕，伤害物命。仰本路监司常切觉察，如违，按劾闻奏。”[④] 看来，广西这些地区，长期以来官府官员都有责令民众捕捉动物作成工艺品用于馈赠的问题，虽然朝廷三令五申，却难以起到实际效果，从而给地方政府造成了无形的生态成本损失。一些地方政府还将捕捉野生动物视为营利，补充公用经费的手段，如高宗绍兴十三年（1143 年），尚书省就陈奏，西湖自“天禧中王钦若尝奏为放生池，禁采捕，为人主祈福。比年以来，佃于私家，官收遗利，采捕殆无虚日，至有竭泽而渔者，伤生害物，莫此为甚”。因而希望“依天禧故事，依旧为放生池，禁民采捕，仍讲利害而浚治之”。朝廷诏令临安府措置，禁止百姓随意捕杀鸟兽，也取消了官府的租佃牟利收入。[⑤] 又如绍兴二十七

① （宋）赵彦卫撰，傅根清点校：《云麓漫钞》卷 2，第 27—28 页。
② （元）脱脱等撰：《宋史》卷 175《食货上三》，第 4253 页。
③ （宋）孙觌撰：《鸿庆居士文集》，《丛书集成续编》，第 1014 页。
④ 刘琳、刁忠民、舒大刚，等校点：《宋会要辑稿》刑法二之一五六，第 8385 页。
⑤ 刘琳、刁忠民、舒大刚，等校点：《宋会要辑稿》刑法二之一六〇，第 8389 页。

年（1157 年）九月，宰执进呈知均州吕游问奏："城下边接汉水，乃是放生去处。公使库岁收鱼利钱补助收卖天申节进银，自金州以来，密布鱼枋，上下数百里，竭泽而渔，无一脱者。乞将本州鱼枋尽行毁拆，除免公使库鱼利钱窠名，严立法禁，后来不得复置，仍禁止应干沿流不得采捕。"[①] 由于上游金州设置鱼枋，政府收税用以充公使库钱，因而出现竭泽而渔的现象，对当地生态环境也造成一定的破坏。高宗皇帝也下令对这种行为进行查处，确保放生的鱼类能够生存，维持当地水系生态。

第三节　地方政府的公信力成本

所谓政府公信力成本是现代研究行政成本问题的学者所提出的一个概念，主要是指政府行政行为缺失，政府行为或行政效果与自身的承诺，与人民的要求产生差距，从而使社会组织和民众对政府信誉和形象产生的消极或否定的心理反应，从而加大了政府公信力的丧失，降低了公共行政效率。[②] 政府公信力本质上是一种信用，同时也是政府的影响力和号召力，属于政府的无形资产。政府的行政决策和行政行为如果给人民带来损失和伤害，或者使民众丧失对政府的信任，同时也影响官民关系、官场风气、社会道德舆论及各阶层对行政官员的整体印象，必然造成政府的公信力大大降低，同时造成公信力成本的升高。两宋时期，由于固有思维观念的作怪，相当比例的地方官吏不注重对自身乃至政府公信力的营造，存在多种扰民、害民行为导致政府公信力成本增高的问题。

（一）地方政府和某些官员"契约观念"不强、诚信缺失引起政府公信力成本上升

两宋时期，各级政府和某些官员在相关政策制定过程中过于草率，导致政策出台后难以执行，甚至前后矛盾，从而给民众落下言而无信、出尔反尔的印象，政府诚信缺失是直接导致政府公信力下降和相关成本上升的重要原因。

政府"契约观念"不强，出台、变更法令频繁，这其中既有中央政府的问

① 刘琳、刁忠民、舒大刚，等校点：《宋会要辑稿》刑法二之一六一，第 8389 页。
② 许正中、张更华：《降低和优化政府成本》，第 141 页。

题，也包括地方政府的问题。而中央方面政策的频繁变更，必然导致地方政府在推行中政策屡易，难以取信于民。宋太宗朝，知睦州田锡就已经发现了中央政府在此方面的问题，他上奏中就举了几个例证加以说明："臣所谓陛下有朝令夕改者，试举其一二以明之，置而寻废者农师，禁而不严者车服也。……有如前年敕下，令邻近州府互差司理判官；至今年敕下，却令本州仍旧差置。又如前年敕下，应征科官吏，限前得了，即与超升，限外未了，即当降黜，即不以县有大小之分，税有难易之征，土田沃瘠之不同，岁时丰稔之不等，风俗勤惰之各异，官吏能否之各殊，而一概以程限所拘，一例以升降为定。自后，未闻限外欠者降一官，限前了者升一人。此无乃垂之空言，示之寡信！"[①]田锡通过朝廷推行的若干政策法令及其执行效果，提出了政府有"朝令夕改、示民寡信"的问题，原因就在于政府决策不严谨，出台法令太轻易，因而他请求"今后凡有所奏，或有所陈，幸陛下察而审之，令大臣议而行之。盖臣下言之，则谓之封章，陛下行之，则出为法令。法令可简而不可使繁，制度可永而不可屡变。变易不定，是彰思虑之不精，繁多难依，是令手足之无措也"[②]。田锡所列举的相关例证及改革举措，并未引起朝廷足够的重视，真宗景德二年（1005年）六月，知制诰朱巽再次上言，提出："朝廷命令，不可屡改。自今有陈述利害，更张法制者，请先付有司议其可否，如经久可行者行之，不可者止之。苟罔辨是非，一切颁布，恐失重谨之道。"[③]真宗也对朱巽的言行进行了褒奖，但是相关改正举措并未跟上。在制度制定和推行中政府仍然存在命令频繁，变更屡易的问题，仁宗庆历二年（1042年）五月，名臣欧阳修在应诏上书，总结政府的三大弊病中，再次提出政府命令不谨，前后屡易的问题，举出的例证和批评相当尖锐，"臣请言三弊。夫言多变则不信，令频改则难从。今出令之初，不加详审，行之未久，寻又更张。以不信之言，行难从之令。故每有处置之事，州县知朝廷未是一定之命，则官吏咸相谓曰：'且未要行，不久必须更改'，或曰：'备礼行下，略与应破指挥。'旦夕之间，果然又变。至于将吏更易，道路疲于迎送，文牒纵横，上下莫能遵懔，官吏军民或闻而叹息，或闻而窃笑。号令如此，欲

① （宋）李焘撰，上海师范大学古籍整理研究所、华东师范大学古籍整理研究所点校：《续资治通鉴长编》卷25，雍熙元年八月癸巳，第584—585页。

② （宋）李焘撰，上海师范大学古籍整理研究所、华东师范大学古籍整理研究所点校：《续资治通鉴长编》卷25，雍熙元年八月癸巳，第585页。

③ （宋）李焘撰，上海师范大学古籍整理研究所、华东师范大学古籍整理研究所点校：《续资治通鉴长编》卷63，景德二年六月戊子，第1406页。

威天下，其可得乎！此不谨号令之弊也”[①]。这其中虽然只举例了地方州县官吏对朝廷法令的不信任，影响了朝廷在地方官场上的公信力，其实，当这些朝野法令公布于民间后，“官吏军民或闻而叹息，或闻而窃笑”[②]，何尝不是对地方政府公信力的巨大损失呢？嘉祐三年（1058 年）六月，包拯在上奏中也再一次提到这一问题：“朝廷凡降诏令，行之未久，即有改易，外议纷纭，深恐于体不便。且诏令者，人主之大柄，而国家治乱安危之所系，焉可不谨乎！缘累年以来，此弊尤甚，制敕才下，未逾月而辄更；奏请方行，又随时而追改。民知命令之不足信，则赏罚何以沮劝乎？”因而请求朝廷在制定和推行政策中“更加谨重。臣僚上言利害，并请先下两制集议，如可经久，方许颁行。于后或小有异同，非蠹政害民者，不可数有更易。如此，则法存画一，固有常格”[③]。哲宗元祐二年（1087 年），刘安世也提出“朝廷命令变易颇数，远不过一二岁，近则期月而已。甚者朝令而夕改，亦有前诏未颁，而后令蠲除者，盖由谋议未精，思虑未审，乞申敕门下，无使徒为审读如应故事”[④]。朝廷朝令夕改，前面诏令还未颁布，后面蠲除废止的诏令却颁布而下，必然使各级执行官员不知所以，难以奉行。由此可以看出，宋代中央政府在政策制定和推行中存在尺度不定，态度左右摇摆，前后矛盾的问题，而且相当严重和顽固，难以根治。

宋代地方各级政府在制定和推行政策法令中，更是同样存在程度不同的“契约观念”不强，言而无信，出尔反尔的问题，这还不包括因中央政策变化频繁而导致的地方命令屡易，失信于民的问题。在经济领域这样的问题比较多见，如仁宗庆历中，傅永为陕西转运使，当时关中地区推行折十铁钱，由于有利可图，“盗铸不可胜计，公私患之”[⑤]。为整治盗铸问题，傅在请示朝廷后出台政策变更钱法，“至境，问民所乏，贷以种粮钱，令麦熟纳偿，而薄取其息，民大悦。永亟檄州县，凡散二百八十万缗，大钱息尽，乃以闻”[⑥]。不久“朝廷变法”，傅永“遂下令，以小铁钱三折大铁钱一，民出不意，破产失业自经死者甚众，

① （宋）李焘撰，上海师范大学古籍整理研究所、华东师范大学古籍整理研究所点校：《续资治通鉴长编》卷136，庆历二年五月甲寅，第 3253 页。

② （宋）李焘撰，上海师范大学古籍整理研究所、华东师范大学古籍整理研究所点校：《续资治通鉴长编》卷136，庆历二年五月甲寅，第 3253 页。

③ （宋）李焘撰，上海师范大学古籍整理研究所、华东师范大学古籍整理研究所点校：《续资治通鉴长编》卷187，嘉祐三年六月庚戌，第 4513—4514 页。

④ （宋）谢维新撰：《古今合璧事类备要》后集卷四《君道门·诏令》，第 574 页。

⑤ （宋）李焘撰，上海师范大学古籍整理研究所、华东师范大学古籍整理研究所点校：《续资治通鉴长编》卷172，皇祐四年二月庚辰，第 4131 页。

⑥ （宋）李焘撰，上海师范大学古籍整理研究所、华东师范大学古籍整理研究所点校：《续资治通鉴长编》卷172，皇祐四年二月庚辰，第 4131 页。

而盗铸亦以衰止”[①]。在这场地方政府打击盗铸铁钱的行动中，傅永采取谲诈的手段，虽然使得盗铸者无利可图，但同时也迫使大批借贷官钱的民众无力偿还政府贷款，导致“破产、失业、自经死者甚众”的严重后果，地方政府的欺诈行为，同样也付出了沉重的政府公信力成本，试想，如果日后地方政府再次推行借贷官钱的举措，民众还怎么会相信并且来向政府借贷呢？再如神宗熙宁十年（1077 年），著名的“堋口事件”，同样也反映了地方政府出尔反尔，言而无信的问题，彭州遵循朝廷指令，推行榷茶法，也就是茶园茶叶不允许自由买卖，必须运送到茶场务，由官府统购统销，官府从中牟利，“尽榷民间茶货入官，旋买旋卖，取利三分”。在推行过程中，彭州地方场务过于激进，收买数量巨大，“其公牒行下州县，乃云务令买卖通快，无致妨滞钱本，则所出利息，比至岁终，不可胜算，岂止三分而已。此于市易元条，自相违越”。导致政府购茶本钱不足，“堋口茶园三百余户凡五千人赍茶赴场。监官以本钱支尽，续于茶场司关请未至，会雨作，不即秤收。众积忿恚，遂径升厅事，围绕监官，欲令牙人先出钱与买。监官起避之，众随诟詈，或殴击从者，或褫裂监官衣袖，牙人等皆散去”[②]。茶园民户因为政府失信，拿不出钱收买茶叶，导致茶叶被雨水淋湿，从而怒砸茶场，攻击监官、吏人，这样一起事件，同样体现了宋代地方政府出台命令不谨，难以为继，从而影响政府公信力的弊病。至于政府出资购买民众物产，更是容易出现减损价钱、以“官价”代替“市价”的情况，甚至完全以威逼利诱等手段从民众手中侵夺财物，如南宋杨万里就举例说：“甲郡欲市乙郡之绢，何不遣吏和市之，何必假朝命而官市之哉？此必有奸焉。甲郡则出大农之钱且书之曰：‘某日出某钱以市某郡之绢也’。然某钱不及乙郡之民也，此必有私之者矣。民何从而诉哉？盖民诉于朝廷，朝廷下之于州县，州县执诉者笞之以诬其服，又呼其民强使之书于纸曰：‘官有钱偿我矣。’州县以诉者之所服，与民之所书而复于朝廷，无以诘也。罚一惩百，谁敢复言者，民有饮恨而已矣。”[③]南宋后期的盐场中，提举常平司不按约定支付亭户本钱，导致私自贩运、或“散为盗贼”，或改营他业，原因就在于提举司缺乏信用，不支本钱，“向来亭户先请本钱而后纳盐，其后则先纳盐而后请钱。今买纳到盐出卖获利，称息数倍，乃犹占吝，

① （宋）李焘撰，上海师范大学古籍整理研究所、华东师范大学古籍整理研究所点校：《续资治通鉴长编》卷 172，皇祐四年二月庚辰，第 4131 页。

② （宋）李焘撰，上海师范大学古籍整理研究所、华东师范大学古籍整理研究所点校：《续资治通鉴长编》卷 282，熙宁十年五月庚午，第 6915—6916 页。

③ （宋）杨万里撰，辛更儒笺校：《杨万里集笺校》卷 89《千虑策·民政上》，第 3532 页。

不肯给还元价。纵或支偿，十未一二，几于白纳而后已”。[①] 这种形式上的公平交易却是实际上的掠夺，官府营私舞弊，对于政府信誉造成相当损害，民众对于政府的认同必然大打折扣。再如北宋末和南宋时期一些地方政府主导的围湖造田的行为，屡经周折，先废湖为田，募民租佃，再因阻碍水流，而废田复湖[②]，又因复湖后，地方官府“非惟每年暗失官租三千余硕，而元佃人户词讼终无由止息。又因缘有争占斗讼，愈见生事”。[③] 迫使地方政府再度改变政策，“依旧为田，令元佃人户耕种”[④]，这样，大片的湖水又被填平为田，地方政府政策的反复，湖区的废置，不仅耗费了大量人力、物力、财力，同时也损害了政府无形的公信力成本和环境成本。

在灾害赈救中，地方政府的失信行为尤其严重。一些官员为了完成年度税收任务，往往在发生灾害后不及时奏报，以避免因灾豁免的灾民税收流失。如真宗大中祥符九年（1016 年），先后有大名府、澶、相、博等州民上京“伐登闻鼓诉霜旱”，原因是“转运司言无灾伤，故州县不为蠲减”，“州县抑输常赋”[⑤]。转运司为了保证本路岁计，故意不承认灾情，不准州县收接民众诉灾状纸，有这样的自私自利的地方官员，政府公信力必然会受到民众的蔑视和反抗。哲宗元祐五年（1090 年），朝廷降下度牒六百道，用于救济两浙、淮南灾民，“杭、扬二州，各得百道。吏民鼓舞，歌咏圣泽”，不料“曾未数日，而淮西提刑申户部，本路常平斛斗足用，不须上件度牒；两浙转运、提刑亦申，本路今年丰熟，别无流民”。[⑥] 当时的杭州知州苏轼极为愤怒，上奏中提出，去年淮、浙两路灾情严重，“行路备知，便使今年秋谷大稔，犹恐未补疮痍，而况春夏之交，稻秧未了，未委逐路提、转，如何见得今年秋熟便申丰稔？显是小臣无意恤民，专务献谄”[⑦]。地方官府为谄媚朝廷，出尔反尔，做出这种违背常理的决断，也必然导致政府信用的丧失，“百姓闻之，皆谓朝廷不惜饥民，而惜此数百纸度牒，中路翻悔，为惠不终”[⑧]。这必然使得政府在民众心目中的形象一落千丈。同年，在秀州嘉兴县，还发生了因为“县民数千诣县诉水灾，知县王岐、主簿王旒不

① 刘琳、刁忠民、舒大刚，等校点：《宋会要辑稿》食货二八之五七，第 6633 页。
② 刘琳、刁忠民、舒大刚，等校点：《宋会要辑稿》食货七之四六，第 6140 页。
③ 刘琳、刁忠民、舒大刚，等校点：《宋会要辑稿》食货七之四六，第 6140 页。
④ 刘琳、刁忠民、舒大刚，等校点：《宋会要辑稿》食货七之四六，第 6140 页。
⑤ 刘琳、刁忠民、舒大刚，等校点：《宋会要辑稿》食货七〇之一六一至一六二，第 8197 页。
⑥（宋）苏轼撰，孔凡礼点校：《苏轼文集》卷 30《奏户部拘收度牒状》，第 873 页。
⑦（宋）苏轼撰，孔凡礼点校：《苏轼文集》卷 30《奏户部拘收度牒状》，第 873 页。
⑧（宋）苏轼撰，孔凡礼点校：《苏轼文集》卷 30《奏户部拘收度牒状》，第 873 页。

为收接，因此百姓喧闹，致蹈杀四十七人”[①]的严重群体事件，“州县昏虐，不时受理，临以鞭朴，使民相惊，自相蹈藉”[②]，地方政府在灾害应对和救助中的失信行为，是导致这样惨剧发生的重要原因，遗憾的是，在此事件发生后，州、县政府官员仍然不是思考如何救灾和解决此突发事件，而是百般遮掩，缩小事件影响，“本州又减数申监司，仍庇护令佐，归罪百姓”[③]，秀州“知州章衡反得美职，擢守大郡”[④]，民众从中只能体悟到封建官府的官官相护和官僚体制的败坏，对政府更加失望。元符二年（1099 年），邹浩也上奏说：一些地方监司郡守为了求得朝廷奖赏，在庄稼还未成熟之时即奏报朝廷“本路雨泽沾足，秋成有望”，但是“后来雨过多或后来雨不继，为水为旱决不可逃”的情况下，为了掩盖之前奏报不实的问题，只能继续撒谎，不向朝廷奏报实情，甚至公然打击诉灾民众，“公然抑勒，不令申诉灾伤，民间窘无所出，重以威势督之，遂至质卖妻孥，委弃父母，转徙沟壑，无以自存，为害甚大”[⑤]。地方监司州军为了自己的私心，却牺牲了大多民众的利益，严重损害了政府的公信力。再如南宋宁宗嘉定十七年（1224 年），臣僚奏报中就提道：“臣窃谓荒政之徒讲，而殿最之尚行，则为州郡者趋赏避罚之意，憧憧往来于中，黄纸蠲放，而白纸催追，竭民之膏血而不顾，视民之愁欢而不恤。比较将及，则铲刷残零，重叠科抑，期于充数。甚者又献羡余，为己计则善矣，其如民病何!若是，则九重有宽恤之仁心，而州县无奉行之实政，其为无益于救荒一也。”[⑥]地方官员为了获得奖赏，置朝廷豁免灾伤民众赋税的诏令于不顾，“黄纸蠲放，而白纸催追”，甚至“大旱不粒而不末减，饥民流徙而不知恤，监司视之亦如秦越也”[⑦]。导致民众对于地方政府失信的行为充满无奈与失望。还有一些地方官员，为了完成税收任务和保证地方财政收入，灾害发生后不肯承认，百般阻挠，不愿收接民众的诉灾请求。“县有水旱，令则观望州郡，不即受状；守则顾惜郡计，恶闻言损。既不

① （宋）李焘撰，上海师范大学古籍整理研究所、华东师范大学古籍整理研究所点校：《续资治通鉴长编》卷450，元祐五年十一月壬申，第 10816 页。

② （宋）李焘撰，上海师范大学古籍整理研究所、华东师范大学古籍整理研究所点校：《续资治通鉴长编》卷454，元祐六年正月丁卯，第 10880 页。

③ （宋）李焘撰，上海师范大学古籍整理研究所、华东师范大学古籍整理研究所点校：《续资治通鉴长编》卷450，元祐五年十一月壬申，第 10816 页。

④ （宋）李焘撰，上海师范大学古籍整理研究所、华东师范大学古籍整理研究所点校：《续资治通鉴长编》卷454，元祐六年正月丁卯，第 10880 页。

⑤ （宋）李焘撰，上海师范大学古籍整理研究所、华东师范大学古籍整理研究所点校：《续资治通鉴长编》卷511，元符二年六月己亥，第 12171 页。

⑥ 刘琳、刁忠民、舒大刚，等校点：《宋会要辑稿》瑞异三之三一，第 2665 页。

⑦ （宋）杨万里撰，辛更儒笺校：《杨万里集笺校》卷 89《民政（中）》，第 3536 页。

申奏，又不检视。或因诸司觉察，不得已而差官检踏，动在深冬。彼时旱禾多为牛马蹂践，民间无以续食，先自耕犁旱田，播种菜麦。官吏所至，称是无槁秸可验，多不减放，遂使有田者不被蠲租之恩，无业者不沾赈济之惠，民生兹郡，何不幸耶！”[①] 这种掩耳盗铃、自欺欺人的做法不但对缓解地方财政毫无益处，反而会使得民众更加看低地方政府，也容易导致户口流亡、反抗暴乱等社会问题。

与之相反，地方路级一些监司官员，不认真核实和按程序向朝廷奏报灾情，寻求减免赋税，而是在辖区内灾情发生后，自作主张，“漕、宪、仓司各掠美名，争出文榜，不候申闻朝省，辄将人户新旧税尽行倚阁，以示宽恤。乡民无知，一时听信，至有持钱帛入城而复携以归者。自后朝省初无行下，州县再行举催，小民输纳既已后时，逮至来年，县道起催新税，又督旧逋，追逮监系，倍有所费。名曰利之，适以害之。此口惠而实不至，怨苗及其身”[②]。这种口惠而实不至的做法，同样也会引起民众的反感和怨恨，降低官府的公信力。对于一些州县中的弱势群体，“民之老疾贫乏不能自存与凡乞丐者”，地方官员也违反朝廷诏令，“未尝检察老疾、乞丐之人而籍之，不过行移文书，以应格、令而已。所谓日给之米，乃或移之他用，或糜于侵盗”。[③] 这导致相关弱势群体在冬春季节的大量死伤，同时也损耗了政府无形的公信力成本。

在赋税征收中，也容易出现地方政府和部分官员言而无信的情况。如北宋徽宗朝，“大名县政和八年秋税杂草钱，初令民户折纳小豆，民苦秋灾无豆，乞纳白米，揭榜从之，令支往濬州输纳。间关四百余里，津输甫毕，却指挥纳豆，仍令自往濬州请米。米固万万无可请之理，而豆又非时，监勒催驱，急于星火。方春东作，农事鼎兴，而田家坐此，以见失业”[④]。大名县杂税钱一会儿令民户折纳豆，一会儿令折纳白米，等到赋税送到四百里外的纳税地点后又改变说法，仍令纳豆，这样命令屡易，劳民伤财不说，也使得政府在民众心目中的公信力荡然无存。再比如赋税征收，本应当年征收本年的赋税，但是南宋中后期，由于财政困窘，往往出现“预借”下一年民众赋税的情况，而且预借的年度越来越长，其情况正如理宗淳祐八年（1248 年）监察御史兼崇政殿说书陈求鲁所奏，“今之两税，本大历之弊法也。常赋之入尚为病，况预借乎？预借一岁未已也，至于再，至于三；预借三岁未已也，至于四，至于五。窃闻今之州县，有借淳祐

① 刘琳、刁忠民、舒大刚，等校点：《宋会要辑稿》瑞异三之二六，第 2662 页。
② 刘琳、刁忠民、舒大刚，等校点：《宋会要辑稿》瑞异三之二七，第 2663 页。
③ 刘琳、刁忠民、舒大刚，等校点：《宋会要辑稿》食货五三之二四，第 7219—7230 页。
④ 刘琳、刁忠民、舒大刚，等校点：《宋会要辑稿》食货九之一四至一五，第 6182 页。

十四年者矣。以百亩之家计之，罄其永业，岂足支数年之借乎？操纵出于权宜，官吏得以簸弄，上下为奸，公私俱困”①。这样的局面维持下去，必然是杀鸡取卵，地方政府打着预借的旗号，而行聚敛之实，民众对于政府在赋税征收中的言行不一，必然难以相信，也导致政府公信力的下降。至于南宋政府官吏打着税收旗号，苛敛民财、重复收税，“规图滥数，肆为奸欺，虚印文钞给与人户，民间相传，谓之‘白钞’”②等行为，就更是给政府公信力抹黑的严重赃污行为。

社会管理领域，同样存在政府失信的问题。如英宗治平中，陕西地区“顷尝籍乡弓手”，开始时地方政府告知民众，设置这些乡弓手，只是为了保卫乡里，不会离家远征，但是后来朝廷政策发生了变化，陕西前线战事吃紧，这些乡弓手因而全部被责令“涅为保捷正兵，遣戍边州”，导致大量民众背井离乡、妻离子散，但在戍边后因其缺乏训练，战斗力薄弱，“其后不可用，遂汰为民，徒使一路骚然，而于国无补”。③陕西地区地方政府这种严重的失信行为，出尔反尔、言而无信，必然导致民众的怨愤和对政府的失望。还有一些地方政府，由于财政困窘，出尔反尔，不按照约定发放从辽、金、蒙归顺而来的归正人俸禄，“不宽恤供给，多是积压”④，致使他们“私走上京陈诉”⑤，还有一些地方官员“缘不支归正人添给，通衢之中扯裂车帷。永州守臣徐枢初授代日，归正及添差拣汰人相率拦轿丑诋。知南剑州林栗在任丁忧，亦为添差人等妻女诟厉”⑥。甚至作乱反叛的情况也屡有发生。虽然宋朝可以动用武力平定叛乱，但是“俸料不支，无以养生，此小人所以不逊也”⑦，地方政府失信在先，也难怪归正人“常怀忿嫉，伺间而侵侮之”⑧。还有一些地方政府对于提供重要情报，抓捕盗贼有功的举告人，出尔反尔，不按照规定支付赏金，“而今之官司多不以时支给。为盗者入狱，均赃往往多指告事之人，遂致监索禁系，反为己累”⑨。这样一来，人们提供盗贼信息，不但得不到赏金，反而可能会惹来无妄之灾，政府公信力的缺失，必然容易导致民众不再信任这样的政府法令，也会给盗贼犯罪提供更

① （元）脱脱等撰：《宋史》卷174《食货志上二》，第4221页。
② （宋）马端临著，上海师范大学古籍研究所、华东师范大学古籍研究所点校：《文献通考》卷5《田赋考五》，第124页。
③ （元）脱脱等撰：《宋史》卷190《兵志四》，第4708页。
④ 刘琳、刁忠民、舒大刚，等校点：《宋会要辑稿》兵一七之一〇，第8959页。
⑤ 刘琳、刁忠民、舒大刚，等校点：《宋会要辑稿》兵一七之一〇，第8959页。
⑥ （宋）周必大撰：《庐陵周益国文忠公集》卷110《缴进诏草札子》，《宋集珍本丛刊》，第52册，第180页。
⑦ （宋）周必大撰：《庐陵周益国文忠公集》卷110《缴进诏草札子》，《宋集珍本丛刊》，第52册，第180页。
⑧ （宋）周必大撰：《庐陵周益国文忠公集》卷110《缴进诏草札子》，《宋集珍本丛刊》，第52册，第180页。
⑨ 刘琳、刁忠民、舒大刚，等校点：《宋会要辑稿》兵一三之二八，第8865页。

多的机会，增加抓捕的难度。

在司法领域，地方政府的失信行为同样严重。朝廷宽恤囚犯的诏令每年颁降，但是地方政府就是不认真奉行，“宽恤之诏下无虚日，然而实惠未孚于民者”[①]，甚至出现如王十朋所说的“昔人谓徒挂墙壁，今则初未尝挂，凡遇诏下，事有便于民而不便于吏者，或宣毕而遂匿，或略挂而遽收。故上虽有良法美意，下不得而知者多矣，况欲被其惠邪？”[②]宋代地方政府连形式上的恤刑为民都懒得作秀了，直接将诏令收藏起来，不令民知，何谈实惠及民呢！又如对于同一案件的审判，南宋路级不同官员出现前后矛盾、甲可乙否的判决，使得民众难以信服，如南宋孝宗朝王师愈就说：“诸路监司罔推公心，多徇私意，各党其局，不相照应。凡有施行，一可一否，从转运司则取怒于提刑司，从提刑司则或获罪于提举司，遂使州县难于遵承。至如人户翻诉，其前断果失，从而变更，不亦善乎？若夫前断已当，乃以私喜怒，故为变更，愚民无知，滋长争端。”[③]宁宗嘉定十一年（1218年），臣僚也上奏说：“而今之为监司者，依势作威。不以激浊扬清为先务，而惟以追逮县吏为威名；不以按发奸赃为己能，而惟以泛受词状为风采。故珥笔之吏，凡有词讼，今日经某司则判曰云云，明日经某司则又判曰云云。甲可乙否，彼是此非，遂致州县之间无所适从，日迁月延，终不予决。”[④]监司的滥用职权，互相矛盾，使得州县和民众无所适从，其公信力也必然受到损伤。再如对于民事诉讼，涉及财物纠纷，本应在司法判决后将钱物尽快交还给获胜的一方，但是在宁宗朝一些地方却并非如此，“今州县之间，幸其在官则睨为己有，两讼既决，财合有归，而迁延不给。逮其陈诉明白，越月踰时，物已羽化，或称前官用过者有之，或指为交割之数者有之。此寄库之法弊也”[⑤]，而政府出台的对于孤幼财产的官府代为管理、成人归还的财物检校制度，也被篡改，“应民户纷争未决之财并取赎未定之讼，其财皆寄于官，谓之寄库，俟已定夺则给还之，法非不善也”。“今检校之财一入州县，则视同官物，季给所须则多方要阻，年及有请则故意占吝，而必待宛转，或支移他用者有之，或侵欺规隐者有之。此检校之法弊也”[⑥]。也就是说，民众的财物，无论是否成人或官司输赢都难以拿到，反而被地方官府贪没，这样民众还如何对官府的公信力保持认同呢？这其中的严重失信行为，也促使了中央政府出台“越诉法”，

① （宋）王十朋撰：《梅溪后集》卷25《与邵提刑》，《景印文渊阁四库全书》，第1151册，第568页。
② （宋）王十朋撰：《梅溪后集》卷25《与邵提刑》，《景印文渊阁四库全书》，第1151册，第568页。
③ （明）解缙等编：《永乐大典》卷11888《论监司党局札子 王师愈》，第5008页。
④ 刘琳、刁忠民、舒大刚，等校点：《宋会要辑稿》职官四五之四二，第4255—4256页。
⑤ 刘琳、刁忠民、舒大刚，等校点：《宋会要辑稿》职官七九之三六至三七，第5243—5244页。
⑥ 刘琳、刁忠民、舒大刚，等校点：《宋会要辑稿》职官七九之三六，第5243页。

并对违反的官吏严惩不赦。在宋代某些地方政治黑暗的情况下，甚至出现监司与贪赃的州县官沆瀣一气、陷害诉讼人的情况，北宋元祐中，提点刑狱王瑜“在两浙日，湖州武康县民陈德尧诉知县韩宗尧不法，瑜反送本县施行”[①]。这其中的弊病正如南宋杨万里所说：“夫不捕不吠之猫犬，不过无功而已，未有大害也，然已在所不养。今则不然，猫与鼠同乳，而犬与盗摇尾矣。欲望其止于不捕不吠，而不可得也。……民诉某守，则执其人封其辞以送某守。民诉某令，则下其牒以与某令。是为守令报雠也，守令从而甘心焉。后有冤者，夫谁敢自言？此之谓不敢问。……郡县之胥，凭守令之宠以暴吾民，民诉之者若拔山然。盖监司既庇其守令，则并庇其胥，此之谓不复问，朝廷以监司为可信，安知其不可信？”[②]上级行政官员公然袒护下级害民之官，在收到诉状后不是认真调查罪情，而是把诉状交还给所诉之官，这样的监司郡守实在太可怕可恨了，面对这样的政府贪官污吏，民众又能相信谁呢？

宋代中央、地方政府和一些官员在行政管理中缺乏“契约精神”，存在多方面的出尔反尔、言而无信的情况，民众已经对其公信力已极度失望，无所期盼了。正如南宋初年郑刚中在给高宗的上奏中所说：“天下君子少，小人多；臣子效职者少，欺陛下者多。朝廷施行一事，付之监司，监司付郡守，郡守付县令，各了一司。文移之具，不问其有无实惠及民，是则虽尧禹在上功效何由而著乎？故民间往年闻宽厚之诏，犹咨嗟怨恨，曰：‘吾君爱民如此，而官吏弗之行也。’今则不然，美意一颁，天下知其为虚设尔。盖欺罔诞谩之弊，至今不革。广设文具，应办目前，仿佛近似，以报其上，故视其已具之文，虽陛下不能无疑。吾法既美矣，吾官吏亦奉行如此矣，一何治道之难成！曾不知有名无实，受陛下之惠者，百不一二有也。”[③]缺乏制度上的监管，良法美意不能落到实处，宋代地方官员们的失信行为导致了作为宋朝地方政府无形成本之一的公信力成本被严重损耗。

（二）地方政府和某些官员滥用职权，恶化官民关系，导致政府公信力成本上升

首先，宋代一些地方官吏在司法活动中营私舞弊，滥用刑罚，给民众身心造成严重损害，同时极大恶化官民关系，降低官府在民众心目中的公信力。如

① （宋）李焘撰，上海师范大学古籍整理研究所、华东师范大学古籍整理研究所点校：《续资治通鉴长编》卷448，元祐五年九月癸亥，第10764页。

② （宋）杨万里撰，辛更儒笺校：《杨万里集笺校》卷89《民政（中）》，第3535—3536页。

③ （明）黄淮、杨士奇编：《历代名臣奏议》卷172《论责实疏（绍兴六年十月）郑刚中》，第2259页。

太宗雍熙元年（984年），开封府寡妇刘氏诉前夫之子“王元吉毒己将死”，开封府衙门左右军巡院严刑逼供，“系缚搒治，谓之‘鼠弹筝’，极其惨毒”。太宗用其刑罚“缚狱卒，宛转号叫求速死。及解缚，两手良久不能动”，在这样的酷刑下，何等口供都可求得，但是民众的冤情恐怕难以伸张。太宗也对宰相感叹：“京邑之内，乃复冤酷如此，况四方乎？”[①]一些地方行政长官，在断案中喜好滥用刑罚，残酷虐民，完全背离朝廷勤政、爱民的教导。如仁宗朝的知定州钱惟济有统兵之财，“然苛忍，所至牵蔓满狱。凡重囚弃市，或令人断手足、探肝胆，加备诸毒，用以威众，观者莫不色动，而惟济自若，人畏之，道不拾遗。在定州，有妇人视其夫前妻之子不仁，至烧铜钱以灼臂，惟济取其所生儿置雪中，械母使视儿死，其惨如此”[②]。曾经考中状元的陈尧咨同样为政残暴，虐待民众，“其用刑过酷，有博戏者，杖讫，桎梏列于市，置死马其旁，腐臭气中疮皆死，后来者系于先死者之足。其残忍如此”[③]。神宗朝的蒲宗孟为郓州守，“郓介梁山泺，素多盗，宗孟痛治之，虽小偷微罪，亦断其足筋，盗虽为衰止，而所杀亦不可胜计矣”[④]。酷刑已经成为部分地方官员获取嫌疑人口供、禁绝盗贼的唯一办法，如熙宁中，开封府“中每有诉讼，官吏止略取问，而所不能决者即付司狱，谓之入纱子。鞭笞束缚，既得以自专，往往颠倒曲直，使无罪诬服，一有翻异，复加锻炼，益甚于前”[⑤]。这样，反而会产生更多的冤案，导致狱讼频繁上诉，久拖不决。哲宗朝，许州阳翟县令赵仁恕“创造狱具木蒸饼、木驴、木挟、木架子、石匣、铁裹长枷，及暗添杖数决人，杀伤人命不少”[⑥]。北宋末，“王革自开封府出守大名，一时号为酷吏，每获盗贼，不问所犯轻重，必曰‘灰目拆指’。长枷五日，以锥刺目，填以热灰，以石锤指令碎而止。故曰‘灰目拆指’。后，盗贼蠡起于河朔，坐章而罢”[⑦]。这样的惨剧竟然发生在所谓为民父母的地方官身上，令民众情何以堪，又如何来评价地方官府的形象呢？等待他们的，只能是民众的唾弃和更加猛烈的反抗。南宋绍兴中，张纲也说地方司法的腐败残酷：“然近岁吏奸成市，未能遽革，或缘货鬻，或挟怨仇，或望风旨，

① （元）脱脱等撰：《宋史》卷153《刑法志二》，第4986页。

② （宋）李焘撰，上海师范大学古籍整理研究所、华东师范大学古籍整理研究所点校：《续资治通鉴长编》卷111，明道元年四月戊午，第2580页。

③ （宋）江少虞撰：《宋朝事实类苑》卷23《陈尧咨》，第278页。

④ （元）脱脱等撰：《宋史》卷328《蒲宗孟传》，第10571—10572页。

⑤ （宋）李焘撰，上海师范大学古籍整理研究所、华东师范大学古籍整理研究所点校：《续资治通鉴长编》卷235，熙宁五年七月壬午，第5697页。

⑥ （宋）李焘撰，上海师范大学古籍整理研究所、华东师范大学古籍整理研究所点校：《续资治通鉴长编》卷459，元祐六年六月壬辰，第10979页。

⑦ （宋）张知甫撰，孔凡礼点校：《可书》之《灰目拆指》，北京：中华书局，2002年版，第419页。

或私逞威势。捶楚之下，欲致之死地，往往先以病闻。及其已死，县匿之不以申州，州匿之不以申监司，上下相蒙，难以稽查。”[①]当时的广东英德府，甚至被民众视为“人间生地狱”[②]，到了中后期，地方司法中滥用刑罚手段更加多样，也更加普遍，“监司、郡守，擅作威福，意所欲黥，则令入其当黥之由，意所欲杀，则令证其当死之罪，呼喝吏卒，严限日时，监勒招承，催促结款。而又擅置狱具，非法残民，或断薪为杖，掊击手足，名曰：‘掉柴’；或木索并施，夹两脰，名曰‘夹帮’；或缠绳于首，加以木楔，名曰‘脑箍’；或反缚跪地，短竖坚木，交辫两股，令狱卒跳跃于上，谓之‘超棍’，痛深骨髓，几于殒命。”“是时，州县残忍，拘锁者竟无限日，不支口食，淹滞囚系，死而后已。又以己私摧折手足，拘锁尉砦。亦有豪强赂吏，罗织平民而囚杀之。甚至户婚词讼，亦皆收禁。有饮食不充，饥饿而死者；有无力请求，吏卒凌虐而死者；有为两词赂遗，苦楚而死者。惧其发觉，先以病申，名曰‘监医’，实则已死；名曰‘病死’，实则杀之。至度宗时，虽累诏切责而禁止之，终莫能胜，而国亡矣。”[③]明末王夫之在《宋论》中也对南宋末年残酷的刑罚提出批评，认为其违背了宋朝“以仁立国”的传统，“刑具之有木棓、竹根、箍头、拶指、绞踝、立枷、匣床诸酷具，被之者求死不得，自唐武氏后，无用此以毒民者。宋之末年，有司始复用之。流及于今，法司郡邑下至丞尉，皆以逞其暴怒，而血肉横飞，不但北寺缇帅为然也。呜呼！宋以此故，腥闻于上天，亟劓其命，不得已授赤子于异（姓）[类]，而冀使息虐，亦惨矣哉！宋之先世以宽仁立国，故其得天下也不正，而保世滋大，受天之祐，不期后之酷烈至此也！”[④]

宋代一些地方政府官员为了寻求“狱空”，获得朝廷奖赏，或者及时破案，往往存在草菅人命、滥施刑罚、草率断案的问题，真宗大中祥符二年（1009年）十一月一日，权判刑部慎从吉言：“外州妄觊”狱空之虚名，往往草率断案，“近据邠、沧二州勘鞠大辟罪囚干连数人，才一夕即行斩决。况前代京师决狱，尚须覆奏，盖欲慎重大避，岂宜一日之内，便决死刑！朝廷比务审详，恐有冤滥，即非求急速，如此则不体朝旨，邀为己功，但务狱空，必无所益”[⑤]。这样急切的断案，必然容易导致冤假错案，而无辜被害之人，却再无申诉的机会。又如《画墁录》所记载：“熙宁中，郎中赵诚自富顺监代还，过凤翔，自言一任二年，

① （宋）张纲撰：《华阳集》卷14《论狱囚瘐死札子》，《宋集珍本丛刊》，第38册，第486页。
② 刘琳、刁忠民、舒大刚，等校点：《宋会要辑稿》职官五之五八，第3149页。
③ （元）脱脱等撰：《宋史》卷153《刑法志二》，第4996—4997页。
④ （清）王夫之著，舒士彦点校：《宋论》卷14《理宗六》，北京：中华书局，1964年版，第248—249页。
⑤ 刘琳、刁忠民、舒大刚，等校点：《宋会要辑稿》刑法四之八五，第8492页。

裁两次杖罪。元丰中，河中人刘勃自南京军巡官代还，自言一任断绞刑二百六十有奇，斩刑六十余，钉剐二十七，此一院数也。”[①] 两人同为地方官员，任期相同，但是断案结果相差如此悬殊，只能反映刘勃为政残酷严苛，导致大量民众惨遭迫害。当时，在沙门岛，因“囚众，官给粮者才三百人”，故而“每益数，则投诸海。砦主李庆以二年杀七百人”，这样的杀人害命，却没有任何监管，“不以乏粮告”[②]，名义上配隶，实则有去无回，民众自然难以对地方相关政府判决信服听命。

还有一些官员在其他方面社会管理中也滥用刑罚，残害民众。如仁宗皇祐中，徐州录事参军路盛乘马倒毙，因而迁怒马夫“刍秣失时”，“杖之，令抱巨石立五昼夜，又杖之”，被朝廷以“所为苛暴，贵畜而贱人”[③] 追官勒停。哲宗元祐中，广东“妖贼岑探反，围新州”[④]，朝廷派遣将官童政救之，这位童大人不问青红皂白，“沿路逢人即杀，约杀三四千人，多是平民，及有全家被杀者。百姓诉冤，至今不已”。[⑤] 此造成了极为严重的社会后果，地方政府在其中也负有不可推卸的责任。南宋绍兴中，知宣州秦棣派巡检兵士趁夜围捕私自酿酒的富民，“围其家，民疑其强盗也，即击鼓聚邻里，共执之。走愬诸棣，棣怒，取民及其子孙三人，用麻绳通缠其体，自肩至足，然后各杖之百，及解卷，三人皆死，其惨毒如此”[⑥]。这本来是一场官民之间的误会，却因冒犯了知州的官威，导致无辜民众的惨死，不知那些以为捕捉到了盗贼的乡民又如何评判知州的所作所为呢？宁宗朝，乐平县大通监税官王鼎催税残酷，遭到本地民众的诉告，“其催科则将逃绝之税滚入催帖，勒令人户代输。有送纳少迟则于大雪之夕褫其衣以当钱，监留不放，几至冻死者；有连日比较，遭大杖七次，荆札杂下，几无全肤者。其称呼则以判院、直阁自名，百姓陈词误覆省干，而讯其手背掌心者。其行轿则必欲市民起立，有仓猝不及而捽至务厅，绷吊决挞者。邑人为之语曰：‘宁逢三峡虎，不直王监务。’则鼎之之暴酷可知矣”[⑦]。理宗朝，黄震为浙东提

① （宋）张舜民撰：《画墁录》，《全宋笔记》第二编第一册，郑州：大象出版社，2006年版，第200页。
② （元）脱脱等撰：《宋史》卷344《马默传》，第10948页。
③ （宋）李焘撰，上海师范大学古籍整理研究所、华东师范大学古籍整理研究所点校：《续资治通鉴长编》卷175，皇祐五年十月戊戌，第4236页。
④ （宋）李焘撰，上海师范大学古籍整理研究所、华东师范大学古籍整理研究所点校：《续资治通鉴长编》卷414，元祐三年九月戊申，第10054页。
⑤ （宋）李焘撰，上海师范大学古籍整理研究所、华东师范大学古籍整理研究所点校：《续资治通鉴长编》卷398，元祐二年四月癸巳，第9706页。
⑥ （宋）李心传编撰，胡坤点校：《建炎以来系年要录》卷158，绍兴十八年十二月庚申，第3004页。
⑦ （宋）真德秀撰：《西山先生真文忠公文集》卷12《申尚书省乞将乐平大通监税镌罢（六月）》，《宋集珍本丛刊》，第76册，第14页。

举常平司官，当时的特差充建昌军新城县令蹇雄，在催收赋税中残酷害民，导致民众的武力反抗，“既贪且暴，去岁当饥荒之时，敷抑乡落，大兴花园，青册催科，每取十贯，巡卒四扰于乡落，民不堪命，至有横村等处哨聚抗拒。雄捕获数内曾四三一名，先用火炮，继浸渠塘，人既困顿，乃脱申本军乞差刽子下邑斩首，郡守谨审不从，适疏决官至，释之出狱即死。此人既死，邻党赆洞，雄又飞申本军，请兵眃杀，牌递旁午，张皇万状，反欲觊觎收捕之功，以为欺罔免削之举”。最终还是郡守采取安抚举措“遣人体实，知其不然，镇以安静，徐为榜谕，民始释疑。若郡守不善处之，一邑生灵之命当何如哉！”即便如此，官民之间已经有了相当裂痕，对政府的公信力已经产生了怀疑，“然亦自此官民相疑，上三乡至今关结，不受官司约束”。[①] 这些官员的残酷刑罚和虐民行为恶化了官民关系，损害了民众利益，也使地方政府付出了高昂的有形和无形成本代价。

那些苛酷的地方官员如同瘟神一样，民众避之唯恐不及，导致官民关系的恶化。真宗东封泰山，沿途百姓围观，难以前进，真宗询问左右，“或云：‘村民所畏者尉曹也。俾弹压之。’即命亟召之。少焉，一绿衣少年跃马疾驰而前，群氓大呼：‘官人来矣！’奔走辟易而散。上笑云：‘我不是官人邪？’”[②]。真宗偶然看到民众见到地方官吏后的真实反应，却只感觉有趣，没有感觉到当时宋代地方官民关系之紧张，官吏行为之嚣张，也没有考虑到政府在民众心目中的公信力问题。仁宗朝，湖南转运使王逵为政苛酷，“在湖南日，酷法诛求财利，苟图进擢，民被杀者，罔知其数”。等到其被降职离任后，“潭州父老数千人共设大会，以感圣恩，与人去害；在城数万家，三夕香灯彻曙；又被苦之家，并刻木作王逵之形，日夕笞挞，其人心憎恶如是”[③]。当地官民关系已经到了无可调和的恶劣程度，民众对这位转运使恨之入骨，又怎么可能会对当地官府产生信任和依靠呢？英宗治平中，“江南吉州吉水令，忘其名，治邑以严毅。民有罪，大小不赦。邑虽治，民亦失和”[④]。民众以啄木鸟来形容其对当地治理之严苛，有野客马道为《啄木鸟》诗云：“翠翎迎日动，红嘴响烟萝。不顾泥丸及，惟贪得食多。才摧枯朽木，又止最高柯。吴楚园林阔，芒芒争奈何？”[⑤] 令见其诗，

① （宋）黄震：《黄氏日抄》卷76《按新城县令蹇雄申省状》，（宋）黄震著，张伟、何忠礼主编：《黄震全集》，第2182页。
② （宋）王明清撰：《挥麈录》后录卷5，第110页。
③ （宋）包拯撰，杨国宜校注：《包拯集校注》卷3《弹王逵奏（七）》，第66页。
④ （宋）彭□撰，孔凡礼点校：《墨客挥犀》卷10《马啄木》，北京：中华书局，2002年版，第396页。
⑤ （宋）彭□撰，孔凡礼点校：《墨客挥犀》卷10《马啄木》，第396页。

为之少缓。当时的杭州知州沈构“为人轻俊明敏，通达世务”，“部吏憸险之徒、尤乐倾心，尽为之耳目，刺闾巷间事，纤悉即知，故事至立断，众莫不骇伏”。“议者以其严比孙沔，然沔虽苛暴，锐于惩恶，至构，善人亦惧焉。”[①] 甚至当时民间有所谓“破家县令”之说[②]。实际上，社会治理是一个非常复杂的系统过程，并非一味地严酷就可以达到良好效果，“防民之口，甚于防川”，只能使得官民关系更加紧张，却不会使宋代地方政府的公信力和民众亲和力有多少增加。

其次，宋代地方政府中的一些官员在社会管理中侵害民众经济利益，给民众造成巨大经济损失，同时也极大降低了官府在民众心目中的公信力。

宋代一些地方政府官员在水利兴修、城市管理中，存在不考虑民众利益，破坏耕地房屋、甚至滥挖民众坟墓等恶劣行为，导致官民关系紧张，影响地方政府公信力。仁宗嘉祐四年（1059 年），欧阳修就上奏说：“臣勘会府界创开孟阳新河，相次据祥符县人户经府披诉称，被人夫开掘坟墓，斫伐桑枣，拆拽舍屋等事。寻差兵曹参军张稚圭往彼检视，得已开河道六里有余，计三料，开掘却村民坟墓八十二所，大墓园三所，草瓦屋七十七间。其未开三料，犹有坟墓二十五所，舍屋四十七间，桑五百余株，田土八十段。臣因体问得村民所掘坟墓，尸首骨殖布在新河两岸，子孙骨肉环坐守之，仰天号恸，尸骨暴露，并无所归。其甚贫者用火烧焚，向空撒弃。其庄宅屋宇，累世安居，旦夕毁拆，全家露坐，冤痛之声，闻于远近。方此春月，朝廷务行仁政之时，横尸暴骨，殃及幽明，可为悯伤，可为惊骇。”[③] 民众对丧失房屋、墓地的悲痛，对祖先被凌辱的愤恨，全部化为对地方政府官员的仇视，更为令人愤懑的是，这条新河道在开修时并未做好规划，容易导致河水泛滥，“所开新河，有害无利。其万胜斗门及阳武桥斗门两处减水，尽入白沟河，所以年年决溢。今又创开新河，亦入白沟。是则三道减水，尽聚一河，将来决溢可知”[④]。也就是说，这条河的开修，有害无利，不但浪费了政府有形的人力物力成本，同时也将地方政府无形的社会公信力成本输个精光。又如神宗熙宁四年（1071 年）五月，御史刘挚言河北修治漳河，工程浩大，“凡九万夫”，地方官员为了获得足够的修河物料，加快修河进度，还虐待民夫，“逼使夜役，蹂践田苗，发掘坟墓，残坏桑柘，不知其

① （宋）李焘撰，上海师范大学古籍整理研究所、华东师范大学古籍整理研究所点校：《续资治通鉴长编》卷 205，治平二年七月辛巳，第 4980 页。
② （宋）胡太初撰：《昼帘绪论》用刑篇第十二，《官箴书集成》，第 112 页。
③ （宋）欧阳修撰，李逸安点校：《欧阳修全集》卷 111《论孟阳河开掘坟墓札子》，第 1689 页。
④ （宋）欧阳修撰，李逸安点校：《欧阳修全集》卷 111《论孟阳河开掘坟墓札子》，第 1689—1690 页。

数。愁若之声流播道路，传至京师”[①]。熙宁七年（1074年），“原武等县民因淤田坏庐舍坟墓，妨秋稼，相率诣阙诉。使者闻之，急责县令追呼，将杖之。民谬云：‘诣阙谢耳。’使者因为民谢表，遣二吏诣鼓院投之，安石大喜。久之，帝始知雍丘等县淤田清水颇害民田”[②]。再者，神宗熙宁时期，杭州每年都要动用大量民夫开掘运河淤塞河道，这条河道从城中穿过，“自州前至北郭，穿阛阓中盖十四五里，每将兴工，市肆汹动，公私骚然。自胥吏、壕寨兵级等，皆能恐吓人户，或云当于某处置土、某处过泥水，则居者皆有失业之忧。既得重赂，又转而之他。及工役既毕，则房廊、邸舍，作践狼藉，园圃隙地，例成丘阜，积雨荡濯，复入河中，居民患厌，未易悉数”[③]。也就是说河道的开掘清理，并不能从根本上解决淤塞问题，反而伴随着大量民众房产、店铺及财产的大量破坏，引得民众极为反感。这些不做周全考虑的开河行为，给沿河周边地区民众财产、田地造成严重的破坏，导致民众的群体上访，同时也极大地破坏了政府在民众心目中的形象，破坏政府公信力。还有一些地方官员，为了维护街道的整洁，防范火灾发生，不讲方式方法，强拆民房，导致严重的社会问题。如仁宗朝，周湛知襄州，因民众所建茅草房屋侵占官道，数次发生火灾，他将部分侵道房屋拆除，“所毁撤民屋千五百余间，老幼失业，相聚怨泣”[④]，虽然所拆房屋为临街违建，官府并不输理，但是这种公共管理的方式方法还是令民众和多数官员难以接受，仁宗也认为“盛夏拆屋，使人不安居，虽不违法，非善政也”。故而将其改易差遣。到了徽宗朝，由于皇帝的喜好，朱勔等人与一些监司、州府官吏狼狈为奸，在东南地区大量搜刮民间奇花异石，对民众房屋财产的侵损尤其严重，朱勔进花石媚上，徽宗既侈，所须花石“岁加增焉”，因而江南各地监司郡守竭尽所能，搜刮民间奇花异石，民间被害颇重，“江南数十郡，深山幽谷，搜剔殆遍，或有奇石在江湖不测之渊，百计取之，必得乃止。程限惨刻，无间寒暑。士庶之家，一石一木，稍堪玩者，即领健卒，直入其家，用黄帕覆之，指为御物。又不即取，因使护视，微不谨，则重谴随之。及启行，必发屋彻墙以出”[⑤]。而当时为了准备迎接徽宗西巡，到诸陵祭祀，京西转运使宋昪在西京大修宫殿，“广袤十六里，创廊屋四百四十间，费不可胜。会髹漆，至灰人

① （宋）李焘撰，上海师范大学古籍整理研究所、华东师范大学古籍整理研究所点校：《续资治通鉴长编》卷223，熙宁四年五月乙未，第5421—5422页。

② （元）脱脱等撰：《宋史》卷95《河渠志五》，第2371页。

③ （元）脱脱等撰：《宋史》卷97《河渠志七》，第2399页。

④ （宋）李焘撰，上海师范大学古籍整理研究所、华东师范大学古籍整理研究所点校：《续资治通鉴长编》卷190，嘉祐四年十二月壬戌，第4600页。

⑤ （清）黄以周等辑注，顾吉辰点校：《续资治通鉴长编拾补》卷43，宣和三年二月庚午，第1320页。

骨为胎，斤直钱数千。”为了扩展宫殿范围，“尽发洛城外二十里古冢，凡衣冠垄兆，大抵遭暴掘”[①]。这样明目张胆的侵害民众私权，毁坏房屋器物，掠夺财物，必然会导致民众的愤恨以及地方政府公信力成本的严重损耗。

再次，宋代相当数量地方官府，出于节约成本的考虑，在与民间交易中存在压低价钱，强买强卖，损害商户利益的情况，也引起强烈的社会不满。如徽宗崇宁中，朝廷诏令地方官府都要建学校、养士人，这需要大量的经费投入，于是一些州县官动起了歪脑筋，“州县官吏并顽猾，并缘为奸，下行收买饮食、什物，减刻侵欺，骚扰人户，难与供办，细民受弊”[②]。在宣和中，方腊起义平定后，西北地区派来的朝廷大军获得相当物质赏赐，“代归，人得缟绢”，当时的杭州知州蔡嶷贪得无厌，不准民众和军兵自由交易，“禁民与为市，乃下其直，强取之”。这样一来，引起了军兵的强烈愤慨，并导致了骚乱，“卒怒，乘嶷夜饮客，纵火焚州治，须其出救，杀之。嶷知事势汹汹，踰垣走，仅得免”[③]。宣和七年（1125 年），中书省、尚书省也奏报：“诸路当职官多是乱出头引下行，过收买物色，行人见其数目甚多，少肯应副，即便收送下厢。本厢禁系，动是旬日，不免贵价邻州邻路收买应副，且免杖责。远方尤甚，民户无所告诉，良可悯恤。”[④]南宋绍兴中，江南地区许多监司郡守及其属下也往往用“官价”来购买商业行户市场上的物品，而官价“凡百供须，比之市价，大率十亏四五”，因而商户损失钱物严重，“营生之艰，莫若小民，终日市廛，仅糊其口。在官者常有以利之，犹惧不给，况可瘠之以自肥乎？”[⑤]因而朝廷也下诏规定：“自今公库私家凡金缯器用、食饮之所须，一切以市价为率，毋循旧弊置行并直厅。”[⑥]到了南宋宁宗朝，随着朝政的日益腐败黑暗，导致地方政府官吏在日常物品购置中更加肆无忌惮，剥削掠夺商户，导致市井萧条，商户逃亡，嘉熙三年（1239年），臣僚就上奏：“今官司以官价买物，行铺以时直计之，什不得二三。重以迁延岁月而不偿，胥卒并缘之无艺，积日既久，类成白著，至有迁居以避其扰、改业以逃其害者。甚而蔬菜鱼肉，日用所需琐琐之物，贩夫贩妇所资锥刀以营斗升者，亦皆以官价强取之。终日营营，而钱本俱成乾没。商旅不行，衣食路绝。”[⑦]看来，宋代地方官员这种强买强卖行为，压低价格的恶劣做法，无论是

① （元）脱脱等撰：《宋史》卷 356《宋昇传》，第 11208 页。
② （宋）章如愚辑：《群书考索》后集卷 28《士门・学法类》，第 601 页。
③ （元）脱脱等撰：《宋史》卷 354《蔡嶷传》，第 11172 页。
④ 刘琳、刁忠民、舒大刚，等校点：《宋会要辑稿》刑法二之九三，第 8333 页。
⑤ 刘琳、刁忠民、舒大刚，等校点：《宋会要辑稿》食货三七之三六，第 6825—6826 页。
⑥ 刘琳、刁忠民、舒大刚，等校点：《宋会要辑稿》食货三七之三六，第 6826 页。
⑦ （元）脱脱等撰：《宋史》卷 186《食货志下八》，第 4555—4556 页。

针对民众，还是普通士兵，都是极为不得人心的，商户无法经营，只得破产逃亡。同时也导致官民关系恶化、地方政府公信力成本上升。

还有一些地方官员，为了节约物资成本，故意以次充好、缺斤短两，发放士兵俸禄，更是导致地方军兵与官吏严重对抗，官府丧失公信力，甚至导致兵变。如北宋仁宗朝庆历三年（1043 年），知光化军韩纲因盗贼张海等“剽劫至境上，纲帅宣毅军三百余人被甲乘城，凡十余日”。“城中富民，具酒食犒军，纲辄收其半，质钱以市兵器。军士营远者，或不时得饮食，而纲所给饼饵，常至日旰，其乾不可食。会其监捉使臣至，所部卒不以请给历自随，富民又请输钱以资之”。韩纲又以“本军之士尚不给，何及于监捉乎？”军士因而传言：“民有献钱，以给乘城兵，而知军却之，众益怨愤。”[①] 最终由于韩纲虐待兵士，不发俸禄，克扣口粮，导致了守城兵变，“纲踰城逃，载其家小舟，沿汉而下，官吏亦皆逃去，兴等遂焚掠居民”[②]。最终导致了官兵关系的破裂，地方长官丧失其公信力，造成严重的社会后果。又如孝宗朝淳熙元年（1174 年），李寰“知琼州日以家质库故衣折支军人衣，几至生变”，当年九月，知临江军赵不黯因“拖积军兵请给及低价减折冬衣，致军兵喧噪”[③]而被降一官。淳熙十四年（1187 年），知长宁军郭公纯不支戍兵食钱，“致群卒公然上厅殴击人吏，公纯略无弹压”[④]而被放罢。淳熙十六年（1189 年），知彭州赵善俯“为政昏谬，纵容诸子干预郡事，又令私仆冒请禁军衣粮，凡遇支遣，减克军粮，几致生变”[⑤]，最终被朝廷降二官，放罢。宁宗朝，武冈知军司马遵“听郡吏董霖等言，回籴军粮亏损”[⑥]，在这种困窘的状态下，马知军想到了用全发纸币，来暗中减损地方财政实际支出数额的办法，“时值冬衣例支钱会中半，复欲以全券给之”[⑦]，导致军兵的喧哗和愤慨，甚至劫掠民财，“遂致此曹觖望，当厅执覆，语言喧悖，相率出城，群不逞乘之，劫掠郡民财物。遵仓皇无措，托疾送印次官，幸签判叶

① （宋）李焘撰，上海师范大学古籍整理研究所、华东师范大学古籍整理研究所点校：《续资治通鉴长编》卷 144，庆历三年十月丁酉，第 3478 页。

② （宋）李焘撰，上海师范大学古籍整理研究所、华东师范大学古籍整理研究所点校：《续资治通鉴长编》卷 144，庆历三年十月丁酉，第 3478 页。

③ 刘琳、刁忠民、舒大刚，等校点：《宋会要辑稿》职官七二之十一，第 4973 页。

④ 刘琳、刁忠民、舒大刚，等校点：《宋会要辑稿》职官七二之四八，第 4994 页。

⑤ 刘琳、刁忠民、舒大刚，等校点：《宋会要辑稿》职官七二之五四，第 4998 页。

⑥ （宋）真德秀撰：《西山先生真文忠公文集》卷 17《按奏武冈知军司马遵状》，《宋集珍本丛刊》，第 76 册，第 76 页。

⑦ （宋）真德秀撰：《西山先生真文忠公文集》卷 17《按奏武冈知军司马遵状》，《宋集珍本丛刊》，第 76 册，第 76 页。

莫躬亲安慰，众方稍定”[①]。军兵和地方军队是维护政府统治、实现政府管理意图的基石，地方政府官员的这些侵害士兵切身经济利益的做法，是相当不明智的，也是导致地方政府公信力降低，甚至统治最终瓦解的重要原因。

此外、地方政府官员过于残酷苛刻，超强度的赋役剥削，恶化官民关系，这些因素也导致官民严重对抗和政府公信力成本上升。

太宗朝至道中，为了征讨西夏部族，陕西地区大量调发民众运送军用物资、粮草等，“陕西骚动，民皆逃匿，赋役不肯供给”，当时京兆府通判杨谭、大理寺丞林特残酷役使民众，“谭特令民每驴负若干，每人担若干，仍赍粮若干，官为封之，须出塞乃听食，怨嗟之声满道。”“长安人歌之曰：‘杨谭见手先教锁，林特逢头便索枷’”[②]。从这些歌谣中也可以看出，当时赋役的残酷和民众社会反对声的强烈，这势必对京兆府的其他社会管理和政府公信力造成负面影响。又如仁宗朝，西南地区邛部川的首领，“妄言蛮贼侬智高在南诏，欲来寇蜀”。当时的成都知府系转运使兼摄，“闻之大惊，移兵屯边郡，益调额外弓手，发民筑城，日夜不得休息”。在这种残酷的劳役之下，民众做出了非常的反应举措，为了减少劳役负担，“民大惊扰，争迁居城中。男女婚会，不复以年，贱鬻谷帛市金银，埋之地中”[③]。后来证明，那不过是妄传的谣言，而已经采取的劳役给当地的社会秩序造成严重的困扰，也降低了当地政府的公信力。至于在王安石变法之前，各地普遍实行的差役法，尤其是衙前重役，更是给民众家庭和财产造成了巨大的损失，从而也造成了严重的社会问题，“衙前多致破产”，为了降低户等，减少充当衙前的机会，韩绛奏：“向闻京东民有父子二丁将为衙前役者，其父告其子云：‘吾当求死，使汝曹免冻馁也。’遂自经死。又闻江南有嫁其祖母及老母，析居以避役者，此大逆人理所不忍闻。”[④]这种严重违背社会伦理和民众利益的劳役剥削，必然导致官民关系的恶化，以及政府仁厚、爱民形象的破产。到了徽宗崇宁中，朝廷采取了一系列宣扬和平盛世的举措，也极大地增加了民众的赋役负担，“崇宁间初兴学校，州郡建学，聚学粮，日不暇给。士人入辟雍，皆给券，一日不可缓，缓则谓之害学政，议罚不少贷。已而置居养院、安济坊、漏泽园，所费尤大。朝廷课以为殿最，往往竭州郡之力，仅能枝梧。

① （宋）真德秀撰：《西山先生真文忠公文集》卷17《按奏武冈知军司马遵状》，《宋集珍本丛刊》，第76册，第76页。

② （宋）司马光撰，邓广铭、张希清点校：《涑水记闻》卷2，第23页。

③ （宋）李焘撰，上海师范大学古籍整理研究所、华东师范大学古籍整理研究所点校：《续资治通鉴长编》卷178，至和二年正月丁亥，第4306页。

④ 刘琳、刁忠民、舒大刚，等校点：《宋会要辑稿》食货六五之一，第7797页。

谚曰：'不养健儿，却养乞儿。不管活人，只管死尸。'盖军粮乏，民力穷，皆不问，若安济等有不及，则被罪也。"[①] 当时的河道治理，调发人夫数量巨大，往往导致民众死伤逃亡，"黄河调发人夫修筑埽岸，每岁春首，骚动数路，常至败家破产"[②]。这使得民众对于地方政府官吏痛恨入骨，而当时方腊起义的发生，也与地方政府超强度的劳役剥削有密切关系，"方腊家有漆林之饶，时苏、杭置造作局，岁下州县征漆千万斤，官吏科率无艺，腊又为里胥，县令不许其雇募。腊数被困辱，因不胜其愤，聚众作乱"[③]。南宋时期，同样存在这样的问题，孝宗淳熙八年（1181 年），"黎州土丁张百祥等，不堪科役为乱"[④]。当时的大臣刘珙也劝导皇帝要推行仁政，轻徭薄赋，"今欲惩既往之失，销未形之患，莫若择守宰宽赋敛，以安吾民而已。不此之图，一李金死，一李金生，臣恐湖南自是无宁岁也"[⑤]。宁宗嘉泰中，广西诸州土丁赋役沉重，"今诸州之民无非土丁，凡有工役，驱驰迫逐，不以人类待之。壮者去而为盗，弱者东逃西走，有死而已"[⑥]。民众的破产、逃亡，甚至通过变乱等形式激烈反抗地方政府的超强赋役剥削，实际上也是对政府滥用行政权力的一种过激反应，而这种超强剥削的长期存在，必然会导致地方政府与民众关系的恶化，同时导致政府公信力成本的无限升高。

（三）地方政府官员的腐败、享乐行为，损害公众利益，影响官吏队伍形象，致使政府公信力丧失

官员的贪赃行为不仅使政府和民众的有形资产受到损害，造成行政腐败，同时也会抹黑政府和官员群体在民众心目中的形象，降低民众对政府官员的信任，同时也恶化了官场风气，造成政府公信力成本的上升。

两宋一些时期，地方官吏从官府机构中贪污、挪用行政经费物资的问题，可谓触目惊心，造成地方政府大量行政成本的无效损失。同时，一些掌握行政资源的权势之官，也将魔爪伸向其管辖下的普通民众、商人、富民，勒索搜刮，收受贿赂，从而导致地方政治的腐败黑暗，使得民众蔑视地方政府的权威性和

① （宋）陆游撰，李剑雄、刘德权点校：《老学庵笔记》卷 2，北京：中华书局，1979 年版，第 27 页。

② （元）脱脱等撰：《宋史》卷 93《河渠志三》，第 2311 页。

③ （宋）曾敏行撰：《独醒杂志》卷 7，《全宋笔记》第四编第五册，第 175 页。

④ （元）脱脱等撰：《宋史》卷 35《孝宗本纪三》，第 674 页。

⑤ （宋）朱熹撰，朱杰人、严佐之、刘永翔主编：《晦庵先生朱文公文集》卷 97《观文殿学士大中大夫知建康军府事兼管内劝农使充江南东路安抚使马步军都总管营田使兼行宫留守彭城郡开国侯食邑一千六百户食实封二百户赐紫金鱼袋赠光禄大夫刘公行状》，《朱子全书》，第 4492 页。

⑥ 刘琳、刁忠民、舒大刚，等校点：《宋会要辑稿》刑法二之一三四，第 8362 页。

公信力，称其为“有理无财莫进来”的“阎王殿”。宋代一些地方官员，在搜敛民财中手段残酷，贪赃严重。如仁宗朝孙沔为杭州知州，“州人许明有大珠百，沔妻弟边珣以钱三万三千强市之。沔爱明所藏郭虔晖画《鹰图》，明不以献。初，明父祷水仙大王庙生明，故幼名‘大王儿’。沔即捕按明僭称王，取其画鹰，刺配之”[①]。等到孙沔离任后，许明“诣提点刑狱，断一臂自讼，乃得释”[②]。此外，孙沔在杭州还犯下大量强抢民女、滥施刑罚的恶行，当地民众不惜用断臂诉讼的非常举措，才能求得释放，而财物已难追回，这样的恶官贪婪如虎，令人痛恨。《谈苑》中也记载：“有人问秀州崇德县民，长官清否，答曰：‘浆水色。’不清不浊也。”[③]回答虽然简短，但是却反映了当地民众对于县官和政府形象的真实看法。宋代，地方上一些富民、寺观，也成了贪官污吏勒索搜刮的主要对象。如南宋孝宗朝，嘉州知州张伯垓“更于嘉州诸县需索船钱，寺院科取夫脚，各有定数”，“今一路官吏百姓闻其先声，无不震恐”。[④]还有一些地方官吏，查获一些“劫盗及私酤之家”，知道他们没有多少油水可诈，于是教唆诱导他们诬陷本地富裕民户，“乃逼令妄通富家，诬以干连。杀人之因有欲报私隙者，多诬平民曾有交涉；劫盗则多虚通窝藏资给之家，私酤则旁及四邻并秫曲所自”。这些平民富户，“无以自明，必赂狱吏，俟足所请，然后令正犯人供退而后免”[⑤]。这种行为，与四处劫掠的强盗有何区别？这样的地方官员，已经完全忘记了自身所肩负的行政使命，将权力变成了捞取钱物的筹码，而民众也是避之唯恐不及，他们的公信力，已经荡然无存了。

司法领域，是地方官吏贪赃腐败、害民扰民的重点领域，如《州县提纲》等文献中记载了地方官府中司法官吏的贪赃和害民现象，“吏辈责供多不足凭，盖彼受赂，所责多不依所吐，往往必欲扶同牵合，变乱曲直。山谷愚民目不识字，吏示读不实，若凭所供辄断，而不面诘之，则贫弱之民，无辜而受罪矣”。这些官吏完全依收受的贿赂多少，来决定案件的判决结果，“则豪强之人，教唆之徒，公然据司案而坐，指挥叱咤，变乱情节，善良之人，有冤无告矣”[⑥]。士大夫洪适也说：“诸县徒以上罪，虽有结解期限，而吏胥利于追逮求觅，或一年，或数月，始以解州，又数月或半年方能结案。或囚徒番异，则又未可预料。”这些行为导致涉案的“商贾与村落农夫”“一遭禁系，动绵岁月，其家啼饥号寒，

① （元）脱脱等撰：《宋史》卷288《孙沔传》，第9689页。
② （元）脱脱等撰：《宋史》卷288《孙沔传》，第9689页。
③ （宋）孔平仲纂：《孔氏谈苑》卷1《崇德长官清否》，《丛书集成初编》，北京：中华书局，1985年版，第5页。
④ （明）黄淮、杨士奇编：《历代名臣奏议》卷183《乞按提刑吴宗旦运判张伯垓疏》，第2407页。
⑤ 刘琳、刁忠民、舒大刚，等校点：《宋会要辑稿》职官五之五三，第3146页。
⑥ （宋）陈襄撰：《州县提纲》卷2《面审所供》，《官箴书集成》，第48页。

遂挤沟壑。其身或苦疾病，因而瘐死。无罪殒命，深为可怜”。[①] 高宗绍兴四年（1134 年）九月，右司谏赵霈就指出：“比来在外刑狱例常淹延，考其奏案，原其情犯，有法当论死，初无可疑者，奈何吏缘为奸，以狱为市，意在纵释，以故久而不决。使已死之魄冤抑而不得达，被苦之家，怨愤而不得申，将何以召和气乎？”[②] 而在绍兴二十二年（1152 年），邵州民张巨驷被“仇家诬告与贼通，狱吏杨锡得赂，力主仇家，太守之子弟与知之，遂起大狱，连坐者三百余人，疾而死者六七十人，黥而流者二十八人，没入赀产者十八家”。如果不是有道州差来勘案的官员复审，将造成不堪设想的后果，因地方官吏的贪赃而产生的行政腐败，其影响严重。也无怪当地“还十八家之没入者，冤民得直，皆画公像祀焉”[③]。两者的巨大反差，更加凸显了地方官府和官员秉公执法、维持社会公信力的重要性。理宗朝的士大夫吴势卿言：“俗语云：‘打杀乡胥手，胜斋一千僧。’推司枉法受财，出入生死，其为害何止如乡胥而已，配两推吏，胜似斋一万僧，何必缁黄设醮设斛，方可请福。”[④] 司法领域中官吏贪赃腐败的行为，极大地损害了宋代地方官僚队伍的整体形象和社会公信力，甚至统治者自身也并不否认这一点。

一些贪官在社会事务管理中也滥用职权，贪赃害民。如南宋绍兴初年，一些地区的政府官吏，借口民众在战争中逃亡，乱占民田，不顾其家中“父母被杀虏而孤幼儿女见存者，有中道得脱者，有虽全家被虏而亲属偶出方归者，并不勘验，一概籍没”[⑤]。把这些从民众手中抢夺来的田产充当地方官员的职田，满足私利，导致民间人情惶惶，诉讼频繁。当时被李光弹劾的临安府知府孙觌，也是一个十足的贪官，“在任赃迂不法，远近播传”，他不但利用职权，指使属下“亲信使臣毛汝能辟为都监，文林郎毛珪权钱塘县令”，贪污了官府仓库、犒赏军队的诸多钱物，还勒索下辖“九邑县令在府，勒令出钱共四万五千余缗，名曰‘助军’，不附文历”，并且将贪污的魔爪伸向富民，“临安府捉获酤卖私酒百姓，其家富厚，觌令珪受钱一千贯，更不解送所司，至帖下本县，直行放免。又遣所亲姓董人，乞觅过新城县百姓唐邦臣等钱一千五百贯，皆有迹状”[⑥]。致

① （宋）洪适撰：《盘州文集》卷 41《乞勿禁系大狱干证人札子》，《四部丛刊初编・集部》，第 2 页。

② （宋）李心传编撰，胡坤点校：《建炎以来系年要录》卷 80，绍兴四年九月己巳，第 1515 页。

③ （宋）胡铨撰：《胡詹庵先生文集》卷 28《武冈军太守罗公墓志铭（乾道五年十一月）》，引自曾枣庄、刘琳主编：《全宋文》卷 4329，上海：上海辞书出版社、合肥：安徽教育出版社，2006 年版，第 196 册，第 131 页。

④ 中国社会科学院历史研究所宋辽金元史研究室点校：《名公书判清明集》卷 11《治推吏不照例禳祓判》，第 426 页。

⑤ 刘琳、刁忠民、舒大刚，等校点：《宋会要辑稿》食货六九之五三，第 8075 页。

⑥ （宋）李光撰：《庄简集》卷 11《论孙觌札子》，《宋集珍本丛刊》，第 34 册，第 17 页。

使当地州县官民都相顾侧目，至有“人生五马贵，莫受二毛侵”之语，充分体现了民众对这些地方官的畏惧和失望。宁宗嘉定十五年（1222年），知封州薛贤、藤州知州陈纪接连因贪腐被放罢，二人的恶行有民作为之歌曰：“得母凶书更不看，公然匿服亟之官。下车聚敛如行劫，贪虐奸淫不一端。”纪守藤州，“其郡多出白藤，置局敷买，百姓作《买藤歌》，有‘条条皆性命，束束是冤魂’之语”[①]。宁宗朝，贪官赵师（罴廾）在多地都极力聚敛，搜刮民财，“固不特在临安为然。其漕淮东也，则干没缗钱至四十万。其任总饷也，则掠军粮斗面之余，伪为客人中粜，而窃取其钱，见诸台评，殆非一日。其守扬州也，州人嘲之以词，有‘一阵扬州刮地风’之语。‘括地风’云者，席卷无遗之谓也”[②]。各地民众将贪官的行为编成歌谣、口号，这既是对宋代地方政府的极大讽刺，也是对地方政府公信力的莫大伤害。

除了地方官员之外，胥吏也是南宋地方贪污害民，导致地方政府公信力严重下降的重要帮凶。如胡铨在与他人书信中感叹地方州府军队营房之破败，之所以得不到修缮的原因是“而胥吏乞觅，不肯盖造”，导致军人无房可住，因而“白占民屋居住，鸡犬一空，市井萧然，甚于被盗”。“细民憔悴无诉，未有甚于此者。”[③]宁宗嘉定中，建康府溧阳县奉行朝廷指令，推排民众物力，这本是借以核实民众田地房产，重新确定赋税的有利举措，但是当地执行的胥吏却找到从中渔利的机会，大肆敛财，“盖棠志不在民，一切付之隅保吏胥之手，飞走卖弄，听其自为。需求如志则以上等之户降而为下等，贿赂不至则以十金之产增而为百金。牒诉纷然，一不受理，遂使冤愤不平之气无所发泄”。被高估了物力的民众冤屈愤怒，从而产生过激行为，“日聚众围保正之家，明日聚众撤户长之屋，如惠德乡之蒋大和、来苏乡之史万二、奉安乡之管千六、明义乡之芮六五、允定乡之倪忥、德随乡之李五三、仙坛乡之朱七十、赞贤乡之周省五等，同时并作，多者数十百人，持杖歗吹，纵火抛石，室庐器物，为之荡尽，桑柘竹木，为之一空。甚者刀伤其人，惊死其老幼。……一邑嚣然，几至生变”[④]。若非真

---

① 刘琳、刁忠民、舒大刚，等校点：《宋会要辑稿》职官七五之三一，第5088页。

② 蔡幼学撰：《育德堂奏议》卷5《蔡幼学 缴赵师（罴廾）辞免工部尚书兼知临安府降不允诏奏》，引自刘琳、曾枣庄：《全宋文》卷6579，第289册，第327页，上海：上海辞书出版社、合肥：安徽教育出版社，2006年版。

③ （宋）胡铨撰：《胡詹庵先生文集》卷14《与吴明可小简（二）》，引自刘琳、曾枣庄主编：《全宋文》第4311卷，第195册，第226页。

④ （宋）真德秀撰：《西山先生真文忠公文集》卷12《申将前知建康府溧阳县王棠镌降事》，《宋集珍本丛刊》，第76册，第15页。

德秀与建康守臣刘榘“亟下本县，毁不公之籍，人情始定，争斗始息”[①]，后果将不堪设想。理宗朝，铅山县有“配吏程、徐、张、周四人，为百姓之害”。提刑蔡杭巡历入境，“及入境，则百姓交讼之”。他们的贪赃行为数不胜数，“如徐浩乞取官会三百贯，则招吴兴陈论，乞取官会五百贯，则招刘言陈论。又如扬超所诉，则节次取受一千余缗。其他乞取，如扬和暨汝和所论，不一而足。霸役年深，民惧如虎，号为烧热大王”[②]。“每监司追逮，则一味逃避不出。如张谨接受官会三百二十五贯，则招杨青陈论，接受官会二百二十五贯，则招徐超陈论。又如曹介祉所诉，则张谨三人共讨十八界会三百余贯。狠毒酷暴，不啻狼虎。……创起月敷局，监纳无名钱，白纳三千石，重科半万筹，不给朱钞，白状交纳，尤为百姓之苦。”[③]这些赃吏，不但知县对其无可奈何，监司追逮，“则一味逃避不出”，成为危害地方统治稳定，破坏政府社会公信力的极大隐患。蔡杭还惩处了提刑司贪赃枉法的胥吏王晋，将其家产籍没。“本司副吏王晋，以敏给济奸，以狡险济恶，贪狠如虎狼。前政提刑受其笼络，威行九州，凌犯纲常，至敢与提刑握手耳语，人皆呼为小提刑。……公然架造层楼复屋，突兀于台沼之侧”，他的贪赃来源，“无非卖弄死刑公事，计赃凡该一千六百八十余贯。抄估其家，悉为寄附，然银犹且一千二百余两，罗绮杂物，估价不下十万，而旧楮、田宅不预焉。割九州赤子之脂膏，刳四十三县百姓之肝脑，而以肥王晋之一身一家，亦惨矣哉！”[④]这些“招纳贿赂，金帛充斥”，横行州县的贪赃之吏，成为横架在政府与民众之间的鸿沟，他们的恶行，也污染了整个地方官场，败坏了政府在民众心目中的公正形象。

宋代地方上的一些贪官污吏，在被监察机构弹劾罢官后，走下权力的神坛，这时才能真正反映民众对其的看法和感受。如理宗朝提刑蔡杭判词中所反映的，“黄权簿以本州人摄本州官，狠愎暴戾，霸一县之权，知县为之束手。积奸稔恶，百姓恨之切骨。甚至检验受赇，恣为奸利。本司追请之日，百姓千百为群？争以瓦砾粪壤抛掷唾骂，县官以本州之故，护出数十里之外，方始获免”。蔡“行部以来，诉之者不知其几状，计赃不知几千几百？”而州官还以“有黄堂侍郎、大参别相公荐书”相保全，“上误黄堂，下害赤子”，引得蔡杭大怒，“一则曰黄

① （宋）真德秀撰：《西山先生真文忠公文集》卷12《申将前知建康府溧阳县王棠镌降事》，《宋集珍本丛刊》，第76册，第16页。

② 中国社会科学院历史研究所宋辽金元史研究室点校：《名公书判清明集》卷11《铅山赃吏判》，第418页。

③ 中国社会科学院历史研究所宋辽金元史研究室点校：《名公书判清明集》卷11《铅山赃吏判》，第418页。

④ 中国社会科学院历史研究所宋辽金元史研究室点校：《名公书判清明集》卷11《籍配判・蔡久轩》，第415页。

堂诸公，二则曰黄堂诸公，诸公亦曾教其如此贪酷乎？”[①] 这些贪赃酷虐的官吏，他们不仅是宋代士大夫阶层的败类，也是宋代地方政府公信力的最大破坏者。

地方官吏的奢侈享乐行为，耗费了大量的钱力、人力，其中有的是出自官府的行政经费，更多的则是从百姓身上搜刮而来，其产生的恶劣影响，必然会抹黑官僚队伍整体形象，导致政府公信力下降。两宋时期，文人士大夫当政，在地方官场上饮酒作诗，宴会空谈的情况比比皆是，也给当地军民造成严重的损害。北宋前期这种现象就已经存在，如司马光《涑水记闻》记载：北宋真宗朝，“是时，旧相出镇者，多不以吏事为意。寇莱公虽有重名，所至之处，终日游宴，所爱伶人，或付与富室，辄厚有所得”。寇准虽为北宋名臣，但是在地方上渎职、奢侈享乐也是出名的，而司马氏所谓“然人皆乐之，不以为非也”[②] 的评论，恐怕只是士大夫阶层的评判，不能代表当地普通民众对其及相关政府机构的整体印象。真宗也不乐其所为，评价说“大臣出临方面，唯向敏中尽心于民事耳”，“于是有复用之意”[③]。当时，石曼卿与刘潜、李冠为酒友，后石被任命为海州通判，赴任后渎职滥政，相约刘潜“到官可即来相见，寻约痛饮也”。刘到海州后，石的所作所为完全出乎众人预料，“曼卿道服仙巾以就座，不交一言，徐曰：‘何来？’又久之曰：‘何处安下？有阙示及。’一典客从旁赞曰：‘通判尊重，不请久坐。’潜大怒索去。云：‘献汤。’汤毕，又唱：‘请临廊。’潜益愤，趋出。曼卿曳其腰带后曰：‘刘十，我做得通判过否？扯了衣裳，吃酒去来！’遂仍旧狂饮，数日而罢”[④]。试想，当地州衙中的其他官吏以及来往的民众，会如何看待这位放荡不羁、狂饮烂醉的通判呢？地方政府的威严和公信力又怎么能得到体现并赢得民众的尊重呢？北宋前期，四川地方延续了后蜀时期奢华享乐的风气，地方长官宴饮游乐无度，“成都游赏之盛，甲于西蜀。盖地大物繁，而俗好娱乐。凡太守岁时宴集，骑从杂沓，车服鲜华，倡优鼓吹，出入拥导，四方奇技，幻怪百变，序进于前，以从民乐。岁率有期，谓之故事”。“田公况尝为《成都遨乐诗》二十一章以纪其实。而薛公奎亦作《何处春游好诗》一十章，自号‘薛春游’，以从其俗。”“天禧二年，赵公稹尝开西楼亭榭，俾士庶游观。自是每岁寒食，辟园张乐酒垆花市。茶房食肆，过于蚕市。士女从观，太守会宾僚凡浃旬，此最府庭游宴之盛。……四月十九日，浣花祐圣夫人诞日也。太守出笮桥门，至梵安寺谒夫人祠，就宴于寺之设厅。既宴，登舟观诸军骑射，

① 中国社会科学院历史研究所宋辽金元史研究室点校：《名公书判清明集》卷2《贪酷判·蔡久轩》，第49页。
② （宋）司马光撰，邓广铭、张希清点校：《涑水记闻》卷7，第138页。
③ （宋）司马光撰，邓广铭、张希清点校：《涑水记闻》卷7，第139页。
④ （宋）王铚撰，朱杰人点校：《默记》卷下，第49页。

倡乐导前，泝流至百花潭，观水嬉竞渡。官舫民船，乘流上下。或幕帟水滨，以事游赏，最为出郊之胜。”[①]地方行政官吏打着与民同乐的旗号，想方设法地宴会游乐，甚至自号“薛春游”，何尝考虑过地方政府行政经费的浪费，行政事务的废弛。至于沿途民众看到这种华丽奢侈的游行队伍后对地方政府的负面印象，就更不在其考虑范围内了。神宗时期，杭州聚集了众多官府高官，整日宴饮享乐，“部使者多在州置司，各有公帑。州倅二员，都厅公事分委诸曹，倅号无事，日陪使府外台宴饮。东坡倅杭，不胜杯酌，诸公钦其才望，朝夕聚首，疲于应接，乃号杭倅为‘酒食地狱’”[②]。由于不胜酒力，陪酒痛苦不堪，官员们竟给杭州通判起了“酒食地狱”的外号，不知当地饥饿受灾的民众，听到这一称谓，会对官府、官员有怎样的印象和评价。徽宗政和中，成都府帅守、监司，延续五代遗风，七夕节登大慈寺门楼“登临宴饮，无复忌惮”，引得民众围观，造成恶劣的社会影响。因而朝廷认为“不可以训”“亏违典礼”[③]而加以禁止。南宋时期，同样有这样喜好奢侈享乐，不顾及民众感受和官府形象的贪腐之官。绍兴二年（1132年），知太平州张錞、通判蔡绩“在园内晚食用妓弟祗应，致军民不服、因而作过故也”[④]，激发群体事件而被朝廷罢免。当时的建康府，诸多官府机构驻扎于此，“金陵大府，贵游子弟多在焉，又常守以大僚，郡事纲举而已。幕职曹掾官日夜纵饮歌呼，往往逾越法度，诸司略不执问”[⑤]。

一些官员在奢侈宴会中荒废了政务，引起民众的极度失望。仁宗朝两浙转运使魏兼，在“杭、越、苏、秀等州旱涝连年，疫疠相属，富者疾疫，贫者流亡，哭声载道，饿尸横路”的情况下，“辄敢恣情宴乐，以敛百姓财物。至苏州留止三日，穷彻昼夜，歌乐娱游”[⑥]。当地州府为了不扫这位监司大人的雅兴，驱赶着饥饿的灾民“藏于祠庙，三日拘束，饮食无得，殍死甚多”。其他州府看到这样的情况，也纷纷相仿，“诸州望风，悉遣妓乐隔州迎候。睦州送至桐庐，至有乐人溺死”[⑦]。最终引起了民众对于转运使和本地官吏的极度不满，政府公信力严重下降。蔡襄上奏中说：“苏州民谣刊板传诵，臣略得两句云：‘绕梁歌妓

① （元）费著撰：《岁华纪丽谱》，《景印文渊阁四库全书》，第590册，第433—437页。
② （宋）朱彧撰，李伟国点校：《萍州可谈》卷3，北京：中华书局，2007年版，第166页。
③ 刘琳、刁忠民、舒大刚，等校点：《宋会要辑稿》刑法二之六六，第8319页。
④ 刘琳、刁忠民、舒大刚，等校点：《宋会要辑稿》职官七〇之一一，第4921页。
⑤ （宋）周必大撰：《省斋文稿》卷33《秘阁修撰湖南转运副使萧公之敏墓志铭（淳熙五年）》，《宋集珍本丛刊》，第51册，第388页。
⑥ （宋）蔡襄撰，陈庆元、欧明俊、陈贻庭校注：《蔡襄全集》卷15《乞罢魏兼馆职奏》，第387页。
⑦ （宋）蔡襄撰，陈庆元、欧明俊、陈贻庭校注：《蔡襄全集》卷15《乞罢魏兼馆职奏》，第387页。

唱，动地饥民哭。’杭州刻《安抚夜饮图》卖于都市，丑声恶语，传于道路。”[①]当时的名士陈尧咨箭术精妙，“及守荆南回，其母冯夫人问：‘汝典郡有何异政’尧咨云：‘荆南当要冲，日有宴集，尧咨每以弓矢为乐，坐客罔不叹服。’母曰：‘汝父教汝以忠孝辅国家，今汝不务行仁化而专一夫之伎，岂汝先人志邪！’杖之，碎其金鱼”[②]。陈只知射箭宴集，完全不顾当地繁重的公务，民众又如何能信任依靠这样的官府呢？所谓的名臣文彦博同样爱好游乐宴会，荒废政务，知益州时，“多宴会。岁旱，公尚出游，有村民持焦谷苗来诉”[③]。才阻止了宴会的进行，迫使其履行救灾职责。另外一次，“尝宴钤辖廨舍，夜久不罢。从卒辄拆马房为薪，不可禁遏，军校白之，座客股栗”[④]。文完全不顾天寒地冻中，兵卒的苦衷，没有结束此次宴会，而是神色自若，曰：“‘更毁五间与之。’酒竟不辍。”[⑤]奢侈享乐的官场生活使得一些原本清廉的官员也改变了志向和节操，史载：“杜祁公两帅长安。其初多任清俭，宴饮简薄，倡妓不许升厅。服饰粗质，裤至以布为之。及再至，事体皆变，筵会或至夜分。自索歌舞，或系红裹肚勒帛。”[⑥]其由最初时的清俭、节俭变成了宴饮无度，甚至丑态毕出，“长安父老见公通变，皆曰：‘杜侍郎入两地去。’”[⑦]看来当地民众所认为的政府高官都是像杜一样能够变通、懂得同流合污、适应官场享乐环境的腐败群体。北宋末年，金兵南侵，形势危急的情况下，大名府帅臣蔡懋仍“不恤民情，不忧边事，日用妓乐饮宴，广造舞衣戏衫，酣醉猥杂，殊无体国之意”[⑧]。这种渎职享乐的行为严重损伤了政府的公信力，引起民众的极大愤慨，“军民皆不堪命，欲杀之，言喧于道路，大臣如是，可谓辱国”[⑨]。南宋淳熙五年（1178年），兴州沙市发生大火，而本州知州杨绛、监押王洧、主簿孟养直等仍在“宴饮，不亲救扑”，最终酿成“延烧三百余间”[⑩]民房的严重后果。宁宗朝，黄榦知和州，当时正值金兵再度南侵，两淮危急之时，而黄所看到的，不是将帅如何商议退敌，而是“流移满道，而诸司长吏张宴无虚日”。因而他愤然辞职，并给制置使李珏写信，指责其“但闻请总领、运使至玉麟堂赏牡丹，用妓乐，又闻总领、运使请宴赏亦然，又闻宴

① （宋）蔡襄撰，陈庆元、欧明俊、陈贻庭校注：《蔡襄全集》卷15《乞罢魏兼馆职奏》，第387页。
② （宋）王辟之撰，吕友仁点校：《渑水燕谈录》卷9《杂录》，第113页。
③ （宋）邵伯温撰，李剑雄、刘德权点校：《邵氏闻见录》卷9，北京：中华书局，1997年版，第97页。
④ （宋）司马光撰，邓广铭、张希清点校：《涑水记闻》卷10，第179页。
⑤ （宋）王巩撰：《甲申杂记》，《景印文渊阁四库全书》，第1037册，第222页下。
⑥ （宋）吴曾撰：《能改斋漫录》卷12《杜祁公通变》，上海：上海古籍出版社，1984年版，第359页。
⑦ （宋）吴曾撰：《能改斋漫录》卷12《杜祁公通变》，第359页。
⑧ （宋）徐梦莘撰：《三朝北盟会编》卷48《靖康中帙二十三靖康元年六月十八日癸丑》，第364页。
⑨ （宋）徐梦莘撰：《三朝北盟会编》卷48《靖康中帙二十三靖康元年六月十八日癸丑》，第364页。
⑩ 刘琳、刁忠民、舒大刚，等校点：《宋会要辑稿》瑞异二之三七，第2643页。

僚属亦然。邦人诸军闻之，岂不痛愤。且视牡丹之红艳，岂不思边庭之流血；视管弦之啁啾，岂不思老幼之哀号；视栋宇之宏丽，岂不思士卒之暴露；视饮馔之丰美，岂不思流民之冻馁”[①]。朝廷的重托，民众的期望，士人的期许，都被抛在脑后，这样的地方政府，必然会造成民众的蔑视，丧失其在社会管理中的公信力。

一些官员为满足奢侈享乐的宴会活动，想方设法向民众搜刮。如南宋孝宗朝，湖南运判吴援、新知袁州李处全在寇盗变乱发生后，不思应对，“乃集工匠，多置器用以资戏玩，致工匠失业，多全家遁去；处全经由芜湖县，受富民赂遗”[②]，民众对其行为失望之极，只能逃亡。当时的知嘉州张伯垓与本路提点刑狱吴宗旦为姻亲，两府官吏“遂相亵狎，每用妓乐燕饮，常至达旦”，日常民众“有所私，众皆指名，不敢尘渎”。上元节张灯，“以多相胜，连夕游宴，肆为欢乐，场务官司俱被科扰”。甚至对于前来迎送的地方驻军也不放过，“伯垓亲随数人遽执衙兵司，系缚棰打，取索钱物至数百千两，属官见之，遂渐而退”。这种情况造成当地吏民视两府人员如同蛇蝎，“今一路官吏百姓闻其先声，无不震恐”[③]。这些官吏的奢侈享乐、贪婪搜刮，已经超出了民众的承受能力。汀州守赵汝劼“贪淫暴纵，日事游宴，不恤其民，催督诸县积年欠负，急于星火”，“至有知县不堪其苦，欲自缢而死者。本州两狱禁系欠负之人，饥饿而死者，前后盖以百数”，在这么严重的社会问题下，赵竟然毫不收敛，“却将所收钱物恣为妄费。今岁上元买琉璃镫数千盏，所费万余缗”[④]。不知花费如此民脂民膏，触犯众怒，买来的千盏琉璃灯却有何用？至如致仕官员王撰所做的讽刺六位潭州在任官员的《六快活诗》，更是反映了当地官吏的奢侈贪腐，以及民众对其的失望与愤慨，“六人者，即帅周公沆、漕赵公良规、宪李公硕、刘公舜臣、倅朱景阳、许立是也”，“其诗略曰：‘湖外风物奇，长沙信难续。衡峯排古青，湘水湛寒绿。舟楫通大江，车轮会平陆。昔贤官是邦，仁泽流丰沃。今贤官是邦，刳啖人脂肉。怀昔甘棠化，伤今猛虎毒。然此一郡内，所乐人才六。漕与二宪僚，守连两通属。高堂日成会，深夜继以烛。帏幙皆绮纨，器皿尽金玉。歌喉若珠累，舞腰如素束，千态与万状，六公欢不足。因成快活诗，荐之尧舜目。’云云”[⑤]。为了达到享乐的生活，只能从下辖民众身上“刳啖人脂肉”，他们对于民众的酷虐，

① （元）脱脱等撰：《宋史》卷430《黄榦传》，第12781页。
② 刘琳、刁忠民、舒大刚，等校点：《宋会要辑稿》职官七二之一五，第4975页。
③ （明）黄淮、杨士奇编：《历代名臣奏议》卷183《乞按提刑吴宗旦运判张伯垓疏》，第2407页。
④ （明）黄淮、杨士奇编：《历代名臣奏议》卷183《按劾汀守赵汝劼奏》，第2407页。
⑤ （宋）江少虞撰：《宋朝事实类苑》卷73《六快活诗》，第973页。

正如猛虎之毒，引得民众对政府的失望和愤恨，也无怪宋代地方民众变乱“一年多似一年”“一伙强于一伙”了。

（四）地方政府官员多种渎职、怠政行为导致政府公信力成本上升

地方官吏的多种渎职、怠惰政事行为不仅损害政府有形资产，导致人力、财力、物力的损失，同时也会对民众造成人身上或者财产上的损失，丧失民众对官府的信任，导致政府公信力成本的上升。

（1）宋代一些地方官员在灾害发生后，不积极救助，消极怠政，给民众造成巨大的人身财产损害，也严重损害了政府在民众心目中的公信力。太宗淳化四年（993 年），澶州连日大雨，导致黄河水泛滥成灾，在这个过程中，当地知州郭贽“苟务贪荣，不图御患”，消极应对，最终酿成惨剧，“使万井之邑。坐成污潴。一方之民。化为鱼鳖”①。虽然中央政府在事后对郭贽进行了严惩，同时减免了受灾民众的赋税，但是也只是聊以弥补澶州军民百姓心中的伤痛，已经造成的严重损失和政府公信力的损害，却长久难以消除。真宗咸平二年（999 年）、三年（1000 年），江南、两浙发生大饥荒，而中央和地方政府均无积极救助举措，“自去年至今，民饿者十八九，未见国家精求救疗之术。初闻遣使煮粥俵给，后来更不闻别行轸恤”②。大臣田锡询问前来办事的泰州公人，“疾疫死者多少人，称饿死者不少，无人收拾，沟渠中皆是死人。却有一僧收拾埋葬，有一千人作一坑处，有五百人作一窖处。臣又问有无得雨，称春来亦少雨泽。臣问既少雨泽，麦苗应损，称彼处种麦稀少。又问饥馑疾疫去处，称越州最甚，萧山县三千余家逃亡，死损并尽，今并无人。其余明、杭、苏、秀等州积尸在外沙及运河两岸不少”③。地方政府在这场大灾的应对面前，完全是渎职失语的状态，不但没有多少救助举措，甚至埋葬死尸这样的灾后清理举措，也完全是由当地僧人来做，“况掩骼埋胔，是国家所行之事，文王葬枯骨而天下归心，今积尸暴骨如是，而使僧人收藏，村保埋瘗，甚无谓也”④。试想，在这样无所作为的地方政府官员面前，当地民众又能对其有何期望和诉求呢？一些地方官吏，

① 司义祖整理：《宋大诏令集》卷 185《赐澶州北城军人百姓诏（淳化四年九月丙申）》，第 672 页。

② （宋）李焘撰，上海师范大学古籍整理研究所、华东师范大学古籍整理研究所点校：《续资治通鉴长编》卷 46，咸平三年三月丁未，第 1003 页。

③ （宋）李焘撰，上海师范大学古籍整理研究所、华东师范大学古籍整理研究所点校：《续资治通鉴长编》卷 46，咸平三年三月丁未，第 1003 页。

④ （宋）李焘撰，上海师范大学古籍整理研究所、华东师范大学古籍整理研究所点校：《续资治通鉴长编》卷 46，咸平三年三月丁未，第 1003 页。

只考虑到自己任内财政收支平衡和小团体的利益，忽视社会管理的大职责，在灾害赈救中，不肯及时投入，“县有水旱，令则观望州郡，不即受状；守则顾惜郡计，恶闻言损。既不申奏，又不检视。或因诸司觉察，不得已而差官检踏，动在深冬。彼时旱禾多为牛马蹂践，民间无以续食，先自耕犁旱田，播种菜麦。官吏所至，称是无槁秸可验，多不减放，遂使有田者不被蠲租之恩，无业者不沾赈济之惠，民生兹郡，何不幸耶！”[①] 哲宗元祐五年（1090 年），苏轼在与他人书信中也曾写道：“八月之末，秀州数千人诉风灾，吏以为法有诉水旱而无诉风灾，闭拒不纳，老幼相腾践，死者十一人。由此言之，吏不喜言灾者，盖十人而九，不可不察也”[②]，知州只收接水旱灾情诉状，不收接风灾诉状，民众听了只能扼腕叹息，“践死者”也无处诉冤，其原因就在于地方官员“十人而九”，渎职怠政，不愿为救济灾民劳神费力。甚至如徽宗宣和中，淮南地区发生连年灾荒后，本路“常平使者顾彦成坐视不救”，出现“饥民相食”的惨剧，朝廷派专人督责救灾，一些地方官员仍然阳奉阴违，不肯积极落实救灾举措。宿州守臣“吴寿宁闻公将至，令诸门毋纳饥民，遂至城外僵尸纵横，悉差公吏穴地藏之，乃申以无饥民，无可抄录。真守苏之悌夜遣兵杖逼饥民，载之江中洲上，悉皆致死”[③]。当年，权京西路转运判官李祐也奏报：“房州去年七月八日有百姓陈诉灾伤者数百人，知州李悝将状首刘均等科断，差公人监勒刘均等高声自言：‘今后不敢诉灾伤。’遍诣城市号令。兼刘均年七十三岁，因断得病身死。缘此阻遏，放税不及一厘。”[④] 提举常平由于没有及时的救助灾民，虽然节省了政府有形的物资成本，但是却没有尽到社会管理职责。至如宿州、真州、房州守臣，更是宋代地方官员中的败类，当饥民被逼迫藏于地下、载之江中，或者违心的沿街喊出“今后不敢诉灾伤”的时候，他们的心中肯定充满了对地方政府和官员的失望和怨恨。这些官员的渎职滥政，使民众生命财产遭受更大的损失，同时也严重损害了政府无形的社会公信力成本，这与北宋的最终灭亡也不无关联。

在宋代，地方政府不收接百姓灾害诉状和不履行救助职责的情况还有很多，不仅导致民众大量死伤逃亡，财物损失惨重，这种渎职行为也对地方政府的公信力造成严重损伤，兹列表 4-1 如下。

① 刘琳、刁忠民、舒大刚，等校点：《宋会要辑稿》瑞异三之二六，第 2663 页。
② （宋）洪迈：《容斋随笔》五笔卷 7《风灾霜旱》，第 892 页。
③ （宋）杨时撰：《龟山先生全集》卷 36《周宪之墓志铭（建炎二年）》，《宋集珍本丛刊》，第 29 册，第 560 页下。
④ 刘琳、刁忠民、舒大刚，等校点：《宋会要辑稿》食货一之五，第 5939 页。

表 4-1　宋代地方官府在灾害发生后的渎职、怠政情况表

时间	地点	不收接民众诉状官府及灾情	社会危害	史料出处
哲宗绍圣元年（1094年）	河朔流民	当地郡县承望转运司张景先风旨，遇诉灾伤，曲有沮抑，使民无告		《宋会要辑稿》食货五九之五
绍圣四年（1097年）	开封府东明县、泾县	陈论今岁夏旱依条披诉灾伤，东明县不为收受，知县李升缘故参府，主簿何夷权管县事		《续资治通鉴长编》卷493，绍圣四年十二月壬寅
元符二年（1099年）五月	开封府界	提点开封府界郭时亮，去年积雨，陛下所亲见，而天下所共知，畿甸之内鲜不被患，凡人户以水诉者，时亮一切痛抑之，诸县顺承惟恐不及，间有官吏不忍百姓实无所出，力为检放，即怒骂捃摭，无所不至	至民人怨嗟，闻者感动	《续资治通鉴长编》卷505，元符二年正月庚戌
徽宗建中靖国元年（1101年）	太原府、潞、晋、隰、代、石、岚等州岢岚威胜保化宁化军	自后有司方言祥瑞，郡国地震多抑而不奏	地震弥旬，昼夜不止，坏城壁、屋宇，人畜多死	《宋史》卷67《五行志五》
重合二年（1119年）正月	楚州山阳、盐城二县	饿殍万计，扶老携幼，号诉监司，而常平官告谕以乞米未下，令各归业	民众转于沟壑者不少	《宋会要辑稿》职官六九之一
宣和元年（1119年）	京西路颍［颖］、汝、陈、蔡等州	今民已流移饥殍，监司、州郡并不申奏，运司庇隐，不放租税	致不得依灾伤赈济，遂使斯民转于沟壑	《宋会要辑稿》食货五七之一五
宣和元年（1119年）四月	均、房州	汉江水涨，损害民田，州县不依灾伤检放	饿殍者众，不行赈济	《宋会要辑稿》职官六九之二
高宗绍兴十八年（1148年）	浙东、江、淮郡国多饥，绍兴尤甚	绍兴民之仰哺于官者二十八万六千人，不给	乃食糟糠、草木，殍死殆半	《宋史》卷67《五行志五》
孝宗乾道元年（1165年）六月	庐州	淮南运判姚岳却行申奏蝗自淮北飞渡前来，皆抱草木自死，仍封死蝗以进上，敢以为嘉祥，更欲录付史馆	蝗虫遗种生发徧满田野损伤苗稼	《宋史全文》卷24下，乾道元年六月壬辰
乾道元年（1165年）七月	池州	知州鲁訾申称本州营下竹生穗，实如米，饥民采食之，仍图竹实之状缄囊其物以献	歉岁，饥民食其不当食之物，诚出于饥饿迫切而已	《宋史全文》卷24下，乾道元年七月庚戌
淳熙八年（1181年）夏五月	蜀旱；冬，民饥	州县吏多不称职，弗能奔走承命，讲究方略，反惜毫末，弗肯子民，而子之者亦不得其术，虽有赈济之虚名，亡赈济之实利	饥民无所得，由是居者死于家，行者死于道，其强壮而可以幸免者则散而之他，故死者又无以葬焉	《性善堂稿》卷11《华藏义冢记》
光宗绍熙三年（1192年）七月十九日	梁山军、增城县、平泉县	王沇前知梁山军，百姓诉旱，不惟却其状，至有棰挞而遣逐者。制司发米泸南，俾其赈济，亦复不肯般取。陈友闻前为广州增城县，专事科罚以济贪婪。平泉县李材甫不受人户申诉旱荒，及人户诉于本州，州申制、漕两司，共捐一万缗与减放人户税米，材甫乃申两司，谓税米若行减放，恐妨其他催科		《宋会要辑稿》职官七三之一二

续表

时间	地点	不收接民众诉状官府及灾情	社会危害	史料出处
绍熙三年（1192年）	资、荣州亡麦，普、叙、简、隆州、富顺监	皆大饥，亡麦	殍死者众，民流成都府至千余人，威远县弃儿且六百人	《宋史》卷67《五行志五》
宁宗嘉泰四年（1204年）春	抚、袁州、隆兴府、临江军	大饥	殍死者不可胜瘗，有举家二十七人同赴水死者	《宋史》卷67《五行志五》
嘉定元年（1208年）	两淮	淮民大饥，食草木，流于江、浙者百万人	先是淮郡罢兵，农久失业，米斗二千，殍死者十三四，炮人肉、马矢食之。诏所至郡国振恤归业，时邦储既匮，郡计不支，去者多死，亦有俘掠而北者	《宋史》卷67《五行志五》
嘉定二年（1209年）	两淮、荆、襄、建康府	大饥	米斗钱数千，人食草木。淮民刲道殣食尽，发瘗胔继之，人相搤噬。流于扬州者数千家，渡江者聚建康，殍死日八九十人	《宋史》卷67《五行志五》

此外，还有一些地方官员，只寻求自己辖区的安稳，不考虑其他受灾地区官员和民众的苦衷，消极采用“闭籴”的举措，控制本地粮食等物资的外流，阻碍救灾活动的进程。“然州郡官司各专其民，擅造闭籴之令，一路饥，则邻路为之闭籴。一郡饥，则邻郡为之闭籴。夫二千石以上，所宜同国休戚，而坐视流离，岂圣朝子育兆民之意哉！”[①] 神宗熙宁中，两浙地区发生旱灾，“旱荒之初，县官立赏闭籴，豪户争相储粟，饥民艰食，方截浙西上供米一百二十三万石，散糜给米，家至户到，终不能活垂死之民，道毙者至五十余万人。此不遵太宗豫备之制，故虽耗费仓实，而无惠民之实”[②]。“本路监司郡守如张靓、沈起之流处置乖方，助成灾变，既无方略赈济，惟务所在闭籴。苏、秀等州米斛既不到杭，杭州又禁米不得过浙东，是致人心惊危，有停塌之家，亦皆深藏固惜，不肯出粜，民有衣被罗纨。戴佩珠金，而米不可得，毙于道路，不可胜数。”[③] 由于监司应对失当，州县“闭籴”和豪民的哄抬物价，导致救灾物资流通不畅，江南地区死亡灾民五十余万，教训可谓惨痛，试想如果这些人是受灾地区的行

① （元）脱脱等撰：《宋史》卷302《吴及传》，第10024页。
② （明）黄淮、杨士奇编：《历代名臣奏议》卷246《乞令有司预备赈济米斛奏　胡铨》，第3238页。
③ （宋）苏轼撰，孔凡礼点校：《苏轼文集》卷37《论浙西闭籴状》，第1045页。

政长官，如果面对邻州、邻路的类似举措，又如何面对那些嗷嗷待哺、充满期待的灾民们呢？等待他们的，必然是政府的严惩和社会公信力成本的遽然上升。在神宗元丰年间，广西经略使张颉面对当地安化州少数民族发生的饥荒，不是依照惯例予以救助，而是“指挥宜州不借一粒”粮食，导致“夷人作过，于省界偷牛。因此夷、汉互仇杀”，张颉“宜州兴兵讨之，致本州兵官陷没。颉又遣数千人，令供备库副使费万往讨之，全军皆没。颉又遣路分都监王奇知宜州，仍以数千人入讨，全军覆没”。[①] 最终这样一件极小的救灾行为由于张应对失当，渎职怠惰，变成了严重的民众冲突，神宗“为之旰食，遣谢麟将数万人，费百余万贯，竟以招降而定”[②]。试想，如果一开始张颉按照惯例予以少数民族救灾钱物，不仅不会花费如此巨大钱物用于战争，而且可以使双方的民族关系更加和谐，安化州少数民族对宋朝地方政府的认同度也会更高。遗憾的是，在此之后，宋代地方政府仍没有从中吸取教训，仍然存在着大量的“闭籴”、不借灾粮等渎职行为。知颍州苏轼在元祐中感叹京西提刑司发指挥闭籴，“淮南、京西均是王民，而独绝其糇粮，禁其布种，以至官户本家庄课，亦不得般取吃用，违法害物，未之前闻”，“窃见近年诸路监司，每遇米贵，多是违条立赏闭籴，惊动人户，激成灾伤之势”[③]。这样的渎职举措，不但不能减少灾害造成的损失，反而会加剧饥荒和民众的恐慌，也会进一步加剧民众与官府之间的不信任。

此外，即使地方政府官员接受民众灾情诉状，如果救济行动展开前没有充分调研、预算，也可能起不到相应的救助作用，甚至会出现与其意愿相反的结果，也不利于政府公信力的提升。如北宋程颐就举例说：“数年前，一亲戚为郡守，爱恤之心，可谓至矣。鸡鸣而起，亲视俵散，官吏后至者，必责怒之，于是流民歌咏，至者日众。未几谷尽，殍者满道。”[④] 其没有考虑到灾情的长期性和救助人群的数量，导致灾粮不足，反而在人群大量聚集后，更易造成人员死伤，正如程颐所说的：“愚常矜其用心，而嗤其不善处事。救饥者，使之免死而已，非欲其丰肥也。”[⑤] 南宋孝宗朝，赵汝愚也弹奏永福知县在没有做好事先调查的情况下，将官仓米“擅作常平米出籴，其减价太低，又措置无术，六月二十日，有男子、妇人、小儿约五千余人拥并入县，互相蹂践，至林全等死者七

① （宋）李焘撰，上海师范大学古籍整理研究所、华东师范大学古籍整理研究所点校：《续资治通鉴长编》卷384，元祐元年八月己丑，第9357页。

② （宋）李焘撰，上海师范大学古籍整理研究所、华东师范大学古籍整理研究所点校：《续资治通鉴长编》卷384，元祐元年八月己丑，第9357页。

③ （宋）苏轼撰，孔凡礼点校：《苏轼文集》卷33《奏淮南闭籴状二首（之二）》，第947页。

④ （宋）程颐、程颢撰：《二程文集》卷9《赈济论》，《景印文渊阁四库全书》，第1345册，第684页。

⑤ （宋）程颐、程颢撰：《二程文集》卷9《赈济论》，《景印文渊阁四库全书》，第1345册，第684页。

人、伤者一人。”[①]“其间有奉职失当，致百姓有无辜而死者”，这位知县好心办了坏事，造成人员在领取灾粮中因拥挤踩踏而死伤，淳熙十年（1183年），也发生了合、昌州荐饥，“民就振相蹂死者三十余人”[②]，这样的惨剧一再出现，耗费了政府大量的财物的同时，恐怕也不利于政府社会公信力的提升。

（2）在维护地方治安，预防和惩治社会变乱过程中，一些地方政府官员存在相当渎职、怠政行为，养痈遗患，甚至在变乱发生后不战而逃，背弃一城百姓，造成政府公信力的严重挫伤。如太宗淳化年间，西川地区“青城县民王小波、李顺继聚徒为乱，陷郡县，杀官吏”[③]。作为掌控一路财赋大权的本路转运使擅自“脱身乘善马离所部，诣阙自归”[④]，没有为平定叛乱做出积极的努力，他到京后还希望利用面见太宗的机会，以求脱罪，但最终还是被以“擅离所部，抚御无状”的罪名降官及差遣。这种守臣放弃职责，逃跑避难的情况在宋代也不断出现，真宗景德四年（1007年），因“军贼黎育，与其党及族属老幼仅千人奔逃至贵州”，本州知州宋希闵“不测其来，挈牌印与僚吏出城窜避”，在其放弃抵抗后，乱军入城，“焚居人庐舍，经宿始去”[⑤]，造成了相当的破坏，而当地民众恐怕也无法再信任这位逃跑保命的知州大人了。南宋时期，战争、变乱频繁，也出现了许多弃城逃跑的地方官员。如建炎三年（1129年）七月，知抚州林积仁、通判杨稷言因叛军“苗傅余党未至州城，守、倅先弃城去”[⑥]而被罢官冲替。孝宗隆兴元年，前知藤州廖颙被罢免，原因是“凶贼王宣啸聚，不能扞御，预先乘舟逃逸，致贼众入城，焚烧公私舍宇”[⑦]，造成严重的社会损害。乾道年间，黎州蕃部叛乱中，调动潼川等州将兵三千人，后因提刑折知常权领州事，赏赐安抚不善，“以监司自尊，上下之情隔而不通”，又逼迫士兵在雪夜移营，导致了士兵的变乱，“欲杀提刑”，“折闻变先潜”，“见任官逃窜，州无主者，人甚仓皇”，遭殃的还是城中无辜的百姓，“居民被焚劫者十八九矣”[⑧]。还有比这些渎职逃跑的地方官更为令人痛恨的，那就是像仁宗皇祐四年（1052年），两广地区侬智高叛乱，攻城略地之后，邕州知州、礼宾使宋克隆弃城而逃，但

① （明）黄淮、杨士奇编：《历代名臣奏议》卷183《按永福知县高㮚罗源县尉龚史良奏》，第2408页。
② （元）脱脱等撰：《宋史》卷67《五行志五》，第1465页。
③ 刘琳、刁忠民、舒大刚，等校点：《宋会要辑稿》职官六四之一〇至一一，第4770页。
④ 刘琳、刁忠民、舒大刚，等校点：《宋会要辑稿》职官六四之一一，第4770页。
⑤ （宋）李焘撰，上海师范大学古籍整理研究所、华东师范大学古籍整理研究所点校：《续资治通鉴长编》卷67，景德四年十月乙卯，第1500页。
⑥ 刘琳、刁忠民、舒大刚，等校点：《宋会要辑稿》职官七〇之八，第4919页。
⑦ 刘琳、刁忠民、舒大刚，等校点：《宋会要辑稿》职官七一之五，第4949页。
⑧ （宋）李心传撰，徐规点校：《建炎以来朝野杂记》乙集卷19《庚子沈黎西兵之变》，第860页。

是他又担心朝廷追责，于是在“承贼残蹂之后”，重新回到城中，“纵士卒下诸山寨，杀逃民诈为获贼，一级赏钱十千，又诈给亲兵帖以为尝有功”，这种不捕乱贼，反杀平民以为功的做法，读来令人心寒，他们已经严重违背了行政人员的道德底线，无法再取得民众的任何信任，令人可笑的是，等到侬智高再次挥军进攻邕州城时，“克隆无以御贼，遂遁去”[①]。他们只能在手无寸铁的民众面前耍威风，因而只能受到民众的鄙视和唾弃。还有一些地方官员，由于抵御盗贼无方，又不忍去官逃跑，于是出现了敲锣打鼓欢迎盗贼的景象，令人感觉既滑稽，又心酸，其地方政府的威严形象荡然无存。如庆历三年（1043年），名臣欧阳修所提到的例证：“初群盗剽劫淮南，将过高邮，知军晁仲约度不能御，谕富民出金帛，具牛酒，使人迎劳，且厚遗之，盗悦，径去不为暴。事闻，朝廷大怒”[②]，拟斩知军，被范仲淹以“高邮无兵与械，虽仲约之义，当勉力战守，然事有可恕”[③]而脱罪，这其中不仅地方政府颜面扫地，中央朝廷也跟着颜面无光，这种行为直接突破了官府统治者所能容忍的道德底线。朝廷不加严惩，导致这样的问题屡屡出现，庆历三年（1043年），“近贼张海等入金州，劫军资甲仗库，盖知州王茂先老昧，所以放贼入城。及张海等到邓州，顺阳县令李正己用鼓乐迎贼入城饮宴，留贼宿县，恣其劫掠，其李正己亦是老昧”[④]。宋朝中央和地方政府在应对盗贼变乱的妥协和退让中，牺牲了大量的民众利益，也丧失了其在民众中的社会公信力。

一些地方官为求顺利升迁，不愿听到辖区内有不安定的社会问题，不认真调查治安问题，养痈遗患，导致小乱酿成大乱，造成军民生命财产的严重损耗。如仁宗天圣二年（1024年），朝廷诏令中所提到的：“诸处盗贼败获，根勘前后行劫度数极多，长吏已下止常行遣，殊无申奏，巡检、捉贼使臣复不能用心捉贼，本路转运使、提点刑狱亦不举觉奏闻。凡有贼盗，多为村耆告属，或抑逼被劫之家私陪钱物，更不申报，及减落贼人数目，规避科校。及至贼败，即便陈首。……其巡检、捉贼使臣亦避见不获盗贼批书历子，并不觉察申举，诸州

① （宋）李焘撰，上海师范大学古籍整理研究所、华东师范大学古籍整理研究所点校：《续资治通鉴长编》卷173，皇祐四年十月甲申，第4176页。
② （宋）李焘撰，上海师范大学古籍整理研究所、华东师范大学古籍整理研究所点校：《续资治通鉴长编》卷145，庆历三年十一月辛巳，第3499页。
③ （宋）李焘撰，上海师范大学古籍整理研究所、华东师范大学古籍整理研究所点校：《续资治通鉴长编》卷145，庆历三年十一月辛巳，第3499页。
④ （宋）李焘撰，上海师范大学古籍整理研究所、华东师范大学古籍整理研究所点校：《续资治通鉴长编》卷146，庆历四年二月壬寅，第3539页。

军当职官复不能觉察，严行惩戒，以止绝。”[①] 上上下下的地方官吏、公人都不用心捕盗，民众被劫掠，还要“私陪钱物，更不申报”，等于给民众造成了双重损害，其政府形象和公信力又怎能获得认可呢？在侬智高叛乱发生前，邕州司户孔宗旦“知侬智高必反，以告州守陈拱，手书面请累十余次”，但是这位知州大人不以为意，反而认为“司户狂耶？”得到叛乱真的发生后，“南方数千万人死，拱降贼死，孔公骂贼不降亦死。其初拱之自待与待公但分狂与不狂耳，由今观之，狂者乃并坐不狂者受祸，哀哉！”[②] 大量的民众及其生命财产就这样被渎职的官吏肆意漠视了。同是仁宗朝，韩纲在做知州时，残酷虐待下属士兵，导致哗变，韩在应对变乱中毫无举措，只求逃跑脱身，最初乱兵“未有器械，韩纲手下自有六十余人不乱兵士，又有官库器甲，既不能尽力御捍，又不能闭城坚守，公然将手下兵士津送全家上船，便弃牌印、城池而去，致兵之乱起”[③]，充分体现了其残忍无能的丑陋嘴脸，弃民如敝屣，当地民众又如何能够信任这样的地方行政长官呢？南宋初年，金军南侵，各地叛兵流寇严重危害社会治安，一些地方监司、郡守面对军兵、乱民的残暴行为，也唯唯诺诺，不敢举劾，胡铨就举例说：“向者军兵有于路中掠人，探取其心以祭鬼者，往往而是。只如太平州火灾，居民救死无路，率皆登城以避。而城上军兵捽而杀之，人至蹈火而死者三千余人，怨声彻天。”民众遭到如此残酷的杀戮，所谓的地方父母官，又做了些什么呢，他们“畏首畏尾，不敢上言，实孤陛下任使之意”[④]，也辜负了民众对地方政府官员们的信任，丧失了政府的公信力。

一些地方官员渎职怠政，平时不对军队进行训练，战时也不认真谋划平定策略，导致极小的变乱，政府动用大量人力物力长期也不能平定，缺乏应有的行政能力，同样对其在民众心目中的公信力造成相当损害。如仁宗庆历三年(1043年)，大臣余靖所言：“今天下至大而官吏弛事……南京者，天子之别都也，贼入城，斩关而出。解州、池州之贼不过十人，公然入城虏掠人户。邓州之贼不满二十人，而数年不能获。又清平军贼人入城作变，主者泣告，而军使反闭门不肯出。其弊如此，而官吏皆未尝重有责罚。欲望贼盗（哀）[衰] 息，何由可得?”[⑤] “今京东贼大者五七十人，小者三二十人，桂阳监贼仅二百人，建昌军

① 刘琳、刁忠民、舒大刚，等校点：《宋会要辑稿》兵一一之一〇，第8822页。

② （宋）欧阳守道撰：《巽斋文集》卷21《题孔氏家传（宝祐二年七月）》，《景印文渊阁四库全书》，第1183册，第681页下。

③ （宋）欧阳修撰，李逸安点校：《欧阳修全集》卷102《论韩纲弃城乞依法札子〈庆历三年〉》，第1567页。

④ （明）黄淮、杨士奇编：《历代名臣奏议》卷107《乞严禁军兵杀人奏 胡铨》，第1436页。

⑤ 刘琳、刁忠民、舒大刚，等校点：《宋会要辑稿》兵一一之一八至一九，第8827页。

贼四百余人，处处蜂起，而巡检、县尉未知处以何罪。”[①] 当时宋祁也在奏报中举例说：“臣在寿州日，京东透过贼十四人入界，其时五员巡检，四员县尉，合兵士八九百人，终无一人用心向前捉贼，贼入州界九日，凡八处打劫。”[②] 几十人的叛乱规模，地方巡检司、县尉花费大量人力物力，数年也不能平定，确实体现了其无能与懈怠。皇祐中两广地区的侬智高叛乱，“自起至平，几一年，暴残一方，如行无人之境，吏民不胜其毒”[③]。当时广州城被叛军围困后，“城外蕃汉数万家悉为贼席卷而去。自是广人以无外城常讹言相惊，莫安其居”[④]。当地民众已经对军队的防御能力严重缺乏信心，因而稍有风吹草动，便会惊恐不定，当地政府在民众心目中的公信力在这场叛乱中被消耗殆尽。南宋时期，地方军队同样缺乏训练，不堪重用，曾任广东提刑的杨万里发现惠州巡检公廨“则化为瓦砾之场矣。问其兵之屋庐，则鞠为槭棘之墟矣。问其将士所在，则皆居城中矣。盗贼每起于山林，而将士乃居于城市，此盗之所以无所畏忌也”[⑤]。范成大也发现州县军队营房修葺不时，“漫不加省。有营无屋，有屋无人，带甲之军，杂处闾井，晨出无期会，暮归无点集，踪迹难制，号召难齐，甘苦难知，真伪难察。一旦调发，如群市人”[⑥]。这样的军队打起仗来，必然毫无战斗力，民众对其也无法有充分的信任和安全感。难怪在孝宗乾道九年（1173 年）迄淳熙七年（1180 年），八年时间里黎州五部落之变久久不能平定，花费大量的人力、财力，劳民伤财而无所成，当地民众就编顺口溜说：“高路分为低路分，成将军做败将军。”[⑦] 这其中也透露出民众对朝廷和地方政府缺乏军事应对能力的不满和失望。

（3）在其他社会公共管理中，宋代某些地方政府官员也存在渎职、怠政行为，导致地方政府公信力成本的升高。

一些地方官员处理司法公务不用心，州县中大量存在“簿领案牍，淆混无纪次，且多亡失”的情况，将一些关键证据和文书丢失，“民诉讼无所质，至久

---

① （宋）李焘撰，上海师范大学古籍整理研究所、华东师范大学古籍整理研究所点校：《续资治通鉴长编》卷 141，庆历三年六月甲子，第 3390 页。
② （明）黄淮、杨士奇编：《历代名臣奏议》卷 317《宋祁 请严缉捕盗贼奏》，第 4107 页。
③ （宋）李焘撰，上海师范大学古籍整理研究所、华东师范大学古籍整理研究所点校：《续资治通鉴长编》卷 174，皇祐五年正月丁巳，第 4193 页。
④ （宋）李焘撰，上海师范大学古籍整理研究所、华东师范大学古籍整理研究所点校：《续资治通鉴长编》卷 237，熙宁五年八月戊子，第 5767 页。
⑤ （宋）杨万里撰，辛更儒笺校：《杨万里集笺校》卷 69《甲辰以尚左郎官召还上殿第一札子・杨万里》，第 2919 页。
⑥ （明）黄淮、杨士奇编：《历代名臣奏议》卷 223《论兵制疏 范成大》，第 2944 页。
⑦ （宋）李心传撰，徐规点校：《建炎以来朝野杂记》乙集卷 19《庚子五部落之变》，第 859 页。

不能决。湛为立号”[①]，极大地影响了政府的行政运行效率，也损害了政府的公信力。还有一些地方官员，不熟悉司法条文，在断案中错误百出。《东轩笔录》中就记载：“有朝士陆东，通判苏州而权州事，因断流罪，命黥其面，曰：‘特刺配某州牢城’，黥毕，幕中相与白曰：‘凡言特者，罪不至是，而出于朝廷一时之旨。今此人应配矣，又特者，非有司所得行’。东大恐，即改‘特刺’字为‘准条’字，再黥之，颇为人所笑。后有荐东之才于两府者，石参政闻之，曰：‘吾知其人矣，得非权苏州日，于人面上起草者乎’？”[②]官员在犯人脸上刺字，已经给犯人心理造成严重的损伤，而这位渎职的官员因为自己的错误，将犯人刺字涂抹后重新再刺，这对犯人所造成的身心损害和民众对公众政府法律公信力的质疑，就更加令人叹息了。至于南宋绍兴十八年（1148 年）大理寺丞石邦哲上疏中所举例证就更加荒唐：“近年抚州狱案已成，陈四闲合断放，陈四合依军法；又如泉州狱案已成，陈翁进合决配，陈进哥合决重杖。姓名略同，而罪犯迥别，临决遣之日，乃误以陈四闲为陈四，以陈翁进为陈进哥，皆已决而事方发。”[③]法官张冠李戴，导致执行刑罚严重失实，应该断放的人被执行了军法，应该决配的人被执行了重杖，那些犯罪人和其家属又如何能心服口服？政府的公信力也无从谈起了。

还有一些官员，收纳民间赋税不及时不用心，“州县仓场受纳多不以时，留滞乡民，物斛露积，或遇风雨，遂成弃物，非理退换，为害不细”[④]，这种渎职行为也会引起民众的不满，降低对政府税务机关的信任。

在狱政管理中，某些州府狱卒渎职怠政，不按朝廷法令给囚犯提供饮食，医治疾病，“其病囚药物，合于赃罚钱内支。访闻州县违戾，却将合给禁囚饮食，止令狱子就街市打掠，或取给于吏卒，病囚药物抑勒医人陪备。是致禁囚饮食不充，饥饿致病，医人无钱合药，病囚无药可服，多致死亡”[⑤]。甚至一些州县将羁押病囚“多是不切医治，听其自愈。至疾势稍笃，欲避免在禁死亡之数，则一切付巡尉司交管。彼巡尉司既无医药可疗，又无饮食可给，拘系空屋，困顿饥饿，往往至于死亡”[⑥]。这种只顾私利，忽视民命的做法，必然使民众视官司如寇仇，产生畏讼的情绪。

---

① （元）脱脱等撰：《宋史》卷 300《周湛传》，第 9967 页。
② （宋）魏泰撰，李裕民点校：《东轩笔录》卷 10，第 117 页。
③ （宋）马端临著，上海师范大学古籍研究所、华东师范大学古籍研究所点校：《文献通考》卷 167《刑考六》，第 5014 页。
④ 刘琳、刁忠民、舒大刚，等校点：《宋会要辑稿》刑法二之八六，第 8329 页。
⑤ 刘琳、刁忠民、舒大刚，等校点：《宋会要辑稿》刑法六之七三至七四，第 8570 页。
⑥ 刘琳、刁忠民、舒大刚，等校点：《宋会要辑稿》刑法六之七四，第 8570 页。

两宋时期，还有一些地方官员心不在焉，“为政昏谬，纵容诸子干预郡事”[①]，或者年老体弱，“语言蹇涩，词诉积压，处事乖方”[②]，又或“多疑自用，下情不通，凡所举措，十事九错”[③]，诸如此类不职言行，同样也会导致民众对其所代表的地方政府产生怀疑、轻视，无法产生足够的信任，导致政府公信力成本的升高。

因而可以看出，在中国古代封建官僚时代，由于中央集权体制和官员除受中的等级授职制，必然使得相当数量地方官员“向上看”，在行政事务处理中难以做到公平、公正，从而影响政府的公信力，导致地方政府公信力成本上升。

第四节　政府应对无形行政成本问题的防治举措

宋朝政府面对地方政府及官吏在行政过程中所产生的时间成本、环境成本、公信力成本日益升高的问题，也出台了一系列的防治举措，既有制度层面的法令规章，也有执行层面的人事运作，还包括诸如《官箴书》之类的劝诫引导，从多种渠道来防治地方政府无形行政成本日益突出的问题，也在一定时期内取得了相当成效。具体看来，相关举措主要可以分为以下几类。

（一）减少公文流转，加强督导、惩戒，提高行政效率

针对宋代地方政府运作中出现的时间成本上升、人浮于事，效率低下等问题，宋朝政府积极通过减少文书流转中间环节来提高行政效率。比如宋神宗熙宁七年（1074 年）六月，朝廷针对地方州军城池修造缓慢的问题，就发布诏令提出：“诸州军职事申禀所属修造城橹、军器，申经略司、军政训练都总管或钤辖司，合用物料，转运司外，更不禀监司。其事不由逐司，亦不供报，经略等司不提振及措置不当，监司具奏。”[④]通过明确职责分工，减少文书转呈来加快行政进程。又如哲宗元祐元年（1086 年），尚书省言：“远方奏谳待报者甚众，动经岁月，淹禁罪人，极为不便。欲川、广、福建、荆湖南路罪人系情轻法重合奏断者，申安抚或钤辖司酌情决断讫奏。”朝廷从之，这样减免了奏报中央的

① 刘琳、刁忠民、舒大刚，等校点：《宋会要辑稿》职官七二之五四，第 4998 页。
② 刘琳、刁忠民、舒大刚，等校点：《宋会要辑稿》职官七三之一，第 5001 页。
③ 刘琳、刁忠民、舒大刚，等校点：《宋会要辑稿》职官七三之一，第 5001 页。
④ （宋）李焘撰，上海师范大学古籍整理研究所、华东师范大学古籍整理研究所点校：《续资治通鉴长编》卷 254，熙宁七年六月丁丑，第 6209 页。

狱案数量，加快了行政速度[①]。元祐七年（1092年），因诸路提刑司不肯应付转运司籴本钱、导致军储收买错过时机的问题，朝廷下发诏令，责令“诸路提刑司，遇转运司借拨籴本，即疾速应副，不得非理问难，致籴买后时；及令转运司籴买，州军并以见在市价趁时籴买，务使惠及农民，所蓄数广”[②]。再如南宋孝宗淳熙十三年（1186年），臣僚奏报中提到的地方州军上报朝廷的奏裁案件，诸路提刑司只应接收副本，但是其往往责令州军“皆令申上，俟其看详之后，方许闻奏”[③]。这样做的好处本是增加复核，避免错判，但是因官员能力不足，“推其本心，固欲审克，力不逮志，竟成淹滞。至有一郡之狱凡十八案申上，累月不报，遂致一路之狱积四百余件，终岁待报而不决”[④]。因而朝廷责令州军遵守旧制，“合应奏者，州郡径自照条闻奏，不必俟宪司回报，庶使狱无淹滞”[⑤]。减少提刑司对州县狱案文书的审批制约，从而节约了时间成本，避免了狱案积滞。宋代灾害发生后，在一定条件下，宋朝政府也允许地方官府在未经上报监司或中央的时候，就可以先动用常平仓、义仓、省仓等进行救助。从而减少了因文书流转而造成的时间延误，避免人财物的损失。

一些官员还在行政过程中不断总结经验，改革创新，缩减文书运作中的混乱状态，为提升行政效率做出贡献。如宁宗朝周湛为江南西路转运使，发现“州县簿领案牍，淆混无纪次，且多亡失，民诉讼无所质，至久不能决”。因而他对此做出改革，“湛为立号，以月日比次之”[⑥]，为相关文书整理出一个合理的次序，便于官吏查找，从而提高了行政效率。由于成效显著，朝廷还将其法下诸路，普遍推广。又比如理宗开庆中，孙子秀为提刑官，发现州县狱讼积滞，因而改革与州县文书往来的管理办法，“创循环总匣属各州主管官，凡管内诸司报应皆并人匣，一日一遣，公移则又总实于匣以往”。由于责任落实到人，且督促及时，大大提高了行政效率，“于是事无小大，纤悉毕具”[⑦]。理学名臣朱熹也

---

① （宋）李焘撰，上海师范大学古籍整理研究所、华东师范大学古籍整理研究所点校：《续资治通鉴长编》卷376，元祐元年四月癸丑，第9125页。

② （宋）李焘撰，上海师范大学古籍整理研究所、华东师范大学古籍整理研究所点校：《续资治通鉴长编》卷477，元祐七年九月戊子，第11371页。

③ （宋）马端临著，上海师范大学古籍研究所、华东师范大学古籍研究所点校：《文献通考》卷170《刑考九》，第5106页。

④ （宋）马端临著，上海师范大学古籍研究所、华东师范大学古籍研究所点校：《文献通考》卷170《刑考九》，第5106页。

⑤ （宋）马端临著，上海师范大学古籍研究所、华东师范大学古籍研究所点校：《文献通考》卷170《刑考九》，第5106页。

⑥ （元）脱脱等撰：《宋史》卷300《周湛传》，第9967页。

⑦ （元）脱脱等撰：《宋史》卷424《孙子秀传》，第12665页。

对州县行政缓慢、众说纷纭的情况痛心疾首，因而在漳州知州任上做出改革，“于是即取纸来，某自先写起，教诸同官各随所见写出利害，只就这里便见得分明，便了得此一事。少间若更有甚商量，亦只是就这上理会，写得在这里定了，便不到推延。若只将口说来说去，何时得了！朝廷万事只缘各家都不说要了，但随时延岁月，作履历迁转耳，那得事了？”[①] 从而为提高行政效率，避免议论纷扰提供了一条解决之道。

对于已经有相关法令制度约束，而地方官员在实际执行中行政缓慢的问题，宋朝政府主要通过加强督促引导，加之法令惩处的办法，提高行政效率。如高宗绍兴十三年（1143 年），朝廷针对地方处理案件迟缓的问题，发布诏令派官员进行催督，“令大理寺选差寺丞一员，前去荆州取勘知雍州俞僋冒请遥郡全俸事，仰一就催结湖南北、广西见禁淹留公事，余路令刑部、大理寺体访措置催促”[②]。次年（1144 年），再次令刑部督查地方加快案件审理进程，节约时间成本，令“刑部将半年以上未结绝公事开具名件，行在委本部，外台委所属监司，量事轻重，责限催促结绝。内月日稍远者，取问因依申奏。仍检举前后已得指挥，申严约束，如敢违戾，并（当具）[具当] 职官吏申尚书省”[③]。光宗绍熙二年（1191 年），朝廷针对州县拖延不支付弓手雇钱的问题，提出解决方法。因弓手负有“徼巡一县之盗贼，预备不虞之患”的重任，他们的雇钱主要来自于本县役钱，因县道财政困窘，“遂致拖欠，动或数月，未尝支散。既无以为（皆）[日] 给之费，往往夤缘差出，搔扰乡民”。为避免这一问题，保证弓手正常训练和捕盗，朝廷责令“本州专一委任官，计一岁雇钱之 [数]，从所委官拘催役钱，按月支给，具申本州，庶免拖欠”[④]。责令各州派专人监察，加快支付进程。

同时，政府也对地方行政过程中迁延迟缓，效率低下的官员进行惩处，以儆效尤。如高宗绍兴二十九年（1159 年），淮南路转运判官张祁奏：“本路庐州、无为军巡辖使臣忠翊郎张显祖在任不法，减克铺兵衣粮、请受钱物入己，致军兵怨愤，无所畏惮，住滞递角文字。”因克扣铺兵粮饷，导致官府文书传递迟缓，尹若朝廷诏“张显（先）[祖] 先次放罢，送邻州疾速（助）[取] 勘，具按闻奏”[⑤]。又如孝宗隆兴二年（1164 年），中书门下奏：“闻广州县鞫狱，推吏受赃，往往指教罪人翻异，移司别勘，累岁不决，使干连无辜之人枉被刑禁，间有死亡，甚

① （宋）黎靖德编：《朱子语类》卷 128《本朝二》，朱杰人、严佐之、刘永翔主编：《朱子全书》，第 4000 页。
② 刘琳、刁忠民、舒大刚，等校点：《宋会要辑稿》刑法三之八〇，第 8436 页。
③ 刘琳、刁忠民、舒大刚，等校点：《宋会要辑稿》刑法三之八一，第 8436 页。
④ 刘琳、刁忠民、舒大刚，等校点：《宋会要辑稿》兵三之三一，第 8673 页。
⑤ 刘琳、刁忠民、舒大刚，等校点：《宋会要辑稿》方域一一之一五，第 9497 页。

失朝廷好［生］钦恤之意。”因而责令提刑司常切觉察，“具当职官吏姓名按劾闻奏”[①]。通过对延误时限，造成狱案积滞的官吏进行问责追究，给予其他官员警示，也有助于地方行政效率的提升，节约无形成本损耗。

（二）改革制度设计，细化法令规章，精简机构和人员，提高行政效率

针对宋代地方政府一部分官员行政决策缓慢，效率低下等问题，宋朝政府也将相关法令制度更加细化，便于实际监督考核，从而有助于提高行政效率。早在宋太祖朝制定《刑统》时，就已经对诸多涉及地方的行政事务做出时间上的限定，如“诸公事应行而稽留，及事有期会而违者，一日笞三十，三日加一等，过杖一百，十日加一等，罪止徒一年半。即公事有限，主司符下乖期者，罪亦如之”[②]。又如“诸用符节事讫，应输纳而稽留者，一日笞五十，二日加一等，十日徒一年”[③]。再如有盗贼作乱，“其受首谋反、逆、叛者，若有支党，必须追掩，不得过半日。及首盗者，受经一日，不送随近州县，及越览余事者，减本罪三等”[④]。押送犯人，“诸徒、流应送配所，而稽留不送者，一日笞三十，三日加一等，过杖一百，十日加一等，罪止徒二年”[⑤]。这些法规的制定，对于督促地方官员认真履职，加快行政运转速度有积极作用。在宋代历史发展中，统治者又不断针对新出现的问题，细化法令规范，提高地方政府行政运转速度。太宗太平兴国六年（981 年），朝廷就立法督促地方官及时决狱，“乃建三限之制，大事四十日，中事二十日，小事十日，不须追捕而易决者无过三日”[⑥]。有了案件性质和时间的限定，从而为督促地方政府官员加快断案和监司监察监督提供了依据。再如神宗熙宁中，针对官员上任，沿途宴会宾客，赴任占用士兵时间过久的问题，朝廷制定法律规定“官员合破诸军迎接者，计合到任日，除往还驿程前一月发遣；送还者除程占滞毋得过一月”[⑦]，从而有助于避免差派士兵的州军长期无兵可用，训练废弛的问题。又比如徽宗崇宁元年（1102 年），臣僚针对地方官府差派官“体量坊场、河渡，或检察灾伤，或被朝旨分定州军选差官

① 刘琳、刁忠民、舒大刚，等校点：《宋会要辑稿》刑法三之八四，第 8438—8439 页。

② （宋）窦仪等撰，吴翊如点校：《宋刑统》卷 10，第 171 页。

③ （宋）窦仪等撰，吴翊如点校：《宋刑统》卷 10，第 170 页。

④ （宋）窦仪等撰，吴翊如点校：《宋刑统》卷 24，第 373 页。

⑤ （宋）窦仪等撰，吴翊如点校：《宋刑统》卷 30，第 491 页。

⑥ （宋）李焘撰，上海师范大学古籍整理研究所、华东师范大学古籍整理研究所点校：《续资治通鉴长编》卷 22，太平兴国六年三月己未，第 491 页。

⑦ 刘琳、刁忠民、舒大刚，等校点：《宋会要辑稿》仪制四之二六，第 2375 页。

结绝刑禁等事”多拖延不出，导致“既无官可差，往复行遣，动经三两月方肯前去，率皆迟误”的问题，提出针对性的立法，“今欲乞立法，应监司依条差官，别无违碍，不许申乞占留，依限起发。辄推避及为申者，并科杖一百罪”，得到朝廷的批准，从而为今后再遇到相似问题，提供了解决问题的法律依据。宣和二年（1120 年）又将监司官员也纳入相应法律规范，提出如果监司官员被命差出，应对迟缓，“无故不亲往，辄委官者，徒二年，不以失去减”[①]。通过法令的细化，约束督促地方官员认真履职，减少行政效率低下的问题。政和年间，针对朝廷诏令在地方颁布实施迟缓的问题，中央再度发布诏令，“应承受颁朔布政诏书，监司随事检举下诸州，州下诸县。牓谕讫，具已施行申州，州申所属监司以闻。共不得过十日，违者杖一百。若检举不以时，施行不如令，加二等，不以赦降原减”[②]。通过这些有明确考核标准的制度，加快地方行政进程。《庆元条法事类》中也有大量关于地方官员到任、罢任赴阙、巡历时日限制的详细法规[③]，对减少相关行政活动中的效率低下问题起到一定作用。

面对诸如灾害、盗贼、民变等突发事件，宋朝政府制定相关法律制度，加强地方政府机构间的合作，节约时间成本。如仁宗嘉祐元年（1056 年），京西、湖北等路发生水灾，朝廷诏令“京西、荆湖北路转运使、提点刑狱分行赈贷水灾州军。若漂荡庐舍，听于寺院或官屋寓止。仍遣官体量，放今年税”[④]，两监司分工合作，分头救助，从而缩减了时间成本，减少了灾害损失。如孝宗乾道七年（1171 年）臣僚中就提出：“诸路旱伤，乞以检放展阁责之运司，籴给借贷责之常平司，觉察妄滥责之提刑司，体量措置责之安抚司。”[⑤]获得朝廷批准，一路诸监司合作，分工明确，从而为旱灾后灾民的救助和灾情的治理提供了较好的解决办法。又如南宋宁宗朝，真德秀为江南东路转运使，辖境发生大旱，同时伴随蝗灾，“人情皇皇，略无生意。井泉沟涧，在在枯竭……至于村疃镇戍，市无粒米，道路往来，有连日不得食者”[⑥]，因灾民生存困难，已经发生了民众强抢富民粮食，劫掠客商的情况，为避免事态更加恶化，真德秀建议本路诸监

① 刘琳、刁忠民、舒大刚，等校点：《宋会要辑稿》刑法二之七七，第 8325 页。

② 刘琳、刁忠民、舒大刚，等校点：《宋会要辑稿》礼二四之八二，第 1186 页。

③ （宋）谢深甫撰：《庆元条法事类》卷 6，杨一凡、田涛主编，戴建国点校，《中国珍稀法律典籍续编》第 1 册，第 84、94、100、106 页等。

④ 刘琳、刁忠民、舒大刚，等校点：《宋会要辑稿》瑞异三之二，第 2650 页。

⑤ （宋）马端临著，上海师范大学古籍研究所、华东师范大学古籍研究所点校：《文献通考》卷 26《国用考四》，第 778 页。

⑥ （宋）真德秀撰：《西山先生真文忠公文集》卷 6《奏乞分州措置荒政等事》，《宋集珍本丛刊》，第 75 册，第 722 页。

司划分州县，分区救灾，“部内九郡，监司所当通察，至于措置提督，则当各以附近州县分任其责。凡所施行，仍旧互相关报”①。具体分区为“监司附近地方言之，则建康府、太平州、广德军当责之安抚、转运司，宁国府、池、徽州当责之提举司，饶、信州、南康军当责之提刑司”②。从而有效地节约了时间成本，避免了灾情和突发问题进一步扩大。

宋代地方行政层级复杂，机构众多，冗官横行，也是导致政府行政效率低下，无形成本损耗过多的缘由。因此政府通过精简机构和行政人员来提高行政效率。需要指出的是，精简机构和行政人员，可以有效调控宋代地方政府各类行政成本，不仅可以缩减有形成本，同时也可以有效控制时间成本等各类无形成本。

如徽宗崇宁年间，曾大规模缩减地方官员数量。崇宁五年（1106 年）正月诏：“比降手诏，以冗员猥多，虽略曾裁损，其数尚繁。所有提举盐香、矾茶、买木、学事、水利等司并县丞、教授、市易官之类，宜子细相度，如徒费廪禄，于事无益，即可罢者之、可兼者并省之，并疾速条具闻奏，务在简易，利及公私。州县免困文移，市户获宽须索。其诸路提举盐香、矾茶、学事、买（本）[木]、水利等司并罢，内盐香、矾茶、学事各令监司一员兼领。其万户以上事繁县分县丞并（太）[大] 郡及可置市易处依旧外，余并罢。诸州教授双员减一员，余远小养士不多去处并罢，令出身一员兼领”③。一道诏令废罢了提举盐香、提举学事、县丞、州学教授等大量地方官员。“州县免困文移，市户获宽须索”，还缩减了地方大量行政经费支出，减少文书往来，降低了时间成本。但遗憾的是，之后的政治进程被逆转，大量闲散官员职位复置，对地方实际行政影响有限。又如南宋初年，因高宗政权动荡不安，为缩减冗费，曾对当时中央和地方的机构和官员进行精简。《玉海》曾记载：“建炎元年李纲言省冗员以节浮费，七月己亥诏：‘省台、省、寺监官，减学官、馆职之半’。三年四月庚申又减，以常平事归提刑，绍兴八年十二月复市舶事归转运，三年五月复，罢诸州分曹置掾，县户不满万勿置丞”④。对包括提举常平司、提举市舶司、诸州僚属、县丞在内的大量地方官员和机构进行省并，缩减了大量费用，这对解决无形行政成本问题做出了有益的贡献。

① （宋）真德秀撰：《西山先生真文忠公文集》卷 6《奏乞分州措置荒政等事》，《宋集珍本丛刊》，第 75 册，第 722 页。
② （宋）真德秀撰：《西山先生真文忠公文集》卷 6《奏乞分州措置荒政等事》，《宋集珍本丛刊》，第 75 册，第 722 页。
③ 刘琳、刁忠民、舒大刚，等校点：《宋会要辑稿》职官八之七，第 3234 页。
④ （宋）王应麟辑：《玉海》卷 127《建炎省官》，第 2359 页。

有一些比较激进的士大夫有感于地方监司与州军间权力纷争，互相牵制，影响地方行政效率，甚至建议废除监司，恢复州县两级制。钦宗时吕好问就上奏请求：“杂科监司不必专置司者一切尽罢，令转运司、提点刑狱司分领；如弓箭、刀弩手之类，令帅臣兼管，市舶司之类，令转运司兼管。”[①]南宋杨万里也上奏宁宗：“臣愿朝廷痛革其弊，每路之监司，止设提、转之一职，而转运止于一员，折鹾茗以隶于刑，举常平以归于漕，则监司之冗员省矣。”[②]胡宏在《中兴业·罢监司》中就提出：“平时，监司州郡已不肯同心国事，互相忌恶。自丧乱以来，州郡专以抗拒监司为能，监司专以陵挠州郡为事。……夫张官置吏，本以为民，方今民遭寇乱，死亡无几，自应减损官吏，轻徭薄赋，以存抚之，况无益于事而有害于民者。或宜尽罢监司之职，属之连帅，选择守令，使各清心省事，专以垦田练兵、兴利除害为务。”[③]更有甚者，如徽宗时毕仲游请求恢复西汉初郡县二级制，取消路级管理层，以郡与王国相杂。[④]从中也可以看出，宋代州县之上路一级机构数量太多，已经对地方行政效率造成了较为严重的影响。因而在两宋时期，除了转运使常设外，提点刑狱司、提举常平司以及其他一些路级机构，均在不同时期遭到废罢，其中对提高行政效率、避免无形成本损失的考量占据了重要位置。其他如州军减省通判、教授、散官，县减省县丞、主学等，均对于减省地方行政成本做出了一定贡献。

但是，值得注意的是，宋代地方行政体系有强烈的自我扩张能力，常常在机构撤并、人员精简后，以各种理由加以复建，如果统治者没有坚持原则立场，往往导致这种精简效能被湮没。正如南宋时期士大夫王之道上奏朝廷的《乞重命令无使朝行夕改札子》中所说的：

> 且以近时减官、并县二事言之：减官所以省费，并县所以省事，在今实当务之急也。而减官未几，旋又增置，如减司户一员，而增兵马都监与指挥十数员是也。并县未几，旋又复置，如舒州之并宿松、无为之并巢县，曾不一年再复是也。若以为官不可减、县不可并，不当以一人之言、一己之意而遽行之；若以为官在所减、县在所并，不当以一人之言、一己之意而遽改也。一减而十增，适所以重费；昨并而今复，适所以多事。不识汉

① （宋）赵汝愚编，北京大学中国中古史研究中心点校整理：《宋朝诸臣奏议》卷67《上钦宗论杂科监司不可不尽罢·吕好问》，第746页。
② （宋）杨万里撰，辛更儒笺校：《杨万里集笺校》卷89《千虑策·冗官下》，第3529页。
③ （宋）胡宏著，吴仁华点校：《胡宏集》卷3《中兴业·罢监司》，第215页。
④ （宋）毕仲游撰：《西台集》卷4《封建郡县议》，《丛书集成初编》，第47页。

光武之减吏十九、并县四百，其在当时，亦闻增复者有几耶？[①]

因而请求朝廷出命谨慎，令人必行。这一问题在宋代特别是两宋中后期，没有得到认真的解决，因而导致地方行政日益混乱迟滞，效率低下，其中的教训值得今人重视和总结。

（三）加强监管，严惩各种违法乱纪的官员、胥吏

面对宋代地方政府中那些素质低下、能力较差、弄虚作假的官吏以及因其怠政、贪赃、奢侈、虐民等不法行为而损害政府公信力和生态环境、浪费时间成本的行为进行监督和惩处，加强责任追究，为避免类似情况的发生，缩减无形成本的继续损耗，提供了必要的支持。

针对贪赃之官吏，宋朝政府在某些时期厉行惩治，取得了民众的信任，使得受损的政府公信力得到一定恢复。如真宗朝，知晋州齐化基"所至以贪暴闻，性凶狠人皆避之。在晋州尤为苛刻，而诸子受赇五百余匹，又蓄铜器、衣涂金袍袴"，社会影响极坏。大中祥符元年（1008 年），朝廷派遣御史前往按核，化基服罪，因而被"削籍黥面流崖州，纵逢恩赦，不在放还之限。其子淄州司理参军溥、同学究出身渎并削籍，与少子涤、侄涣分配安、邓、汝、蔡州"[②]。在得知这样的审判结果后，晋州"官吏、民庶莫不欣快"。当时还规定，官吏犯赃罪遇到大赦，不能同其他罪行一样享有赦免的待遇，必须奏裁。[③]南宋高宗初年严治赃吏，建炎四年（1130 年）八月，朝廷诏："祖宗虽崇好生之德，而赃吏死、徙未尝末减。自今官吏犯赃，虽未欲诛戮，若杖脊流配，决不可贷。"又诏赃罪至死者，籍其家"[④]。理宗朝蔡杭为江东提刑，本司吏人王晋贪赃受贿，"以狡险济恶，贪狠如虎狼。前政提刑受其笼络，威行九州，凌犯纲常，至敢与提刑握手耳语，人皆呼为小提刑。当职曩仕本路，备稔其恶，恨不斩之。招纳贿赂，金帛充斥，公然架造层楼复屋，突兀于台沼之侧"。盘踞在此已经达十余年，人皆呼为"小提刑"，极大地影响了提刑司公信力。蔡因而对其进行惩治，"计其赃罪，自当绞刑，姑与从轻贷死，决脊杖二十，配二千里，免拘锁押遣。……

① （宋）王之道撰：《相山集》卷 21《乞重命令无使朝行夕改札子》，《宋集珍本丛刊》，第 40 册，第 482 页上。

② （宋）李焘撰，上海师范大学古籍整理研究所、华东师范大学古籍整理研究所点校：《续资治通鉴长编》卷 70，大中祥符元年九月辛未，第 1563 页。

③ 司义祖整理：《宋大诏令集》卷 201《官吏犯赃遇赦奏裁军民禁锢以俟进止诏大中祥符元年五月壬戌》，第 746 页。

④ （宋）马端临著，上海师范大学古籍研究所、华东师范大学古籍研究所点校：《文献通考》卷 167《刑考六》，第 5012 页。

所有王晋一应金银、财帛、田业等物，并申解朝廷。仍榜衙前”[①]。通过严厉惩治贪赃者，不徇私情，且榜于衙前，必然会对其他地方官吏造成一种威慑，同时也有益于赢得民众的信任和对政府的尊重。

但是，由于宋朝倡导仁政，死刑者少，多处以流、徒刑[②]，因此对贪赃者难以彻底惩治，一些不法之徒仍然敢于铤而走险，贪赃虐民。一些士大夫也对政府无原则的赦免行为提出批评，认为应当严惩赃吏，以儆效尤。如南宋杨万里就对这其中的问题做出深刻分析，“顷者，圣天子临御之初，盖尝笞一郡守之赃者矣，而天下至今，赃吏愈多也，则不测甚大之威不可不用也。恭闻太祖皇帝初平岭表，有守英州而赃七十万者，特诏弃市；又有知衡州而赃得实者，令伏法于衡州。臣愿天子，奋不测甚大之威，不问吏之小大，取其败而尤者一二人杀之，则天下之人震竦而莫敢为矣。夫赃者千而败者一，幸而败矣，又曰不忍杀也，夫固不畏刑而畏死也。不惩以甚畏而投之以所不畏，天下何惮而不为赃吏乎？”他还举例一位提举市舶官，因贪赃受贿被查实，本应笞背黥面，但是同僚认为刺面后难以再临民，劝其自裁。他却说：“‘免死幸矣，笞而黥不足怍也。’小人之不畏刑如此！”[③]因而杨万里主张严刑惩赃，“取其败而尤者一二人杀之，则天下之人震竦而莫敢为矣”。然而直至南宋末，因贪赃而被处死的官吏数量极少，因而贪赃问题屡屡发生，难以根治。

对于其他诸如虐民、无能、奢侈等问题影响地方政府无形成本的官员，宋朝政府也采取了一定惩治举措，收到一定成效，这对于提高政府在民众中的公信力，减少对行政环境的破坏起到一定作用。如京东路郓介梁山泺，素多盗，仁宗朝蒲宗孟痛治之，“虽小偷微罪，亦断其足筋，盗虽为衰止，而所杀亦不可胜计矣。方徙河中，御史以惨酷劾，夺职知虢州”[④]。又如《可书》记载：“王革自开封府出守大名，一时号为酷吏，每获盗贼，不问所犯轻重，必曰‘灰目拆指’，长枷五日，以锥刺目，填以石灰，以石锤指令碎而止，故曰‘灰目拆指’，后，盗贼蠭起于河朔，坐章而罢。”[⑤]再如，南宋孝宗朝，四川制置使赵汝愚弹劾嘉州知州张伯垓和提刑吴宗旦虐民欺官，奢侈享乐，社会影响极坏，“今一路

---

① 中国社会科学院历史研究所宋辽金元史研究点校：《名公书判清明集》卷11《籍配判》，第415页。

② 如仁宗景祐元年三月十七日，知定州马洵美特贷命，除名，免决，配连州牢城。侍禁马庆宗除名。坐以公用酒米等偷櫐入己，法应死，特贷之。（刘琳、刁忠民、舒大刚，等校点：《宋会要辑稿》刑法六之一四，第8538页）

③ （宋）杨万里撰，辛更儒笺校：《杨万里集笺校》卷88《驭吏 中》，第3501—3502页。

④ （元）脱脱等撰：《宋史》卷328《蒲宗孟传》，第10571页。

⑤ （宋）张知甫撰，孔凡礼点校：《可书》之《灰目拆指》，第419页。

官吏百姓闻其先声，无不震恐。”[①] 因而在赵汝愚的弹劾下，两人被降官，罢免差遣，避免了他们继续作恶，损害地方政府的无形成本。

一些地方政府中的怠政无能者也被处置，以避免政府无形的时间成本和公信力成本的双重损耗。如神宗熙宁八年（1075 年），“冀州增筑旧城，未几已有摧塌，董役使臣重行责罚，不用赦原。河北兴役处，依此约束”[②]。又如元丰中，提点开封府界、承议郎杨景略等人在救灾中“不亲督趣捕蝗”[③]，并迁移官廨迟缓，被朝廷降官责罚。徽宗政和六年（1116 年），朝廷诏令中也提道：“常平散敛之法，民受其赐，踰三十年。岁久法玩，吏缘为奸，州县监司习以为常，事有稽缓，至累年不决；文移取会，辄不具报。赴诉省部，日常有之，民失其平，提举官号为事简，不复省察。绍述之政，莫此为最，而弛废若此，非所以奉承先志。”[④] 因而责令户部对于地方上“应三催不报，或踰年不结绝，并州县监司行遣失当，并具奏劾，官员随重轻黜责，吏配千里”[⑤]。从而有助于加快常平仓物资的发放，有助于救助灾民和对政府公信力的维护。

总之，朝廷通过台谏官、监司等加强对各地方官员的监督和责任追究，对地方官员中的不法者加以惩处，有助于政府无形成本损耗问题的缓解，提升政府在民众心目中的影响力。

（四）选任清廉能吏，提升官员素质，加强考核、裁汰庸官

宋代地方政府大量的无形成本损耗，其实都与官员个人素质有关。官员能力不够，水平不行，或者贪赃枉法、肆意妄为，都与最初的官员选拔有关系，如果能够在用人上把好关，选拔出合适的人选，对于解决相关问题，无疑具有事半功倍的作用。宋朝统治者也认识到这一点，注意在选人用人上下功夫。如仁宗庆历中名臣范仲淹就曾提出一整套改革方案，其中《择官长》中主要针对地方官吏选拔，范提出“今之刺史、县令，即古之诸侯。一方舒惨，百姓休戚实系其人。故历代盛明之时，必重此任。今乃不问贤愚，不较能否，累以资考，升为方面。懦弱者不能检吏，得以蠹民；强干者惟是近名，率多害物。邦国之本，由此凋残。朝廷虽至忧勤，天下何以苏息！其转运使并提点刑狱按察列城，

① （明）黄淮、杨士奇编：《历代名臣奏议》卷 183《乞按提刑吴宗旦运判张伯垓疏》，第 2407 页。
② 刘琳、刁忠民、舒大刚，等校点：《宋会要辑稿》方域八之一七，第 9433 页。
③ 刘琳、刁忠民、舒大刚，等校点：《宋会要辑稿》职官六六之二〇，第 4835 页。
④ 刘琳、刁忠民、舒大刚，等校点：《宋会要辑稿》食货五六之三六至三七，第 7303 页。
⑤ 刘琳、刁忠民、舒大刚，等校点：《宋会要辑稿》食货五六之三七，第 7303 页。

当得贤于众者”[①]，因而他建议由两府选择推荐转运使、提刑、藩府长官、大县知县，御史台、诸路转运使、提刑推荐知州、知县，诸州知州、通判推荐县令、知县。“如此举择，则诸道官吏庶几得人，为陛下爱惜百姓，均其徭役，宽其赋敛，各使安宁，不召祸乱。”[②]富弼也针对仁宗朝河南地区地方官吏在盗贼并发时的情况，“其知州、知县、县令皆庸谬懦怯寻常之人，盗贼所到如入无人之境，巡检县尉又一一不堪使，贼不猖狂自恣，复何为哉？”建议朝廷应该“不务因循，不避怨谤”，“拣退不才及赃滥老病”，才能消除灾祸，重拾民众对于地方政府的信任，减少政府无形成本的损耗。欧阳修对宋代地方官吏不称职的问题认识颇深，他在《再论按察官吏状》中提出，将能力差的官员与赃官并称为地方之害。他提出，“方今天下凋残，公私困急，全由官吏冗滥者多，乞朝廷选差按察使，纠举年老、病患、赃污、不材四色之人，以行澄汰”，奏论中又提出“一曰去冗官，则民之科率十分减九”。“二曰不材之人，为害深于赃吏……不材之人不能驭下，虽其一身不能乞取，而恣其群下共行诛剥，更无贫富，皆被其殃，为害至深，纵而不问。故臣尤欲尽取老病缪懦者，与赃吏一例黜之。”“六曰去冗官，则不过期月，民受其赐。……盖臣常见外处州县，每一缪官替去，一能者代之，不过数日，民已歌谣。今若尽去冗滥之吏，而以能吏代之，不过期月，民即受赐。”[③]他肯定了裁汰不称职官员对于提升政府公信力所发挥的立竿见影的作用。

在实践中，朝廷台谏官和诸路监司、州郡长官也会随时监督和弹劾不职者，将其清除出现任岗位，更换有能力者，保证地方行政机器的运转，缩减无形成本损耗。如神宗熙宁元年（1068 年），“以都官员外郎马渊权知棣州，虞部员外郎陆若济权知德州。并从上旨，以河北地震、水灾，易庸暗年老之人，可选精吏处置，故有是命。”[④]又如徽宗大观二年（1108 年），朝廷针对地方州县弓手多不合格的问题，也发布诏令：“访闻诸县弓手多以工技、老疾、幼稚人充，此盗贼所以不禁。自今弓手辄容老疾、幼稚，杖一百；工技人加二等；见任（见）官以人力或亲戚应募者，以违制论。”[⑤]宣和二年（1120 年），“提点京畿刑狱朱维差提举西京崇福宫。以言者论其以病废职，陈留、雍邱界内盗贼不戢之故

① （宋）李焘撰，上海师范大学古籍整理研究所、华东师范大学古籍整理研究所点校：《续资治通鉴长编》卷143，庆历四年九月丁卯，第 3437 页。

② （宋）李焘撰，上海师范大学古籍整理研究所、华东师范大学古籍整理研究所点校：《续资治通鉴长编》卷143，庆历四年九月丁卯，第 3438 页。

③ （宋）欧阳修撰，李逸安点校：《欧阳修全集》卷 106《再论按察官吏状》，第 1614—1617 页。

④ 刘琳、刁忠民、舒大刚，等校点：《宋会要辑稿》职官六一之三九，第 4710 页。

⑤ 刘琳、刁忠民、舒大刚，等校点：《宋会要辑稿》兵一二之一六，第 8841 页。

也”[①]。南宋高宗、孝宗朝，针对一些年过七旬的官员仍在地方州县担任长官，怠惰政事，决策迟缓的问题，朝廷出台法令，责令这些人退出现职。绍兴三十二年（1162 年），臣僚奏：“郡守之职，其任为至重，其事为至繁。昨者朝廷因臣僚之请，以谓郡守年及七十，非惟不应格法，亦恐耄昏，为民之害，遂令吏部并与自陈宫观。其后吏部谓此乃一时申请，本非旧法，不肯永远遵用。殊不知大大［夫］七十而致仕，乃古之令典也，今乞将前项指挥永为著令”[②]，朝廷从之。乾道四年（1168 年），朝廷再次重申了绍兴三十二年的诏令，并责令“新知州贾价、新差知南恩州田伯彊、知汀州韦能定、知肇庆府秦吁、知昭州叶秉彝、知廉州章兼、知广安军姚悠、知荣州杨高、新差知辰州黄绎，并年七十一，知万州梁载年七十二，已过满。知陕州胡括年七十三，直秘阁、新差知常德府张允蹈，知连州钱师仁”。“并与宫观，理作自陈”[③]，为保证地方州郡行政运转效率和决策的正确性提供了一定保障。在《庆元条法事类》《吏部条法》中也有诸多对于选任官员在人品、能力、资历、历任过犯等方面的限定，这对于选拔出合适的人选，避免无端成本损耗有积极作用。如《吏部条法》中规定：“应二广州县官，以贪黩被按罢，不得再注二广阙。应用刑惨酷被责人到部，降等注授。无等可降，注远小，仍不注亲民及刑狱差遣。……因罪犯离任，更注权官壹任。赃罪不在注官之限。”[④]此类规定众多，此处不再一一列举。可以肯定，此类法令在宋代地方官员选任中对官员素质起到一定约束作用，但实际效用还要看具体执行者和当时的政治生态环境。

值得肯定的是，宋朝统治者从维护地方稳定出发，对于宗室担任地方官员做出了较为严格的限定，有助于避免无形成本的损耗。《宋史》记载：“初，宗室无参选法，祖宗时，间选注一二，不为常制。徽宗欲优宗室，多得出官，一日参选，即在合选名次之上。而膏粱之习，往往贪恣，出任州县，黩货虐民，议者颇陈其害。钦宗即位，臣僚复以为言，始令不注郡守、县令，仍与在部人通理名次。”[⑤]通过这种方式，减少这些膏粱子弟对地方行政活动的干扰。

此外，在两宋时期的史籍中，描述了一些具有共性特征的州县。由于前任的怯懦无能，导致案卷堆滞，公务废弛，在后任清强官员到任后，破除痼疾，

① 刘琳、刁忠民、舒大刚，等校点：《宋会要辑稿》职官六九之二，第 4897 页。

② 刘琳、刁忠民、舒大刚，等校点：《宋会要辑稿》职官五四之三六，第 4490 页。

③ 刘琳、刁忠民、舒大刚，等校点：《宋会要辑稿》职官五四之三七，第 4491 页。

④ 刘笃才点校：《吏部条法》卷 1《总法撮要》，哈尔滨：黑龙江人民出版社，2002 年版，第 4 页。其他如第 4、28、35、103、131、210、238 页均有对于地方官府各岗位均有一定的任职资格限制。《庆元条法事类》第 290、296、300、320、325、770、852 页等也有相关类似规定。

⑤ （元）脱脱等撰：《宋史》卷 158《选举志四》，第 3712 页。

勇往直前，极大地提高了行政运行效率。如仁宗朝，刘沆通判舒州，“州有大狱，历岁不决，沆诣治，数日而决之”①。神宗朝，王安礼“以翰林学士知开封府，事至立断。前滞讼不得其情，及具按而未论者几万人，安礼剖决，未三月，三狱院及畿、赤十九邑，囚系皆空”②。南宋时，周宪知浙川县“前政公事不决，公到，迎刃而解，公事决遣无留，凡片言一狱得其情伪，人人心服，老胥猾吏屏息听命，邑以大治”③。叶顒“调建州录事参军，建俗狠而喜讼，或积年官不能决，部使者贺允中多以属公，原情谳律，必得平亭”④。南宋末陈仲微为海盐县丞，“邻邑有疑狱十年，郡命仲微按之，一问立决”⑤。从这些历史文献中可以看出，由于地方社会事务的繁杂性和官员个人能力的差异，导致一些州县在缺乏行政能力的官员治理下，相关事务多年乃至十余年难以处理完毕，耗费了大量时间成本。由此也可以看出，选拔干练、清廉的官员，对于地方政府行政效率的提升和无形成本的缩减，具有多么大的积极意义了。

在把好选人、用人这道关卡外，宋朝政府还积极通过考核指标的设定和具体考核成绩，来引导地方官吏积极认真履职，避免行政过程中出现损害政府无形行政成本的问题。比如太祖朝，就针对地方官员在任不认真维护修缮廨舍、仓库等官府行政设施，导致“岁时，以至颓毁，及僝工充役，则倍增劳费”的问题，提出制定相应考核办法，“自今节度、观察、防御、团练使，刺史、知州、通判等罢任，其治所廨舍，有隳坏及所增修，著以为籍，迭相付授。幕职、州县官受代，则对书于考课之历。损坏不全者，殿一选。修葺建置而不烦民者，加一选”⑥。以此来督促地方官员认真履行维护官廨的职责，避免无形成本的损耗。当时还增置县尉，出台相应考核奖惩条款，“颁《捕贼条》，给以三限，限各二十日，三限内获者，令、尉等第议赏；三限不获者，尉罚一月俸，令半之。尉三罚、令四罚，皆殿一选，三殿停官。令、尉与贼斗而能尽获者，赐绯升擢”⑦。太宗朝，置审官院和考课院，考核京朝、幕职州县官课绩。并发布诏令提出：“郡县有治行尤异、吏民畏服、居官廉恪、莅事明敏、斗讼衰息、仓廪盈羡、寇盗剪灭、部内清肃者，本道转运司各以名闻，当驿置赴阙，亲问其状加旌赏焉。

① （宋）谢维新撰：《古今合璧事类备要》后集卷76《郡官门·通判》，第342页。
② （元）脱脱等撰：《宋史》卷324《王安礼传》，第10555页。
③ （宋）谢维新撰：《古今合璧事类备要》后集卷79《县官门·知县》，第377页。
④ （宋）谢维新撰：《古今合璧事类备要》后集卷78《州官门·知录》，第362页。
⑤ （元）脱脱等撰：《宋史》卷422《陈仲微传》，第12618页。
⑥ （宋）李焘撰，上海师范大学古籍整理研究所、华东师范大学古籍整理研究所点校：《续资治通鉴长编》卷9，开宝元年二月癸亥，第200页。
⑦ （宋）马端临著，上海师范大学古籍研究所、华东师范大学古籍研究所点校：《文献通考》卷39《选举考十二》，第1153页。

其贪冒无状、淹延斗讼、逾越宪度、盗贼竞起、部内不治者，亦条其状以闻，当行贬斥。”[①]《宋史》中也记载，为避免地方监狱中犯人死亡过多问题，政府也出台了相应考核条款，“州县月具系囚存亡之数申提刑司，岁终比较，死囚最多者，当职官黜责，其最少者，褒赏之”[②]。

《庆元条法事类》中也有不少关于激励地方官员认真履职的考核条款，如“诸转运司使副、判官替罢，各以本职事若公私利害编录成册，上殿进呈，外移者奏，仍各具副本申尚书户部。……诸转运司，置籍注所部官职位、姓名、到任年月日及于法不许对移事因………‘诸任繁难县令，（谓阙官及六年以上者。）任满无公私过犯，州及转运司保明申尚书吏部……繁难县令阙官及六年以上，如有愿授者，候任满无过犯，减磨勘二年”[③]。又如“诸县令、佐已差出，而承本县关报有飞蝗及蝻虫生发应还任而托故不还者，其差出月日不理为任”[④]。“诸帅守、监司，岁终各以所部知州不以去替，（初到任入非。）总计一分，岁人数分为三等考察：治效显著者为臧，贪刻庸谬者为否，无功无过者为平（臧否仍著事实。）川、广限次年五月以前，余路限三月以前闻奏。如徇情不实，御史台弹奏。”[⑤]《考课格》中也包括许多要求地方官员勤政、廉政的条款，“监司考较事件转运、提点刑狱、提举常平依下项：一、受理词讼及指挥州县与夺公事，有无稽滞不当。（应经朝省或他司举驳，及有人论诉合改正者，皆为不当。）……一应干职事有无废弛，措置施行有无不当。（如转运司移用财赋不当致在有靡费及亏损官钱，或场务不因灾伤而课额亏减，或措置无术而岁计不足，及应合拨还诸司及别路所欠钱物而失于计置致大段亏少；提点刑狱司不督察主兵及捕盗官训练士卒、修整器甲；提举常平司所管常平户绝田产、场务不以时检举出卖。或积欠课利，农田水利应兴修而不兴修，造簿不以时或不如法，编排保甲不如令之类，皆为废弛。）……一奏请及报应朝省文字有无卤莽乖谬，以上应上簿责罚废弛不当、卤莽乖谬事件，并逐一名件分明开说。……一分定巡历是何州县，自甚月日起离至某处，至何月日还本司，有无分巡不遍去处，如有，开具缘由。一逐年合上供钱物有无出限违欠。一所部刑狱有无平反及驳正冤滥并淹延稽

---

① （元）脱脱等撰：《宋史》卷160《选举志第一百一十三》，第3758页。

② （元）脱脱等撰：《宋史》卷200《刑法志二》，第4992页。

③ （宋）谢深甫撰：《庆元条法事类》卷5，杨一凡、田涛主编，戴建国点校，《中国珍稀法律典籍续编》第1册，第56、58—60页。

④ （宋）谢深甫撰：《庆元条法事类》卷5，杨一凡、田涛主编，戴建国点校，《中国珍稀法律典籍续编》第1册，第65页。

⑤ （宋）谢深甫撰：《庆元条法事类》卷5，杨一凡、田涛主编，戴建国点校，《中国珍稀法律典籍续编》第1册，第66页。

滞”[①]。其中包含了大量考察监司是否在履职中存在废弛、鲁莽乖谬行为的考核内容，从而有利于保证地方官员认真履职，减少不作为或者乱作为给政府带来的无形成本损耗。

宋朝政府还会针对赈灾、盗贼等问题临时设置一些考核条款，加强对于相关问题的处置进度。如徽宗宣和三年（1121 年）四月二十四日，臣僚言：“比者睦寇谋非一日，乃巡尉不警察之过。乞立法，应捕盗官常切觉察境内，月听十日在廨舍。郡给印纸，批书宿之所，乡分置粉牌记月日。长吏检察其山川险阻可为贼巢穴处，委官相视，申所属奏闻。”[②] 朝廷诏令检查现有法令参酌施行。

实际中也有一些地方官员因不能胜任本职工作，考核不达标被降官、罢职。如治平三年（1066 年）六月乙酉“吏部郎中、知磁州李田监淄州盐酒税务。嘉祐六年（1061 年），始置考课法，至是考课院言田再考在劣等，故有是命，坐考劣降等自田始”[③]。“熙宁三年五月，辛丑诏：少府监、新知池州郭永与宫观，以永知漳州日，课绩非优，且衰老故也。”[④] 可见，在监察体系之外，政府还可以通过地方官三年日常课绩来对其行政能力进行考量，从而避免一些庸碌、怠惰职责又不违反法令的官员在地方上尸位素餐，保证地方行政体系正常运转。

（五）倡导清正廉洁的官场风气，多种途径劝导官员廉洁自律

针对宋代官场上存在的贪赃腐败、奢侈享乐、扰民虐民、怠惰政事、营私舞弊、弄虚作假等问题，宋朝君主和一些士大夫在通过建立制度举措、加强监督考核的同时，也通过撰写《官箴书》《为官须知》《州县提纲》等给予初入官场的士大夫一些地方官场做官技巧的指导，避免他们陷入地方豪强和奸猾胥吏的陷阱。在这些诏令或为官手册中，也通过谆谆告诫和警示来劝导这些官员要廉洁自律，避免贪赃、奢侈等不正之风，倡导清正廉洁的官场风气。这其中最为有名、对后世影响最大的就是宋太宗摘录后蜀孟昶所书《戒石铭》“尔俸尔禄，民膏民脂。下民易虐，上天难欺”[⑤]。这其中充满了对官员们的告诫和警示，同

① （宋）谢深甫撰：《庆元条法事类》卷 5，杨一凡、田涛主编，戴建国点校，《中国珍稀法律典籍续编》第 1 册，第 68—69 页。

② 刘琳、刁忠民、舒大刚，等校点：《宋会要辑稿》兵一二之二六，第 8847 页。

③ （宋）李焘撰，上海师范大学古籍整理研究所、华东师范大学古籍整理研究所点校：《续资治通鉴长编》卷 208，治平三年六月乙酉，第 5054 页。

④ （宋）李焘撰，上海师范大学古籍整理研究所、华东师范大学古籍整理研究所点校：《续资治通鉴长编》卷 211，熙宁三年五月辛丑，第 5123 页。

⑤ （宋）洪迈：《容斋随笔》续笔卷 1《戒石铭》，第 216 页。

时也宣扬了“上天”的权威性，在官僚体制之外还有因果报应的宣扬。而这一石铭也被宋朝地方乃至后世地方政府刻于官衙之内、大堂之对面，起到积极的警示作用，有助于劝导官员廉洁自律。[①] 此后真宗针对地方文武官员提出七条戒律，“令天下刻石治所或书公廨之壁”[②]。其中给州县知州、通判等文官提出的七条包括：“一曰清心。谓平心待物。不为喜怒爱憎之所迁。则庶事自正。二曰奉公。谓公直洁己。则民自畏服。三曰修德。谓以德化人。不必专尚威猛。四曰责实。谓专求实效。勿兢虚誉。五曰明察。谓勤察民情。勿使赋役不均。刑罚不中。六曰劝课。谓劝谕下民。勤于孝弟之行。农桑之务。七曰革弊。谓求民疾苦而厘革之。”[③] 给巡检、都监等武臣的七条包括：“一曰修身。谓修饬其身。使士卒有所法则。二曰守职。谓不越其职。侵挠州县民政。三曰公平。谓均抚士卒。无有偏党。四曰训习。谓教训士卒。勤习武艺。五曰简阅。谓阅视士卒。识其勤惰勇怯。六曰存恤。谓安抚士卒。甘苦皆同。常使齐心。无令失所。七曰威严。谓制驭士卒。无使犯禁。”[④] 这一劝诫同样在两宋地方官场刻石雕版，令其遵循[⑤]。其后英宗、徽宗、高宗、宁宗均公布类似指令，对地方官员为政进行指导，告诫其防范贪赃营私、迟滞怠惰政事等不良行为，营造勤政廉洁的地方官场风气。[⑥] 理宗皇帝又在宝祐四年（1256 年）作《字民训》告诫地方州县官员，为政要清正廉洁，后又仿照真宗文武七条作十二条以赐官吏，但当时南宋已经江河日下，人心涣散、朝政腐败，这些训诫恐怕难以对地方官员产生多少实际影响。

与君主的告诫相比，一些士大夫总结出的官箴书对初来地方为官的士人更有指导意义，对减省迟滞、怠惰政事、贪赃、营私等损害无形政府成本的行为有更好的防治作用。如徽宗政和中，士大夫李元弼结合前辈乡老所传为官之要，结合自己多年为官心得，“剽闻乡老先生论为政之要，仅得一百三十余说，从而著成规矩，述以劝戒”写成著名的《作邑自箴》，目的在于“置之几案，可以矜式”[⑦]。其中包括治家、处事、规矩等诸多条目，给予新上任的地方官员以指导，

① 如南宋绍兴二年六月“颁黄庭坚所书太宗御制《戒石铭》于郡县，命长吏刻之庭石，置之座右，以为晨夕之戒。”（宋）李心传编撰，胡坤点校：《建炎以来系年要录》卷 55，绍兴二年六月癸巳，第 1126 页。

② （宋）王应麟辑：《玉海》卷 28《祥符文武七条》，第 556 页。

③ 司义祖整理：《宋大诏令集》卷 191《文臣七条并序》，第 701 页。

④ 司义祖整理：《宋大诏令集》卷 191《武臣七条并序》，第 701 页。

⑤ 如南宋绍兴十年，“颁真宗御制文武臣僚七条于郡县”，（宋）李心传编撰，胡坤点校：《建炎以来系年要录》卷 138，绍兴十年十一月辛亥，第 2600 页。

⑥ （宋）王应麟辑：《玉海》卷 131《治平戒诸路帅》、《绍兴戒谕诏书》，第 2433 页；“嘉泰二年二月戊子，颁《治县十二事》以风厉县令”。（《宋史》卷 38《宁宗本纪二》，第 731 页）

⑦ （宋）李元弼撰：《作邑自箴》序，《官箴书集成》，第 69 页。

如对于断案，他指出："大率词讼，须是当厅果决。面谕罪名，不尔即生枝蔓。其情轻法重于理可恕，欲从轻科者便令当厅勘状，若稍稽缓，吏人受赂，遂成枉法，赃二十贯，文官员例当冲替"[①]。这其中既有断案的技巧，也有为官经验的总结，还有为官者触犯法律后罪行的界定，恩威并重，给予为官者以极大的警示。其后托名陈襄所作的《州县提纲》对于地方为官者的指导更为全面细致，从日常生活到行政办公，再到交友亲朋，都提出了积极而详细的告诫和指导。如卷一《专勤》中就告诫官员要勤于政事，"孰不知作邑之难，既知其难，要当专心致志，朝夕以思，自邑事外，一毫不可经意，如声色饮燕不急之务，宜一切屏去。盖人之精力有限，溺于声色燕饮则精力必减，意气必昏，肢体必倦，虽欲勤于政而力不逮，故事必废弛，而吏得以乘间为欺"[②]。《养廉》一篇中劝诫官员要知足，减少自身物质上的欲望，"而乃用度不节，日用饮食衣服，奴婢之奉，便欲一一如意，重之以嫁娶之交迫，必至窘之，夫平昔奢侈之人，一旦窘乏，必不能堪，窥穷之心繇是而起，猾吏弥缝其意又从而饵之，一旦事露，失位辱身，追悔莫及。故欲养廉，莫若量其所入，节其所用"[③]。对于地方公务宴会，尤其提出要禁止妓乐，提倡公务之余"以清俸为文字饮，不妨因而商榷职事，物虽不足而情有余矣"[④]。对于防治政务积滞、行政效率低下，时间成本过高等问题，《州县提纲》中提出"治一县者须一县事皆在胸次，治一州者须一州事皆在胸次"。每天晚上都要思考还有哪些诉讼没有处理？哪些财赋应当催收起发？"晨出则择要紧者记录于牌，置之坐隅，起处以对，仍掌以厅吏随毕随销，暮则呈其所记，未毕者录于次日，当公退无事，又时时警省，则政事无废弛，限期无违戾，禁系无冤民，赋财无稽缓，而公家事办矣"[⑤]。南宋宁宗嘉泰二年（1202 年），殿中侍御史林采提出作县十二条准则，"县令字民之官，于民最近，得其人则百里受福，非其人则百里受祸，不可不择也。夫作县者当以十二事为戒，自己不贪财，子弟不与政，官物不预借，公事不科罚，保正不催科，户长不代纳，簿钞不关销，税苗不失割，公人不下乡，推吏不鬻狱，差役不偏曲，推排不漏滥，凡此谓之十二事。作县之善，固不止此，然为县令之至要，若能行此十二事，其县亦治，其讼亦少"。他还建议将此准则下发给各路转运司"出给版牓，行下属县，各揭于厅事之左，使凡为县令者朝夕观省"。同时对于

① （宋）李元弼撰：《作邑自箴》卷 2《处事一》，《官箴书集成》，第 73 页。
② （宋）陈襄撰：《州县提纲》卷 1《专勤》，《官箴书集成》，第 40 页。
③ （宋）陈襄撰：《州县提纲》卷 1《节用养廉》，《官箴书集成》，第 40—41 页。
④ （宋）陈襄撰：《州县提纲》卷 1《燕会宜简》，《官箴书集成》，第 40—41 页。
⑤ （宋）陈襄撰：《州县提纲》卷 1《时加警察》，《官箴书集成》，第 40—41 页。

能够履行这十二事者“择其尤者特加激劝。有一违此，即行按劾，重寘典宪”[①]。他的建议均获得朝廷的批准，这十二条准则的推行和奖惩制度对于缓解南宋地方基层官员贪赃问题有一定积极作用。上述这些官箴是多年为官者的经验总结，有助于增强地方官员的行政经验，帮助他们尽快进入角色，避免无谓的决策失误、迟滞的问题，对于今天的官员行政也不无借鉴之处。

当时撰写《官箴》来指导和告诫即将步入仕途的后学晚辈似乎已经成为一种风气。北宋名臣司马光所作《训俭示康》所提倡的节俭、节欲，“侈则多欲，君子多欲则贪慕富贵，枉道速祸；小人多欲则多求妄用，败家丧身。是以居官必贿，居乡必盗，故曰‘侈，恶之大也’”[②]成为当时乃至今日为官、治家者都应不断反思和遵循的行为规范。余靖所作《从政六箴》也从方方面面对步入仕途的官员进行告诫。[③]南宋名臣杨万里给自己即将赴任的大儿子也撰写《官箴》一篇加以告诫：“‘一曰廉，二曰恕，三曰公，四曰明，五曰勤。’因作《官箴》以遗之曰：吏道如砥，约法惟五。畴廉而残，畴墨而恕。兼二斯公，别无公处。三者备矣，我心匪通。兹谓不明，借谞为聪。夙夜惟勤，乃克有终。”[④]吕本中所作《官箴》，篇幅超过以往，对吕氏家族的兴旺和官僚仕宦的顺畅具有重要指导意义，同时也对其他官员士大夫有一定借鉴意义。他的后辈、名儒吕祖谦也作《官箴》一篇，总结为官经验。[⑤]这些君主的劝诫诏令和士大夫所作的官箴书，对于规范宋代地方官员的自身行为，避免各种无形成本损耗，维护官府的公信力，节约时间成本等方面，具有一定积极意义。

还有一些士大夫通过撰写笔记小说，将一些为政不法官员的事迹传播出来，通过戏谑、讽刺的故事来劝导官员积德行善。如陆游《老学庵笔记》记载：秦桧当政期间，因为娶了王禹玉孙女王氏，故而王氏家族成员都获得进用，而且在地方上横行跋扈，无论其上司还是下属，往往都仰承鼻息，对其阿谀奉承。“有王子溶者，为浙东仓司官属，郡宴必与提举者同席，陵忽玩戏，无不至。提举者事之反若官属。已而又知吴县，尤放肆。郡守宴客，初就席，子溶遣县吏呼伎乐伶人，即皆驰往，无敢留者。上元吴县放灯，召太守为客，郡治乃寂无一人。又尝夜半遣厅吏叩府门，言知县传语，必面见。守醉中狼狈，揽衣秉烛出

① 刘琳、刁忠民、舒大刚，等校点：《宋会要辑稿》职官四八之四六，第4344页。

② （宋）司马光撰，李文泽、霞绍晖点校：《司马光集》卷69《训俭示康》，成都：四川大学出版社，2010年版，第1415页。

③ （宋）余靖撰：《武溪集》卷18《从政六箴》，《宋集珍本丛刊》，第3册，第303页下。

④ （宋）杨万里撰，辛更儒笺校：《杨万里集笺校》卷97《官箴》，第3718页。

⑤ （宋）吕祖谦编著，黄灵庚、吴战垒主编：《吕祖谦全集》卷6，杭州：浙江古籍出版社，2008年版，第365页。

问之。乃曰：‘知县酒渴，闻有咸齑，欲觅一瓯。’其陵侮如此。守亟取，遣人遗之，不敢较也。”① 作为提举常平司属官和县令，竟然肆意蔑视、戏弄提举常平官和知州，完全无视正常行政秩序，这一故事对于当事官员和地方官场无疑是极大的讽刺。这样的情况在两宋其他时期也不乏其例，如洪迈《夷坚志》中也记载两个相关例子：其一为“京西宪按行至一邑，辱县尉张伯豪。斥使不骑而步，且行且数其所为。既入传舍，有白直虞候者，憸黠人也。前白曰：‘提刑适骂者官员乃王陶中丞女婿。’矍然曰：‘何不早告我。’亟召尉，与之坐。茶罢，乃曰：‘闻君有才，适来聊相沮。君词色俱不变，前途岂易量邪！’即命书吏立发荐章与之。”② 其二曰：“某路宪至一郡，因料兵，见护戎年高，谓守倅曰：‘护戎老不任事，何可容也？’守倅并默然，戎抗声曰：‘我本不欲来，为小儿辈所强，今果受辱。’宪问小儿谓谁，曰：‘外甥。’复问其人，曰：‘章得象也。’盖是时方为宰相。宪乃曰：‘虽年高，顾精神不减，不知服何药？’戎曰：‘素无服饵。’宪曰：‘好个健老儿。’惠酒而去”③。这两个事例中的当事者均为路级监司，所诟病者为下属县尉和州军兵官，但却由于其亲属为朝廷台谏官和宰相，从而在言行中出现自相矛盾、滑稽可笑的场景，其奴颜婢膝、阿谀奉上的官本位思维，令人叹息。这些笔记小说在南宋时期通过雕版印刷，传布在官场和市井民间，必然会对当时的地方官员阶层和政治环境产生一定的影响和冲击，使得一部分官员得以警醒，引以为鉴，从而有助于宋代地方政府无形行政成本的防治。

此外，宋朝政府也通过表彰为官清廉、正直的官员，树立正面典范，为地方政府官员素质提升提供精神层面的支持。如仁宗朝的雄州知州李纬，为政清正刚直，“治兵颇严，不事厨传，数与宦者争利害。积公使钱贮米三千斛为常平仓”，朝廷为表彰他的清廉，“下其法他州”④。当时的清廉名臣包拯，也是被官吏民众普遍传诵，“包拯刚严不私，包老之谣远近称叹，其不畏强御为如何。包孝肃知开封府，天性峭严未尝有笑容，人谓‘包希仁笑比黄河清’。又知开封府，为人刚毅不可以私干，京师为之夫语曰：‘关节不到，有阎罗包老’吏民畏服称之”⑤。这样的清廉名臣，必然得到朝廷和民众的普遍颂扬，也为宋代地方官场风气的改善和官府正面形象的塑造提供了良好的榜样。徽宗政和元年（1111 年）

① （宋）陆游撰，李剑雄、刘德权点校：《老学庵笔记》卷 5，第 63 页。
② （宋）洪迈撰，何卓点校：《夷坚志》支乙卷 4《再书徐大夫误》，第 826 页。
③ （宋）洪迈撰，何卓点校：《夷坚志》支乙卷 4《再书徐大夫误》，第 826 页。
④ （元）脱脱等撰：《宋史》卷 287《李纬传》，第 9655 页。
⑤ （宋）林駉撰：《古今源流至论》后集卷 3，《景印文渊阁四库全书》，第 942 册，第 204 页。

臣僚奏章中也建议："凡外之财计非不广也，其患在于官吏经制无术，拘摧失时。欲乞明诏监司，讲出纳之节，樽［撙］冗费之源，郡邑之吏奉行有称者，许以名闻，稍加旌劝。"[①]这一建议也获得朝廷批准。光宗绍熙五年（1194年）诏书中也提到，应该褒奖廉吏，同时加强监司对州县的监督，严惩贪赃官员，"朕惟廉吏民之表，而为国之蠹、民之病者，莫污吏若也，不有诛赏，畴示劝惩！继自今诸道监司刺举之官，于郡邑文武任职之臣，廉必闻，污必纠，毋惮大吏，毋纵私昵。赏不尔靳，法不尔私，期吏称民安，副朕意焉"[②]。这种对郡县廉洁、才干之臣的褒奖，无疑对于其他官员有着一定的模范效应。通过这些方面的举措，也可以起到一定的积极引导作用，对建立良好、和谐、积极的地方政府政治环境，防控无形行政成本损耗起到一定积极作用。

（六）倡导"天人合一，施福积德"，减少奢侈享乐，保持人与自然和谐共处

宋代统治者对于环境方面的维护，受到传统的"天人合一"观念的影响，同时也受到汉唐以来佛教因果报应思想的影响，因而倡导人与自然和谐相处，减少杀戮。如太祖建隆二年（961年），朝廷就颁布《禁采捕令》，禁止春天捕杀野生动物，原因在于"属阳春在候。品汇咸亨。鸟兽虫鱼。俾各安于物性。罝罘罗网。宜不出于国门。庶无胎卵之伤。用助阴阳之气。其禁民无得采捕虫鱼。弹射飞鸟。仍永为定式。"而且规定今后每年有司"具申明之"[③]。太宗也规定每年二月至九月不许捕猎禽兽飞鸟，"仍令州县于要害处粉壁。揭诏书示之"[④]。徽宗时期也发布御笔禁止捕捉飞鸟，取其翠羽，提出"先王之政。仁及万物。草木禽兽。皆在所爱。今取其羽毛。用于不急。伤生害性。非先王惠养万物之意。"[⑤]自真宗朝天禧年间以来，各地普遍恢复和兴建放生池，放飞各种野生动物，"禁民采捕"[⑥]。南宋临安"西湖自来每岁四月八日郡人会于湖上，所放羽毛鳞介以百万数"[⑦]。这其中人们的出发点有为皇帝和家人祈福、积德行善的因

① 刘琳、刁忠民、舒大刚，等校点：《宋会要辑稿》职官四五之六，第4236页。
② 刘琳、刁忠民、舒大刚，等校点：《宋会要辑稿》职官七九之九，第5229页。
③ 司义祖整理：《宋大诏令集》卷198《禁采捕诏》，第729页。
④ 司义祖整理：《宋大诏令集》卷198《二月至九月禁捕猎诏 太平兴国三年四月丙辰》，第731页。
⑤ 司义祖整理：《宋大诏令集》卷199《带御器械郭天信乞罢翡翠装饰御笔 大观元年十月二十日》，第738页。
⑥ 刘琳、刁忠民、舒大刚，等校点：《宋会要辑稿》刑法二之一六〇，第8388页。
⑦ 刘琳、刁忠民、舒大刚，等校点：《宋会要辑稿》刑法二之一五一，第8379页。

素，“上祝圣主万年之寿，下为子孙千亿之祥”[①]，但客观上也对保护野生动物和自然环境做出了有益的贡献。

同时，宋朝统治者也从禁止奢侈浪费和维护封建等级尊严的角度，出台法令禁止地方官僚各种破坏自然资源、杀戮野生动物的行为。如真宗大中祥符四年（1011年），朝廷就诏令每年十月份之前不允许焚烧野草，原因在于“山林之间。合顺时令。其或昆虫未蛰。草木犹蕃。辄纵燎原。则伤生类。式遵旧制。以着常科。诸路州县畬田、并如乡土旧例外。自余焚烧野草。并须十月后方得纵火。其行路野宿人。所在检校。无使延燔”[②]。这样可以保护野草和山林以及生活在其中的动植物，减少因焚烧而对环境的破坏。又如仁宗景祐元年（1034年）和景祐三年（1036年），朝廷接连发布诏令，禁止上供一些通过杀戮野生动物而制作的奢侈华丽服饰，同时也禁止官僚民众捕杀雌性和幼年野生动物。诏令中提到：“冠冕有制，盖戒于侈心；麛卵无伤，用蕃于庶类。惟兹麀鹿，伏在中林，宜安濯濯之游，勿失呦呦之乐。而习俗所贵，猎捕居多，既浇民风，且暴天物。特申明诏，仍立严科，绝其尚异之求，一此好生之德。宜令刑部遍牒施行，应臣僚士庶之家不得戴鹿胎冠子，今后诸色人不得采杀鹿胎并制鹿胎冠子。如有违犯，许人陈告”，“自是鹿胎无用，而采捕者亦绝”[③]。这样一来，鹿类动物就因此诏令获得保全，减少了对其的捕杀。景祐三年（1036年），朝廷颁布《禁止奢僭制度》诏令，提出“贵不逼下，贱不拟上，臣庶之定分也。如闻辇毂之间，士民之众罔遵矩度，争尚僭奢，服玩纤华务极珠金之饰，室居宏丽交穷土木之工，倘惩诫之弗严，恐因循而滋甚”，因而诏令“天下士庶之家，凡屋宇非邸店、楼阁临街市之处，毋得为四铺作及斗八；非品官毋得起门屋；非宫室、寺观毋得彩绘栋宇及间朱漆梁柱窗牖、雕镂柱础。凡器用毋得表里用朱漆、金漆，下毋得衬朱。非三品以上官及宗室、戚里之家，毋得用棱器，其用银棱者毋得镀金。玳瑁酒食之器，非宫禁毋得用。……。非命妇之家，毋得以真珠装缀首饰、衣服，及项珠、缨络、耳坠、头𦈡抹子之类”。[④]通过此诏令，禁止民众大规模超标准建造住宅，减少对山林原木的砍伐，同时将玳瑁、珍珠等动物制品列为禁品，也减少了民众对相关动物的捕杀。南宋高宗绍兴二十七年（1157年），也曾发布反对奢靡之风，禁止铺翠、销金等服饰的诏令，高宗提

① （清）王建中等修，刘绎等纂：同治《永丰县志》卷33《放生池记（绍兴十八年闰三月）董德元》，《中国方志丛书》，台北：成文出版社，1983年影印本，第2081页。

② 司义祖整理：《宋大诏令集》卷182《令十月后方得焚烧野草诏 大中祥符四年八月丙午》，第660页。

③ （宋）李攸撰：《宋朝事实》卷3，第93页。

④ （宋）李攸撰：《宋朝事实》卷13，第552—554页。

出“近外国所贡翠羽六百余只，可令焚之通衢，以示百姓行法当自近始。自今后宫中首饰、衣服并不许铺翠销金，如犯此禁，重置于法。……其中外士庶令有司严立禁法，贵近之家尤宜遵守，如有违犯，必无容贷。”[①] 理宗淳祐七年（1247年），再次重申了此前皇帝关于禁止奢侈和杀生野生动物的诏令，正月丁卯诏：“戒敕州军县镇，不许因诞节赐宴多杀物命，一遵景祐三年（1036年）诏书，仍刻石所在放生池”[②]，倡导地方政府节减宴会对动物的杀戮，缩减无形的环境成本损耗。当时的皇家、名臣陵寝周边地区，出于对其尊严的维护，也禁止民众在其中采捕渔猎，同样客观上也具有维护生态环境的作用[③]。

当时，为治理黄河、淮河等江河，宋朝政府责令地方政府在沿河地区广泛种植柳树、榆树，并禁止民众砍伐。神宗曾诏令黄河边“向着堤岸榆柳，自今不许采伐。后又诏虽退背堤岸，亦禁采伐”[④]。元丰七年（1084年），河北地区出现“群党一二十人以至三二百人盗取河堤林木梢芟等”的严重问题，朝廷责令监司“一面依此觉察收捕，月具人数捕获次第以闻”[⑤]。从而维护了黄河沿岸的生态和水利环境，减少了因砍伐导致的生态环境成本升高问题。同时，为保持宋朝沿边地区的和平稳定，减少外来军事压力，宋朝政府也禁止砍伐与其他民族政权接壤地区的林木，并不断种植树木，恢复地区生态环境。如仁宗皇祐中，北京大名知府贾昌朝言：“乞依定州韩琦奏，定州界以北一概禁止采伐林木。”[⑥] 朝廷从之。这其中显然是为了防御来自北方辽朝骑兵的进攻。又如徽宗宣和三年（1121年），臣僚言：“忻、代州、宁化军界山林险阻，仁宗、神宗常有诏禁止采斫，积有岁年，茂密成林，险固可恃，犹河朔之有塘泺也。比年采伐渐多，乞立法禁。”[⑦] 同样，朝廷批准这份奏章，开始在河东路沿边地区加强林木种植，禁止采伐。南宋淳熙十六年（1189年），臣僚的奏章中对于南宋时期大量归正人对沿边地区自然生态环境的破坏有生动的描述，前权发遣洋州王知新言：“窃见本州真符县沿边所置关隘，皆高山峻岭，林木参天，虎豹熊罴，不通人行，自可以限隔。自辛巳岁比［以］来，归正之人将关外空闲山地给令耕

① （宋）李攸撰：《宋朝事实》卷13，第556页。
② （宋）佚名撰，汪圣铎点校：《宋史全文》卷34，淳祐七年正月丁卯，第2786页。
③ 司义祖整理：《宋大诏令集》卷156《前代帝王置守陵户祭享禁樵采诏 乾德四年十月癸酉》、《圣帝贤臣陵墓禁樵采诏景德元年十月辛巳》、《申禁历代陵寝樵采诏 天禧元年六月乙卯》，第585—587页。
④ （宋）李焘撰，上海师范大学古籍整理研究所、华东师范大学古籍整理研究所点校：《续资治通鉴长编》卷259，熙宁八年正月丙辰，第6323页。
⑤ （宋）李焘撰，上海师范大学古籍整理研究所、华东师范大学古籍整理研究所点校：《续资治通鉴长编》卷345，元丰七年四月戊子，第8278页。
⑥ 刘琳、刁忠民、舒大刚，等校点：《宋会要辑稿》刑法二之二九，第8299页。
⑦ 刘琳、刁忠民、舒大刚，等校点：《宋会要辑稿》刑法二之八〇，第8326页。

种，今已三十年，生子生孙，蕃息甚众，尽是斫伐林木，为刀耕火种之事。一二年间，地力稍退，又复别斫一山。兼又皆射猎，故于深山穷谷持弓挟矢，探虎豹之穴。又将林木蓊翳之处开踏成路，采取漆蜡，以为养生之具。如此一年复一年，林木渐稀，则关隘不足恃矣”。朝廷因而诏令四川制置司行下沿边州郡，“将应有林木关隘去处措置严切禁戢，毋致采斫”①。此类出于其他目的而对地方生态环境的保护，也有助于地方政府无形生态成本的缩减，为维护人与自然的和谐相处做出了贡献。

宋朝统治者也采取措施加大对破坏自然环境的地方官民的治理，减少或停止相关破坏活动，恢复生态环境稳定。如仁宗庆历中，西湖因年久无人维护，日渐干涸，“为豪族、僧坊所占冒，湖水益狭”，庆历二年（1042年），知杭州郑戬“发属县丁夫数万辟之，民赖其利”。此事被朝廷知悉后，诏“杭州岁治如戬法”②。但是显然杭州地方政府并未认真执行朝廷诏令，到了哲宗元祐中，西湖再次面临被填塞和侵占殆尽的情况，“今湖狭水浅，六井尽坏”③。苏轼在知杭州中，对西湖在环境保护、水旱调解方面的作用有比较清醒的认识，他提出：西湖的作用是多重的，可以防止海水倒灌，避免“举城之人，复饮咸水，其势必耗散”。“又放水溉田，濒湖千顷，可无凶岁。……而下湖数十里间，茭菱谷米，所获不赀。又西湖深阔，则运河可以取足于湖水，若湖水不足，则必取足于江潮。潮之所过，泥沙浑浊，一石五斗，不出三载，辄调兵夫十余万开浚。又天下酒官之盛，如杭岁课二十余万缗，而水泉之用，仰给于湖。若湖渐浅狭，少不应沟，则当劳人远取山泉，岁不下二十万工。”④因请朝廷降度牒出卖“募民开治”。县尉以“管勾开湖司公事”系衔，“逐年雇人开葑撩浅”，仍禁止民众“请射、侵占、种植及脔葑为界”⑤。还用湖中“葑草为堤”，“横跨南、北两山”，这对于保护西湖周边乃至杭州地区生态环境做出了重要的贡献。再比如北宋后期至南宋出现的地方政府和豪强大量废湖为田的问题，政府也出台相关政策予以部分纠正。如钦宗靖康元年（1126年）三月，朝廷也曾下诏：“尽罢东南废湖为田者，复以为湖，令逐路转运等司同共相度利害闻奏。”⑥ 又如高宗朝吏部侍郎李光请求各地方政府比较自废湖为田以来所得、所失常赋“孰多孰少”，当时

① 刘琳、刁忠民、舒大刚，等校点：《宋会要辑稿》刑法二之一二三，第8352页。
② （宋）李焘撰，上海师范大学古籍整理研究所、华东师范大学古籍整理研究所点校：《续资治通鉴长编》卷137，庆历二年六月癸未，第3277页。
③ （元）脱脱等撰：《宋史》卷97《河渠志七》，第2397页。
④ （元）脱脱等撰：《宋史》卷97《河渠志七》，第2397页。
⑤ （元）脱脱等撰：《宋史》卷97《河渠志七》，第2397页。
⑥ 刘琳、刁忠民、舒大刚，等校点：《宋会要辑稿》食货七之四一，第6137页。

的越州知州张守经认真统计核算，提出“上虞县夏盖湖改为田者一百三十一顷二十四亩，余姚县汝仇湖等湖一十三所改为田八十一顷四十九亩。二年内暗失米四千二百三十六石八斗有零，民间所失当复数倍”。看来废湖为田，于官于民都不利，因而他“乞复废为湖，自此两县可望全熟，委是经久有害无利”[①]。这一建议获得朝廷批准，解决了部分因政府错误决策所导致的有形成本和无形环境成本的损耗。南宋孝宗淳熙三年（1176 年），朝廷也发布诏令：“诏两浙漕臣及提举常平官并逐州守臣常切觉察，自今如有官、民户及寺观围筑田亩，堙塞水道，即行禁止。如违，具名以闻。”[②] 从而维护了地方生态环境，避免了因围湖造田对当地环境的严重破坏。

宋朝中央和地方政府从多种因素考量出发，倡导“天人合一”、人与自然和谐相处的理念，减少了对于自然环境的破坏，客观上有助于缩减政府无形成本的损耗，对宋代地方政府机构的长期良性运转有积极作用。

① （宋）沈作宾修，施宿等纂：《嘉泰会稽志》卷 10《湖・夏盖湖》，《宋元方志丛刊》，第 6892 页。
② 刘琳、刁忠民、舒大刚，等校点：《宋会要辑稿》食货六一之一二五，第 7534 页。

第五章　宋代地方政府无效行政成本问题

在政府行政管理活动中，行政成本是与行政效果相联系的，因而可以把行政成本分为有效行政成本和无效行政成本。有效行政成本是政府从事行政活动支付的必要成本；无效行政成本是政府实施行政行为时支付的超量成本，即这部分成本没有创造出相应的社会效益，导致了行政资金的不必要的消耗。[①]宋代地方政府官员在各种行政管理活动中，存在多种多样的无效行政行为，其中既有行政人员主观贪污、腐败、奢侈等导致的行政经费超支、损耗，也存在因渎职、怠政行为导致的行政经费浪费。此外，还有因自然灾害、战乱等客观原因导致的政府物资损耗，这部分经费没有发挥其公共价值，而是沦为私人财产或者湮没不存，故而被称为无效成本，这些方面的问题所导致的政府行政成本消耗也是非常惊人的，虽然在现有条件下，无法对其进行数量上的统计，但作为宋代地方政府行政成本中的一大类，还是有必要对其进行分析和论述。

第一节　地方行政人员的贪污、腐败行为所造成的无效行政成本

宋代地方各级官员、胥吏乃至军卒，都存在利用职务之便，侵吞地方政府公共物资、钱银等资产的情况，其数额有时是相当惊人的，如果这部分资产没有被查抄、审计，它们就从公共资产变为私人资产，导致政府大量物质资产的损耗，也就造成了地方政府的无效行政成本。这种现象在宋代部分时期是相当严重的，如高宗时期就被士大夫斥责为“赃吏之盛，所在填溢”[②]，当时的士大夫就感叹：在国家、州县财政窘困，民生残破的情况下，“天下财赋不在朝廷，

① 赵爱英、李晓宏：《政府行政成本与绩效研究》，北京：中国社会科学出版社，2009年版。
② （宋）李心传编撰，胡坤点校：《建炎以来系年要录》卷13，建炎二年二月辛未，第331页。

不在百姓，而在士大夫之箱箧”[①]，“官用一二，私用八九者”[②]，因官吏贪赃而造成的地方官府无效行政成本的规模从而可见一斑。

宋代地方政府行政人员的贪污、腐败所造成的行政经费损耗，可分为几大类：一类是利用权力侵吞公共钱物；第二类是监守自盗；第三类是利用公款经营牟利；第四类是克扣粮饷，冒请俸禄；第五类是利用公款馈赠，行贿徇私；第六类是私增税款入己。它们的犯罪主体及类型、特点各不相同。

（一）利用权力，侵吞公共钱物

这种现象主要发生在路、州、县各级长官身上。他们手握大权，鲸吞蚕食，将大量的公共钱物变为私人资产，使其不能发挥应有的作用，变为无效行政成本。

这种现象在宋初就已经存在。当时的州郡长官还保留五代藩镇遗风，对州郡财物多任私妄用，不以为意。如太祖朝，“藩镇多以笔牍私取官库钱，韩重赟领昭德时，颇仍旧弊”[③]，乞取钱物，录事参军钱文敏“不与，重赟怒，召文敏廷责之，文敏词不屈”[④]。后来钱氏受到朝廷的褒扬和重用。开宝九年（976年），范旻被任命为淮南诸州并淮北徐海沂等州水陆计度转运公事，因其家贫，太祖还特意嘱咐“闻卿素贫，苟有所须，但那官钱用之”[⑤]。可见，连当时君主对待大臣，也没有很明确的公私财物观念。但因当时惩贪较为严厉，州县官员也有不少贪赃公款行为而受罚的，如乾德四年（966年）五月，“左拾遗、权知潍州徐雄坐隐官物除名，流沙门岛”[⑥]。太宗朝太平兴国初，因大臣王仁赡“纵吏为奸，诸州场院皆隐没官钱以千万计”[⑦]，太宗下令将场院官吏罢去。太平兴国八年（983年），威塞军节度使、判颍州曹翰因“盗用颍州官仓米麦及官钱帛”并

---

① （宋）章如愚辑：《群书考索》续集卷37《州县贪残害民等事》，第1088页。

② （宋）程俱撰：《北山小集》卷39《转对状》，《宋集珍本丛刊》，第33册，第642页。

③ （宋）李焘撰，上海师范大学古籍整理研究所、华东师范大学古籍整理研究所点校：《续资治通鉴长编》卷16，开宝八年九月丁酉，第346页。

④ （宋）李焘撰，上海师范大学古籍整理研究所、华东师范大学古籍整理研究所点校：《续资治通鉴长编》卷16，开宝八年九月丁酉，第346页。

⑤ （宋）李焘撰，上海师范大学古籍整理研究所、华东师范大学古籍整理研究所点校：《续资治通鉴长编》卷17，开宝九年九月丁卯，第376页。

⑥ （宋）李焘撰，上海师范大学古籍整理研究所、华东师范大学古籍整理研究所点校：《续资治通鉴长编》卷7，乾德四年六月己亥，第172页。

⑦ （宋）李焘撰，上海师范大学古籍整理研究所、华东师范大学古籍整理研究所点校：《续资治通鉴长编》卷23，太平兴国七年二月辛未，第513页。

“擅敛粟麦丝绵”[①]、“侵官地为蔬圃果园”[②]，被“在身官爵削夺，御史台遣吏送登州禁锢”[③]，并籍没个人资产，追回赃物，这应该是当时对开国功臣处罚比较严重的了。

北宋中期仁宗朝以后，因处罚贪赃不严，长吏侵吞公共资产的情况日益增多，如景祐元年（1034 年）三月，西京作坊使、英州刺史、知定州马洵美“坐以公用酒米等偷粜入己”[④]，朝廷将其贷死，“除名，免决，配连州牢城”[⑤]。庆历四年（1044 年）七月丙寅，“降知石州、洛苑副使刘舜臣为礼宾副使，坐盗用公使酒醋”[⑥]。嘉祐五年（1060 年）七月丁酉，知晋州、都官员外郎吴京因“犯自盗赃”被追三官，寿州编管。前提点河东刑狱、祠部郎中庞汝弼特勒停，同提点刑狱、西京左藏库副使寇利一，前同提点刑狱、礼宾副使段隐各冲替，罪责是“尝多取寄州厨生饩；又，利一数与京聚会，亦尝受公用银纱罗，故并坐之”[⑦]。嘉祐五年（1060 年），因诸路的武臣提刑多有“窃公用银器及乐倡首饰者”[⑧]，加之不习法令、民事，导致诸路武臣提刑全部被惩处。神宗朝加强了对官吏贪赃的处罚，如熙宁七年（1074 年），内殿崇班王用臣因“任镇戎军定川寨都监，坐自盗赃三十七匹，法应绞，免死，配下班殿侍，送本路效用”[⑨]。熙宁九年（1076 年），秘书监、知郑州王端“以倒死官柳木入已，估赃绢二匹三丈五尺”[⑩]，被“免除名勒停，降授太常少卿致仕”[⑪]。哲宗元祐六年（1091 年），阳翟县令赵仁恕“自盗官钱、般家雇人”[⑫]，用钱五贯八百五十五文足，并“有自

① 司义祖整理：《宋大诏令集》卷 203《曹翰削夺在身官爵登州禁锢诏（太平兴国八年五月壬申）》，第 755 页。
② 司义祖整理：《宋大诏令集》卷 203《曹翰削夺在身官爵登州禁锢诏（太平兴国八年五月壬申）》，第 755 页。
③ 司义祖整理：《宋大诏令集》卷 203《曹翰削夺在身官爵登州禁锢诏（太平兴国八年五月壬申）》，第 755 页。
④ 刘琳、刁忠民、舒大刚，等校点：《宋会要辑稿》刑法六之一四，第 8538 页。
⑤ 刘琳、刁忠民、舒大刚，等校点：《宋会要辑稿》刑法六之一四，第 8538 页。
⑥ （宋）李焘撰，上海师范大学古籍整理研究所、华东师范大学古籍整理研究所点校：《续资治通鉴长编》卷 151，庆历四年七月丙寅，第 3665 页。
⑦ （宋）李焘撰，上海师范大学古籍整理研究所、华东师范大学古籍整理研究所点校：《续资治通鉴长编》卷 192，嘉祐五年七月丁酉，第 4635 页。
⑧ （宋）李焘撰，上海师范大学古籍整理研究所、华东师范大学古籍整理研究所点校：《续资治通鉴长编》卷 192，嘉祐五年八月乙酉，第 4644 页。
⑨ （宋）李焘撰，上海师范大学古籍整理研究所、华东师范大学古籍整理研究所点校：《续资治通鉴长编》卷 254，熙宁七年六月乙卯，第 6210 页。
⑩ （宋）李焘撰，上海师范大学古籍整理研究所、华东师范大学古籍整理研究所点校：《续资治通鉴长编》卷 275，熙宁九年五月甲戌，第 6733 页。
⑪ （宋）李焘撰，上海师范大学古籍整理研究所、华东师范大学古籍整理研究所点校：《续资治通鉴长编》卷 275，熙宁九年五月甲戌，第 6733 页。
⑫ （宋）李焘撰，上海师范大学古籍整理研究所、华东师范大学古籍整理研究所点校：《续资治通鉴长编》卷 459，元祐六年六月壬辰，第 10976 页。

盗赃罚钱、官酒钱等事”[①]，费用诸色官钱凡数百贯，“用赃罚银打大酒升行用，致大量过官酒，计亏官钱二千余贯”[②]，朝廷选差官“就颍昌府责立近限勘奏”[③]。元符二年（1099年）闰九月，奉议郎前知江都县吕振“坐自盗官木造禅床等罪”[④]被追出身已来文字，除名勒停，抚州编管。

北宋末期，随着贪官蔡京、王黻等相继执政，朝廷腐败黑暗，地方各级长官贪赃，侵吞公私财物更加猖獗。所谓“贪污嗜利之人，倚法侵牟，不知纪极，怨痛结于民心，故至此也”[⑤]。如徽宗建中靖国元年（1101年），“王赡、王厚初领兵入邈川、青唐，赡等即时开府库，以给散将士为名，寻打叠犀玉之类，用骆驼装载出蕃，并寺内有金佛三尊，皆带珠子、璎珞，并系赡等分张”[⑥]。本路体量到：“王厚令人般殊子六布袋，又打角金镜匣、金瓶等物般往熙州本家。”[⑦]宣和七年（1125年），京西转运副使、直秘阁朱彦美“以州县漕司钱物徙置僻左小邑，贮之别库，悉皆移牒径取，谓之笔帖，前后非一，莫可考验。所起官钱，则纵吏为虚，作券钞折会盗请”[⑧]。诸如转运使这样的路级财务高官都利用职权侵吞财物，而且手法又这样隐蔽，勾连官吏众多，当时官场之腐败，可见一斑。

南宋时期，除孝宗朝曾在执政中前期有效治理贪赃官吏外，其余时期，往往雷声大、雨点小，惩贪之诏流于形式，难见实效，在秦桧、史弥远、韩侂胄、贾似道等贪官相继出现，南宋内外军事压力巨大、形势严峻的情况下，地方官吏趁机贪腐、侵吞公物的现象更加猖獗，涉及财物数额日益庞大。如高宗建炎三年（1129年），臣僚上奏中就说：“自今诸州守臣既带安抚，又兼制置，及许便宜，权之要重可拟朝廷……今年七月内。访闻前江州安抚张澄差官行便宜公文，遍诣本军场务，微及井灶，并上供钱尽搬载上（般）[船]，本军帑藏为之一空。方欲离岸间，幸而张澄被责，不曾搬行。万一席卷，本军既阙绝支费，

---

① （宋）李焘撰，上海师范大学古籍整理研究所、华东师范大学古籍整理研究所点校：《续资治通鉴长编》卷459，元祐六年六月壬辰，第10976页。

② （宋）李焘撰，上海师范大学古籍整理研究所、华东师范大学古籍整理研究所点校：《续资治通鉴长编》卷460，元祐六年六月丙辰，第11009页。

③ （宋）李焘撰，上海师范大学古籍整理研究所、华东师范大学古籍整理研究所点校：《续资治通鉴长编》卷459，元祐六年六月壬辰，第10976页。

④ （宋）李焘撰，上海师范大学古籍整理研究所、华东师范大学古籍整理研究所点校：《续资治通鉴长编》卷516，元符二年闰九月戊寅，第12274页。

⑤ （清）赵翼撰，王树民校正：《廿二史札记校正》卷24《宋初严惩赃吏》，北京：中华书局，1984年版，第526页。

⑥ 刘琳、刁忠民、舒大刚，等校点：《宋会要辑稿》蕃夷六之三九至四〇，第9931页。

⑦ 刘琳、刁忠民、舒大刚，等校点：《宋会要辑稿》蕃夷六之四〇，第9931页。

⑧ 刘琳、刁忠民、舒大刚，等校点：《宋会要辑稿》职官六九之一七，第4906页。

定生变乱。”① 守臣席卷库府钱物逃亡，在当时颇为常见。又如绍兴三年（1133年），权南剑州杨勍“寇至，先盗取库藏之物，焚之而遁”②。在高宗绍兴六年（1136年）七月，官员上奏中也提到，“诸路见勘命官公事二百二十四，其间奸赃不法等罪，为数百二十有一”③。因贪赃而导致的犯罪案件占据了所勘案件的一半还多。洪迈也回忆说：“绍兴之季，虏骑犯淮，逾月之间，十四郡悉陷。予亲见沿淮诸郡守，尽扫官库储积，分寓京口，云预被旨许令移治。”④ 此后，路州县长官侵吞公物，规模日益庞大，如绍兴十二年（1142年），广西安抚使胡舜陟因“生日受知邕州俞儋百金，又盗官马八百余匹”⑤，被朝廷立案调查。绍兴二十五年（1155年），行太常博士右朝奉大夫王会因前知湖州、明州等地期间，专恃权势肆为贪酷“侵夺诸司正额之钱，悉充措置之数。及其还朝，席卷而去，帑藏为之一空”⑥，“典三州，皆二浙膏腴之地，其去之日，公库所有，多择以自随，所至萧然，恬不知恤”⑦，被勒停，编管。淳熙十一年（1184年），户部尚书韩彦质也奏论地方知州的贪腐：“州郡财赋，场务县道所入财谷，皆有名色，在法不得移易。而守臣无忌惮者，竭公帑之储以快私欲，至于终更，恣为妄用，席卷而去，不恤后人，循致败坏，使继之者无可措手”⑧，导致地方财政陷入恶性循环，难以整治。

绍兴末年的士人王廷珪在给朝廷大臣的书信中就认为，足国家财用，不必增税敛民财，只需要查贪赃即可，“比见江西郡县钱物皆有总目，守令之贪者盗官钱常至巨万，大胥小吏亦莫不然，多者至数万缗，少者不下千百数。转运使巡按，所过郡县费百千缗以啖随行之吏，则为隐其失陷之数，转运使盖不能知也。此弊行之已十数年，非使转运使不知，户部亦未尝究也。今若更张措置，则虽敛十倍于民，亦无由足矣。大抵由朝廷不遴择监司郡守与不戢胥吏之奸，虽采纳人言，病在于不行”⑨。他还举例说：“近年朝廷给降关子和籴，江西每岁亡虑百万缗，州县并不支还人户，多是奸胥揽人百计情出，或当职官自盗，或宾客请谒，动以千万计，赍至行在催货务，并给见钱与之。且财用空乏之时，

① 刘琳、刁忠民、舒大刚，等校点：《宋会要辑稿》职官四〇之二至三，第3988页。
② （宋）李心传编撰，胡坤点校：《建炎以来系年要录》卷71，绍兴三年十二月丙午，第1378页。
③ （宋）李心传编撰，胡坤点校：《建炎以来系年要录》卷103，绍兴六年七月戊子，第1946页。
④ （宋）洪迈：《容斋随笔》续笔卷4《淮南守备》，第258页。
⑤ （宋）李心传编撰，胡坤点校：《建炎以来系年要录》卷148，绍兴十三年正月己酉，第2793页。
⑥ （宋）李心传编撰，胡坤点校：《建炎以来系年要录》卷170，绍兴二十五年十二月乙未，第3245页。
⑦ （宋）李心传编撰，胡坤点校：《建炎以来系年要录》卷170，绍兴二十五年十二月乙未，第3245页。
⑧ 刘琳、刁忠民、舒大刚，等校点：《宋会要辑稿》食货五六之六二，第7317页。
⑨ （宋）王庭珪撰：《庐溪先生文集》卷27《与胡待制书（二）》，《宋集珍本丛刊》，第34册，第638—639页。

不支官钱则已，岂有令百姓白出米而虚费百万缗与游手无赖之人，岂不重可惜乎？”[①] 这其中就谈到了朝廷大量公共经费被私人侵吞盗用，政府的大量财政支出变成了无效成本，即使增加再重的税赋也无济于事。

当时的一些贪赃的监司、郡守，使用公家钱物简直就像自己家钱物一样方便，如孝宗朝程瑀知抚州，“公帑主吏按前比白，供太守家人饮食张御，公曰：‘太守窃厚禄，家已温饱。公帑有法，太守且不可妄费，况其私自给乎？’一切却绝”[②]。但之前的守臣却都欣然受用，废公徇私。朱熹弹劾台州知州唐仲友诸多贪赃罪状，如“关支军资库绢二百匹，令染铺夏松收买紫草，就本州和清堂染紫，造做宅堂帐幔、应干床帏及帏设、大卓衣及支散人从衣衫等物。……及去年十二月间娶新妇，弟妓散乐并重造新衫，系公库马澄径支钱，收买婺州罗回归，就和清堂令冯四等变染真红……。及今年六月初十日，唐仲友亲戚高一宣教就公库马澄边支钱一千贯文，前去收买新知府从物绢帛，于七月初一日旋交纳到绢一百一十八匹变染做造外，有其余钱即不见买到物帛，亦不见回纳公库。并去年十二月间，三次共关钱三百贯文省，支买宅堂什物，及做造罣罳二把，并打造竹帘、新妇行嫁动用等，祗备念九宣教娶宅眷。及自去年止目下，支钱收买竹笼一百五只、麻布四百匹，做造布袋，盛贮物色使用。并支在官零绢，做袋袋五色果盘圈大小九百个。及支钱收买竹木，做造细竹衣笼二百只。并今年正月十五日元宵设醮，系公库径支钱，往婺州收买黄蜡，做造蜡烛。有剩下四两、三两、二两蜡烛七百八十条”[③]，唐自己家中所有衣服、帷幔、蜡烛甚至为儿子娶妻所用之物，都从官府仓库支出钱物，事无巨细，毫无廉耻，为了防止监司审计账目，还将公库收支簿历“收藏入宅”，其贪赃之丑态令人痛恨。

此后，宁宗、理宗朝地方长官贪赃日益严重，如宁宗嘉泰四年（1204年），前广安军李锐因贪赃被查抄家产，“得法书、名画、珍宝之物甚众，其后制司始遣官尽拘其所有，吏因为奸，隐匿复不少，计其赀犹直二百万缗”[④]。如果以官员正常俸禄来说，是绝不可能拥有这么多资产的，其中必然包括贪赃、侵吞的众多公私财物。地方官员去任，任上积留财物，尤其是公使钱物及羡余钱物，

① （宋）王庭珪撰：《庐溪先生文集》卷27《与胡待制书（二）》，《宋集珍本丛刊》，第34册，第639页。

② （宋）胡铨撰：《胡澹庵先生文集》卷23《龙图阁学士广平郡侯程公墓志铭（淳熙三年）》，引自曾枣庄、刘琳主编：《全宋文》，卷4329，第196册，第52页。

③ （宋）朱熹撰：《晦庵先生朱文公文集》卷19《按唐仲友第六状》，朱杰人、严佐之、刘永翔主编：《朱子全书》，第864—865页。

④ （宋）佚名撰：《两朝纲目备要》卷8，嘉泰四年十二月，第525页。

多成为他们巧取豪夺的对象。杨王修在上任金州知州兼管内安抚使的时候，就发现前任武臣知州去任将库金“席卷以归，又尽焚其籍。公至则枵然，且无所稽考”[①]，惩罚在任贪赃胥吏，不能得一二，“诏置狱，前守坐编置，没其家赀。公又极力经理，仅能成邦”[②]。可见，因长官的贪赃侵吞给地方财政造成极为艰难的局面。当时的贪官赵师睪任淮东转运使，“乾没缗钱至四十万”[③]。其守扬州也，“州人嘲之以词，有‘一阵扬州刮地风’之语。‘括地风’云者，席卷无遗之谓也”[④]。高官如此贪腐，知县等基层长官也不逊色，肆意动用权力，侵吞公私财产，章谊在《论赃吏罪状疏》中，也提出县官要选廉吏，并提到衢州江山县令某人“以残酷为政，渔猎一邑之财……一岁盗用官田钱九千三百余贯，每月增添坊场钱二百五十余千，取人户米藏于私家者七百余石，率皆不上赤历，侵盗入己”[⑤]。理宗嘉熙二年（1238 年），吕午上奏中也说，财用不足，公私赤立、州县仓库俱空，财富“悉皆私之于贪官猾吏之家而已”[⑥]，“且州郡之有公库，盖供州郡之公使。而今也不然，多其拨入之门，专为私有之计。有自军资而拨入公库，又自公库转入宅库者矣。有旬拨一料或二料，又有旬拨三料者矣。名曰公使，实为私藏”[⑦]。将系省钱物拨入公使库，使其更为容易被侵占挪用，“公家之财，视为己物”体现了官员贪赃的新动向。这些贪官害怕朝廷审计地方账簿，往往上下级之间相互勾结，敷衍搪塞，即使是朝廷遣使按察也往往无功而返，“或藏匿簿书，或移隐财物，监司则称巡历而远避，州郡则称去失而难稽，甚者密与行司人吏暗相要结，盗换文历，窜易窠名，遂致輶轩使者仗节空归，良可惜哉！”[⑧]

（二）监守自盗所导致的无效成本损耗

监守自盗严格上讲也属于地方官员利用职权侵吞公共财物的一类，但由于

① （宋）楼钥撰，顾大鹏点校：《楼钥集》卷 95《文华阁待制杨公行状》，第 1663 页。
② （宋）楼钥撰，顾大鹏点校：《楼钥集》卷 95《文华阁待制杨公行状》，第 1663—1664 页。
③ （宋）蔡幼学撰：《育德堂奏议》卷 5《缴赵师睪辞免工部尚书兼知临安府降不允诏奏》，引自曾枣庄、刘琳：《全宋文》，卷 6579，第 289 册，第 327 页。
④ （宋）蔡幼学撰：《育德堂奏议》卷 5《缴赵师睪辞免工部尚书兼知临安府降不允诏奏》，引自曾枣庄、刘琳：《全宋文》，卷 6579，第 289 册，第 327 页。
⑤ （明）黄淮、杨士奇编：《历代名臣奏议》卷 183《章谊·论赃吏罪状疏》，第 2398 页。
⑥ （宋）吕午：《左史谏草》卷 1《戊戌三月二十五日奏为财富八事欲望圣慈晓谕州县施行乞以成宪为法奏闻事状》，《景印文渊阁四库全书》，第 427 册，第 393 页。
⑦ （宋）吕午：《左史谏草》卷 1《戊戌三月二十五日奏为财富八事欲望圣慈晓谕州县施行乞以成宪为法奏闻事状》，《景印文渊阁四库全书》，第 427 册，第 394 页。
⑧ （明）黄淮、杨士奇编：《历代名臣奏议》卷 270《章谊·乞建使名纠察诸路财计疏》，第 3533 页。

其犯罪主体多为管库官、吏，诸如监当官、州通判、县主簿等，具有职务上的便利性和共同性，故而将其单列出来，他们是地方财经犯罪和政府相关审计、监督的重点。[①]

监当官又称为监临官，是宋代各类税务监税官、盐场或盐仓等监盐官、酒务或酒库监酒官、各类仓库监仓官及监库官、城市监门官、矿冶业监当官及铸钱官，商业市镇的监镇官、边境贸易及榷场监当官等，是具体负责基层工业制造、商业流通部门官吏和财税征收及出纳实务的官僚群体的统称。他们地位不高，但在当时社会经济生活中扮演着十分重要的角色。[②]这类官员管理库务仓场，涉及钱物众多，因而是监守自盗的高发区和重点监控区，由于他们官位较低，往往所受惩治比州县长吏严重得多，如太祖开宝二年（969 年），右赞善大夫王昭文因“监大盈仓，其子与仓吏为奸赃”[③]被夺两任官资。开宝三年（970 年），右领军卫将军石延祚弃市，原因是“监广积仓与吏为奸”[④]。太平兴国三年（978 年）四月，侍御史赵承嗣“坐监郑州市征，与吏为奸，隐没官钱巨万”[⑤]，“并吏七人皆斩于市”[⑥]，并将之罪状命转运使使布告州县以儆群吏，揭于所居官舍之壁。太平兴国三年，著作佐郎卢佩因“监升州酒”受赃钱一百九十贯，按发属实，被诏“弃市”。[⑦]五年（980 年），殿直李谔坐监牧许州“盗官菽二百五十石，马死者千五百匹，械系送阙下”，并内侍梁守忠及主吏三人悉斩于市。[⑧]仁宗天圣元年（1023 年），合门祇候、三阳寨主荆信监仓，自粜粟入中；殿直、监兴平县酒税何承勋、监进贤镇盐酒税易着明，并自盗官物，“各贷死，杖脊，配广南牢城”[⑨]，并将其罪状公告，警示群吏。南宋时期监当官监守自盗更加普遍，

① 韩瑞军：《宋代官员经济犯罪及防治研究》，第 13 页。
② 苗书梅：《两宋时期明州地方官僚体制研究——以监当官为中心的考察》，日本《高知大学学术研究报告人文科学编》2006 年第 55 卷。
③ （宋）李焘撰，上海师范大学古籍整理研究所、华东师范大学古籍整理研究所点校：《续资治通鉴长编》卷 10，开宝二年十二月乙酉，第 237 页。
④ （宋）李焘撰，上海师范大学古籍整理研究所、华东师范大学古籍整理研究所点校：《续资治通鉴长编》卷 11，开宝三年十月癸丑，第 252 页。
⑤ （宋）李焘撰，上海师范大学古籍整理研究所、华东师范大学古籍整理研究所点校：《续资治通鉴长编》卷 19，太平兴国三年四月辛巳，第 427 页。
⑥ （宋）李焘撰，上海师范大学古籍整理研究所、华东师范大学古籍整理研究所点校：《续资治通鉴长编》卷 19，太平兴国三年四月辛巳，第 427 页。
⑦ （宋）李焘撰，上海师范大学古籍整理研究所、华东师范大学古籍整理研究所点校：《续资治通鉴长编》卷 19，太平兴国三年八月丁卯，第 433 页。
⑧ （宋）李焘撰，上海师范大学古籍整理研究所、华东师范大学古籍整理研究所点校：《续资治通鉴长编》卷 21，太平兴国五年二月戊申，第 472 页。
⑨ （宋）李焘撰，上海师范大学古籍整理研究所、华东师范大学古籍整理研究所点校：《续资治通鉴长编》卷 101，天圣元年十一月戊戌，第 2342 页。

数额也愈来愈大，如高宗朝张镍弹劾赵岩夫“为秀州华亭县监酒，盗用官钱，计赃一万八百八十余贯足，内入己赃三百六十贯足”[①]，本应合决重杖处死，准例合追毁出身以来告敕文字，除名勒停，情重奏裁，“奉圣旨特贷命，永不收叙”[②]。绍兴六年（1136年）四月，右承议郎程序因“监新都县商税，盗用库金”，被“杖脊，刺配新州牢城”[③]。孝宗乾道五年（1169年），右文林郎、监明州昌国买纳盐场兼催煎张广仁因“于亭户单状内添写盐数，盗请官钱入己”[④]，被追毁出身以来文字，除名勒停，脊杖二十，刺面，配惠州牢城。乾道六年（1170年），前监吉州在城商税张绾因“在任受税务诸门津押历钱及除减官税钱，分受入己”[⑤]被除名，编管并籍没家财。又如《萍州可谈》记载：“润州一监征，与务胥盗官钱，皆藏之胥家，约曰：‘官满分以装我’。胥伪诺之。既代去，卒不与一钱，监征不敢索，悒悒渡扬子江，竟卒于维扬。胥得全贿，遂富。”[⑥]这种监当官与胥吏因职责相临，而通同贪赃、盗用官钱的现象在宋代屡屡出现，体现了贪污犯罪的一个特点。

地方官府中的胥吏，由于没有俸禄或俸禄极为微薄，往往利用职务便利，监守自盗，他们是地方政府行政经费被侵吞的重要贪腐源头，宋人常以“官取其十，吏渔其百”[⑦]来说明其贪婪和对财税的严重侵害。胥吏独自或劝诱官员共同贪赃，监守自盗的例子在宋代不绝于书。如太宗太平兴国三年（978年）四月，侍御史赵承嗣“坐监郑州市征，与吏为奸，隐没官钱巨万”[⑧]，“并吏七人皆斩于市”[⑨]。五年（980年）十月丁亥，杖杀阳武县令张希永，坐与主榷酤吏赵赞前后盗取羡余官钱二百三十四贯入己。[⑩]太平兴国八年（983年）十一月，太宗曾说：“威虏军主财吏盗官钱，尽室奔入契丹。”[⑪]至道元年（995年）正月，诸

① （宋）张嵲撰：《紫微集》卷25《为赵岩夫充殿前司军效用事缴奏状》，《丛书集成续编》，第576页。
② （宋）张嵲撰：《紫微集》卷25《为赵岩夫充殿前司军效用事缴奏状》，《丛书集成续编》，第576页。
③ （宋）李心传编撰，胡坤点校：《建炎以来系年要录》卷100，绍兴六年四月辛丑，第1894页。
④ 刘琳、刁忠民、舒大刚，等校点：《宋会要辑稿》刑法六之三六，第8551页。
⑤ 刘琳、刁忠民、舒大刚，等校点：《宋会要辑稿》刑法六之三七，第8551页。
⑥ （宋）朱彧撰，李伟国点校：《萍州可谈》卷3，第167页。
⑦ 《宋史》卷200《刑法志二》，第4997页。
⑧ （宋）李焘撰，上海师范大学古籍整理研究所、华东师范大学古籍整理研究所点校：《续资治通鉴长编》卷19，太平兴国三年四月辛巳，第427页。
⑨ （宋）李焘撰，上海师范大学古籍整理研究所、华东师范大学古籍整理研究所点校：《续资治通鉴长编》卷19，太平兴国三年四月辛巳，第427页。
⑩ （宋）李焘撰，上海师范大学古籍整理研究所、华东师范大学古籍整理研究所点校：《续资治通鉴长编》卷21，太平兴国五年十月丁亥，第480页。
⑪ （宋）李焘撰，上海师范大学古籍整理研究所、华东师范大学古籍整理研究所点校：《续资治通鉴长编》卷24，太平兴国八年十一月甲寅，第557页。

州奏案频有官典盗用库物者。而太宗却认为“假如官典私窃库物，虽至巨万，止一盗尔，亦何害于民政哉。若党庇憸人，稔成奸恶，以滋蠹政，其为盗大矣”①。实际上，这些硕鼠的能力，是远远超出统治者预期的。如熙宁中，邹戬为婺州录事参军，“职主郡帑，掌库吏卒相因缺盗至百万，君至则知之，虑坐死者之众也，微露其端，众惧，补偿仅足，始按其余罪，得减死论者四十二人”②，钱物之多，人数之众，令人诧异。徽宗宣和中，朱孙为京西路计度转运副使，“诸郡漕钱送吏，率贸易取赢，久遂成俗。比公至，而钱不输于库者八十万，往往惧罪自匿”③，经其警告后，诸多胥吏才将钱退回。宣和三年（1121 年），京西转运司吏乾没官钱十三万缗，被转运司主管文字官员告发。④

南宋时期胥吏的监守自盗，甚至可以使地方财政无以为继，窘迫难支。如淳熙中，史宾为绍兴府新昌县知县，“县计初无百金之储，而逋负以万计”⑤。为什么财政如此拮据？他考察“岁入之目，穷蠹耗之原”⑥，认为都是贪吏所为。“先是，岁用一吏司出纳，号场典，群吏表里，假贷为奸。君使日一易之，凡一日之入，暮归诸帑，久而浸饶，曰：‘此理官钱法也。’规模既立，上下浸以相安。”⑦当时的知德庆府、承议郎陈焘“所为疏谬，郡事不理”⑧，“又吏谭颖盗用官钱三千余贯，财赋亏陷，用度窘急，官兵俸给累月不支”⑨。理宗朝，南康军都吏樊铨“将本军已申朝廷桩下修城见钱三万贯，妄以赈荒为辞，将钱变为会，会变为米，既而曰米曰会皆羽化不存，遂使前人之桩积一空，本郡之缓急无备”⑩。当时，地方官府中胥吏监守自盗，侵吞官府财物，手段巧妙，账面均衡，极为隐蔽，如果不是遇到认真负责的官员，是难以发现的，为解决行政经费只得再度搜刮百姓，他们就成了暗耗民脂民膏的头号罪人，“监者积习为奸，

① （宋）李焘撰，上海师范大学古籍整理研究所、华东师范大学古籍整理研究所点校：《续资治通鉴长编》卷 37，至道元年正月丁卯，第 808—809 页。
② （元）谢应芳辑：《思贤录》卷 2《宋故广济军录事参军监真州军资库邹君墓志铭》，《四库全书存目丛书·史部》，济南：齐鲁书社，1996 年影印本，第 371 页。
③ （宋）孙觌撰：《南兰陵孙尚书大全文集》卷 58《宋故右中奉大夫直秘阁致仕朱公墓志铭》，《宋集珍本丛刊》，第 35 册，第 693 页。
④ （宋）胡寅撰：《斐然集》卷 26《左朝请大夫王公墓志铭》，《景印文渊阁四库全书》，第 1137 册，第 710 页。
⑤ （宋）楼钥撰，顾大鹏点校：《楼钥集》112《朝请大夫史君墓志铭》，第 1934 页。
⑥ （宋）楼钥撰，顾大鹏点校：《楼钥集》112《朝请大夫史君墓志铭》，第 1934 页。
⑦ （宋）楼钥撰，顾大鹏点校：《楼钥集》112《朝请大夫史君墓志铭》，第 1934 页。
⑧ （宋）蔡戡撰：《定斋集》卷 2《右一人臧之次》，《丛书集成续编》，第 2 页。
⑨ （宋）蔡戡撰：《定斋集》卷 2《右一人臧之次》，《丛书集成续编》，第 2 页。
⑩ （宋）刘克庄、王蓉贵、向以鲜校点，刁忠民审订：《后村先生大全集》卷 193《饶州州院申勘南康卫军前都吏樊铨冒受爵命事》，第 4867 页。

贪纵自如，至有‘八仙’之目”[①]。他们不仅偷盗官钱，各种仓库中的官物也是他们盗窃的对象，如南宋初年建州，都仓吏人“专知江珍、秤子叶徐、刘保、陈宗、周荣、颜和、程昌前后盗卖官盐一万三千六百斤，张辉、段庚盗过扫地官盐七百五十斤，江先、邱三知情，为江珍等卖过官盐五千七百五十斤，各分受价钱入己”[②]。一些廉洁官员在任上积累下的钱物也成为胥吏贪污侵盗的对象，理宗朝广州在“清献崔公晚岁却奉祠之廪，帅乡部亦不受俸，镪踰二万，米斛二千有奇，留州家，无何，问之仓库氏，则乌有矣”[③]。统治者对此问题的轻视，酿成了极为严重的后果。

州通判、县主簿也是地方理财的重要官员，主管州军资库、县钱物库等，这些官员也常常会监守自盗。这样的例子也有很多，如太祖开宝四年（971年）三月，“监察御史闾丘舜卿弃市，坐通判兴元府盗用官钱九十万故也”[④]。开宝七年（974年）二月，“太子中舍胡德冲弃市，坐通判延州隐没官钱一百八十万”[⑤]。神宗元丰六年（1083年），广州番禺县尉石大受“有自盗赃，买物不偿价钱”[⑥]，转运副使孙迥党庇不治，朝廷以“远方使者舞法不忌，情已可诛，况耗散官钱，上欺朝廷，下罔民利”[⑦]，因而派专使乘驿查案。更有甚者，在南宋一段时期，地方官员侵吞公物，监守自盗，简直到了无官不贪的程度，如孙觌在给宰相上书中就举例说，转运司籴买马料，预先降下本钱给州县，可是这部分钱物竟然找不到忠诚可靠的官员进行保管，“初付县丞，县丞偷盗，又付知县，偷盗益甚，遂改通判，成资之年，又卷之而去”[⑧]。没有本钱，州县只能无偿征敛百姓粮料，“方催督时，鞭笞流血，重利取债，破坏家产，不可胜数”[⑨]。这种现象在和籴粮草、绢布、茶盐等朝廷所需物资时也同样存在，“和籴本钱，悉从户部支降，州县往往不以时均散，纵令人吏减克侵欺。又其所籴米重取加耗，以致出剩数

① （宋）綦崇礼撰：《北海集》卷35《宋故朝散大夫充徽猷阁待制提举江州太平观季公墓志铭》，《宋集珍本丛刊》，第38册，第317页。
② 刘琳、刁忠民、舒大刚，等校点：《宋会要辑稿》食货二二之三八，第6485页。
③ （宋）李昴英撰：《李忠简公文溪存稿》卷1《广州新创备安库记》，《宋集珍本丛刊》，第85册，第443页。
④ （宋）李焘撰，上海师范大学古籍整理研究所、华东师范大学古籍整理研究所点校：《续资治通鉴长编》卷12，开宝四年三月壬辰，第263页。
⑤ （宋）李焘撰，上海师范大学古籍整理研究所、华东师范大学古籍整理研究所点校：《续资治通鉴长编》卷15，开宝七年二月乙巳，第318页。
⑥ （宋）李焘撰，上海师范大学古籍整理研究所、华东师范大学古籍整理研究所点校：《续资治通鉴长编》卷334，元丰六年四月丁未，第8043页。
⑦ （宋）李焘撰，上海师范大学古籍整理研究所、华东师范大学古籍整理研究所点校：《续资治通鉴长编》卷334，元丰六年四月丁未，第8043页。
⑧ （宋）孙觌撰：《南兰陵孙尚书大全文集》卷3《与沈相书》，《宋集珍本丛刊》，第35册，第330页。
⑨ （宋）孙觌撰：《南兰陵孙尚书大全文集》卷3《与沈相书》，《宋集珍本丛刊》，第35册，第330页。

多，桩充苗米，却令人户折纳价钱，占留盗用”[①]，“人户所得无几，甚者横敛脚费，及容纵人吏公然乞觅”[②]，乾道元年（1165 年），朝廷大赦诏令中也提到“淮、浙盐场亭户合支盐本钱，访闻多是提举司并本州主管司当行人吏通行邀阻，不与依时支给，或容干请计会，方行支付，分数减克。其逐场率多科扰，及吏私将盐本钱以公使为名，妄有支费，以致亭户贫乏，有亏盐课”[③]。又如理宗宝祐中，庆元府水军由通判负责发放粮饷，“通判厅专以饷军之钱为非泛之用，其贪者则卷为囊橐，大约通判一任，入己之钱不下三四十万缗”[④]。他们既盗用大额专项经费，同时也不放过些日常小钱物，如宁宗朝宁国府司户在籍没罪人家产时“因得挟城社之势，以行其穿窬之谋。鸡鹅孳畜则烹之以飨从人，缣帛软细则卷之以归私室。据厅吏汪澄供称，有未上帐之物，系象求般去者十余件，如糯谷、烛、炭、绵、钱、纸札之属是也；有物重估轻，象求以诡名买去者数十件，如缣段、衣物、髹器之属是也。以至馆客婢仆，亦皆纷然收买，名虽酬直，无异白取”[⑤]，地方官吏的贪腐与百姓的困苦、行政成本的无效损耗，令人叹息。

（三）违法动用官钱物经营牟利入己，或与官为市，变相侵害政府行政成本

两宋时期，一些贪官污吏做法更为隐蔽，他们不直接贪污官府钱物，而是以官钱物为本，经营牟利，贪财入己，或者借助官员特殊身份，利用职务便利贱买贵卖官府财物，变相侵害政府利益。如果经营亏损，就百般搪塞敷衍，将这部分损失记在官府的身上，他们不仅侵害了政府的公共资产，同时也扰乱了市场，侵害了商人和百姓的实际利益。

北宋时期，利用官钱盈利的现象就已存在，如太宗太平兴国六年（981 年）十一月，前知蔡州张知白因在任“假贷官钱，居粜粟麦以射利”[⑥]，被处以死刑。

① 刘琳、刁忠民、舒大刚，等校点：《宋会要辑稿》食货四〇之二六，第 6891 页。
② 刘琳、刁忠民、舒大刚，等校点：《宋会要辑稿》食货四〇之二六，第 6891 页。
③ 刘琳、刁忠民、舒大刚，等校点：《宋会要辑稿》食货二七之一九，第 6591 页。
④ （宋）吴潜修，梅应发、刘锡纂：《开庆四明续志》卷 4《省札》，《宋元方志丛刊》，第 5965 页。
⑤ （宋）真德秀撰：《西山先生真文忠公文集》卷 12《按奏宁国府司户钱象求》，《宋集珍本丛刊》，第 76 册，第 10 页。
⑥ （宋）李焘撰，上海师范大学古籍整理研究所、华东师范大学古籍整理研究所点校：《续资治通鉴长编》卷 22，太平兴国六年十一月丁酉，第 504 页。

真宗景德中，“魏州判官王象坐鬻案籍文钞”[①]被除名、配隶，同时官方也加强了对州县帐案的监管，规定“要切文书、钞榜等，委官吏上籍收锁，无得货鬻毁弃”[②]。天圣九年（1031年），河北都转运使胡则“假官船贩盐，又以其子为名，求买酒场”[③]，被同僚弹劾，因而改任小州知州。庆历三年（1043年），知渭州张亢“奏亢出库银给牙吏往成都市易，以利自入”[④]，被御史弹劾而罢官。神宗熙宁中，颍州知州“以公库器皿于豪民家质钱，由是部吏无所畏惮，多纵逸踰矩”[⑤]。元丰中，熙州知州高遵裕和永兴军等路提刑王孝先等“借请结籴边储钱，违法回易”[⑥]，被朝廷降官、展磨勘，同时还勒令熙河副都总管王君万以家产“偿所贷结籴钱，犹欠官本万余缗”[⑦]，后三岁免除之。一些贪赃的州府长官甚至让士兵工匠“作木偶戏人，涂以丹白，舟载鬻于京师”[⑧]，将“机户织花隔织，妄作名目，差人般担，偷谩一路商税，上京货卖，赢利入已”[⑨]，完全忘记了自己的职责所在，只是以贪污牟利为重。

南宋时期，地方官吏借用官钱，牟利贪赃的行为更加严重。如孝宗朝，唐仲友知台州，令公使库违法卖酒“一日且以三百贯为率，一月凡九千贯，一年凡收十万余贯。其所造酒米麦之属，既并取于仓库羡余，而所收息钱太半不曾收附公使库钱历，并是入已”[⑩]，“及染造真紫色帛等物，动至数千匹，皆用官钱，讬以人事为名，逐旋发归，以为货卖之资”[⑪]。他还责令工匠在官衙中雕刻

① （宋）李焘撰，上海师范大学古籍整理研究所、华东师范大学古籍整理研究所点校：《续资治通鉴长编》卷61，景德二年八月辛巳，第1357页。
② （宋）李焘撰，上海师范大学古籍整理研究所、华东师范大学古籍整理研究所点校：《续资治通鉴长编》卷61，景德二年八月辛巳，第1357页。
③ （宋）李焘撰，上海师范大学古籍整理研究所、华东师范大学古籍整理研究所点校：《续资治通鉴长编》卷110，天圣九年七月丁卯，第2564页。
④ （宋）李焘撰，上海师范大学古籍整理研究所、华东师范大学古籍整理研究所点校：《续资治通鉴长编》卷142，庆历三年七月甲戌，第3398页。
⑤ （宋）李焘撰，上海师范大学古籍整理研究所、华东师范大学古籍整理研究所点校：《续资治通鉴长编》卷236，熙宁五年闰七月丙辰，第5731页。
⑥ （宋）李焘撰，上海师范大学古籍整理研究所、华东师范大学古籍整理研究所点校：《续资治通鉴长编》卷298，元丰二年五月乙未，第7252页。
⑦ （宋）李焘撰，上海师范大学古籍整理研究所、华东师范大学古籍整理研究所点校：《续资治通鉴长编》卷299，元丰二年七月丁亥，第7273页。
⑧ （宋）李焘撰，上海师范大学古籍整理研究所、华东师范大学古籍整理研究所点校：《续资治通鉴长编》卷156，庆历五年闰五月庚戌，第3779页。
⑨ （宋）李焘撰，上海师范大学古籍整理研究所、华东师范大学古籍整理研究所点校：《续资治通鉴长编》卷449，元祐五年十月庚戌，第10795页。
⑩ （宋）朱熹撰：《晦庵先生朱文公文集》卷18《按唐仲友第三状》，朱杰人、严佐之、刘永翔主编：《朱子全书》，第832—833页。
⑪ （宋）朱熹撰：《晦庵先生朱文公文集》卷18《按唐仲友第三状》，朱杰人、严佐之、刘永翔主编：《朱子全书》，第840页。

诗赋版籍，“每集二千道。刊板既成，般运归本家书坊货卖”[①]，而所用工费“凡材料、口食、纸墨之类，并是支破官钱。又乘势雕造花板，印染斑襭之属凡数十片，发归本家彩帛铺，充染帛用”[②]。完全是无本经营，所有本钱均从地方州军支出，而盈利则归个人，贪赃严重。理宗朝，知州黄震也弹劾下属添差宜黄县不厘务监酒、权北厢监押赵与垧与县尉、胥吏等用“官会一千八百贯，将所分航步等三仓不尽行监贷，纵容仓干搬贩出界”[③]，黄对犯罪的胥吏等进行了惩治，并请求将这一添差官职省罢。这些贪官污吏像硕鼠一样，经营、偷盗官府钱物，日积月累，数额也是相当惊人的。

此外，宋代地方官员利用职务之便，与官为市，亏损官钱物的现象同样严重。他们表面采用公平贸易的形式，但是谋取的却是个人私利。宋朝中央政府为防止职务侵占，一直严格禁止地方官吏在任承买官府物资或卖物入官，如哲宗元祐六年（1091 年），朝廷曾诏令：“监司及当职官员、吏人，并州县在任官员或吏人、公人，各不得承买官估卖之物及请佃承买官田宅，违者徒二年。即本州县吏人、公人，非当职及管而请佃承买官田宅者，各杖一百。吏人、公人仍许人告”[④]，《庆元条法事类》中也规定：“诸在任官（亲戚同）及公使库中卖粮草入官者，以违制论。为人请嘱或令人中卖者，准此。以上监官知情减二等，专副又减一等，并许人告，物没官。”[⑤] 但是，从历史发展的实际情况来看，法令执行问题多多，官吏借此贪赃营私，数额巨大。

两宋时期，地方官员与官为市，多取官钱者较为常见。如仁宗景祐元年（1034 年），台谏弹劾范讽出守兖州，“增产于齐州，市官田，亏平估”[⑥]。神宗熙宁八年（1075 年），台谏官弹劾“知颍州孙永以马一匹入市骐骥院，元直六十千，而请官直百六十千”[⑦]，多取官钱一倍有余。元丰中，润州知州鞠真卿“私遣衙校

① （宋）朱熹撰：《晦庵先生朱文公文集》卷 18《按唐仲友第三状》，朱杰人、严佐之、刘永翔主编：《朱子全书》，第 836 页。

② （宋）朱熹撰：《晦庵先生朱文公文集》卷 18《按唐仲友第三状》，朱杰人、严佐之、刘永翔主编：《朱子全书》，第 836 页。

③ （宋）黄震：《黄氏日抄》卷 75《乞省罢宜黄县监酒申省状》，（宋）黄震著，张伟、何忠礼主编：《黄震全集》，第 2171 页。

④ （宋）李焘撰，上海师范大学古籍整理研究所、华东师范大学古籍整理研究所点校：《续资治通鉴长编》卷 461，元祐六年七月壬戌，第 11019 页。

⑤ （宋）谢深甫撰，戴建国点校：《庆元条法事类》卷 37《籴买粮草》，杨一凡、田涛主编，戴建国点校：《中国珍稀法律典籍续编》第 1 册，第 569 页。

⑥ （宋）李焘撰，上海师范大学古籍整理研究所、华东师范大学古籍整理研究所点校：《续资治通鉴长编》卷 115，景祐元年十月辛酉，第 2703 页。

⑦ （宋）李焘撰，上海师范大学古籍整理研究所、华东师范大学古籍整理研究所点校：《续资治通鉴长编》卷 264，熙宁八年五月丁亥，第 6479 页。

过扬州问市价，谕市司增价粜职田米，纳本州”[①]，从而达到以高出市场价格的价钱令官府收买自己的职田租米，从而获利的目的。再如哲宗元祐年间，蔡硕买韶州场铅、锡会子，“内有买炉户未纳铅，作诡名卖纳”[②]，炉户有卷，“合请五分之直，而官无钱可给转运司令支四分，而硕乃请十分，共一万六千余缗，计获剩利七千余缗”[③]。蔡硕与当地场务官吏勾结，多支转运司钱七千余贯，贪赃入己，使政府购买资金受到无效损耗。元祐五年（1090年），知青州王安礼也被弹劾，其罪状之一就是“在任，曾将本家锦一段并椅桌二十副卖与公用库，大算官钱入已”[④]，赵仁恕“用赃罚银打大酒升行用，致大量过官酒，计亏官钱二千余贯”[⑤]。南宋高宗绍兴二十八年（1158年），两浙东路提举常平茶盐公事都洁也奏论“诸路州县每遇官司减价粜米，其监粜官多是容纵公吏等人诡作小民姓名，过数多籴”[⑥]。这些贪官利用自己的职务便利，贱买贵卖，千方百计地算计，多取官府钱物。

此外，在和官府交易中，官员们以次充好，骗取官府钱物的现象也是很多的，如北宋仁宗天圣七年（1029年），有臣僚奏报，地方诸州设场收购军需粮草，费用钱物多，所得粮草低弱，其中的原因就在于地方官员“自将收获职田及有月俸余剩或籴买粗弱斛斗中籴，是以互相容隐，不惟亏损官钱，兼且仓库守支，易为损恶，以至军人请得陈次口食，或形嗟怨之语”[⑦]。这种贪赃现象极为恶劣，因为他不仅至使官府多支出了钱物，同时也没有得到优质粮草，导致军队怨恨，战斗力低下，因而被政府严令禁止。再如皇祐四年（1052年）八月，循州刺史世清“以病笃私易官马，计赃绢十六匹”[⑧]。哲宗元祐元年（1086年），苏轼弹劾前知广州陈绎“将造到公使库檀木观音，将松木观音换檀木观音入已；并将公使钱籴粮喂饲自己白鹇等”[⑨]。南宋建炎初年，淮南提刑司也奏报：“近年以

① （宋）李焘撰，上海师范大学古籍整理研究所、华东师范大学古籍整理研究所点校：《续资治通鉴长编》卷323，元丰五年二月甲寅，第7777页。
② （宋）李焘撰，上海师范大学古籍整理研究所、华东师范大学古籍整理研究所点校：《续资治通鉴长编》卷446，元祐五年八月乙未，第10729页。
③ （宋）李焘撰，上海师范大学古籍整理研究所、华东师范大学古籍整理研究所点校：《续资治通鉴长编》卷446，元祐五年八月乙未，第10729页。
④ （宋）李焘撰，上海师范大学古籍整理研究所、华东师范大学古籍整理研究所点校：《续资治通鉴长编》卷449，元祐五年十月庚戌，第10795页。
⑤ （宋）李焘撰，上海师范大学古籍整理研究所、华东师范大学古籍整理研究所点校：《续资治通鉴长编》卷460，元祐六年丙辰，第11009页。
⑥ 刘琳、刁忠民、舒大刚，等校点：《宋会要辑稿》食货五三之二六，第7222页。
⑦ 刘琳、刁忠民、舒大刚，等校点：《宋会要辑稿》食货三九之一五，第6859页。
⑧ （宋）李焘撰，上海师范大学古籍整理研究所、华东师范大学古籍整理研究所点校：《续资治通鉴长编》卷173，皇祐四年八月甲戌，第4165页。
⑨ （宋）王明清：《玉照新志》卷1，上海：上海书店出版社，1990年版，第3页。

来，诸州受纳官与专、斗作弊，公然受纳湿恶伪滥之物。或年月深远，不曾依条兑换，将不堪斛㪷盛贮别敖，专充军粮，兑留好米支见任官月粮”[①]。绍兴四年（1134年），秀州华亭县知县吕应问因在任“将职田糙米换到苗米入己，并将赃罚库枋归湖州修屋”[②]被罢官、除名。与前者相比，这种以次充好、高估价钱的行为更让人痛恨，因为他使政府的行政成本受到双重损耗，既获取了官府的行政经费，同时也败坏了政府的物资储备，影响政府的公信力和形象，因而是贪赃腐败行为中十分恶劣的一种。

（四）冒请官俸、克扣粮饷归私有

宋代地方政府的钱物，十之七八用来供养地方官吏、兵丁，因而其数量也是相当庞大的，因而也引起了一些贪官污吏的注意，他们想方设法利用俸禄制度的缺陷，多请俸禄，或将他人俸禄克扣归己，导致地方行政经费的无效损耗。

宋代冒请俸禄的情况较为常见，存在于地方各级官吏中。如真宗咸平六年（1003年），太常少卿王仲华知苏州，后调任杭州，但其“徙任日，冒请苏州添给”[③]，被罚金、夺官。神宗熙宁中，常州知州俞希旦假借开凿运河名义，“以转运使巡历苏、常州，自谕吏，令已与部役官一例破开河食钱，共数百缗入已”[④]。元丰七年（1084年），前任江西提刑曾伉“巡历至洪州，受公使库月给，及以官钱自贷职田所得米备价”[⑤]，后被御史弹劾，因身亡而罢。元祐中，户部官员也提出：官员“起支请给，旧无法禁，多重叠伪冒，有已分移而他处全请、已身亡而分移处犹请者”[⑥]，朝廷立法加以禁止，请俸“不以则例限内申户部者杖一百；擅给历及不候分移历到而收并者，各徒二年”[⑦]。绍圣中，鄜州支使石苍舒冒取俸给，“积数千百缗”，被通判弹劾，“竟坐赃去”[⑧]。徽宗政和六年（1116年），枢密院在奏论诸路宫观官时也提到，部分贪官“其间或有妄称资序，冒请

① 刘琳、刁忠民、舒大刚，等校点：《宋会要辑稿》食货五四之七，第7240页。
② 刘琳、刁忠民、舒大刚，等校点：《宋会要辑稿》刑法六之二七，第8546页。
③ （宋）李焘撰，上海师范大学古籍整理研究所、华东师范大学古籍整理研究所点校：《续资治通鉴长编》卷55，咸平六年九月辛亥，第1213页。
④ （宋）李焘撰，上海师范大学古籍整理研究所、华东师范大学古籍整理研究所点校：《续资治通鉴长编》卷271，熙宁八年十二月壬寅，第6643页。
⑤ （宋）李焘撰，上海师范大学古籍整理研究所、华东师范大学古籍整理研究所点校：《续资治通鉴长编》卷343，元丰七年二月壬申，第8236页。
⑥ 刘琳、刁忠民、舒大刚，等校点：《宋会要辑稿》职官五七之四八，第4584页。
⑦ 刘琳、刁忠民、舒大刚，等校点：《宋会要辑稿》职官五七之四八，第4584页。
⑧ （宋）晁补之撰：《鸡肋集》卷65《右朝议大夫梁公墓志铭》，《四部丛刊初编·集部》，上海：商务印书馆，1936年影印本，第21页。

供给，谓如知县人称作通判、知州人作职司，未应请而妄请，当请少而受多，或匿其照检，州县不察”[①]，致使多费钱物，朝廷责令吏部发凭证给州县验证，杜绝此弊。宣和中，童贯也奏论诸路州县官滥请月公使供给钱，“熙丰时有及百千者，号为至厚，所闻不过数处。近年一例增添，知、通所得数倍，或至千贯”[②]。这么多的俸禄只有通过在任官员违法经营才能获得。

南宋时期，官吏冒请俸禄数额更大，手法更加隐蔽，如绍兴十三年（1143年），前任知邕州俞僉因“在任日，冒请遥郡全俸及路分钤辖添支，(讨)[计]赃二十匹(又)[以]上，及侵欺朝廷买马钱”[③]，而受到朝廷调查。十九年（1149年），前湖南总管辛永宗“本身违法请过添支等计一万二千五百余贯”[④]。二十六年（1156年），右正言凌哲又论地方守令贪赃不法行为，包括“以修造为名，频破官物，虚没入已；监司属官，广占兵级，坐耗廪券；命官之任及解官，妄指远僻之所，多请雇直；寄居官俸给，往他州重叠冒请”[⑤]，其中涉及官吏冒请俸禄、役人雇直的就有两种。乾道九年（1173年）三月，右宣教郎、权知英州吴名世因“在任收受金银及诡名请兵士借请入已”[⑥]，被追毁出身以来文字，除名勒停，永不收叙，送藤州编管，仍籍没家财，处罚相当严重。淳熙中，朝廷再次就官吏“以接送为名，多借请受，并假官权摄支请供给”[⑦]，以及“诸司与列郡胥吏、牙校月有借请，蠹财困民，致令归正、拣汰之人拖下请给”[⑧]，命监司、帅臣加强监督。当时，由于州郡省仓粮料有限，一些不法官员甚至将魔爪伸向减灾用的常平仓钱粮，冒请其为俸禄，如宁宗朝徽州“本州秋苗岁入止盈五万，正苗既已甚少，义仓自应不多，其常平坊场等钱，率以败阙为说。艰于催促，所入微矣，而支用何其伙也。若胥吏，若军兵，若散从，直月廪之数，取诸常平。使其尽出于公，固未甚害，其间托名差使，辄敢旁缘兑支。倅厅自开幸门，州郡亦复援例，其余官属，皆有干求。由是纷然，不胜其众。蓄积本无几也，滥费其可堪乎？”[⑨]各种官吏、兵丁都从常平仓中冒请俸禄，导致袁甫上任时惊骇地发现，常平仓“米才数百斛，钱才数百缗而已”。经过他两年多的整治，“率

① 刘琳、刁忠民、舒大刚，等校点：《宋会要辑稿》职官五四之三〇，第4483页。
② 刘琳、刁忠民、舒大刚，等校点：《宋会要辑稿》职官五七之六二，第4592页。
③ 刘琳、刁忠民、舒大刚，等校点：《宋会要辑稿》刑法五之三七，第8523页。
④ 刘琳、刁忠民、舒大刚，等校点：《宋会要辑稿》职官七〇之三四，第4934页。
⑤ （宋）李心传编撰，胡坤点校：《建炎以来系年要录》卷171，绍兴二十六年二月庚辰，第3270页。
⑥ 刘琳、刁忠民、舒大刚，等校点：《宋会要辑稿》刑法六之三八，第8552页。
⑦ 汪圣铎点校：《宋史全文》卷26上，淳熙元年二月庚辰，第2151页。
⑧ 汪圣铎点校：《宋史全文》卷26上，淳熙元年二月庚辰，第2151页。
⑨ （宋）袁甫撰：《蒙斋集》卷2《知徽州奏便民五事状》，《丛书集成初编》，第27页。

之以身，一毫无妄，上而州郡，下而同官，尽裁以公，靡容私请。日积月累，所蓄渐丰。始焉仅四百缗，今也乃踰万数，几二十倍于前矣”[①]。四百贯与一万贯相差悬殊，从中可见，一州被官吏冒请的俸禄一年就达近万贯，官吏贪赃之风何其严重！大量的经费成为无效行政成本，给宋代地方财政造成巨大的压力。

职田是地方官员俸禄中的重要组成部分，职田需要租户耕种，收租或折变钱物给官员，由于其支取周期比较长，故而也成为地方官员贪污、冒请的重要领域。如仁宗天圣十年（1032 年）三月，“真定府井陉令张起免除名，夺三官。坐倍取职（取）[细]绢十五匹”[②]。四月，虞部郎中、知棣州王涉特免黥面，配广南本城，永不录用。“坐冒请官职田，估赃绢百七十匹。”[③]庆历五年（1045 年），前泾原路瓦亭寨主、左班殿直、合门祗侯张忠“过取职田课入”[④]，被坐法勒停。徽宗建中靖国中，臣僚反映：晋州知州“所得职田，因李君卿充守臣日，谕意管下县官违法增额。内襄陵一县有县令刘可谀悦君卿，抑勒百姓，知州职田所得比旧增五七倍”[⑤]。后有官员裁减一二，“只襄陵一县岁减所入约八百贯”[⑥]，可见，知州冒取职田俸应在数千贯以上。

克扣粮饷归私有，主要是一些地方行政、主军长官及负责俸禄发放的监官、胥吏。如北宋前期，夏守恩为真定路都部署，贪滥不法，其“敛戍军家口钱十万为之遣代者；权知定州，取富民金钗四十二枚，为之移卒于外县”[⑦]，后被转运使等按察，被除名、编管。神宗朝，因仓吏随意克扣出戍官兵粮料，斗斛不足，朝廷给仓吏俸禄，并设《诸仓丐取法》，对仓吏克扣粮料钱物加重处罚，“其后内则政府，外则监司，多仿此法。内外岁增吏禄至百余万缗”[⑧]，看来当时地方仓吏也存在这种克扣兵卒俸禄现象，并也实行了仓法。南宋绍兴中，叶遵为均州通判，“将远接兵级支散不尽钱米入己”[⑨]，被知州弹劾，削官、勒停、编管。绍兴五年（1135 年），天台知县刘默因将“防秋犒设官吏、土豪酒食之费，以为入已倍赃”[⑩]，共计十五贯，被罢官编管。孝宗朝绍兴府因发生灾害，责令

① （宋）袁甫撰：《蒙斋集》卷 2《知徽州奏便民五事状》，《丛书集成初编》，第 27 页。
② 刘琳、刁忠民、舒大刚，等校点：《宋会要辑稿》刑法六之一四，第 8538 页。
③ 刘琳、刁忠民、舒大刚，等校点：《宋会要辑稿》刑法六之一四，第 8538 页。
④ （宋）李焘撰，上海师范大学古籍整理研究所、华东师范大学古籍整理研究所点校：《续资治通鉴长编》卷 157，庆历五年十二月甲戌，第 3813 页。
⑤ 刘琳、刁忠民、舒大刚，等校点：《宋会要辑稿》职官五八之一五，第 4622—4623 页。
⑥ 刘琳、刁忠民、舒大刚，等校点：《宋会要辑稿》职官五八之一五，第 4623 页。
⑦ （宋）司马光撰，邓广铭、张希清点校：《涑水记闻》卷八，第 163 页。
⑧ （元）脱脱等撰：《宋史》卷 199《刑法志一》，第 4977 页。
⑨ 刘琳、刁忠民、舒大刚，等校点：《宋会要辑稿》职官七〇之四五，第 4941 页。
⑩ （宋）李心传编撰，胡坤点校：《建炎以来系年要录》卷 95，绍兴五年十一月戊寅，第 1817 页。

本府指使密克勤从平江府请到赈济米一万三千石，但是他却心生贪念，在米中掺杂大量糠石，“通约所押一万三千石内折欠、拌和之数，计米四千一百六十石”[①]，数量是相当惊人的。宁宗朝，江东转运使真德秀弹劾知宁国府张忠恕克扣宗室钱米及军兵俸禄，“陈乞起支者经年而不予，近又创例坐仓回籴孤遗米并以酸淡官酝折支料钱，而宗室怨。军人预借春衣钱每名抑支官酒七升，亏折甚多，噤不敢言，而军士怨”[②]，而这些克扣下来的钱米也多被长官侵吞或滥用。有时这种克扣行为会导致士兵的反抗，甚至引发兵变，如绍兴二十五年（1155年）七月，知婺州李琛、大理司直李璟因到官之后“减克军兵请给，几至生变”[③]被罢免。宁宗嘉定十二年（1219年），四川兴元府军士张福、莫简发动叛乱，兵变主要原因就是四川总领杨九鼎减扣每名出戍官兵钱三百文，“刻剥致诸军之怨”[④]。

地方负责邮驿传递的递铺兵丁，其俸禄往往也被长官克扣，或以财政拮据为名加以缩减。如高宗绍兴十九年（1149年），刑部奏报中就提到“诸处巡辖使臣以支取粪土钱为名，于铺兵名下减克请给、率敛财物者”[⑤]。绍兴二十九年（1159年）六月，淮南路转运判官张祁也弹劾“本路庐州、无为军巡辖使臣忠翊郎张显祖在任不法，减克铺兵衣粮、请受钱物入己，致军兵怨愤，无所畏惮，住滞递角文字”[⑥]。光宗绍熙元年（1190年），知严州张挺因“论其荒于酒色，郡事付之吏胥……铺兵食钱擅行住支，以资妄费”[⑦]而被罢官。朝廷对此类现象也立法加以禁止，允许递铺兵越诉。[⑧]

通过以上诸多例证可以看出，俸禄、粮饷这部分行政成本政府已经支出，可惜却入了赃官腰包，变成了无效成本，造成的兵怒民怨却要由政府来承担。

（五）利用公款贿赂徇私

行贿、受贿是宋代地方官场的积弊，难以根治，利用公款行贿则更为令人痛恨，因为其耗费的是地方公共经费，达到的却往往是官员个人的私人目的，

---

① （宋）朱熹撰：《晦庵先生朱文公文集》卷16《奏绍兴府指使密克勤偷盗官米状》，朱杰人、严佐之、刘永翔主编：《朱子全书》，第765页。

② （宋）真德秀撰：《西山先生真文忠公文集》卷12《奏乞将知宁国府张忠恕亟赐罢黜》，《宋集珍本丛刊》，第76册，第6页。

③ 刘琳、刁忠民、舒大刚，等校点：《宋会要辑稿》职官七〇之四〇，第4937页。

④ （宋）罗大经撰，王瑞来点校：《鹤林玉露》乙编卷4《安子文自赞》，第190页。

⑤ 刘琳、刁忠民、舒大刚，等校点：《宋会要辑稿》方域一一之一一，第9495页。

⑥ 刘琳、刁忠民、舒大刚，等校点：《宋会要辑稿》方域一一之一五，第9497页。

⑦ 刘琳、刁忠民、舒大刚，等校点：《宋会要辑稿》职官七三之二，第5001—5002页。

⑧ 刘琳、刁忠民、舒大刚，等校点：《宋会要辑稿》方域一一之一一，第9495页。

或为名，或为利，使得地方官府的行政经费变成无效成本。

利用公使钱进行贿赂和互相馈赠是当时地方官场比较常见的手段，宋人认为公使钱者，“祖宗旧制，州郡公使库钱酒，专馈士大夫入京往来与之官、罢任旅费。所馈之厚薄，随其官品之高下、妻孥之多寡。此损有余补不足，周急不继富之意也”[①]。其钱物可以用来招待过往官员饮食，馈送酒、醋等礼品，支出到任、罢任官员雇钱、“下至吏卒，批支口食之类，以济其乏食”[②]，购置日常办公用品、年节宴会、犒设军队、奖赏有功人员等，在北宋后期乃至南宋，还增加了公使供给钱，成为地方官员俸禄的一部分。公使钱物，可以视为宋代政府给地方设定的日常办公经费，花费支出相对自由，但是地方官府互相馈送物品，“彼此交易，复还公帑。苟私用之，则有刑矣”[③]，可见，收受公使钱物入己，尤其是酒、醋之外的礼品，是当时的官场大忌，被定为赃罪。但是，这种钱物既然朝廷允许少量赠予过往、去任、邻郡官员，由少积多，渐渐地在官场盛行起来，其数额愈加庞大，苞苴盛行，成为北宋中后期乃至南宋官场公然利用公款行贿的主要代表。如南宋绍兴二十六年（1156 年）九月，臣僚上奏中就提出：“近年监司、郡守益有供给之外递相送遗，公行博易，月至千缗者。至于官属，往往虚创名件，谓之兼局、提点、检察、监催之名，其所入亦有月至二三百缗者。而闲慢小官合得供给俸钱，或虚折酒醋，或累月倚阁，其为不均如此。望下按察官司严行禁止，悉遵见行条法。”[④]这时候地方出现的窝案，成为一种新特点。为了解决这一问题，孝宗淳熙元年（1174 年）二月，诏：“访闻诸路州郡循习旧弊，巧作名色馈送，及虚破兵卒，以接送为名，多借请受，并假名权摄支请供给之类；又闻诸司与列郡胥吏、牙校月有借请。蠹耗财赋，重困民力，致令归正、拣汰之人拖下请给。仰诸路帅臣、监司常切觉察。”[⑤]但从实际情况来看，这一问题并未得到有效解决。

除了公使钱物，地方官员还动用地方系省钱物、常平钱物等进行馈赠，贿赂上司官员，由于这部分钱物法令不允许用于馈赠，违者处以赃罪，故而动用这些钱物行贿是要冒更大风险的。如北宋末年，吕好问就说：朝廷科配民间钱物，“且如一县当一分之数，一分之外，则吏人取其八九，县官取其六七，又以四五入于监司州郡之公库，监司、郡守复以赂京师贵近，上下相蒙，事不得发。

① （宋）王栐撰，诚刚点校：《燕翼诒谋录》卷 3，第 29 页。
② （宋）王明清撰：《挥麈录》后录卷 1，第 42 页。
③ （宋）王栐撰，诚刚点校：《燕翼诒谋录》卷 3，第 29 页。
④ 刘琳、刁忠民、舒大刚，等校点：《宋会要辑稿》刑法二之一五四，第 8382 页。
⑤ 刘琳、刁忠民、舒大刚，等校点：《宋会要辑稿》职官七九之一，第 5225 页。

然则朝廷之取民也至寡，害民也至轻，而赃吏之取民也至重，害民也至酷”[①]。地方官员公然将科配朝廷钱物用于行贿权贵，为国敛怨。高宗绍兴七年（1137年）八月，右宣教郎李处廉因知永嘉县“坐以官钱雕伊川集板，及印造与人，并他赃”[②]被除名编管。又如绍兴十七年（1147年），潮州知州徐璋“又盗官钱为（赵）鼎盖造第宅，通计一万余缗”[③]。秦桧当政时期，权倾朝野，地方官员百般谄媚，动用官钱贿赂，如当时曾浩为知建康府江宁县，“秦少保告归谒墓，所过振动，州县以应办为奇货。而墓在邑下，掌留钥者谓公甚费毋惜，公计之当钱五十万，无一合支者。僚吏争进曰：‘常平、系省钱，皆可货尔。’”[④]幸而曾浩还有气节，认为：“常平、系省，官钱也。以官钱媚人，吾首可断，此不可为。”[⑤]虽然未费官钱，但也看出当时地方官吏，毫无操守，利用官钱贿赂权贵，理直气壮。绍兴二十五年（1155年），直秘阁、淮东提举常平茶盐齐旦“附权臣，苞苴无虚日，倍收头子钱，减克盐本钱，以资妄用”[⑥]被罢免。宁宗嘉定中，湖广总领“盗用库钱二万缗充馈赂，至以买妾”[⑦]。周必大也曾弹劾余杭县令蒋安定“奸赃狼藉，略无忌惮。置女仆，求乳媪，私事也，既盗公家之钱以偿其直，又抑勒手分、保正以助之，至于侵牟铺户，亏损银价，殆及一百七十余千。凡买书籍，馈过客，取诸官帑，如探私箧，总计其数至六百缗”[⑧]。

公使钱、常平钱、系省钱、诸色官钱，只是地方政府所管理的，都可能成为他们用来行贿的资本，达到他们不可告人的私人目的，大量的政府公共资产流入私人腰包，地方行政成本因行贿馈赠而导致的无效消耗，成为当时屡禁不止的难题。

（六）私自增税入己

宋代地方官府收税，遵循“以支定收”的原则，包括二税及其附加税、茶、盐、酒等各项税赋中央均规定了其固定数额，用于供给地方官吏、军兵俸禄及

① （宋）赵汝愚编，北京大学中国中古史研究中心点校整理：《宋朝诸臣奏议》卷67《吕好问·乞择监司郡守按察赃吏》，第746—747页。

② （宋）李心传编撰，胡坤点校：《建炎以来系年要录》卷114，绍兴七年九月丙戌，第2140页。

③ （宋）李心传编撰，胡坤点校：《建炎以来系年要录》卷156，绍兴十七年四月己未，第2959页。

④ （宋）韩元吉撰：《南涧甲乙稿》卷20《右朝奉大夫致仕曾公墓志铭》，《丛书集成初编》，第411页。

⑤ （宋）韩元吉撰：《南涧甲乙稿》卷20《右朝奉大夫致仕曾公墓志铭》，《丛书集成初编》，第411页。

⑥ （宋）徐松辑，刘琳、刁忠民、舒大刚等点校：《宋会要辑稿》职官七〇之四三，第4939页。

⑦ （宋）真德秀撰：《西山先生真文忠公文集》卷42《通议大夫宝文阁待制李公墓志铭》，《宋集珍本丛刊》，第76册，第446页。

⑧ （宋）周必大撰：《庐陵周益国文忠公集》卷99《驳前余杭知县蒋安定改正罪名状（时暂权给事中）》，《宋集珍本丛刊》，第52册，第71页。

其他相关费用。为保证地方财税足用，中央只催八九分，允许地方留用税赋一二分，朱熹就曾说："伏见祖宗旧法，凡州县催理官物已及九分已上，谓之破分，诸司即行住催，版曹亦置不问，由是州县得其赢余，以相补助。贫民些小拖欠，亦得苟延以待蠲放恩。"① 如果地方行政长官日常经费节俭，这部分多征收的一二分税或节省下来的经费，称为"羡余"，可以比较自由的支用。地方官员为了满足经费使用，或为了奢侈腐化的生活，往往私自多收税赋，搜刮百姓，这部分所谓"羡余"，本可以用于代民众交纳下一年度税赋、公务接待等费用，但由于缺乏监管，往往也为官吏私人侵吞，成为无效行政成本。在宋代，地方政府法外私自增税行为日益猖獗，宋人就说：所谓羡余"非重征则横敛，是民之膏血也"②，如果这部分税款用于修建官廨、官吏俸禄等公共用途，处罚则相对较轻，如果官吏私自增税，而又入已，钱物归入私人，则是贪赃的一大罪状，处罚更为严重。如宁宗嘉定十三年（1220 年），朝廷诏令中就规定："凡在官财物不应用而用之依律科坐赃罪之人，自今私自入己者，为赃罪；私自馈遗者，为私罪；用充公用者，为之公罪。创始者为首，坐以全罪；循例者为从，与减一等。"③ 这样，将官员擅用官方财物分为公罪、私罪、赃罪三等，处罚更为明确合理。

北宋时期，由于中央政府对地方财税监管较为严密，地方官员私自增税及侵吞的情况虽然存在，但并不严重。如太祖开宝七年（974 年），"知博州吕鹄、知蕲州秦亶皆坐盗盐曲额外钱，决杖除名"④，朝廷同时加强了财税帐籍监管，令通判等"月具籍供三司，秩满校其殿最，欺隐者当置于法"⑤。开宝九年（976 年），彰义节度使张铎厚增买马钱而私取之，"累积至十六万贯，及擅借公帑钱万余缗，侵用官曲六千四百余饼"⑥，因其为太祖"宿旧，诏释不问，但罢其旄钺而已"⑦。可见，太祖以经济赎买换取地方节度使兵权，耗费了地方政府大量行政经费，造成无效成本。太宗太平兴国五年（980 年），"阳武县令张希永。坐

① （宋）章如愚辑：《群书考索》别集卷 20《财用门十二》，第 1351 页。

② （元）脱脱等撰：《宋史》卷 384《叶颙传》，第 11820 页。

③ （宋）马端临著，上海师范大学古籍研究所、华东师范大学古籍研究所点校：《文献通考》卷 167《刑考六》，第 5019 页。

④ （宋）李焘撰，上海师范大学古籍整理研究所、华东师范大学古籍整理研究所点校：《续资治通鉴长编》卷 15，开宝七年二月癸巳，第 318 页。

⑤ （宋）李焘撰，上海师范大学古籍整理研究所、华东师范大学古籍整理研究所点校：《续资治通鉴长编》卷 15，开宝七年二月癸巳，第 318 页。

⑥ （宋）李焘撰，上海师范大学古籍整理研究所、华东师范大学古籍整理研究所点校：《续资治通鉴长编》卷 17，开宝九年十月庚子，第 377 页。

⑦ （宋）李焘撰，上海师范大学古籍整理研究所、华东师范大学古籍整理研究所点校：《续资治通鉴长编》卷 17，开宝九年十月庚子，第 377 页。

与主榷酤吏赵赞前后盗取羡余官钱二百三十四贯入已”[①]，被杖杀。真宗大中祥符三年（1010 年）四月，知施州、侍禁孙诩“坐擅赋敛入己，私役所监临，计绢二十匹”被削籍为民。[②]此后，由于朝廷的默许和鼓励，地方官员多将羡余进奉朝廷，以求恩赏，私吞法外征敛者较为少见，仁宗庆历中王逵为荆湖转运使，“率民输钱免役，得缗钱三十万，进为羡余，蒙诏奖。繇是他路竞为掊克以市恩”[③]。直至北宋徽宗朝，私自增税入已的现象才又多起来，且日益严重。如宣和中，京西路“诸郡漕钱送吏卒贸易取赢，久遂成俗。比公至，而钱不输于库者八十万，往往惧罪自匿”[④]。宣和六年（1124 年），刘式任潭州湘潭县知县，“值科燕山免夫钱，湘潭管田八十六万亩，式每亩科钱七百文，二分纳见钱，每亩盗一百文入已，一分以银折纳。其时银价踊贵，每两至三贯文。式用潭等取之于民，而以广等纳之于官。广等者以十钱为两，见行法秤也；潭等者以十三钱为两，湖南民间通用私秤也。据此两项，式之所盗，其数多矣”[⑤]。采取这种多收少交的办法，将大量钱银贪赃。当时的监司、郡守，上任前重金贿赂权幸之门，“计其所纳与所得官相当，然后得之”[⑥]。到任之后，“督责州县以偿其费，州县因重取于民以为献，上则求保明恩赏奏辟差遣，下则求荐章免罪责”[⑦]。路、州行政长官用搜刮百姓来的财富填补上任前的贿赂花费，地方上政治腐败、黑暗从中可见一斑。

南宋时期，由于战乱，朝廷监管不力，加之秦桧、史弥远等贪官当政，上行下效，私增税赋入已的现象更加普遍，数额日益庞大。如高宗建炎中，名臣李纲就说：“潭州累年为盗贼所据有，权通判张掞与孔彦舟、马友交通，挟贼之势，恣为不法。权长沙令使臣林之问等为之牙爪，科率钱米，多入其家，公然置买田宅，书填官告出卖入已，赃污狼籍以巨万计，莫敢谁何。”[⑧]绍兴元年（1131年），饶州知州魏滂“以修城之故，令民户有税一钱者输四钱，凡得十七万缗，

① （宋）李焘撰，上海师范大学古籍整理研究所、华东师范大学古籍整理研究所点校：《续资治通鉴长编》卷21，太平兴国五年十月丁亥，第 480 页。

② （宋）李焘撰，上海师范大学古籍整理研究所、华东师范大学古籍整理研究所点校：《续资治通鉴长编》卷73，大中祥符三年四月壬子，第 1663 页。

③ （元）脱脱等撰：《宋史》卷 177《食货志上五》，第 4297 页。

④ （宋）孙觌撰：《南兰陵孙尚书大全文集》卷 58《宋故右中奉大夫直秘阁致仕朱公墓志铭》，《宋集珍本丛刊》，第 35 册，第 693 页。

⑤ （宋）胡寅撰：《斐然集》卷 15《缴湖南勘刘式翻异奏》，《景印文渊阁四库全书》，第 1137 册，第 470 页。

⑥ （宋）赵汝愚编，北京大学中国中古史研究中心校点整理：《宋朝诸臣奏议》卷 67《吕好问·乞择监司郡守按察赃吏》，第 746 页。

⑦ （宋）赵汝愚编，北京大学中国中古史研究中心校点整理：《宋朝诸臣奏议》卷 67《吕好问·乞择监司郡守按察赃吏》，第 746 页。

⑧ （宋）李纲撰，王瑞明点校：《李纲全集》卷 116《与吕相公第八书别幅（潭州）》，第 1103 页。

其出纳之籍，或不可考”[①]，后“其盗用修城钱十余万，乃罢之。”[②]绍兴二十年（1150 年），监察御史汤允恭奏报地方州县滥施赎刑，罚铜入己，“少或数十百缗，多或三千缗，罚溢于罪，或相十百，或相千万，了不相当。且又避免监司检察，收在别历，侵欺乾没，殆不可考”[③]，朝廷责令当赎“一遵奉律条，毋令多纳缗钱”[④]。孝宗乾道二年（1166 年），左从政郎、前建康府上元县令李允升因“私于厅侧置上库，拘收赃罚钱并诸色杂收官钱，并不附历，节次盗支入己”[⑤]被刺面、杖脊、编管。乾道五年（1169 年），前赣州会昌县令韩元奕因“纵容胥吏并缘为奸，违法科敛民钱入己，私役工匠，不支食钱”被除名、勒停、编管、籍没家财。[⑥]宁宗嘉泰中，辛弃疾奏论州县敛财害民，“往时有大吏为郡四年，多取斗面米六十万斛及钱百余万缗，别贮之仓库，以欺朝廷曰‘用此钱籴此米’，还盗其钱而去”[⑦]，为政四年盗取羡余钱百余万缗，其贪赃的疯狂程度令人咋舌。当时的情况正如名士陆九渊所说：“今贪吏之所取，供公上者无几，而入私囊者或相十百，或相千万矣。”[⑧]

理宗朝，政风日益败坏，州县“又以趁办月桩及添助版帐为名”[⑨]征收富贵之家赃罚钱，“不问罪之轻重，并从科罚。大率官取其十，吏渔其百”[⑩]。嘉熙二年（1238 年），程元凤在论述州县征收上供税赋多取之弊时揭露了一个极为严重的盗用羡余税赋的问题，“且州县之间，岁纳苗斛，若以上郡计论之，姑以一岁万石为准，使其所取亦止万石，是有定数，谁复议之？而斛面之赢余，名色之科取，以少而计，率一倍焉。故取一石则有二石之收，取五千则有一万之获。上供郡计便自可足，余五千石却另折钱。然此钱者上不解之朝廷，下不藏之州县，往往官吏视为己物，巧立名色，掩而有之。而况上供郡计之需，其数虽上万石，而人户合催之额，万石之外有赢，亦是折钱，并皆掩有。今天下之州县不知几百万石，而前所谓一岁万石者，姑约言之耳。夫当军士嗷嗷待哺之际，而州县合取之米乃公然而化为私藏；当国家皇皇窘匮之时，而官吏掩有之弊乃

---

① （宋）李心传编撰，胡坤点校：《建炎以来系年要录》卷 43，绍兴元年三月庚子，第 915 页。
② （宋）李心传编撰，胡坤点校：《建炎以来系年要录》卷 43，绍兴元年三月庚子，第 915 页。
③ 刘琳、刁忠民、舒大刚，等校点：《宋会要辑稿》职官三之七七，第 3094 页。
④ 刘琳、刁忠民、舒大刚，等校点：《宋会要辑稿》职官三之七七，第 3094 页。
⑤ 刘琳、刁忠民、舒大刚，等校点：《宋会要辑稿》刑法六之三六，第 8550 页。
⑥ 刘琳、刁忠民、舒大刚，等校点：《宋会要辑稿》刑法六之三七，第 8551 页。
⑦ （宋）马端临，上海师范大学古籍研究所、华东师范大学古籍研究所点校：《文献通考》卷 5《田赋考五》，第 128 页。
⑧ （宋）陆九渊，钟哲点校：《陆九渊集》卷 5《与辛幼安》，第 72 页。
⑨ （元）脱脱等撰：《宋史》卷 200《刑法志二》，第 4997 页。
⑩ （元）脱脱等撰：《宋史》卷 200《刑法志二》，第 4997 页。

姑息而惮于改作。每一言及，令人短气”[①]。依照他的估算，一郡有多收的五千石粮食折变钱被侵吞，南宋一百余州，应有五百多万石羡余粮款被官吏侵占，在当时蒙古入侵形势如此严峻的情况下，确实令人扼腕叹息。嘉熙二年（1238年），吕午也曾上奏中探讨了夏、秋税羡余、酒息、印契等四种地方增收税赋被贪官私占的情况，其中的关节技巧颇为高超：“且夏税之纳绵绢，州县之解发与支用者有定数，而取于民者常溢于数之外也。于是计其解发支用之数，俾令人户纳之，而其余则计时价而折钱焉。下未尝欠而上未尝得也，不过贪官猾吏巧作名色而掩取之尔。合天下州县一岁而计之，其数至繁也，是可徒为官吏之资，而不取之以供公上之费乎？秋赋之纳苗米，州县之解发与支用者亦有定数，而取于民者亦溢于数之外也。于是又计其解发支用之数，俾人户纳之，而其余则计时价而折钱焉。下未尝欠而上未尝得也，亦不过为贪官猾吏多方变化而分取之尔。合天下州县，一岁而计之，其数不少也。是可徒纵官吏之欲，而不取之以济公上之乏乎？近年州县之酒息，视旧有加一倍者，有加二倍者，有加三倍者。合天下州县一岁之所入，其钱不可胜数也，而未尝一毫入于公上也，无非贪官猾吏之所得也。此而不取，亦可惜矣。每岁州县之印契，有归倅厅者，有归州郡者，有归漕司者。合天下州县一岁之所收，其钱不可胜计也。而未尝以之输公上也，无非贪官猾吏之所收也。此而不取，尤可惜矣。”[②]地方如此之多的增收钱物没有被用来抵抗蒙军入侵和改善民生，甚至没有用来满足地方政府日常运转开支，而是落入贪官污吏私人腰包，从中也就可以解释为什么南宋“有穷空州郡而无穷空之知州，有贫乏县道而少贫乏之知县”[③]了。

第二节　地方行政人员的奢侈、享乐所造成的超额行政成本

奢侈、享乐是人性中难以根除的弊病，尽管历代名人贤士谆谆教导，提倡节俭，避免骄奢，但是实际能在生活中特别是拥有实权的官员生活中洁身自好，爱惜官府钱物的屈指可数，而地方行政人员在各种公务活动中的奢侈、享乐行

① 《明良庆会录》卷3《乞令州县受纳苗米尽纳本色奏（嘉熙二年十月二十三日）》。

② （宋）吕午撰：《左史谏草》卷 1《戊戌三月二十五日奏为财赋八事欲望圣慈晓谕州县施行乞以成宪为法奏闻事伏候敕旨》，《景印文渊阁四库全书》，第 427 册，第 393、394 页。

③ （宋）章如愚辑：《群书考索》续集卷 37《官制门十》，第 1088 页。

为，也造成了地方政府超额行政成本的支出，这部分成本没有转化为实际治理效果，而是被肆意挥霍，成为无效行政成本。

（一）公务宴会中奢侈享乐

宋代地方路、州、县官员依法均可定期举行一定规模的公务宴会。路级监司到任后，州府应开宴对其表示欢迎，监司巡查州县时，可以参加州郡公宴。州府官享有的公务宴会包括旬设、款待过往官员、犒劳军校、本地官员聚会等。其中旬设是每旬一次用公费设宴款待本地的文武官员和士兵，是规模较大且固定时间举行的宴会。而在年节、皇帝生日、新皇登基等庆典活动，地方路、州府也可举行宴会。地方宴会的一般经费来源均是公使钱。县一级政府一般没有公使钱，举行宴会往往需要向下属胥吏或百姓摊派，搜刮钱物。①

正常的公务宴会可以增进官员之间的感情，助兴欢乐的节日气氛，促进信息的交流，同时也体现了对远道而来或卸任官员的一种礼仪。但是，由于缺乏行政成本观念，一些地方官员往往热衷于举行规模盛大的宴会，食材昂贵，种类丰富，花费大量的钱物，不仅如此，还邀请歌妓、杂技艺人助兴，使得宴会的规模和费用大大超出规定，造成超额的行政成本，这部分奢侈、浪费的钱物，也成为无效行政成本。

北宋初年，由于地方节度使、知州等多承袭五代藩镇遗风，公务宴会中的奢侈浪费之风就已存在。如太祖朝，“西京留守向拱在河南十余年，专修饰园林、第舍，好声妓，日纵酒，恣所欲。政府坏废”②。司马光也记载：北宋前期“旧相出镇者，多不以吏事为意。寇莱公虽有重名，所至之处，终日游宴，所爱伶人，或付与富室，辄厚有所得”③。寇准，“知邓州，而自少年富贵，不点油灯，尤好夜宴剧饮，虽寝室亦燃烛达旦。每罢官去，后人至官舍，见厕溷间烛泪在地，往往成堆”④。他还与雄州知州李允则宴会斗奢，宴会中寇准“幄帟、器皿、饮食、妓乐，百物华侈，意将压之”⑤，而李回请宴会“其幄帟皆蜀锦绣，床榻皆吴、越漆作，百物称是，公已愕然矣。及百戏入……则京师精伎，至者百数

① 朱瑞熙：《宋代官员公费用餐制度初探》，《文史》1999年第4辑，第137—153页。

② （宋）李焘撰，上海师范大学古籍整理研究所、华东师范大学古籍整理研究所点校：《续资治通鉴长编》卷10，开宝二年八月己亥，第231页。

③ （宋）司马光撰，邓广铭、张希清点校：《涑水记闻》卷7，第138—139页。

④ （宋）欧阳修撰，李伟国点校：《归田录》卷1，第15页。

⑤ （宋）苏辙撰，俞宗宪点校：《龙川别志》卷下，北京：中华书局，1982年版，第95页。

十人”[①]。梁周翰在太宗朝为苏州知州，“善音律，喜蒱博，惟以饮戏为务。州有伶官钱氏，家数百人，日令百人供妓，每出，必以肴具自随。郡务不治”[②]。王夫之《宋论》中也说：“宋初，吏治疏，守令优闲。宰执罢政出典州郡者，唯向敏中勤于吏事。寇准、张齐贤非无综核之才也，而倜傥任情，日事游宴；故韩琦出守乡郡，以‘昼锦’名其堂；是以剖符为休老之地，而不以民瘼国计课其干理也。且非徒大臣之出镇为然矣。遗事所纪者，西川游宴之盛，殆无虚月，率吏民以嬉，而太守有‘遨头’之号。其他建亭台，邀宾客，携属吏以登临玩赏，车骑络绎，歌吹喧阗，见于诗歌者不一。计其供张尊俎之费，取给于公帑者，一皆民力之所奉也；而狱讼征徭，且无暇以修职守。”[③]之后，随着仁宗三令五申，限制公务宴会的规模和参加人员，故而其奢侈之风有所好转。嘉祐四年（1059年）《禁奢侈诏》中就提到“而人怠久安。骄于佚欲。物丰大盛。耗以虚浮……纪纲既紊于度程。风俗以至于流荡”，因而规定“凡居室之制。器用之度。冠服之章。妾媵之数。其令中外臣庶。遵守前后条诏。如有违犯。仰御史台及开封府纠察闻奏”。[④]但是，由俭入奢易，由奢入俭难，不久此风气又故态复萌。如司马光在给儿子司马康的信中就提出：“吾记天圣中先公为群牧判官，客至，未尝不置酒，或三行五行，多不过七行。酒酤于市，果止于梨、栗、枣、柿之类，肴止于脯醢、菜羹，器用瓷漆。当时士大夫家皆然，人不相非也。会数而礼勤，物薄而情厚。近日士大夫家，酒非内法，果肴非远方珍异，食非多品，器皿非满案，不敢会宾友。常数月营聚，然后敢发书。苟或不然，人争非之，以为鄙吝。故不随俗靡者，盖鲜矣。”[⑤]诸如晏殊、杜衍等名臣也多喜爱奢侈宴会，“晏元宪公虽早富贵，而奉养极约，惟喜宾客，未尝一日不燕饮，而盘馔皆不预办，客至旋营之。……但人设一空案、一杯。既命酒，果实蔬茹渐至，亦必以歌乐相佐，谈笑杂出，数行之后案上已灿然矣”[⑥]。“杜祁公两帅长安。其初多任清俭，宴饮简薄，倡妓不许升厅。服饰粗质，裤至以布为之。及再至，事体皆变，筵会或至夜分。自索歌舞，或系红裹肚勒帛。”[⑦]庆历七年（1047年），判北京贾昌朝也说：“河北诸州军及总管司等争饰厨传，以待使客，肴馔果实，

---

① （宋）苏辙撰，俞宗宪点校：《龙川别志》卷下，第95页。
② （元）脱脱等撰：《宋史》卷439《梁周翰传》，第13003页。
③ （清）王夫之撰，舒士彦点校：《宋论》卷3《真宗六》，第64页。
④ 司义祖整理：《宋大诏令集》卷148《诫僭奢诏（嘉祐四年五月十日）》，第547页。
⑤ （宋）司马光撰，李文泽、霞绍晖点校：《司马光集》卷69《训俭示康》，第1413—1414页。
⑥ （宋）叶梦得撰，徐时仪整理：《避暑录话》卷上，《全宋笔记》第二编第十册，郑州：大象出版社，2013年版，第267页。
⑦ （宋）吴曾撰：《能改斋漫录》卷12《杜祁公通变》，第359页。

皆求多品，以相夸尚。盖承平日久，积习成风，稍加裁损，遂兴谤议，为守将者不得不然。”①原先节俭清廉的官员也被奢侈之风熏染，而所费用的公使钱物，数额也日益庞大，造成不必要的浪费。

神宗朝曾限制州府公使钱，实行定额制，“诸州所用公使钱，奢俭各不中礼，甚者或至非理掊克，今当量入为出，随州郡大小立等，岁自二百贯至五千贯止”②。严查额外经营牟利，奢侈宴会之风有所收敛。旧日“成都游赏之盛，甲于西蜀。……凡太守岁时宴集，骑从杂沓，车服鲜华，倡优鼓吹，出入拥导”③，但“自公使限钱，兹例遂罢。以远民乐太平之盛，不可遽废，以孤其心。乃以随行公使钱酿酒畀之，然不逮昔日矣”④。然而上有政策，下有对策，不久又恢复故态，宗室、外戚以及皇帝宠幸的大臣，在地方奢侈享乐，宴饮无度。如熙宁七年（1074 年），臣僚弹劾知河中府、太常丞、集贤校理鞠真卿，“其在郡不治，一岁中燕饮九十余会”⑤而被落职、管勾洞霄宫。当时的杭州，因为“部使者多在州置司，各有公帑。州倅二员，都厅公事分委诸曹，倅号无事，日陪使府外台宴饮。……朝夕聚首，疲于应接”⑥。陪同长官日日宴饮，竟然成为州通判的主要工作，号称“酒食地狱”⑦。北宋末期，蔡京执政，“时承平既久，帑庾盈溢，京倡为丰、亨、豫、大之说，视官爵财物如粪土，累朝所储扫地矣”⑧，上行下效，大观二年（1108 年）九月，臣僚上奏中就提到天下庆祝天宁节，“京府军县镇城寨并赐御筵，烹宰野味，不可胜计。窃见春秋并圣节集英殿大宴，上自玉食以及所赐食味，皆系羊食。伏望圣慈使天下州军等处并依大宴体例，如此则所减物命无虑十万数”⑨。宣和中，太原帅司“率用重臣，每宴飨费千金，取诸县以给”⑩。诸路监司因天宁节宴会，“一筵之馔，有及数百千者，浮侈相夸，无有艺极”⑪。奢侈的宴会不仅耗费了大量行政经费，导致大量行政经费成为无效成本，同时也容易造成官员无心政事，奢侈贪腐，官风败坏。

---

① 刘琳、刁忠民、舒大刚，等校点：《宋会要辑稿》刑法二之二八，第 8298 页。
② （宋）李焘撰，上海师范大学古籍整理研究所、华东师范大学古籍整理研究所点校：《续资治通鉴长编》卷 219，熙宁四年正月乙酉，第 5328 页。
③ （元）费著撰：《岁华纪丽谱》，《景印文渊阁四库全书》，第 590 册，第 434 页。
④ （元）费著撰：《岁华纪丽谱》，《景印文渊阁四库全书》，第 590 册，第 437 页。
⑤ （宋）李焘撰，上海师范大学古籍整理研究所、华东师范大学古籍整理研究所点校：《续资治通鉴长编》卷 250，熙宁七年二月己卯，第 6091 页。
⑥ （宋）朱彧撰，李伟国点校：《萍州可谈》卷 3，第 166 页。
⑦ （宋）朱彧撰，李伟国点校：《萍州可谈》卷 3，第 166 页。
⑧ （元）脱脱等撰：《宋史》卷 472《蔡京传》，第 13724 页。
⑨ 刘琳、刁忠民、舒大刚，等校点：《宋会要辑稿》礼五七之二三，第 1997 页。
⑩ （元）脱脱等撰：《宋史》卷 448《郭永传》，第 13205 页。
⑪ （元）脱脱等撰：《宋史》卷 179《食货志下一》，第 4362 页。

南宋时期，因有秦桧、韩侂胄、贾似道等贪官相继执政，朝廷腐败黑暗，地方宴会奢侈享乐之风更加盛行，也成为他们向朝官行贿，谋取私利的手段。陆游就记载：“绍兴中，秦熺亦归金陵焚黄，临安及转运司舟舫尽选以行，不足，择取于浙西一路，凡数百艘，皆穷极丹雘之饰。郡县监司迎饯，数百里不绝。平江当运河，结彩楼数丈，大合乐官妓舞于其上，缥缈若在云间，熺处之自若。”①临安知府孙觌，“到任之初，以军期为名，拘九邑县令在府，勒令出钱共四万五千余缗，名曰助军，不附文历。……比至得替，其公库供帐之物，并不发还，及将空名度牒官告等移易妄用，收附不明。监司往来，厚加结纳，每到发送馈，谓之合食。日事燕游，每会不下百余千”②。南宋淳熙十二年（1185年），知湖州刘藻因“在任专事筵宴，库帑告竭，身为郡守，不禁宰牛”③而被降官、放罢。庆元三年（1197年），湖南运判吴镒“谄事王蔺，日与酣饮，漕计因此一空”④。肆意举行奢侈宴会，竟然使一州库藏告竭，其对公务经费的消耗不能令人小觑。宁宗嘉定中，建宁府崇安县知县“日日宴饮，必至达旦，命妓淫狎，靡所不至”⑤，被监司弹劾而对移官职。当时士大夫还效仿魏晋奢侈之风，崇尚奢华的宴会和食材，“隆兴间，有扬州帅，贵戚也。宴席间语客曰：‘谚谓三世仕宦，方解着衣吃饭。仆欲作一书，言衣帽酒肴之制，未得书名。’”⑥官员竟然要为奢侈公务宴会的酒菜撰写专书，奢侈之风令人惊叹，在外敌入侵下，南宋各地“流移满道，而诸司长吏张宴无虚日”⑦，这种强烈的反差和奢侈之风也预示了南宋王朝行将灭亡。

地方官府宴会的花费，也是日益增加。北宋前期，1贯钱就可以举行一场宴会，而5贯钱就可以举行一场较为像样的宴会。在宋徽宗时期，10贯钱就可以在京师开封举行符合官员身份的宴会，即使到了南宋理宗朝，临安城一桌酒席，也只有5贯钱⑧，但是地方官府的宴会在奢侈享乐之风的影响下，其规模和费用越来越高，令人咋舌，耗费公款之多，令人痛惜。北宋徽宗朝，诸路监司因天宁节宴会，一筵之馔花费数百贯⑨，朝廷因而限定监司、发运宴会不超过300贯，

---

① （宋）陆游撰，李剑雄、刘德权点校：《老学庵笔记》卷5，第63页。
② （宋）李光撰：《庄简集》卷11《论孙觌札子》，《宋集珍本丛刊》，第34册，第17—18页。
③ 刘琳、刁忠民、舒大刚，等校点：《宋会要辑稿》职官七二之四三，第4991页。
④ 刘琳、刁忠民、舒大刚，等校点：《宋会要辑稿》职官七三之六八，第5040页。
⑤ 中国社会科学院历史研究所宋辽金元史研究室点校：《名公书判清明集》卷2《知县淫秽贪酷且与对移》，第42页。
⑥ （宋）陆游撰，李剑雄、刘德权点校：《老学庵笔记》卷5，第59页。
⑦ （元）脱脱等撰：《宋史》卷430《黄榦传》，第12780—12781页。
⑧ 程民生：《宋代食品价格与餐费考察》，《河北大学学报（哲学社会科学版）》2008年第4期，第9—13页。
⑨ （元）脱脱等撰：《宋史》卷179《食货志下一》，第4362页。

其他诸司不超过 200 贯。孝宗淳熙中，王仲行为平江知府，“与祠官范致能、胡长文厚，一饮之费，率至千余缗”[①]。几个人的一顿饭，就花费 1000 贯，公使钱就这样被大量消耗挥霍，公款吃喝了。宁宗嘉泰中，情况更加严重，提举常平、转运司、提刑司等三司长官聚会“一饭之费计三千四百余缗”，这还不算最多的，建康府置司的帅司、转运司、都统司等“六司乃倍之”[②]。一顿公务宴会花费 3000—6000 贯，已经相当于当时一个小县一年岁计之数，公款吃喝浪费之风严重，无以复加。正如当时士大夫所指责的那样，官员宴会“罄中人十家之产不足供一馔之需，极细民终身之奉不足以当一燕之费”[③]。大量的经费被用于奢侈宴会，成为无效成本，而当时正是南宋处于江河日下，各地政府经费不足，官员们普遍喊着“财匮、民贫”的时期，千年以后读来，仍然让人深感痛惜。

（二）公务馈赠礼品中奢侈享乐

此问题已在第一节论述，此处不详论。一定的礼品馈赠是政府允许的，超出限度的馈赠或馈赠钱、珠宝等既属于贪赃、也属于奢侈浪费，朱熹在和门人对话中对公使馈赠问题也有比较中肯的评价，“因说郑惠叔爱惜官钱，云：‘某见人将官钱胡使，为之痛心。两为守，皆承弊政之后，其所用官钱并无分明。凡所送遗，并无定例，但随意所向为厚薄。’问胥辈，皆云：‘有时这般官员过往，或十千，或五千。后番或是这样，又全不送，白休了。’某遂云：‘如此不得。朝廷有个公库在这里，若过往官员，当随其高下多少与之，乃是公道，岂可把为自家私恩？’于是立为定例，看甚么官员过此，便用甚么例送与之，却得公溥。后来至于凡入广诸小官，如簿尉之属，个个有五千之助，觉得意思俀好”[④]。他认为此钱可以馈赠，但应按照官位高低按照定例给，不能将其视为私恩。但是，能够按照定例馈赠礼品的官员少之又少，因为贪腐之门一旦开启，只能越开越大，水涨船高。南宋时期州府馈赠钱物一次就达万缗，而受到馈赠的官员往往也回赠相当价值的礼物，而一位路级监司一次可以收到多个同级或下属机构的馈赠，或者一年中可能多次收受这样的钱物馈赠。这样就顺理成章的将大量官府钱物转化为私人钱物，满足个人私欲或名利之求。造成地方行政

① （宋）李心传撰，徐规点校：《建炎以来朝野杂记》甲集卷 17《公使库》，第 395 页。

② （宋）李心传撰，徐规点校：《建炎以来朝野杂记》乙集卷 12《御笔严监司互送之禁》，第 695 页。

③ （明）程敏政辑：《新安文献志》卷 74《大宋故正议大夫守同知枢密院事致仕新安郡开国侯食邑一千三百户食实封二百户赠特进资政殿大学士程公卓行状》，《景印文渊阁四库全书》，第 1376 册，第 243 页。

④ （宋）黎靖德编：《朱子语类》卷 106《朱子三・外任》，朱杰人、严佐之、刘永翔主编：《朱子全书》，第 3466 页。

经费无效浪费的同时，也败坏了官场风气，导致政治腐败黑暗。

（三）公廨修建中的奢侈享乐行为

在各个朝代，地方政府官员中都不乏追求奢侈享乐、喜好丰亨豫大的人员，高大、华丽的官府建筑、精美典雅的亭台楼阁也是他们奢华生活的一部分，宋代同样如此，虽然宋朝中央政府三令五申，地方官员不得因营建公廨扰民科配，但是仍有部分官员违背朝命，大肆敛财，营建规模宏大的地方官衙，也用来展示他们的官威，这也成为地方行政设施营建的重要原因。如宋仁宗至和中，韩琦为相州知州，“典乡郡，因辟牙城作甲仗库，以备不虞，遂大修亭池，名曰康乐园，取斯民共乐康时之义故云。魏公自为记，书而刻诸昼锦堂上。园中旧有七堂曰：昼锦、燕申、自公、荣归、忘机、大悲、凉堂。又有八亭曰：御书、红芳、求已、迎合、狎鸥、观鱼、曲水、广春。又有休逸、飞仙二亭”[①]。而此前太宗朝，韩崇赟为节度使，相州官廨厅堂均逾制，“宋太宗归自河东，视其厅曰：‘朕之所居，亦不过也。’上欲留宿，重赟奏曰：‘臣以一方之力，积岁成此，今陛下居一夕，即虚之矣，不免劳民重建，乞赐守臣，岂胜荣幸？’上乃命设幄宿于厅下而去。至魏公大加完饰，郡廨园亭，雄壮华丽甲于河朔”[②]。韩一句“一方之力，积岁成此”，道出了其追求奢华生活，花费大量钱物营建官廨的事实。《却扫编》中也记载韩琦：“韩魏公喜营造，所临之郡必有改作，皆宏庄雄深，称其度量。在大名，于正寝之后稍西为堂五楹尤大，其间洞然，不为房室，号‘善养堂’。盖其平日宴息之地也。”[③]又如神宗元丰六年（1083年），广南西路提举常平“刘谊于桂州治廨舍，费官钱万缗”[④]，遭到朝廷的查处。再如神宗元丰中，重修太原城池官廨，“己未岁七月，工徒云集，即其旧基外筑防以围之，预护水患，首尾千尺，举跬高丈有五尺。中建殿堂，轮焉奂焉；周庑还洽，如翼如翚。御制碑殿据其端，钟楼峙于东厢，经阁聂于西序。至癸亥岁七月告成，无虑三百六十余楹。皆金碧丹雘，彩错照烂，足以仰奉皇帝孝公继志之景略，显扬一代成功之迹于无穷矣。左右余地列净防十区，安处徒众。其后壖垣，又为馆舍数十楹待使客”[⑤]，“计工仅十万，而糜镪一千三百六十八万

① （元）纳新撰：《河朔访古记》卷中《魏郡部》，《丛书集成新编》，第9页。

② （元）纳新撰：《河朔访古记》卷中《魏郡部》，《丛书集成新编》，第9页。

③ （宋）徐度撰，朱凯、姜汉椿整理：《却扫编》卷下，《全宋笔记》第三编第十册，第176页。

④ （宋）李焘撰，上海师范大学古籍整理研究所、华东师范大学古籍整理研究所点校：《续资治通鉴长编》卷342，元丰七年正月癸丑，第8224页。

⑤ 嘉靖《太原县志》卷5，《天一阁藏明代方志选刊》，上海：上海古籍书店，1963年影印本，第8册，第15页。

余”[①]。一座府城官廨，集中众多工匠修造五年时间，花费如此之巨，房屋数量之多，远远超出一般满足行政职能运转之需求，而在元丰修造之前，熙宁五年（1072年），日本来宋的僧人成寻，过太原城时就在日记中写道：“府中殿舍广大，数百重重门楼，廊外矢仓，不可记尽，宛如京城。”[②]可见，太原府城池官廨的修造，过于奢华，超出实际需要。南宋绍兴十七年（1147年）六月，右通直郎、添差通判袁州刘伯英任提举荆湖南路常平茶盐公事，“伯英为桧所喜，在湖南创造宅堂，至饰以涂金”[③]。南宋理宗景定五年（1264年），建康府为招待过往宾客所建江宁馆，“重建厅堂、廊宇、门楼，小大咸具，总费钱一十三万六千余缗，米三百一十二石有奇”[④]。一座馆驿的修造费用甚至远超一般州县官廨整体修造费用，晚宋士大夫的奢侈享乐之风从中可见一斑。

为招待宾客，以及自己休闲娱乐，宋代士大夫们还在官廨中修建了数量众多的亭台楼阁，花费行政经费众多，远远超过实际需要。如《梦粱录》所载：临安府府治“正厅后有堂者三，匾曰简乐、清平、见廉。堂后曰听雨亭。左首诵读书院。正衙门外左首曰东厅，每日早晚帅臣坐衙，在此治事。厅后有堂者四，匾曰恕堂、清暑、有美、三桂。东厅侧曰常直司，曰点检所，曰安抚司，曰竹山阁，曰都钱、激赏、公使三库。库后有轩，匾曰竹林。轩之后室，匾曰爱民、承化、讲易三堂，堂后曰牡丹亭”[⑤]。仅仅一所府衙就有十三处亭台楼馆。南宋宁宗嘉定中，汪纲为绍兴府知府兼浙东提刑，“以（提刑司）其弊陋乃撤其坏甚者六七而鼎新之……又新其公余燕坐之所、属官议事之厅，及亭馆楼观罔不毕新。曰澄清堂、曰棣华堂、曰和乐堂、曰尽心堂、曰清闭亭、曰稽山阁，又创敬简堂于签厅之左”[⑥]。南宋理宗宝祐中，马光祖为建康府知府兼任江东安抚制置使，景定元年（1260年），大修亭台楼馆，“浚青溪，增堂馆亭榭三十余所，筑堤飞桥，尽游观之胜。赏心及白鹭亭相属为金陵绝景，毁于火，乃重建之，雄于旧观。其前临水，作亭匾曰折柳，为宾饯之所，后为馆，匾曰横江，以待四方之宾客”[⑦]。这样的规模，其花费可想而知，动用民力、财物，为官员们一己享乐之私，耗费无数百姓膏血。在宋代，此类情况还有很多，不再一一列举，其奢侈之风正如宋代士大夫所说：“天下州郡，自太平以来，廨宇亭榭，

① 嘉靖《太原县志》卷5，《天一阁藏明代方志选刊》，第8册，第15—16页。
② 〔日〕成寻著，王丽萍校点：《新校参天台五台山记》卷5，第391页。
③ （宋）李心传编撰，胡坤点校：《建炎以来系年要录》卷156，绍兴十七年六月戊辰，第2963页。
④ （宋）马光祖修，周应合纂：《景定建康志》卷21《城阙志二》，《宋元方志丛刊》，第1659页。
⑤ （宋）吴自牧：《梦粱录》卷10《府治》，第84页。
⑥ （宋）张淏纂修：《宝庆会稽续志》卷2《提刑司》，《宋元方志丛刊》，第7101页。
⑦ （宋）马光祖修，周应合纂：《景定建康志》卷14，《宋元方志丛刊》，第1513页。

无有不足。每遇新官临政，必有改作，土木之功，处处皆是，不惟枉费财用，必须多役兵卒。”[①]“州县之间，沾沾自好之士，屋无不营之日，亭无不筑之时，他山之石困于凿，牛山之木残于伐，百工疲于奔命，齐民苦于百役，汗者以是而囊金，健者以是而钓名。至所谓屋成而民劳，车泽而人悴，元气所关，彼固未尝过而问焉”[②]。由于地方行政长官的喜好享乐，而修建奢华的城池官廨，劳民伤财，耗损地方财税和人力。

此外，宋代地方官员需要得到上级领导尤其是皇帝的肯定，因而在皇帝出巡之时，所到之处的官员为粉饰太平，显示恭敬之心，往往提前突击修缮官廨，建筑行宫馆驿，这也成为地方官员修建行政设施的原因。有些时候，中央政府也会责令地方官员修缮，以备巡幸。宋真宗朝是此种营建行为较多的时期。如真宗景德二年（1005 年）六月，朝廷诏令河南府知府：“葺西京大内及诸司廨舍，将朝陵故也。”[③]景德三年（1006 年）七月诏：“以来年春朝谒诸陵……乃诏所至州县，但增饬馆驿”，为防止地方借修建扰民，同时诏令“不得更建行宫。侍从臣僚并百司供拟及供御之物，并令减省”[④]。大中祥符元年（1008 年），真宗东封泰山，诏令“自京至兖州，敢有妄指民舍林木，言建营行宫、开修道路，及托官司须索配市、假借人夫车乘乞取财物者，所在护送赴阙”[⑤]。虽然此次皇帝出巡不许地方临时修建行宫，但是此类现象还是难以禁止。如大中祥符元年五月，京东转运使言：“修葺行宫，合用筒瓦，望自京运送。”[⑥]真宗自己改变前命：“前诏行宫无得广有营造，今方盛暑，自京送瓦，重有劳扰，非朕意”[⑦]，即令以常瓦给用。虽然精简了营建材料，但是还是默许了地方官员营建行宫的行为。东封之后，真宗又西祀汾阴神祠，沿途地方官员又掀起营建行宫馆驿的高潮，如天禧元年（1017 年）九月，宰相李迪言：“陛下东封时，敕所过无伐木除道，即驿舍或州治为行宫，才令加涂塈而已。及幸汾、亳，土木之役，过往

① （宋）蔡襄撰，陈庆元、欧明俊、陈贻庭校注：《蔡襄全集》卷 18《论兵十事》，第 436 页。

② （宋）程珌撰：《程端明公洺水集》卷 10《于潜县重建县衙记》，《宋集珍本丛刊》，第 71 册，第 89 页。

③ （宋）李焘撰，上海师范大学古籍整理研究所、华东师范大学古籍整理研究所点校：《续资治通鉴长编》卷 60，景德二年五月甲寅，第 1338 页。

④ （宋）李焘撰，上海师范大学古籍整理研究所、华东师范大学古籍整理研究所点校：《续资治通鉴长编》卷 63，景德三年八月癸未，第 1418 页。

⑤ （宋）李焘撰，上海师范大学古籍整理研究所、华东师范大学古籍整理研究所点校：《续资治通鉴长编》卷 68，大中祥符元年四月辛亥，第 1535 页。

⑥ （宋）李焘撰，上海师范大学古籍整理研究所、华东师范大学古籍整理研究所点校：《续资治通鉴长编》卷 69，大中祥符元年五月丙戌，第 1547 页。

⑦ （宋）李焘撰，上海师范大学古籍整理研究所、华东师范大学古籍整理研究所点校：《续资治通鉴长编》卷 69，大中祥符元年五月丙戌，第 1547 页。

时百倍。今旱蝗之灾，殆天意所以儆陛下也。”①真宗曰：“卿之言然，一二臣误朕为此。”②此后，这种修建行宫馆驿的现象在北宋末和南宋高宗朝仍屡屡出现，给地方民众也造成了较大的损害和骚扰。如绍兴二年（1132年），朝廷诏令：“比缘移跸临安，令漕臣措置营缮，闻诸颇取材于民，违背初旨。可令监察御史黄龟年取索，仍给银、绢、度牒，计市价偿之。”③可见，此前的修建，完全是白科民众，不给钱物的。绍兴二年闰四月戊戌，朝廷“赐绍兴府行宫复作府治”④，高宗谓：“时方艰难，宜惜财用，若别建府第，益烦费矣。”⑤绍兴二年五月，赐江东安抚大使司“折帛钱十万缗，为修行宫之费”⑥。此类耗费大量钱物的地方官府营建，在两宋时期也是存在的，徽宗朝淮南转运使张根就曾说：“天下之费，莫大于土木之功。其次如人臣赐第，一第无虑数十万缗，稍增雄丽，非百万不可。”⑦几万乃至几十万贯的经费被用于修建地方官廨，造成不必要的行政经费超支，导致无效行政成本的膨胀。

（四）公务迎送中的奢侈享乐

宋代地方官员上任、卸任乃至日常出巡，都需要地方官府提供大量的人力、物力以供使用，提供警戒，保持官员的威仪。朝廷军队经过州县，官民也要夹道欢迎。这往往需要借调州县官兵、胥吏乃至临时雇用人员，给予特支钱或雇钱。同时，还要占用旌旗、锣鼓、帐设，甚至有杂技艺人掺杂其间。这些人力、物力所耗费的行政经费也需要当地政府支出，这些活动，虽然含有欢庆和礼仪的色彩，也为来往官员解决了财物搬运等方面的困难。但是如果次数太多，规模太大，必然也造成超额行政成本，导致地方行政经费的无效支出。

熙宁四年（1071年）三月，宋神宗就感叹：“置厢军五十余万，皆以当直迎送官人占使。”⑧徽宗宣和二年（1120年），尚书省也奏论“远方监司巡按所至，差人夫、户马多不依法。虽有应破之格，而州县夤缘多差，不以数计，走

① （宋）李焘撰，上海师范大学古籍整理研究所、华东师范大学古籍整理研究所点校：《续资治通鉴长编》卷90，天禧元年九月癸卯，第2078—2079页。

② （宋）李焘撰，上海师范大学古籍整理研究所、华东师范大学古籍整理研究所点校：《续资治通鉴长编》卷90，天禧元年九月癸卯，第2079页。

③ （宋）李心传编撰，胡坤点校：《建炎以来系年要录》卷51，绍兴二年二月己巳，第1055页。

④ （宋）李心传编撰，胡坤点校：《建炎以来系年要录》卷53，绍兴二年闰四月戊戌，第1099页。

⑤ （宋）李心传编撰，胡坤点校：《建炎以来系年要录》卷53，绍兴二年闰四月戊戌，第1099页。

⑥ （宋）李心传编撰，胡坤点校：《建炎以来系年要录》卷54，绍兴二年五月庚午，第1111页。

⑦ （元）脱脱等撰：《宋史》卷179《食货志下一》，第4359—4360页。

⑧ （宋）李焘撰，上海师范大学古籍整理研究所、华东师范大学古籍整理研究所点校：《续资治通鉴长编》卷221，熙宁四年三月辛丑，第5384页。

吏皂隶皆乘户马，负荷卒乘悉代之以人夫。自至传舍，往往又为所辖者受赂而潜遣之，复告逃亡，再行差补。一时骚扰，至于如此”①。监司本来是监督州县违法事务的监察官，“提纲一路，当正身洁己，使州县有所视效，而身自违戾，将何以纠察官吏乎”②。由于监司的一己之私，过分强调迎送人从的奢侈庞大，导致州县百姓被骚扰，影响生产生活。

南宋时期，公务迎送中奢侈享乐之风更加盛行，监司郡守所到之处，人从众多，随行胥吏、军兵往往吃拿卡要，给下级政府和民众带来的危害更加严重。如南宋初期士大夫廖刚在《论州县妄费札子》中就提出：“又有守帅将官，托讨捕之名，差驻札官军迎送者，各是千百人，随逐所过州县，既批口券，又索犒设，如此之类，独不可严禁止乎？凡是无理之费，州县时时有之，徒竭吾民之脂膏，无补公家之毫发。主计者往往屈于权势，莫敢致诘，是以朝廷不得而知也。”③当时一些大臣在上任或去任时，借用州县甚至军队众多军兵扈从，并替自己搬运大量的随行财物，沿途给民众造成非常恶劣的影响。绍兴九年（1139年），朝廷因“席益罢四川制帅，辇载宝货以归，不知纪极，乃以吴玠步骑数千人护行，用防劫夺。邵溥之召，亦妄作声势，假卒数百人。赵鼎赴泉州、折彦质罢福州，各千百人随逐，闽境为之骚然”，重申地方官营严格执行“州县接送差兵之令”④，限制骚扰民众，浪费财物。但是，这些诏令在边远的四川、两广地区似乎作用不大，在绍兴二十八年（1158年），又有官员奏陈“四川郡守凡赴新任，舟舆器用，靡不备具，又需黄金以为人舡之直，多至五六千缗，少亦不下三四千缗。就移邻郡，其解罢者亦不少损其数”⑤。迎送雇佣人力就需要数千贯，甚至改任邻郡，相关排场、帐设一点也不能减少，奢侈浪费之风令人痛恨，政府也将其列入赃罪进行惩治。

孝宗隆兴元年（1163年），殿中侍御史周操再次针对监司郡守接送人从过数，奢侈之风进行弹劾，“比缘监司、郡守数多，接送频繁，所破借请，或至半年，或四五月，近者不下三月，所费不知其几。加之公用什物，率皆创置，故一经接送，州县仓库为之（枵）[枵]然”⑥。他建议对缩减接送人数，“使相、宰执知州人数太多，合行减三分之一外，其他并不得过数添差”⑦。如果从现任处直

① 刘琳、刁忠民、舒大刚，等校点：《宋会要辑稿》职官四五之一二，第4239页。
② 刘琳、刁忠民、舒大刚，等校点：《宋会要辑稿》职官四五之一二，第4239页。
③ （宋）廖刚撰：《高峰文集》卷2《论州县妄费札子》，《景印文渊阁四库全书》，第1142册，第338页。
④ （宋）李心传编撰，胡坤点校：《建炎以来系年要录》卷130，绍兴九年七月壬午，第2439页。
⑤ 刘琳、刁忠民、舒大刚，等校点：《宋会要辑稿》职官四七之三三，第4284页。
⑥ 刘琳、刁忠民、舒大刚，等校点：《宋会要辑稿》仪制四之二九，第2377页。
⑦ 刘琳、刁忠民、舒大刚，等校点：《宋会要辑稿》仪制四之二九，第2377页。

接到他处上任，现任处人从送至“五百里止，却令新任接人于所止处交替。庶几免致重叠费耗，少宽州郡之力”①。

淳熙中，周必大也奏论“监司帅守接送侈费”，他列举了其中的弊病，“窃惟久任守帅，古今不易之理，其或非时改移，盖非获已。惟是将迎之费、吏卒之数，具存格令，当官者自应体国爱民，于其中更加撙节。近乃不然，务为观美，支用益伙，往往格外巧作名目，列郡动至三四百人，其借请公用皆有增而无损。稍不如意则督过交承，迁怒僚吏，无所不至。守帅如此，望其禁戢属部难矣。闻之众论，谓十数年前接帅臣纳费万缗，当时已骇其多，今盖增至四五万缗矣。设遇岁中一再更易，则当费一二十万缗，民力安得不困？”②地方长官迎送费用从一万贯增加到数万贯乃至二十万贯，这对于南宋经济困窘，财政拮据的地方州府来说可以说是致命的打击。如果这么多的经费用于地方灾害救济或者教育、文化，甚至改善官吏、军兵生活，都比这奢侈浪费的迎送费划算的多！因而他建议“自今接送监司帅守一依旧格，毋得多破人数。人数既减，借请自少，其从物公用之类皆令节省，庶几帑廪稍宽，少副裕民之政”③。同时，精选官员，减少数易长官的弊病。这封奏状引起了孝宗的重视，淳熙九年（1182年），他给宰辅们也提出“监司、帅守接送人借请等费用太多”，因而朝廷下令出台法令治理地方公务迎送中的诸多问题，许多奢侈浪费行为被禁止，“监司守倅已依格差接送人从外，又有将带公使钱作随行支用，系是重叠破费，合行禁止。一、人从借请不多，合依格外，书表司等人近来多是妄作名色，增添借请，及格外差都吏、手分等，每名借请，犒设至多，合行禁止。……一、接送如愿乘船者，只合差破官船；如无官船，许和顾乘使，不得折支顾钱。一、合破接官从物，旗帜、挝剑及人从头帽、衣衫之类，只许就界首等候，不许将带出境迎接。一、诸公人违法借兑，并白状批请，已有见行条法及绍兴二十六年指挥，合行申严行下。今措置公人遇节，并经由州县借请，及非时妄作名色犒设之类，亦合禁止”④，“一迎送轿乘，止许公库自行修置，不得行下所属科率”⑤。比较细化的规定了地方官员迎送中禁止奢侈浪费的逐条法令。

法令的执行往往具有反复性，奢侈浪费之风在政策高压下虽暂时有所收敛，

---

① 刘琳、刁忠民、舒大刚，等校点：《宋会要辑稿》仪制四之二九，第2377页。

② （宋）周必大撰：《庐陵周益国文忠公集》卷141《论监司帅守接送侈费札子（淳熙五年七月二十五日）》，《宋集珍本丛刊》，第52册，第435页。

③ （宋）周必大撰：《庐陵周益国文忠公集》卷141《论监司帅守接送侈费札子（淳熙五年七月二十五日）》，《宋集珍本丛刊》，第52册，第435页。

④ 刘琳、刁忠民、舒大刚，等校点：《宋会要辑稿》仪制四之三〇至三一，第2377—2378页。

⑤ （宋）谢深甫撰：《庆元条法事类》卷10《吏卒接送》，杨一凡、田涛主编，戴建国点校，《中国珍稀法律典籍续编》第1册，第190页。

但是不久就再次反弹，淳熙十五年（1188年），就有臣僚再次论奏“帅臣、监司、通判出入，随轿皆有乘马胥吏，稍遇晴热，例使人持黑油伞遮日，多至三五十柄，见者叹骇，谓驾后亦不如此，非所以尊崇辇毂，观示四方”[①]。淳熙十六年（1189年），臣僚也上言：“诸路监司帅守接送人数，自有定法。今则不然，迎送之际，动以数百辈。如二广、福建、湖南、江西，尤为烦费。乞自今诸路监司、帅守接送人不得过数，借请不得过多，一行从物不令出境。如或过数差人，逗留不即赴上者，仰御史台体访觉察，重作施行。”[②]这些法令和举措与以往相比，并无创新之处，所禁止的公务迎送中的奢侈浪费行为也多无二致，但是就是难以奏效，其中的原因值得深思。

宁宗朝之后，迎送中人数过多、借请钱物过多、占用地方兵民等问题仍旧存在，并且日益严重。庆元元年（1195年），监登闻检院张叔振言：“方今之患，莫大于州郡之不富实；州郡之不富实，其弊莫大于将迎之虚费。今州郡将迎，大者千计，少者不下数百人，高牙剑戟之外，不急之物无一不备。一兵而受一人之券，固所当得也，至其差出，则有借给焉，远者几岁，近者数月，以千百人计之，为数（不）[可]见。”[③]庆元二年（1196年）九月，臣僚言：“监司、帅守今于迎送之间，一切踰法过制，既破兵卫之给，又邀舟楫之用。方来则文移征索，以为当然；暨去则自为囊橐，取又数倍。”[④]吕午在奏论中也提出：州县迎送，“固有州县之定例。而今也不然，当其交承之时，每有匿瑕之望。备堂迓具，有增无减。吏卒借请，越例倍支。一番将迎，为费繁重”。并建议将迎送之费减少定额的三分之二，“少俟国用宽裕，然后以渐增之”[⑤]。宋王楙《野客丛书》中也引士大夫之言：“自顷长吏轻，多去来。送故迎新交错道路，受迎者惟恐船马之不多，见送者惟恐吏卒之常少。穷奢极费，谓之‘忠义’，省烦从简，呼为‘薄俗’。……方镇去官，皆列精兵器仗以为送，故米布之属，不可胜计。监司兼容，初无纠弹，其中或有清白，亦复不见标异，送兵多者，至有千余家，少者数百户。既力入私门，复资官廪布，兵役既竭，枉役良人，牵引无端，以相充补，若是功勋之臣，则已享裂土之胙，岂应封外复置吏兵乎？今送故宜为节制，以三年为断，二公陈时政，皆以送迎之费为言，想晋时之弊莫此为甚。……而今州郡送故迎新，交错道路，所费不赀。而势力之家，私占军役，不以为非者，

① 刘琳、刁忠民、舒大刚，等校点：《宋会要辑稿》刑法二之一二三，第8351页。

② 刘琳、刁忠民、舒大刚，等校点：《宋会要辑稿》仪制四之三一，第2378页。

③ 刘琳、刁忠民、舒大刚，等校点：《宋会要辑稿》仪制四之三一，第2378页。

④ 刘琳、刁忠民、舒大刚，等校点：《宋会要辑稿》职官四五之三七，第4253页。

⑤（宋）吕午撰：《左史谏草》卷1《戊戌三月二十五日奏为财赋八事》，《景印文渊阁四库全书》，第427册，第395页。

其殆晋之流风乎？”① 开禧元年（1205 年）正月，中书门下省再次对监司守令公务迎送中奢侈浪费行为进行整顿，“监司守倅到罢迎送，合破吏卒、从物，各有条例。日来所在州军例外过有差置，吏卒借请，殊无限制，理合禁约”，采取的举措就是“令诸路帅司、四川制置司、二广经略司自今降指挥到日，日下取会所部州军见今所破从物，吏卒并借请实数，攒类成册，保明申尚书省”②。让地方官员自己提供需要多少人吏、兵丁以及帐设等物，中央置籍对照检核，但是如果没有足够强大的监察力量，这样的法令势必又会沦为一纸空文，对抑制官员奢侈迎送之风几乎没多少作用，地方政府浪费在迎送方面的无效成本只能越来越多。

（五）地方官府公用物品购置中的奢侈浪费

地方政府中新任官员上任，往往携带家眷，所有生活、办公用品往往部分或全部重新购置，造成不必要的浪费。一些卸任官员也往往将之视为己物，席卷而去，造成公共物品的损耗和资产损失。更值得重视的是，宋代地方官员往往更易频繁，到任不久又改他处，两年甚至几个月就会更换职位，那么，一州一县所耗费在官府公用物品购置上的无效成本就不是微不足道的了。

一些习惯于奢侈享乐的官员，在任上对办公用品毫不爱惜，奢侈浪费，如寇准“尝知邓州，而自少年富贵，不点油灯，尤好夜宴剧饮，虽寝室亦燃烛达旦。每罢官去，后人至官舍，见厕溷间烛泪在地，往往成堆”③。神宗朝蒲宗孟“趣尚严整而性侈汰，藏帑丰，每旦刲羊十、豕十，然烛三百入郡舍。或请损之，愠曰：‘君欲使我坐暗室忍饥邪？’常日盥洁，有小洗面、大洗面、小濯足、大濯足、小大澡浴之别。每用婢子数人，一浴至汤五斛。他奉养率称是”④。每天吃饭用十羊十猪，一晚就用三百蜡烛，即使有再多的家庭人口，如此浪费系官钱物，也是不能原谅的。尚且在别人劝告时也振振有词，毫不悔改，这样的官员，就是寄生在劳动人民身上的寄生虫，令人痛恨。

如南宋时期士大夫廖刚在《论州县妄费札子》中就提出：“然臣窃见士大夫多务便私，鲜有能为国家爱惜财用者。且如一帅臣到罢，供帐借请，率费数万缗，小郡亦不下数千缗。虽曰有例，独不可稍裁损乎？况有数易之弊，民力殆不能堪也。”⑤ 绍兴二十八年（1158 年）九月，给事中杨椿也奏论“在法，公使

① （宋）王楙撰，王文锦点校：《野客丛书》卷 11《二公言时政》，北京：中华书局，1987 年版，第 118 页。
② 刘琳、刁忠民、舒大刚，等校点：《宋会要辑稿》仪制四之三二，第 2378 页。
③ （宋）欧阳修撰，李伟国点校：《归田录》卷 1，第 15 页。
④ （元）脱脱等撰：《宋史》卷 328《蒲宗孟传》，第 10572 页。
⑤ （宋）廖刚撰：《高峰文集》卷 2《论州县妄费札子》，《景印文渊阁四库全书》，第 1142 册，第 338 页。

器用陈设有阙，以不系省头子钱修置，系谓监司、郡守比来州县官属，例皆置造从物供帐，所费不赀，乞行禁止”[①]，朝廷因而诏令禁止奢侈浪费，“妄费官钱及科率吏民者，坐赃论，令监司觉察”[②]。孝宗隆兴中，御史周操也说：监司郡守改任频繁，“公用什物，率皆创置，故一经接送，州县仓库为之枵然”[③]。淳熙中，皇帝和百官集议，也提到地方监司郡守迎送费用太多的问题，因而诏令“(供)[公]堂供张、什物陈设等多是增添过多，以致科扰行铺，侵耗公库。一任之间，有置两三次者。自今不得再有添置，候得替日，依数逐一牒公库交纳，不得将带前去，及作名色销破”[④]。宁宗嘉泰年间，郢州通判姜处广也因“摄郡，支破官钱，广造器用，又追漆匠刘振兄鞭棰寄禁，以致溺死”[⑤]，而被降官、放罢。

南宋袁采在《世范》中也提到县令因追求奢侈的生活，责令胥吏、役人出钱购置豪华的办公用品，而在其他系省钱物中给予其补偿，损公肥私，导致公共经费被侵耗，小县一年花费在这上面的费用也有数千贯之多。“惟作县之人不自检己，吃者、着者、日用者，般挈往来，送遗结托，置造器用，储蓄囊箧，及其他百色之须，取给于手分、乡司。为手分、乡司者，岂有将己财奉县官，不过就簿历之中，恣为欺弊。或揽人户税物而不纳；或将到库之钱而他用；或伪作过军、过客口券，旁及修葺廨舍，而公求支破；……县官既素受其污啖，往往知而不问。……一年之间，虽至小邑，亏失数千缗，殆不觉也。于是有横科预借之患”[⑥]。后任者也往往因巨额财务亏损而一筹莫展。因而他规劝士大夫之家勤俭持家。“大贵人之家尤难于保成。方其致位通显，虽在闲冷，其俸给亦厚，其馈遗亦多。其使令之人满前，皆州郡廪给。其服、食、器用虽极于华侈，而其费不出于家财。逮其身后，无前日之俸给、馈遗、使令之人，其日用百费非出家财不可。况又析一家为数家，而用度仍旧，岂不至于破荡！此亦势使之然。为子弟者各宜量节。”[⑦]

但是，这样的道德劝告对于那些贪官污吏来说，毫无作用，内心的虚荣促使他们还是要追求地方任上奢侈腐化的生活，办公用品、生活用品都是为自己

① （宋）李心传编撰，胡坤点校：《建炎以来系年要录》卷180，绍兴二十八年九月甲戌，第3455页。
② （宋）李心传编撰，胡坤点校：《建炎以来系年要录》卷180，绍兴二十八年九月甲戌，第3455页。
③ 刘琳、刁忠民、舒大刚，等校点：《宋会要辑稿》仪制四之二九，第2377页。
④ 刘琳、刁忠民、舒大刚，等校点：《宋会要辑稿》仪制四之三〇至三一，第2377—2378页。
⑤ 刘琳、刁忠民、舒大刚，等校点：《宋会要辑稿》职官七四之一〇，第5046页。
⑥ （宋）袁采，贺恒祯，杨柳注释：《袁氏世范》卷中《官有科付之弊》，天津：天津古籍出版社，1995年版，第115—116页。
⑦ （宋）袁采，贺恒祯，杨柳注释：《袁氏世范》卷2《用度宜量入为出》，第101页。

所有的，自然是越奢华越好，宁宗嘉定中，臣僚就曾奏论："今禁防既宽，销金日盛，什物器用、燕羞果核，无一而不施金。此销金奢僭之弊也。监司、郡守迎新供帐，泰侈特甚，帏幕俱用绫罗，褥裀包以绮锦。此州县奢僭之弊也。执侍管军戎服乘骑，此军将之当然，今内管军之官出则乘轿，暖幄自卫，作为奇巧以充馈送，盛饰优伶以供宴娱。此军官奢僭之弊也。"① 南宋《鹤林玉露》的作者在看到"州郡迓新者，设饰甚费"②，因成诗云："赤子须摩抚，红尘几送迎。幕张云叵匝，车列鉴鲜明。岂是朘民血，空教适宦情。忍闻分竹者，竭泽自求盈。"③ 奢侈公务用品的购置，香车宝马、锦衣玉食，浪费的却都是赤子贫民的膏血，此诗读来令人叹息。

第三节　地方行政人员的渎职行为造成的无效行政成本

《辞海》中定义的渎职行为是指"国家机关工作人员滥用职权、徇私舞弊或者玩忽职守，致使公共财产、国家和人民利益遭受损失的行为。其中情节严重的，我国刑法规定为犯罪"④。渎职犯罪的主体是国家公职人员，具体到宋代，也就是我们所说的官吏，他们的渎职行为可概括为两种类型，一种是不作为，一种是乱作为，这两种行为都会导致地方政府行政成本的无效消耗，同样属于无效行政成本的组成部分，而在这里我们不将普通百姓的利益损失和政府无形资产——政府公信力和官府声誉等损害考虑在内⑤，宋代地方官吏的渎职行为仅仅对官府有形资产的损耗以及由此而造成的无效行政成本规模也是相当庞大的。

（一）地方行政人员不作为所导致的政府无效行政成本

1. 官吏对政府物资监督不力，导致财物被盗、遗失

地方行政人员尤其是仓库场务监官、帐司吏人等，如果不能认真履行监守职责，导致官府物资被偷盗，或者管理不慎造成丢失，是要承担相应法律责任

① 刘琳、刁忠民、舒大刚，等校点：《宋会要辑稿》刑法二之一三八，第8366页。

② （宋）罗大经撰，王瑞来点校：《鹤林玉露》乙编卷2《彤庭分帛》，第150页。

③ （宋）罗大经撰，王瑞来点校：《鹤林玉露》乙编卷2《彤庭分帛》，第150页。

④ 舒新成编：《辞海》，上海：上海辞书出版社，2002年版，第374页。

⑤ 关于宋代官员的渎职犯罪，王瑞蕾的《宋代官吏渎职犯罪与惩治研究》（河北大学博士学位论文，2011年），对其分为不同类型进行认真细致的探讨。

的。这一法规在宋初即已确定。尽管国有明法，在宋代地方政府管理中，仍不断出现因官吏渎职而导致政府物资被盗或遗失的情况。如仁宗朝，“麻城县令张毅植万松于道，用以庇行者，且以名其亭。去未十年，而松之存者，十不及三四”①。因无人看管，导致大量政府种植的松树被偷盗。引得苏轼在经过这里时还作诗感叹：“十年栽种百年规，好德无人助我仪。县令若同仓庾氏，亭松应长子孙枝。”② 神宗元丰元间，万州公帑“失缗钱数千万”③，不知去向。司理参军认为是“贯朽铁坏，不知几十载”④，从而使监管的库吏免于被追究刑罚。

除了库府钱帛外，地方官府所掌管的官田、公共水利设施、常平仓粮等也可能因监管不力而被豪强、盗贼偷盗强占。如南宋绍兴二十一年（1151 年），高宗就提到：“近闻陂塘水利去处多为人侵占，可令有司措置，无妨众用。”⑤ 既而上谕辅臣：“须是常平官得人。若监司用心，此等事无虑。闻近时监司多是端坐，不出巡历。提点刑狱职在平反，尤当遍临所部，宜加戒饬。”⑥ 绍兴二十二年（1152 年），针对淮西地区开垦荒田，高宗责令“如有陂塘所在，俾于农隙，官给钱米以浚治之”，同时告诫监司“闻州郡陂塘蓄水去处，如绍兴及淮南，往往为民户所侵占。虽目前州县获利，恐三五年后，无水溉田，却为害非细”。⑦ 如果政府组织民众修建的这些陂塘水利都成为私人产业，无法发挥其作用，必然也成为政府无效行政成本，官吏渎职不作为的危害，从中也得以显现。

常平仓粮的发放，如果地方官吏监管不严，也会出现被盗、非法侵占的情况，如孝宗乾道四年（1168 年），尚书省言：“信州常平、义仓米，元申帐状管九万三十余硕。今次提举司申有六万八千余硕，及至盘量，止得一万二千九百余硕，其余皆是虚数。提举官李庚到任已及二年，并不检察，是以阙米，有悮赈济。”⑧ 当时，孝宗朝诸路常平仓粮因监管不力被偷盗、侵占的情况亦不少见，范成大还曾希望以朝廷所免除的“诸路常平义仓漏底折欠十七万八千余石”⑨ 用来救助福建等路“不举之子，当活十七万八千余人”⑩。而范也对孝宗的宽恕感到惊讶，“而典吏臣蠹陷失如此，陛下尚且置而不问，臣决知陛下无所惜于贫乏

① （宋）吴曾撰：《能改斋漫录》卷 11《万松亭》，第 309 页。
② （宋）吴曾撰：《能改斋漫录》卷 11《万松亭》，第 309 页。
③ （宋）吕陶撰：《净德集》卷 25《李太博墓志铭》，《丛书集成初编》，第 277 页。
④ （宋）吕陶撰：《净德集》卷 25《李太博墓志铭》，《丛书集成初编》，第 277 页。
⑤ 刘琳、刁忠民、舒大刚，等校点：《宋会要辑稿》食货七之四七至四八，第 6141 页。
⑥ 刘琳、刁忠民、舒大刚，等校点：《宋会要辑稿》食货七之四八，第 6141 页。
⑦ 刘琳、刁忠民、舒大刚，等校点：《宋会要辑稿》食货七之四八，第 6141 页。
⑧ 刘琳、刁忠民、舒大刚，等校点：《宋会要辑稿》食货五三之三二，第 7228 页。
⑨ （明）黄淮、杨士奇编：《历代名臣奏议》卷 108《仁民》，第 1447 页。
⑩ （明）黄淮、杨士奇编：《历代名臣奏议》卷 108《仁民》，第 1447 页。

之家也”[①]。因官吏渎职所导致数量众多的常平仓粮被偷盗浪费，政府无效成本的损耗令人叹息。

此外，还有因官吏管理不慎，遗失散落者，如神宗熙宁八年（1075 年）八月，“库部郎中、知丹州宋昌言，通判泾州、左藏库副使郭若虚降一官。坐奉使从人（夫）[失] 金酒器故也”[②]。有因州县官吏“捉事人多不置簿拘辖，只凭公案，往往重叠支了赏钱者”[③]。

地方政府管理者的不作为、渎职，使得政府物资以各种形式被私人偷盗、侵占，这些政府物资的筹措，耗费了大量的人力、物力，但却没有发挥其公共管理效能，从而出现大量的无效政府成本。

2. 地方官吏安置储存物资不当，导致腐败变质，浪费钱粮

宋代地方政府仓库场务中征收来的多是钱帛、粮草等物资，受到中国古代仓库储存条件的限制，到达一定的条件，在温度、阳光、水分等自然作用力的影响下，就会腐败变质。在这样的条件下，就要求政府仓库官吏人员，要定期对这些政府物资进行检查，防止物资不必要的损耗，导致无效成本的产生。

宋朝的皇帝也曾多次下诏训诫州县官吏对于政府物资管理应当尽心竭力，“为国之计。足食是先。属年谷之丰登。顾仓储之流衍。苟暴凉之失节。即损坏以为虞。必资守土之臣。共体分忧之寄。应所在仓廪。并委长吏躬亲检校。勿令损恶”[④]。然而现实中仍然有大量因管理者渎职怠政，安置储存物资不当，导致败坏，浪费钱粮的情况发生，这些物资的无效浪费令人心痛。其中粮草由于其保质期较短，如果管理不善，发生变质腐败的情况最为多见，如真宗大中祥符二年（1009 年），“府界提点使臣言，考城县发廪散军储，咸湿润腐败。积久，即人不堪食”[⑤]。真宗责令查处，同时认为，“恐非止一县如此。可速令三司遍诣诸路察视军食，以时暴凉，勿令损败”[⑥]。当时周莹为澶州知州，当地河防军卒“军中所给糗粮，多腐败不可食；又役使不均，莹不加恤，以故亡命者众”[⑦]。郑天休为湖北转运使，“荆南屯禁卒哗言，仓粟腐不堪食。公命掌廪者，给为己俸”[⑧]。为了平息军队中的怨气，他令当中会客，煮饭给自己吃，“举匕而尽，

① （明）黄淮、杨士奇编：《历代名臣奏议》卷 108《仁民》，第 1447 页。
② 刘琳、刁忠民、舒大刚，等校点：《宋会要辑稿》职官六五之四〇，第 4820 页。
③ （宋）李元弼撰：《作邑自箴》卷 2《处事》，《官箴书集成》，第 73 页。
④ 司义祖整理：《宋大诏令集》卷 190《诫约长吏躬亲检校仓廪诏（建隆四年七月癸丑）》，第 695 页。
⑤ 刘琳、刁忠民、舒大刚，等校点：《宋会要辑稿》食货三九之五至六，第 6854 页。
⑥ 刘琳、刁忠民、舒大刚，等校点：《宋会要辑稿》食货三九之六，第 6854 页。
⑦ （元）脱脱等撰：《宋史》卷 268《周莹传》，第 9228 页。
⑧ （宋）吴曾撰：《能改斋漫录》卷 12《郑文肃取仓腐粟为己俸饭》，第 370 页。

曰：‘孰谓不可食邪！’哗者遂息”①。虽然这样的腐败米做出的饭能够下咽，但是味道一定不好，郑强忍吃下一顿，平息军中怨愤，但不如继续追究仓库主管官吏，防止类似现象继续发生更为重要。一些地方粮草物资还需要特别维护，防范火灾，如仁宗朝“陕西沿边州军镇寨草场积叠万数不少”②，正确的维护方法是“据所纳草积上，并须厚使泥盖护”③，但“近年已来，多不依禀，致昨来镇戎军彭阳城天圣寨烧却草场，停替使臣”④。官吏用心和不用心维护仓库粮草，其效果是全然不同的，徽宗政和五年（1115 年），臣僚上奏中就对比说：“高阳关路诸州军仓敖内，沧州宝嘉仓白米经今十年，别无损烂，受纳官周志行显见用心。保定军省仓白米，均籴未及二年，已多腐烂，监籴官赵升之显见受纳湿恶。”⑤政府虽对有关人员进行了奖惩，但力度太小，难以达到奖勤罚懒的效果。

一些渎职不作为的官吏，在发生仓储粮草腐败变质的情况下，却想通过出卖等方式，将无效成本转嫁给无辜的百姓，其渎职性质更为恶劣。如梁似为德顺军通判，军储“仓米数百万，红腐不可给军食，安抚转运使夏悖欲亟以元价贷民。公曰：‘仓吏失职，宜正厥罪，而后减直贷之。不然，民将有辞。’”⑥在其坚持下，才对渎职官吏进行了惩罚，也没将腐败仓米按原价转卖给百姓。李琮为宁国军推官“州庾积谷腐败，转运使移州散于民，俾至秋偿新者。守将行之，琮曰：‘谷不可食，强与民责而偿之，将何以堪。’持不下”，最终知州“愧谢而止”⑦。但实际上仍有大量官吏是通过出卖、赈贷、强给官兵俸禄等方式来转移变质粮草的，如仁宗天圣三年（1025 年），京西转运使张意建议将“襄、(颖)[颍]、许、汝等州经水，损恶斛斗八万余石，不堪支遣，请分给阙食之民”，朝廷从之。⑧孙长卿为楚州粮料院官，“郡仓积米五十万，陈腐不可食，主吏皆惧法，毋敢轻去，长卿为酌新旧均渫之，吏罪得免”⑨。哲宗朝，孔平仲绍圣中知衢州，提举常平董必劾“其不推行常平法，陷失官米之直六十万”，孔平仲疏言：“米贮仓五年半，陈不堪食，若非乘民阙食，随宜泄之，将成弃物矣”⑩，

---

① （宋）吴曾撰：《能改斋漫录》卷 12《郑文肃取仓腐粟为己俸饭》，第 370 页。
② 刘琳、刁忠民、舒大刚，等校点：《宋会要辑稿》食货五四之四，第 7236 页。
③ 刘琳、刁忠民、舒大刚，等校点：《宋会要辑稿》食货五四之四，第 7236 页。
④ 刘琳、刁忠民、舒大刚，等校点：《宋会要辑稿》食货五四之四，第 7236 页。
⑤ 刘琳、刁忠民、舒大刚，等校点：《宋会要辑稿》食货五四之六，第 7239 页。
⑥ （宋）慕容彦逢撰：《摛文堂集》卷 15《故朝奉郎尚书职方员外郎通判德顺军兼管内劝农事轻车都尉赐绯鱼袋累赠太子太师梁公神道碑》，《丛书集成续编》，第 102 册，第 356 页。
⑦ （元）脱脱等撰：《宋史》卷 333《李琮传》，第 10711 页。
⑧ 刘琳、刁忠民、舒大刚，等校点：《宋会要辑稿》食货五七之六至七，第 7331 页。
⑨ （元）脱脱等撰：《宋史》卷 331《孙长卿传》，第 10641 页。
⑩ （元）脱脱等撰：《宋史》卷 344《孔平仲传》，第 10934 页。

孔因擅发常平粮而被罢官，英州安置。

而因主管官吏渎职，对仓储粮草管理不用心，浪费的物资数量也是相当惊人的，如宁宗嘉泰中，“关外积粮八百余万斛，然陈陈相因，庾吏率全其扃钥以相授受，至可食者则无几。嘉泰年间，有言北境增戍积粮者，朝廷下制置司遣官盘量，且令除其腐败折阅之数，所有累界官吏失检点之罪，并概豁免。时陈日华总赋遂降度牒三万五千道，下总所收籴补填焉”[①]。无效浪费的官府粮草达八百万斛，迫使政府重新花费大量钱物购置粮草，而历任渎职的官吏者却没有受到任何责罚。又如理宗朝，扬州为两淮边境重镇，“惟扬桩积仓储粟常五十余万。历岁滋久，阙于缮修，浸淫岁时，颓垣败壁，飘飘风雨，储粟因以红腐。前后掌守，谓粟有定额，虑于亏耗，第第相诿，莫敢有请”[②]。这种现象直到守臣重新修缮了仓库，才得到遏制，“凡梁栋之摧挠者，欀椽之朽坏者，楼屋墙垣之欹倾圮夷者，撤而新之。间有材植不蠹，间架犹全者，亦随葺之。计一百二十五间，新创四十楹，增壮于旧”[③]。而此前所造成的官府物资无效浪费达到数十万石，政府无效成本损耗不可谓不高。

除了粮草，政府所有的车船等物资损耗也因官吏使用不当、维修不善而较为常见，如南宋建康府，“境北据大江，是为天险，上自采石，下达瓜步，其间千有余里，共置六渡。其一曰烈山渡，籍于常平司，岁有河渡钱额。其五曰南浦渡，曰龙湾渡，曰东阳渡，曰大城堽渡，曰冈沙渡，籍于府司，亦有河渡钱额，而不属常平。合六渡，岁为钱万余缗。岁月寖久，官但知循例拘纳月解钱，而舟檝废坏，仅有存者”[④]。由于没有专门的维修资金，相关“官吏、篙工初无廪给，民始病济，而官漫不省”[⑤]。大量的车船破败，政府相关税收也日益缩减，“是由官渡济者绝少”[⑥]。

此外，官府所有的兵器、铠甲等也多有因官吏渎职、不尽心维护而锈蚀、湮灭的。北宋时期，李新就曾在上奏中描述了诸州器甲破败的情况，“天下承平日久，州郡军器因循不修治。暑月未尝曝晒，兵刃不加淬砺，衣甲旗帜破碎断裂，少有鲜明者，大率安置不如法。蜀地卑湿，天多沉阴，雨水动经旬月。既非高燥处贮藏，则未阅岁时，筋胶解折，韦革腐烂，绦贯弛绝，蹂践弃掷，不可胜数。如梓州一路，遂宁府、叙州有都作院，岁课不少，而两州皆无楼阁架

① （宋）李心传撰，徐规点校：《建炎以来朝野杂记》乙集卷 16《嘉泰补籴关外桩积粮斛》，第 804 页。
② （明）解缙等编：《永乐大典》卷 7516《都仓》，第 3452 页。
③ （明）解缙等编：《永乐大典》卷 7516《都仓》，第 3453 页。
④ 刘琳、刁忠民、舒大刚，等校点：《宋会要辑稿》方域一三之一六至一七，第 9541 页。
⑤ 刘琳、刁忠民、舒大刚，等校点：《宋会要辑稿》方域一三之一七，第 9541 页。
⑥ 刘琳、刁忠民、舒大刚，等校点：《宋会要辑稿》方域一三之一七，第 9541 页。

放。非惟枉费官物，缓急警严，殊无犀利可用之器，诚可虑也”[①]。因而他建议各地修建甲仗库，破败者修缮之。当时，蜀中州府长官为避免朝廷嫌疑，多不检查州府甲仗，导致“器甲多敝败不可用”[②]。《夷坚志》中记载说：“淳熙初年，上饶郑人杰为光州知州，既至，见西廊一库，扃钥甚严，而尘埃堆积。问之吏卒，云：‘旧甲仗库，怪物居之，累政不曾启。’郑素贪，意其中必有伏宝。破锁入视，凡械器弦刃，皆断裂损蚀，无一堪用。惟梁上挂数十百卷，或麻或绢所为。”[③]从尘埃堆积的情况也可看出以往管库官吏是如何维护相关器甲的。宁宗朝，爱国之士华岳在上奏中也举例说“臣尝见当涂有常平桩管米二千石，别贮一廒。缘其所积之米，风飘雨洒，皆已腐烂，不堪食用，时一换支，却于新仓拨填，以足其数，委本州司理提督，月添支二十千。桩管至今已三十三年矣，较其米价不及于三千缗，而提督官之所请已八千缗矣。今所谓廒仓之米，犹能蚕食吾国家八千缗之钱，而况于官吏乎？臣又尝见池阳有民兵甲仗库一所，内有旧弊衣甲数百副，皆破碎不全，不堪披用。遇有春秋两教，自赴都统司关借堪好者以应其点，乃委本州押队提督，月添支十千。有库至今已五十年矣，计其器甲不及百千，而提督官之所请已六千缗矣。今所谓数百件之弊器，犹能蠹蚀吾国家六千缗之钱，而况于州县之官吏乎？”[④]虽然他在这里论说的重点在于仓库监官俸禄太多，耗费官财，应当精简，但是从中也可看出因地方官吏管理不善而造成的甲仗库相关政府物资的无效损耗也是很多的。

常平仓、义仓等是宋代政府在地方设置的主要灾害救助仓储，仓粮多为百姓带纳税收或无偿捐助，也有部分钱粮为政府购买所得，“本备救济贫民，不得别有支借，违者，以违制论”[⑤]。由于储存条件、自然环境等损耗，常平仓粮年久容易腐败变质，“米斛有以陈易新之条”[⑥]，朝廷也告诫地方官吏注意检查，“其收积年深者，许依旧条兑换，毋致损恶”[⑦]。遇到丰收年份，应卖旧买新，“及时兑粜出散，不得积留，以致陈坏”[⑧]。但是，同样，在常平仓、义仓等地方仓

① （宋）李新撰：《跨鳌集》卷13《乞诏州郡置架阁军器库札子》，《景印文渊阁四库全书》，第1124册，第501页。
② （宋）沈辽撰：《云巢编》卷9《张司勋墓志铭（熙宁十年九月）》，《宋集珍本丛刊》，第23册，第560页。
③ （宋）洪迈撰，何卓点校：《夷坚支志》癸卷第7，第1274页。
④ （宋）华岳撰：《翠微北征录》卷1《财计》，《宋集珍本丛刊》，第78册，第257页。
⑤ 刘琳、刁忠民、舒大刚，等校点：《宋会要辑稿》食货五三之七，第7199页。
⑥ （宋）周煇撰，刘永翔校注：《清波杂志校注》卷7，第293页。
⑦ 刘琳、刁忠民、舒大刚，等校点：《宋会要辑稿》食货五三之七，第7199页。
⑧ （宋）李焘撰，上海师范大学古籍整理研究所、华东师范大学古籍整理研究所点校：《续资治通鉴长编》卷275，熙宁九年五月辛巳，第6736页。

储机构粮食保存与临灾救助方面，两宋地方官吏出现大量渎职、不作为的情况，主要的弊病来源于两个方面：

第一个弊病是不按时检查更换仓粮，导致粮食腐败变质。这方面的例子非常多，两宋士大夫也曾连篇累牍，对此问题进行抨击。如北宋时期司马光就曾说："因州县阙常平籴本钱，虽遇丰岁，无钱收籴。又有官吏怠慢，厌籴粜之烦，虽遇丰岁，不肯收籴"①，"是致州县常平仓斛斗有经隔多年，在市价例终不及元籴之价，出粜不行，堆积腐烂者，此乃法因人坏，非法之不善也"②。徽宗宣和中，也有臣僚奏论四川常平仓粮旧不更换，"比年漕臣不职，米直渐增，或陈腐不堪，杂以糠秕，不独损六万之数，且几察不严"③。故而两宋朝廷也多次下诏督促监司和地方守臣，提前准备籴本钱，"候将来秋成日，广行收籴米斛，如法收桩"④，维护常平仓、义仓的粮食安全。但这种一般性的告诫实际效果非常有限，南宋绍兴二十九年（1159 年），浙西提举常平吕广问入对时就指出，"常平义仓之法广储蓄以待不时之须，祖宗长虑远计也。事久废弛，名存实亡，纵有见存，类多陈腐。主藏之吏，不过指廪固扃，执虚券以相授受而已。盖缘法禁至重，干连猥多，上下含糊，莫敢轻发"⑤。绍兴三十二年（1162 年）闰二月，朝廷针对常平仓粮多腐败变质问题，做出制度性的规定，今后常平仓粮"并令以新易陈，在仓以五年为率，如过五年，尽数变转，毋得停留，失陷官物"⑥。看来五年是当时粮食储存条件的极限，超过五年粮食就容易变质腐败，这一规定更具操作性，有利于地方仓廪机构的物资保存，防止官府行政成本的无效损失。在绍兴末年，朝廷还修改了义仓粮食只准赈济，不许出粜的规定，"乃令量粜三之一，桩收价钱，次年收籴拨还"⑦。但是实际效果又如何呢？孝宗朝朱熹曾对自己的学生说："某自典二州，知常平之弊如此，更不敢理会。着南康自有五六万硕，漳州亦六七万硕，尽是浮埃空壳，如何敢挑动？这一件事，不知做

① （宋）李焘撰，上海师范大学古籍整理研究所、华东师范大学古籍整理研究所点校：《续资治通鉴长编》卷 384，元祐元年八月丁亥，第 9350 页。

② （宋）李焘撰，上海师范大学古籍整理研究所、华东师范大学古籍整理研究所点校：《续资治通鉴长编》卷 384，元祐元年八月丁亥，第 9350 页。

③ 刘琳、刁忠民、舒大刚，等校点：《宋会要辑稿》食货五七之一六，第 7343 页。

④ 刘琳、刁忠民、舒大刚，等校点：《宋会要辑稿》食货五三之二五，第 7221 页。

⑤ （宋）李心传编撰，胡坤点校：《建炎以来系年要录》卷 182，绍兴二十九年六月壬寅，第 3502 页。

⑥ （宋）李心传编撰，胡坤点校：《建炎以来系年要录》卷 198，绍兴三十二年闰二月辛未，第 3883 页。

⑦ （宋）马端临，上海师范大学古籍研究所、华东师范大学古籍研究所点校：《文献通考》卷 21《市籴考二》，第 631 页。

甚么合杀？”[①]乾道二年（1166 年），臣僚上奏中也说：“国家置常平、义仓，为水旱、凶荒之备。近来州县循习借用，多存虚数。其间或未至侵支，亦不过堆积在仓，缄縢惟谨，初未尝以新易陈，经越十数年，例皆腐败而不可食用。”[②]宁宗朝，舒麟在与提举常平官论常平仓的札子中也感叹“窃惟国家常平之法，盖惟岁有丰歉，谷有高下，故敛之丰，用之歉，大率欲济饥耳。然其敛也，皆坚好之物，及其散也，多腐败之余。盖米之在仓余二三年，蛀损腐烂，势所必至。又其籴也，官虽给本，州县往往受纳而虚取于民。及其久也，官虑其坏，命之易新，则又亏折，其甚者往往因是借贷，名存实亡。弊至于此，上司虽加督责，往往不过鞭黥吏辈，按发官吏，然米终不可复。……且常平本以赈饥，不过欲救小民之死亡。今乃高价收难得之粳米，三四年之后，又复陈腐。布散之时，民终不得坚好以食”[③]。理宗朝，程洵也说：“今天下义仓之积，所在以千万计，有司畏法谨令，往往坐视其陈腐，不敢辄发以予民。……上无补于县官，下无补于百姓，而徒横敛以为贪吏支移折变之资，岂不甚可惜哉！”[④]宋末王应麟也提出：“常平义仓尚有古法之遗意，然皆藏于州县，为法太密。吏视民之殍而不肯发，累数十年不一眚省不获已，发之，已化为浮埃，聚壤而不可食矣。”[⑤]看来地方官吏还是没有认真执行朝廷诏令，大量的政府物资成为烟霭尘土，湮没不存。

第二个弊病是官吏临灾不动用仓粮救助，坐视常平仓、义仓粮食因自然损耗或者被挪用，湮灭不存。高宗建炎二年（1128 年）就有臣僚上奏说：“常平和籴，州县视为文具，以新易旧，法也。间有损失蠹腐而未尝问；不许借贷，法也，间有悉充他用而实无所储。”[⑥]朝廷因而下令委派使臣到诸路进行实地查访常平仓粮储备情况。南宋绍兴中，赵令詪为知绍兴府，提出“州县义仓多红腐，请岁出三之一以易新粟；水旱为灾，检放不及七分处所，即许振恤”[⑦]，朝廷从之。

---

① （宋）黎靖德编：《朱子语类》卷 106《朱子三・外任》，朱杰人、严佐之、刘永翔主编：《朱子全书》，第 3465 页。

② 刘琳、刁忠民、舒大刚，等校点：《宋会要辑稿》食货五三之三〇，第 7226 页。

③ （宋）舒麟撰：《舒文靖公类稿》卷 3《与陈仓论常平》，《丛书集成续编》，台北：联经出版社，1998 年影印本，第 105 册，第 584—585 页；（清）王梓材、冯云濠编撰，沈芝盈、梁运华点校：《宋元学案补遗》卷 76，北京：中华书局，2012 年版，第 4367 页。

④ （宋）程洵撰：《尊德性斋小集》卷 2《代参堂札子（一）》，《丛书集成初编》，北京：中华书局，1991 年版，第 37—38 页。

⑤ （宋）王应麟辑：《玉海》卷 184《乾道社仓》，第 3381 页。

⑥ （宋）马端临著，上海师范大学古籍研究所、华东师范大学古籍研究所点校：《文献通考》卷 21《市籴考二》，第 631 页。

⑦ （元）脱脱等撰：《宋史》卷 244《赵令詪传》，第 8683 页。

一些官吏惮于朝廷法令，不敢动用义仓粮食，索性渎职懈怠，只收不支，“所在义仓，随苗输纳，不许出粜，陈陈相因，至有红腐而莫敢移用者”[①]。绍兴二十六年（1156 年），国子监丞徐时举奏报中也提到：“今日郡县，惟常平所积，动盈亿万。然米积既久，虑多陈腐，其一路使者及守倅、法官又以擅移动者获罪非轻，不敢变易。”[②]因仓粮腐败而受到的惩罚要小于擅用仓粮的惩罚，制度设计的弊病也给了地方官员渎职懈怠的理由。此外，灾害中出粜仓粮，灾后还要用钱收籴，需要花费大量人力、物力，故而一些渎职怠政的地方官也不愿赈灾，朝廷为加强常平仓等赈灾功效，绍兴二十八年（1158 年）提出州县可以“以时量减价钱出粜。其收到价钱，秋成日尽数收籴，依旧桩管。仍逐年具籴粜过数目申尚书省”[③]。督促官吏籴粜，从而加快常平仓粮的更换，发挥其实际作用。但是，南宋地方上侵盗、挪用常平仓、义仓钱粮的现象更加严重，占借不还，最终湮没不存，同样耗费了大量政府资金，没有发挥其应有的功效，造成无效成本损耗。朱熹就曾说，地方州军，常平仓与省仓“只是一个仓，互相遮瞒。今所在常平仓，都教司法管，此最不是。少间太守要侵支，司法如何敢拗他。通判虽管常平，而其职实管于司法。又所在通判，大率避嫌不敢与知州争事，韩文公所谓‘例以嫌不可否事者也’。且如经、总制钱、牙契钱、倍契钱之类，尽被知州瞒朝廷夺去，更不敢争”[④]。李椿在上奏中也提到义仓上纳州仓“不复及于县民”[⑤]，“虽无里正侵盗之患，而官司移兑侵借，陈腐化为尘土，灾伤则惠不及民，可谓因噎废食”[⑥]。乾道二年（1166 年），朝廷点检浙东常平仓储备情况，“浙东七州常平仓，其间失陷、借支、坏烂、失收米麦共二十七万六千二百二十余硕，并常平钱一万四百四十余贯”[⑦]。宁宗朝臣僚也说：“常平米止许递留一年，以新纳秋苗换易支遣。常平专法，主管官替移，无拖欠失陷方与批书离任，今公然兑借，阳为自劾，更不补还，此州县兑移之弊也。……如公吏差出，其本身初不请常平钱，乃诡名借请，或元非差出，而妄作缘故。至于吏胥自有定额，今守倅视常平钱米为他司钱物，吏额日增，请给日广，常平司委而不问。若夫借请，在法二分克纳，今或一例借欠，动至数百千，例不除克，

① 刘琳、刁忠民、舒大刚，等校点：《宋会要辑稿》食货五三之二四，第 7219 页。
② 刘琳、刁忠民、舒大刚，等校点：《宋会要辑稿》食货五三之二五，第 7220 页。
③ 刘琳、刁忠民、舒大刚，等校点：《宋会要辑稿》食货五三之二六，第 7221 页。
④ （宋）黎靖德编：《朱子语类》卷 106《朱子三・外任》，朱杰人、严佐之、刘永翔主编：《朱子全书》，第 3465—3466 页。
⑤ （明）黄淮、杨士奇编：《历代名臣奏议》卷 247《李椿・奏常平义仓疏》，第 3249 页。
⑥ （明）黄淮、杨士奇编：《历代名臣奏议》卷 247《李椿・奏常平义仓疏》，第 3249 页。
⑦ 刘琳、刁忠民、舒大刚，等校点：《宋会要辑稿》食货五三之三〇，第 7226 页。

此其弊不一也，倘不为之堤防惩革，则储蓄日寡，荒政无备。”[①]这么多的政府资产被无效损耗，官吏渎职行为的危害从中可见一斑。

3. 地方官吏渎职、不及时救灾，导致官府物资无效损耗

中国古代社会中，由于物质条件和科技发展水平有限，对于水灾、风雹、洪涝、旱灾等自然灾害的抵御具有相当局限性，对于盗贼、兵匪作乱以及各种人为原因所造成的火灾等应对措施也并不充分。但即便如此，如果地方官吏能够做好预防措施，灾后能够及时救助，还是能在相当程度上缩小灾害所带来的损失。

然而在现实中，并非所有官吏都能按照法令，积极进行灾害救助，相反，有不少地方官吏在灾后渎职懈怠，不积极救助，甚至临乱先遁，导致大量政府物资被灾害吞没，无法发挥其应有价值，变成无效行政成本。

火灾仍然是地方官吏渎职、不肯积极救助的高发领域，古代的房屋，建筑多以竹木，城池中房屋建筑相邻，火灾发生后燃烧快，且容易连片燃烧、倾覆，而仓库物资粮草等更是易燃物品，火势一旦发生，燃烧猛烈，故而许多官吏多不肯认真救助。如太宗端拱二年（989 年）五月，“滑州房村埽火，焚竹木梢芟百七十余万”[②]，朝廷责令“转运使督沿河州县官吏，常令分行部内埽岸积聚之物，有检视不谨、为水所败者，坐其罪”[③]。仁宗景祐三年（1036 年），澶州奏报“横垄水口西岸物料场火，凡焚薪刍一百九十余万”[④]，朝廷诏“转运司劾主守官吏以闻”[⑤]。宝元二年（1039 年）六月，益州发生火灾，知州张逸“心疑有变，与转运使明镐夜领众往，而实不救火，故所焚甚众”，这场火灾导致“火焚民庐舍三千余区”[⑥]。庆历八年（1048 年）正月，江宁府大火，江宁为南唐都城，官府廨宇规模宏大，“时营兵谋乱，事觉，伏诛。既而火”[⑦]。守臣“李宥惧有变，阖门不救，延烧几尽，唯存一便厅，乃旧玉烛殿也”[⑧]。因江宁为仁宗“始

① （宋）马端临著，上海师范大学古籍研究所、华东师范大学古籍研究所点校：《文献通考》卷 21《市籴考二》，第 632 页。
② 刘琳、刁忠民、舒大刚，等校点：《宋会要辑稿》方域一四之三，第 9552 页。
③ 刘琳、刁忠民、舒大刚，等校点：《宋会要辑稿》方域一四之三，第 9552 页。
④ （宋）李焘撰，上海师范大学古籍整理研究所、华东师范大学古籍整理研究所点校：《续资治通鉴长编》卷 119，景祐三年十月丁未，第 2809 页。
⑤ （宋）李焘撰，上海师范大学古籍整理研究所、华东师范大学古籍整理研究所点校：《续资治通鉴长编》卷 119，景祐三年十月丁未，第 2809 页。
⑥ （宋）李焘撰，上海师范大学古籍整理研究所、华东师范大学古籍整理研究所点校：《续资治通鉴长编》卷 123，宝元二年六月丁丑，第 2913 页。
⑦ （宋）李焘撰，上海师范大学古籍整理研究所、华东师范大学古籍整理研究所点校：《续资治通鉴长编》卷 162，庆历八年正月壬午，第 3904 页。
⑧ （宋）李焘撰，上海师范大学古籍整理研究所、华东师范大学古籍整理研究所点校：《续资治通鉴长编》卷 162，庆历八年正月壬午，第 3904 页。

封之地，守臣视火不谨，府寺悉焚”[①]，“寻责宥为秘书监，直令致仕”[②]，这在仁宗朝已经算是非常重的处罚了，而后来朝廷动用数万贯钱和财物、人力重修江宁府衙，因知州的渎职所耗费的大量钱物成了无效成本。英宗治平三年（1066年），知温州张侗、兵马监押张宗古“坐温州火烧屋万四千间、死者五十人”[③]而被改任小州差遣。神宗时期，对于不及时救助灾害的地方官员处罚较此前更加严厉，如元丰元年（1078 年）二月，广西廉州失火，“知廉州、供备库副使李时亮降一官，监押、右侍禁卫立之降两官，司户参军孔元孙冲替。坐不救火，焚器甲二十四万，会赦特责也”[④]。十月，广西转运使司弹劾“邕州不救火官吏”[⑤]，神宗震怒，批“邕、廉州永平、太平寨，相继遭火焚，失钱粮、器仗。州寨皆边要，水陆巇崄，艰于运致，一旦以吏懈弛，所失动计数十万。其失火之人，难绳以常法，宜速根究”[⑥]。因而主名胥吏被斩杀，主要责任官员被押解上京审判。第二年六月，所有责任官员并受到处罚，“权知邕州、庄宅副使、兼合门通事舍人刘初，权通判州事、观察推官陈中，并追两官，中仍勒停。监押、西头供奉官高怀亮，都监、内殿承制戴恩，并除名。权签书判官侯偁，录事参军翟瑜，监仓、贵州推官吴瑾，三班借职张赞，摄司户齐国镇，司理梁景初，各追一官，免勒停”[⑦]。这次火灾，因为地方官吏救助不力，损失惨重，火“焚官舍千三百四十六区，诸军裹衣万余分，谷帛车器等百五十万”[⑧]，大量的政府资产变为无效成本，还不包括因修造、运输而花费的人工费、物料费等。南宋时期，仍有众多贪婪、怯懦之官吏因不及时救火而导致官府大量物资被无效消耗，高宗绍兴十二年（1142 年），镇江府城外起火，官吏未及时救助，延烧至城内，“遂及大军仓，燔米麦四万斛、刍六万束，公私室庐被焚者甚众”[⑨]，当时“太平州、

① （宋）李焘撰，上海师范大学古籍整理研究所、华东师范大学古籍整理研究所点校：《续资治通鉴长编》卷162，庆历八年正月甲子，第 3912 页。

② （宋）李焘撰，上海师范大学古籍整理研究所、华东师范大学古籍整理研究所点校：《续资治通鉴长编》卷162，庆历八年正月辛巳，第 3904 页。

③ 刘琳、刁忠民、舒大刚，等校点：《宋会要辑稿》职官六五之二五至二六，第 4812 页。

④ 刘琳、刁忠民、舒大刚，等校点：《宋会要辑稿》职官六六之二，第 4824 页。

⑤ （宋）李焘撰，上海师范大学古籍整理研究所、华东师范大学古籍整理研究所点校：《续资治通鉴长编》卷293，元丰元年十月庚申，第 7154 页。

⑥ （宋）李焘撰，上海师范大学古籍整理研究所、华东师范大学古籍整理研究所点校：《续资治通鉴长编》卷293，元丰元年十月庚申，第 7154 页。

⑦ （宋）李焘撰，上海师范大学古籍整理研究所、华东师范大学古籍整理研究所点校：《续资治通鉴长编》卷298，元丰二年六月甲辰，第 7254 页。

⑧ （宋）李焘撰，上海师范大学古籍整理研究所、华东师范大学古籍整理研究所点校：《续资治通鉴长编》卷298，元丰二年六月甲辰，第 7254 页。

⑨ （宋）李心传编撰，胡坤点校：《建炎以来系年要录》卷 144，绍兴十二年二月辛卯，第 2717 页。

池州、芜湖县亦皆大火，市井一空”①。十五年（1145 年）四月，“知大宁监庞昌孙及兵职官三人并罢，坐民居遗火，不即扑灭，致延烧官物、文书甚众”②。绍兴二十九年（1159 年），镇江府再次发生火灾，“知府请都统刘宝派兵救火，刘衔恨不出，下令曰：‘辄出救者，死。’城中半为煨烬，仓米被燔者数万斛”③。孝宗淳熙五年（1178 年），朝廷因知兴州杨绛、监押王洧、主簿孟养直等“兴州沙市火延烧三百余间，绛等以宴饮，不亲救扑”而进行惩治，杨绛追三官勒停，监押王洧、主簿孟养直各降一官。④光宗绍熙二年（1191 年）六月，徽州发生火灾，知州赵彦恂夜饮于通判李法言之居，“守倅皆醉，救扑甚缓，而又役使兵卒般挈家属行李，人力不给，致其蔓延”⑤，烧毁大量官司钱物，因而两人被降官、放罢。当年七月，金州知州、通判因遗火“延烧官舍”特降一官，放罢。⑥从中可以看出，两宋因为火灾发生、救助不力被惩治的官吏数量还是不少的，但是惩治力度往往不够，除神宗等少数时期外，往往处罚较轻，甚至没有调离原工作岗位，因而不能给其他在任官员以明确的警示作用。

除了火灾之外，水灾、城市暴雨内涝也会给官府物资造成严重威胁，两宋因地方官吏救治不力，造成房屋垮塌，物资冲毁等无效成本损耗也是不少的。太宗淳化四年（993 年），澶州连日大雨，导致河水暴涨，知州郭贽“苟务贪荣。不图御患”⑦，导致“坏居人之室庐。陷州城之雉堞”⑧，“使万井之邑。坐成污潴。一方之民。化为鱼鳖”⑨。政府不仅要承担因灾害造成的官府物资损耗，同时还要救助地方灾民，“应溺死人户。每人给千钱为棺敛具。缺食者发仓粟赈济。其屋税并与除放”⑩。因为官吏渎职，而产生的双重成本损耗，这些灾害本应可以避免或者减轻损耗的。仁宗皇祐四年（1052 年），“鄜州大水，而知州薛向不能捍城，至坏仓廪及害军民庐舍”⑪，虽然后来将功补过，重建城池，朝廷对其免于处罚，但是已经被损耗的官府钱物、官廨等却难以挽回。徽宗时期，朝政

① （宋）李心传编撰，胡坤点校：《建炎以来系年要录》卷 144，绍兴十二年二月辛卯，第 2717 页。
② （宋）李心传编撰，胡坤点校：《建炎以来系年要录》卷 153，绍兴十五年四月戊子，第 2895 页。
③ （宋）李心传编撰，胡坤点校：《建炎以来系年要录》卷 182，绍兴二十九年六月甲辰，第 3503 页。
④ 刘琳、刁忠民、舒大刚，等校点：《宋会要辑稿》瑞异二之三七，第 2643 页。
⑤ 刘琳、刁忠民、舒大刚，等校点：《宋会要辑稿》职官七三之七，第 5004 页。
⑥ 刘琳、刁忠民、舒大刚，等校点：《宋会要辑稿》职官七三之七，第 5004 页。
⑦ 司义祖整理：《宋大诏令集》卷 185《赐澶州北城军人百姓诏（淳化四年九月丙申）》，第 672 页。
⑧ 司义祖整理：《宋大诏令集》卷 185《赐澶州北城军人百姓诏（淳化四年九月丙申）》，第 672 页。
⑨ 司义祖整理：《宋大诏令集》卷 185《赐澶州北城军人百姓诏（淳化四年九月丙申）》，第 672 页。
⑩ 司义祖整理：《宋大诏令集》卷 185《赐澶州北城军人百姓诏（淳化四年九月丙申）》，第 672 页。
⑪ （宋）李焘撰，上海师范大学古籍整理研究所、华东师范大学古籍整理研究所点校：《续资治通鉴长编》卷 173，皇祐四年九月甲辰，第 4171 页。

黑暗，地方官吏多贪赃不法，政和八年（1118 年），发运使任谅奏“泗州大水，躬亲救护，得以无虞”[①]，从而获得朝廷恩赏，不久又有官吏奏报地方灾情，才知道泗州因水灾“漂溺人口千数，学舍、仓庾悉已冲圮，浮桥断坏，谅匿而不言，公肆虚诞”[②]，任谅不但延误救灾时机，导致大量物资损耗，反而编造救灾功绩，获得朝廷赏赐，对于这种颠倒黑白的贪官，朝廷也没有加重处罚，只是处以勒停的惩罚。南宋宁宗嘉定十七年（1224 年），福建水灾严重，“溪流暴涨，为灾特甚。自建宁、南剑以至福州水口，沿溪居民荡然一空。福之城中西南两门水高七尺以上，侯官县甘蔗寨漂流数百家，多有溺死者。南剑冲突尤甚，水势直至郡治，城楼、邮亭、司理院狱悉皆淹浸类毁”[③]。在这种严峻形势下，地方官吏仍遵循常态，“但云支拨钱米，例行赈济。然臣窃谓监司不过委之郡守，郡守不过委之州县官，而被差之官或不留意，实惠未必及民，至今有未复业者”[④]。宋朝优待士大夫的传统被发挥到极致，纵容、宽赦不仅没能换来国家的富强，反而消耗了更多的政府资金，变为无效成本。

在地方水旱灾害发生后，往往会出现大量的灾民，如果地方政府不积极加以救助，会导致大量人员因饥饿、瘟疫而死亡，造成新的灾害，这一时期地方官吏对临灾救助物资的管理、发放更为重要，但是一些地方官员并不认真履行职责，或者不积极筹措、发放物资，或者掩盖隐瞒实际灾情，导致灾害损失的进一步扩大。如太宗淳化元年（990 年），登州发生饥荒，“文登、牟平两县民四百一十九人饿死”[⑤]。朝廷下令“发仓粟赈贷”[⑥]，官府给钱埋葬死者的同时，也追究当地官吏渎职之责，“其逐州官吏不早具奏，仍劾罪以闻”[⑦]。真宗咸平三年（1000 年），田锡上奏江南、两浙等地严重饥荒，在这里几乎看不到地方官吏的救助举措，“初闻遣使煮粥俵给，后来更不闻别行轸恤”[⑧]。田问泰州公吏“疾疫死者多少人，称饿死者不少，无人收拾，沟渠中皆是死人，却有一僧收拾埋葬，有一千人作一坑处，有五百人作一窖处”[⑨]，“又问饥馑疾疫去处，称越

① 刘琳、刁忠民、舒大刚，等校点：《宋会要辑稿》职官六八之四二，第 4896 页。
② 刘琳、刁忠民、舒大刚，等校点：《宋会要辑稿》职官六八之四二，第 4896 页。
③ 刘琳、刁忠民、舒大刚，等校点：《宋会要辑稿》瑞异三之三二，第 2665 页。
④ 刘琳、刁忠民、舒大刚，等校点：《宋会要辑稿》瑞异三之三二至三三，第 2665—2666 页。
⑤ 刘琳、刁忠民、舒大刚，等校点：《宋会要辑稿》食货五七之一，第 7326 页。
⑥ 刘琳、刁忠民、舒大刚，等校点：《宋会要辑稿》食货五七之一，第 7326 页。
⑦ 刘琳、刁忠民、舒大刚，等校点：《宋会要辑稿》食货五七之一，第 7326 页。
⑧ （宋）李焘撰，上海师范大学古籍整理研究所、华东师范大学古籍整理研究所点校：《续资治通鉴长编》卷 46，咸平三年三月丁未，第 1003 页。
⑨ （宋）李焘撰，上海师范大学古籍整理研究所、华东师范大学古籍整理研究所点校：《续资治通鉴长编》卷 46，咸平三年三月丁未，第 1003 页。

州最甚，萧山县三千余家逃亡，死损并尽，今并无人，其余明、杭、苏、秀等州积尸在外沙及运河两岸不少。虽未审虚实，然屡有听闻；兼闻常、润等州死损之人，村保各随地分埋瘗。况掩骼埋胔，是国家所行之事，文王葬枯骨而天下归心，今积尸暴骨如是，而使僧人收藏，村保埋瘗，甚无谓也”[①]。在这种严重的灾荒面前，地方政府却毫无举措，却让僧人出面埋葬死者，天灾加人祸，损失自然更加严重。神宗朝，淮南地区饥荒，百姓衣食无着，苏辙在上奏中提到，“而所在官吏，并未见赈济及奏请别作处置”[②]。当地设置了十年的义仓，“所聚粮斛数目甚多，每遇灾伤，未尝支散一粒，民情深所不悦”[③]。苏辙建议朝廷督促赈灾，“及取问监司州县，因何并不曾申请擘划”[④]。徽宗刚刚即位之时，北方地区发生大的水灾，“河北、山东，天下之腹心也，大河决溢，饥馑相仍，老幼扶携，散而之四方者不可胜数，其饿殍填委沟壑者以百万计，或至父子相食”[⑤]，但是州县官吏却渎职不救，“无以赈给，坐视其死亡”[⑥]，更可怕的是，当时地方已经形成用人唯亲的政风，“后来者率皆以私意除用，或不及前人”[⑦]，官吏的渎职、公共管理中的缺位和由此造成的损耗令人叹息。南宋孝宗朝，朱熹担任浙东提举常平官，在水灾发生过后，衢州地方官吏救灾不力，开化县“山谷之人采取蕨根以充饥肠，羸瘦萎黄，非复人貌，岁前雨寒，死亡已多，而（知州）李峄恬然略不加恤……所蒙圣恩拨赐米斛共六万石，不为不多，而至今日久，并不科拨下县，亦不晓谕民间”[⑧]。因灾不救，造成行政成本的无效损耗。宁宗朝，真德秀担任江南东路转运使，当时江南大片地区发生旱灾，庄稼颗粒无收，转运使等分路救灾，与属下州郡长官商量对策，但是朝散郎、权发遣宁国府张忠恕阳奉阴违，“宣境之民憔悴尤甚，振恤之事，殊未有伦，传闻邻境散钱给米已至一再，有恨不得为旁郡民者”[⑨]。朝廷下拨大量救灾物资被其挪用，

---

① （宋）李焘撰，上海师范大学古籍整理研究所、华东师范大学古籍整理研究所点校：《续资治通鉴长编》卷46，咸平三年三月丁未，第1003页。

② （宋）苏辙撰，陈宏天、高秀芳校点：《苏辙集》卷37《乞赈救淮南饥民状（二十四日）》，第651页。

③ （宋）苏辙撰，陈宏天、高秀芳校点：《苏辙集》卷37《乞赈救淮南饥民状（二十四日）》，第651页。

④ （宋）苏辙撰，陈宏天、高秀芳校点：《苏辙集》卷37《乞赈救淮南饥民状（二十四日）》，第651页。

⑤ （宋）赵汝愚编，北京大学中国中古史研究中心校点整理：《宋朝诸臣奏议》卷44《韩宗武·上徽宗答诏论日食》，第463页。

⑥ （宋）赵汝愚编，北京大学中国中古史研究中心校点整理：《宋朝诸臣奏议》卷44《韩宗武·上徽宗答诏论日食》，第463页。

⑦ （宋）赵汝愚编，北京大学中国中古史研究中心校点整理：《宋朝诸臣奏议》卷44《韩宗武·上徽宗答诏论日食》，第463页。

⑧ （宋）朱熹撰：《晦庵先生朱文公文集》卷17《奏衢州守臣李峄不留意荒政状》，朱杰人、严佐之、刘永翔主编：《朱子全书》，第774页。

⑨ （宋）真德秀撰：《西山先生真文忠公文集》卷12《奏乞将知宁国府张忠恕亟赐罢黜》，《宋集珍本丛刊》，第76册，第3—4页。

“承常平司牒，称宁国府昨蒙朝廷拨赐转般仓并义仓米凡十一万七千三百六十二石，而本府拨下诸县为账济用者止五万六千二百四十六石，其余六万一千余石未见去著，遂行疏问。忠恕虽巧为分擘回申，而气馁词穷，不可掩覆”[①]，在其弹劾下，嘉定九年（1216年）二月，“三省同奉圣旨，张忠恕与宫观，仍令江东提举李道传日下起发前去，时暂兼权宁国府事”[②]。他将这个渎职官吏驱除而去。由此可以看出，因地方官吏的渎职、怠政，临灾救助不力，所造成的政府无效行政成本损耗，进一步放大了自然灾害对宋代地方社会的危害和冲击，同时也对政府行政经费造成了严重的二次损耗。

4. 地方官吏监管不力，少征税收或收残次物品

宋代地方政府机构的财政收入，夏秋二税、商税、盐、酒等禁榷专卖品税收等都在其中占据非常重要的地位。如果地方税收官吏渎职，不认真查验税物，漏征或少征税收，数额巨大，则会给地方财政运转带来非常大的隐患；而耗费大量人力、财力征收来的物品，如粮食、绢帛等质量低劣，不堪使用，无法实现其公用价值，同样只能将其归入无效行政成本。两宋时期，因这两方面的问题所导致的地方政府无效行政成本数量也不能忽视。政府不断出台相关法令，但只能禁止于渎职行为未发之时，且由于法令繁杂，恩赦频出，惩治力度不强，在现实中，仍有大量地方官吏因渎职、懒政而失收大量税收的情况。如真宗咸平五年（1002年），参知政事王钦若弹劾蔡州知州高如晦“逃主户三千五百九家，失国赋五万三千余贯”[③]。“场务皆有羡溢，而亏失税钱甚多……无功罔上，怨天尤人”[④]，高因此被“削两任，为沂州别驾”[⑤]。天禧三年（1019年）六月，夔州路转运使刁湛也说：“云安军管一县户口，盐井课利最多，自来知军并差班行，失于点检，致欠官盐不少。”[⑥]仁宗朝景祐中“沿边都监、监押虽不兼监场务，或有兴贩私盐酒等，公然容纵，不捉赴官，致亏课利”[⑦]。神宗元丰四年（1081年），前河北转运判官吕大忠也说，朝廷因灾免除地方百姓二税，“民披诉灾伤状，多不依公式，诸县不点检”，每年“侥幸而免者无虑三二百万，其余水旱蠲、

① （宋）真德秀撰：《西山先生真文忠公文集》卷12《奏乞将知宁国府张忠恕亟赐罢黜》，《宋集珍本丛刊》，第76册，第4页。

② （宋）真德秀撰：《西山先生真文忠公文集》卷12《奏乞将知宁国府张忠恕亟赐罢黜》，《宋集珍本丛刊》，第76册，第6页。

③ 刘琳、刁忠民、舒大刚，等校点：《宋会要辑稿》职官六四之一六至一七，第4774页。

④ 刘琳、刁忠民、舒大刚，等校点：《宋会要辑稿》职官六四之一七，第4774页。

⑤ 刘琳、刁忠民、舒大刚，等校点：《宋会要辑稿》职官六四之一六，第4774页。

⑥ 刘琳、刁忠民、舒大刚，等校点：《宋会要辑稿》职官四七之五，第4267页。

⑦ 刘琳、刁忠民、舒大刚，等校点：《宋会要辑稿》食货一七之二三，第6358页。

阁，类多失实”[①]。可见，这其中因为官吏渎职，不认真检查灾情，误放税赋的数额还是相当惊人的。元丰七年（1084年），由于“民方逋盐税钱、和籴米”[②]，广西转运使竟然建议朝廷不给得替县令等官员俸禄，“勒令催理，候足日放罢”[③]。哲宗元祐初年，朝廷推行宽仁政策，对百姓赋税催督不严，导致政府财政税收大量亏损，户部官员奏报中也提到“诸路夏秋税及酒税课利，全然亏欠。上供钱帛，例不及额。盖缘转运司及州县知、佐等妄意观望，务为宽弛，恬不知畏。伏缘租税课入，国用之所赖。今肆然废职，上辜任使，倘不惩戒，深悮大计”[④]。绍圣元年（1094年），吕温卿调查齐州财用匮乏原因，发现“齐州自元祐元年（1086年）至八年（1093年）终，茶盐酒税比祖额共亏四十万九千余贯，以一州推之，则天下可知”[⑤]。引得朝廷震惊，从而下令对京东路八年来“盐茶酒税并课利场务等，比祖额亏欠数以闻”[⑥]。这样大量税收的折损，势必令地方财政陷入困境。税收不力，原因很多，除了官吏渎职之外，也包括豪强仗势不纳、监官不得人等诸多原因，如徽宗政和元年（1111年），朝廷出卖一批系官田产，“虽间有出卖、请佃之人，又为豪右之侵冒，输官租赋，十无一二”[⑦]。当时，许多地方税务机构人员“无心力之人兼权差管勾，尤更苟简，缘此多致失陷官物不少”[⑧]。两浙地区也存在州县没有主管监当官，“所收课利浩瀚，只令栏头收税趁钱，甚失省则”[⑨]的问题。

自神宗熙丰时期推行多项新法，如市易法、青苗法、坊场实封买扑法等，因新法的推行，政府借贷大量钱物给民间，如果监管官吏失于催收，政府行政物资必然遭受重大损失。如熙宁九年（1076年），秦凤等路转运司言：“前管勾熙河蕃部司文字、临泾县令张维赊与民钱十五万四千二百余缗，止收及六万八千一百余缗，其所欠负未知所在。”[⑩]元丰元年（1078年），永兴军路提举常平李孝博上奏：“秦、熙州自置市易，乃提举官汲逢专领。今本务欠钱十二万余缗，

---

① 刘琳、刁忠民、舒大刚，等校点：《宋会要辑稿》食货一之四，第5939页。
② 刘琳、刁忠民、舒大刚，等校点：《宋会要辑稿》职官四八之三〇，第4328页。
③ 刘琳、刁忠民、舒大刚，等校点：《宋会要辑稿》职官四八之三〇，第4328页。
④ （宋）李焘撰，上海师范大学古籍整理研究所、华东师范大学古籍整理研究所点校：《续资治通鉴长编》卷371，元祐元年三月辛未，第8991页。
⑤ 刘琳、刁忠民、舒大刚，等校点：《宋会要辑稿》食货二〇之一一，第6428页。
⑥ 刘琳、刁忠民、舒大刚，等校点：《宋会要辑稿》食货二〇之一一，第6428页。
⑦ 刘琳、刁忠民、舒大刚，等校点：《宋会要辑稿》食货一之三一，第5962页。
⑧ 刘琳、刁忠民、舒大刚，等校点：《宋会要辑稿》食货五六之三七，第7304页。
⑨ 刘琳、刁忠民、舒大刚，等校点：《宋会要辑稿》食货一七之三二，第6363页。
⑩ （宋）李焘撰，上海师范大学古籍整理研究所、华东师范大学古籍整理研究所点校：《续资治通鉴长编》卷274，熙宁九年四月庚戌，第6713页。

闻逢母族亦尝贷借。”[①]元丰六年（1083 年），“‘前知邓州南阳县曾阜、知穰县陈知纯并勒留在本县，同见任官催纳积欠。’以提举司言，阜任内欠坊场河渡钱五万缗、常平钱八百千，知纯任内欠坊场钱四万缗、常平九百千也”[②]。当时，普遍采用这种办法，欠税州县官吏不得离任，催收满额后才可离去，这样的规定固然可以保证政府行政物资不被侵害，但是也容易导致州县官吏临时搜刮，科剥百姓以求脱身。这种现象在神宗朝之后仍屡有发生，如徽宗宣和元年（1119年）诏令中就提道：“有一年之间。一县拖欠常平免役坊场等钱至数万贯石。并逃亡诡名、失陷本息者。不可胜计。或人吏冒税户姓名给纳拖欠。或当职官纵容知情。冒请钱谷。以新盖旧。支收不实”[③]，因而责令诸路提举常平官加强对州县主管官吏的监督，“躬诣遍行取索点检违法废令去处。按劾以闻。仍开具所部有无拖欠及失陷本息。逐一具旁通闻奏”[④]。

南宋时期地方赋税征收不力，拖欠官府钱物、利息不还的现象仍然严重，官吏不认真征收，豪强仗势侵占、不纳税赋者有之。如绍兴元年（1131 年），两浙转运使奏报“诸州县楼店务官房廊及赁地基等钱，久来系隶漕司。自经兵火，州县更不措置，或人吏作弊，侵欺入己，或形势之家强占起造，更不纳钱，或非减落元赁价直”[⑤]。也存在赈灾官吏不认真查看灾情，“一例将省税蠲减，却于人户处敛掠钱物不赀”[⑥]的问题。还有征税胥吏与百姓、商户通同作弊，从其借贷钱物，帮助商户“暗销官物”，拖延不交赋税，“所以版曹财赋每每不足，其患起于细微，而所侵蠹甚大”[⑦]。南宋时期，因地方官吏管理不善，征税不力，损失官钱物的数额更加惊人，如绍兴二十六年（1156 年），浙东提举常平茶盐齐旦卸任，后任官员弹劾其“在任一年半，失陷钱课共为钱二百八十六万余缗”[⑧]，齐被“特追两官勒停”[⑨]。孝宗淳熙八年（1181 年），赵师垂为淮东提举，“坏官钱二十余万缗”[⑩]。理宗朝，知泉州真德秀到任后发现州县财政困窘，“诸邑令宰多非其人，产钱失陷而不知考核，版籍散乱而不知整顿，钞书积压而未尝勾

① 刘琳、刁忠民、舒大刚，等校点：《宋会要辑稿》职官六六之四，第 4825 页。
② 刘琳、刁忠民、舒大刚，等校点：《宋会要辑稿》职官四八之三〇，第 4327 页。
③ 司义祖整理：《宋大诏令集》卷 181《约束常平散敛粜籴等诏（宣和元年八月十二日）》，第 657 页。
④ 司义祖整理：《宋大诏令集》卷 181《约束常平散敛粜籴等诏（宣和元年八月十二日）》，第 657 页。
⑤ 刘琳、刁忠民、舒大刚，等校点：《宋会要辑稿》食货四九之三七，第 7115 页。
⑥ 刘琳、刁忠民、舒大刚，等校点：《宋会要辑稿》食货一之六至七，第 5940 页。
⑦ （宋）马端临著，上海师范大学古籍研究所、华东师范大学古籍研究所点校：《文献通考》卷 5《田赋考五》，第 127 页。
⑧ （宋）李心传编撰，胡坤点校：《建炎以来系年要录》卷 174，绍兴二十六年八月庚午，第 3325 页。
⑨ （宋）李心传编撰，胡坤点校：《建炎以来系年要录》卷 174，绍兴二十六年八月庚午，第 3325 页。
⑩ 汪圣铎点校：《宋史全文》卷 27 上，淳熙八年二月己亥，第 2260 页。

销，奸吏豪民，相为欺隐，于是常赋之入大亏而预借之弊始出”[①]。南安知县梁三聘尤其怠惰，“于是自今年正月至于五月，一钱不复上州。某既为黥窜县吏之尤奸蠹者数人，以其家资代版账一月，而自余月分仍前不输，截日终拖下版账钱、上供银钱、大礼钱共一万五千贯有奇”[②]。这样一来，州财政也无着落，“本州即目困于宗子之廪给，无所擘划，而又须为人户理豁预借钱，为本县代出上供、大礼银钱，又将何所措办？”[③]由于县令非人，“顾念南安为泉壮邑，狱讼财赋倍于他县，三聘在官非惟财赋不办，狱讼亦多不理”[④]。真建议朝廷更换知县，得到朝廷的批准。由此可见，赋税征收及时足额，对于州县财政运转、甚至吏治清明是多么重要。

如果说地方官吏不能及时、足额征收赋税，就像人的身体里没有了血液，那么，征收残次物品的危害就像腐败变质的血液被注射入人的身体，这其中的危害也相当严重。在宋代地方赋税收纳中，因官吏渎职、贪赃而收纳残次税粮、绢帛的情况也时有发生，其中往往还伴随着官吏和纳税人的权钱交易。如仁宗天圣五年（1027年），上封者言：“体量得河北诸州军每年和籴、便籴斛斗万数不少，官中估价不低，从来被诸色行人等将米、粟两色入糠及秕谷，用温水拌和入中，在仓敖及一二年间，便有陈次黑弱。伏乞严行科断”[⑤]，朝廷责令河北路转运使彻查。天圣七年（1029年）二月，臣僚上奏说：“诸州军逐年夏秋例各置场，和籴入中诸般粮草，准备军须。其中亦有所定物价高大，所入粮草低弱。”[⑥]其中的原因在于地方官员“自将收获职田及有月俸余剩或籴买粗弱斛斗中籴，是以互相容隐，不惟亏损官钱，兼且仓库守支，易为损恶，以至军人请得陈次口食，或形嗟怨之语”[⑦]。朝廷对此提出警告，再有违反者加重处罚，“委转运司每遇开场之时，备录出牓，告示官员令知”[⑧]。南宋建炎二年（1128年），淮南西路提刑司也奏论：“近年以来，诸州受纳官与专、斗作弊，公然受

① （宋）真德秀撰：《西山先生真文忠公文集》卷17《申南安知县梁三聘札》，《宋集珍本丛刊》，第76册，第64页。
② （宋）真德秀撰：《西山先生真文忠公文集》卷17《申南安知县梁三聘札》，《宋集珍本丛刊》，第76册，第64页。
③ （宋）真德秀撰：《西山先生真文忠公文集》卷17《申南安知县梁三聘札》，《宋集珍本丛刊》，第76册，第64页。
④ （宋）真德秀撰：《西山先生真文忠公文集》卷17《申南安知县梁三聘札》，《宋集珍本丛刊》，第76册，第64页。
⑤ 刘琳、刁忠民、舒大刚，等校点：《宋会要辑稿》食货三九之一三，第6858页。
⑥ 刘琳、刁忠民、舒大刚，等校点：《宋会要辑稿》食货三九之一五，第6859页。
⑦ 刘琳、刁忠民、舒大刚，等校点：《宋会要辑稿》食货三九之一五，第6859页。
⑧ 刘琳、刁忠民、舒大刚，等校点：《宋会要辑稿》食货三九之一五，第6859—6860页。

纳湿恶伪滥之物。或年月深远，不曾依条兑换，将不堪斛㪷盛贮别敖，专充军粮，兑留好米支见任官月粮。”[①] 这样一来，湿恶米麦被混入仓库之中，不仅不能食用，而且可能会毁坏原有好的粮食，朝廷十分震怒，因为这些粮食发放给军队，长此以往，会引起军队愤恨，战斗力低下，故而规定“今后在仓应受粮斛，不得分别官员、军兵，并令一敖收支。内有大段损坏、全不堪支遣，即勒元受纳官备偿”[②]。总体上看，宋代因征收税赋不足额或残次品而导致的物资无效成本也相当多，而且朝廷对此处罚力度有限，故而屡次治理都难以达到理想效果。

（二）地方行政人员乱作为所导致的政府无效行政成本

宋代地方官府部分行政人员，由于自身素质和决策水平有限，在政府管理中胡乱作为，导致出现官府公共资产受到侵害，一些情况下还造成了严重的资产损失。

1. 官吏、兵丁等故意破坏官府资产

两宋时期，政府对于官民有意破坏官府各种设施、物资等行政成本的行为，均有严格的处罚措施，法令比较严密完善，在如此严密的法令威慑下，敢于违抗法令、故意破坏官物的行政人员还是比较少的，但是也不排除部分肆意妄为、蔑视法令的人员在一些特殊时期对于官府物资的破坏，他们的乱作为给政府行政成本造成了一定的无效损耗。比如欧阳修在担任河北转运使期间，就提出河北漕运水路不修，“催纲职事久废，是致催纲兵梢，因缘作过，偷减官物，迟滞行程。所过州军任意截拨舟船，所经地分随处拆拽钉板。因此于一千八百只纲船内，失却一千五百只，至今根究，不见踪由。盖因自来全阙关防，不严条制，而致兹积弊也”[③]。由于官府失于督查，导致官府一千五百只漕船被所过州军毁坏。再如仁宗朝成都府知府蒋堂曾于“于府学之侧，别建西学。以广诸生斋室”[④]。但是在他离任后，“其后转运使毁之，以增廨舍。既而常山宋公尚书至府，闻其事，叹惜久之”[⑤]。由于转运使的跋扈和享乐，导致建成不久的学校被拆除，浪费了政府大量的行政经费。

一些官员对于地方官府的相关设施、器物也不够爱护，肆意毁坏，仁宗朝

① 刘琳、刁忠民、舒大刚，等校点：《宋会要辑稿》食货五四之七，第7240页。
② 刘琳、刁忠民、舒大刚，等校点：《宋会要辑稿》食货五四之七，第7240页。
③ （宋）欧阳修撰，李逸安点校：《欧阳修全集》卷118《乞条制催纲司》，第1809页。
④ （宋）吴曾撰：《能改斋漫录》卷12《蒋希鲁建西学宋宏肖其像于文翁祠》，第369页。
⑤ （宋）吴曾撰：《能改斋漫录》卷12《蒋希鲁建西学宋宏肖其像于文翁祠》，第369页。

“于阗使者入朝，过秦州，经略使以客礼享之。使者骄甚，留月余，坏传舍什器，纵其徒入市掠饮食，民户皆昼闭”[①]。徽宗政和三年（1113年），“知温州郭敦实、通判韩绪、权都监丁约各降一官。以遗火烧公私舍屋故也”[②]。南宋初，张纲也弹劾前虔州李绍祖不爱惜官船，“臣僚言其急于到任，强驱兵卒，冒犯风波瀫石之险，以致舟船损失。不自追悔，乃归罪于造船监官王康国，送狱掤缚棰楚，又追逮家属，必欲置之死地，以快私忿”[③]。当时，临安府驻扎的许多中央机构胁迫知府将官船借出，却用官船贩运盈利，“往往要闹处舣泊，私酝沽卖，酒气熏蒸，日渐损坏，却经由所占官司陈乞，于本司船指名对换。如此，则依倚（昨）[作]过，坏官船之人常得遂志，委实非宜”[④]。导致许多官船不堪使用，给临安府造成大量无效成本支出。南宋理宗朝的宗室子弟赵时淯甚至敢于聚集大量地痞无赖，冲击地方政府，“操持兵器，劫取放生池鱼，又喝令方百五等八人拽倒放生亭，打破祝圣石碑”[⑤]。造成地方州府物资损耗，威胁地方治安稳定，从而被严厉惩治。

南宋时期，由于与金、蒙元持续交战，导致各地官府对地方武力管控不严，往往有官兵趁乱打劫，损毁官物者。如建炎四年（1130年），江南东路提刑司申：“本路州军多有直差外县巡、尉入城防拓，应管弓兵尽数带行，以致居民未尝安业，群小乘隙作过，令、佐往往弃城逃避，仓库官物为之一空。”[⑥]这些被差入城防守的弓手反而成为破坏地方治安、损毁官府财物的对象。宁宗嘉定十四年（1221年），淮南西路兵马副都监、安庆府驻札杨溥因“乘州郡之疑惧，烧毁屋舍民居，三千余家生计一时煨烬”，被朝廷“放罢，仍追两官”[⑦]。

总体上看，宋代地方上一些官吏因个人原因，肆意妄为，不顾朝廷法纪，从而给地方政府造成相当物资损耗、破坏，他们的乱作为，是宋代地方政府无效行政成本产生的原因之一。

2. 水利修建中乱决策，浪费钱财

在中国古代，农业经济的发展、人民生活的安定，水上交通的顺畅，无不依赖于水利设施的完备。中华先民在治水过程中积累了丰富的经验，修筑了都

---

① （元）脱脱等撰：《宋史》卷298《陈希亮传》，第9921页。
② 刘琳、刁忠民、舒大刚，等校点：《宋会要辑稿》职官六八之二九，第4889页。
③ 张纲撰：《华阳集》卷19《驳李绍祖差遣指挥状》，《宋集珍本丛刊》，第38册，第512页。
④ 刘琳、刁忠民、舒大刚，等校点：《宋会要辑稿》食货五〇之二三，第7133页。
⑤ 中国社会科学院历史研究所宋辽金元史研究点校：《名公书判清明集》卷14《捕放生池鱼倒祝圣亭》，第524页。
⑥ 刘琳、刁忠民、舒大刚，等校点：《宋会要辑稿》兵三之二〇，第8667页。
⑦ 刘琳、刁忠民、舒大刚，等校点：《宋会要辑稿》职官七五之二九，第5088页。

江堰、京杭大运河等著名水利设施，两宋时期，宋朝政府在对黄河、淮河、长江等诸多水系的治理中也取得了相当成就，为社会经济的发展发挥了积极作用。同时，在治理实践中，也出现了众多因地方官员胡乱决策，导致水利设施损坏废弃，浪费巨额修造钱物的情况，甚至出现大量房屋、财产被水灾冲毁，造成民众群死群伤的严重后果。地方官员前期调研不足，随意决策是导致这些问题的重要原因。

宋代一些地方官员，不经过认真调研，不尊重前人实践成果，自作主张，导致水利设施修造失败和物资的浪费。如《东斋记事》记载："蜀州江有硬堰，汉州江有软堰，皆唐章仇公兼琼所作也。鲜于惟几蜀州人，为汉州军事判官，更为硬堰。一夕，水暴至，荡然无孑遗者。"[①] 之所以汉州江面建设软堰，是因为"蜀州江来远，水势缓，故为硬堰。硬堰者，皆巨木大石。汉州江来近，水声湍悍，猛暴难制，故为软堰"[②]，所谓的软堰，是"以粗茭细石"构成，"各有所宜也"[③]。鲜于惟几不尊重客观规律，胡乱作为，导致堰体被冲毁，其后"凡改制，甫毕工而坏，前人之作，岂可轻变之哉"[④]。北宋时期，钱塘江堤岸的修造中也遇到官员乱作为的问题，《梦溪笔谈》记载说："钱氏时为石堤，堤外又植大木十余行，谓之'滉柱'。宝元、康定间，人有献议，取滉柱可得良材数十万，杭帅以为然。既而旧木出水，皆朽几不可用，而滉柱一空，石堤为洪涛所激，岁岁摧决。盖昔人埋柱以折其怒势，不与水争力，故江涛不能为害。杜伟长为转运使，人有献说，自浙江税场以东，移退数里为月堤，以避怒水。众水工皆以为便，独一老水工以为不然，密谕其党曰：'移堤则岁无水患，若曹何所衣食？众人乐其利，乃从而和之。伟长不悟其计，费以巨万，而江堤之害仍岁有之。近年乃讲月堤之利，涛害稍稀，然犹不若滉柱之利，然所费至多，不复可为。'"[⑤] 由于地方官贪图堤岸的良材，将防水木柱撤除，导致"石堤为洪涛所激，岁岁摧决……费以巨万，而江堤之害仍岁有之"[⑥]。南宋淳熙十年（1183年），知和州钱之望也奏论："历阳县、含山县有麻、澧二湖，灌溉民田为利甚博。乾道二年（1166年），因守臣胡昉凿千秋涧，以设险，涧既开通，而二湖之水始泄入江，积十余年，涧水日泄，灌溉之利遂废。"[⑦] 前任守臣随意改造水利

① （宋）范镇撰，汝沛点校：《东斋记事》卷4，第35页。
② （宋）范镇撰，汝沛点校：《东斋记事》卷4，第35页。
③ （宋）范镇撰，汝沛点校：《东斋记事》卷4，第35页。
④ （宋）范镇撰，汝沛点校：《东斋记事》卷4，第35页。
⑤ （宋）沈括撰，金良年点校：《梦溪笔谈》卷11《官政一》，第117页。
⑥ （宋）沈括撰，金良年点校：《梦溪笔谈》卷11《官政一》，第117页。
⑦ 汪圣铎点校：《宋史全文》卷27上，淳熙十年十二月丙子，第2288页。

设施，导致民田失去灌溉，丧失了在农业发展中的天然便利条件。

水利设施的修造中，一些看似符合常理的做法，官员们没有经过认真调研，反而给地方民众带来更大损害。比如真宗朝，钱塘江岸修造堤岸，在堤岸材质选择的争论中，丁谓主张“以竹笼石”，认为这样堤岸更为坚固，而陈文惠公主张“易以薪土”[①]，看似土不如石，但丁谓实践中“岁功不就，民力大困”[②]，不得已改用陈策，“堤乃成”[③]，此前耗费的大量修堤财物全部成为无效损耗。宋仁宗朝，宋琪为润州知州，“转运使欲浚常、润漕河，琪陈其不便，诏寝役”[④]。但是后来者大都认为河道经常清理一下，废除一些过去的关卡，肯定是有利于河流运输的，于是“而后议者卒请废古城埭，破古函管而浚之，河反狭，舟不得方行，公私交病”[⑤]。这里面，地方治理者就犯了经验主义的错误，没有认真考察实地情况，导致浪费钱物，影响实际交通运行。又如熙宁八年（1075年），朝廷“诏京西运米于河北”[⑥]，地方官员“请因丁字河故道凿堤置闸，引汴水入于蔡，以通舟运”[⑦]，可以节省运力，但是等到河道修通后，“舟不可行”[⑧]，这条新修的河道被废弃。当时，由于实行农田水利法，鼓励各地新建水利设施，各地水利兴修非常频繁，但是也多有谬误者。如大名府，“以范济口分减御河水势，岁有劳费，故改作石堰，欲经久坚完，而用工累年，数月辄坏”[⑨]。朝廷责令追查被赏官吏，追究相关责任。

水利修造中，如果不符合水势特性，胡乱改造，往往给人民生命财产造成巨大的损害。如仁宗朝，黄河水利设施的修造中，“黄河自商（湖）[胡]决，北流经大名、恩、冀，岁暴溢为民患”[⑩]，知澶州、修河都总管、天平军节度观察留后李璋，河北转运副使、同管勾修河、司封员外郎燕度，提点开封府界县镇公事、同管勾修河、度支员外郎蔡挺等人商议，堵塞黄河的北流“以入于六

① （宋）欧阳修撰，李逸安点校：《欧阳修全集》卷20《太子太师致仕赠司空兼侍中文惠陈公神道碑铭（庆历四年）》，第324页；（宋）周煇撰，刘永翔校注：《清波杂志校注》卷6《竹笼石》，第261页。

② （宋）欧阳修撰，李逸安点校：《欧阳修全集》卷20《太子太师致仕赠司空兼侍中文惠陈公神道碑铭（庆历四年）》，第324页；（宋）周煇撰，刘永翔校注：《清波杂志校注》卷6《竹笼石》，第261页。

③ （宋）欧阳修撰，李逸安点校：《欧阳修全集》卷20《太子太师致仕赠司空兼侍中文惠陈公神道碑铭（庆历四年）》，第324页；（宋）周煇撰，刘永翔校注：《清波杂志校注》卷6《竹笼石》，第261页。

④ （元）脱脱等撰：《宋史》卷312《王琪传》，第10246页。

⑤ （元）脱脱等撰：《宋史》卷312《王琪传》，第10246页。

⑥ （元）脱脱等撰：《宋史》卷94《河渠志四》，第2338页。

⑦ （元）脱脱等撰：《宋史》卷94《河渠志四》，第2338页。

⑧ （元）脱脱等撰：《宋史》卷94《河渠志四》，第2338页。

⑨ （宋）李焘撰，上海师范大学古籍整理研究所、华东师范大学古籍整理研究所点校：《续资治通鉴长编》卷264，熙宁八年五月丁卯，第6459页。

⑩ 刘琳、刁忠民、舒大刚，等校点：《宋会要辑稿》职官六五之一四，第4805页。

塔河”，于是调集兵匠、物资进行修造，但是他们没有考虑到“然六塔河隘而不能容”①，因而导致黄河溃坝，“一夕河复决，漂溺兵夫与楗塞之费不可胜计”②。熙宁七年（1074年），提举河北兴修水利程昉领达州团练使，永静军判官林伸、东光县令张言举及河北东路转运使、提刑等人共同商议，“开胡芦河，引水入新开故道”③，他们无视“新河身比旧河高一丈以来，致水逆行浸民田”④，反而强调“引水通快，官私船筏略无阻滞，及滹沱河下尾河塘通阔三十余步”⑤，最终的结果是开河引水之后，“浸民田不可胜计”⑥，虽然这些人都被追究责任，受到刑罚，但是被冲毁的民田房舍却没法再恢复了，修河的政府行政费用也白白打了水漂。再如元祐中，朝廷接受地方官的建议，在北京大名府开凿御河，河流从城中穿过，成为当地的一大祸根，曾布曾上奏说：“御河为北京患，人人知之。今年春旱，而北京水满城郭，居民、仓库皆被害，而无敢言者”⑦，因而邹浩建议“伏望圣慈，特降指挥，令河北路不干碍官司，疾速相度，回徙御河，自北京城外通行，以绝后患”⑧。但是御河的危害似乎还没有被改正，崇宁二年（1103年），“黄河涨入御河，行流浸大名府馆陶县，败庐舍，复用夫七千，役二十一万余工修西堤，三月始毕，涨水复坏之”⑨。这条河流成为当地的一条害河。不仅仅是御河，崇宁三年的时候，朝廷因两浙地区连年水灾，责令当地兴修水利，当地“委官调夫开江，而总领无法，役人暴露，饮食失所，疾病死亡者众。水仍为害”⑩，后据提刑司统计，“开浚吴松、青龙江，役夫五万，死者千一百六十二人，费钱米十六万九千三百四十一贯石，积水至今未退”⑪。因为修造水利不得法，耗费如此多的人力、物力，却没有取得实际效果。南宋绍兴二十二

① 刘琳、刁忠民、舒大刚，等校点：《宋会要辑稿》职官六五之一四，第4805页。
② 刘琳、刁忠民、舒大刚，等校点：《宋会要辑稿》职官六五之一四，第4805页。
③ （宋）李焘撰，上海师范大学古籍整理研究所、华东师范大学古籍整理研究所点校：《续资治通鉴长编》卷257，熙宁七年十月丙子，第6273页。
④ （宋）李焘撰，上海师范大学古籍整理研究所、华东师范大学古籍整理研究所点校：《续资治通鉴长编》卷257，熙宁七年十月丙子，第6274页。
⑤ （宋）李焘撰，上海师范大学古籍整理研究所、华东师范大学古籍整理研究所点校：《续资治通鉴长编》卷257，熙宁七年十月丙子，第6274页。
⑥ （宋）李焘撰，上海师范大学古籍整理研究所、华东师范大学古籍整理研究所点校：《续资治通鉴长编》卷257，熙宁七年十月丙子，第6273页。
⑦ （宋）李焘撰，上海师范大学古籍整理研究所、华东师范大学古籍整理研究所点校：《续资治通鉴长编》卷510，元符二年五月辛亥，第12137页。
⑧ （宋）李焘撰，上海师范大学古籍整理研究所、华东师范大学古籍整理研究所点校：《续资治通鉴长编》卷510，元符二年五月辛亥，第12138页。
⑨ （元）脱脱等撰：《宋史》卷95《河渠志五》，第2357页。
⑩ （元）脱脱等撰：《宋史》卷96《河渠志六》，第2384页。
⑪ （元）脱脱等撰：《宋史》卷96《河渠志六》，第2384—2385页。

年（1152 年），吏部尚书林大鼐也针对临安府与两浙转运司修治钱塘江堤坝不力提出批评，“武林、江山之会，大江潮信一日再至，顷者江流失道，滩碛山移，潮与洲斗，怒号激烈，一城为之不安枕。虽诏守臣、漕司专意堤埽，日计营缮，才成即决，不支年岁”[①]。他认为关键问题在于没有认真“询故老，讲究上流利病，古今脉络而后兴工”[②]，从而白白耗费了大量的钱物。

还有一些地方官员，没有经过深思熟虑，就开始兴建水利设施，往往因为工时浩大、财力不继等因素，虎头蛇尾，最终废弃，耗费了大量的政府钱物。如太宗太平兴国中，西京转运使程能献议“请自南阳下向口置堰，回水入石塘、沙河，合蔡河达于京师，以通湘潭之漕”[③]。朝廷诏“发唐、邓、汝、颍、许、蔡、陈、郑丁夫及诸州兵，凡数万人”[④]进行修造，但是修造进程异常艰辛，“堑山堙谷，历博望、罗渠、少柘山，凡百余里，月余，抵方城，地势高，水不能至。能献复多役人以致水，然不可通漕运。会山水暴涨，石堰坏，河不克就，卒堙废焉”[⑤]，这条废河，浪费了大量的人力物力。神宗朝，杭州于潜县令郏亶建议兴建苏州诸多水利设施，“今总二百六十余所。欲略循古人之法，七里为一纵浦，十里为一横塘，又因出土，以为堤岸，度用夫二十万。水治高田，旱治下泽，不过三年，苏之田毕治矣”[⑥]。熙宁六年（1073 年）十一月，朝廷命其为提举两浙兴修水利，但是其人“然措置乖方，民多愁怨，仅及一年，遂罢两浙工役”[⑦]。这样一来，前期投入的大量人工、物料全部被废弃了。还有许多类似的水利工程，这些工程所浪费的钱物、人力，如果叠加起来，应该是非常惊人的数字，他们往往是地方政府调研不够，胡乱决策所带来的无效行政成本。

3. 地方各类公共设施因决策失误，修建后很快废弃，导致大量钱物无效损耗

宋代一些地方行政设施因选址不当，导致其不能有效发挥实际行政功能，也是导致被迫废弃或者调换的重要原因。地域偏远，不利补给是其中重要的原因之一。如真宗咸平二年（999 年）所修的石洞寨在澧州石门县，但是因为其选址偏僻，“不当要路，无所控扼，屯集军马，虚费刍粮”[⑧]，导致了天禧三年（1019

① （宋）李心传编撰，胡坤点校：《建炎以来系年要录》卷 163，绍兴二十二年十一月乙卯，第 3111 页。
② （宋）李心传编撰，胡坤点校：《建炎以来系年要录》卷 163，绍兴二十二年十一月乙卯，第 3112 页。
③ （元）脱脱等撰：《宋史》卷 94《河渠志四》，第 2345 页。
④ （元）脱脱等撰：《宋史》卷 94《河渠志四》，第 2345 页。
⑤ （元）脱脱等撰：《宋史》卷 94《河渠志四》，第 2345 页。
⑥ （元）脱脱等撰：《宋史》卷 96《河渠志六》，第 2381 页。
⑦ （元）脱脱等撰：《宋史》卷 96《河渠志六》，第 2381 页。
⑧ 刘琳、刁忠民、舒大刚，等校点：《宋会要辑稿》方域一八至二四，第 9643 页。

年）三月，在知澧州曹克己的建议下，城寨被拆毁，“止留兵卒五人守护，有事宜驰报灵溪寨”①。因此，由于官员的胡乱决策，导致在这期间所耗费的修建城寨费用以及屯驻兵马的费用，就成了难以追回的无效成本。又如神宗熙宁中，河东路黄河以西“修建堡塞，以抚宁不守”②，但是这些城寨孤立无援，补给困难，因而在熙宁四年（1071 年）四月，朝廷责令“并修及已修未毕堡塞，未得兴修，其军马并归本路”③，“新修寨已废”④，为此，河东转运使被追究责任，受到降官等处罚。元丰七年（1084 年），葭芦寨也因“居山，形势崄绝，非出兵便地。纵贼大至，不过城守”⑤而被废罢，朝廷因“经略司都不恤边费，视朝廷财用轻若泥沙，无故辄屯重兵，情不可赦。其王居卿虽已离任，令提点刑狱司追上案罪”⑥。神宗时期，在两湖地区，为了平定少数民族变乱，开拓疆域，修建了大量的堡寨，后来等到局势平定下来后，才发现这些堡寨地处边远，驻军难以得到补给，运输费用高昂，而且这些城寨也引起当地少数民族居民的不安和反抗，不得不废弃。元祐三年（1088 年），朝廷诏令“其湖北所开道路，创置多星、收溪、天村、罗蒙、大由等堡寨并废。广西、湖南创置堡寨，令经略、钤辖司度量，准此”⑦。从而导致大量的政府设施修筑成本成为无效成本。又如孝宗乾道四年（1168 年），福建路安抚、转运、提刑司言：“汀州上杭县治元在锺僚场，缘知县兼监坑（治）[冶]，遂移县治。累遭兵火，见存（上）[止] 百余家，僻在山隅，不通商旅，风水败坏，人民不安。”⑧ 因此路级诸司建议迁移县治所，“本县旧基见在，地名郭坊，人烟翕习，正当十二乡之中，四路坦平，民间便于输纳。……商旅往还不绝，士庶父老皆乞迁复以便民”⑨。朝廷因而下令迁县，此前在山区中所建官廨及其附属设施全部废弃。

还有一些中央政府人员和官员的个人喜好，对州县政区的撤并，也是导致

---

① 刘琳、刁忠民、舒大刚，等校点：《宋会要辑稿》方域一八至二四，第 9643 页。

② （宋）李焘撰，上海师范大学古籍整理研究所、华东师范大学古籍整理研究所点校：《续资治通鉴长编》卷 222，熙宁四年四月壬午，第 5413 页。

③ （宋）李焘撰，上海师范大学古籍整理研究所、华东师范大学古籍整理研究所点校：《续资治通鉴长编》卷 222，熙宁四年四月壬午，第 5413 页。

④ （宋）李焘撰，上海师范大学古籍整理研究所、华东师范大学古籍整理研究所点校：《续资治通鉴长编》卷 222，熙宁四年四月壬午，第 5413 页。

⑤ （宋）李焘撰，上海师范大学古籍整理研究所、华东师范大学古籍整理研究所点校：《续资治通鉴长编》卷 342，元丰七年正月丁卯，第 8232 页。

⑥ （宋）李焘撰，上海师范大学古籍整理研究所、华东师范大学古籍整理研究所点校：《续资治通鉴长编》卷 342，元丰七年正月丁卯，第 8232 页。

⑦ 刘琳、刁忠民、舒大刚，等校点：《宋会要辑稿》蕃夷五之九一，第 9893 页。

⑧ 刘琳、刁忠民、舒大刚，等校点：《宋会要辑稿》方域七之一一至一二，第 9410 页。

⑨ 刘琳、刁忠民、舒大刚，等校点：《宋会要辑稿》方域七之一二，第 9410—9411 页。

相当数量行政设施被废弃的重要原因。比如熙丰变法时期，王安石等变法派为了压缩行政成本，减少官吏数量，对大量的州县进行了撤并，但是当时的一些决策出于别有用心的官僚建议，并未经过深思熟虑，从而导致州县撤并后于官于民均不利，这些州县数年乃至数十年后又复置，之前被废弃的州县官廨或者湮没不存，或者改作他用，必然要花费大量行政经费进行重建，造成了大量政府经费的无偿消耗。如熙宁中，郑州、滑州被撤废为县，诸多官廨被废弃，在熙宁十年（1077 年），就有臣僚上奏此举不当，“郑、滑旧为辅郡，屏蔽京师，顷因论者苟欲裁减役人，废以为县，所利者小，所害者大。东、西两京相望数百里，大河之南直抵都城，并无州郡为限，虽有县镇，形势轻弱，非所以辅王畿、疆［彊］根本也。臣以谓郑、滑二州皆宜复置”[①]。他同时强调，郑、滑两州“兼州废尚近，完复亦易，诸般官舍未甚隳坏。若岁月滋久，方图兴葺，所费工力，必须倍多”[②]。元丰七年（1084 年），朝廷也发现了州县撤并过量其中的弊病，下令对于“应经并废州县今复旧者，具元建议官职位、姓名以闻”[③]。开始追究这部分官吏的渎职责任，“上以并废州县出于使者，欲以增剩役钱为功，故令考察”[④]。再如南宋初年福建路监司置司地的选择，也受到朝廷宰辅的干扰而造成大量行政成本的损耗。北宋时期，福建转运司一直置司建州，提刑司置司福州，但是到了南宋初绍兴二年（1132 年），福建转运判官徐宇“以建州残破，不欲居，乃以私书遗吕颐浩言其事，颐浩进呈，遂两易宪、漕之地”[⑤]。这样一来，两地都要重新修建大量配套设施，以满足监司行政所需，但是仅仅运行了一年，就发现这一安排的不便，“言者论建州乃鼓铸、产茶及般卖盐货之地，而福州在一路道里之中，缓急盗贼，可与帅司商议”[⑥]，也就是说北宋时期的安排是有其充分合理性的，从而导致“福建宪、漕置司去处，并依旧制”[⑦]，其中各级官员胡乱决策所耗费的行政经费却也无人追究。

4. 灾害赈济中胡乱决策，浪费钱财

在水旱、饥荒等各类灾害发生后，地方政府的及时赈济、救助是非常必要

① 刘琳、刁忠民、舒大刚，等校点：《宋会要辑稿》方域五之二六，第 9366 页。
② 刘琳、刁忠民、舒大刚，等校点：《宋会要辑稿》方域五之二六，第 9366 页。
③ （宋）李焘撰，上海师范大学古籍整理研究所、华东师范大学古籍整理研究所点校：《续资治通鉴长编》卷 346，元丰七年六月丙申，第 8317 页。
④ （宋）李焘撰，上海师范大学古籍整理研究所、华东师范大学古籍整理研究所点校：《续资治通鉴长编》卷 346，元丰七年六月丙申，第 8317 页。
⑤ （宋）李心传编撰，胡坤点校：《建炎以来系年要录》卷 61，绍兴二年十二月庚戌，第 1218 页。
⑥ （宋）李心传编撰，胡坤点校：《建炎以来系年要录》卷 69，绍兴三年十月癸卯，第 1355 页。
⑦ （宋）李心传编撰，胡坤点校：《建炎以来系年要录》卷 69，绍兴三年十月癸卯，第 1355 页。

的，日常寒暑时节对于老幼、孤残等弱势群体的救助也体现了政府在社会公共管理中的重要角色。但是一些官员把对灾民、孤残群体的救助当作自己的政绩，逢迎朝廷政策制定者，过分支出救灾物资，占用政府房屋、田产，导致超量消耗，造成钱财的浪费。如神宗熙宁八年（1075 年），韩琦与王安石等因灾伤年份对于百姓“倚阁预买紬绢、赊买、借贷斛斗，倚阁税”[①]等问题发生纷争，王安石指责部分监司、郡守“争以宽恤百姓为事，以希向朝廷指，仓库不足，则连乞朝廷应副。如预买紬绢，自祖宗以来，未尝倚阁，去年李稷乃乞行倚阁，朝廷因亦从之。若言灾伤，即祖宗以来，岂是都不曾值灾伤？又赊卖银绢，本因配买伤民，遂令供抵当，情愿赊买。韩琦执政十余年，固尝值灾伤，不知曾倚阁预买否？不知曾配卖银绢否？”[②]又指责监司不做长远考虑，“惟以媚民为事，却不斟酌有无……且宽恤百姓，固是美名好事，人臣优为之。然如近岁，上下大小争以此为事，无复屯其膏者，恐国用不继，缓急却不免刻剥百姓尔”[③]。这样的宽恤政策，大小地方官对于灾民的救助、税赋的减免等如果没有后续财政支持，必然导致国家和地方财政的困窘。元祐六年（1091 年），反对王安石变法的蜀、洛、朔党之间也发生争执，苏辙弹劾洛党官员新除给事中朱光庭“智昏才短，心狠胆薄，不学无术”[④]，他作为特使在前往河东地区巡查灾伤民众时，“本路监司、州县并以依条发廪拯给，不至饥殍。光庭既至，复令呼召上等人户，强以积粟与之，多者至十数石，所费凡数十万，沿边储蓄为之一空，经今积年，犹有匮乏之患”[⑤]。这种给富裕上户发放救灾物资的做法，显然是欠缺考虑和长远眼光的，给地方行政物资造成的无效损耗也是应当追偿和受到惩罚的。在宋徽宗朝，朝廷为了渲染太平盛世的景象，在京师和地方设立诸多孤幼、老弱救助机构、发放优厚的救助钱物，并对病人进行无偿救治、埋葬无主之流民，开设大量州县学校，奉养士人。一些官员为了表示自己的忠心，引起朝廷重视，随意挥霍地方物资储备进行救助，反而得不到人民的认可，也豢养了一些衣来伸手、饭来张口的懒惰闲散之人。正如《老学庵笔记》中所说：“崇宁间初兴学

① （宋）李焘撰，上海师范大学古籍整理研究所、华东师范大学古籍整理研究所点校：《续资治通鉴长编》卷 263，熙宁八年闰四月己酉，第 6444 页。

② （宋）李焘撰，上海师范大学古籍整理研究所、华东师范大学古籍整理研究所点校：《续资治通鉴长编》卷 263，熙宁八年闰四月己酉，第 6444 页。

③ （宋）李焘撰，上海师范大学古籍整理研究所、华东师范大学古籍整理研究所点校：《续资治通鉴长编》卷 263，熙宁八年闰四月己酉，第 6444 页。

④ （宋）李焘撰，上海师范大学古籍整理研究所、华东师范大学古籍整理研究所点校：《续资治通鉴长编》卷 454，元祐六年正月丙戌，第 10889 页。

⑤ （宋）李焘撰，上海师范大学古籍整理研究所、华东师范大学古籍整理研究所点校：《续资治通鉴长编》卷 454，元祐六年正月丙戌，第 10890 页。

校，州郡建学，聚学粮，日不暇给。士人入辟雍，皆给券，一日不可缓，缓则谓之害学政，议罚不少贷。已而置居养院、安济坊、漏泽园，所费尤大。朝廷课以为殿最，往往竭州郡之力，仅能枝梧。谚曰：'不养健儿，却养乞儿。不管活人，只管死尸。'盖军粮乏，民力穷，皆不问，若安济等有不及，则被罪也。"①

南宋时期，救灾物资的发放中，出现的问题更加复杂多样，政府行政成本的无效损耗也随之增加。比如因地方官员随意措置，超量使用物资、被吏人盗用钱物问题，绍兴二十七年（1157年）十月，高宗就对宰臣说："近日理会支乞丐人钱米事，所用钱米数目不少。闻官司不留意，多被胥吏辈冒名支请，其实乞丐人未必皆得。"②高宗还发现赈灾钱米发放不及时、不到位的问题，物资多只在州县城内发放，外县乡村往往难以涉及，"甚非发政施仁之道。可与措置，革去奸弊，务要实惠及民"③。又如孝宗朝之后，地方政府对于赈灾物资的截留、挪用等胡乱作为更加严重，"朝廷给米于州郡，或赈济以周急，或赈粜以减价，皆以为民也。颇闻州郡或截以为军粮，或留以（瞻）[赡]州用，或出纳不谨，乾没于吏辈之手，至于及民者无几"④，"朝廷有赈荒之名，而小民无拯济之实者，崇大体而忽小节之过也"⑤。再如在灾害赈济中，物资发放人员选差不合理的问题，也往往使救灾达不到实际效果。如宁宗庆元二年（1196年），浙东水灾，"朝廷颁降赈济钱、米若度牒，共为缗数十万"⑥，"适监司有好名者，悉以予轻儇浮伪之人，使之分头赈济，往往虚作名色支给，其实掩为己有。间有支给，则又奸弊百端，或尽（已）[以]与私家之仆佃，而不及他人；或任喜市恩，则虽中人自给之家，亦使之源源得请；或肆怨仇，则虽饥穷濒死无告之人，不沾一钱一米之惠。虚负朝廷，无补事实"⑦。真德秀在江东转运使任上，调拨救灾钱物发放下州县的实际效果，为我们展现了南宋救灾中无效成本数额之高。当时，江东地区发生旱灾、蝗灾，百姓衣食无着，他上奏朝廷申请下拨救助物资的同时，紧急动用"本司桩管钱一万贯发下太平、广德两郡，委自令佐措置，给借第四等以下耕农之家。文移丁宁，非不切至"⑧，但是不久就有"当涂之民

---

① （宋）陆游撰，李剑雄、刘德权点校：《老学庵笔记》卷2，第27页。
② 刘琳、刁忠民、舒大刚，等校点：《宋会要辑稿》食货六〇之一一，第7426页。
③ 刘琳、刁忠民、舒大刚，等校点：《宋会要辑稿》食货六〇之一一，第7426页。
④ 刘琳、刁忠民、舒大刚，等校点：《宋会要辑稿》食货六八之七八，第7997—7998页。
⑤ 刘琳、刁忠民、舒大刚，等校点：《宋会要辑稿》食货六八之一〇六，第8011页。
⑥ 刘琳、刁忠民、舒大刚，等校点：《宋会要辑稿》食货六八之一〇〇，第8008页。
⑦ 刘琳、刁忠民、舒大刚，等校点：《宋会要辑稿》食货六八之一〇〇，第8008页。
⑧ （宋）真德秀撰：《西山先生真文忠公文集》卷12《奏乞将知太平州当涂县谢汤中罢斥主簿王长民镌降状》，《宋集珍本丛刊》，第76册，第1页。

乃有以给散不公诣臣陈愬者，及臣以巡察荒政躬至当涂，而来愬者愈众。盖保正、县胥相为表里，贿赂苟行，则有以一户而获数十千者，嘱托不至，则有候伺累日而财得百余钱者。推原其故，皆由知县谢汤中者身为邑长，略无恻怛爱民之心，视监司行移漫为文具，始则泛然付之吏手，继则一切诿之佐官，致使吏奸恣行，无所忌惮，侵移诡冒，色色有之”①，转运司下拨给县的二千贯救灾款“官会二千贯，除节次给借人户外，余钱四百二十三贯有奇，皆系陈杞等擅行侵用，或以入己，或以供官，甚而知县料理考任、主簿修造廨宇，亦科县吏出钱，吏无从出，则取办于此”②。当涂县二千贯救灾款中有五分之一被挪作他用，五分之四没有按照标准发放，地方政府的不作为和乱作为，导致救灾物资没有按照其最初设计的初衷，发放到最需求救助的灾民手中，而是被挪作他用，或者被富户、胥吏、强壮乡民纳为己有，政府虚费钱物，饥民不得实惠。在灾害救助中政府的乱作为，损耗了钱物、损害了官府公信力，也给地方政府造成了大量的无效行政成本。

5. 军器制作、军队招募中乱决策，多费钱物

在军器制作中，一些官员为了节省费用，不给工匠物料，或者物料质量低劣，导致制作出来的武器不堪使用，反而浪费了人力、物力，使政府行政经费遭受了更大的损失。如欧阳修在《河东奉使奏草》中就奏报了一些自己在河东路州军实际看到的一些问题，他指出：“河东沿边州军器械，全然不堪。臣昨到彼，见逐处弓弩无十数枝可施用者。问其何故，云为省司惜筋、胶，支请不得，纵支得，即角短筋碎，不堪使用，久无物料修治，是致废坏。臣亦知京中筋、胶、角绝少，然若遍支与诸州军，即恐不及，欲乞且只支与沿边州军。仍乞选差干事官，逐州自遣一员，上京支请，便令自监修补。其诸州木羽箭，臣曾逐色用草人被甲，去三十步以硬弩射之，或箭干飞掉不至，或箭头卷折不入甲。此乃临阵误事之物，十无一二堪者。”③神宗朝，王安石之子王雱也说：地方政府急于制造武器，但因“诸州作院兵匠乏少，至拘市人以备役，所作之器，但形质而已。武库之吏，计其多寡之数而藏之，未尝责其实用，故所积虽多，大抵敝恶。夫为政如此，而欲抗威决胜，外攘内修，未见其可也。傥欲弛武备，示天下以无事，则金木、丝枲、筋胶、角羽之材，皆民力也，无故聚工以毁之，

① （宋）真德秀撰：《西山先生真文忠公文集》卷12《奏乞将知太平州当涂县谢汤中罢斥主簿王长民镌降状》，《宋集珍本丛刊》，第76册，第1页。
② （宋）真德秀撰：《西山先生真文忠公文集》卷12《奏乞将知太平州当涂县谢汤中罢斥主簿王长民镌降状》，《宋集珍本丛刊》，第76册，第1页。
③ （宋）欧阳修撰，李逸安点校：《欧阳修全集》卷115《论西北事宜札子》，第1749—1750页。

甚可惜也”[①]。这种因地方官吏胡乱决策，好大喜功，导致军器制作质量低劣、浪费原材料的问题在两宋时期一直存在，未能从根本上得到解决。

一些地方官员在招募军队中也好大喜功，随意增加招兵数目，多耗费政府钱物。仁宗庆历二年（1042 年），欧阳修就曾说：“数年以来，点兵不绝，诸路之民半为兵矣，其间老弱病患、短小怯懦者不可胜数，兵额空多，所用者少，是有点兵之虚名，而无得兵之实数也。……往来州县，愁叹嗷嗷，既多是老病小怯之人，又无训齐精练之法。此有教兵之虚名，而无训兵之实艺也。”[②]南宋绍兴元年（1131 年），福建路转运使也奏论本路兵官多招军兵，“坐费廪食”，他请求“欲今后禁军有阙，权住招填。其阙额钱、米，别库桩管，不得他用，以备缓急支费”[③]。宁宗嘉定年间，因宋金战争再起，边境州军急于增兵，前淮南运判张颖、知道州徐杞均因“招军取媚，费用万数”“多刺禁军，坐费廪给”[④]而被降官、放罢。这些地方官员的胡乱作为，增加了政府的行政成本，浪费了诸多钱物，却没有达到实际应有的效果。

6. 农田开垦中胡乱决策，浪费钱财

两宋时期，因战乱、灾荒等因素，地方上有相当数量的荒田，宋代地方政府为增加财政收入，在地方农田开发中也加大投入，在种子、农具、耕牛等方面给予农民一定的帮扶，从而为促进宋代农业发展起到积极作用。但有时因政府决策不当，调研不够，采取的政策不但未能达到促进农田开发的目的，反而带来环境损害、人员逃亡、农具、耕牛丧失等负面问题，导致政府的投入变为无效成本。

政府在农田开垦中随意决策，浪费钱物主要体现在三个方面。其一是在沿边荒田开垦中胡乱决策，导致大量人力、物力浪费。北宋元祐中，吕惠卿任河东路安抚使知太原府，他没有认真调研，只看到沿边地区有大量未开垦土地，就“大发人牛耕葭芦、吴堡两寨生地”[⑤]，而且用大量军队加以防护，“方敢布种，投种而归，不敢复视”[⑥]，在党项等周边少数民族的威胁下，没有日常的耕耘和管理，导致秋收时“复以重兵防托，收刈所得，率皆秕稗。雨中收获，实

① （元）脱脱等撰：《宋史》卷 197《兵志十一》，第 4913 页。
② （宋）欧阳修撰，李逸安点校：《欧阳修全集》卷 46《准诏言事上书（庆历二年）》，第 648 页。
③ 刘琳、刁忠民、舒大刚，等校点：《宋会要辑稿》食货六四之七四，第 7772 页。
④ 刘琳、刁忠民、舒大刚，等校点：《宋会要辑稿》职官七四之四三，第 5067 页。
⑤ （宋）李焘撰，上海师范大学古籍整理研究所、华东师范大学古籍整理研究所点校：《续资治通鉴长编》卷 378，元祐元年五月乙亥，第 9181 页。
⑥ （宋）李焘撰，上海师范大学古籍整理研究所、华东师范大学古籍整理研究所点校：《续资治通鉴长编》卷 378，元祐元年五月乙亥，第 9181 页。

时腐烂”[①]。为了显示自己决策的正确，吕还“张皇其数，牒转运司交割，妄言可罢馈运，其实所费不赀，而无丝毫之利”[②]。这样大规模的农业投入，随即宣告失败，而费用政府的大量人力、物力、财力，却没有收到任何的效果，吕也未因此而受到任何的惩罚。南宋孝宗朝，政府为开发两淮地区的荒田，采取了新知扬州王之奇的建议，地方政府给予“种粮、农器、牛具、屋宇之数预申朝廷关拨”[③]的政策，等到将来开垦成功，收获的粮食“除合桩留次年种子外，官与均分”[④]，这样无疑是有利于地方荒田开垦和农业收入增加的。但是王之奇在制定政策和推行中，不认真甄别相关农户和田地的情况，“应募之家意在希赏，多隐匿已耕熟田，一概作荒田陈乞补授”[⑤]。等到乾道九年（1173年），政府责令地方政府核实开垦田地农户身份和具体开垦数量的时候，才发现“用朝廷迪功郎、承信郎等官告绫纸补官者九十一人，用钱五万四千七百余贯，稻子八千余硕，止开耕到田九十二顷，比合开耕之数不及十分之一”[⑥]。王之奇为了增加开垦数量，大量借贷给民户种子、农具，对农户的身份甄别不严，“昨来之奇急于功利，欺罔朝廷，有投状者，更不勘会诣实，即望风补授官资，支与钱谷。至今有不曾开耕一亩者甚众，有开三五亩、七亩、十亩而止者，视之有同儿戏，虽三尺之童，无不窃笑者”[⑦]。地方官吏这样的随意决策，误导中央政府决策，耗费了政府大量的钱物，却没有收到土地开发、农业增产的实效。

地方政府随意决策，浪费钱物的第二个表现是废湖为田，损害环境，丧失水利灌溉之利。钦宗靖康元年（1126年），臣僚奏报：“东南地濒江海，旧有陂湖蓄水，以备旱岁。近年以来，尽废为田，涝则水为之增益，旱则无灌溉之利，而湖之为田亦旱矣。民既承佃，无复可脱，租税悉归御前，而漕司暗亏常赋，多至数百万斛，而民之失业者众矣”[⑧]，因而他请求“尽罢东南废湖为田者，复以为湖”[⑨]，朝廷责令诸路转运使进行查访，但并未对此问题进行解决，导致南宋时期东南地区地方民众仍在为北宋时期地方官吏的胡乱决策承担严重的后

---

① （宋）李焘撰，上海师范大学古籍整理研究所、华东师范大学古籍整理研究所点校：《续资治通鉴长编》卷378，元祐元年五月乙亥，第9181页。
② （宋）李焘撰，上海师范大学古籍整理研究所、华东师范大学古籍整理研究所点校：《续资治通鉴长编》卷378，元祐元年五月乙亥，第9181页。
③ 刘琳、刁忠民、舒大刚，等校点：《宋会要辑稿》食货六之二三，第6098页。
④ 刘琳、刁忠民、舒大刚，等校点：《宋会要辑稿》食货六之二三，第6098页。
⑤ 刘琳、刁忠民、舒大刚，等校点：《宋会要辑稿》食货六之二四，第6099页。
⑥ 刘琳、刁忠民、舒大刚，等校点：《宋会要辑稿》食货六之二五，第6099页。
⑦ 刘琳、刁忠民、舒大刚，等校点：《宋会要辑稿》食货六之二五，第6099页。
⑧ 刘琳、刁忠民、舒大刚，等校点：《宋会要辑稿》食货七之四〇，第6136页。
⑨ 刘琳、刁忠民、舒大刚，等校点：《宋会要辑稿》食货七之四〇，第6136页。

果。绍兴二年（1132 年），绍兴府上虞令赵不摇就说："本县所管夏盖等湖一十三处，自废湖为田，租米皆属御前，省税即隶户部。官吏知有湖田数千硕之利，而不知夺此水利，检放省税，岁乃至万硕。建炎以后，湖租尽入户部，然未之废，废之诚便。"[①]这其中就提到政府只看到废湖为田，增加租税的几千石粮食，却没有考虑到因无水灌溉，大量农田枯死，政府减免的上万石粮食，真是典型的乱作为，因小失大，浪费政府行政成本。当时吏部侍郎李光也说："一方利病，莫甚于湖田。大抵湖高于田，又高于江海，水少则泄湖水入田，水多则泄田水入湖，故无水旱之岁、荒废之田也。自政和以来，楼异知明州，王仲嶷知越州，内交权臣，专务应奉，将两郡陂湖废为田，涝则增溢不已，旱则无灌溉之利，而湖之为田亦旱矣，百姓失业者不可胜计。"[②]政府责令地方官具体核算所得田租与所放租税的比例，后来知绍兴府张守言："被旨，令相度上虞、余姚两县湖田复废为湖经久利害以闻。守契勘民户所纳苗米，较两年号为丰熟，但秋夏雨水稍不应时，其减放之数以湖田所收补折外，官中已暗失米计四千二百余硕，民间所失当复数倍。"[③]因而他建议将已经被废罢的湖水恢复，"余姚、上虞湖田复废为湖，委是经久有利无害"[④]，获得朝廷的批准，从而更正了徽宗政和以来部分地方官乱作为所导致的大量田地荒芜、行政经费无效损失的弊病。而明州广德湖的恢复更为艰难，绍兴九年（1139 年），明州知州周纲也说：明州广德湖"自政和八年守臣楼异请废为田，召人请佃，得租米一万九千余硕。至绍兴七年（1137 年），守臣仇悆又乞令见种之人不输田主，径纳官租，增为四万五千余硕。臣尝询之老农，以为湖水未废时，七乡民田每亩收谷六七硕，今所收不及前日之半，以失湖水灌溉之利故也。计七乡之田不下二千顷，所失谷无虑五六十万硕，又不无旱干之患"[⑤]。他请求"乞还旧物，仍旧为湖"[⑥]，朝廷同样批准，但是到了绍兴十三年（1143 年），因部分湖田民户反复兴讼，"愈见生事"，明州知州"欲乞依旧为田，令元佃人户耕种"[⑦]。朝廷同样批准，导致政府在填湖为田与废田还湖问题上来回摇摆，政府的行政成本就这样大量的无效浪费。

地方政府在农业开垦中的乱作为第三个方面是在河流湖泊中兴造圩田，阻碍河道流通，导致自然灾害频繁。圩田是中国古代南方地区民众发明的一种农

① 刘琳、刁忠民、舒大刚，等校点：《宋会要辑稿》食货七之四一，第 6137 页。
② 刘琳、刁忠民、舒大刚，等校点：《宋会要辑稿》食货七之四一，第 6137 页。
③ 刘琳、刁忠民、舒大刚，等校点：《宋会要辑稿》食货七之四二，第 6137 页。
④ 刘琳、刁忠民、舒大刚，等校点：《宋会要辑稿》食货七之四二，第 6137 页。
⑤ 刘琳、刁忠民、舒大刚，等校点：《宋会要辑稿》食货七之四五至四六，第 6140 页。
⑥ 刘琳、刁忠民、舒大刚，等校点：《宋会要辑稿》食货七之四六，第 6140 页。
⑦ 刘琳、刁忠民、舒大刚，等校点：《宋会要辑稿》食货七之四六，第 6140 页。

业耕作模式，是在河流、湖泊中围造田地，周隔以水，内围以田，旱则开闸放水灌溉，涝则闭闸拒水，旱涝无扰，提高田地单位面积产量。应该说，在一定时期和地区，圩田的发展是有利于农业生产水平提高和粮食产量提升的，但是如果地方官府决策不当，也会带来阻碍河道畅通，雨水冲垮周围沿河田地或者因干旱沿河田地无水灌溉而枯死等问题，它的出现和发展，利弊都是存在的，因而决策起来应非常慎重。现实中，宋代地方还是出现许多因乱决策兴造圩田，导致地方水旱灾害的情况，如高宗绍兴三年（1133 年），太平州知州就奏报，当涂县下有路西湖，“系通宣、徽州界。每遇春夏，山水泛涨，自港入湖，出海塘港，入本州姑溪河，通出大江，所以诸圩无水患。止因政和二年本州将路西湖兴修作政和圩，自后山水无以发泄，遂致冲决圩埠，损害田苗”①。因而建议废除圩田，“依旧开掘为湖”②，获得朝廷的批准，但是此前因兴建圩田所产生的费用和因圩田所造成的水患损失却无法再追回。隆兴二年（1164 年），知宣州许尹也奏论本州“童圩，实系创兴，委是堙塞水流去处。今欲依旧开决作湖，以为民利”③。朝廷责令转运司体量，“如有壅塞，候秋收毕措置开决”④。乾道二年（1166 年），南宋政府曾对浙西地区诸多“壅塞水势”的圩田进行开掘，甚至已经建成五十余年的南宋规模最大的永丰圩也因“横截水势，不容通泄，圩为害非细”而被废除。⑤乾道三年（1167 年），前任衢州知州周操也说：“宣城管下六县，惟宣城、南陵有圩田去处，而宣圩田最多，共计一百七十九所。大率地本卑下，人力矫揉，以成田亩，十年九潦，常有水患。议者多欲废决梗塞水道之圩，以全众圩，谓不当隐忍爱惜当决之圩，使众圩俱受其害。”⑥在这里，地方的圩田被划分为有利的和有害的两种，他认为童圩、养贤、政和、莲湖等四块圩田都属于阻碍河道，导致水旱灾害，应该废除的圩田，后经宁国府守臣相度，将童圩废决，“则水势自然顺适。其余未可轻议”⑦。从而为去除有害的圩田，保证水流通畅和诸多沿河田地的安全奠定了基础。但是这一圩田的最终废除，距离隆兴二年（1164 年）臣僚提出童圩当废已经过去了五年，这五年中又不知有多少田地因此受害，政府在减免因灾应收赋税及加固诸多圩田方面所投入的行政成本，也成为无法追查的无效成本。

① 刘琳、刁忠民、舒大刚，等校点：《宋会要辑稿》食货七之四二至四三，第 6138 页。
② 刘琳、刁忠民、舒大刚，等校点：《宋会要辑稿》食货七之四三，第 6138 页。
③ 刘琳、刁忠民、舒大刚，等校点：《宋会要辑稿》食货八之六，第 6149 页。
④ 刘琳、刁忠民、舒大刚，等校点：《宋会要辑稿》食货八之六，第 6149 页。
⑤ 刘琳、刁忠民、舒大刚，等校点：《宋会要辑稿》食货八之九，第 6151 页。
⑥ 刘琳、刁忠民、舒大刚，等校点：《宋会要辑稿》食货八之九至一〇，第 6151 页。
⑦ 刘琳、刁忠民、舒大刚，等校点：《宋会要辑稿》食货八之一〇，第 6151 页。

7. 制定税收政策中乱决策，损失官税

两宋时期，地方政府行政经费的主要来源是地方两税及茶、盐、酒等专卖品及商税等诸多税收。合理地制定税收政策，能够引导商品流通，促进商品经济的发展，刺激消费，增加地方财政收入；相反的，如果地方官府在税收中随意制定政策，乱增税赋，打破市场流通规则，则必然导致地方经济活动萧条，地方财政税收的减少，损失官税，同时也造成地方行政经费的减少。

一些官员在税收中胡乱决策，导致了地方财税收入减少。在官府酒、盐等禁榷专卖品的买扑经营中，一些地方官员擅自提高买扑的税收额度，导致一些酒务无人承买，或者导致买扑民户无法承担高酒课额度而破产。如天圣六年（1028 年），御史中丞晏殊言："遇天府县镇村坊买扑酒务，本路转运司准例勒添长课利，方许勾当。深虑久远，增添不已，难为趁办，（夫）[失] 陷官钱。"[①] 因而他建议"小可场务今后不得增长课利，所冀公私便济"[②]，获得朝廷的支持。这样，就避免了转运使进一步胡乱增加酒课额所带来了财税损失。

熙丰时期，朝廷为了增加酒课，采取了一些新的法令举措，诸如实封买扑法，允许民户竞争立价，将酒坊承包给课额高的民户。这样虽然有利于增加税收，但是一些民户在竞价时超出自己的承受能力，在日后经营时往往无法长久盈利，导致官课亏损。元丰三年（1080 年），京东路转运副使李察就上奏说："近岁听民买官监酒务，增羡则利入私家，亏折则逋负官课，由此暗失岁入。"[③] 元祐初，侍御史刘挚也奏论"坊场之法，旧制扑户相承，皆有定额，不许增抬价数，辄有划夺。新法乃使实封投状，许价高者射取之。于是小人徼一时之幸，争越旧额，至有三两倍者，旧百缗，今有至千缗者，交相囊橐，虚张抵本。课额既大，理难敷办，于是百敝随起，决至亏欠。州县劳于督责，患及保任，监锢系累，终无赏纳。官司护惜课额，不为减价，则谁人复肯承买？今天下坊场如此者十五六处，故实封增价之所得，比仿败阙之所失，殆不相补也。"[④] 这种因推行竞价买扑酒坊而导致的地方酒坊破败，税收减损的现象在南宋仍然存在，南宋绍兴二十七年（1157 年），臣僚奏论："诸路州县人户买扑酒坊，名课之外，又有增添净利钱，间有趁（辨）[办] 不及者，因此积欠，以致败阙。"[⑤] 朝廷考虑到长此以往，"暗失财物"因而改为不设立固定课额，并免去增添净利钱，"令常平司将见今体减及败阙停闭去处，其增添净利钱并与减免，仍依条召人承赁，

① 刘琳、刁忠民、舒大刚，等校点：《宋会要辑稿》食货二〇之七，第 6423 页。

② 刘琳、刁忠民、舒大刚，等校点：《宋会要辑稿》食货二〇之七，第 6423 页。

③ 刘琳、刁忠民、舒大刚，等校点：《宋会要辑稿》食货二〇之一〇，第 6427 页。

④ 刘琳、刁忠民、舒大刚，等校点：《宋会要辑稿》食货二〇之一〇至一一，第 6427—6428 页。

⑤ 刘琳、刁忠民、舒大刚，等校点：《宋会要辑稿》食货二一之一三，第 6456 页。

不以着价及与不及体减分数，但拆封日，取着价最高者给付。其人户坊本钱物，与免作物力推排”[①]。宁宗朝，叶适在《平阳县代纳坊场钱记》中也提道：“自前世乡村以分地扑酒，有课利买，名净利钱，恣民增钱夺买。或卖不及，则为败缺而当停闭。虽当停闭而钱自若，官督输不贷。民无高下，枚户而偿，虽良吏善政，莫能救也。嘉定二年，浙东提举司言：‘温州平阳县言，县之乡村坊店二十五，当停闭二十一，有坊店之名而无其处，旧传自宣和时则然。钱之以贯数二千六百七十三，州下青册于县，月取岁足，无敢蹉跌。’”[②]这种因州府胡乱推行买扑法而给地方商品经济发生造成极大的破坏，二十五家坊场停闭二十一家，税收无着落，给县级财政造成了极大的压力。

盐的禁榷专卖经营中也存在乱增税赋的问题，如南宋理宗朝，黄震就曾奏论浙东提举常平司下所增设的华亭分司官吏，乱增税赋，克扣亭户盐本钱，对于亭户课额，提举常平司“半月一比较，分司五日一比较。本司牌匣之费闻近百千，分司牌匣之费过八百千。五日一差狱子带家人数辈取亭户，每场七八百千，或至千贯，循环不已者，此分司所施于华亭管下四场者如此，本司无之也。五日一差狱子，自书数十，引逼场官签押，追捕锁缚亭户家妇女，取钱四十千则放押，至广陈镇百二十千乃放，更迭搔扰，此分司所施于海盐管下芦沥一场者如此，本司无之也。曰补盐历，五日一批七十千；曰巡盐历，亦五日一批七十千。凡皆常程之费如此。此外非法横出，加以罪名，有费至万贯者，盖无一不出于亭户。此其使亭户逃亡而盐课折陷皆分司为之，亦既太甚矣”[③]，各种苛捐杂税，导致了“亭户逃亡而盐课折陷”[④]。

在地方茶、盐等专卖品的经营中，还存在通商法和禁榷专卖法的差别，通商法是允许各地商人经营茶、盐等物品的买卖，收取一定的商税。而专卖法则是禁止商人私营，将产品由官府自营，垄断销售领域。从中国古代经济发展的趋势看，鼓励市场流通的通商法是更有利于民众的，其税收不一定少于官府禁榷专营，而个别地方官员违背经济发展规律，严格禁止通商，反而造成了严重的后果。如湖南地区，“潭州自绍兴初剧盗马友行税酒法，一方便之，于官无费，

① 刘琳、刁忠民、舒大刚，等校点：《宋会要辑稿》食货二一之一三至一四，第6456页。

② （宋）马端临著，上海师范大学古籍研究所、华东师范大学古籍研究所点校：《文献通考》卷17《征榷考四》，第496页。

③ （宋）黄震：《黄氏日抄》卷71《提举司差散本钱申乞省罢华亭分司状》，（宋）黄震著，张伟、何忠礼主编：《黄震全集》，第2093页。

④ （宋）马端临著，上海师范大学古籍研究所、华东师范大学古籍研究所点校：《文献通考》卷17《征榷考四》，第495页。

岁得钱十四五万缗”[①]。而孝宗朝辛弃疾任潭州守臣，“疾变榷酒，人多移徙”[②]，元初史学家马端临就评论此事说：“榷酒之课额既重，官自酝造，则不免高价抑勒人户沽买。欲以课额随民均配而纵其自酿，则又是两税之外别生一税，他日必有税不除而再榷酒之事。”[③]因而感叹“县官惟务榷利，而便民之事乃愧于一剧盗，何邪？”[④]对于辛弃疾任意推行榷酒法，给地方财政带来巨额税收损失和对百姓带来的损害，提出了尖锐的批评。

宋代地方官府因乱征商税，随意增加关卡，导致了商贾铤而走险、偷税漏税等问题，这些官吏的乱作为同样导致了大量商税收入的损失。高宗绍兴十三年（1143 年），朝廷诏令中就提道：“所在税务课额各有定制，本意惠通商贾，懋迁万货。近来州县税务官吏作弊，又有镇市税场，或监官独员，或止差暂权去处，抑勒额外过数掊取，以至客人偷经私捷小路，却致暗失课入；或将所收之数衷私隐没，别历侵盗。”[⑤]而税务的胡乱取消，也同样会带来商税的透漏和减少。如庆元六年（1200 年），湖州因取消了本州、永寿、东迁、大钱、琏市“五处纂节发引”[⑥]，导致“自住罢之后，豪强占霸，招接客货，以致市井萧条，暗失税课”[⑦]。在此之前，政府是本想取消税引发放来增加流通量的，却不料造成了市井被豪强霸占，买卖萧条的恶果。还有一些官员，不了解地方实际情况，胡乱将税务地点改移位置，从而无法防范商旅偷税漏税，从而给地方财政收入带来严重损失。如乾道六年（1170 年），权江南东路转运副使张松以将池州雁汊镇税务移过本州，朝廷从之。不久知池州张抡言：“绍圣五年画降指挥，将池口税务移在雁汊，专收大江过税。至绍兴五年立额，每岁约趁官钱一十八万余贯。经七十五年，并无商旅词诉。张松更不契勘池口已有住税，便作无税申请，并雁汊于池口。才二年半，比较雁汊所收税钱，亏近二十万缗”[⑧]。这个胡乱决策所带来的损失是极为惨重的。

① （宋）马端临著，上海师范大学古籍研究所、华东师范大学古籍研究所点校：《文献通考》卷 17《征榷考四》，第 495 页。
② （宋）马端临著，上海师范大学古籍研究所、华东师范大学古籍研究所点校：《文献通考》卷 17《征榷考四》，第 495 页。
③ （宋）马端临著，上海师范大学古籍研究所、华东师范大学古籍研究所点校：《文献通考》卷 17《征榷考四》，第 495 页。
④ （宋）马端临著，上海师范大学古籍研究所、华东师范大学古籍研究所点校：《文献通考》卷 17《征榷考四》，第 495 页。
⑤ 刘琳、刁忠民、舒大刚，等校点：《宋会要辑稿》食货一七之三七至三八，第 6366 页。
⑥ 刘琳、刁忠民、舒大刚，等校点：《宋会要辑稿》食货一八之二二，第 6384 页。
⑦ 刘琳、刁忠民、舒大刚，等校点：《宋会要辑稿》食货一八之二二，第 6384 页。
⑧ 刘琳、刁忠民、舒大刚，等校点：《宋会要辑稿》食货一八之五，第 6376 页。

在两税的征收中，同样存在因地方官员胡乱决策所导致的税收减少。如南宋初，王之望曾弹劾普州安岳县县令张宁“初行经界日……大为奸弊，改移税额，轻重失平。比及三年，亏官二十五万七千余贯，依圣旨除放。自绍兴二十四年至今，又亏一十二万四千余贯”[①]。因其乱作为给政府税收造成了巨大的损失。不仅如此，张其后为了完成税收任务，“县官以阙乏之故，分诣诸乡巡门驱敛，村民不堪其扰，结集山谷间，抗敌官吏，几致生事”[②]。同样的问题也发生在宁宗嘉定中溧阳县，当地知县王棠不遵守朝廷法令，多年不推行经界法，“版籍溷殽，贫富易位”[③]。后来即使推行，也往收受富户贿赂，导致民户田宅无法核实，“一切付之隅保吏胥之手，飞走卖弄，听其自为。需求如志则以上等之户降而为下等，贿赂不至则以十金之产增而为百金。牒诉纷然，一不受理，遂使冤愤不平之气无所发泄。今日聚众围保正之家，明日聚众撤户长之屋……多者数十百人，持杖啸吹，纵火抛石，室庐器物，为之荡尽，桑柘竹木，为之一空。甚者刀伤其人，惊死其老幼。棠既不能弹压，巡尉遣兵牧捕，或为所执缚，棠亦不能谁何。一邑嚣然，几至生变”[④]。这些县令的乱作为，不仅使政府损失了数十万贯的税收，而且几乎导致了地方社会变乱的发生，其社会危害之严重令人震惊。

第四节　客观因素导致的地方政府无效行政成本消耗

两宋时期，除了地方官员不作为以及乱作为所导致的无效行政成本损耗外，还有相当数量的地方行政无效成本是由客观因素造成的，包括水灾、火灾、风雹等自然灾害以及盗贼、兵匪作乱、自然损耗等，这些原因也会导致大量的政府行政成本被毫无功效的浪费。一些物资在生产和征集的过程中耗费了大量的人力、物力，他们的损耗，部分由于监管官吏未能尽到职责，但确实也有相当

① （宋）王之望撰：《汉滨集》卷 5《改正安岳县经界状》，《丛书集成续编》，上海：上海书店出版社，1994 年影印本，第 104 册，第 66 页。

② （宋）王之望撰：《汉滨集》卷 5《改正安岳县经界状》，《丛书集成续编》，第 104 册，第 66 页。

③ （宋）真德秀撰：《西山先生真文忠公文集》卷 12《申将前知建康府溧阳县王棠镌降事》，《宋集珍本丛刊》，第 76 册，第 15 页。

④ （宋）真德秀撰：《西山先生真文忠公文集》卷 12《申将前知建康府溧阳县王棠镌降事》，《宋集珍本丛刊》，第 76 册，第 15—16 页。

数量资产因自然不可抗力因素的破坏，被无效消耗。由于相关材料极为丰富，为避免过多引用，这里只通过列表和一些数字进行展示，使我们对宋代地方政府由于各种客观因素所导致的无效行政成本有所认识。

（一）自然灾害所导致的无效行政成本损耗

宋代各类自然灾害，均会在一定程度上导致地方政府物资的损耗，其中影响比较显著的灾害，如水灾、地震、风雹、火灾等，它们的发生既包括自然原因，也有人为原因。这里也将其放入此部分，一同列表如表 5-1—表 5-3 所示。

表 5-1　水灾导致的行政成本无效损耗情况表

时间	地区	灾害名称	水灾造成的行政成本无效损耗数字	文献来源
太祖乾德三年（965 年）七月	孟州	大水冲毁官舍营房	孟州并河水涨，孟州坏中潬军营、民舍数百区	《宋史》卷 61《五行志一上》
开宝元年（968 年）八月	集州	大雨导致水灾，冲毁城池官廨	霖雨河涨，坏民庐舍及城壁、公署	《宋史》卷 61《五行志一上》
开宝六年（973 年）七月	单州、濮州	大雨成灾	坏州廨、仓库、军营、民舍	《宋史》卷 61《五行志一上》
开宝七年（974 年）四月	泗州等地	大水冲毁官舍民居	泗州淮水暴涨入城，坏民舍五百家。安阳县河涨，坏居民庐舍百区	《宋史》卷 61《五行志一上》
太宗太平兴国二年（977 年）六月	孟州、兴州等地	大水冲毁栈道	孟州河溢，坏温县堤七十余步，郑州坏荥泽县宁王村堤三十余步；又涨于澶州，坏英公村堤三十步。开封府汴水溢，坏大宁堤，浸害民田。忠州江涨二十五丈。兴州江涨，毁栈道四百余间。管城县焦肇水暴涨，逾京水。濮州大水，害民田凡五千七百四十三顷。颍州颍水涨，坏城门、军营、民舍	《宋史》卷 61《五行志一上》
太平兴国六年（981 年）	河中府	大水冲入城市，毁坏官舍民居	河涨，陷连堤，溢入城，坏军营七所、民舍百余区	《宋史》卷 61《五行志一上》
太平兴国六年（981 年）	延州	大水冲入城市，毁坏官舍民居	大水溢入城，坏官寺民舍千六百区、宁州坏州城五百余步，诸军营、军民舍五百二十区	《续资治通鉴长编》卷 22，太平兴国六年秋七月丙申、《宋史》卷 61《五行志一上》
太平兴国八年（983 年）六月	河南府、陇州等地	大水冲毁民居、官舍	伊、洛、瀍、榖水皆涨，坏官寺民庐甚众，死者以万计。诏悉加赈恤。陕州言大水坏军民庐舍千余区。六月，陕州河涨，坏浮梁；又永定涧水涨，坏民舍、军营千余区。河南府澍雨，洛水涨五丈余，坏巩县官署、军营、民舍殆尽。谷、洛、伊、瀍四水暴涨，坏京城官署、军营、寺观、祠庙、民舍万余区，溺死者以万计。又坏河清县丰饶务仓库、军营、民舍百余区	《续资治通鉴长编》卷 24，太平兴国八年六月甲午、《宋史》卷 61《五行志一上》

续表

时间	地区	灾害名称	水灾造成的行政成本无效损耗数字	文献来源
太平兴国九年（984年）七月	嘉州等地	江水冲毁城池	嘉州江水暴涨，坏官署、民舍，溺者千余人。八月，延州南北两河涨，溢入东西两城，坏官寺、民舍。淄州霖雨，孝妇河涨溢，坏官寺、民田。孟州河涨，坏浮梁，损民田。雅州江水涨九丈，坏民庐舍。新州江涨，入南砦，坏军营	《宋史》卷61《五行志一上》
淳化四年（993年）十月	澶州	黄河决口，冲毁民居官舍	陷北城，坏庐舍七千余区	《宋史》卷91《河渠志一》
真宗大中祥符六年（1013年）七月	保安军	久雨成灾，河水冲毁城池	河流暴涨，浸城垒，坏庐舍	《续资治通鉴长编》卷81，大中祥符六年七月甲寅
大中祥符九年（1016年）七月丙戌	秦州、利州	河水冲毁县城民居、栈道	水坏长道县盐官镇城桥及官廨、民舍二百九十二区溺……死者六十余人；利州水漂栈阁万二千八百间	《续资治通鉴长编》卷87，大中祥符九年六月丙戌
天禧三年（1019年）六月	滑州	黄河决口，冲毁城池官廨	河决滑州城西北天台山旁。俄复溃于城西南，岸摧七百步，侵溢州城，民多漂没，历澶、濮、郓、济，注梁山泊，又合清水、古汴河，东入于淮，州邑被患者三十二	《续资治通鉴长编》卷93，天禧三年六月辛丑
天禧四年（1020年）七月甲子	各个地区	大雨为灾，冲毁官府仓库民居	大雨，流潦泛溢公私庐舍大半，有压死者	《续资治通鉴长编》卷96，天禧四年七月甲子
仁宗天圣四年（1026年）六月	建州、剑州、邵武军	大水冲毁官私房屋	大水坏官私庐舍七千九百余区，溺死者百五十余人	《续资治通鉴长编》卷104，天圣四年六月丙戌
景祐四年（1037年）六月戊戌	杭州	潮水冲毁堤岸	大风，江潮溢岸，高六尺，坏堤千余丈	《续资治通鉴长编》卷120，景祐四年六月戊戌
宝元元年（1038年）六月	建州	自正月雨至四月，成灾，冲毁城池官廨	溪水大涨入州城，坏民庐舍	《续资治通鉴长编》卷122，宝元元年六月己卯
庆历五年（1045年）	台州	城池被水灾冲毁	沕海溢蹄城杀人万余，漂室庐几半，州既残毁	《嘉定赤城志》卷5《公廨门二》
庆历五年（1045年）（仁宗至和元年、嘉祐六年又灾）	台州	州城为海潮冲坏	海溢，复大坏。至和元年（1054年），复大水，城不没者数尺。嘉祐六年（1061年），大水复坏	《嘉定赤城志》卷2《地里门》
庆历七年（1047年）	滁州	城墙为雨水冲毁	用民之力，六万九千工；食民之米，一千三百石。众力方作，雨则止之。城功既成，雨又坏之	《欧阳修全集》卷49《又祭城隍神文滁州》

续表

时间	地区	灾害名称	水灾造成的行政成本无效损耗数字	文献来源
嘉祐元年（1056年）六月	京师	水灾，坏官舍民居	水冒安上门，门关折，坏官私庐舍数万区，城中系栰渡人	《续资治通鉴长编》卷182，嘉祐元年六月戊寅、《宋史》卷61《五行志一上》
神宗熙宁八年（1075年）四月	潭、衡、邵、道州	江水冲毁官廨、民居	潭、衡、邵、道州江水溢，坏官私庐舍	《续资治通鉴长编》卷262，熙宁八年四月壬午
熙宁八年（1075年）七月	江南西路虔州	江水涨坏州城军营	江水涨坏州城军营，度修完用钱二万二千五百余缗	《续资治通鉴长编》卷266，熙宁八年七月甲子
熙宁十年（1077年）七月	黄河下游地区	河水决堤，淹没下游州县	河既大决于曹村下埽，北流合北清河入于海。凡灌州县四十五，而濮、齐、郓、徐尤甚，坏官亭、民舍数万，田三十万顷	《续资治通鉴长编》卷283，熙宁十年七月乙亥
元丰元年（1078年）	苏州	水灾冲毁民居官舍	七月四日夜苏州大风雨，潮高二丈余，漂荡尹山至吴江塘岸，洗涤桥梁沙土皆尽，惟石仅存。昆山张浦沙保有六百户，悉漂尽，惟余五户空屋，人亦不存	《吴郡志》卷46
元丰四年（1081年）七月	泰州	飓风、大雨冲毁城池	海风夜起，继以大雨，浸州城，坏公私屋数千间；泰州海风作，继以大雨，浸州城，坏公私庐舍数千间。静海县大风雨，毁官私庐舍二千七百六十三楹	《宋史》卷67《五行志五》
元丰七年（1084年）七月丁未	河南府、泰州、静海县等地	大水冲毁官廨民居、大雨浸坏城池	自大内天津桥堤堰、河道、城壁、军营、库务等皆倾坏……望许臣总额，赐钱十万缗，选京朝官、选人、使臣各三十五人，与本府官分头葺补。乞发诸路役兵三四千人	《续资治通鉴长编》卷347，元丰七年七月丁未
哲宗元符二年（1099年）五月	广信城	河水冲毁城池官廨	鲍河夏秋山雨暴涨，倒流入城，淹浸草场，漂荡舍屋及堡寨	《续资治通鉴长编》卷510，元符二年五月辛亥
元符中	筠州	水灾冲毁官廨	水泛溢，败刺史府门、盐酒税治舍	《方舆胜览》卷20
徽宗政和七年（1117年）	沧州	水灾冲毁官民房屋	沧州河决，沧州城不没者三版，民死者百余万	《宋史》卷61《五行志上一》
高宗绍兴三年（1133年）七月	泉州	洪水冲毁城池官廨	洪水溢坏城郭、庐舍，凡三日乃平	《建炎以来系年要录》卷67，绍兴三年七月丙子
绍兴十年（1140年）	临安府	钱塘江潮冲毁桥梁	桥震坏入水，凡压溺而死数百人	《咸淳临安志》卷92《纪遗四》
绍兴十四年（1144年）六月	浙东、福建	大水冲毁城池官民廨舍	时江、浙、福建同日大水，建州水冒城而入，俄顷深数丈，公私庐舍尽坏，溺死数千人；严州水暴至，城不没者数板，严、衢、信、处、婺州等州大水，士民溺死数百万	《建炎以来系年要录》卷151，绍兴十四年六月乙未

续表

时间	地区	灾害名称	水灾造成的行政成本无效损耗数字	文献来源
绍兴十六年（1146年）	饶州	州城为溪水冲坏	每至春月，必为大水所浸，以是前后屡修屡坏。绍兴十六年，知州申请朝廷拨款，合修筑去处计四百六十六丈，人工、物料共用钱米八万九千六百余贯硕	《宋会要辑稿》方域九之一六
绍兴三十二年（1162年）四月	两淮州县	大雨引起水灾冲毁民居官廨	大雨。淮水溢数百里，漂溺庐舍，人畜死者甚众	《建炎以来系年要录》卷199，绍兴三十二年四月丙申
孝宗乾道八年（1172年）六月丙辰	惠州	飓风	飓风，坏海舰三十余。时枢密院调广东经略司水军，四舰覆其三，死者百三十余人	《宋史》卷67《五行志五》
淳熙元年（1174年）七月壬寅	临安府	大潮冲毁堤岸	钱塘大风涛，决临安府江堤一千六百六十余丈，漂居民六百三十余家	《宋史》卷61《五行志一上》
淳熙四年（1177年）五月	临安府等地	大潮冲毁堤岸、民居	己亥夜，钱塘江涛大溢，败临安府堤八十余丈；庚子，又败堤百余丈。明州濒海大风，海涛败定海县堤二千五百余丈、鄞县堤五千一百余丈，漂没民田	《宋史》卷61《五行志一上》
淳熙八年（1181年）五月壬辰	严州等地	大水冲毁堤岸、民居	严州大水，漂浸民居万九千五百四十余家、垒舍六百八十余区。绍兴府大水，五县漂浸民居八万三千余家，田稼尽腐；渔浦败堤五百余丈	《宋史》卷61《五行志一上》
光宗绍熙二年（1191年）七月	兴州、龙州等地	大雨冲毁城池、官舍	嘉陵江暴溢，兴州圮城门、郡狱、官舍凡十七所，漂民居三千四百九十余，松州江水暴溢，龙州败桥阁五百余区	《宋史》卷61《五行志一上》
绍熙五年（1194年）秋八月	余杭县	大水冲毁官舍民居	霖潦不止，洪发天目诸山，倏忽水高二丈许，冲决塘岸百余所，漂没室屋千五百余家，流尸散入县邑，多稼化为腐草	《咸淳临安志》卷34《山川十三》
宁宗嘉泰二年（1202年）七月	建安县等	水灾冲毁官民廨舍	建安县漂军民庐舍百二十余，山摧，覆民庐七十七家，溺压死者六十余	《宋史》卷61《五行志一上》
庆元中	云县	城池为水灾冲毁	秋水大至，城坏，知县周悦增筑一百二十余丈	《嘉泰会稽志》卷12《城池》
嘉定二年（1209年）五月己亥	连州等地	水灾	连州大水，败城郭百余丈，没官舍、郡庠、民庐，坏田亩聚落甚多。六月辛酉，西和州水，没长道县治、仓库。丙子，昭化县水，没县治，漂民庐。成州水，入城，圮垒舍	《宋史》卷61《五行志一上》
嘉定三年（1210年）五月	临安府	水灾冲毁官廨	行都大水，浸庐舍五千三百，禁旅垒舍之在城外者半没	《宋史》卷61《五行志一上》
嘉定六年（1213年）	绍兴府	海水冲毁民居田地	溃决余五千丈，冒民田、荡室庐、漂没转徙者二万余户，斥卤渐坏者七万余亩，岁失两乡赋入以万石计者	《宝庆会稽续志》卷4《堤塘》

续表

时间	地区	灾害名称	水灾造成的行政成本无效损耗数字	文献来源
嘉定九年（1216年）	福建兴化县	海潮冲毁泄水口	泄口为水所激，筑之未固，一夕□□一纪之间，靡公私之财计钱五百万。三兴大役，将成辄坏	弘治《兴化府志》卷30《重修濠塘泄记》
嘉定十七年（1224年）五月	福建地区	大水冲毁民居官廨	福建大水，漂水口镇民庐皆尽，候官县甘蔗砦漂数百家，人多溺死；建宁府没平政桥，入城；南剑州圮郡治、城楼、郡狱、官舍，城坏，民避水楼上者皆死。乙卯，建昌军大水，城不没者三板，漂民庐，圮官舍、城郭、桥梁、害稼	《宋史》卷61《五行志一上》
理宗淳祐十二年（1252年）六月	浙东地区	水灾冲毁民族官库	严、婺、信、台、处、建、剑、邵同日大水，冒城漂室庐，人民死者以万数	《宋季三朝政要笺证》卷2

表5-2　地震、风雹等导致的行政成本无效损耗情况表

时间	地区	灾害名称	灾害造成的行政成本无效损耗数字	文献来源
太祖乾德二年（964年）五月	扬州	暴风	暴风，坏军营舍仅百区	《宋史》卷67《五行志五》
开宝九年（976年）五月	宋州	大风吹坏官舍、民居	大风坏官舍民居凡四千六百余间	《续资治通鉴长编》卷17，开宝九年五月庚辰
太宗太平兴国六年（981年）九月	高州	大风吹毁官舍、民居	大风坏官寺、民舍五百余区	《续资治通鉴长编》卷22，太平兴国六年九月己未
太平兴国七年（982年）	琼州	飓风毁坏官廨	飓风坏官寺民舍几尽	《续资治通鉴长编》卷23，太平兴国七年十二月戊午
太平兴国八年（983年）	太平军、雷州	飓风吹坏官廨	八月，飓风拔木，坏廨宇、民舍千八十七区。十月，雷州飓风，坏廨库、民舍七百区	《宋史》卷67《五行志五》
淳化元年（990年）	许州	飓风吹毁官舍等	许州大风雹，坏军营、民舍千一百五十六区	《文献通考》卷305《物异考十一》
真宗咸平二年（999年）七月	袁州	大风倾覆舟船，沉没官府物资	部茶纲至舒州，江中值风覆舟，估直千余缗	《续资治通鉴长编》卷45，咸平二年七月丁酉
大中祥符二年（1009年）九月乙亥	无为军	大风吹毁官屋民居，压死民众	大风拔木，坏城门、营垒、民舍，压溺者千余人	《续资治通鉴长编》卷72，大中祥符二年九月乙亥
天禧三年（1019年）六月	徐州	大风坏官私廨舍，压死民众	利国监大风，起西南，坏官私庐舍二百余区，军民压死者十三人	《续资治通鉴长编》卷93，天禧三年六月丙戌

续表

时间	地区	灾害名称	灾害造成的行政成本无效损耗数字	文献来源
仁宗景祐四年（1037年）	忻、代、并三州	地震毁坏官私屋舍，压死居民	地震坏庐舍，覆压吏民。忻州死者万九千七百四十二人，伤者五千六百五十五人，畜牧死者五万余。代州死者七百五十九人，并州千八百九十人	《续资治通鉴长编》卷120，景祐四年十二月甲申
景祐四年（1037年）	京师、定州、襄州	地震毁坏官私屋舍，压死居民	震至五日不止，坏庐寺、杀人畜，几十之六。大河之东，弥千五百里	《续资治通鉴长编》卷120，景祐四年十二月壬辰
神宗熙宁五年（1072年）	华州华山地区	地陷坏民居官舍	至陷居民六社凡数百户，林木庐舍亦无存者	《续资治通鉴长编》卷239，熙宁五年十月戊寅
元丰四年（1081年）六月	邕州	飓风	飓风，坏城楼、官私庐舍	《宋史》卷67《五行志五》
徽宗崇宁元年（1102年）正月	河东太原潞晋隰代石岚岢岚威胜保化宁化等州	地震坏城池官廨民居	（地震弥旬，昼夜不止，坏城壁、屋宇，人畜死者甚众。）河东二十二郡，而十一郡晓夜震动，自去年十二月二十五日至今年正月二日，犹未之止，城壁、屋舍、悉皆倒塌，人民震死，动以千数	《续资治通鉴长编拾补》卷19，崇宁元年正月丙申
政和七年（1117年）	熙河、环庆、泾原路	地震	地震经旬，城砦、关堡、城壁、楼橹、官私庐舍并皆摧塌，居民覆压死伤甚众	《宋史》卷67《五行志五》
宣和七年（1125年）七月	熙河、河东路	地震	地震，有裂十数丈者，兰州尤甚，仓库皆没。河东诸郡，或震或裂	《续资治通鉴长编拾补》卷49
孝宗淳熙三年（1176年）六月乙巳	福清县、兴化军	大风	坏官舍、民居、仓库及海口镇，人多死者	《宋史》卷67《五行志五》
光宗绍熙二年（1191年）	建宁府等地	大风暴	二月庚寅，大风雨雹，仆屋杀人。三月癸酉，又大风雨雹，大如桃李实，平地盈尺，坏城郭民舍七百余家，乡落四千三百余家，禾苗不殖，桑麻种麦蔬果皆损。温州瑞安县亦如之，坏屋杀人尤众	《文献通考》卷305《物异考十一》
宁宗嘉定十七年（1224年）	鄂州等地	大风损毁战舰	鄂州暴风，坏战舰二百余；寿昌军坏战舰六十余	《宋史》卷67《五行志五》
理宗宝庆三年（1227年）	平江府	大风摧毁门楼	门有楼，宝庆三年（1227年）秋大风雨，楼门俱坏	《吴郡志》卷3《城廓·盘门》
嘉熙元年（1237年）七月	平江府昆山县	大风摧毁鼓楼	鼓楼，嘉熙丁酉七月圮于大风，因循十余年，屡更令不克造	《淳祐玉峰志》卷中《公宇》

火灾的发生，既有盗贼、兵匪人为纵火，也有因飓风、官民不慎遗火所招致的客观原因的火灾，天灾、人祸相叠加，往往会加剧火灾对地方政府的行政成本的损耗程度。

表 5-3　火灾导致的行政成本无效损耗情况表

时间	地区	灾害名称	灾害造成的行政成本无效损耗数字	文献来源
太祖建隆三年（962年）	滑州等地	火灾烧毁官府	正月，滑州甲仗库火，燔仪门及军资库一百九十区，兵器、钱帛并尽。二月，安州牙吏施延业家火，燔民舍并显义军营六百余区。五月，京师相国寺火，燔舍数百区	《宋史》卷63《五行志二上》
乾德四年（966年）	岳州等地	火灾烧毁官府	民周泽家火，又燔仓廪、民舍数百区，死者三十六人。八月，衡州火，燔公署、仓库、民舍仅千余区	《续资治通鉴长编》卷7，乾德四年二月甲子、《宋史》卷63《五行志二上》
乾德四年（966年）	衡州	大火烧坏官府民居	焚公廨、仓库、居民庐舍九百区	《续资治通鉴长编》卷7，乾德四年八月壬子
开宝八年（975年）	洋州等地	大火烧坏官府民居	洋州火，燔州廨、民舍千七百区。永城县火，燔军营、民舍千九百八十区，死者九人	《宋史》卷63《五行志二上》
太宗太平兴国二年（977年）	广州	大火烧毁公帑等	火焚公帑香药、珠贝、犀象殆尽	《续资治通鉴长编》卷18，太平兴国二年五月庚午
雍熙三年（986年）	光化军	火灾	光化军民却勋家火，延燔军廨、舍、库	《宋史》卷63《五行志二上》
端拱二年（989年）三月	衡州	火灾	燔州县官舍、仓库、军营三百余区。又崇贤坊有鸟燔数十处，七日不灭	《宋史》卷63《五行志二上》
淳化三年（992年）十月	蔡州等地	火灾	怀庆军营火，燔汝河桥民居、官舍三千余区，死者数人。十二月，建安军城西火，燔民舍、官廨等殆尽	《宋史》卷63《五行志二上》
太宗朝	升州	大风引起火灾烧毁官廨、仓库等	烈焰忽飞，狂风并作，人不及走，目不暇旋，一食之间千室俱烬	《景定建康志》卷36《又谢傅宣问失火及安抚人户事状》
真宗咸平二年（999年）	池州	仓库火灾	仓火，燔米八万七千斛	《宋史》卷63《五行志二上》
仁宗景祐三年（1036年）十月	澶州横龙水口西岸料物场	火灾	焚薪刍一百九十余万	《宋史》卷63《五行志二上》
景祐三年（1036年）十月	澶州	横垄水口西岸物料场火	凡焚薪蒭一百九十余万	《续资治通鉴长编》卷119，景祐三年十月丁未
宝元二年（1039年）六月丁丑	益州	火灾	火焚民庐舍三千余区	《续资治通鉴长编》卷123，宝元二年六月丁丑
庆历八年（1048年）正月	江宁府	营兵反叛，放火烧官廨	久之，江宁府署火……阍门不得救，已而一署尽焚	《名臣碑传琬琰集》之中卷10《张枢密奎墓弃铭》

续表

时间	地区	灾害名称	灾害造成的行政成本无效损耗数字	文献来源
嘉祐三年（1058年）正月	温州	火灾	燔屋万四千间，死者五十人	《宋史》卷63《五行志二上》
神宗元丰元年（1078年）	邕州	火灾烧毁官舍	火焚官舍千三百四十六区，诸军裹衣万余分，谷帛军器等百五十万	《续资治通鉴长编》卷298，元丰二年六月甲辰
徽宗政和三年（1113年）	苏州、封州等地	火灾烧毁官舍	四月，延烧公私屋一百七十余间。五月，延烧公私屋六百八十二间。	《宋史》卷63《五行志二上》
高宗朝绍兴六年（1136年）	临安府	火灾烧毁民居	临安火，所燔几万家。诏以米一千斛，赐被火之家贫乏者	《建炎以来系年要录》卷107，绍兴六年十二月
绍兴七年（1137年）二月丙申、丁酉	太平州、镇江府	伪齐放火烧毁官府仓库	遣奸细纵火于淮甸及沿江诸州，于是山阳、仪真、广陵、京口、当涂皆被其害。淮西宣抚使刘光世军于当涂郡治，其府被焚，军须帑藏，一夕而尽	《建炎以来系年要录》卷109，绍兴七年二月丙申
绍兴八年（1138年）二月	太平府	火灾	宣抚司及官舍、民居、帑藏、文书皆尽，死者甚众，录事参军吕应中、当涂县丞李致虚死焉	《宋史》卷63《五行志二上》
绍兴十年（1140年）	建康府、温州等地	居民遗火烧毁官府	府城居民遗漏，延烧府治，自外门直至府宅，皆焚毁。惟军资库及大军库无损；十一月丁巳，温州大火，燔州学、酤征舶等务、永嘉县治及民居千余	《景定建康志》卷14《建康表十》、《宋史》卷63《五行志二上》
绍兴十一年（1141年）七月	建康府、婺州等地	火灾	婺州大火，燔州狱、仓场、寺观暨民居几半。九月甲寅，建康府火，燔府治三十余区，民居三千余家	《建炎以来系年要录》卷141、《宋史》卷63《五行志二上》
绍兴十二年（1142年）	镇江府等	火灾烧毁城池仓库	城外火，延入城中，遂及大军仓，燔米麦四万斛，刍六万束，公私室庐被焚者甚众。时太平州、池州、芜湖县亦皆大火，市井一空	《建炎以来系年要录》卷144，绍兴十二年二月辛卯
绍兴十五年（1145年）四月	大宁监	居民遗火焚烧官廨、民居等	坐民居遗火，不即扑灭，致延烧官物、文书甚众	《建炎以来系年要录》卷153，绍兴十五年四月戊子
高宗朝	温州	居民遗火，焚烧官廨、民居等	至酉时扑灭，烧过民居六百七十三家，茅瓦屋相间约计一千一百七十余间。龙兴宫、开元观、嘉福院，并当风头，不容拆救，内龙兴宫有市舶务一所，并皆焚毁。飞火出城南，烧却民居七十家，及造船营一所五十六家，计草屋一百四十二间，打造未成粮船四只	《汉滨集》卷7《温州遗火乞赐降黜奏札》

续表

时间	地区	灾害名称	灾害造成的行政成本无效损耗数字	文献来源
绍兴二十九年（1159年）	夔州	大火烧毁官民廨舍	大火，燔官寺民居甚众，焚死者凡六人	《建炎以来系年要录》卷183，绍兴二十九年十二月甲戌
孝宗朝	荆门军	火灾烧毁宅堂	有回禄之灾，大屋十余间，顷刻成烬，私居行李几为一空	《陆九渊集》卷17《与邓文范》
乾道六年（1170年）正月甲子	六合县	火灾烧毁官廨	遗火，延烧居民寨屋	《宋史全文》卷25上
乾道九年（1173年）九月	临海县	县治被火灾烧毁	临海居民不戒于火，爁烂扇延，以及县治。燔爇俱尽，当官者，因陋就简，仅能建三椽于煨烬之中	《嘉定赤城志》卷6《公廨门三》
淳熙四年（1177年）十一月辛酉	鄂州	火灾	暴风通夕，燔千余家	《宋史》卷63《五行志二上》
淳熙七年（1180年）二月	江陵府沙市	火灾	沙市大火，燔数千家，延及船舰，死者甚众	《宋史》卷63《五行志二上》
淳熙十二年（1185年）	温州	火灾	八月，燔城楼及四百余家。十月，鄂州大火，燔万余家	《宋史》卷63《五行志二上》
淳熙十四年（1187年）五月	成都府	火灾焚烧官廨、民居	成都大火，所燔七千家	《建炎以来朝野杂记》乙集卷8《丁未成都火》
光宗绍熙二年（1191年）	徽州、金州	大火	四月，夜燔州治、谯楼、官舍、狱宇、钱帑库务，凡十有九所，五百二十余区，延烧千五百家，自庚子至于壬寅乃熄；五月己巳，金州火，燔州治、官舍、帑藏、保胜军器库、城内外民居甚众	《宋史》卷63《五行志二上》
宁宗嘉泰元年（1201年）三月戊寅	临安府	大火	御史台吏杨浩家火，延烧御史台、司农寺、将作军器监、进奏、文思、御辇院、太史局、军头皇城司、诸物库，延烧军民五万二千四百二十九家，凡十八万六千八百三十一口，死而可知者五十有九人。……其冬十一月都城又火，明年七月，故将张忠烈家又火，所燔凡数千家焉，盖自渡江以来，都城火灾未有及辛酉岁者	《两朝纲目备要》卷7，嘉泰二年三月戊寅
嘉泰四年（1204年）三月丁卯	临安府	大火	燔尚书中书省、枢密院、六部、右丞相府、制敕、粮料院、亲兵营、修内司，延及学士院、内酒库、内宫门庑，夜召禁旅救扑。太室撤庙庑，迁神主并册、宝于寿慈宫。翼日戊辰旦，火及和宁门鸱吻，禁卒张隆飞梯斧之，门以不焚。火作时，分数道，燔二千七十余家	《宋史》卷63《五行志二上》

续表

时间	地区	灾害名称	灾害造成的行政成本无效损耗数字	文献来源
嘉定九年（1216年）七月甲戌	南剑州沙县	火灾	燔县门、官舍及千一百余家，民有死者	《宋史》卷63《五行志二上》
嘉定十三年（1220年）八月、十一月	庆元府、临安府	火灾	八月庚午，庆元府火，燔官舍、第宅、寺观、民居甚众。十一月壬子，行都火，燔城内外数万家、禁垒百二十区	《宋史》卷63《五行志二上》
嘉定十七年（1224年）	西和州、岳州	火灾	四月丁卯，西和州焚军垒及居民二千余家，人火之也。六月丁亥，岳州火，燔岳阳楼、州狱、帑库，延及八十家。己丑，又火，燔百余家	《宋史》卷63《五行志二上》
理宗绍定二年（1229年）	遂安县	官廨被火灾毁	县衙旧颇宏丽，有堂曰“制锦”、阁曰“戴星”、亭曰“清心”、曰“登云”、曰“饱山”、曰“纺桥”、曰“贮清”，绍定己丑毁于火，因不复建	《景定严州续志》卷8《官廨》
嘉熙元年（1237年）六月	临安府	大火烧毁官民廨舍	由巳至酉，延烧居民五十三万家	《宋季三朝政要笺证》卷1

（二）战争、盗贼作乱

两宋在相当长时期处于与周边民族政权的战争状态，先后与宋辽、西夏、金、蒙元作战，这些政权的军队侵入宋朝境内，烧杀劫掠，给各地区官府官廨、仓库、物资等造成众多无效成本损耗。而宋朝境内的兵变、民变及少数民族部落冲突，也会导致地方政府相当数量的成本损耗。而在这种兵火战乱的时期，一些地方政府官员经常乘机侵吞公共财物，焚烧账籍，这种行径往往会进一步加剧战乱给地方政府的无效行政成本损害，如表5-4、表5-5。

表5-4 宋朝与周边民族政权战争导致的行政成本无效损耗情况表

时间	地区	灾害名称	灾害造成的行政成本无效损耗数字	文献来源
英宗治平二年（1065年）正月癸酉	秦渭两路	西夏谅祚以二十万兵寇秦渭	秦、渭两路，掳掠焚烧，数百里间，扫荡俱尽	《续资治通鉴长编》卷204，治平二年正月癸酉
神宗熙宁四年（1071年）	陕西庆州地区	西夏入侵	攻围庆州七寨，焚荡室庐，杀掠老幼	《续资治通鉴长编》卷221，熙宁四年三月丁未
熙宁八年（1075年）五月戊辰	广信军等地	辽军入侵	北人引兵焚掠广信军新河口铺及掳劫广信、安肃军界居民	《续资治通鉴长编》卷264，熙宁八年五月戊辰

续表

时间	地区	灾害名称	灾害造成的行政成本无效损耗数字	文献来源
元丰元年（1078年）九月丁亥	邕州	交趾入侵	而火焚官私庐舍几尽。连陷钦、廉二州。廉土丁八十守城，皆驱令负担登舟，已而尽杀之。又陷邕州，杀李将苏缄，屠其民五万余口	《续资治通鉴长编》卷292，元丰元年九月丁亥、《文献通考》卷330《四裔考七》
哲宗元祐二年（1087年）五月癸酉	洮州	西夏与吐蕃诸部入侵	引步骑七万围河州南川寨，焚庐舍二万五千区，发窖粟三万斛，胁从杓羊家二族六千余口，并导夏人数万众攻定西城，败官军，杀都监吴猛而去	《续资治通鉴长编》卷401，元祐二年五月癸酉
元祐六年（1091年）闰八月壬午	麟州及神木等寨	西夏军队入侵	蕃汉居民为所杀掠，焚荡庐舍，驱虏畜产甚众	《续资治通鉴长编》卷465，元祐六年闰八月壬午
钦宗靖康元年（1126年）三月丁卯朔	河北、河南诸州	金朝军队入侵	未至三镇，先败元约，又所过残破州县，杀掠士女	《续资治通鉴长编拾补》卷54，靖康元年三月丁卯朔
高宗建炎元年（1127年）四月	东及沂、密，西至曹、濮、兖、郓，南至陈、蔡、汝、颍，北至河朔	金朝军队入侵	杀人如刈麻，臭闻数百里。淮泗之间，亦荡然矣	《建炎以来系年要录》卷4，建炎元年四月庚申
建炎元年（1127年）九月	淮浙荆湖诸路	金军入侵后兵火焚烧库府、毁坏官私财物、官吏趁机贪赃官府财物	时更军旅之后，诸道财赋亡于兵火、委于川途、乾没于胥吏者，不可胜计。自中都府藏，迄于州县仓库，往往毁案籍、匿印章，出纳之际，谩无稽考	《建炎以来系年要录》卷9，建炎元年九月庚戌
建炎二年（1128年）二月	唐州	金军攻陷	遂纵焚掠，城市一空	《建炎以来系年要录》卷13，建炎二年二月戊午
建炎三年（1129年）二月	扬州	金军攻陷	扬州人不出夜，金纵火焚城，士民皆死，存者才数千人而已	《建炎以来系年要录》卷20，建炎三年二月戊辰
建炎三年（1129年）	洪州	金兵屠城	留洪州月余，取索金银、宝物、百工伎艺之属皆尽	《建炎以来系年要录》卷30，建炎三年十二月乙未
建炎四年（1130年）正月丙子	明州	金军攻陷	如扬州例。虏遂焚其城，惟东南角数佛寺，与僻巷居民偶有存者。由是，遍州之境，深山穷谷，平时人迹不到处皆为虏人搜剔，杀掠不可胜数	《建炎以来系年要录》卷31，建炎四年二月丙子
建炎四年（1130年）二月	平江府	金军入城杀掠	入平江，驻兵府治，掳掠金帛子女既尽，乃纵火燔城，烟焰见百余里，火五日乃灭	《建炎以来系年要录》卷31，建炎四年二月戊戌

续表

时间	地区	灾害名称	灾害造成的行政成本无效损耗数字	文献来源
建炎四年（1130年）五月	建康府	金军入城杀掠	金人焚建康府，掠人民、掳财物，执李棁、陈邦光，自静安渡宣化而去	《建炎以来系年要录》卷33，建炎四年五月壬子
绍兴初	宜黄县	学校被兵乱所毁	宜黄旧有学，在城隍庙之北，绍兴初为寇所焚。四年，邑令邓君庾复立学于今所。绍定三年，盗发邻壤，学宫荡毁，惟大成殿独存	同治《宜黄县志》卷45《重修儒学记（淳祐四年四月）》
绍兴十三年（1143年）正月	商州	金军杀掠	守臣邵隆知不可守，乃焚仓库、毁庐舍而遁	《建炎以来系年要录》卷139，绍兴十三年正月戊辰
宁宗嘉定十二年（1219年）正月甲午至四六月	凤州、光州、洋州等地	金军杀掠	守臣雷云弃城去，金人屠其城；洋州守臣蔡晋卿遣兵拒之，不克，洋州陷。丙辰，金兵始去；三月癸酉，复入，焚其城而去；金分兵略边，自光州趋黄州之麻城，自濠州趋和州之玉磧，自盱眙至滁州之全椒来安、扬州之天长、真州之六合，淮南流民渡江避乱	《两朝纲目备要》卷16，嘉定十二年正月、二月
理宗端平三年（1236年）	成都等地	蒙古军队入侵	鞑靼国兵入普州、顺庆、潼川府，破成都府，掠眉州。一月五十四州俱陷破，独夔州一路，及泸、果、合数州仅存	《宋季三朝政要笺证》卷1
恭帝德祐元年（1275年）九月	常州等地	蒙古军队屠城	士良役城外居民运土筑堡，土至，并人填陷其中。又杀常州之民数百人，煎膏取油，作炮掷于牌杈上，以火箭射之，其火自发。十一月，常州粮尽，刘师勇以八骑突围，出奔平江。遂破常州，屠其城	《宋季三朝政要笺证》卷5
端宗景炎二年（1277年）十一月丙申	兴化	蒙古军队屠城	甲辰，至兴化。守臣陈瓒不降，城陷，大军屠城，三时乃止，血流有声，车裂瓒五门以徇	《宋季三朝政要笺证》卷6

表5-5　宋朝内部社会变乱及民族冲突导致的行政成本无效损耗情况表

时间	地区	灾害名称	灾害造成的行政成本无效损耗数字	文献来源
仁宗皇祐四年（1052年）四月	广南西路州军	侬智高叛乱	故智高所向得志，相继破横、贵、龚、浔、藤、梧、封、端、康九州，所至焚府库，杀官吏	《文献通考》卷330《四裔考七》
神宗熙宁九年（1076年）七月	河北、京东	叛兵冲击城镇	时有结集群盗，攻劫镇市，杀伤官吏，闻多是新条所配河清军亡	《续资治通鉴长编》卷277，熙宁九年七月辛酉

续表

时间	地区	灾害名称	灾害造成的行政成本无效损耗数字	文献来源
熙宁九年（1076年）	河北、京东、福建等路	盗贼杀伤官民，焚烧官府	盗贼窃发甚众，往往杀戮人民，焚荡庐舍，甚者至于劫束官吏，攻略县镇	《续资治通鉴长编》卷279，熙宁九年十二月甲午
元丰元年（1078年）六月已酉	泸州江安县	纳溪族民众冲击城池民居	夷人遂乘势焚掠寨南岸，人畜庐屋殆尽	《续资治通鉴长编》卷290，元丰元年六月已酉
元丰五年（1082年）九月	解州闻喜县	叛兵杀伤官兵	军贼二十余人劫王屋县，伤巡检，杀弓手	《续资治通鉴长编》卷330，元丰五年十月己未
哲宗元祐三年（1088年）	荆湖北路	荆湖北路罗家蛮劫掠财物	罗家蛮劫掠财物，焚烧屋宇，申诉多不受理	《续资治通鉴长编》卷418，元祐三年十二月乙亥
徽宗朝	保州	军仓粮食被盗贼抢掠	保州军粮仓为贼所发。般运踰城而出，其间多是两属人户。及草场遗漏，烧焚积草数万不少	《说论集》卷3《上徽宗奏论盗发保州仓》
政和五年（1115年）正月	长宁军界	夷人卜漏等反，攻梅岭堡	攻围乐共城、长宁、武宁、江门、安远镇溪诸寨堡，不克，遂陷梅岭堡。全城被害，焚庐舍，掠子女	《续资治通鉴长编拾补》卷34
宣和二年（1120年）十月丁酉	睦州青谿县、杭州等东南六州二十二县	方腊起义，冲击州县	数日之间，啃众至数万人，遂以诛朱勔为名，纵火大掠。两浙都监蔡遵、颜坦击贼败死，遂陷睦州，杀官兵千人，于是寿昌、分水、桐庐等县，皆为贼所据……腊破六州五十二县，杀平民一百余万。攻陷杭州，贼纵火六日，官吏居民死者十三	《续资治通鉴长编拾补》卷42，宣和二年十月丁酉
高宗建炎三年（1129年）十月辛卯	滁州	李成陷滁州	贼攻城，大肆杀掠，沟涧流血。成执子仅杀之，尽取强壮以充军	《建炎以来系年要录》卷28，建炎三年十月辛卯
建炎四年（1130年）二月	鼎州	钟相起义	遂焚官府、城市、寺观，及豪右之家。凡官吏、儒生、僧道、巫医、卜祝之流，皆为所杀	《建炎以来系年要录》卷31，建炎四年二月甲午
建炎四年（1130年）六月	六安军	军兵杀掠	边某杀金人所屯军三百，遂弃城而去。其徒因纵焚掠，市井一空	《建炎以来系年要录》卷34，建炎四年六月壬辰
建炎四年（1130年）八月	梅州	盗贼入城杀掠	杨隆与其徒百余人入梅州，焚州治，执守臣通直郎沈同之，至城北杀之，掠城中而去	《建炎以来系年要录》卷36，建炎四年八月壬辰
绍兴元年（1131年）正月	自江西至湖南	盗贼趁金军南侵，肆意杀掠	自江西至湖南，无问郡县与村落，极目灰烬，所至破残，十室九空。询其所以，皆缘金人未到，而溃散之兵先之，金人既去，而袭逐之师继至，官兵、盗贼劫掠一同，城市、乡村搜索殆遍。盗贼既退，疮痍未苏，官吏不务安集	《建炎以来系年要录》卷41，绍兴元年正月癸亥

续表

时间	地区	灾害名称	灾害造成的行政成本无效损耗数字	文献来源
绍兴元年（1131年）三月	潭州	盗贼焚掠	彦舟为友所逼，遂焚潭州，大掠公私之财而去	《建炎以来系年要录》卷 43，绍兴元年三月丙午
绍兴三年（1133年）十二月	潮州	海盗焚掠，烧毁城池	黎盛犯潮州，焚民居，毁其城而去	《建炎以来系年要录》卷 71，绍兴三年十二月庚戌
绍兴四年（1134年）九月	建昌军	叛兵杀掠	建昌之变，自知、通以下数家，几至绝灭，城中纵火杀人，极其惨毒，官吏士民，悉遭黥刺，前此未有	《建炎以来系年要录》卷 80，绍兴四年九月乙丑
绍兴二十二年（1152 年）	蕲州	兵火摧毁河堤	治平二年，郡守张衡创筑河堤，以捍水势，从此无复水患。自经兵火，掘凿殆尽	《宋会要辑稿》食货七之四八
孝宗乾道年间	黎州	兵变，抄掠城池民舍	遂焚州治，劫官库，放囚徒，居民被焚劫者十八九矣。方叛兵敛众出城之后，居民方相率救焚，三百余家已灰烬矣	《建炎以来朝野杂记》乙集卷 19《庚子沈黎西兵之变》
宁宗嘉定四年（1211 年）春正月	嘉定府犍为县之利店寨	少数民族入侵杀掠	蛮人以云梯登城，松力战十三合，无与援者。寨民惊溃，自投山水而死亡者数百人，松为蛮所执，脔割而杀之。尽掠寨民之赀，焚其居，驱老弱妇女数百人而去	《两朝纲目备要》卷 13
嘉定十二年（1219 年）	遂宁府	盗贼焚烧官廨、抢劫仓库	近者强寇窃发，鼓行而前，如入无人之境，直造官府，焚毁漕廨，劫掠仓库。州县储积为之一空，甲仗一库尽为贼有，取不尽者焚之而去。至于居民，悉皆荡尽，十无二三，四隅一望，皆为丘墟瓦砾之场	《永乐大典》卷 10998《知遂宁府奏札（嘉定十二年）》

（三）自然损耗

两宋时期，由于潮湿、阴雨、长时间放置自然变质、风吹雨打、烈日暴晒等自然原因，导致地方政府所拥有的行政设施、储藏物资等慢慢地被损耗，排除因人为保管、调配不善，所造成的无效损耗外，仍有相当部分是由客观不可抗力因素造成的。虽然它不像水灾、火灾或人为破坏那样，一次性能造成重大损失，但是经过日积月累、日月消磨，这些自然因素也成为宋代地方政府行政成本出现相当数量损失的重要原因，如表 5-6 所示。

表 5-6　宋代因自然损害造成的地方行政成本损耗情况表

时间	地区	灾害名称	造成的行政成本无效损耗数字	文献来源
仁宗天圣二年（1024年）九月	太平州芜湖县有渡江浮桥	江水浸泡桥身，车马往来，损害桥道	江水岁暴涨，浸没桥道，科率修缮，甚为民害。至是，造舟为梁，颇革其弊。及人马车乘往来，兼损坏桥道	《宋会要辑稿》方域一三之二一
仁宗庆历三年（1043年）	江南、两浙、京东、西等地	圩田被水潦损耗	地卑，常多水灾，虽有堤防，大半隳废。及京东、西亦有积潦之地，旧常开决沟河，今罢役数年，渐已堙塞	《宋会要辑稿》食货七之一一
仁宗朝	楚州	州仓粮食陈次	郡仓积米五十万，陈腐不可食	《宋史》卷331《孙长卿传》
仁宗朝	莫州	军粮久而陈腐	州仓粟陈腐，戍兵大噪，弗肯受，州人皆恐，惟贤驰往谕曰："边兵众则积粟多，廪数多且积久，能无陈腐乎？欲尽取新，则陈者何所归？	《宋史》卷464《李惟贤传》
神宗元丰二年（1079年）	沧州	州仓大豆渐有腐败	今州仓大豆四万九千余硕，可支五年，渐有陈腐，乞留支二年外，斥其余以赐饥民，可活良民三万口	《续资治通鉴长编》卷296，元丰二年二月乙丑
哲宗元符二年（1099年）三月	河北沿边州郡	城寨年久失修、军用器械久而腐朽	诸州军寨城壁楼橹以承平日久，寖以颓圮……缘边诸州、军、寨取到防城什物动使各具，见阙名件，万数浩瀚；其见在数内，亦有损坏朽烂，不堪施用之物不少	《续资治通鉴长编》卷507，元符二年三月甲子
元符二年（1099年）五月	河北沿边州军	寒暑之后，武器废坏	沿边兵器不修者万数，物料不计，工力亦有所不逮，攻守之器，类用毛羽、丝枲、胶漆，经暑则水气蒸溽，修之数少，坏之数多	《续资治通鉴长编》卷510，元符二年五月辛亥
徽宗政和六年（1116年）	杭州地区	村镇河道被潮水侵蚀	汤村、岩门、白石等处并钱塘江通大海，日受两潮，渐致侵啮	《宋会要辑稿》方域一七之一四
南宋高宗朝	衢州和风驿站	驿站墙壁被风雨日益损坏	岁月滋久，栋宇圮腐，上雨旁风，四无屏蔽，狸鼠所嗥，榛莽所区	《衢州府志》卷5《宋毛开记》
南宋高宗朝	各个地区	常平米时间过久，陈次损耗	逐路置常平使者，各有桩积钱米，然岁既久，米多陈腐虚数；淮南铁钱久积，将遂蠹坏，不可复留	《江湖长翁集》卷28《常平札子》（代人）陈造
孝宗隆兴元年（1163年）	象山县	水利设施为海潮侵蚀	初，碶之作，散镪万缗，率数岁一修，耗缗亦千数。以是闻者惮畏，熟视圮漏余十年，莫敢出口	《乾道四明图经》卷10《重修朝宗石碶记》
乾道二年（1166年）	浙东州军	桩管米时间过长，经寒暑后变质	见桩粳米二十五万五千四百余硕，其间已有陈次数目，若经暑湿蒸坏，折欠愈多。其见管糯米一万一千二百余硕，即非赈济、赈粜可用之物	《宋会要辑稿》食货五三之三〇
淳熙五年（1178年）二月	淮南东路	河道被烈日、雨水侵蚀，日渐废坏	当时所开之河，水道既深，则土岸甚峻，烈日所暴，淫雨所浸，岁久必复有堙塞之患	《宋会要辑稿》方域一六之三八
淳熙中	长洲县丞厅	官廨风吹雨淋，日益败坏	视事之所，栋宇攲挠，榱桷朽蠹，上漏下湿，殆弗可居	《云麓漫钞》附录卷1《方杼·重建丞厅记》

续表

时间	地区	灾害名称	造成的行政成本无效损耗数字	文献来源
孝宗朝	袁州	常平米日渐陈次	常平系逐年州郡以新易陈，遂致折欠。虽斗斛出入，本无弊病，然陈米贮积既久，其性已定，新米未免作热，所折自多	《止堂集》卷 11《上赵漕论常平欠折书》
宁宗嘉定中	上高县门廊	年久，栋梁材质腐败，日益废坏	岁月寖久，日就敝陋，门庑吏舍，又其尤者，竹椽蠹腐，瓦砾飘堕，倾欹岌岌，若将压焉	嘉庆《上高县志》卷 13《(嘉庆本)重修上高县治门廊记（嘉定十三年十二月）》
嘉定八年（1215年）	盐官县治	历时百余年，材质废坏	建今几百稔，历时滋久，材木朽腐，上漏下湿，左支右吾，势将覆压，居其下者为之悚惕	《浙江省・海宁州志稿》卷 18《重修县厅之记（嘉定八年四月）》
理宗淳祐年间	宝庆府官廨	官廨被雨淋日晒，日益倾颓	官寺位置卑狭，率不中程度，而黄堂为甚，丹垩漫漶，搘拄欹倾，楹柱蠹败，过者怵惕，若将压焉	《沧州尘缶编》卷 13《宝庆府改建设厅记（淳祐十一年四月）》

通过以上列表可以看出，因自然或人为因素导致的地方政府无效行政成本消耗是非常大的，这其中既有难以预测的偶然因素或自然因素，同样也有大量因人为举措不当或渎职怠政导致的大量物资消耗。尽管宋代处于中国封建社会的中后期，自然资源消耗有限，但其中所浪费的巨额物资和当时地方政府无效行政成本数额之大，仍让千百年后的我们触目惊心，值得今人引以为鉴。

第五节　政府管控无效行政成本问题的主要举措

两宋时期，中央与地方政府一些有识之士也从维护国家财政收支平衡、减少行政成本无效损耗的角度出发，积极探索各种管控地方政府无效行政成本的举措，其中不少举措与管控政府无形成本相似，但更侧重于对地方上各种有形物资成本的节省和控制，在防范各种人为因素导致的成本损耗的同时，还要对因自然原因等客观因素导致的成本损耗加以管控。具体来看，其举措主要包括以下几类。

（一）加强调研，提高决策的科学化水平，避免错误决策

从上面宋代地方政府无效成本损耗的实际情况可以看出，地方政府决策迟

缓或者因长官处置不当、胡乱决策，都会给地方政府造成大量的无效成本损失。为避免或纠正此类问题，宋朝政府不断出台相关法令，责令地方政府加强考察与调研，提高决策的科学化水平。

在水患治理中此类改革举措尤为突出，如宋代一些沿河地区州郡为了预备河防物料，往往需要提前进行物质储备，其中也存在决策不周、储备超量物资、浪费政府资产和百姓民力的情况，如天圣八年（1030 年）十月，三门白波发运使文洎言："沿河诸埽岸物料内山梢，每年调河南、陕府、虢、解、绛、泽州人夫，正月下旬入山采斫，寒节前毕。虽官给口食，缘递年采斫，山林渐稀，亦有一夫出钱三五千已上雇人采斫。"[①]花费如此大的代价，自然筹备了大量的防灾物料，但却因未派上用场而腐朽，"盖是计料之时，不以埽岸紧慢，广作约束，度多不使用，积留枉耗。今计沿河诸埽使外物料尚有二千五百万有余，称是深损烂煤末不（甚）[堪]，约直三二千贯"[②]。"只如天圣三年（1025 年），据诸州约度修河梢，准敕十分中减三五分已上，亦无阙悮，此明见元约数大。又郓州去年要梢九十九万，只般三十万应副，亦无阙悮。"[③]因而朝廷责令沿河诸地区河防"欲乞委提举官自今仔细约度杂木斫梢橛数，牒本州抽那人工、兵士采斫，渐减斫梢人夫劳役，亦（有）[省]般运"[④]。通过事先比较精确的计算来减少决策失误，减轻州县人夫的劳役负担，同时也有助于缓解沿河地区山林因砍伐、日渐枯竭所造成的生态环境破坏。

同样，在江河治理中，朝廷也责令地方官员认真调研，提高决策的科学化水平。如神宗朝，苏澄为江东提点刑狱官，监管农田水利等事务，因当地所部州县多濒临长江，"公私舟船，苦于风涛，覆溺而莫知避免"[⑤]。大量政府有形成本被损耗。经过苏提刑的调研和实地观察，他提出一套解决方案，"奏并江凿小河数十，以纾其患"[⑥]，此方案获得批准施行，因此大量舟船平安通过，"人皆赖之"[⑦]。神宗元丰年间，潍州每年城外白浪河河水泛滥成灾，需要调集大量

① 刘琳、刁忠民、舒大刚，等校点：《宋会要辑稿》方域一四之一四，第 9559 页。

② 刘琳、刁忠民、舒大刚，等校点：《宋会要辑稿》方域一四之一四至一五，第 9559 页。

③ 刘琳、刁忠民、舒大刚，等校点：《宋会要辑稿》方域一四之一五，第 9560 页。

④ 刘琳、刁忠民、舒大刚，等校点：《宋会要辑稿》方域一四之一六，第 9560 页。

⑤（宋）范纯仁撰：《范忠宣公文集》卷 15《朝奉大夫知华州苏君墓志》，《宋集珍本丛刊》，第 15 册，第 486 页。

⑥（宋）范纯仁撰：《范忠宣公文集》卷 15《朝奉大夫知华州苏君墓志》，《宋集珍本丛刊》，第 15 册，第 486 页。

⑦（宋）范纯仁撰：《范忠宣公文集》卷 15《朝奉大夫知华州苏君墓志》，《宋集珍本丛刊》，第 15 册，第 486 页。

的人工、物料进行河堤防护，“费梢草万余，仅免水患”[①]。元丰三年（1080年），知州杨采经过实地调研，科学决策，采取疏导的办法，“开河引导，遂不至城下，费省患弭”[②]，京东路转运使将此事奏报朝廷，杨获得朝廷降诏褒奖。可见，地方官府在水利防治中如果能够提前做好调研，做出针对性的治理方案，是可以做到“省费患弭”的，进而节省大量的人工、物料，避免政府行政成本被无效损耗。

再如，宋代在地方政府粮食收购中同样存在科学调研问题。一些官员事前决策不周，高价收购，耗费大量政府行政资金，如仁宗天圣二年（1024年），都官员外郎刘厚载言：“自置常平仓以来，每年司农寺、转运司遍下诸道州府催籴夏秋斛㪷，盖不知外方时价贵贱不同，一例行遣，其外处官吏人不能平准物价，但务多积，以为劳效。”[③]这样一来，不少地区用于粮食采购的政府资金因决策失误，收购价格过高而被无效损耗了。因而朝廷诏令要求地方官员认真考察市场物价，“自今遇贱即籴，当贵则粜。若米、粟两色，可以久积，其他并令减数”[④]。从而保证政府收支的平衡和市场物价的稳定。又如哲宗元祐中，司马光经过认真调查，发现地方官在常平仓粮收籴中多种决策不当的情况，严重耗损政府行政经费。这其中既有地方官吏怠惰政事、决策迟缓、未能在低位价格买进粮食所造成的无效成本损耗，也有因不了解市场行情被奸商欺诈排挤，无法从农民手中购买粮食，只能被迫从商人手中高价购买粮食所多支付的无效行政成本，还有因地方官吏文书奏报程序烦琐，往来时日太多，导致粮食价格增高，地方官府行政成本被无偿损耗的情况。因而他建议“故罢提举官，令将累年蓄积钱谷财物尽桩作常平仓钱物，委提点刑狱交割主管，依旧常平仓法施行。今岁诸路除有水灾州军外，其余丰熟处多，今欲特降指挥下诸路提点刑狱司，乘有此籴本之时，委丰熟州县官员体察在市斛斗实价，多添钱数，广行收籴”[⑤]。等到将来物价稍增，即向市场出售，可以避免商人从中操纵物价，损害官府和民众的利益。这一建议，后来也得到中央政府的认可。

城池、官廨的选址问题，也是朝野监督科学决策的重点。一些州县官员未

---

① （宋）李焘撰，上海师范大学古籍整理研究所、华东师范大学古籍整理研究所点校：《续资治通鉴长编》卷307，元丰三年八月辛卯，第7452页。

② （宋）李焘撰，上海师范大学古籍整理研究所、华东师范大学古籍整理研究所点校：《续资治通鉴长编》卷307，元丰三年八月辛卯，第7452页。

③ 刘琳、刁忠民、舒大刚，等校点：《宋会要辑稿》食货五三之七，第7199页。

④ 刘琳、刁忠民、舒大刚，等校点：《宋会要辑稿》食货五三之七，第7199页。

⑤ （宋）李焘撰，上海师范大学古籍整理研究所、华东师范大学古籍整理研究所点校：《续资治通鉴长编》卷384，元祐元年八月丁亥，第9350—9351页。

能提前认真考察、科学决策，导致城池选址在一些穷山恶水之间，经常因山洪、烟瘴造成人员财产损失，最后不得不另行选址进行迁移。比如仁宗朝，广西“钦州深在山谷间，土烦郁，人多死瘴毒”[①]。钦州推官徐的经过认真思考“献策于转运使，请徙濒水”[②]，转运使也通过充分的调查，将此建议奏报朝廷，并获得批准，这次迁徙城池，规模浩大，动用人力、物力繁多，“（徐）的短衣持梃，与役夫均食，筑城郭，立候楼，为战守备，画地居军民，治府舍、仓库、沟渠、缠肆”[③]。由于此次决策事先经过科学的考察、规划，迁徙非常成功，官民“皆得所安”[④]。还有比这更加惊险的是河北路棣州城的迁移。真宗朝，因故城处于黄河岸边，且低于河道水面，河北转运使李士衡、张士逊等上言：“河流高于州城者丈余，朝命累年役兵修固，盖念徙城重劳民力。而去冬盛寒，尚有冲注，若冻解，必致决溢，为患滋深”[⑤]，因而他们建议迁徙城池。经过他们实地调研，提出新的城池选址地点，“今请于州之北七十里阳信县界，地名八方寺，即高阜改筑州治，以今年捍堤军士助役，则永久之利”[⑥]。当时许多官吏提出旧城储存大量的粮食，迁徙起来恐不方便，已经卸任的知州孙冲“上疏论徙州非便，且着河书以献”，朝廷因而派遣内侍会同当地官员共同实地调研，最后做出迁徙城池的决定，“三月而役成”。此次迁徙城池耗资相当巨大，而且非常及时，因为迁徙不久天降大雨，河水泛滥，“而大水没故城丈余”[⑦]。如果不是这些负责任的官员科学调研和及时决策，结果将不堪设想，此次决策也避免了政府行政成本被更多的无效损耗。

此外，如何应对突发治安问题，也是对地方官员行政决策能力的一种极大考验。一些官员能够提前准备，应对得当，从而成功避免兵变、民乱，为节约地方行政成本的无效损耗做出重要贡献。如庆历八年（1048年），贝州军士王则

① （宋）李焘撰，上海师范大学古籍整理研究所、华东师范大学古籍整理研究所点校：《续资治通鉴长编》卷100，天圣元年四月丁巳，第2322页。

② （宋）李焘撰，上海师范大学古籍整理研究所、华东师范大学古籍整理研究所点校：《续资治通鉴长编》卷100，天圣元年四月丁巳，第2322页。

③ （宋）李焘撰，上海师范大学古籍整理研究所、华东师范大学古籍整理研究所点校：《续资治通鉴长编》卷100，天圣元年四月丁巳，第2322页。

④ （宋）李焘撰，上海师范大学古籍整理研究所、华东师范大学古籍整理研究所点校：《续资治通鉴长编》卷100，天圣元年四月丁巳，第2322页。

⑤ （宋）李焘撰，上海师范大学古籍整理研究所、华东师范大学古籍整理研究所点校：《续资治通鉴长编》卷84，大中祥符八年正月戊戌，第1914页。

⑥ （宋）李焘撰，上海师范大学古籍整理研究所、华东师范大学古籍整理研究所点校：《续资治通鉴长编》卷84，大中祥符八年正月戊戌，第1914页。

⑦ （宋）李焘撰，上海师范大学古籍整理研究所、华东师范大学古籍整理研究所点校：《续资治通鉴长编》卷84，大中祥符八年正月戊戌，第1914—1915页。

据城造反，河北路诸州郡士兵群情汹汹，多有欲响应者。“深州卒庞旦，与其徒谋以元日杀军校，劫库兵应之。”[①]深州知州王鼎事先得到告密情报，他决策处置得当，“夜出檄遣军校摄事外邑，而阴为之备。翼日，会僚吏，置酒如常，叛党愕不敢动”[②]。此次谋反因而被扼制在萌芽状态。次日天亮，“鼎刺得实，徐捕首谋十八人送狱，狱具”[③]，等待转运使再审，又有士兵图谋劫狱，王鼎当机立断，“独命取囚杰骜者数人斩于市，众恐失色，一郡帖然”[④]。由于王鼎处置得当，避免了深州士兵的变乱，也为压制河北其他城市的士兵异动作出榜样，从而成功地避免了地方政府行政成本被战火无偿的损毁。南宋初年，因金军南侵，宋朝军队一路向南撤退，被冲散的小股军兵往往就地作乱，成为流寇。由于他们人数不少，一般的州县难以抵御，往往烧杀抢掠，造成极大人员伤亡和官私财产损失。如建炎元年（1127年），“钱塘戍卒夜中起为变，囚守将，杀转运使，据城以叛”[⑤]。朝廷接到奏报后，派遣辛启宗率领军队前去镇压，但不想半途上辛部军队又发生叛乱，“众大欢，尽甲以出，逐其帅领辛道宗者，又叛。所过焚掠州县，官吏逃匿，莫敢谁何”[⑥]。在这种危急的情况下，大批当地官员仓皇出逃，留下官廨、仓库和大量物资，造成大量无效成本损失。而当时的常州无锡县知县郗渐临危不乱，决策应对得当。“县无城郭甲兵守战之具，而众奄至，公跨一马，挟以二卒，直抵贼中，大言曰：‘车驾幸东南，先驱且至，知之乎？’皆曰：‘不知也。’公曰：‘若等幸无他，转祸为福，于此在矣。’众相视矍然，敛兵不敢动。公即日具酒肉糗粮，劳送出境，县以无事。”[⑦]他单枪匹马，通过言辞劝导，恩威并施，将叛军送出县境，一县民众和公私财物得以保全，他的举动获得了民众的普遍赞誉，“士民感说，相与传载其事，书之石，以示子

① （宋）李焘撰，上海师范大学古籍整理研究所、华东师范大学古籍整理研究所点校：《续资治通鉴长编》卷162，庆历八年正月辛丑，第3906页。

② （宋）李焘撰，上海师范大学古籍整理研究所、华东师范大学古籍整理研究所点校：《续资治通鉴长编》卷162，庆历八年正月辛丑，第3906页。

③ （宋）李焘撰，上海师范大学古籍整理研究所、华东师范大学古籍整理研究所点校：《续资治通鉴长编》卷162，庆历八年正月辛丑，第3906页。

④ （宋）李焘撰，上海师范大学古籍整理研究所、华东师范大学古籍整理研究所点校：《续资治通鉴长编》卷162，庆历八年正月辛丑，第3906页。

⑤ （宋）孙觌撰：《南兰陵孙尚书大全文集》卷34《宋故左中大夫直秘阁知蕲州军州事郗公墓志铭》，《宋集珍本丛刊》，第35册，第694页。

⑥ （宋）孙觌撰：《南兰陵孙尚书大全文集》卷34《宋故左中大夫直秘阁知蕲州军州事郗公墓志铭》，《宋集珍本丛刊》，第35册，第694页。

⑦ （宋）孙觌撰：《南兰陵孙尚书大全文集》卷34《宋故左中大夫直秘阁知蕲州军州事郗公墓志铭》，《宋集珍本丛刊》，第35册，第694页。

孙，俾世世无忘公之德”[①]。可以说，此举既有助于维护地方政府有形的行政成本，同时对于提升官府在民众中的公信力、避免政府无形行政成本的损耗也具有积极意义。

从以上诸多事例的分析可以看出，地方官员是否真正勤政爱民，做到科学决策，对政府行政成本的消耗影响极大。许多州县常年难以解决的问题，如水灾、盗贼等问题，只能认真思考，做好咨询和决策预案，是可以达到事半功倍的效果的。遗憾的是，在宋代这样的例证并不多见，大量存在的往往还是尸位素餐、无心政事的庸官，地方行政成本被无效损耗的情况更为常见，这也是值得我们现代地方行政官员思考和借鉴的一个方面。

（二）加强预算管理与审计，避免无效成本消耗

宋朝统治者出于加强中央集权和对地方政府控制的目的，极力侵夺地方财政经费，并对地方财政支出制定了较为严格的预算管理与审计制度，对避免无效行政成本的损耗具有较为重要的作用。

宋朝延续唐朝中后期财政管理的相关制定，采取了“以支定收”的预算原则，基本以上每年末来制定下一年的预算支出数额，相关预算钱物都需要提前报告中央政府。如太宗至道二年（996年），朝廷就诏令：“应诸道州、府、军、监今后合要支用财谷等，各须预先计度，准备支遣。”[②]列入计划了就可以预留相关财物支出，否则不得擅自动用，尤其强调了凡是上供给中央的钱物不得擅自截留支用，“如有擅留处，其知州军、通判、职官等并当除名，转运使、副各勒停，三司、转运司、发运司、州军孔目吏已下并决配远恶处”[③]。“足上供”这一原则的确定，也使得地方财富被大量征收，这也是宋初加强中央集权、削弱地方权力的一个重要举措，但同时也使得宋代地方政府行政经费不足，而不得不挪用上供中央或者地方贮藏的常平钱物、封桩钱物等来满足地方实际政务需求。这也是分析宋代地方政府解决行政成本不足问题时需要考虑的。南宋时期，理学大儒朱熹在给朝廷做官的朋友张栻所写的书信中，也请他建议朝廷采取更加严格的地方行政预算制度，认真调查州县财政收支情况，“当均节州县之财，莫若因制国用之名而修其实，哀悯民力之凋瘁，而思所以膏泽之者。今逐

① （宋）孙觌撰：《南兰陵孙尚书大全文集》卷34《宋故左中大夫直秘阁知蕲州军州事郗公墓志铭》，《宋集珍本丛刊》，第35册，第694页。

② 刘琳、刁忠民、舒大刚，等校点：《宋会要辑稿》食货四六之三，第7031页。

③ 刘琳、刁忠民、舒大刚，等校点：《宋会要辑稿》食货四六之三，第7031页。

州、逐县各具民田一亩岁入几何？输税几何？州县一岁所收金谷总计几何？诸色支费总计几何？有余者归之何许？不足者何所取之？俟其毕集，类会考究而大均节之，有余者取，不足者与。务使州县贫富不至甚相悬，则民力之惨舒亦不至大相绝矣"[①]。

一些清廉的地方官员也能自觉地在行政活动中加强预算和钱物管理，避免无效成本的支出。如《过庭录》的作者范公偁说他父亲在地方做官时，同僚中有一个判官魏中孚，非常清廉，他负责地方财物预算和审计，"同官有兴作制器用，老魏未能无意，每欲为之。先令匠作者计工，用若干费，各具公私之数；呈，辄判以'且休'、'且休'。及解官，检一任所供'且休'、'且休'钱，盖千百缗矣"[②]。由于他的节俭和审查，减少了不少不必要的工程建设和器物制作，为当地政府节约了千百贯的行政经费。又如仁宗天圣年间，陈贯知泾州，这位官员也是非常清廉勤政，到任后"督察盗贼，禁戢不肖子弟，簿书筦库，赋租出入，皆自检核。尝谓僚属曰：'视县官物如已物，容有奸乎？'"[③]由于他对于官府行政经费使用和审查非常严格，在节约政府行政经费的同时，也得罪了不少当地官吏、豪强，后"州人惮其严"而徙为利州路转运使，但是我们说如果地方行政长官可以以身作则，加强财务支出的预算和审计，对减少地方行政经费的无效损耗是非常有作用的。

在地方工程建设中，相关预算管理相对完善，对避免无效成本损耗有重要意义。如黄河流经所在地兴建河埽，需要大量动用人力、物力，因而相关决策和经费支出必须慎重，要严格预算。如仁宗景祐四年十二月，河北路转运使请求修造"塞横垄决河，合用钱粮乞早拨赴河口，以来春兴役"[④]。由于工程浩大，仁宗非常慎重，责令转运使"再计度从何处修塞，河势从何处赴海，有无壅滞，保明复奏"[⑤]。这样的审慎态度，也有助于避免地方政府因决策失误，导致大量无效成本的损耗。庆历三年（1043年）时，范仲淹也曾上奏朝廷，请求责令诸路转运使在农闲时节"令辖下州军吏民各言农桑可兴之利、可去之害，或合开

① （宋）章如愚辑：《群书考索》别集卷20《当均节州县之财》，第1346页。

② （宋）范公偁撰，孔凡礼点校：《过庭录》之《先子言魏诚老且休钱》，北京：中华书局，2002年版，第349页。

③ （宋）李焘撰，上海师范大学古籍整理研究所、华东师范大学古籍整理研究所点校：《续资治通鉴长编》卷106，大圣六年八月己巳，第2479页。

④ （宋）李焘撰，上海师范大学古籍整理研究所、华东师范大学古籍整理研究所点校：《续资治通鉴长编》卷120，景祐四年十二月戊辰，第2840页。

⑤ （宋）李焘撰，上海师范大学古籍整理研究所、华东师范大学古籍整理研究所点校：《续资治通鉴长编》卷120，景祐四年十二月戊辰，第2840页。

河渠，或筑堤堰陂塘之类，并委本州军选官计定工料，每岁于二月间兴役，半月而罢”[①]。政府出资、民众出力，兴建一些小型的水利工程，这样“数年之间，农利大兴，下少饥年”[②]。他同样强调地方政府官员对行政经费支出的预算管理，加大有效成本的支出，造福民众。神宗熙宁七年（1074 年）的时候，河北修建城池、官廨等建筑，朝廷诏令“瀛州修城已毕，冀州方修，及深、赵、邢州委李稷，恩、滨州委陈知俭再检计；其余令察访司委官覆计，度州县界内外军民，如缓急入保合修展，具图以闻”[③]。看来，此次河北诸地城池修建规模浩大，朝廷也非常慎重，采取多重复核，加大了相关钱物的预算管理，并且发动民众智慧，共同修造城池。熙宁八年（1075 年），江西西路“虔州江水涨坏州城军营”[④]，当路转运使经过认真预算，合计成本“度修完用钱二万二千五百余缗”[⑤]，朝廷责令转运使“于本路宽剩役钱内给之”[⑥]，并命转运副使李之纯提举修造。总之，由于地方水利、城池、官廨相关工程修造所需人力、财力、物力巨大，朝廷对其审计较为严格，修造也较为慎重。

宋朝中央对于地方政府制度规定的显性成本诸如官员俸禄、公使钱、系省钱物、常平钱物等的使用有比较严格的审计与支出规定，相关账目审计也相对完善。如真宗咸平四年（1001 年），朝廷就下诏责令格式司仔细勘对核定州县“升降户口、参定料钱”[⑦]，如果出现差错，格式司相关“干系人吏重行决罚”[⑧]。可见，中央相关官吏的对地方户口的认定关系到地方官员俸禄的升降，是需要认真核对和审查的。神宗熙宁十年（1077 年），朝廷也诏令“河北东西路转运判官汪辅之、黄莘，各具巡历到州军所支人粮斛样附递入进”[⑨]，同样是加强了对地方官吏俸禄支出情况的审计与管理。在地方部分行政经费支出中，宋朝采取

---

① （宋）李焘撰，上海师范大学古籍整理研究所、华东师范大学古籍整理研究所点校：《续资治通鉴长编》卷 143，庆历三年九月丁卯，第 3440 页。

② （宋）李焘撰，上海师范大学古籍整理研究所、华东师范大学古籍整理研究所点校：《续资治通鉴长编》卷 143，庆历三年九月丁卯，第 3440 页。

③ （宋）李焘撰，上海师范大学古籍整理研究所、华东师范大学古籍整理研究所点校：《续资治通鉴长编》卷 256，熙宁七年九月己亥，第 6249 页。

④ （宋）李焘撰，上海师范大学古籍整理研究所、华东师范大学古籍整理研究所点校：《续资治通鉴长编》卷 266，熙宁八年七月甲子，第 6522 页。

⑤ （宋）李焘撰，上海师范大学古籍整理研究所、华东师范大学古籍整理研究所点校：《续资治通鉴长编》卷 266，熙宁八年七月甲子，第 6522 页。

⑥ （宋）李焘撰，上海师范大学古籍整理研究所、华东师范大学古籍整理研究所点校：《续资治通鉴长编》卷 266，熙宁八年七月甲子，第 6522 页。

⑦ 刘琳、刁忠民、舒大刚，等校点：《宋会要辑稿》职官一一之七六，第 3364 页。

⑧ 刘琳、刁忠民、舒大刚，等校点：《宋会要辑稿》职官一一之七六，第 3364 页。

⑨ （宋）李焘撰，上海师范大学古籍整理研究所、华东师范大学古籍整理研究所点校：《续资治通鉴长编》卷 282，熙宁十年五月壬子，第 6901 页。

了知州、通判共同署名的原则，加强了互相监督与审计。开宝四年（971 年）诏令："应州有公使处，知州与通判同上历支破。"[①]元丰三年（1080 年），神宗再次诏令"三司委诸路监司检察抚养士卒、犒设蕃部钱，具有无违法以闻"[②]。这样有助于避免州府长官独掌财权，肆意妄为，侵吞或者浪费公使钱物，避免无效成本损耗。

宋朝继承前朝财物审计帐目制度的传统，加强对地方政府行政经费支出的审计与管理。神宗时期，尤其加强了对相关账目的审计和监督。当时诸路转运使多不认真清查地方经费账目，只是一味地上奏朝廷说用度不足，"宜有会计出入之法，以察增耗，以知有余不足之处也"[③]，因而在元丰元年（1078 年）八月，朝廷下令"诸路转运司勘会所辖州军，熙宁十年以前三年收支，应见在钱物，除闲杂及理欠物更不条具，其泛收泛支，或诸处支借出入，并蠲放欠阁，各令开析，限半年攒结成都状，送提点刑狱司驱磨保明，上中书点检。有不实，科徒二年罪，不理去官，仍并治保明官吏；如驱磨出增隐钱物，并当等第酬赏。自今三年一供，着为令"[④]。这一供帐法的改革，极大地加强了对地方政府行政经费状况的审查，对中央了解地方相关经费状况有重要意义。元丰三年（1080 年），又进一步规定："其县、镇、仓场、库务帐，本州勘勾；诸州帐，转运司勘勾。内钱帛以下具收支，应见在逐县总数造计帐申省，每三年各缴已经司金帐一道，送省架阁。"[⑤]这样，就更加明确了路、州对下属机构行政经费账目的审计职责。元丰四年（1081 年），经措置帐法所奏请，把京西一路的新帐法式样推行全国，"诸路委转运司官一员，专推行帐法"[⑥]。这样，就从制度上更加完善了地方奏报朝廷审计的财物范围和相关格式，便于审计和监督。在实际法律执行中，也加强了对渎职官员的惩处，如元丰二年（1079 年），朝廷审计河北东路转运使收支账目，"会计河北东路熙宁十年收支实阙钱帛等，比知俭、辅之元

① （宋）李焘撰，上海师范大学古籍整理研究所、华东师范大学古籍整理研究所点校：《续资治通鉴长编》卷12，开宝四年十月丙戌，第 272 页。

② （宋）李焘撰，上海师范大学古籍整理研究所、华东师范大学古籍整理研究所点校：《续资治通鉴长编》卷301，元丰二年十二月戊申，第 7330 页。

③ （宋）李焘撰，上海师范大学古籍整理研究所、华东师范大学古籍整理研究所点校：《续资治通鉴长编》卷291，元丰元年八月庚午，第 7126 页。

④ （宋）李焘撰，上海师范大学古籍整理研究所、华东师范大学古籍整理研究所点校：《续资治通鉴长编》卷291，元丰元年八月庚午，第 7126 页。

⑤ （宋）李焘撰，上海师范大学古籍整理研究所、华东师范大学古籍整理研究所点校：《续资治通鉴长编》卷309，元丰三年闰九月庚子，第 7495 页。

⑥ （宋）李焘撰，上海师范大学古籍整理研究所、华东师范大学古籍整理研究所点校：《续资治通鉴长编》卷311，元丰四年正月己亥，第 7537 页。

奏之数少七十三万余缗”[①]，这部分钱帛不知去向，因而“转运副使陈知俭、判官汪辅之，各特罚铜二十斤”[②]。

除了日常经费外，熙丰变法时所收取的常平、广惠仓等地方储存钱物也是中央监督和审计的重点。如哲宗元祐八年（1093 年），当时提举常平司已经废罢，由提刑司兼管相关钱物，朝廷因“诸路常平、广惠坊场钱物文帐，并系年终具帐供申，有妨照使”，因而改变相关审计制度，“令户部指挥诸路提刑司，将常平、广惠坊场助役钱文帐，每年作上、下半年，依条式具帐供申。其元丰八年后至元祐三年，即依元丰八年后来未行役法已前免役钱物帐，每季具帐供申”[③]。可见，当时中央对地方行政经费使用的审计非常严格，相关账目不仅有年报，还有半年报和季报，通过账目的审查加强对地方相关钱物的管理。元祐四年（1089 年），朝廷还专门派遣户部郎官前往京西路“会计转运司财用出入之数”[④]。

南宋初年，由于金军南侵，南宋中央政府流离失所，对地方财物支出审查不严。绍兴初年，都督行府就在奏状中提到这种现象：“今日之急，莫先财赋，若按籍可考，则无容失陷。自兵火后来，成法废弛。州县凡有移用，漕司不能尽察；漕司凡有支使，户部不能尽知。因致州县肆为侵隐、失陷钱物，为害不细”[⑤]。因而建议加强审计和预算管理，“欲诸路收支现在钱物，今后分上下半年，县具数申州，州类具，同本州之数申漕司。如系常平茶盐司并提刑司钱物，即依此申所隶置籍。本司总一路之数，作旁通开具闻奏，付之户部，考察登亏。仍诏守臣通判，今后岁终及替罢，并开具管下诸县，并一州收支见在数目，申尚书省。其初到任，即具截日见在依此供申送部，亦行置籍，以备移用。庶几稍革陷失之弊”[⑥]。这一建议获得朝廷的批准，并责令户部推行诸路，从而使得宋代地方各级政府都被纳入政府的财政审计与监控之中。既包括年终审计，也包括离任、到任审计，从而为保证地方财政支出钱物的有效和合理，避免无效成本损失建立了较为完善的制度规定。绍兴七年（1137 年）时，又在这一制度基础上增强了朝廷遣使对地方行政经费账目的审查，因“州县财赋率多妄用，

① 刘琳、刁忠民、舒大刚，等校点：《宋会要辑稿》职官六六之五，第 4825—4826 页。
② 刘琳、刁忠民、舒大刚，等校点：《宋会要辑稿》职官六六之五，第 4825—4826 页。
③ （宋）李焘撰，上海师范大学古籍整理研究所、华东师范大学古籍整理研究所点校：《续资治通鉴长编》卷 482，元祐八年三月甲辰，第 11474 页。
④ （宋）李焘撰，上海师范大学古籍整理研究所、华东师范大学古籍整理研究所点校：《续资治通鉴长编》卷 433，元祐四年九月乙未，第 10448 页。
⑤ （宋）李心传编撰，胡坤点校：《建炎以来系年要录》卷 89，绍兴五年五月辛巳，第 1715 页。
⑥ （宋）李心传编撰，胡坤点校：《建炎以来系年要录》卷 89，绍兴五年五月辛巳，第 1715 页。

亦或失取，缘此上供亏欠，漕计不足”[①]，因而朝廷令“户部逐时轮那长贰一员，出外巡按。其奉行诏令违戾等事，按劾以闻。州县财赋利病，并考究以实措置”[②]。这种源于为保证中央财政供给的巡查，同时也为避免地方经费滥用，减少无效成本损耗，提供了常规账目奏报之外的另一审计监督举措。绍兴时期还进一步增加了诸路监司巡察所部中要加强对州县财政支出签押情况的审计，“凡财用之出入无簿书押者，必按以不职之罪”[③]，而知县独自擅收支钱物，“不签押佐官者，杖八十”[④]，看来知县的财权也受到其他县级官员的监督和牵制。这进一步增加了地方官员擅自动用钱物、贪赃入己或滥用妄用的难度，有助于节约行政经费。《庆元条法事类》中也有大量关于地方各级官府收支账目上报及审计监督制度的记载，如对于地方官府钱物支出，其中法令就规定：“诸州应在司，通判一员掌之，（如无通判处，差职官一员。）仍选吏人主行。（三年为一界。）应已支官物合候收附文钞者，所支仓库限一日具管押人姓名、物数、卸纳去处报司，本司限当日注籍拘催勾销。仍每月一次取索仓库月内起过钱物窠名、数目与应在簿照对点检，所掌官任满，吏人界满，本州审验年月日开破钱帛金银、盐谷贯石匹两，（余物估价计钱。）应罚者勘劾，应赏者保明申转运司。（命官，转运司保明申尚书本部。）若官不满任，吏不满界，（谓迁改事故已雕任者，若本任未满，但将所管应在司职事交与别员者非。）但掌及半年者，依任满界法比类赏罚。……诸应在司官吏应赏罚者，前官前界未开破物亦计为数，五年以上物倍计理赏。（谓以一贯当二贯之类。）即支遣官物未至结绝时限，及起发官物未得收附文钞，计程违限未满三十日者，不在计数之限。……诸监司以所辖应在之物注籍，检察催收，季一举行。”从中可见，地方州府有应在司及相关官吏掌管官物的支出及账簿记录，并有相应的奖惩制度，监司也会每一季度巡查州府，监察相关账簿，完善相关制度。其他情况由于篇幅有限，此处不再一一列举。[⑤]

总的来看，两宋时期中央对地方政府行政经费支出的相关财务预算和审计管理相关制度是较为严密和完善的，这在一定程度上有助于防范地方官员滥用经费、贪赃馈赠、渎职浪费等问题，但是制度的执行还在于人，如果人不执行相关制度，再严密的制度也形同虚设。正如哲宗元祐元年（1086 年）台谏官苏

① （宋）李心传编撰，胡坤点校：《建炎以来系年要录》卷 112，绍兴七年七月戊子，第 2104 页。
② （宋）李心传编撰，胡坤点校：《建炎以来系年要录》卷 112，绍兴七年七月戊子，第 2104 页。
③ （宋）李心传编撰，胡坤点校：《建炎以来系年要录》卷 149，绍兴十三年六月戊戌，第 2816 页。
④ （宋）李心传编撰，胡坤点校：《建炎以来系年要录》卷 183，绍兴二十九年八月己卯，第 3529 页。
⑤ 相关记载可参见《庆元条法事类》卷 4、卷 5、卷 6、卷 7、卷 17、卷 30 等卷内容。

辙所言：元丰帐法推行后，“是时朝廷因布之言，于三司取天下所上帐籍视之，至有到省三二十年不发其封者。盖州、郡所发文帐，随帐皆有贿赂，贿赂各有常数，已足者皆不发封。一有不足，即百端问难，要足而后已”[①]。这样一来，增设的负责审计地方经费支出账目的中央审计机构又成为新的腐败之地，呈报的相关地方账目无人问津，即使审查也多是作伪账，难以反映地方实际经费支出情况，因此至少在这一段历史时期，地方行政成本通过审计和监督来避免无效成本损耗的措施是难以奏效的了，这值得我们今人反思和总结。

（三）改进管理措施，进行制度与技术创新，减少无效成本消耗

宋代中央统治者和一些勤政的地方官员，为了减少无效行政成本损耗，在行政过程中充分吸取前朝治理地方的经验，同时注意总结、创新、改进，对现有的地方行政管理制度、工程建设技术、社会管理措施等进行改革创新，对缩减地方政府行政成本支出，减少无效成本损耗起到了积极的作用。

一些勤政节俭的地方官员，注意探究实际行政过程中成本损耗的原因，做出针对性改进措施，减省无效损耗。如仁宗天圣年间，淮南转运司经过观察，在漕船往来频繁而又容易发生倾覆事故的地段修建了河堰水闸，避免了因水流冲击导致的河堰损坏过快问题，史载：“楚州北神堰、真州江口堰修水闸成……置水闸堰旁，以时启闭。及成，漕舟果便，岁省堰卒十余万。”[②]相关钱物“工钱一百三十万，米六万八千石”[③]，大大缩减了因河患导致的无效成本损耗，相关举措也被朝廷推广到其他路分。当时的知延州李若谷，也充分发挥主观能动性，对地方工程建设进行创造性改进，缩减了无效成本损耗，“州有东西二城，夹河，夏秋水涨，岸屡崩，费役不可胜。乃制石版为岸，押以巨木，后虽暴水，不坏”[④]。又针对官仓因无瓦木，无法扩建，贮藏官粮过少的问题，“若谷令依山作土囤，囤可贮二万斛，后他郡多仿之”[⑤]。元丰四年（1081年），知舒州杨希元通过调研，发现舒州城池为土城，周边有山水流过，通往大江，容易发生

① （宋）李焘撰，上海师范大学古籍整理研究所、华东师范大学古籍整理研究所点校：《续资治通鉴长编》卷383，元祐元年七月己卯，第9330—9331页。
② （宋）李焘撰，上海师范大学古籍整理研究所、华东师范大学古籍整理研究所点校：《续资治通鉴长编》卷104，天圣四年十月乙酉，第2424页。
③ （宋）李焘撰，上海师范大学古籍整理研究所、华东师范大学古籍整理研究所点校：《续资治通鉴长编》卷104，天圣四年十月乙酉，第2424页。
④ （宋）李焘撰，上海师范大学古籍整理研究所、华东师范大学古籍整理研究所点校：《续资治通鉴长编》卷109，天圣八年八月癸卯，第2542—2543页。
⑤ （宋）李焘撰，上海师范大学古籍整理研究所、华东师范大学古籍整理研究所点校：《续资治通鉴长编》卷109，天圣八年八月癸卯，第2542页。

水灾，他因而“差雇兵夫，筑捍水堤千一百十五丈，置泄水斗门二，虽用工力而民不扰。去岁七月霖雨，溪水暴涨，环绕堤外，遂免山水入城之患”①。通过科学技术的使用，修造水堤，设置泄水斗门，通过这种技术的改进来缩减水灾对城池建筑的冲击和对官私财产的损耗。

再比如北宋立国以来，大量的官员到南方任职，推动南方城市建筑从茅草屋改造成为瓦房，同样为避免火灾损耗，减少无效成本损失做出了重要贡献。如真宗大中祥符五年（1012 年），朝廷诏令“川陕诸屯兵草茅覆屋，连接官舍，颇致延火，宜令自今坏者，渐易以瓦”②。又如神宗元丰二年（1079 年），广南西路提举常平官刘谊提出：“邕州官舍民居，悉以茅覆，兼兵火之后，边城楼橹未备，乞集陶匠烧瓦，运宜州木板，置溪洞竹，盖公私屋宇，庶绝火患。”③朝廷批准，并责令当路转运使协助，共同完成此工程。又如神宗时期苏缄知廉州，“廉古合浦郡，珠贝所产，富商萃焉。邑屋多覆茅竹，民苦火灾。公教民陶土为瓦，民悉改造”④。从而大大降低了火灾发生率，为节省官民无效成本损耗做出贡献。

在应对灾荒年份的饥民问题时，一些有胆识的官员往往敢于突破常规，取得意想不到的效果，避免更大规模的社会变乱和政府无效成本损耗。如张咏在咸平二年（999 年）知杭州，“岁饥，民多鬻盐，犯法者众。咏曰：‘钱塘十万民，饥者八九，苟不以盐自活，则为寇盗，为患甚矣。’乃悉宽其罚。及代去，杭民诣阙乞留”⑤。他采取了在饥荒年份从轻惩处私盐犯罪的措施，避免因饥民无活路导致的社会犯罪问题。当时吕夷简为福建提刑，温州发生灾荒，当地饥民“欲隶军就廪食，州不敢擅募”，温州军事推官方偕因而疾驰至吕处，提出“民迫流亡，不早募之，将聚而为盗矣”⑥。吕因而从之，“籍为军者七千人”⑦，避免因在导致的社会动乱。仁宗时期，蔡挺为江西提刑，当地私盐犯罪严重，他没有采取武力镇压的措施，而是通过经济手段，放任小批量的岭南盐入江西，而且“且官运淮盐。于是官盐价减”⑧，私盐犯罪无利可图，因而“盗贼衰息”⑨。这

① （宋）李焘撰，上海师范大学古籍整理研究所、华东师范大学古籍整理研究所点校：《续资治通鉴长编》卷316，元丰四年九月乙巳，第 7650 页。

② 刘琳、刁忠民、舒大刚，等校点：《宋会要辑稿》刑法二之一一，第 8287 页。

③ （宋）李焘撰，上海师范大学古籍整理研究所、华东师范大学古籍整理研究所点校：《续资治通鉴长编》卷297，元丰二年三月戊子，第 7223 页。

④ （宋）王象之原著，李勇先校点：《舆地纪胜》卷 120《廉州・官吏》，第 3851 页。

⑤ （宋）王象之原著，李勇先校点：《舆地纪胜》卷 2《临安府・官吏上》，第 102 页。

⑥ （元）脱脱等撰：《宋史》卷 304《方偕传》，第 10069 页。

⑦ （元）脱脱等撰：《宋史》卷 304《方偕传》，第 10069 页。

⑧ （宋）王象之原著，李勇先校点：《舆地纪胜》卷 36《南安军・官吏》，第 1624 页。

⑨ （宋）王象之原著，李勇先校点：《舆地纪胜》卷 36《南安军・官吏》，第 1624 页。

一举措颇有创新性，既解决了私盐犯罪，又没有动用武力，节省了大量的地方行政成本支出，其做法颇为值得学习和借鉴。又如南宋孝宗淳熙八年（1181 年），朱熹为浙东提举常平，回忆说："乾道四年间，建民艰食。熹请于府，得常平米六百石，请本乡土居朝奉郎刘如愚共任赈贷，夏受粟于仓，冬则加二计息以偿。自后逐年敛散，或遇少歉，即蠲其息之半，大饥即尽蠲之。凡十有四年，得息米造成仓廒，及以元数六百石还府，见管米三千一百石，以为社仓，不复收息，每石只收耗米三升，以故一乡四十五里间，虽遇凶年，人不阙食。"[①] 此即为朱熹所推行的"社仓法"，此法推行之初，对于救助乡村饥民，避免因灾发生社会变乱，减少政府无效成本的损耗还是有积极意义的。

宋代地方上诸多官员"以工代赈"的举措，既兴建了公共设施，又救助了灾民，避免了救灾钱物和工程建设钱物的双重支出，同样是节约无效成本损耗的良好范例。如太宗朝张咏为地方官，当时朝廷令民众"差夫往支郡般草"[②]，张咏提出百姓刚刚经历战乱，疮痍未复，再强行役使其远距离输送草料，难以承受，"只如彭漠，去城往还四程，一夫担几束草，喂几匹马？"[③] 但是如果强行违抗朝廷旨意，地方官员也很为难。因而张采取创新举措，"公遂于城西、北门外各建一草场，买百姓生草秣马，马甚优足。复又百姓当饥之际，得钱买食，全活者颇众"[④]。官马得到了草料，又救助了受灾的饥民，这一举措得到朝廷的褒奖。而仁宗朝范仲淹的相关例证则更为著名，"皇祐间，吴中大饥。范文正公领浙西，乃纵民竞渡，与僚佐日出燕湖上，谕诸寺以荒岁价廉，可大兴土木。于是，诸寺工作鼎新。又新仓廒吏舍，日役千夫。监司劾奏杭州不恤荒政，游宴兴作，伤财劳民。公乃条奏所以如此，正欲发有余之财以惠贫者，使工技佣力之人，皆得仰食于公私，不至转徙填壑。荒政之施，莫此为大。是岁，惟杭饥而不害"[⑤]。范仲淹的举措，既使得饥民免于冻饿而死，又兴建了大量的官府行政设施，"发有余之财以惠贫者"[⑥]，确实是节约地方政府行政成本的高超举措，值得后人总结和学习，其后哲宗朝苏轼在担任杭州知州的时候向范学习，采取了类似的"以工代赈"举措，当时还有一些官员反对，"（苏）葺公廨及筑堤西湖，工役甚大，臣谓其费财动众，以营不急，劝止。轼遂怒，语郡官曰：'比

① （宋）马端临著，上海师范大学古籍研究所、华东师范大学古籍研究所点校：《文献通考》卷 21《市籴考二》，第 633 页。
② （宋）张咏著，张其凡整理：《张乖崖集》卷 13《语录》，第 139 页。
③ （宋）张咏著，张其凡整理：《张乖崖集》卷 13《语录》，第 139 页。
④ （宋）张咏著，张其凡整理：《张乖崖集》卷 13《语录》，第 139 页。
⑤ （宋）罗大经撰，王瑞来点校：《鹤林玉露》甲编卷 3《救荒》，第 52 页。
⑥ （宋）罗大经撰，王瑞来点校：《鹤林玉露》甲编卷 3《救荒》，第 52 页。

举一二事，与诸监司议，皆以为然，而小匈辄呶呶不已！'‘小匈’盖指臣也。然是时岁凶民饥，得食其力以免于死、徒者颇众。臣所争亦未得为尽是”[①]。反对者最终也被其良好的实践效果所折服。这种类似的举措，在购买饥民所收割稻草、柴碳、修造河渠等方面均有体现，充分体现了宋朝地方官员注意总结、创新，节约无效成本损耗的良好意识。

再如地方用于救灾的常平、广惠、义仓等粮食的保存问题，宋朝政府也针对其提出了较为可行的措施，对减少因自然损耗而造成的无效成本损失具有积极意义。如真宗大中祥符六年（1013年），朝廷诏令“其在京及诸路常平仓斛斗，若经二年，即支作军粮，以新者给还。”[②]南宋绍兴二十六年（1156年），朝廷也针对“今日郡县，惟常平所积，动盈亿万。然米积既久，虑多陈腐，其一路使者及守倅、法官又以擅移动者获罪非轻，不敢变易”[③]的问题，下诏规定“有司于新陈未接之前，许将常平所积陈米减价出粜。一则在市米价无缘稍增，二则在仓之米以陈易新，三则郡县多积，民食不匮。至于秋成，又许据见在钱数，以三分之一增籴新米，严为约束，以绝弊幸”[④]。孝宗乾道二年（1166年），朝廷也针对地方常平仓、义仓等粮食或被官吏借用，或“未尝以新易陈，经越十数年，例皆腐败而不可食用”[⑤]的问题，再次重申“下逐路常平司申儆州县，常切以新易陈，无致损坏。仍差官盘量见在实数申奏”[⑥]。应该说，无论是将仓库的粮食换易给军队食用，还是出粜给饥民换购新粮，都是节约地方行政成本，减少因腐败变质导致的无效成本损耗的积极举措。这也体现了宋朝各级政府和官员在节约成本，减少粮食损耗方面的节约意识。

一些中央官员也充分总结经验教训，在行政中注意改进和制度创新，同样为节省地方政府无效成本损耗做出重要贡献。真宗天禧二年（1018年），主判三司开拆司刘楚提出：各地奏报到中央及转运司的“知委文状颇为重复，劳扰州县，望令逐处减省，务从简要”[⑦]。经过朝廷委派官员进行调查后，认定确实存在类似问题，因而做出文书的减省，“三司所减省总九万余道三十四万五千二百纸。又令诸路转运司详定诸州府可减省数白三司，三司覆定以闻。遂诏三司及

① （宋）陆游撰，孔凡礼点校：《家世旧闻》卷上，第182页。
② 刘琳、刁忠民、舒大刚，等校点：《宋会要辑稿》食货五三之六，第7198页。
③ 刘琳、刁忠民、舒大刚，等校点：《宋会要辑稿》食货五三之二五，第7220页。
④ 刘琳、刁忠民、舒大刚，等校点：《宋会要辑稿》食货五三之二五，第7220页。
⑤ 刘琳、刁忠民、舒大刚，等校点：《宋会要辑稿》食货五三之三〇，第7226页。
⑥ 刘琳、刁忠民、舒大刚，等校点：《宋会要辑稿》食货五三之三〇，第7226页。
⑦ （宋）李焘撰，上海师范大学古籍整理研究所、华东师范大学古籍整理研究所点校：《续资治通鉴长编》卷91，天禧二年四月辛未，第2107页。

诸路并依新减数，不得有增益”[①]。这样一来，不仅大大缩减了地方官员因重复上报中央文书所造成大量纸张等办公用品损耗，同时也大大精简了相关行政程序，减少了因文书奏报所耗费的无形时间成本。又如仁宗嘉祐年间，三司使张方平根据自己的体验和奏报，建议缩减地方官员上任时任职地役人的接送里程，“两川迎送之役，有经涉水路，来往万里之远，至有饿乏病死者不可胜数”[②]，因而朝廷诏令到四川任职者“其远接人陆路止于京师，水路止于荆南；若路不由京师，即计其地里，不得过六十程，若旧例不及者止如例”[③]。这样一来，通过这一积极举措的推行，不但缩减了地方政府役人的劳役负担，同样也减少了因迎送往来给当地政府造成的大量无效成本的损耗。熙宁三年（1070年），朝廷又针对四川、两广、福建等偏远路分官员赴任道路艰险，“远方兵民迎送劳敝”[④]，规定除了堂除、堂选知州外，“委本路转运司置逐等差遣员阙簿”[⑤]，推行“定差之法”，王安石认为“今内地人不乐入四路，四路人乐就家便，用新法即两得所欲，何须苦之使两失优便？且此非特便于士人，省吏卒迎送劳费，尤为善法也”[⑥]。这进一步减少了地方政府、官员迎送往来所耗费的无效成本和无形时间成本。

（四）强化监督与责任追究力度，严惩各类违法乱纪行为

宋代统治者也注意通过加强监督和事后责任追究，严惩对地方政府行政成本造成无效损耗的各类违法乱纪行为。总体上看，宋代法律体系较为严密，针对地方政府官员各类不作为或者乱作为均有较为完善的法律制约制度。

宋代对于官员贪赃，侵吞地方公共财物处罚相对严厉，宋初甚至处以死刑，因而在史籍中留下了大量相关记载，从中也可以看出宋朝政府力求通过惩治贪赃来避免地方行政经费的无效损耗。如太祖建隆二年（961年），“永济县主簿郭

① （宋）李焘撰，上海师范大学古籍整理研究所、华东师范大学古籍整理研究所点校：《续资治通鉴长编》卷91，天禧二年四月辛未，第2107页。

② （宋）李焘撰，上海师范大学古籍整理研究所、华东师范大学古籍整理研究所点校：《续资治通鉴长编》卷187，嘉祐三年四月丁卯，第4509页。

③ （宋）李焘撰，上海师范大学古籍整理研究所、华东师范大学古籍整理研究所点校：《续资治通鉴长编》卷187，嘉祐三年四月丁卯，第4509页。

④ （宋）李焘撰，上海师范大学古籍整理研究所、华东师范大学古籍整理研究所点校：《续资治通鉴长编》卷214，熙宁三年八月戊寅，第5216页。

⑤ （宋）李焘撰，上海师范大学古籍整理研究所、华东师范大学古籍整理研究所点校：《续资治通鉴长编》卷214，熙宁三年八月戊寅，第5216页。

⑥ （宋）李焘撰，上海师范大学古籍整理研究所、华东师范大学古籍整理研究所点校：《续资治通鉴长编》卷214，熙宁三年八月戊寅，第5217页。

颢坐赃一百二十万，弃市”[①]。开宝七年（974年），延州通判胡德冲因“隐没官钱一百八十万”[②]被处以死刑。当时，宋太祖厉行廉政，对贪赃的地方官员毫不手软，多处以死刑，如乾德二年（964年）导江县令源铣、主簿郭彻、开宝三年（970年）监广积仓石延祚、四年（971年）英州知州王元吉、监陈州仓桑进兴、开宝五年（972年）通判定州张穆、通判夔州张恂、开宝七年（974年）知兴元府李仁友等大大小小的地方官员皆因贪赃、侵吞公家钱物被处以死刑。这一趋势在太宗朝仍然得到延续，如太平兴国五年（980年），“杖杀阳武县令张希永。坐与主榷酤吏赵赞前后盗取羡余官钱二百三十四贯入己，鞫之得实，及赞皆抵法”[③]。在此前后时期，仍有泗州录事参军徐壁、监郑州市赵承嗣、监升州市卢佩等人因贪赃被处以死刑，但真宗朝以后，极少再见到地方官员因贪赃公款、损害公共利益被处以死刑者，贪污数额小、社会影响不太恶劣的，往往处以降官、放罢，数额巨大且社会影响恶劣的，有处以追官、“免死，杖脊黥面配”者，这已经是非常严重的惩处了。如真宗大中祥符元年（1008年），“知晋州齐化基削籍，黥面流崖州，纵逢恩赦，不在放还之限”[④]，原因在于“化基所至，以贪暴闻，性凶狠，人皆避之，在晋州尤为苛刻，而诸子受赇五百余匹，又蓄铜器，衣涂金袍袴”[⑤]。大中祥符九年（1016年），知齐州“范航坐受财枉法，免死，杖脊黥面，配沙门岛”[⑥]。清代学者赵翼也提出了宋代惩治贪赃不严的问题，“至真宗时，弃市之法不复见，惟杖流海岛……仁宗本纪则并杖流之例亦不复见”[⑦]。宋代优待士大夫的传统形成以后，对减少地方行政成本因此而造成的无效损耗是不利的，但也并不说明法令已经不能抑制贪赃，只是力度不如以前大，仍有众多官员因朝廷的监察而被惩处，丢官罢职。如仁宗天圣七年（1029年）七月朝廷诏：“命官犯正入已赃者，自今毋使亲民”[⑧]，这有助于减少其再次对地方

---

① （宋）李焘撰，上海师范大学古籍整理研究所、华东师范大学古籍整理研究所点校：《续资治通鉴长编》卷2，建隆二年八月辛亥，第52页。

② （宋）李焘撰，上海师范大学古籍整理研究所、华东师范大学古籍整理研究所点校：《续资治通鉴长编》卷15，开宝七年二月乙巳，第318页。

③ （宋）李焘撰，上海师范大学古籍整理研究所、华东师范大学古籍整理研究所点校：《续资治通鉴长编》卷21，太平兴国五年十月丁亥，第480页。

④ （宋）李焘撰，上海师范大学古籍整理研究所、华东师范大学古籍整理研究所点校：《续资治通鉴长编》卷70，大中祥符元年九月辛未，第1563页。

⑤ （宋）李焘撰，上海师范大学古籍整理研究所、华东师范大学古籍整理研究所点校：《续资治通鉴长编》卷70，大中祥符元年九月辛未，第1563页。

⑥ （宋）李焘撰，上海师范大学古籍整理研究所、华东师范大学古籍整理研究所点校：《续资治通鉴长编》卷87，大中祥符九年六月辛巳，第1994页。

⑦ （清）赵翼撰，王树民校正：《廿二史札记校正》卷24《宋初严惩赃吏》，第525—526页。

⑧ （宋）李焘撰，上海师范大学古籍整理研究所、华东师范大学古籍整理研究所点校：《续资治通鉴长编》卷108，天圣七年八月己亥，第2521页。

公共经费的侵吞和损害。徽宗宣和七年（1125 年），京西转运副使、直秘阁朱彦美“放罢取勘”①。因臣僚奏论其“以州县漕司钱物徙置僻左小邑，贮之别库，悉皆移牒径取，谓之笔帖，前后非一，莫可考验。所起官钱，则纵吏为虚，作券钞折会盗请”②。宁宗庆元三年（1197 年），朝廷诏令“新广西运判吴镒，放罢”，原因是他们遭到殿中侍御史张釜的弹劾，指责“（吴）镒赋性多贪，济以佞邪，比任湖南运判，谄事王蔺，日与酣饮，漕计因此一空”③。将转运司的钱物扫到一空，可见其贪腐之严重。“放罢”也是对于类似这样贪官的较轻的惩治措施。而两宋时期关于贪赃行为惩治的立法趋势以及实际教训，值得我们今人认真总结和借鉴。

除贪赃之外，宋朝统治者对其他假公济私、奢侈享乐等行为所造成的行政成本无效损耗问题也加强了惩治。如宋仁宗朝对于官员占借公使钱物、俸料的行为加大了惩治力度，导致一些贪婪之徒被惩处。如嘉祐四年（1059 年），右司谏吴及弹劾新任三司使宋祁“在定州不治，纵家人贷公使钱数千缗，及在蜀奢侈过度”④，宋因而被朝廷改派差遣。当时尹洙知潞州，利用公使钱为军校还贷钱物，“又以为尝自贷，坐贬崇信军节度副使”⑤。神宗朝，提点开封府界赵子几弹劾东明知县贾蕃“在任日，贷借官钱与手力，因同天节沽市村酒，创买部夫席屋等事”⑥，贾因而受到调查。熙宁六年（1073 年），淮东转运使弹劾前江淮发运使皮公弼在修河期间“借发运司纸库钱三百缗，候得职田钱偿之，而权发运万颐判押给借已还十七千，余未偿”⑦，后皮坐降一官。元丰元年（1078 年），权荆湖北路转运判官马瑊因“江陵府违法豫借公使，既不即按治，又擅贷与转运司钱数千缗”⑧而被朝廷冲替并立案调查。元丰三年（1080 年），“知德顺军姚麟、知河州刘昌祚、秦州甘谷城监押尚德等，以公用银枪并马借人，各得公罪杖”⑨。元符元年（1098 年），江淮荆浙等路直置发运使吕温卿“容纵公

① 刘琳、刁忠民、舒大刚，等校点：《宋会要辑稿》职官六九之一七，第 4906 页。
② 刘琳、刁忠民、舒大刚，等校点：《宋会要辑稿》职官六九之一七，第 4906 页。
③ 刘琳、刁忠民、舒大刚，等校点：《宋会要辑稿》职官七三之六八，第 5040 页。
④ （宋）李焘撰，上海师范大学古籍整理研究所、华东师范大学古籍整理研究所点校：《续资治通鉴长编》卷 189，嘉祐四年三月己未，第 4554 页。
⑤ （元）脱脱等撰：《宋史》卷 295《尹洙传》，第 9837 页。
⑥ （宋）李焘撰，上海师范大学古籍整理研究所、华东师范大学古籍整理研究所点校：《续资治通鉴长编》卷 224，熙宁四年六月乙亥，第 5456 页。
⑦ （宋）李焘撰，上海师范大学古籍整理研究所、华东师范大学古籍整理研究所点校：《续资治通鉴长编》卷 248，熙宁六年十二月辛卯，第 6062 页。
⑧ （宋）李焘撰，上海师范大学古籍整理研究所、华东师范大学古籍整理研究所点校：《续资治通鉴长编》卷 291，元丰元年八月壬寅，第 7110 页。
⑨ （宋）李焘撰，上海师范大学古籍整理研究所、华东师范大学古籍整理研究所点校：《续资治通鉴长编》卷 303，元丰三年四月乙未，第 7375 页。

人军兵于所在及巡历州军违法冒借请给，每一出巡，逐州支借多至十余贯石”[①]，后吕被罢任。南宋初年，因臣僚弹劾“诸路监司若属官纵容人吏，不帮勘券历借支食钱”[②]，朝廷责令州军每季审核“发运、监司并属官下公吏请给钱物数目”[③]上报户部。秦淮专权的时代，打压前宰执李光，弹劾其经过全州谒守臣王趯，“请贷钱千缗，以二百千随行，八百千送归家。趯以八百千并光家书遣门吏行”[④]被秦桧查获，王耀被拷打，“累责辰州”[⑤]。为防止官吏侵占官钱，绍兴二十八年（1158年），朝廷还规定地方州县“（令）[今]后公吏借请，一岁通不得过两月，如过数借请，其借请之人及判状帮书官吏并计赃断罪”[⑥]。绍兴三十年（1160年），右从政郎、主管淮东榷场赵湑“尝从泗州守臣贷买石绿钱千余缗，踰年不偿直”[⑦]，因无力偿还，赵被罢官，其欠泗州官钱由“先以库金偿之”[⑧]。孝宗乾道中，朝廷也再次下诏强调，官吏非因差出，不许借请俸料。[⑨]通过一系列的法令和严惩法令执行，对宋代地方官吏滥借俸料，损耗官钱的行为进行惩治，有助于减少无效成本损耗。

政府针对假借公务活动牟利的官员也加强了监督和处理力度，如太祖开宝三年（970年），成都府“钱帛、盐货纲运，访闻押纲使臣并随船人兵多冒带物货、私盐，及影庇贩鬻，所过不输税筭”[⑩]，朝廷责令对纲运物品进行严格检查，“沿路验认，如有引外之物，悉没官”[⑪]，加强了对夹带私物贩运的打击力度。太宗太平兴国三年（978年），朝廷针对各级官吏“战争之后，颇亏廉耻之风；虽在缙绅之间，犹竞锥刀之末。乃至奉使郡国，守镇藩方，罔守不贪之言，亲与细民争利”[⑫]。故而再次发布诏令：“自今后中外臣僚，不得因乘传出入，赍轻货，邀厚利，并不得令人于其诸处图回。有不如诏者，郡县长吏以名闻奏。”[⑬]

---

① （宋）李焘撰，上海师范大学古籍整理研究所、华东师范大学古籍整理研究所点校：《续资治通鉴长编》卷502，元符元年九月丙寅，第11965页。

② 刘琳、刁忠民、舒大刚，等校点：《宋会要辑稿》职官五七之九九，第4612—4613页。

③ 刘琳、刁忠民、舒大刚，等校点：《宋会要辑稿》职官五七之九九，第4612页。

④ （宋）王象之原著，李勇先校点：《舆地纪胜》卷75《辰州·官吏》，第2652页。

⑤ （宋）王象之原著，李勇先校点：《舆地纪胜》卷75《辰州·官吏》，第2652页。

⑥ 刘琳、刁忠民、舒大刚，等校点：《宋会要辑稿》职官四八之一〇四，第4378页。

⑦ （宋）李心传编撰，胡坤点校：《建炎以来系年要录》186，绍兴三十年十月戊申，第3613页。

⑧ （宋）李心传编撰，胡坤点校：《建炎以来系年要录》186，绍兴三十年十月戊申，第3613页。

⑨ 刘琳、刁忠民、舒大刚，等校点：《宋会要辑稿》职官四八之一〇四，第4378页。

⑩ 刘琳、刁忠民、舒大刚，等校点：《宋会要辑稿》食货四二之一，第6937页。

⑪ 刘琳、刁忠民、舒大刚，等校点：《宋会要辑稿》食货四二之一，第6937页。

⑫ 司义祖整理：《宋大诏令集》卷198《禁约中外臣僚不得因乘传出入赍轻货邀厚利诏（太平兴国二年正月丙寅）》，第731页。

⑬ 司义祖整理：《宋大诏令集》卷198《禁约中外臣僚不得因乘传出入赍轻货邀厚利诏（太平兴国二年正月丙寅）》，第731页。

这样做的目的正是“盖禁其与百姓争利也”[①]。然而，利益的驱动力量是惊人的，诏令发布不久，太平兴国五年（980年），京西转运使、起居舍人程能就因纵容属下“于部下私贩竹木”而被降官。[②]真宗景德三年（1006年），两浙转运使姚铉也因“在任鬻银多取直，托湖、婺、睦三州长吏市缣帛，不输征算”[③]等问题被重惩，“特诏削籍”、“除名为连州文学”[④]。天禧二年（1018年），宫苑使、蒋州团练使李溥因“私役兵健为姻家吏部侍郎林特起宅，又附官船贩鬻材木，规取利息”[⑤]等十余事被降官。当时，官员夹带私贩的物品主要是容易携带的轻货如珍宝、绢帛等，也包括一些能够获得厚利的禁榷品如茶、盐等。天禧六年（1022年），福州路转运司就奏论：“辖下官员赴任、得替乘船者，兵稍多买私盐夹带兴贩。”[⑥]他建议“自今犯者二百斤已上，依法决讫，押送（杨）[扬]、真、楚、泗州本城配粮纲牵驾”[⑦]，得到朝廷批准。

北宋中期之后，官员在任假公济私，经营牟利、偷逃税款的行为还是屡禁不止，政府便加强了监督和惩治力度。如神宗熙宁中，“周师厚为湖北提举常平，张商英监荆南盐院，师厚移官，有供给酒数十瓶，阴俾张卖之。张言于察访蒲宗孟，宗孟劾其事，师厚坐是降官”[⑧]。熙宁六年（1073年）九月，京东、河北路提举盐税王伯瑜，利用巡历之便，“贩京东、河北帛入京师，复以京师帛贾于滨、棣间，往往与本部公人、秤子交市”[⑨]。哲宗元祐八年（1093年），臣僚弹劾温俊义在知耀州日，“遣子弟载陶器四车入京贸易”，后查证属实，温被罢官。[⑩]南宋绍兴二年（1132年），朝廷也诏令：“诸路帅臣及统兵官司所造公使正赐库酒，并仰遵依成法，止合自供食用并馈遗官属，不得过数酝造，违法出卖，侵耗国用。如违，除本罪外，取旨重作行遣。”[⑪]孝宗淳熙三年（1176年），

① 司义祖整理：《宋大诏令集》卷198《禁约中外臣僚不得因乘传出入赍轻货邀厚利诏（太平兴国二年正月丙寅）》，第731页。

② （宋）李焘撰，上海师范大学古籍整理研究所、华东师范大学古籍整理研究所点校：《续资治通鉴长编》卷21，太平兴国五年九月丁未，第479页。

③ 刘琳、刁忠民、舒大刚，等校点：《宋会要辑稿》职官六四之二〇至二一，第4776页。

④ 刘琳、刁忠民、舒大刚，等校点：《宋会要辑稿》职官六四之二〇，第4776页。

⑤ （宋）李焘撰，上海师范大学古籍整理研究所、华东师范大学古籍整理研究所点校：《续资治通鉴长编》卷91，天禧二年闰四月戊申，第2111页。

⑥ 刘琳、刁忠民、舒大刚，等校点：《宋会要辑稿》食货二三之三五，第6506页。

⑦ 刘琳、刁忠民、舒大刚，等校点：《宋会要辑稿》食货二三之三五，第6506页。

⑧ （宋）魏泰撰，李裕民点校：《东轩笔录》卷11，第123页。

⑨ （宋）李焘撰，上海师范大学古籍整理研究所、华东师范大学古籍整理研究所点校：《续资治通鉴长编》卷247，熙宁六年九月壬戌，第6014页。

⑩ （宋）李焘撰，上海师范大学古籍整理研究所、华东师范大学古籍整理研究所点校：《续资治通鉴长编》卷480，元祐八年正月庚寅，第11418页。

⑪ 刘琳、刁忠民、舒大刚，等校点：《宋会要辑稿》食货二一之一九，第6460页。

也诏令“诸路帅臣并统兵官司将造酒，只得自供食用并馈遗官属，即不得过数酝造，违法出卖，侵耗国课”①，宁宗朝《庆元条法事类》中也对监司巡历“以所得酒卖易”②及诸监司（属官同）。若当职官及巡捕官司“所管诸军公人各及其家人贩榷货者”③等行为进行杖、徒等处罚，对于限制地方官员借助公务活动卖酒获利，减少政府行政经费的损耗起到一定作用。

两宋时期，地方官府因公务活动导致的奢侈享乐及其对政府行政成本的无效损耗是极为严重的，由于其社会显示度高，遭到了民众的极度反感，政府不断采取措施对此类行为进行惩治。如熙宁四年（1071 年）正月，朝廷针对地方官府普遍役使民众主管公使库，“倍备靡费”，对各地公使钱的数量进行了定额，“量入为出，随州郡大小立等，岁自二百贯至五千贯止。若三京、三路帅府，成都、杭、广自来所用多者，增其数”④。这样法规制定后，不仅有助于减少对地方承役人的压榨和剥削，同时也可以控制州府公使宴会、迎送、馈赠等消费钱物数，节约无效成本损耗。又如哲宗元符二年（1099 年），秦凤路提点刑狱“孙贲特冲替，贲坐权秦州日，用女妓夜筵无度，及创修园亭过侈故也”⑤。徽宗时期，有臣僚针对地方官员在节日期间宴饮浪费官府钱物，奢侈无度，“诸州遇天宁节，除公使外，别给系省钱，充锡宴之用。独诸路监司许支逐司钱物，一筵之馔，有及数百千者，浮侈相夸，无有艺极”⑥。因而朝廷立法加以限制：“遇天宁节宴，旧应给钱者，发运、监司每司不得过三百贯，余每司不得过二百贯，以上旧给数少者，止依旧。”⑦通过限制宴会花费钱数来缩减地方无效成本的损耗，具有积极的意义。又如宁宗嘉泰初，风俗侈靡，朝廷因而诏令“官民营建室屋，一遵制度，务从简朴。又以中宫金翠燔之通衢，贵近之家犯者必罚”⑧。通过这种制度约束和自上而下的示范行动来告诫官员、民众减少营造屋舍中的奢侈浪费行为。南宋孝宗至宁宗朝，朝廷不断针对地方官员迎送往来所占用的州县军兵、役人过多问题进行治理，强调“监司、郡守数多，接送频繁，所破

---

① 刘琳、刁忠民、舒大刚，等校点：《宋会要辑稿》食货二一之二一，第 6461 页。

② （宋）谢深甫撰：《庆元条法事类》卷 7《监司巡历》，杨一凡、田涛主编，戴建国点校，《中国珍稀法律典籍续编》第 1 册，第 117 页。

③ （宋）谢深甫撰：《庆元条法事类》卷 28《榷货总类》，杨一凡、田涛主编，戴建国点校，《中国珍稀法律典籍续编》第 1 册，第 381 页。

④ （宋）李焘撰，上海师范大学古籍整理研究所、华东师范大学古籍整理研究所点校：《续资治通鉴长编》卷 219，熙宁四年正月己酉，第 5328 页。

⑤ （宋）李焘撰，上海师范大学古籍整理研究所、华东师范大学古籍整理研究所点校：《续资治通鉴长编》卷 516，元符二年闰九月壬申，第 12264 页。

⑥ （元）脱脱等撰：《宋史》卷 179《食货志下一》，第 4362 页。

⑦ （元）脱脱等撰：《宋史》卷 179《食货志下一》，第 4362 页。

⑧ 刘琳、刁忠民、舒大刚，等校点：《宋会要辑稿》舆服四之一〇，第 2236 页。

借请，或至半年，或四五月，近者不下三月，所费不知其几。加之公用什物，率皆创置，故一经接送，州县仓库为之（枵）[枵] 然”[①]，因而必须缩减接送人员数量，同时“戒谕监司、郡守，每事简省，不得侈靡，并从御史觉察……庶几免致重叠费耗，少宽州郡之力”[②]。还强调“乞申严法制，行之诸道，凡将迎之费，一遵令甲，供张之具，务从简省，爱民体国，无以华侈相尚，则郡国其有瘳矣”[③]。通过法令及监察系统的力量来控制和缩减各种地方行政过程中的奢侈浪费行为。

朝廷还通过不断颁布《禁奢令》来限制包括地方官员在内的各色人等奢侈消费，减少无效成本的花费。如太宗端拱二年（989 年），朝廷《申禁奢僭诏》规定：“国家先定车服制度。寻以颁行。如闻士庶之间。尚多奢僭之事。重申禁约。用革浇浮。自今御史台纠举之。”[④] 仁宗嘉祐四年（1059 年）再次发布《诫僭奢诏》，对当时奢侈享乐之风及其危害进行了描述：“惟是俭勤，敢忘勉励，期与群庶，臻于富康。而人怠久安，骄于佚欲，物丰大盛，耗以虚浮。苟奉养以自私，忘僭奢之为戾，士民交黩，贵贱靡分。惟其强力之能，无复等威之制。考于着令，虽有旧章，顾在攸司，鲜闻用法，民遂安于常习，弊罔革以滋深。”[⑤] 因而进一步重申禁止奢侈僭越的服饰、器物，控制物欲，“凡居室之制。器用之度。冠服之章。妾媵之数。其令中外臣庶。遵守前后条诏。如有违犯，仰御史台及开封府纠察闻奏。其诸路州军，即委转运使提点刑狱臣僚及逐处长吏施行。布告中外，咸使闻知。故兹诏示”[⑥]。通过不断颁布此类诏令来警告和限制地方官员及士大夫，缩减其在公务活动的奢侈享乐行为，减少相关成本损耗。

再者，对于地方官员由于渎职行为造成的政府行政成本无效损耗，两宋政府也加大了惩处力度。如太祖建隆三年（962 年），“滑州节度使张建丰免官，仍配唐州，坐甲仗军资库火也”[⑦]。太宗太平兴国二年（977 年），知广州张延范音“火焚公帑、香药、珠贝、犀象殆尽，延范奏不以实，又纵私奴三辈于部下受赇”[⑧]，被贬官为护国行军司马，其奴仆被处斩。仁宗时期还规定山场、场务

① 刘琳、刁忠民、舒大刚，等校点：《宋会要辑稿》仪制四之二九，第 2377 页。
② 刘琳、刁忠民、舒大刚，等校点：《宋会要辑稿》仪制四之二九，第 2377 页。
③ 刘琳、刁忠民、舒大刚，等校点：《宋会要辑稿》仪制四之三一至三二，第 2378 页。
④ 司义祖整理：《宋大诏令集》卷 148《申禁奢僭诏（端拱五年十一月丙戌）》，第 545 页。
⑤ 司义祖整理：《宋大诏令集》卷 148《诫僭奢诏（嘉祐四年五月十日）》，第 547 页。
⑥ 司义祖整理：《宋大诏令集》卷 148《诫僭奢诏（嘉祐四年五月十日）》，第 547 页。
⑦（宋）李焘撰，上海师范大学古籍整理研究所、华东师范大学古籍整理研究所点校：《续资治通鉴长编》卷 3，建隆三年二月乙未，第 62 页。
⑧（宋）李焘撰，上海师范大学古籍整理研究所、华东师范大学古籍整理研究所点校：《续资治通鉴长编》卷 18，太平兴国二年五月庚午，第 405 页。

如果发生损失一万贯以上的火灾损失，“监官并勒停，主吏配别州牢城”[①]。南宋时期同样重视对火灾后官员的追责，孝宗淳熙五年（1178 年），“兴州沙市火延烧三百余间，绛等以宴饮，不亲救扑”[②]，导致大量官私财物的损失，朝廷因而将“知兴州杨绛追三官勒停，监押王洧、主簿孟养直各降一官”[③]。绍熙二年（1191 年），因新安火灾，知州赵彦恂夜“饮于法言之居，守倅皆醉，救扑甚缓，而又役使兵卒般挈家属行李，人力不给，致其蔓延”[④]，朝廷对当地官员进行责任追究，知州“降两官，通判李法言、卢瑢各降一官，并放罢”[⑤]。可见，在惩治火灾责任官员方面，两宋基本一致，这有助于对地方官员起到警示作用，减少因渎职导致的火灾损失。

火灾之外，其他方面的官员渎职行为如果对地方行政成本损害严重，同样要遭到惩处。如徽宗宣和元年（1119 年），臣僚奏报地方常平仓收支中的乱象，大量仓库粮食被挪用或者自然损耗而湮灭。“法令日以弛废。比览奏牍，有一年之间，一县拖欠常平、免役、坊场等谷钱至数万贯硕，并逃亡诡名、失陷本息者，不可胜计。或人吏冒税户姓名，未纳拖欠；或当职官容纵知情冒请钱谷，以新盖旧，如此甚众”[⑥]，因而朝廷责令追究相关人员责任，“其前项违法官吏等，中书省候案到，将上取旨，重行窜责。仰诸路提举常平官（偏）[遍] 行取旨，点检违法废令去处，按劾以闻”[⑦]。乾道四年（1168 年）尚书省奏报的一起地方案例也充分证明了常平仓等官方仓库管理的混乱，“信州常平、义仓米，元申帐状管九万三千余硕。今次提举司申有六万八千余硕，及至盘量，止得一万二千九百余硕，其余皆是虚数”[⑧]，提举常平官李庚“到任已及二年，并不检察，是以阙米，有悮赈济”[⑨]，朝廷因而将李“特降两官放罢”[⑩]。又如地方公共设施的修护的问题。南宋乾道八年（1172 年），大理寺丞奏报地方驿站、道路修缮不及时，毁损严重，驿卒俸禄不能及时发放，“诸州县斥堠铺兵，每月合支本身食钱，州县吝惜财赋，往往不支，或支以半。铺屋损漏及少缺间架，沿路桥梁

---

① （宋）李焘撰，上海师范大学古籍整理研究所、华东师范大学古籍整理研究所点校：《续资治通鉴长编》卷 121，宝元元年二月庚午，第 2860 页。
② 刘琳、刁忠民、舒大刚，等校点：《宋会要辑稿》瑞异二之三七，第 2643 页。
③ 刘琳、刁忠民、舒大刚，等校点：《宋会要辑稿》瑞异二之三七，第 2643 页。
④ 刘琳、刁忠民、舒大刚，等校点：《宋会要辑稿》职官七三之七，第 5004 页。
⑤ 刘琳、刁忠民、舒大刚，等校点：《宋会要辑稿》职官七三之七，第 5004 页。
⑥ 刘琳、刁忠民、舒大刚，等校点：《宋会要辑稿》食货五三之一七，第 7211 页。
⑦ 刘琳、刁忠民、舒大刚，等校点：《宋会要辑稿》食货五三之一七，第 7211 页。
⑧ 刘琳、刁忠民、舒大刚，等校点：《宋会要辑稿》食货五三之三二，第 7228 页。
⑨ 刘琳、刁忠民、舒大刚，等校点：《宋会要辑稿》食货五三之三二，第 7228 页。
⑩ 刘琳、刁忠民、舒大刚，等校点：《宋会要辑稿》食货五三之三二，第 7228 页。

道路并不修整”[①]，针对这种情况，朝廷重申严肃法令执行的诏令，“关牒诸路提举马递铺（兵）[官]，如依前违戾之处，从本部官按治施行”[②]。又如南宋宁宗嘉定三年（1210年），“权发遣藤州赵善渗、权知贺州徐啬各降一官，并放罢。以广西运判杨方言其皆（泰）[忝]郡寄，不恤官物，致本司失陷漕计米”[③]。

总之，宋朝政府注意在实践中总结经验教训，通过立法和监督、责任追究来惩治地方上官吏各种违法乱纪行为，避免政府无效行政成本的损耗。但是其中还是存在惩治不严、法令日宽的问题，值得我们今人吸取教训。

（五）缩减支出项目、减省冗员，节省无效成本消耗

宋朝中央以及地方政府中的一些有识之士，不断呼吁减省地方上不必要的开支项目，缩减不必要的冗员，并且通过压缩州县和各级机构数量，来达到节约行政经费，缩减政府财政支出的目的。而且这些举措对于减少地方政府无效行政成本支出，节约人力、财力、物力，具有非常重要的作用。

中央通过压缩地方上公使钱和公务宴会、迎送、馈赠等规模，压缩行政成本支出，事实证明是较为有效地节省无效行政成本支出的举措。一些廉洁的官员在此方面也做出表率，如真宗朝，张雍“出典藩镇，务裁节宴犒，聚公钱为羡余以输官帑，集会僚佐，粝食而已”[④]。他将节省下来的宴会费用用于上供朝廷，可谓是节约无效成本的典范。又如高宗绍兴三十一年（1161年），福建路转运副使王时升言：“到官才一考，撙节到浮费三十万缗，乞以其半代民输旧欠钞盐钱。”[⑤]他也因此获得高宗的赞誉和嘉奖。南宋嘉熙四年（1240年），严州夏秋大旱“明年春民采橡蕨，救死不给，路殍相枕”[⑥]，新任知州王佖“下车首扃厨传，节浮费，一意救荒、乞米于朝，劝分于乡，靡不力，民赖以活。去郡时，民遮道以酒饯公”[⑦]。南宋时期由于与金、元战事颇多，军费开支巨大，故朝廷多次下诏地方监司、郡守裁减浮费，绍兴三十一年（1161年）六月，“诏诸路监司节浮费以待用，仍自两浙转运司、临安府始”[⑧]。淳熙十三年（1186年）九月

---

① 刘琳、刁忠民、舒大刚，等校点：《宋会要辑稿》方域一一之二四至二五，第9503页。
② 刘琳、刁忠民、舒大刚，等校点：《宋会要辑稿》方域一一之二五，第9503页。
③ 刘琳、刁忠民、舒大刚，等校点：《宋会要辑稿》职官七四之三七，第5063页。
④ （宋）李焘撰，上海师范大学古籍整理研究所、华东师范大学古籍整理研究所点校：《续资治通鉴长编》卷48，咸平四年五月庚寅，第1061页。
⑤ （宋）李心传编撰，胡坤点校：《建炎以来系年要录》卷187，绍兴三十年十一月丙申，第3623页。
⑥ （宋）钱可则修，郑瑶、方仁荣纂：《景定严州续志》卷2《荒政》，《宋元方志丛刊》，第4364页。
⑦ （宋）钱可则修，郑瑶、方仁荣纂：《景定严州续志》卷2《荒政》，《宋元方志丛刊》，第4365页。
⑧ （宋）李心传编撰，胡坤点校：《建炎以来系年要录》卷190，绍兴三十一年六月丙午，第3689页。

诏裁省百官冗食。[①] 淳熙十六年（1189 年）十月诏大臣裁节冗费。[②] 相关内容已经见于上述内容，这里不再赘述。

此外，中央和地方一些官员还注意通过缩减其他行政活动开支项目，来达到节省行政费用的目的。

减少行政设施的修建是有效节约行政成本的举措，也有助于节约一部分无效成本。如真宗时期张文懿为广南东路转运使，当时朝廷要求各地在天庆观之外另建圣祖殿，这样就要白白花费不少的经费，张经过走访调研，提出“臣所部皆穷困，乞以最上律院改充”[③]。获得朝廷批准，并且朝廷将此措施推广全国，“仍诏诸路委监司守臣，亲择堪为天庆观寺院改额为之，不得因而生事”[④]。这样一来，只改动寺额，不新建寺院，就避免了因工程建设而导致的地方政府过多行政费用支出以及兴建中的扰民行为，可谓一举两得。一些官员也充分利用废旧材料修建，节省了成本支出。如大中祥符三年（1010 年）五月，知河阳府高绅“修黄河岸，以弃石累之，计省工巨万，而又坚固”[⑤]，得到朝廷的褒奖。神宗元丰二年（1079 年），朝廷诏令“荆湖南路转运司罢置潭州楼橹，其修城限五年，全、邵州限三年毕工，役兵不足，许募民夫”[⑥]。减少一些城池设施的修建，从而加快整体建设进度。英宗治平四年（1067 年），朝廷下诏缩减修造费用，“诸路州军库务、营房、楼房橹等，缮治如旧外，其廨宇、亭榭之类，权住修造二年。违者，从违制科罪”[⑦]。宋代地方上官员为了节约修建费用，往往改变其他建筑用途，充当新设官员的官廨，如南宋绍兴二十七年（1157 年），“江西提刑司依旧还赣州，节制赣、吉官兵”[⑧]，为了不因新建官廨而增加行政成本，提刑司的官廨以它司改充，“今衙在州东南隅，乃旧坑冶司廨宇为之”[⑨]。而南宋时期寿昌由县升格为军，也并没有按照州军的规格大兴土木，“及诸官署经始之际，率随宜营葺继是，或稍稍增广，亦仅取具体，不陋不侈，盖江防重寄，财

① 汪圣铎点校：《宋史全文》卷 27 下，淳熙十三年九月，第 2331 页。
② 汪圣铎点校：《宋史全文》卷 27 下，淳熙十六年十月，第 2361 页。
③ （宋）朱弁撰，孔凡礼点校：《曲洧旧闻》卷 5《张文懿乞允以最上律院改充天庆观》，北京：中华书局，2002 年版，第 149 页。
④ （宋）朱弁撰，孔凡礼点校：《曲洧旧闻》卷 5《张文懿乞允以最上律院改充天庆观》，第 149 页。
⑤ （宋）李焘撰，上海师范大学古籍整理研究所、华东师范大学古籍整理研究所点校：《续资治通鉴长编》卷 73，大中祥符三年五月甲申，第 1670 页。
⑥ （宋）李焘撰，上海师范大学古籍整理研究所、华东师范大学古籍整理研究所点校：《续资治通鉴长编》卷 296，元丰二年正月辛卯，第 7200 页。
⑦ 刘琳、刁忠民、舒大刚，等校点：《宋会要辑稿》方域四之一三，第 9335 页。
⑧ （宋）王象之原著，李勇先校点：《舆地纪胜》卷 32《赣州·监司沿革》，第 1488—1489 页。
⑨ （宋）王象之原著，李勇先校点：《舆地纪胜》卷 32《赣州·监司沿革》，第 1488—1489 页。

力单匮，土木亦非所急云”[①]。

减少一些其他不必要的费用也可以有效缩减地方行政成本规模。如徽宗崇宁、大观年间，自中央至地方大量修建小学，地方州县还要负责入学听读的学生饮食费用，从而增加了大量成本，在经官吏奏报后，大观四年（1110 年）八月，朝廷做出改革，“诏：‘县学并州县小学更不给食，愿陪厨者听’”[②]。当时从中央到地方广泛修建居养院、安济坊、漏泽园，为鳏寡孤独、病人提供饮食、医疗，为无人收葬的贫民提供墓地，同样耗费了地方政府大量行政经费，也远远超出地方财政承受能力，因而在宣和二年（1120 年），朝廷对此做出改变，“居养、安济、漏泽之法，本以施惠困穷，有司不明先帝之法，奉行失当。如给衣被器用、专顾乳母及女使之类，皆资给过厚，常平所入殆不能支。天下穷民饱食暖衣，犹有余峙，而使军旅之士（禀）[廪]食不继，或至逋逃四方，非所以为政之道。可参考元丰惠养乞丐旧法，裁立中制。应居养人，日给秔米或粟米一升、钱十文省，十一月至正月，加柴炭钱五文省，小儿并减半。安济坊钱米，依居养法，医药如旧制。漏泽园除葬埋依见行条法外，余三处应资给若斋醮等事悉罢”[③]。通过规定资助钱米的数额来控制相关成本的支出。苏轼在扬州知州任上，也裁减了本地的花会和迎送高丽使节的相关陈设，“花会检旧案，用花千万朵，吏缘为奸，乃扬州大害，已罢之矣。虽杀风景，免造业也”[④]。“既不出船，何用借买许多什物。已令本州一一依仿裁定矣，幸甚！幸甚！”[⑤]此类浮杂费用的减省，对于控制地方政府无效行政成本规模，恢复政府在民众中的公信力具有相当大的益处。

但这里值得特别指出的是，压缩或者拖欠地方官吏、军兵、役人俸禄或者工钱，绝非有效缩减地方行政成本的合理手段，甚至会适得其反，导致其他方面行政成本支出的反弹和上升。如仁宗宝元二年（1039 年），朝廷下诏裁减浮费的诏令中提出：“自乘舆服御及宫掖所须，宜从简约，若吏兵禄赐，毋概行裁减。”[⑥]此诏可谓明智、合理。神宗元丰中也曾令“吏部以繁简减天下选人俸钱”[⑦]，但是吏部官员经过调查后认为，“以事简则僻远而员少，事繁则当要而

① （宋）佚名纂修：《寿昌乘》之《官寺》，《宋元方志丛刊》，第 8393 页。
② 刘琳、刁忠民、舒大刚，等校点：《宋会要辑稿》崇儒二之一五，第 2769 页。
③ 刘琳、刁忠民、舒大刚，等校点：《宋会要辑稿》食货六〇之七，第 7421—7422 页。
④ （宋）张邦基撰，孔凡礼点校：《墨庄漫录》卷 9，北京：中华书局，2002 年版，第 239 页。
⑤ （宋）苏轼撰，孔凡礼点校：《苏轼文集》卷 51《与钱穆父二十八首（之十六扬州）》，第 1506 页。
⑥ （元）脱脱等撰：《宋史》卷 10《仁宗本纪二》，第 205 页。
⑦ （宋）李焘撰，上海师范大学古籍整理研究所、华东师范大学古籍整理研究所点校：《续资治通鉴长编》卷 329，元丰五年八月壬申，第 7924 页。

员多，远则人不愿行，要则趋之者众，俸钱不可减”[①]。官吏的俸禄和其所任职的地域和工作繁逸程度都是相关的，不能随便作出更改，因而朝廷“诏罢增减幕职州县官俸”[②]。《宋史·职官志》中记载幕职州县官俸禄，“诸路支一半见钱，一半折支。县尉全给见钱。广东、川峡并给见钱”[③]。地方官员俸禄折支一部分实物，已经是缩减了实际俸禄所得，但是我们也可以看出，负责地方治安的县尉由于工作性质危险而给现钱，广东、川峡由于地处偏远，为了鼓励人们到那里任职，也给现钱。光宗绍熙三年（1192 年），名儒杨万里在一封知信州戈阳县朱元之的荐举状中就描述了其在地方任职上的清廉和才能。“过客馈赆，经常燕集，并分俸以应。撙节浮费，洗手奉职，不以一钱假人”，朱元之用自己的俸禄来满足过往人员宴会的费用，不乱花一文钱。但是他在地方官吏、兵丁的俸禄问题上却毫不节省，“至于板曹之供，诸军之餫，官吏兵人之廪，罔不给足”[④]。因而当地民众皆乐于输送赋税，地方社会安定和平。从中可见，合理、适当的官吏兵丁俸禄支出是地方政府合理的行政成本损耗，而非无效成本损耗。如果将这部分合理成本进行缩减，反而会导致管理阶层的混乱。如徽宗宣和六年（1124 年），中书省言：“勘会巡检下招置土军，自来不给口券，止于本寨月粮内零碎并合，令人（檐）[担]夯随行，以充口食。既将带不多，则沿路必致饥饿，逃窜作过。”[⑤]为避免这种扰民问题，只能采用给土军俸禄的办法，“每人每日支借口食本色米豆二升，应付逐日吃用”[⑥]。又如，高宗绍兴十二年（1142 年），臣僚奏报中也提到京湖地区递铺兵丁俸禄不给的问题，“湖北、京西州县据上流之势，与虏为邻，访闻两路往往并无递铺，纵使有之，不过茅檐三四间，人兵一二人，亦无请给济赡。遇有文移，追集乡夫传送，皆是前期闭之幽室，无异囚系。每一铺差夫十余人，十日一替，口食各令自备，道途往反动至逾月，抛废农务，远迩骚然。不惟百姓无复归业之期，而猝有（惊）[警]报，责之此属，岂不违滞悮事？”[⑦]为了保证信息输送畅通，他建议“乞委两路帅、宪修盖铺屋，招填兵级，应干请给，悉从州县”[⑧]这一建议也获得朝廷认可，并责令州县官员

① （宋）李焘撰，上海师范大学古籍整理研究所、华东师范大学古籍整理研究所点校：《续资治通鉴长编》卷 329，元丰五年八月壬申，第 7924 页。
② （宋）李焘撰，上海师范大学古籍整理研究所、华东师范大学古籍整理研究所点校：《续资治通鉴长编》卷 329，元丰五年八月壬申，第 7924 页。
③ （元）脱脱等撰：《宋史》卷 171《职官志十一》，第 4109 页。
④ （宋）杨万里撰，辛更儒笺校：《杨万里集笺校》卷 70《荐举徐木袁采朱元之求扬祖政绩奏状》，第 2963 页。
⑤ 刘琳、刁忠民、舒大刚，等校点：《宋会要辑稿》兵一之一三，第 8608 页。
⑥ 刘琳、刁忠民、舒大刚，等校点：《宋会要辑稿》兵一之一三，第 8609 页。
⑦ 刘琳、刁忠民、舒大刚，等校点：《宋会要辑稿》方域一一之八，第 9494 页。
⑧ 刘琳、刁忠民、舒大刚，等校点：《宋会要辑稿》方域一一之八，第 9494 页。

认真解决这一问题。光宗朝，知常德府王铢言：“弓手、士军、戍卒佣直粮食，累月不支，迫于饥寒，侵渔蛮獠，小则致讼争，大则启边衅。”[①]为避免此类问题，他建议：“乞严敕州、军按月廪给，如其未支，守倅即不得先请已奉。庶俾城砦官兵有以存济，缓急之际，得其宣力。安边弭盗，莫此为急。”[②]事实证明，保持地方官吏和行政人员俸禄和当时社会物价、民众收入一定的合理比率，按时发放他们的俸禄，有助于地方管理体系的稳定，保证社会长治久安。

宋代州县官府为节省经费支出，往往克扣监狱中囚犯的饮食，以及医疗费用，同样是得不偿失的。如神宗朝，马默知登州，辖境内“沙门岛囚众，官给粮者才三百人，每益数，则投诸海。砦主李庆以二年杀七百人”[③]。高宗绍兴五年（1135年）闰二月，尚书省言：“州县治狱之吏专事惨酷，待其垂死，皆托以疾患杀之，亦未尝依条视验医治。”[④]此后此类问题一直存在，宁宗开禧三年（1207年），臣僚奏：“州县之狱遇有病囚，多是不切医治，听其自愈。至疾势稍笃，欲避免在禁死亡之数，则一切付巡尉司交管。彼巡尉司既无医药可疗，又无饮食可给，拘系空屋，困顿饥饿，往往至于死亡。”[⑤]而这种情况显然是不利于维持地方统治者亲民形象和国家长久利益的，因而朝廷做出规定，责令提刑司在每年岁终进行检查，允许被虐死亡的囚犯家属向朝廷进行越诉，改变这种问题给国家带来的社会负面影响。故而，可以看出，并非所有的成本节约都是有利于政府统治的，需要甄别情况对待。其他诸如利用市令司低价购买行户手中的货物，无偿役使民众承担官府工程及事务、转嫁负担给富民、僧道以及向下属搜刮财富以满足本级行政活动开支等，虽然均能够有效缩减行政成本开支，但无疑是饮鸩止渴，不具有可推广和借鉴的意义。

减少地方官府中的冗员，包括裁汰一些年老体衰的官员，这部分人员并未对地方行政体系的运转做出多少贡献，裁汰他们同样可以有效节省地方政府无效成本开支。

宋代地方官员的数量是和本地户口人数成一定比例的，超出这个比例的官员就被视为冗官，需要被裁撤。如太祖开宝三年（970年）“裁减西川州县官，以户口为率，差减其员。旧俸外月增给五千。诏曰：‘与其冗员而重费，不若省

① （元）脱脱等撰：《宋史》卷194《兵志八》，第4848页。
② （元）脱脱等撰：《宋史》卷194《兵志八》，第4848页。
③ （元）脱脱等撰：《宋史》卷344《马默传》，第10948页。
④ 刘琳、刁忠民、舒大刚，等校点：《宋会要辑稿》刑法六之六五，第8565页。
⑤ 刘琳、刁忠民、舒大刚，等校点：《宋会要辑稿》刑法六之七四，第8570页。

官而益俸’。丙辰诏：‘天下州县官依西川例减省员数。’”[①]具体规则是“州县官宜以户口为率，差减其员，旧奉月增给五千。西川管内诸州，凡二万户，依旧设曹官三员；户不满二万，置录事参军、司法参军各一员，司法兼司户；不满万户，止置司法、司户，司户兼录事参军；户不满五千，止置司户，兼司法及录事参军。县千户以上，依旧置令、尉、主簿凡三员；户不满千，置令、尉，县令兼主簿事；户不满四百，止置主簿、尉，以主簿兼知县事；户不满二百，止置主簿，兼令、尉。诸道减员亦仿此制。西川官考满得代，更不守选。”[②]五年（972年）正月，又下诏裁减州县胥吏。这样一场从四川地区开始的裁减冗官运作最终推向全国，不仅包括官员，还包括广大胥吏，从而为地方政府节约无效成本开支做出重要贡献。这么大规模的裁减地方冗员，必然会节省大量的地方行政成本开支。诸如此类的裁减冗员行动在两宋时期一直存在，为避免过多罗列，列表5-7如下。

表5-7 两宋时期裁减地方政府冗员简况表

时间	地点	裁减官员名称及数量	史料出处
太祖开宝四年（971年）十一月戊戌	岭南	诸州司仓、司户参军、县丞、捕贼等官	《续资治通鉴长编》卷11，开宝四年十一月戊戌
开宝五年（972年）正月壬寅	诸道州县	胥吏干力等	《续资治通鉴长编》卷13，开宝五年正月壬寅
开宝七年（974年）十一月甲申	剑南道	县主簿	《续资治通鉴长编》卷15，开宝七年十一月甲申
太宗雍熙元年（984年）五月丁丑	诸州	农师	《续资治通鉴长编》卷25，雍熙元年五月丁丑
真宗咸平三年（1000年）正月丁未	杭州	通判一员	《续资治通鉴长编》卷46，咸平三年正月丁未
仁宗天圣六年（1028年）八月甲子	澧州	通判一员	《续资治通鉴长编》卷106，天圣六年八月甲子
天圣六年（1028年）九月壬辰	广、桂二州	幕职官各一员	《续资治通鉴长编》卷106，天圣六年九月壬辰
天圣九年（1031年）十月壬寅	益、梓、广南路	转运判官	《续资治通鉴长编》卷110，天圣九年十月壬寅
景祐三年（1036年）二月丙辰	安肃县	主簿	《续资治通鉴长编》卷118，景祐三年二月丙辰

① （宋）王应麟辑：《玉海》卷127《开宝省官》，第2358页。
② （元）脱脱等撰：《宋史》卷158《选举志四》，第3697页。

续表

时间	地点	裁减官员名称及数量	史料出处
康定元年（1040年）六月己亥	隰宪二州、宁化、保德、岢岚、火山四军	幕职官各一员	《续资治通鉴长编》卷127，康定元年六月己亥
庆历四年（1044年）四月己亥	郓州	通判一员	《续资治通鉴长编》卷148，庆历四年四月己亥
庆历四年（1044年）五月癸未	金州	幕职官一员	《续资治通鉴长编》卷149，庆历四年五月癸未
皇祐五年（1053年）十一月庚寅	罢荆湖南路、江南西路、广南东、西路	转运判官	《续资治通鉴长编》卷175，皇祐五年十一月庚寅
神宗熙宁六年（1073年）七月庚午	省并真定府井陉等二十八县	减官七十六员及役人三千一百二十七人	《续资治通鉴长编》卷246，熙宁六年七月庚午
熙宁七年（1074年）	省熙、河、岷三州	三州官百四十一员	《宋史》卷15《神宗本纪二》
哲宗元祐元年（1086年）二月丁亥	诸路	诸路转运司管勾文字、勾当公事、管勾帐司官	《续资治通鉴长编》卷367，元祐元年二月丁亥
元祐七年（1092年）三月丁亥	诸路	提刑检法官、发运司勾当公事官	《续资治通鉴长编》卷471，元祐七年三月丁亥
绍圣三年（1096年）四月	诸路	提举常平官	《续资治通鉴长编拾补》卷13
徽宗大观四年（1110年）	诸路	内外冗官	《续资治通鉴长编拾补》卷29
高宗建炎元年（1127年）七月己亥	诸路	以常平事归提刑司，市舶事归转运司	《建炎以来系年要录》卷7，建炎元年七月己亥
建炎元年（1127年）七月己亥	诸州县	罢诸州分曹制掾。县户不满万，勿置丞	《建炎以来系年要录》卷7，建炎元年七月己亥
建炎三年（1129年）四月己未	诸路	诸路添差官，自宗室归朝官外，日下并罢	《建炎以来系年要录》卷22，建炎三年四月己未
绍兴三年（1133年）十月辛亥	诸路	添差官，州十县已上勿过十员，三县已上五员，已下二员；县万户以上三员，已下二员。仍并以二年为任	《建炎以来系年要录》卷69，绍兴三年十月辛亥
绍兴四年（1134年）五月戊辰	诸县	武尉	《建炎以来系年要录》卷76，绍兴四年五月戊辰
绍兴三十一年（1161年）	诸路监司	减诸司属官二十四员、使臣二百余员、吏卒二千余人，岁省钱七十余万缗	《建炎以来系年要录》卷195，绍兴三十一年十二月辛丑
孝宗淳熙十三年（1186年）六月	临安府	本府胥吏除合存留外，罢逐一百五十余人，更有不曾根括、不得姓名人，尽行汰革，亦几二百余辈	《宋史全文》卷27下

续表

时间	地点	裁减官员名称及数量	史料出处
宁宗开禧三年（1207年）二月庚申	诸路	添差冗员	《两朝纲目备要》卷10
理宗景定四年（1263年）	建康府	添差总管路钤正副将共二十员	《至正金陵新志》卷3中之下

应该说，这种地方政府人员的缩减对于节省经费、压缩无效成本支出还是立竿见影的，如南宋绍兴三十一年十二月，在金军南侵后，朝廷面对两淮地区大量残破的州县，要求裁减地方官员，经诸路监司相度“后减诸司属官二十四员，使臣二百余员，吏卒二千余人，岁省钱七十余万缗”①。朱熹在担任南康军知军时，也因地方无钱粮而罢招禁军，他算了一下相关成本，“招禁军三百人，每年合用粮米五千四百石，料钱八百六十四贯文省，春冬衣绢一千三百五十匹，绌一百五十匹，绵四千五百两，衣钱七百六十五贯，委是数目浩瀚，即无合拨窠名可以支遣”②。可见，减省这两百军人的俸禄对于缓解地方政府的财政压力是有非常大的作用的。而在南宋时期，禁军已经不能和北宋时期同日而语，大多也是用于地方杂役、劳作和官员私用的，缩减他们并无不适之处。

再者，地方上官员的数量远远不及胥吏数量众多，“官居其一，吏居其九”，他们也需要耗费大量的俸禄支出，因而也是地方官府裁撤的重点，此类行动往往较为成功，如真宗咸平四年（1001年），“有司言减天下冗吏凡十九万五千余人”③。仁宗宝元二年（1039年），韩琦“逐贪残不职吏，罢冗役六百六十余人”④。南宋高宗绍兴三十一年（1161年），朝廷裁撤诸路监司“吏卒二千余人”⑤。宋初《州县官吏当直人诏》中也对地方官府胥吏数额做出规定：“自今应天下州县所置当直杂职手力厅子等。每县不满千户已上。令三十人。主簿十五人。四千户及五千户。令三十五人。主簿十七人。六千户已上。令四十人。主簿二十人。八千户及万户已上。令五十人。主簿二十人。每州不满五千户。录事参军二十人。司户司法各三人。万户以上。录事参军三十人。司户司法各四人。三万户以上。录事参军三十五人。司户司法各五人。五万户以上。录事

① （宋）李心传编撰，胡坤点校：《建炎以来系年要录》卷195，绍兴三十一年十二月辛丑，第3832页。

② （宋）朱熹撰：《晦庵先生朱文公文集》卷20《乞住招军买军器罢新寨状》，朱杰人、严佐之、刘永翔主编：《朱子全书》，第901页。

③ （元）脱脱等撰：《宋史》卷6《真宗本纪一》，第115页。

④ （宋）李焘撰，上海师范大学古籍整理研究所、华东师范大学古籍整理研究所点校：《续资治通鉴长编》卷125，宝元二年十二月癸酉，第2947页。

⑤ （宋）李心传编撰，胡坤点校：《建炎以来系年要录》卷195，绍兴三十一年十二月辛丑，第3832页。

参军四十人。司户司法各五人”[①]。通过人数的限定来缩减地方冗员和对行政成本的无效损耗。

又如地方上诸州县的厢军，他们承担了大量的地方工程建造、矿冶开采、军器制作等事务，不能完全被视为冗兵，但是如果各地保有数量太多，超出实际需要，也会给地方财政造成巨大的压力，因而宋神宗朝对此做出裁减，“熙宁中，枢密院奏诸路厢军名额猥多，自骑射至牢城，凡二百二十三，其间因事募人，团立新额，又事存而名未可废，又有剩员，及牢城、壮城例非差出者，又别为一军；令逐路教阅厢军已立定额外，欲将别路不教阅厢军并为一额，其余并从省废；仍令逐路相度州郡大小，排定次第，每指挥不得过五百人”[②]。神宗元丰五年（1082 年），京东路转运判官吴居厚言：“诸州剩员，所在利于冗占。乞从转运司与当职官看详合留窠坐，裁去冗占，以立定十分外，量立一分为额，以待缓急，余并简放。”[③]这样一来，把大量的用于地方官员杂役事务的剩员军兵裁撤，从而减少了相关冗费的支出。

宋朝地方政府对官员数量进行压缩，不仅有助于压缩行政成本，同时也有助于保持地方机构的精干和行政运行的效率。如仁宗嘉祐三年十二月，朝廷诏令：“诸路每一州军巡检有至三五员者，又两三州至三五州至八九州岛有都监、同巡检，或驻泊捉贼，员数既多，非惟军马势分，兼遇惊劫，罕能获贼，惟逐县弓手习知贼所藏匿而捕获之。其一州军止留巡检一人，数州留都巡检一人，其沿江海汴河险僻之地，旧有巡检处，其留之，其增逐县弓手，减散从承符脚力，代以剩员。”[④]巡检人员太多，遇到盗贼反而纷乱慌张，还不如一员巡检权力集中，相对应对及时，处置得当。

两宋特别是南宋时期，大量的宫观官、添差官的出现，成为地方政府沉重的财政负担，因而他们也是政府裁减冗官的重点，但其效果却并不理想。如神宗朝，王安石为了减少反变法派的阻挠，将一部分反对者调离现任职称，而委任以宫观官，不须任职，坐享俸禄。元丰元年（1078 年），三司使李承之就曾上奏：“近年以来，朝廷宽假资格稍高之人，为其衰迟，或不任事，未欲遽令休退，改置提举、主管宫观之职，优与俸禄，以示始终，而不立员数。臣僚趋闲

① 司义祖整理：《宋大诏令集》卷 190《州县官吏当直人诏》，第 695 页。

② （宋）赵彦卫撰，傅根清点校：《云麓漫钞》卷 12，第 218 页。

③ （宋）李焘撰，上海师范大学古籍整理研究所、华东师范大学古籍整理研究所点校：《续资治通鉴长编》卷 331，元丰五年十一月戊子，第 7971 页。

④ （宋）李焘撰，上海师范大学古籍整理研究所、华东师范大学古籍整理研究所点校：《续资治通鉴长编》卷 188，嘉祐三年十二月丁巳，第 4538 页。

贪禄，冒居无耻，或精神未衰，年齿方壮，以便私避事，亦求此职。条制既宽，初未厘革，故今内外宫观约百余员，无纤介职事，岁费廪食不下数万缗，臣窃惜之。”[①]为了节省这部分成本，他建议控制宫观官人数，“乞今后在京宫观提举、提点、主管官共无得过十五员，诸路倍之。如有除授，令依例待阙。所贵勤劳官守之人有以区别，不虚费国用”[②]。朝廷责令中书立法，并规定六十岁以上人才可以担任宫观官，最多不超过两次，这也有助于地方政府无效成本的缩减，但此后这一问题并未得到有效解决。到了徽宗宣和元年（1119年）的时候，有臣僚奏报“臣近会到吏部右选小使臣任宫观差遣凡四百二十七员，累日已来，又不知其几人也”[③]。这仅仅是当时宫观官的一部分，而且设置这一官位本是“既免亲执祠事而又给廪禄，陛下养贤优老之意厚矣。比年下至小使臣，往往偷闲窃禄”[④]。可以说这是完全违背了当年神宗设立此官的意图，成为一部分武臣养尊处优、怠政渎职的好去处。因而朝廷责令“今后小使臣更不得差注宫观、岳庙，见任人并罢”[⑤]。从制度上堵死这些官员担任宫观官的口子。但是没有人再去追究是谁开了先河，将优待高级重臣的职位降低到了小使臣这样的低级武官，制度和法令执行中的走样问题一再困扰着两宋政府。

又如添差官，这一冗官在北宋并不严重，而随着金军南侵，大量的赵宋宗室子弟流落到南方，为了给他们以生活来源，多安排其担任州县添差官。此外，大量的军队转业安置人员，以及从北方南下归正的官员，也多被安置于州县，担任此官，导致地方政府冗官问题日益突出。高宗绍兴三年（1133年）三月，中书舍人赵思诚就上奏说：“州县武臣添差甚众，一郡有至三四十人，贪污不法，民受其弊。望自今惟忠义及有功劳于国之子孙，朝廷特加优恤者，许添外差，余并禁止。若以员多阙少，自当稍清入仕之门，以息官冗民贫之弊”[⑥]。五月，侍御史辛炳也提出这一严重的问题：“艰危多事之时，冗食之官当减。今福建八州，而添差至百八十余员，理宜改正。”[⑦]针对这一问题，朝廷陆续出台举措，当年十月，朝廷规定：“诸路添差官，州十县已上勿过十员，三县已上五员，已下二员；县万户以上三员，已下二员。仍并以二年为任。”[⑧]通过限制

① 刘琳、刁忠民、舒大刚，等校点：《宋会要辑稿》职官五四之二七，第4481页。
② 刘琳、刁忠民、舒大刚，等校点：《宋会要辑稿》职官五四之二七至二八，第4481页。
③ 刘琳、刁忠民、舒大刚，等校点：《宋会要辑稿》职官五四之三〇，第4483页。
④ 刘琳、刁忠民、舒大刚，等校点：《宋会要辑稿》职官五四之三〇，第4483页。
⑤ 刘琳、刁忠民、舒大刚，等校点：《宋会要辑稿》职官五四之三〇，第4483—4484页。
⑥ （宋）李心传编撰，胡坤点校：《建炎以来系年要录》卷63，绍兴三年三月己未，第1247页。
⑦ （宋）李心传编撰，胡坤点校：《建炎以来系年要录》卷65，绍兴三年五月乙丑，第1277页。
⑧ （宋）李心传编撰，胡坤点校：《建炎以来系年要录》卷69，绍兴三年十月辛亥，第1358页。

各州县安置添差官数量来控制地方冗官问题。还有一些官员自作主张，辟除大量非正式官员，耗费民财，正如绍兴二年（1132 年），臣僚所奏："比年帅守、监司辟官，搀夺部注，朝廷不能夺，铨曹不能违，又多畀以添差不厘务之阙。上自监司、倅贰，下至掾属、给使，一郡之中，兵官八九员，一务之中，监当六七员，数倍于前日。存无事之官，食至重之禄，所以重困生民"①，因而他建议"请裁省其阙，否则以宫庙之禄畀之"②。通过缩减这部分冗官的数量来减省地方政府无效成本的损耗。但是同样的，南宋政府也一直没有解决好添差官问题，地方州县上仍然充斥着大量的添差官员，其根本原因就是南宋皇帝思维中固有的无令宗子失所"以称朕敦睦宗族之意"的敬宗收族思想。同时还包括对各种文武臣僚、立功将士、归正人员的安慰与笼络思想，正是这种无限制编外人员的扩充导致南宋地方政府冗官问题难以解决。正如宁宗庆元六年（1200 年）嘉兴府上报给枢密院的申状中所描述的景象，"本府路当津要，岁解朝廷上供钱斛，应办金国往来使人，并月支厢、禁、土军、递铺、宗室、岳庙、归正、忠顺、归朝、大小寄居等官俸给，百色费用，日虑窘乏……本府庆元四年八月内，蒙朝廷特添差武节大夫、浙西兵钤、仍厘务张卓，续又特添差武节大夫、浙西副总管、（乃）[仍] 厘务曹组，并以副将马立阙差武功大夫、果州团练使、总管程孝廉，以将官修武郎李显阙特添差武节大夫、浙西副总管寿昌，以忠翊郎张祐阙特差训武郎、浙西兵钤董致中。今将替官请给除豁外，张卓五员自到任止今年二月，计增支钱二万一百一十九贯、米五百七十二石、麦二百八十二石"③。在已经非常困难的地方行政经费基础上又增加了这五位高级添差将官，他们的巨额俸禄使得地方政府难以承受，不得不陈请"欲望朝廷日后有分本府路分总管差遣人，须要资格相当，庶几凋郡稍可扶持"④。嘉兴府尚且难以承担日益增加的添差冗官负担，何况比其规模更小的州县，其财力更是难以支撑庞大的冗官群体。宋朝当时的立国环境和优容、笼络官员的固化思维已经将统治者和地方政府逼入一个绝境，很难回头，此问题也给予我们警示，值得借鉴。

（六）倡导官吏勤勉、节俭、淡泊名利，提升自身精神与道德修养

关于这一方面的举措，已经在第四章相关内容中进行了论述，此处不再详述。

---

① （元）脱脱等撰：《宋史》卷 160《选举志六》，第 3755 页。

② （元）脱脱等撰：《宋史》卷 160《选举志六》，第 3755 页。

③ 刘琳、刁忠民、舒大刚，等校点：《宋会要辑稿》职官四八之一一九至一二〇，第 4387 页。

④ 刘琳、刁忠民、舒大刚，等校点：《宋会要辑稿》职官四八之一二〇，第 4387 页。

结语　宋代地方政府行政成本问题的特点及对当今的启示

本书通过以上五章的论述，虽然不能全面反映两宋地方政府行政成本的全貌，但几乎涉及了其中的主要方面，特别是对无形行政成本和无效行政成本的揭示，使得今人能较为全面、客观地来考察宋代地方政府行政成本的面貌。从中我们可以总结出宋代地方政府行政成本所呈现的一些特点，其中存在的一些得失教训可为后人提供启示和借鉴。

一、宋代地方政府行政成本问题的特点

（一）存在"精简—膨胀—再精简—再膨胀"的"怪圈"

周镇宏、何翔舟《政府成本论》一书中对中国古代的官僚体制和冗官问题进行了探讨，提出中国封建社会随着政府行政管理层级的增多、官僚机构的膨胀，政府成本存在"精简—膨胀—再精简—再膨胀的'循环圈'"[①]。如果从宋代地方政府行政成本规模的发展来看，确实也符合这一论断，其在历史发展中也存在"精简—膨胀—再精简—再膨胀的循环圈"。我们先看一组数字，宋真宗咸平四年（1001 年）二月，知金州陈彭年在上书中曾回忆自己在真宗初年担任苏州通判之时，"知州乔维岳疾病，独臣与判官崔端共事；次任寿州通判日，知州乔维岳丧亡，支使甘鸿渐差出，独臣与推官陆文伟同官。此时区分狱讼，行遣文书，皆得及期，亦无阙事"[②]。当时连同知州一州之官不过三员。仅仅过了四年，"今苏州知州、通判外，有职事官三员，寿州知州、通判外，有职事官四员。官既众，事益烦"，官员数量由三员增加到五员、六员。这不仅是增加一位

① 周镇宏、何翔舟：《政府成本论》，第 158—160、164—168 页。

② （宋）李焘撰，上海师范大学古籍整理研究所、华东师范大学古籍整理研究所点校：《续资治通鉴长编》卷 48，咸平四年二月壬戌，第 1048 页。

官员，增加一位官员就意味着增加了大量为其服务的胥吏和役人“增将吏之衙参，添簿书之拥滞”。[①]而到了熙宁时期，沈立所作《越州图序》中提到越州当时一州八县共有“府县官属五十二员，厢禁军一十二指挥，军府职吏共二百三十人”[②]。按照每县五名县官计算，八县总共四十员，越州本州官达到了十二人，已经远超当年苏州、寿州州级官员人数规模。到了南宋孝宗隆兴年间，情况就更加严重了，胡铨以江南西路为例，“如吉州小郡，而兵官七八人，幕职、郡掾六七人，酒官、税官四五人。赣州虽号剧郡，兵官至十余人，幕职、郡掾八九人，酒官、税官六七人。如筠如袁，又非赣、吉比，而兵官亦不下三四人，幕职、郡掾四五人，税官三四人。隆兴大府，兵官宜倍于他州，而幕职、郡掾、酒官、税官亦复称是”[③]。像吉州这样的小州州级官员已经有二十多员，更大一些的赣州、隆兴府其官员规模就更加庞大。我们从同样是州一级机构的比较中就可以看出，两宋地方官员人数日益增长的趋势，而这与中央政府和士大夫所倡导的缩减冗员、节省冗费的呼声是背道而驰的。[④]从第五章宋朝政府应对无效成本损耗的举措中也可以看出，两宋政府其实也是一直致力于裁减地方冗官，但实际结果却是越裁官员越多，地方政府规模和自身运转费用越来越大。不仅仅体现在地方官员数量和俸禄开支，所谓地方行政活动中用于公务接待的相关费用、公共设施修建成本等，只要我们去考察，无不存在这一“怪圈”，其中的原因又何在呢？

宋史研究专家郭正忠先生20世纪80年代发表的一篇文章《中国古代官僚机构的膨胀规律及根源——兼析两宋官冗的社会背景》中就提出，“自从秦汉专制主义中央集权的政治制度创立以来，封建政府的官僚机构一朝比一朝庞大，其官吏数额一代多于一代”。还特别以宋代为例，提出：“总体上看，宋代官僚

① （宋）李焘撰，上海师范大学古籍整理研究所、华东师范大学古籍整理研究所点校：《续资治通鉴长编》卷48，咸平四年二月壬戌，第1048页。

② （宋）孔延之辑：《会稽掇英总集》卷20《越州图序》，《景印文渊阁四库全书》，第1345册，第167页。

③ （明）黄淮、杨士奇编：《历代名臣奏议》卷162《乞减省冗官员数奏》，第2123页。

④ 从两宋官员总数的比较中同样可以反映这一点，元丰三年（1080年），曾巩在上奏神宗讨论经费问题中曾提道：“景德官一万余员，皇祐二万余员，治平并幕职、州县官三千三百余员，总二万四千员。”见（宋）曾巩撰，陈杏珍、晁继周点校：《曾巩集》卷30《议经费札子》，第451页。到了徽宗宣和元年（1119年），官员数量之众达到两宋之最，“今吏部两选朝奉大夫六百五十五员，奉直大夫至光禄大夫二百九十员，横行右武大夫至通侍大夫二百二十九员，修武郎至武功大夫六千九百九十一员……选人在部者一万六千五百四十二员，小使臣二万三千七百余员，吏员猥冗，注拟不行，而仕途塞矣。官秩既进，俸亦随之”。官员总数合计四万七千七百五十二员。见刘琳、刁忠民、舒大刚，等校点：《宋会要辑稿》职官一之三五至三六，第2957页。到了南宋理宗宝祐四年，情况同样非常，地狭官冗，时监察御史朱熠言：“境土蹙而赋敛日繁，官吏增而调度日广，景德、庆历时以三百二十余郡之财赋，供一万余员之奉禄；今日以一百余郡之事力，赡二万四千余员之冗官，边郡则有科降支移，内地则欠经常纳解。欲宽民力，必汰冗员。”参见《宋史》卷44《理宗本纪四》，第858页。

的冗滥趋势，并未受到有效的遏制，而是以比户籍数快几倍的速度增长。仿沸一株古老树干上的寄生微菌，在适当的气候和环境下，总挟有比树体本身更顽强的生长机能。就中国古代封建专制政权机构来说，大抵这是一种带规律性的历史现象，并不以某些人的意志为转移”；对宋代所采取的缩减冗官的举措也做出了失望的评价，“尤其值得注意的是，历代君臣都不止一次地设法阻止其官吏队伍膨胀，但结果却大多归于徒劳。两宋曾举行十余次大规模的裁汰冗员活动。其中有几次实行得异常认真。然而，从总体上看，宋代官僚的冗滥趋势，并未受到有效的遏制”[①]。他认为宋代官冗原因有四个方面，第一是封建经济发展的产物，经济发展带来赋税收入的增加，从而为官吏的烦冗和寄生生活提供了土壤；第二是当时官僚特权诱惑的产物；第三是地主阶级各阶层利害角逐，不断获得相对平衡的产物，官冗是这种角逐所引起的权力再分配达到新的平衡的结果；第四是官员冗滥也是秦汉以来君主专制政治制度发展演化的产物。这四点原因基本上可以解释为何两宋地方政府存在“精简—膨胀—再精简—再膨胀”的“怪圈”。

除了这几方面的原因外，还有两方面的原因也值得注意。一是物价的增长也是推动地方政府行政成本规模增长的重要原因。汪圣铎先生《北南宋物价比较研究》一文也对这一问题做出很好的分析，他研究提出，南宋前中期两浙地区的米价同北宋前中期相比，前者约为后者四倍；荆湖、广南米价同样比例为三比一或者四比一；银价在南宋中期价格为每两三贯，较北宋前中期增长了三倍；绢帛的价格同样如此。[②]通过这些研究结论我们可以推知，宋代地方官府行政活动所需要的米、绢帛、薪炭、建筑材料、雇佣人力费用、办公用品等价格必然也会随着历史的发展增高，其所耗费的政府行政成本必然也会因之而扩大，这些因素也是历史发展中必然而合理的因素，如果对其进行人为的缩减，势必会导致反弹。如宋神宗朝熙宁年间曾大规模缩减各藩府州郡公使钱，限定数额，但是过了不久，元丰二年十二月，又改变法令，下诏“增雄州公使钱二千缗，以坊场钱给。以知雄州苗授言，熙宁中裁减公使钱为八千缗，用度不足，州当国信往来顿舍之地，非他郡比故也……癸丑，再增明州公使钱为二千六百缗，以高丽贡使出入故也”[③]。如果能够了解这一物价变化趋势，会有助于我们理解

① 郭正忠：《中国古代官僚机构的膨胀规律及根源——兼析两宋官冗的社会背景》，《晋阳学刊》1987 年第 3 期，第 59—64 页。

② 汪圣铎：《北南宋物价比较研究》，《宋代社会生活研究》，第 496—514 页。

③ （宋）李焘撰，上海师范大学古籍整理研究所、华东师范大学古籍整理研究所点校：《续资治通鉴长编》卷 301，元丰二年十二月丙午，第 7332 页。

这一“怪圈”现象的出现。

再者，人口增长、社会管理需求增加也是地方政府行政成本规模扩大的合理原因之一。两宋时期随着社会经济的繁荣发展、城市兴起、工商业发达，带来人口的大量增加，随之而来的相应社会管理事务也会增加，机构、官吏、兵丁数量也会因而增加，相应的行政成本支出也会增长。正如仁宗朝韩琦所说：“养兵虽非古，然亦自有利处。议者但谓不如汉、唐调兵于民，独不见杜甫《石壕吏》一篇，调兵于民，其弊乃如此。后世既收拾强悍无赖者，养之以为兵，良民虽税敛良厚，而终身保骨肉相聚之乐，父子兄弟夫妇免生离死别之苦，此岂小事？”[①] 宋代地方政府利用雇募的厢军来承担了大量原来普通民户承担的杂役、矿冶开发、河渠治理、城池修造等事务，使民众得以休养生息，安心生产，在一定程度上节约了民力，促进了经济发展。虽然地方政府行政成本因此而扩张，但也有所回报。也就是说宋代地方行政成本这一“怪圈”也有可以理解的合理成分。

因而，我们需要强调的是，地方政府行政成本规模并非越小越好，而应是与社会经济、管理需求发展相适应，过高或者过低均不合适。随着物价的增长，官吏、兵丁俸禄水平也应随之增长，保持一定的比例，这部分成本不能被认为是无效成本，而应是地方政府合理行政成本之一。

（二）地方政府行政成本消耗的地域性差异较大

以上我们的分析主要侧重从不同类别来分析宋代地方政府行政成本问题，但如果从地域性差异来观察，宋代地方政府行政成本也具有非常明显的地域性特点，而这主要是由该地区的地方政府可支配的财政收入所决定的。

著名历史学家漆侠先生曾提出宋代经济发展的地域性差异，他将全国的市场分为“以汴京为中心的北方市场、以东南六路为主，苏杭为中心的东南市场、以成都府、梓州和兴元府为中心的蜀川诸路区域性市场、以永兴军、太原和秦州为支点的西北市场”[②]四个板块。我们或可以此为基础来再细分一下，当时地方政府行政成本消耗的地域基本可分为六个地区，河朔地区、东南地区、西北地区、两湖地区、四川地区、两广地区。我们分别列举一些例证来对比分析一下这些地区行政成本规模的差异。

河朔地区是当时国家统治者极为看重的地区，也是军队驻扎密集、军费开

① （宋）罗大经撰，王瑞来点校：《鹤林玉露》乙编卷4《养兵》，第180页。

② 漆侠：《中国经济通史·宋代经济卷》，北京：经济日报出版社，1999年版，第1074—1081页。

支浩大的地区，故而这一地区物产、人口虽丰，但赋税多用于供军，本地财政开支规模有限。如真宗咸平六年（1003 年）六月，朝廷在嘉奖北方三路转运使副的诏令中就提到："诏河北、河东、陕西转运使副，按行边陲，经度军费，比之他路，甚为劳止，其月俸可给实钱。"[①] 仁宗朝欧阳修《论河北财产上时相书》中也提到："独河北一方，兵民所聚，最为重地。而东负大海，西有高山，此财利之产，天地之藏，而主计之吏，皆不得取焉。"[②] 转运使不得取的原因就在于这些赋税都已经拿来供军了。又如苏辙在《京西北路转运使题名记》中记载说："惟京西于诸路，地大且近，西举巩、洛，北兼郑、滑，南收陈、许、蔡、汝、唐、邓、申、息、胡、沈，浸淫秦、楚之交，翕引河、汴，萦阻淮、汉、出入数千里，土广而民淳，斗讼简少，盗贼希阔"，说明当地民风淳朴，治理不难，但接下来话锋一转，"然其壤地瘠薄，多旷而不耕，户口寡少，多惰而不力，故租赋之入于他路为最贫。每岁均南馈北，短长相补，以给军吏之奉，故转运使之职，于他路为最急。"[③] 可见，在这一地区为官，仍需要为满足本地官吏、军兵行政经费支出而劳心费力。而当时的南京应天府，"南京素号要会，宾客往来无虚日，一失迎候，则议论蜂起"[④]。这同样给在当地为知府者提出了很大的精力和经费方面的挑战。

东南地区自唐代以来经济日益发展，随着商贸活动的往来，人口日益繁盛，大中城市不断涌现，唐朝既有"扬一益二"之称。而宋代的建康府、临安府、庆元府等均为富甲一方的大藩府，因而地方行政经费相对充裕。《萍州可谈》就记载："杭州繁华，部使者多在州置司，各有公帑。州倅二员，都厅公事分委诸曹，倅号无事，日陪使府外台宴饮。东坡倅杭，不胜杯酌，诸公钦其才望，朝夕聚首，疲于应接，乃号杭倅为'酒食地狱'。后袁毂倅杭，适与郡将不协，诸司缘此亦相疏，袁语所亲曰，'酒食地狱，正值狱空。'"[⑤] 扬州同样如此，迎送往来不绝，公务接待开支浩大。苏轼曾说："窃以扬于东南，实为都会，八路舟车，无不由此，使客杂还，馈送相望，三年之间，八易守臣，将迎之费，相继不绝，方之他州，天下所无。"由于朝廷给定的额定公使钱只有五千贯，远远不足使用，"使客数倍于杭州。杭州公使钱七千贯。而本州止有五千贯，显是支使

① （宋）李焘撰，上海师范大学古籍整理研究所、华东师范大学古籍整理研究所点校：《续资治通鉴长编》卷 55，咸平六年六月辛酉，第 1201 页。
② （宋）欧阳修撰，李逸安点校：《欧阳修全集》卷 118《论河北财产上时相书》，第 1827 页。
③ （宋）苏辙撰，陈宏天、高秀芳校点：《苏辙集》卷 23，第 397—398 页。
④ （宋）欧阳修撰，李逸安点校：《欧阳修全集》附录卷 2《先公事迹》，第 2634 页。
⑤ （宋）朱彧撰，李伟国点校：《萍州可谈》卷 3，第 166 页。

不足。”[①]因而他建议增长为七千五百贯，以满足实际需要。而当地其他一些交通要道上的州军也把主要精力用于往来迎送，“至如真、楚、泗州之类，虽云繁剧，然民事至少，宾客实多，大抵能饰厨传，即为称职。官满之日，往往擢为监司”[②]。看来，这些地区州县大量的行政经费都用于公务接待，被无偿损耗了。

两湖地区经济在当时仍较为窘迫，每年向朝廷上供的数额很少，仅能自足。在行政经费上一些州军甚至比不上东南的一些大县。如陆游在《入蜀记》中就记载：“（乾道六年八月）十八日，食时方行，晡时至黄州，州最僻陋少事。杜牧之所谓‘平生睡足处，云梦泽南州’……州治陋甚，厅事仅可容数客，倅居差胜。”[③]又记载说归州“州仓岁收秋、夏二料，麦粟粳米，共五千余石，仅比吴中一下户耳”[④]。叶适在向宁宗上的奏章中提到，“然湖南漕司岁计所入甚少，比江西才十之三四，比湖北才十之五六，曾不足以支本司一年之经用……今漕司索然穷匮者五六年矣，除凑足交头之外。每遇新旧交易，使者与属官聚议，搏手无以具接送之费。臣比取乏诸郡，小歉虽先事讲求荒政，终不能有所捐贷，为诸司之倡”[⑤]。可见，由于湖南地区行政经费的困窘，已经严重影响到了灾害的赈救，更不用说官员上任举行的迎送仪式费用了。

西北地区如秦州、延州等地，由于驻扎大量军队，当地政府用于犒赏军队、迎送使节的费用也非常多，往往不足使用。仁宗朝薛奎知秦州。“州宿重兵，经费常不足，奎务为俭约，教民水耕，谨商算。岁中积粟三百万，征算余三千万，核民隐田数千顷，得刍粟十余万。”[⑥]使得当地的行政经费状况有了很大的好转。胡寅《斐然集》中也记载：“汉中土瘠民贫，州郡岁计常不足。”[⑦]

两广地区在宋代仍属于经济待开发地区，人口不繁，财政状况不佳，而且还往往是官员贬谪和罪犯流放之地，故而该地区政府的行政成本规模一般不大，且自给困难。如仁宗庆历中，卢革知龚州，他就上奏说：“岭外小郡，合四五不当中州一大县，无城池甲兵之备，将为贼困，宜度远近并省之。”[⑧]徽宗政和元年（1111 年），广南西路经略安抚司奏：“勘会本路管下龚、白二州各管一县，

① （宋）苏轼撰，孔凡礼点校：《苏轼文集》卷 35《申明扬州公使钱状》，第 986 页。
② （宋）司马光撰，李文泽、霞绍晖点校：《司马光集》卷 23《论因差遣例除监司札子》，第 611 页。
③ （宋）陆游：《入蜀记》卷 4，《陆游集》，第 2439 页。
④ （宋）陆游：《入蜀记》卷 6，《陆游集》，第 2457 页。
⑤ （宋）叶适撰，刘公纯、王孝鱼点校：《叶适集》卷 1《上宁宗皇帝札子（嘉泰三年）二》，北京：中华书局，1961 年版，第 3 页。
⑥ （元）脱脱等撰：《宋史》卷 286《薛奎传》，第 9631 页。
⑦ （宋）胡寅撰：《斐然集》卷 26《朝请郎谢君墓志铭》，《景印文渊阁四库全书》，第 1137 册，第 698 页。
⑧ （元）脱脱等撰：《宋史》卷 331《卢革传》，第 10669 页。

税租不足官兵支费。今欲将白州并废隶郁林军，存留博白县；龚州并废隶浔州，依旧存留平南县。更各置主簿一员。”[①] 由于二州租税不足以养活官员、士兵，为了节约行政成本，只得将这两州废除，各存留一县。南宋高宗绍兴六年（1136年），广南东路诸司共同上奏：“梅州最僻小，户口税赋不及潮、惠一县，屡经兵火，上供常额，官兵餽食，民无所出。今欲废为程乡县，依涟水军体例，置军使一员兼知县事，隶潮州，仍旧存留都监、监税、巡检。”[②] 梅州同样是因当地人口、赋税太少，而被迫废并为县，以减少行政成本支出。北宋徽宗时期设置的广西平州、安州也由于官多民少，经费不能自给，在南宋初年被废并了。《鹤林玉露》中说广西征收“丁钱”，自三岁小儿就开始征收，朝廷虽加取缔，但效果不佳，作者就认为广右“诸郡多借此为岁计，往往名除而实未除也。大概近来州郡赋税失陷，用度月增，其无名之征，未必皆官吏欲以自肥，往往多为补苴支撑之计。朝廷若欲除无名之征以宽民，须是究是一郡盈虚，有以补助之，使岁计不乏，然后实惠乃可及民。不然，亦徒为空言而已”[③]。这一苛捐的征收，确实也有两广地区财政收入困难，使得地方官员难以为继不得已为之的因素。

四川地区，同样由于地处偏远，消息闭塞，官员不愿赴任。正如绍兴十二年（1142年）六月，成都府路安抚使张焘所言：“成都僻在一隅，去行在万里，所辟官属，少有愿就之人。”[④] 但成都等大州仍然拥有较为雄厚的经费实力，在地方行政活动中拥有的自由支配度较大。如绍兴末年，富元衡为利州路提刑官，“蜀旧例，监司交馈不下数千缗，元衡悉拒不纳。再移湖北，专以平反为心。隆兴中召还，中途遇盗，行李为之一空，帅李师颜馈以匣金，元衡不启，缄谢绝之”[⑤]。但除了成都周边之外，利州路、梓州路等地均较为贫困，地方政府经费困难。

需要说明的是，宋代地方州府有分类制度，如按照户口划分，宋代的州沿唐制，分辅、雄、望、紧、上、中、中下、下八等。一般四万户以上为上州，三万户以上为中州，不满两万户为下州，在中、下州之间又有中下州之称。除三等之分外，因军事或政治地位轻重不等，州又有雄、望、紧之别。元丰间有三雄、十七望、八紧，大观、政和年间又将十五州升为望州。这些雄、望、紧的大州即使地处经济落后地区，也拥有较为充足的行政经费。此外，还有所谓

① 刘琳、刁忠民、舒大刚，等校点：《宋会要辑稿》方域七之一九，第9416页。
② 刘琳、刁忠民、舒大刚，等校点：《宋会要辑稿》方域七之一五，第9413页。
③ （宋）罗大经撰，王瑞来点校：《鹤林玉露》丙集卷5《广右丁钱》，第326页。
④ 刘琳、刁忠民、舒大刚，等校点：《宋会要辑稿》选举三一之六，第5842页。
⑤ 正德《姑苏志》卷49《人物志七》，《天一阁藏明代方志选刊续编》，第14册，第233页。

“藩府”制度，将行在府和一些重要的府州定为藩府。神宗熙宁中，大藩府有三京（除东京外），还有京兆、成都、太原、荆南、江宁、延州、秦、扬、杭、潭、广州，共14处。南宋时期，藩府有18处，但是有三京、太原、京兆等8处已经陷落，实际只有颍昌（许昌）、成都、建康、江陵、扬、潭、广州等10处，藩府比一般府地位高，经费相当充足，也是地方官员普遍愿意赴任的处所。

（三）路州县不同行政层级成本消耗差异巨大

从宋代地方路、州、县各行政层级来看，县一级赋税征收最多，留存最少，两宋尤其是南宋时期许多县邑几乎都是靠搜刮、法外征敛来的经费满足本县行政开支费用，几乎难以自立。如南宋孝宗朝的武进县，为常州属县“武进为常辅邑，赋上于州，县无赢财，而有经费率凿空取具”①。在没有经费的情况下，只能通过搜刮民财来解决了。理宗朝，王炎在担任临湘知县时，对上级诉说自己为政财窘的苦恼，“然临湘财用则无所从出，何也？夏秋租税，县下所谓常赋也，而临湘不然，夏科有钱，秋科有米，一文一粒以上并赴使州交纳，无常赋可催，无奇零可取，无羡余可得，无渗漏可察，财用无所从出一也”②。那些县级政府通常用来获取经费的途径竟然全都没有。“酒榷正税，县下所谓生财之源也，而临湘不然，一市百家，无千金之肆，一乡千户，无百锺之藏，既无交易，商旅不来……他如鱼湖之利，可以供版帐之定数，此则华容之所有而临湘之所无也；如茶山之利，可以补经总制钱之失额，此则平江之所有而临湘之所无者也。不免因词讼乞丐钱物以充月解，而临湘民讼又且至少，固有终日坐于庭而无一纸牒诉者”③。这样一来，使得县级行政活动几乎陷于停滞，难以开展工作。而崇德县为大邑，“自晋天福中得七乡为县，地褊而版计繁，又适当孔道，舟车旁午，将迎应接之费十倍他邑”④。“其境东南滨海，西北负江，带湖方二百余里，其户口除浮寄浪居而占籍者，亦不下数十万。”⑤ 因而该县有财力兴建县楼、学校等建筑，行政经费较为充裕。

而州一级政府尤其是大的藩府、雄州、望州等，其经费在地方三个层级中最为充足，行政开支规模浩大，从上节论述中即可看出这一点。而一些偏远小州、军却仅能自足，或依靠转运使挪移它州赋税生存。因而这一层级中的差异

---

① （宋）刘宰撰：《漫塘文集》卷20《武进县门记》，《宋集珍本丛刊》，第72册，第346页。
② （宋）王炎撰：《双溪文集》卷11《上卢岳州书》，《宋集珍本丛刊》，第63册，第156—157页。
③ （宋）王炎撰：《双溪文集》卷11《上卢岳州书》，《宋集珍本丛刊》，第63册，第157页。
④ （元）单庆修，徐硕纂：《至元嘉禾志》卷25《崇德县楼记》，《宋元方志丛刊》，第4601页。
⑤ （元）单庆修，徐硕纂：《至元嘉禾志》卷30《题县斋并序》，《宋元方志丛刊》，第4637页。

性较大。如向澹在高宗绍兴年间上奏中曾提到江西州军上供朝廷之外留州财赋不均的问题，他说："江西四郡，赣岁入米十三万斛，而上供才三万，袁岁入米十一万，而上供才五万，则上供数少而州用数多。临江岁入十二万，而止留一万，筠岁入八万六千，而留止数之礌，则上供数多而州用数少。他路当亦类此。乞诏有司，将逐路州军岁入多少以七分充上供，三分分给州用。如是则二者适中，不至巧取耗？重困民力。'"[①] 从中可以看出，赣州岁入米十三万斛，留州用十万斛。袁州岁入米十一万斛，留州用六万斛，临江军岁入十二万斛，上供竟然达到十一万斛，只留州用一万斛，显然太少。而筠州干脆把岁入全部上供，不知当州如何自存？胡建议在地方州军中划定统一的上供比例，即上供七分，州用三分，也得到了朝廷的认可。这其中诸州留存的数额差距巨大，从而也能够显示地方州军之间行政经费的差别。宁宗嘉定中，湖北随州经兵火之余"茅苇弥望，不及中州一下县"[②]。理宗朝黄榦为汉阳知军，"郡无城郭，郭内之民仅千家，有兵二百人，人月给米五斗，多者一石，朝来暮去，若客旅之视传舍。郭外沿江之民几二千家，皆浮居草屋，视水之进退以为去住，夏则迁于城之南，冬则移于城之北，若鸿雁之去来。每岁二税所入，不及中州大邑之一都，官吏请俸仅及中州三之一，驺从不备，往往徒行，以是仕者惮来，阙员殆半"[③]。这种州军的规模还不如中州之县的一都，实在难以自立，因而行政成本开支只能减之又减，难以取足了。

路一级政府介于这两者之间，如转运使、安抚使手中掌握财政大权，经费使用较为充足，提举常平司、提点刑狱司也会利用手中权力为本司官员谋取经费，日常行政开支不成问题。如杨万里就记载广西路经费，"广西诸郡计，仰漕司盐子钱，漕辄啬，帅以闻，请益下漕，漕辄格。会漕阙，帅摄漕，君赞帅岁增诸郡子钱十三"[④]。可见，转运司是有其自身经费的，而且它可以用这些钱来供自己使用，或者补贴给本路诸州军使用。

（四）机构运行成本比重高，地方社会公共支出费用不足

地方政府机构要保持正常运行的相关运行成本，包括修建人员办公的场所、提供人员工资、奖金、福利等经费，和办公支出经费，如公务招待费、差旅费、

① （宋）胡铨撰：《胡澹庵先生文集》卷29《兴国军太守向朝散墓志铭（乾道九年四月）》，引自曾枣庄、刘琳主编：《全宋文》卷4330，第196册，第140—141页。

② （元）张铉纂修：《至正金陵新志》卷一三下之上，《宋元方志丛刊》，第5862页。

③ （宋）黄榦：《勉斋先生黄文肃公文集》卷8《与李侍郎梦闻书》，《宋集珍本丛刊》，第67册，第615页。

④ （宋）杨万里撰，辛更儒笺校：《杨万里集笺校》卷129《陈择之墓志铭》，第4991页。

办公设备和交通工具购置费、劳动力雇佣费等。[①]它与狭义的行政成本基本相同。如果我们从广义的行政成本角度来观察两宋地方政府，就会发现这部分行政成本在两宋时期地方政府成本支出中所占比重越来越大。甚至人员经费已经成为地方政府首先需要解决的问题，只要解决了这一问题，甚至可以数十年不维修或者重建官廨。[②]

地方政府行政运行成本比重的增大，从北宋真宗、仁宗朝开始。《建炎以来朝野杂记》记载："诸州军资库者，岁用省计也。旧制，每道有计度转运使，岁终则会诸郡邑之出入，盈者取之，亏者补之，故郡邑无不足之患。自军兴，计司常患不给，凡郡邑皆以定额窠名予之，加赋增员，悉所不问，由是州县始困。"[③]这就是说，宋朝前期地方行政成本支出是采用动态管理的办法，由转运使负责调剂余缺，等到与西夏开战之后，转运使为了满足军事作战需要，对地方行政经费采用定额制管理，地方上再增加官员，也不予补充赋税，因而给州县行政运行造成极大困难，行政运行成本问题日益突出。英宗治平二年（1065年），司马光上奏："臣近蒙恩给假至陕州焚黄，窃见缘路诸州仓库钱粮，类皆阙绝，其官吏军人料钱、月粮，并须逐旋收拾，方能支给。窃料其余诸州，臣不到处，亦多如此。"[④]宋徽宗时期臣僚王黼也说："今天下郡县仓廪多空，至有不能具三二月之储者。若加之以师旅，因之以饥馑，虽有智者不能为谋矣。"[⑤]

南宋时期这一问题更加严重，朱熹曾提出："泉之为州旧矣，其粟米、布缕、力役之征岁入于公者，盖有定计，禄士廪军，自昔以来量是以为出，不闻其不足也。有不足，则不为州久矣。而比年以来困竭殊甚，帑藏萧然，无旬月之积。二千石每至，往往未及下车而惟此之问。然文符益繁，县益急，民益贫，财赋益屈，此其故何耶？"[⑥]看来，北宋时泉州行政运行成本不成问题，但到南宋以来，却日益窘迫。光宗时期叶适在奏状中就说："自绍兴之中年及乾道、淳熙，将五十年，中间用兵一二年尔，亦可谓少矣。民之富，州县之宽，宜与文、景比，而今日独奈何民力最穷，州县最困软？试即士大夫而问今天下之县曰，'某

① 罗振宇、幸宇：《降低行政成本 建设节约型政府：西部地区县级政府行政成本控制研究》，第19页。

② 如正德《袁州府志》卷13《军资库记（宣和七年七月十五日）》一文中提到袁州"于江西虽支郡，岁所出纳，无虑数十万计，而库之厅事，败椽朽栋，气象弗严，每风雨暴至，则有覆压之虞"，《天一阁藏明代方志选刊》，第37册，第18页。

③ （宋）李心传撰，徐规点校：《建炎以来朝野杂记》甲集卷17《诸州军资库》，第394页。

④ （宋）李焘撰，上海师范大学古籍整理研究所、华东师范大学古籍整理研究所点校：《续资治通鉴长编》卷204，治平二年三月己丑，第4954页。

⑤ （明）黄淮、杨士奇编：《历代名臣奏议》卷268《论财用奏》，第3500页。

⑥ （宋）朱熹撰：《晦庵先生朱文公文集》卷74《策问》，朱杰人、严佐之、刘永翔主编：《朱子全书》，第3878页。

可为欤？某不可为欤’？其不可为者十居八九矣。又试即士大夫而问今天下之州曰，‘某可为欤？某不可为欤’？其不可为者十居六七矣。又问其‘不可为者何事欤’？曰：‘月桩、板帐钱尔，经总制、上供尔，归正人、官兵俸料尔。’”[①]可见，南宋中期已经有百分之八九十的县和百分之七八十的州都为上供朝廷的经费和本地官兵、归正人的俸禄而烦恼，这一比例远远超过了北宋时期，也从一个侧面反映了南宋地方政府财政匮乏以及机构运行成本所占比重日益扩大的事实。

而地方政府用于地方社会公共支出方面的费用诸如教育、医疗、卫生、城市建设、道路改造、水利兴建等房屋经费日渐萎缩。如前述司马光所说的京西、陕西诸路仓廪空虚，“臣闻国无三年之蓄，曰国非其国。今窘竭如此，而朝廷曾不以为忧，若不幸有水旱蝗螨方数千里，如明道、康定之时，加之边鄙有急，兴兵动众，不知朝廷何以待之？臣伏见陈、许、颍、亳等州，止因去秋一次水灾，遂致骨肉相食，积尸满野，此非今日官吏之罪，乃乡时官吏之罪也”[②]。由于地方政府千方百计筹措来的经费都发给官吏、兵丁作为俸禄，仓廪空虚，无法筹集经费救灾。南宋时期赵汝愚任台州知州，曾经详细地给宰相计算了一下台州本地的财政收支情况，“郡中府藏殚竭，逋负上供及诸司钱物与夫官吏俸给之属，几二十万缗。凡利源所入，不过三事：酒、税与折苗耳”[③]。而当地私酿盛行，官营酒务“今环城内外私造酒曲者二千余家，三务监官六员，终日所收本息才数十千，不充官吏之费”[④]。上供、送使、欠官吏俸禄将近二十万贯，在此情况下，知州只能先想办法解决这几个问题了，至于其他应该做的事情只能延迟，如“城有七门，大火之后，五门犹未建立，四壁圮坏，私货出入者，与履平地无异。北军数十人无屋庐可居，但月给房缗百余千，俾与百姓杂处”，城市没有城墙，军人没有营寨，断壁残垣，其景象令人唏嘘。而官员们“不暇远图，朝夕汲汲，惟贡赋之不入”[⑤]。他们只能汲汲于牟利，保证机构正常运行。理宗朝孙梦观所上《论州县财计》奏章中也以自己在宣州任职的经历作为例证，以言州县之窘困，“臣近者出守于宣，尝考五年版籍，额二十五万余石，除灾伤检放、运司寄纳、诸县截留、远年逃阁人户拖欠之数，所入多则十万余

---

① （宋）叶适撰，刘公纯、王孝鱼点校：《叶适集》卷15《应诏条奏六事》，第840页。

② （宋）李焘撰，上海师范大学古籍整理研究所、华东师范大学古籍整理研究所点校：《续资治通鉴长编》卷204，治平二年三月己丑，第4954页。

③ （宋）林表民编：《赤城集》卷2《上宰执论台州财赋书　赵汝愚》，《景印文渊阁四库全书》，第1356册，第628页。

④ （宋）林表民编：《赤城集》卷2《上宰执论台州财赋书　赵汝愚》，《景印文渊阁四库全书》，第1356册，第628页。

⑤ （宋）林表民编：《赤城集》卷2《上宰执论台州财赋书　赵汝愚》，《景印文渊阁四库全书》，第1356册，第628页。

石，少则六七万石。若并以斛面而输之，农寺、总制所以苦不足而截上供，以充府用者，止万余石。官兵请给，宗子孤遗归养、济囚粮，杂支乃至六万余石。移东补西，委难支吾。宜为藩府，犹且若此，其他小垒，抑又可知。”[①]每年供府使用的税粮才一万石，而实际需要的官兵粮饷、宗子请给要六万石，仅此一项，就差了五万石。[②]在此情况下，地方政府难以再有精力顾及其他方面的问题。

甚至，地方政府也会为了满足机构运行成本的需要而挪用本应用于社会公共事业支出的费用，导致地方社会建设与经济发展水平和赋税收入不相适应。如《宋史》就记载："景祐中，淮南转运副使吴遵路言：'本路丁口百五十万，而常平钱粟才四十余万，岁饥不足以救恤。愿自经画增为二百万，他毋得移用……。后又诏：天下常平钱粟，三司转运司皆毋得移用。不数年间，常平积有余而兵食不足，乃命司农寺出常平钱百万缗助三司给军费。久之，移用数多，而蓄藏无几矣。'"[③]这样一来，储存在地方上主要用于救助灾害的常平钱物，大多被中央或地方政府以供养军队的名义移用了。乾道八年（1172年），户部侍郎杨倓又提出地方上义仓粮食被挪用的情况："义仓在法夏秋正税斗输五合，不及斗者免输，凡丰熟县九分以上即输一升。令诸路州县岁收苗米六百余万石，其合收义仓米数不少，间有灾伤，支给不多。访闻诸州军皆擅用，请稽之。"[④]义仓的苗米也成为地方州军普遍挪用的目标。南宋淳熙九年（1182年），衢州知州因"坐擅借兑常平义仓米给官兵俸料"[⑤]而被降一官，但仍保留职位。同年，前福建提举常平周颉也上奏了储存于地方的常平仓运行中存在的几个问题，"一曰公吏非时借请，二曰选人支破接送雇人钱，三曰给散乞丐孤贫米。乞下诸路，将前后公吏已借请钱，依《元丰令》克纳五分。官雇人钱般家，止得就寄居处保明帮请，如绍兴三十一年三月内臣僚所奏事理施行。至于支给乞丐人米，则与申严行下，责在提举常平司严行稽察，将州县违戾去处，痛与按劾惩治。"[⑥]朝廷也同意了他的建议。从中我们可以看出，地方上常平仓所储存的钱物成为当地官吏解决行政运行成本问题的重要支柱，借请俸禄、迎送雇人钱等都从这里

---

① （宋）孙梦观撰：《雪窗先生文集》卷1《癸丑轮对第二札（论州县财计）（宝祐元年）》，《宋集珍本丛刊》，北京：线装书局，2004年影印本，第85册，第387页。

② （宋）孙梦观撰：《雪窗先生文集》卷1《癸丑轮对第二札（论州县财计）（宝祐元年）》，《宋集珍本丛刊》，第85册，第387页。

③ （元）脱脱等撰：《宋史》卷176《食货志上四》，第4276—4277页。

④ （元）脱脱等撰：《宋史》卷176《食货志上四》，第4290页。

⑤ 刘琳、刁忠民、舒大刚，等校点：《宋会要辑稿》职官七二之三五，第4987页。

⑥ 刘琳、刁忠民、舒大刚，等校点：《宋会要辑稿》职官四三之四〇，第4131页。

占借，严重影响了其平抑地方物价、救助灾民的主要职能。

（五）地方政府显性的行政成本规模有限，而隐性的无形成本、无效成本日益增高

所谓显性成本和隐性成本是一组相对的概念，显性成本主要是指能够看到的、可用货币衡量的物质资料、人工劳力等费用，而隐性成本主要是指无形的或者难以用货币衡量的成本消耗。宋代地方政府行政成本的另一特点就是显性成本的有限性和隐性成本的无限制扩张。

南宋时期蔡戡说路级监司一岁费用约三万贯，“凡除一监司，概以中数，岁费三万缗；公帑万缗，迎送万缗，俸给五千缗，兵卒券食五千缗。贤者居之，所费止此”①。这只是显性成本里所包括的监司官员俸禄、公务活动经费、兵卒俸禄、差旅费用等，但实际花费不止于三万贯，那些隐藏的隐性成本部分又包括什么呢？蔡认为：“不才者抑又甚焉。多取头子钱者有之，抑卖公库酒者有之，科买土产物者有之。巡历之馈遗宴设，吏卒之取乞批支，盖非一端，州县之扰可知也，而又迁易不常，费用不赀。且以湖北漕言之，淳熙三年迨今五六年间，凡送迎三十余次。如此，漕计安得不匮，民力安得不困乎？”②我们看得见的是监司官吏、兵丁俸禄、公务接待费用、差旅费等，隐形成本包括了搜刮民财、强制配卖公使库酒营利钱、科买民众土产等，损害了地方政府在民众心目中的公信力，过多的迎送活动和奢侈的宴会也耗费了地方政府大量的无效行政成本。

从公使钱上我们或可更清楚地看出地方政府显性成本与隐性成本的差异。李心传《建炎以来朝野杂记》记载：“公使库者，诸道监帅司及州军、边县与戎帅皆有之。盖祖宗时以前代牧伯皆敛于民，以佐厨传，是以制公使钱以给其费，惧及民也。然正赐钱不多，而著令许收遗利，以此州郡得以自恣。”朝廷每年规定的州军正额公使钱数量并不大，“随州郡大小立等，岁自二百贯至五千贯止”③。由于规定地方政府可以利用营利来补贴公使经费不足，于是地方州郡“开抵当、卖熟药，无所不为，其实以助公使耳”。这样一来，宋代地方政府公务接待方面的隐性成本数额就远远超出了对显性成本数额的规定，“公使苞苴，在东南而为尤甚。扬州一郡每岁馈遗，见于帐籍者，至十二万缗。江浙诸郡，每以酒遗中

① （宋）蔡戡撰：《定斋集》卷2《乞选择监司札子》，《丛书集成续编》，第105册，第20页。

② （宋）蔡戡撰：《定斋集》卷2《乞选择监司札子》，《丛书集成续编》，第105册，第20页。

③ （宋）李焘撰，上海师范大学古籍整理研究所、华东师范大学古籍整理研究所点校：《续资治通鉴长编》卷219，熙宁四年春正月乙酉，第5328页。

都官，岁五六至，至必数千瓶。淳熙中，王仲行尚书为平江守，与祠官范致能、胡长文厚，一饮之费，率至千余缗。时蜀人有守潭者，又有以总计摄润者，视事不半岁，过例馈送，皆至四、五万缗”①。扬州一地每年用于馈赠的经费就高达十二万贯，平江知府一顿饭要吃掉一千贯，这些费用足以抵得上一些小的州军一年的行政经费开支了。而十二万贯这么大规模的奢侈消费，浪费的无效成本却并不在扬州正赐公使钱账目上显现，因而那朝廷法令中规定的扬州当地公使钱 5000 贯的数字已经不具有实际意义了。

再如地方官员俸禄，宋朝政府对于地方官员俸禄，针对不同路、州、县的工作岗位，均有明确标准。应该说，主要从事地方日常行政工作的各级官吏其俸禄收入并不高，总额也不多，反而是那些从高级文官或者武官退居州县的添差官、宫观官，渎职怠政却坐享高薪厚禄，造成了在岗官员与闲散官员俸禄收入的巨大反差，也体现出了地方政府显性成本与隐性成本的巨大差别。正如南宋初年庆元府，“庆元一郡而添差四十员，尽本府七场务所入，不足以给四十员总管之俸，其间有五十年不徙任者，计其俸入钱二十余万缗，米十余万斛。扬州，会府也，岁输朝廷钱不满七、八万，而本州支费乃至百二十万缗，民力安得不困？”② 孝宗淳熙八年（1181 年），宰辅也上奏：“平江府添差归正等官及拣汰使臣等一岁请给。自乾道八年以来，每岁计支二十余万贯。”③ 仅仅养这些闲官一年要耗费二十万贯钱，远超一些小州军的岁计。这样一来，所说的地方冗官冗费，主要是由这些高级闲官所造成的。而一些在一线工作的县级官员，俸禄收入却少得可怜，大量的地方行政成本被无形损耗掉了。④

宋代地方政府行政成本为何会出现显性成本规模有限，而隐性成本日益增高的局面呢？其原因笔者认为主要在于宋朝初期统治者为了加强中央集权、弱化地方藩镇势力，采取了“制其钱谷，收其精兵”的策略，将地方政府大量的

---

① （宋）李心传撰，徐规点校：《建炎以来朝野杂记》甲集卷 17《公使库》，第 394—395 页。

② （宋）李心传撰，徐规点校：《建炎以来朝野杂记》甲集卷 17《诸州军资库》，第 394 页。

③ 刘琳、刁忠民、舒大刚，等校点：《宋会要辑稿》兵一六之四，第 8936 页。

④ 仁宗朝，王安石就说：“其下州县之吏，一月所得，多者钱八九千，少者四五千。以守选、待除、守阙通之，盖六七年而后得。三年之禄，计一月所得乃实不能四五千，少者乃实不能及三四千而已，虽厮养之给亦窘于此矣！。”（宋）王安石撰，聂安福等整理：《临川先生文集》卷 39《上仁宗皇帝言事书》，王水照主编：《王安石全集》，第 758 页。后虽经几次增俸，但到南宋时期，随着物价的增长，仍然存在州县低级官员俸禄不足且拖欠的问题。如《夷坚志》载南宋汝州鲁山县亦有三鸦镇镇官一员“俸入不能给妻孥。汝州鲁山县亦有三鸦镇镇官一员，俸入不能给妻孥。官况萧条，地多塘泺。舍蒲藕鱼鳖之外，市井绝无可买，前后监司未尝至。有运使行部，从吏导之过焉。入其治，则官吏已悉委去，无簿书可寻诘。徘徊堂上，顾纸屏间题字尚湿，试阅之。乃小诗曰：‘二年憔悴在三鸦，无米无钱怎养家，每日两餐唯是藕，看看口里出莲花’，运使默笑而去”。（宋）洪迈撰，何卓点校：《夷坚志》丁志卷 17《三鸦镇》，第 682 页。

税收所得均纳入中央财政体系，地方上只保留维持本地官吏、兵丁俸禄和非常之需的很小一部分经费，地方合规的财政规模有限。如乾德二年（964 年），太祖用赵普的建议，“始令诸州自今每岁受民租及筦榷之课，除支度给用外，凡缗帛之类，悉辇送京师”[①]。乾德三年（965 年）三月，再次重申此诏命，史载：“自唐天宝以来，方镇屯重兵，多以赋入自赡，名曰留使、留州，其上供殊鲜。五代方镇益强，率令部曲主场院，厚敛以自利。其属三司者，补大吏临之，输额之外辄入己，或私纳货赂，名曰贡奉，用冀恩赏。上始即位，犹循常制，牧守来朝，皆有贡奉。及赵普为相，劝上革去其弊。是月，申命诸州，度支经费外，凡金帛以助军实，悉送都下，无得占留。”[②] 这样一来，就极大地改变了中唐以来，中央势力单弱，地方藩镇财力庞大的局面，原来的地方赋税，上供、送使、留州，朝廷只得三分之一，三分之二的赋税留在了本州和本道节度使手中。但宋初太祖这一诏命，直接将地方上维持行政运行费用之外的经费全部收走，各地所收份额虽不相同[③]，但是中央肯定占据了赋税收入中的大多数，因而导致地方无财，其显性的行政成本必然也是有限的。

之后中央政府又根据国家财政需求和战争局势，日益增加对地方财政税收的侵夺力度，如王安石变法时期设置的无额上供钱、朝廷封桩钱，南宋初年推行的经总制钱、版帐钱等，更是使地方政府手中无余财，社会治理能力日益弱化。正如南宋大儒朱熹所说：“本朝鉴五代藩镇之弊，遂尽夺藩镇之权，兵也收了，财也收了，赏罚刑政一切收了，州郡遂日就困弱。靖康之祸，虏骑所过，莫不溃散。”[④] 宁宗朝名臣魏了翁更是全面回顾了两宋削弱地方州县力量的过程及其弊病，“张海等辈剽吏御人于京、淮、湖、陕间，州郡莫敢孰何。金州盗作，速召州兵，仅有二十四人。以承平之久，郡国犹有不会之财，犹有留州之缗，可以为招兵缮城之费，可以为一方缓急之备，然犹凛凛若此。矧熙宁而降，括财利以弱州郡，则益不暇为国远虑。籍禁卒，罢招填，并军额，桩窠籍，分系将不系将，则尺籍虽阙，亦不暇补矣”[⑤]。假使地方官府有财力可以募兵，可以

① （宋）李焘撰，上海师范大学古籍整理研究所、华东师范大学古籍整理研究所点校：《续资治通鉴长编》卷5，乾德二年十二月辛未，第 139 页。

② （宋）李焘撰，上海师范大学古籍整理研究所、华东师范大学古籍整理研究所点校：《续资治通鉴长编》卷6，乾德三年三月乙未，第 152 页。

③ 如南宋乾道年间江西四郡“赣岁入米十三万斛，而上供才三万，袁岁入米十一万，而上供才五万，则上供数少而州用数多。临江岁入十二万，而止留一万，筠岁入八万六千，而留止数之礳，则上供数多而州用数少”。（宋）胡铨撰：《胡澹庵先生文集》卷 29《兴国军太守向朝散墓志铭》，引自曾枣庄、刘琳主编：《全宋文》卷 4330，第 196 册，第 140—141 页。

④ 朱杰人、严佐之、刘永翔主编：《朱子全书》卷 128《本朝二》，第 4001 页。

⑤ （宋）魏了翁撰：《鹤山先生大全文集》卷 15《奏论州郡削弱之弊》，《四部丛刊初编·集部》，第 13 页。

铸造兵器、训练军队，就不会出现几十人就能横行于地方数路之间的荒唐局面。

而为了满足地方实际行政运转的成本需求，填补因中央收走经费导致地方经费不足的问题和满足官吏、兵丁及各项事务需求，只能采取一切合理、非合理的手段来解决行政成本不足的问题。这样一种需求的扩大趋势必然导致非合理手段的滥用，最终导致隐性的无形、无效成本日益扩大，原来朝廷所允许的显性的、合理成本反而变得不那么显著。

（六）地方政府存在合理与非合理的解决行政成本问题的手段

宋代地方政府为解决行政成本问题，可谓绞尽脑汁，合理的手段以及非合理手段均予以采用。我们在前面几章中对此方面也做了不少分析，合理的节支手段包括精简机构、缩减人员、缩减支出项目及采用“以工代赈”等新举措节约经费。合理的增收的手段包括招纳流亡、增殖垦荒、发展工商业、增加茶盐酒的售卖、向中央申请经费等。同时也可以通过加强立法、监察、考核、官员选任、官德教化等管理举措来提升机构运转效率，从而提高决策的科学性，缩减行政成本。

在这些方面宋代也有不少成功的扭转地方行政经费困境的例证。如光宗绍熙三年（1192 年），王正功差知澧州，到任后“帑庾枵然，廪禄累月不给。君去其侵蠹之已甚者，节浮费，汰冗食，补罅漏，郡计无乏。及期而用颇裕，乃从邦人之请，即州治之前辟城通道，建澧阳楼，前俯大江，巨丽轩豁，遂为一方伟观，尝属某记之”[①]。通过他的努力，不但扭转了澧州财政困境的局面，还颇有盈余，修建了一座壮观宏伟的澧阳楼。又如南宋宁宗朝永春县令黄瑀在上任后采取了增收节支的举措，收到了良好的财政和社会效果。真德秀为其纪文，简述了其所作所为，“公来永春，承寇乱蛊弊之余，田莱多荒，民力凋瘁。公至，首豁其宿负，民有鬻业而税籍不除者，悉厘正之。其文书或不具，则履亩而均其税，于是豪家无得幸免而贫弱以苏。民输赋或后期，不使吏舆其间，独揭其姓名为之期日，而闻者相先以至。不一岁，流庸尽复，赋入再倍其初。公又痛以廉俭自约饬，凡例所当得公廨钱，悉输之官。到罢挈家，当计庸受直，亦不取。至于燕游餽遗之费，又皆一切屏绝。而钩考出内，则必以身亲之，吏无得容其奸，于是廪有余粟，库有余钱”[②]。原来田地荒芜、民力凋敝的永春县变成

① （宋）楼钥撰，顾大鹏点校：《楼钥集》卷 107《朝请大夫致仕王君墓志铭》，第 1842—1843 页。

② （宋）真德秀撰：《西山先生真文忠公文集》卷 24《永春大夫御史黄公祠记》，《宋集珍本丛刊》，第 76 册，第 168 页。

了仓廪丰足，库有余钱的财政宽裕的地方，黄知县在其中肯定也付出了超出常人的努力，虽然克服了重重困难，但是，这毕竟不是解决地方政府行政经费的合理途径。

合理途径毕竟成效较慢，官员自己也很辛苦，也冒着得罪地方富民、豪强、官宦之家的风险，因而在宋代还存在着另一套非合理性、但同样有效的解决地方行政成本问题的手段。不合理的增收手段包括苛捐杂税搜刮民财、行政罚款、搜刮下级机构财赋、挪用它处钱物、向民间借贷、经营地方性营利机构等，不合理的节约支出的手段包括占借下级官吏、役人，无偿役使民众、兵丁，转嫁成本给富商、僧道等。

这方面的例子也不胜枚举，我们仅举几种类型的材料加以说明。

制定苛捐杂税、搜刮民财是解决地方行政成本问题的重要途径，南宋时期朱熹曾针对县衙科剥勒索民众等问题提出警告，“今一县之内有令有丞、有簿有尉，号为四衙，杂出文引，别置木牌，各立程限，尽令趁赴，申展缴押，需索百出，多创名色，立为定例，分文不可违少。如押到则有到头钱，缴引则有缴跋钱，展限钱定限、常限所用之钱，复有多寡。又有批朱缝印日龊之类。一引状之出，乞取动是数项，稍有稽违，则枷锢棰楚，无所不至。且以保正一身，岂能徧受诸衙督责？”[①]看来当地政府各机构为了解决自己经费的不足问题，费尽心思想出那么多征税名目，也拖累负责催税的保正分身乏术，难以应对。宁宗朝蔡戡也深有地方为官经验，他也列举了州县官在征收二税及其他税收时候附带征收的大量苛捐杂税。“今二税之内，有所谓暗耗，有所谓漕计，有所谓州用，有所谓斛面。二税之外，有所谓和买，有所谓折帛，有所谓义仓，有所谓役钱，有所谓身丁、布子钱。此上下之通知也。于二者之中，又有折变，又有水脚，又有靡费，有隔年而预借者，有重价而折钱者。其赋敛烦重，可谓数倍于古矣。然犹未也，有所谓月桩，有所谓盐产，有所谓茶租，有所谓上供银，有所谓干酒钱，有所谓醋息钱，又有所谓科罚钱。其色不一，其名不同，各随所在有之，不能尽举。”[②]这样大量苛捐杂税的出现，无疑是为了满足地方州县日常行政运转和行政者自身所需，其中也反映了州县在中央财权集中，地方财税被极大程度压榨下的无奈之举。正如张栻与宋孝宗对话中所说：“今日州郡财赋，大抵无余。若取之不已，而经用有阙，则不过巧为之名以取之于民耳。”

① （宋）朱熹撰：《晦庵先生朱文公文集》卷99《约束不得搔扰保正等榜》，朱杰人、严佐之、刘永翔主编：《朱子全书》，第4605—4606页。

② （宋）蔡戡撰：《定斋集》卷5《论州县科扰之弊札子》，《丛书集成续编》，第105册，第32页。

孝宗闻之矍然曰："论此事者多矣，未有能及此者。如卿言，是朕假手于发运使以病吾民也。"[①] 中央侵夺州县财赋，州县行政经费不足，只得再向民众聚敛，如此便形成一个恶性循环。

又如将成本转嫁给民众或者僧道身上也是地方政府缩减成本支出的重要途径。如南宋初年随州知州李昌言贪婪豪横，当地有一座大的寺院名为大洪山崇宁保寿禅院，"以奉玉泉祠之故，受四远供献。寺帑之富，过于一州"[②]。李知州就盯上了这座寺庙，凡是地方政府有需要花钱的地方，他都会向寺院摊派，"凡百须所仰，尽取办焉，僧不堪命"[③]。又如北宋以来，各州府均役使富裕的民户主管公使库，仁宗朝益州同样如此，"两蜀地远而民弱，吏恣为不法，州郡以酒食相馈饷，衙前治厨传，破家相属也"，导致大量民众破产。赵抃担任益州知州后，改变了这一做法，为政以俭，"不从者请以违制坐之，蜀风为之一变。穷城小邑，民或生而不识使者，公行部，无所不至，父老惊喜相慰，奸吏亦竦"[④]。南宋时期朱熹在《契勘汀州约束不得搔扰保正等榜》中提出："今来县道略不加恤，应干敷买物件，必巧作名目，公然出引，令保正副买办。如修造廨舍，迎送官员，整葺祠宇，置造军器，似此之类，其名不一。竹木瓦砖、油添麻苧等物，例以和买为名，不曾支给分文。又如役使工匠，科差人夫，勒出钱米，陪备供输，椎剥肌髓，至此为甚。一、县官或遇检验定夺、打量体究等事下乡，多是过数将带当直。虽公吏辈，亦用轿乘，排备酒馔，需索钱物，动是取办保正。亦有本官喫食，令保正供买，及所经过都分虽无公事干涉，例有过乡钱、过水钱。其为搔扰，非止一端。"[⑤] 这样看来，南宋时期在县为官，修造官廨、迎送官员、制造军器、出外办案等相关费用全部由保正买单，又有工匠、人夫免费服役，几乎不需要县财政出什么钱，作县不但不难，反而十分逍遥。这在当时不仅仅是汀州一地的特例，在其他史料中也有不少类似的记载。

占借官吏、兵丁或侵夺下级财税也是两宋地方政府常用的节约本级行政成本的手段之一。如真宗朝，诸州知州还延续前朝遗风，离任时携带侍从及兵丁赴新任，这样必然有碍原机构人员使用，因而朝廷多次发布诏令，对此加以禁止。真宗咸平二年（999 年）三月，诏："节度、观察、防御、团练使、刺史

① （宋）杨万里撰，辛更儒笺校：《杨万里集笺校》卷 116《张左司传》，第 4437 页。

② （宋）洪迈撰，何卓点校：《夷坚志》三志辛卷 4《李昌言贪》，第 1412 页。

③ （宋）洪迈撰，何卓点校：《夷坚志》三志辛卷 4《李昌言贪》，第 1412 页。

④ （宋）苏轼撰，孔凡礼点校：《苏轼文集》卷 17《赵清献公神道碑》，第 518—519 页。

⑤ （宋）朱熹撰：《晦庵先生朱文公文集》卷 99《约束不得搔扰保正等榜》，朱杰人、严佐之、刘永翔主编：《朱子全书》，第 4606 页。

如别知州府或掌兵处，止许役使本任公人，不得更于本使镇处抽取。”[①]景德元年（1004年）五月又规定：“诸州节度、观察、防御、团练使、刺史以本郡兵随行给使者以三年为限。”[②]徽宗政和六年（1116年），朝廷也诏令：“应诸路监司不得抽取县镇公人充本司吏职，见供职人并放罢，违者以违制论。监司互按以闻。”[③]但是这一风气似乎没有得到扭转，上级机构还是不断从下级机构无偿抽调人员，而一些下级官员也将此借调视为自己晋升官职的一个机会，拼命钻营。南宋宁宗嘉定中，仍然是“今之仕于县者，则以贰令、簿、尉为卑贱，而必欲入郡之签厅；仕于州者，则以职曹、监当为尘冗，而必欲摄（诸）[路]之幕属。经营结托，无所不至”[④]。这些钻营者也给了监司、州军侵占下级官吏的一个借口和机会，如此一来，本级机构无人值守，事务废弛，必然影响行政运转效率。

至于地方政府上级侵夺下级财税的事例也并不罕见。如徽宗宣和中，“太原帅率用重臣，每宴飨费千金，取诸县以给，敛诸大谷者尤亟”。太原知府公然将下辖的诸县作为承担自己奢侈宴会消费的买单者，当时郭永为大谷知县，断然拒绝了这一苛敛，“以书抵幕府曰：‘非什一而取，皆民膏血也，以资觞豆之费可乎？脱不获命，令有投劾而归耳。’府不敢迫”[⑤]，最终得以免于被科敛。但是，当时像郭永这样敢于对抗自己上级的县官估计不会太多，恐怕大多数官员还是想办法筹集钱款交纳，以求平安。南宋时期朱熹也曾和人谈论地方苛捐杂税，他说：“今日有一件事最不好：州县多取于民，监司知之当禁止，却要分一分！此是何义理！”[⑥]此话说得虽然直白，但是却明确指出了当时地方官场的两大弊病，一是州县苛敛于民，二是监司一旦得知这一苛敛税目，即要分一杯羹。这样也导致了两宋时期一些州郡往往假托账目，四处藏钱，不令监司知。高宗自己和李椿年对话时就说：“朕在河朔，亲所备见，监司所至，不恤州郡有无，尽行刬刷，州郡往往藏钱，不令监司知。”[⑦]可见，统治者对地方政府上下级之间这种紧张的财政关系也是清楚的，但是，这种局面的造成，主要还是由于中央政府无限额的向地方政府征敛赋税，导致压力层层传递，正如南宋初年士大夫霍蠡所言：朝廷“故一有调度，举以其数责之漕司，漕司责之州，州责之县，

① 刘琳、刁忠民、舒大刚，等校点：《宋会要辑稿》仪制四之一三，第2367页。
② 刘琳、刁忠民、舒大刚，等校点：《宋会要辑稿》仪制四之一三，第2367页。
③ 刘琳、刁忠民、舒大刚，等校点：《宋会要辑稿》职官四五之一一，第4238页。
④ 刘琳、刁忠民、舒大刚，等校点：《宋会要辑稿》职官六二之五七，第4752页。
⑤ （元）脱脱等撰：《宋史》卷448《郭永传》，第13205页。
⑥ （宋）黎靖德编：《朱子语类》卷111《朱子八》，朱杰人、严佐之、刘永翔主编：《朱子全书》，第3560页。
⑦ （宋）李心传编撰，胡坤点校：《建炎以来系年要录》卷87，绍兴五年三月壬辰，第1667页。

县责之民。民不胜其求，不得不为巧避之术。于是诡名寄产、分户匿税之弊，百端纷起，而吏受重赇。虽良民不得不为此者，实有以驱之也。今为县者非不知民有巧避之术，为州、为监司、为户部者亦非不知州、县、监司皆有妄取侵用之数，而上下相蒙，莫或谁何。故公赋屈于隐欺，民力殚于赂遗，举天下之财悉耗于奸胥之手”①。两宋时期中央政府由于外部战争和内部养兵的压力所进行的无限度的赋税征调，导致了地方政府和民众大量的钱物没有变成推动政府运行和社会治理的有效行政成本，却落入那些贪赃腐败的贪官污吏之手，成为无效成本。无效行政成本太高，也是两宋经济虽然发达，却不能将财富优势转化为国力优势，做到国富、兵强、民安的重要原因之一。

二、宋代地方政府行政成本问题对当今的借鉴和启示

宋代地方政府行政成本问题对当今地方行政成本的调控也具有一定的启示和借鉴作用。

第一是地方政府行政成本的规模并非越小越好，它应该与经济发展和社会管理需求相适应。一味单纯追求压缩行政成本可能适得其反，显性成本可能被压缩，但是，可能会出现“精简—扩张—再精简—再扩张”的“怪圈”。更令人担心的是，会出现隐性成本日益升高的问题，诸如服务意识和水平的退化，人员离职、贪赃、私征杂税等问题。行政成本规模应该适度，这也要求中央与地方财政之间有合理的平衡，地方财政规模不应被压缩的太小，否则难以正常运转。宋代地方行政中所出现的诸多经费不足问题和因此导致的横征暴敛、科配百姓等问题，往往是中央财政制度的问题。中央留给地方的财政经费不足，原本应由中央支付的大量冗滥官员俸禄如宗室官、添差官被转移给地方，加之因行政事务烦琐增加的相关费用无着落，导致地方官府的胡乱作为，反而损害政府形象。

第二是注意控制地方政府有形行政成本的同时，也注意控制其无形成本和无效成本。地方政府人员的编制、工资水平、“三公”费用等均是监察和审计的重点，需要长期不懈的加以治理。同时也应该注意监督地方政府人员行政效率、行政能力、决策水平等无形因素，通过多种手段解决机构间的手续复杂、效率低下等问题，节约时间成本。不能单纯以经济指标为唯一地方政府优先考核指标，要将生态指标等纳入地方政府的重要考核项目，也要重视地方政府行政决

① 刘琳、刁忠民、舒大刚，等校点：《宋会要辑稿》职官四四之四六至四七，第4228页。

策对生态环境所造成的长期的成本影响。特别是还要通过监督、审计、责任追究等措施加强对各种违法乱纪行为的追究和防控，减少地方政府决策失误，降低公信力成本。

第三是加强相关制度建设，但是要防范制度建设和执行中“过犹不及”的问题，防止一种举措走向其反面。现代地方政府行政成本改革，可以通过建立科学的公共预算制度、完善集中采购制度、国库统一支付制度、会计集中核算制度、电子商务制度、公务接待制度、公务用车制度、公务员待遇制度等改革逐步加以解决。这些制度制定的越详细、越具有可操作性越好。但是，在制度的制定和执行中，也要注意适度，防止走向其反面。如宋代法令制定中有“因时立法，适时变法”的传统，本意是希望法令与社会发展相适应，防止与实际情况脱节。但是在实际使用中却出现了“一人唱之即行，一人沮之即止”的问题，法令多变，朝令夕改，反而令各级政府难以执行，无所适从。又如宋代法令出台不允许地方官府大肆修缮官廨，反而纵容一部分官吏放任官廨破败，不加以及时修缮，本有几十年寿命的建筑可能十几年就坏掉，各项制度都有其内在合理性，但也有不足，需要在实践中不断探索和检验。

第四是要针对不同地区、不同层级的地方政府做出不同的行政成本规模限定。千年前的宋代不同地区之间的同级地方政府官员，其俸禄收入和所能调动的行政资金已经相差巨大，现代不同地区地方政府之间的行政成本差异应该会更大，应该为各地区制定与其本地经济和社会发展水平相适应的行政成本经费指标。过于追求全国一致，地区差异缩减，可能不利于解决相关问题。需要认真调研，了解各地区情况，在人员的编制、工资水平、“三公”费用等方面做出一定的差异化规定，或许更符合实际治理需要。不同层级的地方政府机构之间行政职能、服务范围和对象均有较大差异，所以，也应在上述方面标准制定上有所差异。

第五是严格法令执行，保持对贪赃腐败、虐民扰民行为的高压治理态势，持续监督和审计，治理地方政府无效行政成本方面的问题。宋代惩治贪赃最为后人诟病的一点就是太过从轻。自真宗以后几乎没有重度贪污犯被处以死刑。“罪至极法者，率多贷死”，优待士大夫和有功的高官。法令虽然有规定，但往往出台各种诏令，从轻、减轻对相关犯罪的惩处。犯罪后果不严重，达不到惩前毖后的目的，犯罪成本过低，也是两宋官员贪赃、侵吞公私财产的重要原因。因而需要保证法令在执行中前后一致，不曲法用情，失信于民。同样的，针对地方政府奢侈浪费、渎职怠政、扰民乱政等无效成本的治理和巡视，也应保持长期的监督和审计，提高监管者自身法律素养和道德品质，通过长期的治理来赢得民众的信任和地方官员的理解，创造出有利于控制地方行政成本的社会舆论环境，使之成为地方为官者的固有思维，长期坚持，必然会有效地节约和控制地方政府行政成本。

参考文献

一、古籍文献

（汉）班固撰：《汉书》，北京：中华书局，1962年版。

（汉）刘向撰，向宗鲁校证：《说苑》，北京：中华书局，1987年版。

（汉）司马迁撰：《史记》，北京：中华书局，1959年版。

（北齐）魏收撰：《魏书》，北京：中华书局，1974年版。

（梁）沈约撰：《宋书》，北京：中华书局，1974年版。

（梁）萧子显撰：《南齐书》，北京：中华书局，1972年版。

（唐）白居易，顾学颉校点：《白居易集》，北京：中华书局，1979年版。

（唐）李林甫等撰，陈仲夫点校：《唐六典》，北京：中华书局，1992年版。

（唐）陆贽撰，刘泽民校点：《陆宣公集》，杭州：浙江古籍出版社，1988年版。

（唐）魏征、令狐德棻撰：《隋书》，北京：中华书局，1973年版。

（后晋）刘昫等撰：《旧唐书》，北京，中华书局，1975年版。

（宋）包恢撰：《敝帚稿略》，《宋集珍本丛刊》，北京：线装书局，2004年影印本。

（宋）包拯撰，杨国宜校注：《包拯集校注》，合肥：黄山书社，1999年版。

（宋）毕仲游撰：《西台集》，《丛书集成初编》，北京：中华书局，1985年版。

（宋）蔡戡撰：《定斋集》，《丛书集成续编》，上海：上海书店出版社，1994年影印本。

（宋）蔡襄撰，陈庆元、欧明俊、陈贻庭校注：《蔡襄全集》，福州：福建人民出版社，1999年版。

（宋）晁补之撰：《鸡肋集》，《四部丛刊初编·集部》，上海：商务印书馆，1936年影印本。

（宋）晁公溯撰：《嵩山集》，《景印文渊阁四库全书》，台北：商务印书馆，1986年影印本。

（宋）陈傅良撰：《止斋先生文集》，《四部丛刊初编·集部》，上海：商务印书馆，1936年影印本。

（宋）陈公亮修，刘文富纂：《淳熙严州图经》，《宋元方志丛刊》，北京：中华书局，2006年影印本。

（宋）陈均编，许沛藻等点校：《皇朝编年纲目备要》，北京：中华书局，2006年版。

（宋）陈骙撰，张富祥点校：《南宋馆阁录》，北京：中华书局，1998 年版。

（宋）陈宓撰：《复斋先生龙图陈公文集》，《宋集珍本丛刊》，北京：线装书局，2004 年影印本。

（宋）陈造撰：《江湖长翁集》，《景印文渊阁四库全书》，台北：商务印书馆，1986 年影印本。

（宋）陈襄撰：《州县提纲》，《官箴书集成》，合肥：黄山书社，1997 年影印本。

（宋）陈襄撰：《古灵先生文集》，《宋集珍本丛刊》，北京：线装书局，2004 年影印本。

（宋）程珌撰：《程端明公洺水集》，《宋集珍本丛刊》，北京：线装书局，2004 年影印本。

（宋）程公许撰：《沧州尘缶编》，《景印文渊阁四库全书》，台北：商务印书馆，1986 年影印本。

（宋）程俱撰：《北山小集》，《宋集珍本丛刊》，北京：线装书局，2004 年影印本。

（宋）程洵撰：《尊德性斋小集》，《丛书集成初编》，北京：中华书局，1991 年版。

（宋）程颐、程颢著，王孝鱼点校：《二程集》，北京：中华书局，1981 年版。

（宋）戴栩撰：《浣川集》，《景印文渊阁四库全书》，台北：商务印书馆，1986 年影印本。

（宋）董煟撰：《救荒活民书》，《丛书集成初编》，北京：中华书局，1985 年版。

（宋）窦仪等撰，吴翊如点校：《宋刑统》，北京：中华书局，1984 年版。

（宋）杜大珪撰：《名臣碑传琬琰集》，台北：文海出版社，1969 年影印本。

（宋）杜范撰：《清献集》，《宋集珍本丛刊》，北京：线装书局，2004 年影印本。

（宋）度正撰：《性善堂稿》，《景印文渊阁四库全书》，台北：商务印书馆，1986 年影印本。

（宋）范成大纂修：《吴郡志》，《宋元方志丛刊》，北京：中华书局，2006 年影印本。

（宋）范纯仁撰：《范忠宣公文集》，《宋集珍本丛刊》，北京：线装书局，2004 年影印本。

（宋）范公偁撰，孔凡礼点校：《过庭录》，北京：中华书局，2002 年版。

（宋）范镇撰，汝沛点校：《东斋记事》，北京：中华书局，1980 年版。

（宋）范仲淹，李勇先、王蓉贵校点：《范仲淹全集》，成都：四川大学出版社，2002 年版。

（宋）方大琮撰：《铁庵集》，《北京图书馆古籍珍本丛刊》，北京：书目文献出版社，1998 年版。

（宋）高晦叟撰，孔凡礼整理：《珍席放谈》，《全宋笔记》第三编第一册，郑州：大象出版社，2008 年版。

（宋）高斯得撰：《耻堂存稿》，《丛书集成初编》，北京：中华书局，1985 年版。

（宋）韩元吉撰：《南涧甲乙稿》，《丛书集成初编》，北京：中华书局，1985 年版。

（宋）洪迈：《容斋随笔》，上海：上海古籍出版社，1996 年版。

（宋）洪迈撰，何卓点校：《夷坚志》，北京：中华书局，1981 年版。

（宋）洪适撰：《盘州文集》，《景印文渊阁四库全书》，台北：商务印书馆，1986 年影印本。

（宋）洪咨夔撰：《平斋文集》，《宋集珍本丛刊》，北京：线装书局，2004年影印本。

（宋）胡宏撰，吴仁华点校：《胡宏集》，北京：中华书局，1987年版。

（宋）胡榘修，方万里、罗浚纂：《宝庆四明志》，《宋元方志丛刊》，北京：中华书局，2006年影印本。

（宋）胡太初修，赵与沐纂：《临汀志》，福州：福建人民出版社，1990年版。

（宋）胡太初撰：《昼帘绪论》，《官箴书集成》，合肥：黄山书社，1997年版。

（宋）胡寅撰：《斐然集》，《景印文渊阁四库全书》，台北：商务印书馆，1986年影印本。

（宋）华岳撰：《翠微北征录》，《宋集珍本丛刊》，北京：线装书局，2004年影印本。

（宋）黄榦撰：《勉斋先生黄文肃公文集》，《宋集珍本丛刊》，北京：线装书局，2004年影印本。

（宋）黄震著，张伟、何忠礼主编：《黄震全集》，杭州：浙江大学出版社，2013年版。

（宋）江少虞撰：《宋朝事实类苑》，上海：上海古籍出版社，1981年版。

（宋）孔平仲纂：《孔氏谈苑》，《丛书集成初编》，北京：中华书局，1985年版。

（宋）孔延之辑：《会稽掇英总集》，《景印文渊阁四库全书》，台北：商务印书馆，1986年影印本。

（宋）李昴英撰：《李忠简公文溪存稿》，《宋集珍本丛刊》，北京：线装书局，2004年影印本。

（宋）李焘撰，上海师范大学古籍整理研究所、华东师范大学古籍整理研究所点校：《续资治通鉴长编》，北京：中华书局，2004年版。

（宋）李纲撰，王瑞明点校：《李纲全集》，长沙：岳麓书社，2004年版。

（宋）李光撰：《庄简集》，《宋集珍本丛刊》，北京：线装书局，2004年影印本。

（宋）李吕撰：《澹轩集》，《景印文渊阁四库全书》，台北：商务印书馆，1986年影印本。

（宋）李心传编撰，胡坤点校：《建炎以来系年要录》，北京：中华书局，2013年版。

（宋）李心传撰，徐规点校：《建炎以来朝野杂记》，北京：中华书局，2007年版。

（宋）李新撰：《跨鳌集》，《景印文渊阁四库全书》，台北：商务印书馆，1986年影印本。

（宋）李攸撰：《宋朝事实》，台北：文海出版社，1967年影印本。

（宋）李元弼撰：《作邑自箴》，《官箴书集成》，合肥：黄山书社，1997年影印本。

（宋）梁克家纂修：《淳熙三山志》，《宋元方志丛刊》，北京：中华书局，2006年影印本。

（宋）廖刚撰：《高峰文集》，《景印文渊阁四库全书》，台北：商务印书馆，1986年影印本。

（宋）林表民编：《赤城集》，《景印文渊阁四库全书》，台北：商务印书馆，1986年影印本。

（宋）林駉同撰：《古今源流至论》，《景印文渊阁四库全书》，台北：商务印书馆，1986年影印本。

（宋）刘克庄撰，王蓉贵、向以鲜校点，刁忠民审订：《后村先生大全集》，成都：四川大学出版社，2008年版。

（宋）刘跂撰：《学易集》，《丛书集成初编》，北京：中华书局，1985 年版。

（宋）刘弇：《龙云集》，《景印文渊阁四库全书》，台北：商务印书馆，1986 年影印本。

（宋）刘一止撰：《苕溪集》，《宋集珍本丛刊》，北京：线装书局，2004 年影印本。

（宋）刘宰撰：《漫塘文集》，《宋集珍本丛刊》，北京：线装书局，2004 年影印本。

（宋）楼钥撰，顾大鹏点校：《楼钥集》，杭州：浙江古籍出版社，2010 年版。

（宋）陆九渊撰，钟哲点校：《陆九渊集》，北京：中华书局，1980 年版。

（宋）陆秀夫撰：《宋左丞相陆公全书》，《宋集珍本丛刊》，北京：线装书局，2004 年影印本。

（宋）陆游：《陆游集》，北京：中华书局，1976 年版。

（宋）陆游撰，孔凡礼点校：《家世旧闻》，北京：中华书局，1993 年版。

（宋）陆游撰，李剑雄、刘德权点校：《老学庵笔记》，北京：中华书局，1997 年版。

（宋）吕陶撰：《净德集》，《丛书集成初编》，北京：中华书局，1985 年版。

（宋）吕午撰：《竹坡类稿》，《北京图书馆古籍珍本丛刊·集部·宋别集类》，北京：书目文献出版社，1998 年版。

（宋）吕午撰：《左史谏草》，《景印文渊阁四库全书》，台北：商务印书馆，1986 年影印本。

（宋）吕祖谦编：《宋文鉴》，北京：中华书局，1992 年版。

（宋）吕祖谦：《历代制度详说》，《丛书集成续编》，上海：上海书店出版社，1994 年影印本。

（宋）吕祖谦编著，黄灵庚、吴战垒主编：《吕祖谦全集》，杭州：浙江古籍出版社，2008 年版。

（宋）罗大经撰，王瑞来点校：《鹤林玉露》，北京：中华书局，1983 年版。

（宋）罗叔韶修，常棠撰：《澉水志》，《宋元方志丛刊》，北京：中华书局，2006 年影印本。

（宋）马端临著，上海师范大学古籍研究所、华东师范大学古籍研究所点校：《文献通考》，北京：中华书局，2011 年版。

（宋）马光祖修，周应合纂：《景定建康志》，《宋元方志丛刊》，北京：中华书局，2006 年版。

（宋）毛滂撰：《东堂集》，《景印文渊阁四库全书》，台北：商务印书馆，1986 年影印本。

（宋）慕容彦逢撰：《摛文堂集》，《丛书集成续编》，上海：上海书店出版社，1994 年影印本。

（宋）欧阳守道撰：《巽斋文集》，《景印文渊阁四库全书》，台北：商务印书馆，1986 年影印本。

（宋）欧阳修、宋祁撰：《新唐书》，北京：中华书局，1975 年版。

（宋）欧阳修撰，李逸安点校：《欧阳修全集》，北京：中华书局，2001 年版。

（宋）潘自牧编纂：《记纂渊海》，北京：中华书局，1988 年影印本。

（宋）彭龟年撰：《止堂集》，《丛书集成初编》，北京：中华书局，1985 年版。

（宋）彭□撰，孔凡礼点校：《墨客挥犀》，北京：中华书局，2002 年版。

（宋）齐硕修，陈耆卿纂：《嘉定赤城志》，《宋元方志丛刊》，北京：中华书局，2006 年影印本。

（宋）綦崇礼撰：《北海集》，《宋集珍本丛刊》，北京：线装书局，2004 年影印本。

（宋）钱可则修，郑瑶、方仁荣纂：《景定严州续志》，《宋元方志丛刊》，北京：中华书局，2006 年影印本。

（宋）钱彦远撰：《钱氏私志》，《景印文渊阁四库全书》，台北：商务印书馆，1986 年影印本。

（宋）潜说友纂修：《咸淳临安志》，《宋元方志丛刊》，北京：中华书局，2006 年影印本。

（宋）邵伯温撰，李剑雄、刘德权点校：《邵氏闻见录》，北京：中华书局，1997 年版。

（宋）沈括著，杨渭生新编：《沈括全集》，杭州：浙江大学出版社，2011 年版。

（宋）沈括撰，金良年点校：《梦溪笔谈》，北京：中华书局，2015 年版。

（宋）沈辽撰：《云巢编》，《宋集珍本丛刊》，北京：线装书局，2004 年影印本。

（宋）沈作宾修，施宿等纂：《嘉泰会稽续志》，《宋元方志丛刊》，北京：中华书局，2006 年影印本。

（宋）施谔纂修：《淳祐临安志》，《宋元方志丛刊》，北京：中华书局，2006 年影印本。

（宋）史弥坚修，卢宪纂：《嘉定镇江志》，《宋元方志丛刊》，北京：中华书局，2006 年影印本。

（宋）史能之纂修：《咸淳毗陵志》，《宋元方志丛刊》，北京：中华书局，2006 年影印本。

（宋）释文莹撰，郑世刚、杨立扬点校：《玉壶清话》，北京：中华书局，1977 年版。

（宋）舒麟撰：《舒文靖公类稿》，《丛书集成续编》，上海：上海书店出版社，1994 年影印本。

（宋）司马光撰，邓广铭、张希清点校：《涑水记闻》，北京：中华书局，1989 年版。

（宋）司马光撰，李文泽、霞绍晖点校：《司马光集》，成都：四川大学出版社，2010 年版。

（宋）宋祁撰：《景文集》，《丛书集成初编》，北京：中华书局，1985 年版。

（宋）苏轼撰，孔凡礼点校：《苏轼文集》，北京：中华书局，1986 年版。

（宋）苏洵撰，曾枣庄、金成礼笺注：《嘉祐集笺注》，上海：上海古籍出版社，1993 年版。

（宋）苏辙撰，陈宏天、高秀芳校点：《苏辙集》，北京：中华书局，1990 年版。

（宋）苏辙撰，俞宗宪点校：《龙川别志》，北京：中华书局，1982 年版。

（宋）孙德之撰：《宋秘书孙氏太白斋遗稿》，清道光四年孙氏仰鹿堂刻本。

（宋）孙觌撰：《南兰陵孙尚书大全文集》，《宋集珍本丛刊》，北京：线装书局，2004 年影印本。

（宋）孙梦观撰：《雪窗先生文集》，《宋集珍本丛刊》，北京：线装书局，2004 年影印本。

（宋）孙应时撰：《烛湖集》，《景印文渊阁四库全书》，台北：商务印书馆，1986年影印本。

（宋）孙应时纂修，鲍廉增补，（元）卢镇续修：《琴川志》，《宋元方志丛刊》，北京：中华书局，2006年影印本。

（宋）谈钥纂修：《嘉泰吴兴志》，《宋元方志丛刊》，北京：中华书局，2006年影印本。

（宋）唐庚撰：《唐先生文集》，《宋集珍本丛刊》，北京：线装书局，2004年影印本。

（宋）汪应辰撰：《文定集》，《丛书集成初编》，北京：中华书局，1985年版。

（宋）汪藻撰：《浮溪集》，《景印文渊阁四库全书》，台北：商务印书馆，1986年影印本。

（宋）汪藻撰，王智勇笺注：《靖康要录笺注》，成都：四川大学出版社，2008年版。

（宋）王水照主编：《王安石全集》，上海：复旦大学出版社，2017年版。

（宋）王柏撰：《鲁斋集》，《丛书集成初编》，北京：中华书局，1985年版。

（宋）王辟之撰，吕友仁点校：《渑水燕谈录》，北京：中华书局，1981年版。

（宋）王昶辑：《金石萃编》，北京：北京市中国书店，1985年影印本。

（宋）王称撰：《东都事略》，台北：文海出版社，1979年影印本。

（宋）王巩撰：《甲申杂记》，《景印文渊阁四库全书》，台北：商务印书馆，1986年影印本。

（宋）王巩撰：《闻见近录》，《全宋笔记》第二编，郑州：大象出版社，2006年版。

（宋）王楙撰，王文锦点校：《野客丛书》，北京：中华书局，1987年版。

（宋）王明清撰：《玉照新志》，上海：上海书店出版社，1990年影印本。

（宋）王明清撰：《挥麈录》，上海：上海书店出版社，2001年版。

（宋）王十朋：《梅溪后集》，《景印文渊阁四库全书》，台北：商务印书馆，1986年影印本。

（宋）王庭珪撰：《庐溪先生文集》，《宋集珍本丛刊》，北京：线装书局，2004年影印本。

（宋）王象之著，李勇先校点：《舆地纪胜》，成都：四川大学出版社，2005年版。

（宋）王炎撰：《双溪文集》，《宋集珍本丛刊》，北京：线装书局，2004年影印本。

（宋）王应麟辑：《玉海》，扬州：广陵书社，2003年版。

（宋）王栐撰，诚刚点校：《燕翼贻谋录》，北京：中华书局，1981年版。

（宋）王之望撰：《汉滨集》，《丛书集成续编》，上海：上海书店出版社，1994年影印本。

（宋）王之道撰：《相山集》，《宋集珍本丛刊》，北京：线装书局，2004年影印本。

（宋）王质撰：《雪山集》，《丛书集成初编》，北京：中华书局，1985年版。

（宋）王铚撰，朱杰人点校：《默记》，北京：中华书局，1981年版。

（宋）魏了翁撰：《鹤山先生大全文集》，《四部丛刊初编·集部》，上海：商务印书馆，1936年影印本。

（宋）魏泰撰，李裕民点校：《东轩笔录》，北京：中华书局，1983年版。

（宋）文同撰：《丹渊集》，《景印文渊阁四库全书》，台北：商务印书馆，1986年影印本。

（宋）吴潜修，梅应发、刘锡纂：《开庆四明续志》，《宋元方志丛刊》，北京：中华书局，2006年影印本。

（宋）吴潜撰：《许国公奏议》，《丛书集成初编》，北京：中华书局，1985 年版。

（宋）吴曾撰：《能改斋漫录》，上海：上海古籍出版社，1984 年版。

（宋）吴自牧：《梦粱录》，杭州：浙江人民出版社，1980 年版。

（宋）夏竦撰：《文庄集》，《宋集珍本丛刊》，北京：线装书局，2004 年影印本。

（宋）项公泽修，凌万顷、边实纂：《淳祐玉峰志》，《宋元方志丛刊》，北京：中华书局，2006 年影印本。

（宋）谢深甫撰：《庆元条法事类》，杨一凡、田涛主编，戴建国点校：《中国珍稀法律典籍续编》第 1 册，哈尔滨：黑龙江人民出版社，2002 年版。

（宋）谢维新撰：《古今合璧事类备要》，上海：上海古籍出版社，1992 年版。

（宋）熊克撰：《中兴小纪》，《丛书集成初编》，北京：中华书局，1985 年版。

（宋）徐度撰，朱凯、麦汉椿整理：《却扫编》卷下，《全宋笔记》第三编第十册，郑州：大象出版社，2008 年版。

（宋）徐梦莘撰：《三朝北盟会编》，上海：上海古籍出版社，2008 年版。

（宋）徐元杰撰：《楳埜集》，《宋集珍本丛刊》，北京：线装书局，2004 年影印本。

（宋）薛季宣撰：《艮斋先生薛常州浪语集》，《宋集珍本丛刊》，北京：中华书局，2004 年影印本。

（宋）杨潜修，朱端常、林至、胡林卿纂：《云间志》，《宋元方志丛刊》，北京：中华书局，2006 年影印本。

（宋）杨时撰：《龟山先生全集》，《宋集珍本丛刊》，北京：线装书局，2004 年影印本。

（宋）杨万里撰，辛更儒笺校：《杨万里集笺校》，北京：中华书局，2007 年版。

（宋）姚勉撰：《雪坡舍人集》，《宋集珍本丛刊》，北京：线装书局，2004 年影印本。

（宋）叶梦得撰：《石林奏议》，《续修四库全书》，上海：上海古籍出版社，1996 年影印本。

（宋）叶梦得撰，徐时仪整理：《避暑录话》，《全宋笔记》第二编第十册，郑州：大象出版社，2013 年版。

（宋）叶适撰，刘公纯、王孝鱼点校：《叶适集》，北京：中华书局，1961 年版。

（宋）佚名撰：《两朝纲目备要》，台北：文海出版社，1967 年影印本。

（宋）佚名撰：《新刊国朝二百家名贤文萃》，《续修四库全书》，北京：线装书局，2002 年版。

（宋）佚名撰：《咸淳遗事》，《景印文渊阁四库全书》，台北：商务印书馆，1986 年影印本。

（宋）佚名纂修：《寿昌乘》，《宋元方志丛刊》，北京：中华书局，2006 年影印本。

（宋）佚名撰：《皇宋中兴两朝圣政》，北京：北京图书馆出版社，2007 年版。

（宋）余靖撰：《武溪集》，《宋集珍本丛刊》，北京：线装书局，2004 年影印本。

（宋）袁采撰，贺恒祯、杨柳注释：《袁氏世范》，天津：天津古籍出版社，1995 年版。

（宋）袁甫撰：《蒙斋集》，《丛书集成初编》，北京：中华书局，1985 年版。

（宋）袁说友撰：《东塘集》，《景印文渊阁四库全书》，台北：商务印书馆，1986年影印本。

（宋）袁燮撰：《絜斋集》，《丛书集成初编》，北京：中华书局，1983年版。

（宋）曾丰撰：《撙斋先生缘都集》，《宋集珍本丛刊》，北京：线装书局，2004年影印本。

（宋）曾巩撰，陈杏真、晁继周点校：《曾巩集》，北京：中华书局，1984年版。

（宋）曾巩撰，王瑞来校正：《隆平集校正》，北京：中华书局，2012年版。

（宋）曾敏行撰，朱杰人整理：《独醒杂志》，《全宋笔记》第四编第五册，郑州：大象出版社，2006年版。

（宋）张邦基撰，孔凡礼点校：《墨庄漫录》，北京：中华书局，2002年版。

（宋）张方平撰，郑涵点校：《张方平集》，郑州：中州古籍出版社，1992年版。

（宋）张纲撰：《华阳集》，《宋集珍本丛刊》，北京：线装书局，2004年影印本。

（宋）张淏纂修：《宝庆会稽续志》，《宋元方志丛刊》，北京：中华书局，2006年影印本。

（宋）张津等纂修：《乾道四明图经》，《宋元方志丛刊》，北京：中华书局，2006年影印本。

（宋）张嵲撰：《紫微集》，《丛书集成续编》，上海：上海书店出版社，1994年影印本。

（宋）张栻撰，杨世文、王蓉贵点校：《张栻全集》，长春：长春出版社，1999年版。

（宋）张守撰：《毘陵集》，《丛书集成初编》，北京：中华书局，1985年版。

（宋）张舜民撰：《画墁录》，《全宋笔记》第二编第一册，郑州：大象出版社，2006年版。

（宋）张孝祥撰，彭国忠校点：《张孝祥诗文集》，合肥：黄山书社，2001年版。

（宋）张咏著，张其凡整理：《张乖崖集》，北京：中华书局，2000年版。

（宋）张知甫撰，孔凡礼点校：《可书》，北京：中华书局，2002年版。

（宋）章汝愚辑：《群书考索》，扬州：广陵书社，2008年版。

（宋）赵不悔修，罗愿纂：《新安志》，《宋元方志丛刊》，北京：中华书局，2006年影印本。

（宋）赵汝愚编，北京大学中国中古史研究中心校点整理：《宋朝诸臣奏议》，上海：上海古籍出版社，1999年版。

（宋）赵善括撰：《应斋杂著》，《景印文渊阁四库全书》，台北：商务印书馆，1986年影印本。

（宋）赵彦卫撰，傅根清点校：《云麓漫钞》，北京：中华书局，1996年版。

（宋）赵与泌修，黄岩孙纂：《仙溪志》，《宋元方志丛刊》，北京：中华书局，2006年影印本。

（宋）赵与时著，齐治平点校：《宾退录》，上海：上海古籍出版社，1983年版。

（宋）真德秀撰：《西山政训》，《丛书集成初编》，北京：中华书局，1985年版。

（宋）真德秀撰：《西山先生真文忠公文集》，《宋集珍本丛刊》，北京：线装书局，2004年影印本。

（宋）郑兴裔撰：《郑忠肃奏议遗集》，《景印文渊阁四库全书》，台北：商务印书馆，1986年影印本。

（宋）周必大撰：《庐陵周益国文忠公集》，《宋集珍本丛刊》，北京：线装书局，2004 年影印本。

（宋）周必大撰：《省斋文稿》，《宋集珍本丛刊》，北京：线装书局，2004 年影印本。

（宋）周淙纂修：《乾道临安志》，《宋元方志丛刊》，北京：中华书局，2006 年影印本。

（宋）周煇撰，刘永翔校注：《清波杂志校注》，北京：中华书局，1994 年版。

（宋）周密撰，吴企明点校：《癸辛杂识》，北京：中华书局，1988 年版。

（宋）朱弁撰，孔凡礼点校：《曲洧旧闻》，北京：中华书局，2002 年版。

（宋）朱长文纂修：《吴郡志》，《宋元方志丛刊》，北京：中华书局，2006 年影印本。

（宋）朱松撰：《韦斋集》，《宋集珍本丛刊》，北京：线装书局，2004 年影印本。

（宋）朱熹撰：《宋名臣言行录》，台北：文海出版社，1967 年影印本。

（宋）朱熹撰：《朱熹集》，成都：四川教育出版社，1996 年版。

（宋）朱彧撰，李伟国点校：《萍州可谈》，北京：中华书局，2007 年版。

（宋）祝穆撰，祝洙增订，施和金点校：《方舆胜览》，北京：中华书局，2003 年版。

（宋）邹浩撰：《道乡集》，《景印文渊阁四库全书》，台北：商务印书馆，1986 年影印本。

（元）陈大震纂修：《大德南海志》，《宋元方志丛刊》，北京：中华书局，2006 年影印本。

（元）单元修，徐硕纂：《至元嘉禾志》，《宋元方志丛刊》，北京：中华书局，2006 年影印本。

（元）费著撰：《岁华纪丽谱》，《景印文渊阁四库全书》，台北：商务印书馆，1986 年影印本。

（元）纳新：《河朔访古记》，《丛书集成新编》，台北：新文丰出版公司，1985 年影印本。

（元）脱脱等撰：《宋史》，北京：中华书局，1977 年版。

（元）脱因修，俞希鲁纂：《至顺镇江志》，《宋元方志丛刊》，北京：中华书局，2006 年影印本。

（元）谢应芳辑：《思贤录》，《四库全书存目丛书・史部》，济南：齐鲁书社，1996 年版。

（元）佚名撰修：《无锡志》，《宋元方志丛刊》，北京：中华书局，2006 年影印本。

（元）佚名撰，王瑞来笺证：《宋季三朝政要笺证》，北京：中华书局，2010 年版。

（元）袁桷等：《延祐四明志》，上海：上海古籍出版社，1987 年版。

（元）张铉纂修：《至正金陵新志》，《宋元方志丛刊》，北京：中华书局，2006 年影印本。

（明）程敏政辑：《新安文献志》，《景印文渊阁四库全书》，台北：商务印书馆，1986 年影印本。

（明）弘治《徽州府志》，《天一阁藏明代方志选刊》，上海：上海古籍书店，1964 年影印本。

（明）侯大节纂修：乾隆《卫辉府志》，乾隆五十三年刻本。

（明）黄淮、杨士奇编：《历代名臣奏议》，上海：上海古籍出版社，1989 年影印本。

（明）黄淮、杨士奇著：《历代名臣奏议》，上海：上海古籍出版社，2012 年版。

（明）嘉靖《淳安县志》，《天一阁藏明代方志选刊》，上海：中华书局上海编辑所，1965年影印本。

（明）嘉靖《洪雅县志》，《天一阁藏明代方志选刊》，上海：上海古籍书店，1963年影印本。

（明）嘉靖《太原县志》，《天一阁藏明代方志选刊》，上海：上海古籍书店，1963年影印本。

（明）解缙等编：《永乐大典》，北京：中华书局，1986年版。

（明）钱谷编：《吴都文粹续集》，《景印文渊阁四库全书》，台北：商务印书馆，1986年影印本。

（明）万历《吉安府志》，《日本藏中国罕见地方志丛刊》，北京：书目文献出版社，1991年影印本。

（明）万历《新昌县志》，《天一阁藏明代方志选刊》，上海：上海古籍书店，1964年影印本。

（明）永乐《乐清县志》，《天一阁藏明代方志选刊》，上海：上海古籍书店，1964年影印本。

（明）正德《姑苏志》，《天一阁藏明代方志选刊续编》，上海：上海古籍书店出版社。

（明）正德《建昌府志》，《天一阁藏明代方志选刊》，上海：上海古籍书店，1964年影印本。

（明）正德《武功县志》，《中国地方志集成·陕西府县志辑》，南京：凤凰出版社，2007年影印本。

（明）正德《袁州府志》，《天一阁藏明代方志选刊》，上海：上海古籍书店，1963年影印本。

（明）朱怀乾修，盛仪纂：嘉靖《惟杨志》，扬州：广陵书社，2013年影印本。

（清）蔡成韶等修，胡虔等纂：嘉庆《临桂县志》，《中国方志丛书》，台北：成文出版社，1983年影印本。

（清）定祥修，刘绎纂：光绪《吉安府志》，《中国方志丛书》，台北：成文出版社，1975年影印本。

（清）董萼荣、梅毓翰修，汪元祥、陈谟纂：同治《乐平县志》，《中国地方志集成·江西府县志辑》，南京：江苏古籍出版社，1996年影印本。

（清）董诰等撰，《全唐文》，北京：中华书局，1983年影印本。

（清）额哲克修，单兴诗纂：同治《韶州府志》，《中国地方志集成·广东府县志辑》，上海：上海书店出版社，2003年影印本。

（清）傅霈等原纂，朱锡恩等续纂：《浙江省·海宁州志稿》，《中国方志丛书》，台北：成文出版社，1983年影印本。

（清）胡聘之撰：《山右石刻丛编》，太原：山西人民出版社，1988年版。

（清）黄廷金修，萧浚兰等纂：同治《瑞州府志》，《中国方志丛书》，台北：成文出版社，1983年影印本。

（清）黄以周等辑注，顾吉辰点校：《续资治通鉴长编拾补》，北京：中华书局，2004年版。

（清）黄宗羲原著，全祖望补修，陈金生、梁运华点校：《宋元学案》，北京：中华书局，1986年版。

（清）嵇璜、刘墉等撰，纪昀等校订：《钦定续通志》，《景印文渊阁四库全书》，台北：商务印书馆，1986 年影印本。

（清）嵇曾筠、李卫等修，沈翼机等纂：雍正《浙江通志》，《中国地方志集成·省志辑·浙江》，南京：凤凰出版社，2010 年影印本。

（清）觉罗石麟等监修，储大文等编纂：雍正《山西通志》，《景印文渊阁四库全书》，台北：商务印书馆，1986 年影印本。

（清）康熙《袁州府志》，《北京图书馆古籍珍本丛刊·史部·地理类》，北京：书目文献出版社，2000 年影印本。

（清）雷铣修，王棻撰：光绪《青田县志》，《中国方志丛书》，台北：成文出版社，1975 年影印本。

（清）李德淦修，洪亮吉纂：嘉庆《泾县志》，《中国方志丛书》，台北：成文出版社，1983 年影印本。

（清）李汝为等修，潘树棠等纂：光绪《永康县志》，《中国方志丛书》，台北：成文出版社，1970 年影印本。

（清）李维钰原本，沈定均续修，吴联薰增纂：光绪《漳州府志》，《中国地方志集成·福建府县志辑》，上海：上海书店出版社，2000 年影印本。

（清）刘坤一等修，刘铎、赵之谦等纂：光绪《江西通志》，《中国地方志集成·省志辑·江西》，南京：凤凰出版社，2009 年影印本。

（清）隆庆修，宗绩辰纂：道光《永州府志》，《中国方志丛书》，台北：成文出版社，1983 年影印本。

（清）陆增祥撰：《八琼室金石补正》，北京：文物出版社，1985 年影印本。

（清）马家鼎修，张嘉言纂：光绪《寿阳县志》，《中国方志丛书》，台北：成文出版社，1976 年影印本。

（清）孟庆云修，杨重雅纂：同治《德兴县志》，《中国方志丛书》，台北：成文出版社，1975 年影印本。

（清）钱镕修，俞燮奎、卢钰纂：光绪《庐江县志》，《中国地方志集成·安徽府县志辑 9》，南京：江苏古籍出版社，1998 年影印本。

（清）钱维乔修，钱大昕纂：乾隆《鄞县志》，《续修四库全书》，上海：上海古籍出版社，2002 年影印本。

（清）瑞麟、戴肇辰修，史澄等纂：光绪《广州府志》，《中国方志丛书》，台北：成文出版社，1966 年影印本。

（清）舒钧纂修：乾隆《石泉县志》，《中国方志丛书》，台北：成文出版社，1983 年影印本。

（清）苏遇龙修，沈光厚纂：《龙泉县志》，《中国方志丛书》，台北：成文出版社，1984

年影印本。

（清）汪森编：《粤西文载》，《景印文渊阁四库全书》，台北：商务印书馆，1986 年影印本。

（清）王夫之著，舒士彦点校：《宋论》，北京：中华书局，1964 年版。

（清）王建中等修，刘绎等纂：同治《永丰县志》，《中国方志丛书》，台北：成文出版社，1983 年影印本。

（清）王友庆、刘钤等修，梁桂等纂：道光《泰州志》，《中国地方志集成·江苏府县志辑》，南京：江苏古籍出版社，1991 年版。

（清）王梓材、冯云濠编撰，沈芝盈、梁运华点校：《宋元学案补遗》，北京：中华书局，2012 年版。

（清）锡荣纂修：嘉庆《萍乡县志》，《中国方志丛书》，台北：成文出版社，1975 年影印本。

（清）谢旻等修：雍正《江西通志》，《景印文渊阁四库全书》，台北：商务印书馆，1986 年影印本。

（清）谢启昆修，胡虔纂：嘉庆《广西通志》，桂林：广西人民出版社，1988 年版。

（清）杨廷望纂修：《衢州府志》，《中国方志丛书》，台北：成文出版社，1975 年影印本。

（清）赵翼撰，王树民校正：《廿二史札记校正》，北京：中华书局，1984 年版。

（清）周诚撰，单远慕点校：《宋东京考》，北京：中华书局，1988 年版。

傅增湘辑：《宋代蜀文辑存》，北京：北京图书馆出版社，2005 年版。

刘笃才点校：《吏部条法》，哈尔滨：黑龙江人民出版社，2002 年版。

刘琳、刁忠民、舒大刚，等校点：《宋会要辑稿》，上海：上海古籍出版社，2014 年版。

上海市文物管理委员会、上海博物馆编：《宋人佚简》，上海：上海古籍出版社，1990 年版。

司义祖整理：《宋大诏令集》，北京：中华书局，1962 年版。

汪圣铎点校：《宋史全文》，北京：中华书局，2016 年版。

中国社会科学院历史研究所宋辽金元史研究室点校：《名公书判清明集》，北京：中华书局，1987 年版。

朱杰人、严佐之、刘永翔主编：《朱子全书》，上海：上海古籍出版社、合肥：安徽教育出版社，2002 年版。

〔日〕成寻著，王丽萍校点：《新校参天台五台山记》，上海：上海古籍出版社，2009 年版。

二、今人著作

包伟民主编：《宋代制度史研究百年（1900—2000）》，北京：商务印书馆，2004 年版。

包伟民：《宋代地方财政史研究》，北京：中国人民大学出版社，2011 年版。

曹家齐：《宋代交通管理制度研究》，开封：河南大学出版社，2002 年版。

曹均良主编：《财政学概论》，北京：中国人民大学出版社，1989 年版。

陈振：《宋史》，上海：上海人民出版社，2003 年版。

程民生：《宋代地域经济》，开封：河南大学出版社，1992 年版。

程民生：《宋代物价研究》，北京：人民出版社，2008 年版。

戴扬本：《北宋转运使考述》，上海：上海古籍出版社，2007 年版。

邓小南：《宋代文官选任制度诸层面》，石家庄：河北教育出版社，1993 年版。

邓小南主编：《政绩考察与信息渠道——以宋代为重心》，北京：北京大学出版社，2008 年版。

杜信孚、漆身起：《江西历代刻书》，南昌：江西人民出版社，1994 年版。

方宝璋：《宋代财经监督研究》，北京：中国审计出版社，2001 年版。

方宝璋：《中国审计史稿》，福州：福建人民出版社，2006 年版。

龚延明编著：《宋代官制辞典》，北京：中华书局，1997 年版。

官性根：《宋代成都府政研究》，成都：巴蜀书社，2010 年版。

郭东旭：《宋代法制研究》，保定：河北大学出版社，2000 年版。

郭正忠：《宋代盐业经济史》，北京：人民出版社，1990 年版。

韩瑞军：《宋代官员经济犯罪及防治研究》，北京：中国社会科学出版社，2011 年版。

胡寄窗、谈敏：《中国财政思想史》，北京：中国财政经济出版社，1989 年版。

黄纯艳：《宋代茶法研究》，昆明：云南大学出版社，2002 年版。

黄纯艳：《宋代财政史》，昆明：云南大学出版社，2013 年版。

黄惠贤、陈锋主编：《中国俸禄制度史》，武汉：武汉大学出版社，1996 年版。

贾玉英：《宋代监察制度》，开封：河南大学出版社，1996 年版。

贾玉英：《中国古代监察制度发展史》，北京：人民出版社，2004 年版。

雷家圣：《聚敛谋国——南宋总领所研究》，台北：万卷楼图书股份有限公司，2013 年版。

冷鹏飞：《中国古代社会商品经济形态研究》，北京：中华书局，2002 年版。

李昌宪：《宋代安抚使考》，济南：齐鲁书社，1997 年版。

李昌宪：《中国行政区划通史・宋西夏卷》，上海：复旦大学出版社，2007 年版。

李华瑞：《宋代酒的生产和征榷》，保定：河北大学出版社，1995 年版。

李锦绣：《唐代财政史稿》，北京：北京大学出版社，2001 年版。

李景寿：《宋代商税问题研究》，昆明：云南大学出版社，2005 年版。

李伟国：《宋代财政和文献考论》，上海：上海古籍出版社，2007 年版。

李晓：《宋代工商业经济与政府干预研究》，北京：中国青年出版社，2000 年版。

李晓：《宋朝政府购买制度研究》，上海：上海人民出版社，2007 年版。

李勇先：《宋代添差官制度研究》，成都：天地出版社，2000 年版。

李之亮：《宋朝郡守通考》，成都：巴蜀书社，2001年版。

李之亮：《宋代路分长官通考》，成都：巴蜀书社，2003年版。

李治安主编：《唐宋元明清中央与地方关系研究》，天津：南开大学出版社，1996年版。

梁庚尧：《南宋的农村经济》，北京：新星出版社，2006年版。

梁思成：《中国建筑史》，天津：百花文艺出版社，2005年版。

刘馨珺：《明镜高悬——南宋县衙的狱讼》，北京：北京大学出版社，2007年版。

刘永佶：《社会剧变中的经济与政治》，郑州：河南人民出版社，1993年版。

罗振宇、幸宇：《降低行政成本　建设节约型政府：西部地区县级政府行政成本控制研究》，成都：四川大学出版社，2012年版。

苗书梅：《宋代官员选任和管理制度》，开封：河南大学出版社，1996年版。

漆侠：《宋代经济史》，上海：上海人民出版社，1987年版。

漆侠：《中国经济通史・宋代经济卷》，北京：经济日报出版社，1999年版。

漆侠主编：《辽宋西夏金代通史・宗教风俗卷》，北京：人民出版社，2010年版。

乔迅翔：《宋代官式建筑营造及其技术》，上海：同济大学出版社，2012年版。

史继刚：《宋代军用物资保障研究》，成都：西南财经大学出版社，2000年版。

谭桔华：《政府行政成本简论》，长沙：湖南大学出版社，2005年版。

汪圣铎：《两宋财政史》，北京：中华书局，1995年版。

王棣：《宋代经济史稿》，长春：长春出版社，2001年版。

孙继民、魏琳：《南宋舒州公牍佚简整理与研究》，上海：上海古籍出版社，2011年版。

舒新成编：《辞海》，上海：上海古籍出版社，2002年版。

王家范：《中国历史通论》，上海：华东师范大学出版社，2000年版。

王菱菱：《宋代矿冶业研究》，保定：河北大学出版社，2005年版。

王晓龙：《宋代提点刑狱司制度研究》，北京：人民出版社，2008年版。

王云裳：《宋代军队经营问题研究》，北京：中华书局，2013年版。

王曾瑜：《宋代军制初探（增订本）》，北京：中华书局，2011年版。

王钟杰：《唐宋县尉研究》，保定：河北大学出版社，2009年版。

魏天安：《宋代行会制度史》，北京：东方出版社，1997年版。

夏炎：《唐代州级官府与地域社会》，天津：天津古籍出版社，2010年版。

项怀诚：《中国财政通史・隋唐卷》，北京：中国财政经济出版社，2006年版。

谢飞、张志忠、杨超：《北宋临城王氏家族墓志》，北京：文物出版社，2009年版。

谢水顺、李珽：《福建古代刻书》，福州：福建人民出版社，1997年版。

许正中、张更华：《降低和优化政府成本》，北京：国家行政学院出版社，2008年版。

杨宇勋：《取民与养民：南宋的财政收支与官民互动》，《台湾师范大学历史研究所专刊》

31，台北：台湾师范大学历史研究所，2003年版。

叶烨：《北宋文人的经济生活》，南昌：百花洲文艺出版社，2008年版。

游彪：《宋代荫补制度研究》，北京：中国社会科学出版社，2001年版。

袁琳：《宋代城市形态和官署建筑制度研究》，北京：中国建筑工业出版社，2013年版。

曾仰丰：《中国盐政史》，北京：商务印书馆，1937年版。

张家驹：《两宋经济重心的南移》，武汉：湖北人民出版社，1957年版。

张金岭：《晚宋时期财政危机研究》，成都：四川大学出版社，2001年版。

陈景良、张中秋主编：《求索集——张晋藩先生与中国法制史学四十年》，南京：南京大学出版社，1996年版。

梁庚尧：《南宋盐榷——食盐产销与政府控制》，台北：台湾大学出版社，2010年版。

张其凡、李裕民主编：《徐规教授九十华诞纪念文集》，杭州：浙江大学出版社，2009年版。

张希清等：《宋朝典制》，长春：吉林文史出版社，1997年版。

张祥云：《北宋西京河南府研究》，开封：河南大学出版社，2012年版。

张玉兴：《唐代县官与地方社会研究》，天津：天津古籍出版社，2009年版。

赵爱英、李晓宏：《政府行政成本与绩效研究》，北京：中国社会科学出版社，2009年版。

赵靖主编：《中国经济思想通史》，北京：北京大学出版社，1991年版。

郑利平：《腐败的经济学分析》，北京：中共中央党校出版社，2000年版。

郑学檬：《中国古代经济重心南移和唐宋江南经济研究》，长沙：岳麓书社，2003年版。

周伯棣编著：《中国财政史》，上海：上海人民出版社，1981年版。

周镇宏、何翔舟：《政府成本论》，北京：人民出版社，2001年版。

朱瑞熙：《中国政治制度通史·宋代卷》，北京：人民出版社，1996年版。

朱自振、沈汉：《中国茶酒文化史》，台北：文津出版社，1995年版。

祝丰年、祝小惠：《宋代官吏制度》，北京：中国社会出版社，2007年版。

中共中央马克思恩格斯列宁斯大林著作编译局编：《马克思恩格斯选集》，北京：人民出版社，1972年版。

〔韩〕曹福铉：《宋代官员俸禄制度》，首尔：新书苑，2006年版。

〔韩〕申採湜：《宋代官僚制研究》，首尔：三英社，1982年版。

〔日〕加藤繁著，吴杰译：《中国经济史考证》，北京：商务印书馆，1963年版。

〔日〕梅原郁：《宋代官僚制度研究》，京都：同朋舍，1985年版。

〔日〕斯波义信，方健、何忠礼译：《宋代江南经济史研究》，南京：江苏人民出版社，2001年版。

〔日〕衣川强著，郑梁生译：《宋代文官俸给制度》，台北：商务印书馆，1977年版。

〔日〕曾我部静雄：《宋代财政史》，东京：生活社，1941年版。

三、今人论文

包伟民：《宋代地方财政窘境及其影响》，《浙江社会科学》1999 年第 1 期。

包伟民：《宋代的上供正赋》，《浙江大学学报（人文社会科学版）》2001 年第 1 期。

曹尔琴：《宋代行政区划的设置与分布》，《中国历史地理论丛》1992 年第 3 辑。

曹之：《宋代公使库刻书》，《晋图学刊》1988 年第 4 期。

陈光明：《论唐代方镇“进奉”》，《中国社会经济史研究》1985 年第 1 期。

陈凌：《宋代府、州衙署的建筑规模和布局》，《文史杂志》2013 年第 2 期。

陈晓春、曾滔：《行政时间成本述论》，《长白学刊》2010 年第 2 期。

陈晔：《“思不出位”观念与宋代士大夫议政》，《四川师范大学学报（社会科学版）》2015 年第 1 期。

陈奕、王海刚：《宋代图书出版体系探析》，《编辑之友》2008 年第 2 期。

成荫：《南宋临安饮食服务业研究》，四川师范大学硕士学位论文，2003 年。

程民生：《宋代兵力部署考察》，《史学集刊》2009 年第 5 期。

程民生：《宋代军队数量考》，《社会科学战线》2009 年第 5 期。

程民生：《宋代食品价格与餐费考察》，《河北大学学报（哲学社会科学版）》2008 年 4 期。

董春林、雷炳炎：《内外兼济与财权迁移——宋代内藏库考论》，《求索》2013 年第 7 期。

董春林：《“量出制入”与宋代地方财政困境——以宋代内藏财政为线索》，《兰州学刊》2015 年第 2 期。

董杰、曹金发：《浅谈南宋时期两浙地区饮食制作的特点》，《皖西学院学报》2009 年第 3 期。

方如金：《试评宋孝宗的统治》，《浙江师大学报》2000 年第 6 期。

高聪明：《论南宋财政岁入及其与北宋岁入之差异》，《河北学刊》1996 年第 1 期。

高聪明：《从“羡余”看北宋中央与地方财政关系》，《中国史研究》1997 年第 4 期。

宫超、储蓉蓉：《论南宋的公使苞苴及其责任追究》，《重庆交通大学学报（社会科学版）》2010 年第 4 期。

宫磊：《宋真宗封禅探究》，山东师范大学硕士学位论文，2007 年。

龚浩：《清代地方财政亏空原因探析》，《丝绸之路》2015 年第 4 期。

龚延明：《宋代官吏的管理制度》，《历史研究》1991 年第 6 期。

顾宏义：《宋朝公使库与公使库刻书》，《四川图书馆学报》1989 年第 1 期。

顾全芳：《司马光的政治思想》，《河南大学学报（哲学社会科学版）》1984 年第 4 期。

郭万升、陈艳：《宋代苏州兴旺发达的酿酒业》，《商业文化（学术版）》2007 年第 9 期。

郭学信：《试论宋代士大夫的社会角色》，《山东师范大学学报（人文社会科学版）》2007 年第 6 期。

韩淑举：《宋孝宗时期的刻书》，《图书与情报》2002 年第 1 期。

何忠礼：《“绍兴和议”签订以后的南宋政治》，《杭州大学学报（哲学社会科学版）》1997年第3期。

黄纯艳：《论宋代的公用钱》，《云南社会科学》2002年第4期。

黄嫣婉：《南宋都城临安的食品交易市场》，《理论界》2009年第7期。

贾芳芳：《论宋代地方财政中的“上交谄”和“足上供”现象》，《史学集刊》2013年第3期。

贾晓霞：《宋代州县官员经济犯罪研究》，南昌大学硕士学位论文，2013年。

贾正昌：《宋代公用钱制度研究》，山东大学硕士学位论文，2013年。

江天健：《宋代地方官廨的修建》，宋史座谈会主编：《宋史研究集》第31辑，台北：兰台出版社，2002年版。

江晓敏：《唐宋时期的中央与地方财政关系》，《南开学报》2003年第5期。

姜锡东：《北宋乡兵人数考论》，《宋史研究论丛》第5辑，保定：河北大学出版社，2003年版。

黎世英：《宋代的酒政》，《南昌大学学报（人文社会科学版）》1992年第3期。

李刚、李丹：《陕西酿酒工业的历史变迁》，《西北大学学报（自然科学版）》2010年第5期。

李华瑞：《宋代非商品酒的生产和管理》，《河北大学学报（哲学社会科学版）》1991年第3期。

李华瑞：《宋代酒的销售简论》，《河北大学学报（哲学社会科学版）》1994年第3期。

李志贤：《安史之乱后唐朝中央财政集权的演变与消长》，《政府与经济发展——中国经济发展史上的政府职能与作用国际研讨会论文集》，北京：知识产权出版社，2004年版。

李致忠：《辽宁省图书馆发现宋台州公使库刻本扬子法言》，《收藏家》2012年第5期。

林天蔚：《公使库、公使钱与公用钱有别乎？》，《宋史试析》，台北：商务印书馆，1978年版。

刘国喜：《宋真宗后期的政治》，湖南科技大学硕士学位论文，2011年。

刘双：《宋朝官吏贪赃的几个问题》，《郑州大学学报（哲学社会科学版）》2007年第2期。

刘云：《南宋高宗时期的财政制度——以宋代中央与地方财政关系为中心》，华南师范大学硕士学位论文，2004年。

刘志勇：《清代高级官员贪腐犯罪案件的审判》，《北方法学》2011年第1期。

卢兆荫：《从考古发现看唐代的金银“进奉”之风》，《考古》1983年第2期。

马玉臣：《开源与节流——关于熙丰理财的几个问题》，河北大学博士学位论文，2003年。

苗倩倩：《唐代进奉现象研究》，四川师范大学硕士学位论文，2011年。

苗书梅：《两宋时期明州地方官僚体制研究——以监当官为中心的考察》，载日本《高知大学学术研究报告人文科学编》第55卷，2006年。

苗书梅：《宋代军资库初探》，《河南大学学报（社科版）》1996 年第 6 期。

苗书梅：《宋代州级属官体制初探》，《中国史研究》2002 年 3 期。

牛来颖：《唐宋州县公廨及营修诸问题》，《唐研究》第 14 卷，北京：北京大学出版社，2008 年版。

彭凤莲：《“羡余”辨义》，《浙江学刊》1994 年第 3 期。

苏建坡：《宋代州县司法腐败及其防治》，河北大学硕士学位论文，2008 年。

谭凤娥：《宋代的俸禄制度与宋代的灭亡》，《甘肃社会科学》2003 年第 5 期。

谭学书：《宋王朝反腐败简论》，《社会科学》1996 年第 4 期。

涂耀军：《宋代官员的经济犯罪与时代特点的联系》，《上饶师范学院学报（社会科学版）》2004 年第 2 期。

汪高鑫：《朱熹政治思想初探》，《安徽史学》1995 年第 2 期。

汪圣铎：《宋代转运使补论》，《中国史研究》2004 年第 1 期。

王德忠：《宋孝宗“恢复”图志述评》，《东北师大学报》1991 年第 1 期。

王海鹏：《宋徽宗时期的诸局所研究》，河北大学硕士学位论文，2006 年。

王瑞蕾：《宋代官吏渎职犯罪与惩治研究》，河北大学博士学位论文，2011 年。

王文书：《宋代的榷醋和醋息钱》，《河北大学学报（哲学社会科学版）》2011 年第 2 期。

王晓龙、贾秋莹：《宋代路级机构财政职能考论——基于提点刑狱司的研究》，《山西师大学报（社会科学版）》2010 年第 5 期。

王晓龙：《宋代地方政府与中央关系考论——以监司为中心》，《宋史研究论丛》第 13 辑，保定：河北大学出版社，2012 年版。

王晓薇：《宋仁宗朝缓解财政危机的失败》，《河北学刊》2001 年第 5 期。

王星麟：《宋代的刻书业》，《史学月刊》1986 年第 1 期。

王云裳：《宋代军队经营活动的作用与影响》，《浙江社会科学》2012 年第 8 期。

王曾瑜、贾芳芳：《宋代地方与中央之关系问题研究》，《西北大学学报（哲学社会科学版）》2008 年第 5 期。

王曾瑜：《王安石变法简论》，《中国社会科学》1980 年第 3 期。

魏华仙：《由唐入宋：圣节地方进献的变化》，《中华文化论坛》2011 年第 4 期。

魏天安：《宋代的官监酒务与官酤法》，《中州学刊》2008 年第 4 期。

吴琦、赵秀丽：《明代地方财政结构及其社会影响》，《商丘师范学院学报》2004 年第 4 期。

肖建新：《宋代行政责任追究制度研究的基本问题》，河北大学博士学位论文，2007 年。

谢秀丽、韩瑞军：《宋代官员贩卖禁榷物品述略》，《江苏商论》2009 年第 12 期。

谢彦卯：《宋代图书市场初探》，《河南图书馆学刊》2003 年第 2 期。

徐东升：《从转对、次对到轮对——宋代官员轮流奏对制度析论》，《厦门大学学报（哲学社会科学版）》2009 年第 5 期。

徐东升：《宋朝买扑制度下利益主体之间的关系——以酒务坊场买扑为中心的考察》，《中国经济史研究》2012 年第 1 期。

徐恒：《唐德宗统治时期“进奉”相关问题研究》，陕西师范大学硕士学位论文，2010 年。

杨帆：《宋代县级财政研究》，河北大学硕士学位论文，2010 年。

杨芳：《宋代州县仓收支述论》，《西北师大学报（社会科学版）》2012 年第 3 期。

杨国宜：《范仲淹反腐思想浅析》，《黄河科技大学学报》2010 年第 1 期。

杨昆：《宋真宗与北宋兴衰》，《北方论丛》2005 年第 5 期。

杨倩描：《北宋公用钱“新额”时间考》，《河北学刊》2002 年第 5 期。

杨师群：《宋代官营酒务》，《中州学刊》1992 年第 4 期。

姚培锋、任银丽：《南宋临安酒业简论》，《杭州师范学院学报（社会科学版）》2003 年第 3 期。

叶烨、刘学：《宋代公使钱滥用问题探析》，《云南社会科学》2010 年第 2 期。

叶烨、刘学：《宋代公使钱在宋词发展中的作用》，《中南大学学报（社会科学版）》2011 年第 5 期。

叶烨、刘学：《“公使库本”概念及“公使钱刻书”问题辨析》，《文献》2013 年第 5 期。

余蔚：《宋代地方行政制度研究》，复旦大学博士学位论文，2003 年。

余小满：《宋代职务犯罪研究》，河南大学博士学位论文，2010 年。

俞宗宪：《宋代公使钱研究》，李伟国、顾宏义主编：《裴汝诚教授八秩寿庆论文集》，北京：中华书局，2011 年版。

岳海鹰、杨瑞梅：《行政成本的界定及控制途径》，《社会科学家》2005 年 S1 期。

张邦炜：《宋代官吏经济违法问题考察》，《社会科学研究》1986 年第 1 期。

张守卫：《两宋安徽官方刻书考》，《图书情报工作网刊》，2012 年第 1 期。

赵龙：《从方志看宋代县衙署建筑群的布局》，《求索》2012 年第 8 期。

朱瑞熙：《宋代官员公费用餐制度概述》，《上海师范大学学报（哲学社会科学版）》1999 年第 4 期。

朱瑞熙：《宋代官员礼品馈赠管理制度》，《学术月刊》2001 年第 2 期。

朱迎平：《宋人文集刻印的经济考察》，《上海商学院学报》2010 年第 5 期。

诸葛忆兵：《宋代士大夫的境遇与士大夫精神》，《中国人民大学学报》2001 年第 1 期。

〔日〕佐伯富：《关于宋代的公使钱——地方财政研究》，《史林》1971 年第 1 号。

后　　记

本书是笔者主持的国家社科基金项目“宋代地方政府行政成本问题的历史考察研究”（10CZS014）的阶段性研究成果。之所以只能称之为阶段性研究成果，是因为呈现在读者面前的此书稿与笔者最初设想的相关研究框架已经有了很大的不同，很多原来设想的章节由于个人能力和时间有限，并未落实到研究成果中，只能有待将来继续研究和完善。关注“行政成本”问题，主要是出于对当前国家和地方政府相关问题的兴趣，诸如时常见诸报端的“三公经费”问题，官员的“公款宴请”“公款旅游”，超标准兴建楼堂馆所等。党和国家政府也不断出台相关法令举措加强对于相关问题的管控，节约“行政成本”。十八大政府工作报告中更是提出“推进政府绩效管理，严格控制机构编制，减少领导岗位职数，降低行政成本”的改革目标。抚今追昔，宋代在中国历史上也是一个以冗兵、冗官、冗费而著称的王朝，大量的资金、人力、物力被消耗于政府实际治理成效之外，官员冗滥、机构设置叠床架屋，机构运行效率低下，在中国古代官僚社会中极为典型。宋代虽无“行政成本”一说，但却存在相关问题，宋人头脑中也有“成本管控”的意识，如设置一州一县，人口数量和纳税钱物能否养活这些官员？所缴纳的赋税够不够屯驻军队？增设机构和官员，能否确有实际治理效能？这些都是他们需要考虑的问题。正如端拱二年（989年）士大夫王禹偁在给宋太宗的奏书中所说：“如臣旧知苏州长洲县七千余家，自钱氏纳土以来，朝廷命官，七年无县尉，使主簿兼领之，未尝阙事；三年增置县尉，未尝立一功。以臣计之，天下大率如是。臣请黜陟庶僚，并省群吏，贤者得以陈力，不肖者得以归耕。诚能省去三千员，减俸数十万，以供边备，宽民赋，亦平戎之大计也。”[①] 这些成本问题，在中央任职的官员需要考虑，在地方任职的各级官员更是需要算计，宋代地方政府数量庞大，地方各级官员、吏人数量

---

① （宋）李焘撰，上海师范大学古籍整理研究所、华东师范大学古籍整理研究所点校：《续资治通鉴长编》卷30，端拱二年正月癸巳，第673页。

日益膨胀，为了维持机构运转所耗费的各项有形和无形成本也越来越高。宋代的相关问题及政府对策值得学界重视和研究。

课题自立项以来，历经六年时间，收集资料，撰写完成书稿。由于前期设计的研究框架较大，资料多难以驾驭，不得不进行调整，重点对若干问题进行探讨。本书主要对宋代地方政府行政设施成本、公务接待成本、“羡余进奉”成本、无形行政成本、无效行政成本五方面问题进行了专题研究，并在结语中对宋代地方政府行政成本的主要特点和对当今的启示进行了归纳，不当之处敬请学界同仁批评指正。本书研究过程中吸纳了郭志伟、吴妙婵两位研究生参与相关研究，书稿的第二章、第三章即在他们撰写文稿基础上进行了部分修订而完成。许伟宁、刘怡、胡明颖、常沁飞几位同学参与了书稿部分章节的史料核对及参考文献整理。科学出版社为本书编辑、出版付出辛勤的劳动，在此对他们耐心细致的工作一并表示感谢！

自2013年6月担任中心副主任以来，事务繁杂，常常深感责任、压力巨大。姜锡东师、杨学新副校长、宋史中心李金闯书记、吕变庭副主任，以及其他诸多师友、同事时常与我交流谈心，在落实具体工作上积极合作，给予我极大的鼓励和支持！历史学院诸位领导和师友也在工作中给予多方关照，帮助排忧解难，共同促进了中国史学科和河北省历史学强势特色学科建设迈上一个台阶。

由于身兼行政职务，时间有限；加之资质平凡，在学术方面用力不足，本不应再担当其他学术职务。得姜锡东师和中国宋史研究会会长包伟民先生不弃，在2014年被选定为中国宋史研究会秘书长，我有机会进一步了解到研究会的发展历史和工作运行机制，也借此结识了诸多宋史研究领域的知名专家学者。在三年多的时间里，我和刘云军、周立志两位副秘书长在会长领导下就年会筹办、学会年检、《通讯》编纂、网站建设、党支部建设及民政部、教育部检查等诸方面通力合作，使学会的工作能够顺利开展下去。在此也感谢包老师和云军、立志两位师弟，他们的宽容和奉献使我能够在这个岗位上坚持下来。这些年来在我个人成长和学术发展道路上要感谢的人很多，在此难以一一道出诸位的名字，希望将来能写出更好的论著，不负他们的期望。

在此还要感谢我的家人，我的父母、爱人为支持我的工作做出的极大牺牲，2016年12月18日，女儿甜甜出生，她的到来给这个家庭增添了更多的欢乐，同时也增加了更繁重的家务。父亲已经年届七旬，还要每个月奔波于保定和石家庄，帮助接送上小学的儿子程程和料理家务。母亲本为石家庄市中医院的知名专家，为了照顾孙女甜甜也毅然退休，来保常驻照看孩子。爱人张秋红在中学工作，课业之余完全围绕家庭、孩子。他们为维持这个家庭的正常运转默默奉献自己的全部，也使我倍感惭愧和欣慰！我虽也尽力分担家庭职责，但的确能力、时间有限，做得很不够。在此也一并对一路陪伴我成长的家人、亲朋好友，以及师长、学生致以衷心的感谢！

王晓龙

2017年5月29日

于保定直隶尚都小区